HEATH

TU MUNDO

CURSO PARA HISPANOHABLANTES

McDougal Littell

Evanston, Illinois • Boston • Dallas

Consultores
Dan Battisti
Dr. Teresa Carrera-Hanley
Bill Lionetti
Patty Murguía Bohannan
Lorena Richins Layser

Printed in the United States of America

International Standard Book Number: 0–618–08588–2

3 4 5 6 7 8 9 10 —VHP— 07 06 05 04 03

EXAMINADORES DE LA SEGUNDA EDICIÓN

Maria Pedroso Atkins
Freedom High School
Morganton, NC

Teresa L. Breading
Warsaw Community
    High School
Warsaw, IN

Dr. Carla Clason-Höök
High School of Science and
    Technology
Springfield, MA

Dominic Corraro
Notre Dame High School
West Haven, CT

Cecilia Denegri
Gainesville High School
Gainesville, GA

Rubén Elías
Roosevelt High School
Fresno, CA

Marco García
Lincoln Park High School
Chicago, IL

Raquel R. González
Odessa High School
Odessa, TX

Susana Isakson
Fallbrook High School
Fallbrook, CA

Angie Jurado
Dodge City High School
Dodge City, KS

Sandra Martín
Palisades Charter High School
Pacific Palisades, CA

Elba Nazario
Wakefield High School
Arlington, VA

Ana R. Rivera, Ed.D.
High School of Science and
    Technology
Springfield, MA

Barbara Sabin
Mandeville High School
Mandeville, LA

Elena Steele
Clark County School District
Las Vegas, NV

Peter Swanson
Worland High School
Worland, WY

Carmen I. Villalobos
Terry Sanford High School
Fayetteville, NC

Todd Wagner
Upper Darby High School
Drexel Hill, PA

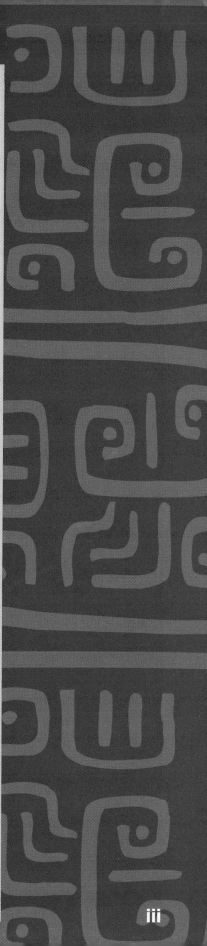

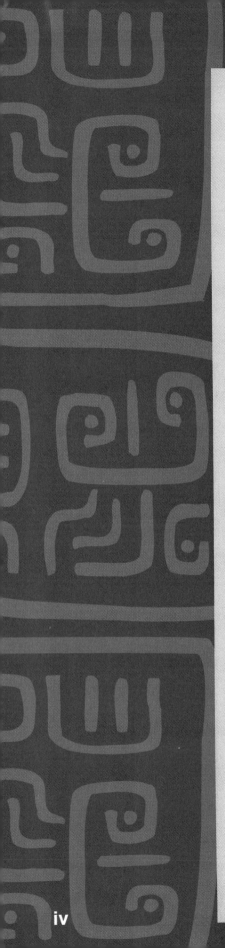

ATLAS

- EL MUNDO

- MÉXICO, EL CARIBE Y CENTROAMÉRICA

- SUDAMÉRICA

- ESPAÑA

Groe

Alaska (E.U.)

Canadá

NORTEAMÉRICA

Estados
Unidos

OCÉANO
ATLÁNTICO

Trópico de Cáncer

Hawai (E.U.)

Bahamas

Cuba
República
Dominicana

México
Puerto Rico

Jamaica
San Cristóbal
y Nevis

Belice
Haití
Dominica

Guatemala
Honduras
Santa Lucía

El Salvador
Costa Rica
Granada
Barbados

Nicaragua
San Vicente y
Granadinas

OCÉANO
PACÍFICO

Trinidad y Tobago

Venezuela
Guyana

Panamá
Surinam

Colombia
Guaya
Franc

Islas Galápagos (Ec.)

Ecuador

Ecuador

Kiribati

SUDAMÉRICA

Perú
Brasil

Samoa Occidental

Bolivia

Tonga

Paraguay

Trópico de Capricornio

Chile

Uruguay

Argentina

Islas Malvinas

**Los países de
habla española**

Escala de kilómetros

| 0 | 1000 | 2000 | 3000 |

| 0 | 1000 | 2000 | 3000 |

Escala de millas

OCÉANO
ÁRTICO

slandia

Noruega

Suecia   Finlandia
                 Estonia
Dinamarca   Letonia
Holanda   Lituania
Reino
Unido   Polonia   Belarús
         Alemania
Bélgica   ⑩ ⑪
EUROPA   ④ ⑤ ⑧ Ucrania
Francia Suiza ① ② Rumania   Moldova
Andorra ⑥ ⑦
         Italia   Bulgaria
España   Cerdeña
rtugal   Grecia   Turquía

① Luxemburgo
② Austria
③ Hungría
④ Eslovenia
⑤ Croacia
⑥ Bosnia & Herzgovina
⑦ Yugoslavia
⑧ Albania
⑨ (República de) Macedonia
⑩ República Checa
⑪ Eslovaquia

Rusia

ASIA

Mongolia

Kazajstán

Uzbekistán

Georgia
         Azerbaiyán
         Turkmenistán   Tayiskistán
Armenia
Siria   Irán
Chipre Líbano
Israel Iraq
         Jordania
         Kuwait

Kirguistán

China

Corea del
Norte
         Japón
Corea
del Sur

uecos   Túnez   Malta

Argelia   Libia   Egipto

ÁFRICA   Sudán

Burkina
Faso
Benín
Nigeria   República
Togo   Centroafricana
Ghana   Camerún
Guinea
Ecuatorial
Gabón

Congo   Uganda
        Rwanda   Kenya
R.D. de Burundi
Congo   Tanzanía

Angola
        Zambia
Namibia Zimbabwe
        Botswana
Sudáfrica

Afganistán

Arabia
Saudita

Emiratos
Árabes   Omán
Unidos
Yemen

Djibouti

Etiopía

Somalia

Comoras

Malawi

Mozambique
Madagascar

Swazilandia
Lesotho

Pakistán

India
         Bangladesh

Sri Lanka

Bhután
Nepal

Myanmar
         Laos
Tailandia
         Viet Nam
Cambodia

Brunei

Malasia
Singapur   Indonesia

Maldivas

Seychelles

Mauricio

OCÉANO
ÍNDICO

Taiwán

Filipinas

OCÉANO
PACÍFICO

Nauru

Papua-Nueva
Guinea

Islas
Salomón

Vanuatu

AUSTRALIA

Nueva Zelandia

ANTÁRTIDA

Observa que el español se habla extensamente en las Filipinas y es la lengua oficial de Guinea Ecuatorial.

MÉXICO, EL CARIBE Y CENTROAMÉRICA

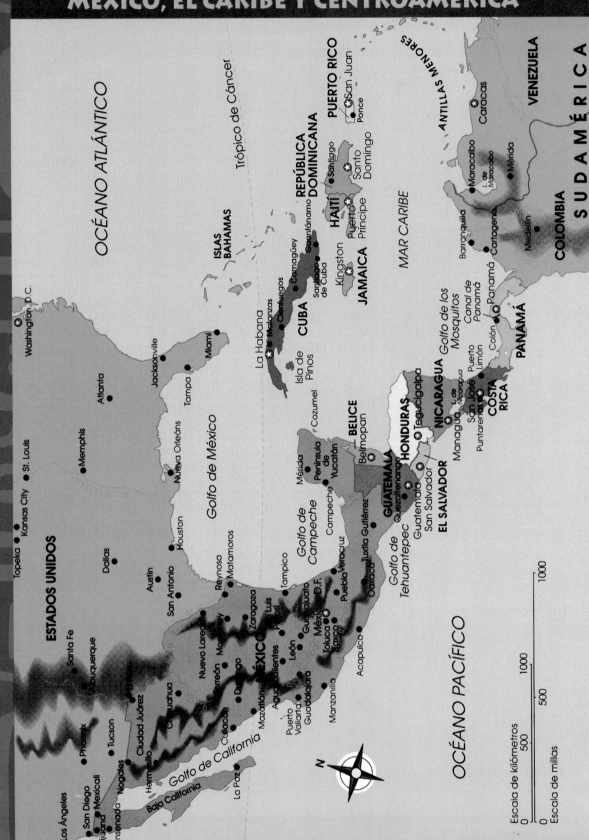

OCÉANO ATLÁNTICO

ESTADOS UNIDOS

Washington, D.C.

Topeka • Kansas City • St. Louis

Memphis

Atlanta

Jacksonville

Dallas

Tampa

Austin

Houston

Nueva Orleáns

San Antonio

Golfo de México

Santa Fe

Albuquerque

Phoenix

Tucson

El Paso

Ciudad Juárez

Chihuahua

Nogales

Hermosillo

Mexicali

Tijuana

Ensenada

San Diego

Los Ángeles

La Paz

Baja California

Golfo de California

Culiacán

Durango

Mazatlán

Puerto Vallarta

Guadalajara

Manzanillo

Acapulco

MÉXICO

León

Aguascalientes

Guanajuato

Luis Potosí

Zaragoza

Saltillo

Monterrey

Nuevo Laredo

Reynosa

Matamoros

Tampico

Toluca

México, D.F.

Taxco

Puebla

Veracruz

Oaxaca

Tuxtla Gutiérrez

Golfo de Tehuantepec

Golfo de Campeche

Campeche

Mérida

Península de Yucatán

Cozumel

ISLAS BAHAMAS

La Habana

Matanzas

Cienfuegos

Isla de Pinos

CUBA

Camagüey

Santiago de Cuba

Guantánamo

JAMAICA

Kingston

HAITÍ

Puerto Príncipe

REPÚBLICA DOMINICANA

Santiago

Santo Domingo

PUERTO RICO

San Juan

Ponce

ANTILLAS MENORES

MAR CARIBE

BELICE

Belmopán

GUATEMALA

Quezaltenango

Guatemala

San Salvador

EL SALVADOR

HONDURAS

Tegucigalpa

NICARAGUA

Managua

L. de Nicaragua

Golfo de los Mosquitos

COSTA RICA

San José

Puntarenas

Puerto Limón

PANAMÁ

Colón

Canal de Panamá

Panamá

Barranquilla

Cartagena

COLOMBIA

Medellín

Maracaibo

L. de Maracaibo

Mérida

Caracas

VENEZUELA

SUDAMÉRICA

Trópico de Cáncer

OCÉANO PACÍFICO

N

Escala de kilómetros
0   500   1000

Escala de millas
0   500   1000

viii

SUDAMÉRICA

MAR CARIBE

ANTILLAS MENORES

COSTA RICA

Canal de Panamá

San José

Panamá

PANAMÁ

Barranquilla

Maracaibo

Cartagena

Mérida

Medellín

VENEZUELA

Caracas

TRINIDAD Y TOBAGO

Puerto España

GUYANA

SURINAM

GUAYANA FRANCESA (Francia)

Georgetown

Paramaribo

Cayena

Cali

Bogotá

COLOMBIA

Quito

ECUADOR

Guayaquil

Iquitos

R. Negro

R. Branco

Ecuador

Manaus

R. Amazonas

Belém

Trujillo

PERÚ

R. Caquetá

R. Putumayo

R. Juruá

R. Purús

R. Madeira

R. Ucayali

B R A S I L

R. Tapajóz

R. Xingú

Recife

Lima

Cuzco

L. Titicaca

La Paz

Arequipa

BOLIVIA

Arica

Sucre

Iquique

Trópico de Capricornio

Antofagasta

R. Grande

R. Guaporé

R. Paraguay

Salvador

Brasilia

Belo Horizonte

São Paulo

Río de Janeiro

Santos

PARAGUAY

Asunción

CHILE

San Miguel de Tucumán

R. Paraná

Pôrto Alegre

OCÉANO PACÍFICO

Córdoba

Rosario

URUGUAY

Mendoza

Buenos Aires

Montevideo

Valparaíso

Santiago

ARGENTINA

La Plata

Punta del Este

R. de la Plata

OCÉANO ATLÁNTICO

Concepción

Bahía Blanca

Mar del Plata

Bariloche

Puerto Montt

N

Escala de kilómetros

0   400   800

0   400   800

Escala de millas

Estrecho de Magallanes

Islas Malvinas

Punta Arenas

Tierra del Fuego

Cabo de Hornos

ESPAÑA

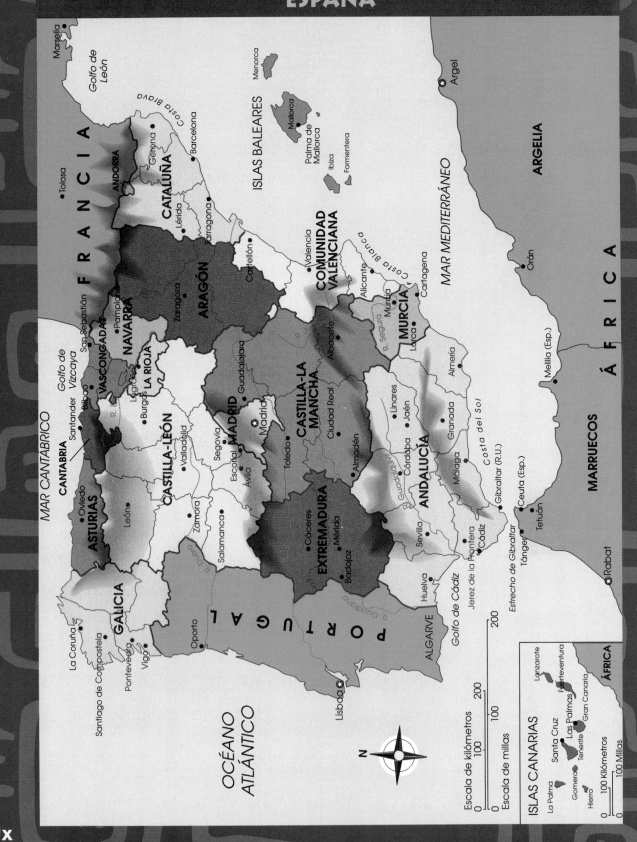

TU
MUNDO
CURSO PARA HISPANOHABLANTES

CONTENIDO

UNIDAD 2 Tú y otras culturas 78

UNIDAD 3　Tú y los medios de comunicación　164

UNIDAD 4 Tú y el pasado 254

XV

UNIDAD 7 Tú en busca de empleo 500

UNIDAD 1

TÚ Y TUS AMISTADES

Sunland
Park Mall

INTERNET
Presentación
www.mcdougallittell.com

1

TÚ Y TUS AMIGOS

¿Qué piensas tú?

1. ¿Crees que estas fotos se sacaron en la misma ciudad o en distintas ciudades? ¿Por qué lo crees?

2. En efecto, todas las fotos se sacaron en dos ciudades distintas; El Paso, Texas y Caracas, Venezuela. ¿Puedes identificar cuáles son de El Paso y cuáles de Caracas? ¿Qué semejanzas ves en las dos ciudades? ¿Qué diferencias? ¿Cómo explicas estas semejanzas? ¿diferencias?

3. ¿En qué día del año crees que se sacaron las fotos en la página anterior? ¿Por qué crees eso? ¿De qué estarán hablando estos estudiantes?

4. ¿Qué están haciendo los jóvenes en las fotos de arriba? ¿Son actividades que tú y tus amigos hacen?

5. ¿Qué actividades te gusta hacer durante el año escolar? ¿durante las vacaciones de verano? ¿durante las vacaciones de invierno?

6. ¿Creen tú y tus amigos que los jóvenes de Venezuela son similares o diferentes a ustedes? ¿Por qué?

7. ¿De qué crees que vamos a hablar en esta lección?

FOTONOVELA
LECTURA ILUSTRADA

✚ Prepárate para leer

Anticipa. Es fácil anticipar o predecir el contenido de una fotonovela si te aprovechas de dos claves que siempre están presentes: el título y las fotos.

1. **El título.** Los títulos siempre tratan de comunicar en muy pocas palabras el tema de la obra. Mira ahora el título de esta fotonovela y di de qué crees que se va a tratar.

2. **Las fotos.** Si hojeas esta fotonovela vas a ver que los personajes son cinco. ¿Cuántos jóvenes hay? ¿Cuántos chicos? ¿Cuántas chicas? ¿Cuántos adultos? ¿Quiénes crees que son estas personas? ¿Por qué crees eso? ¿Confirman el título y los subtítulos tus conclusiones?

El refrán de la semana

Los refranes son proverbios que forman parte de la rica tradición oral del mundo hispano. Lee el siguiente refrán y estudia el dibujo.

Las piedras rodando se encuentran.

Interpretación ¿Cuál es el significado de este refrán? ¿Qué relación hay entre el dibujo de la pirámide y el refrán? Piensa en otra situación donde podrías usar este refrán y cuéntasela a la clase. ¿Conoces otros, en inglés o en español, que tengan el mismo significado o uno muy parecido? Si no, pregúntales a tus padres o a tus abuelos si ellos no conocen unos.

Los hermanos Galindo y dos amigas

1 ¿Qué hay de nuevo?

2 | Quiero presentarles a mi papá.

El Sr. Galindo recoge el correo después del trabajo.

Papá, ven a conocer a unas amigas.

Muchachas, quiero presentarles a mi papá. Papá, Tina y Margarita.

Tina Valdez, encantada.

Igualmente, Alejandro Galindo.

Y yo soy Margarita Silva. Mucho gusto.

El gusto es mío, Margarita. ¿Son compañeros de clase?

Sí, Margarita y yo estamos en el mismo año y Tina y Daniel están juntos.

¿Viven por aquí cerca?

Yo sí, a unas cuadras. Nos mudamos para acá en julio. Margarita también vive cerca—en el Paseo Real.

3 ¿Qué dice?

✚ Verifiquemos e interpretemos

A. Identifica a los personajes. Identifica a la persona que hace estos comentarios.

Daniel

Papá

Tina

Margarita

1. "¡Bravo, Martín! ¡Qué talento!"
2. "Aquí estamos aprovechando los últimos días de vacaciones."
3. "¡Ay, sí! ¡Me encantaría tener otro mes de vacaciones!"
4. "¡Aguafiestas! ¡Déjanos gozar de la última semana!"
5. "¿Viven por aquí cerca?"
6. "Yo sí, a unas cuadras. Nos mudamos para acá en julio."
7. "¡Híjole, cuentas y cuentas y más cuentas!"
8. "¡Qué va! ¡Sus preguntas no tienen fin!"

B. Reflexiona y relaciona. ¿Te identificas tú con estos personajes? ¿Cuánto tienes en común con ellos? Para saberlo, contesta las preguntas a continuación.

1. ¿Son hermanos Martín, Daniel, Margarita y Tina? ¿Qué relación hay entre ellos? ¿Cuántos hermanos tienes tú? ¿Son mayores o menores que tú? ¿Quién parece mayor, Martín o Daniel?

2. ¿Qué hacían Martín y Daniel cuando llegaron las muchachas? ¿Con quién pasas tu tiempo libre, con tus hermanos, con amigos o solo(a)? ¿Qué actividades haces con tus hermanos?

3. ¿Qué hacía el Sr. Galindo cuando primero apareció? ¿Conocía ya a las dos muchachas? ¿Conocen tus padres a tus amigos? ¿Vienen tus amigos a visitarte a casa o vas tú a visitarlos a sus casas? ¿Por qué?

4. ¿Quién le escribió a Daniel? ¿Tienes tú amigos fuera de tu ciudad? ¿Se hablan por teléfono con frecuencia? ¿Se escriben de vez en cuando? ¿De qué hablan cuando se comunican?

C. Preguntas para un nuevo amigo. Daniel recibe una carta de Venezuela de su nuevo amigo por correspondencia. Es obvio que el nuevo amigo tiene muchas preguntas para Daniel porque quiere saber algo de su ciudad, su familia, sus amigos y sus pasatiempos. Prepara unas cinco preguntas sobre cada uno de estos temas que tú podrías hacerle a un nuevo amigo por correspondencia. Luego hazle las preguntas a un(a) compañero(a) de clase.

A. Encuesta. Entrevista a varias personas en la clase usando la cuadrícula que tu profesor(a) te va a dar. Pregúntales si les gusta hacer las actividades indicadas en los cuadrados, cuándo las hicieron la última vez y si ocurrió algo interesante esa vez. Cada persona que conteste afirmativamente debe firmar el cuadrado apropiado. No se permite que una persona firme más de un cuadrado.

EJEMPLO   pasear en bicicleta

Tú:	**¿Te gusta pasear en bicicleta?**
Compañero(a):	**Sí, me encanta. Paseo todos los días. Te cuento que el año pasado tuve un accidente y…**
	¿De veras? ¡Qué curioso(a) eres! Firma aquí, por favor.

tocar el piano

Tú:	**¿Te gusta tocar el piano?**
Compañero(a):	**¡Para nada! Pero mi mamá quiere que aprenda porque…**
Tú:	**¡Qué lástima!**

B. ¡Charada!   En grupos de tres preparen una lista de seis actividades que a todos les gusta hacer. Luego trabajando con otro grupo, dramaticen la primera actividad en su lista para ver si los otros pueden adivinar la actividad. Túrnense hasta dramatizar todas las actividades en sus listas.

C. ¡Profesor!   Con un(a) compañero(a) de clase, escribe una lista de cinco o más actividades que crees que hacen tus profesores durante el fin de semana. Después, pregúntales a tus profesores si de veras hacen las actividades que tú y tu compañero(a) anotaron.

D. ¿Quiénes son?   Tu profesor(a) te va a dar un dibujo de varias personas que hacen distintas actividades en distintos días. El problema es que en algunos dibujos faltan los nombres y en otros faltan los días. Pregúntale a tu compañero(a) los nombres o los días que te faltan y dale la información que le falte a él o a ella. Cuando terminen, escriban una oración para describir cada dibujo.

EJEMPLO *Tú:*   **¿Quién es el chico que juega fútbol?**
Compañero(a):   **Se llama Beto. ¿Sabes cuándo juega?**
Tú: **Juega el sábado por la mañana.**

E. Dramatización.   Tu tía de Guatemala viene a visitar a tu familia. Hoy tú y tu tía van de compras al centro comercial. Mientras están allí te encuentras con un(a) amigo(a), y más tarde, con uno de tus profesores. Claro, tienes que presentárselos a tu tía. Dramatiza esta situación con tres compañeros de clase.

INTERNET
Enlaces con el tema
www.mcdougallittell.com

Antes de empezar

A. Ciudad fronteriza. Una ciudad fronteriza es una ciudad que está en la frontera *(línea que divide dos naciones)* con otro país. A veces vemos dos ciudades fronterizas, una en cada nación, lado a lado, la una con la otra. Contesta estas preguntas para ver cuánto sabes de ciudades fronterizas.

1. ¿Hay ciudades fronterizas en Estados Unidos? ¿Con qué países tienen fronteras?

2. ¿Conoces algunas ciudades fronterizas? ¿Cuáles? ¿Las has visitado alguna vez?

3. ¿Te gustaría vivir en una ciudad fronteriza? ¿Por qué sí o por qué no?

B. Anticipar.   Mira las fotos de las siguientes páginas y escribe tres temas que piensas que aparecerán en la lectura. Luego, piensa en dos preguntas o temas relacionados que quieres investigar más y escríbelos en una hoja aparte.

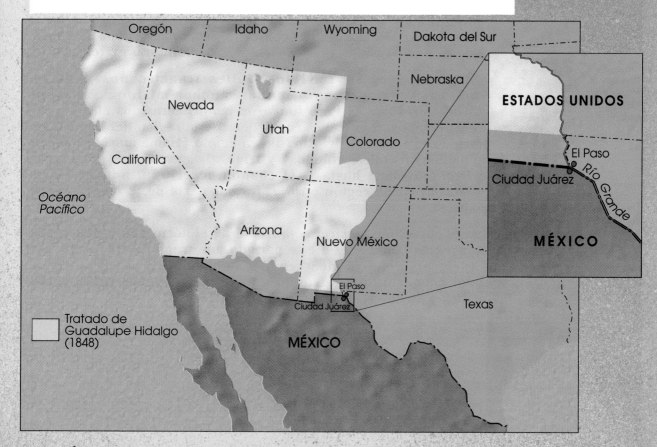

Oregón Idaho Wyoming Dakota del Sur

Nebraska

ESTADOS UNIDOS

Nevada

Utah

El Paso

Colorado

Río Grande

California

Ciudad Juárez

Océano
Pacífico

MÉXICO

Arizona

Nuevo México

El Paso

Ciudad Juárez

Texas

Tratado de
Guadalupe Hidalgo
(1848)

MÉXICO

EL PASO DEL NORTE
UNA BREVE HISTORIA

que dividen naciones / hacen hacer

conexiones

Las líneas fronterizas* que se trazan* entre los países muchas veces no llegan a cumplir* su función de separación. Éste es el caso del suroeste de Estados Unidos donde muchas ciudades de esta región aún conservan lazos* culturales, sociales y económicos con el país vecino, México. Una de estas ciudades es El Paso, en el estado de Texas, que a pesar de hechos* histórico-políticos sigue fuertemente ligada* a su ciudad gemela mexicana, Ciudad Juárez.

eventos / relacionada

Antes de la llegada de los conquistadores de España, la región que ahora ocupan El Paso-Ciudad Juárez en la meseta central de México, estaba ocupada por algunas tribus indígenas americanas como los suma, los manso, los jacome y los jumano. Estas tribus vivían en "rancherías" o pequeños pueblos de más o menos cien personas dedicadas a la agricultura.

En 1534, el conquistador Álvar Núñez Cabeza de Vaca y tres españoles más llegaron a la región de Texas. Ellos creyeron que estas tierras tenían muchas riquezas, pero se desilusionaron al no encontrar nada. Por el contrario, ésta era una zona desértica, de montañas áridas, fuertes vientos y temperaturas extremas.

área cercana

Sin embargo, en 1581 los frailes franciscanos llegaron a Texas y empezaron a fundar muchas misiones. ❶ En los alrededores* de El Paso fundaron las primeras dos misiones de Texas en 1682. Los frailes convirtieron esta región del Río Grande en una zona como la del Río Nilo en Egipto. Había muchos cultivos de árboles frutales, viñedos* y trigo. Los españoles dominaron la frontera norte hasta 1821 cuando ocurrió la independencia de México y esta región pasó a formar parte de la nueva nación mexicana.

viñas de uvas

hombres de negocio

Durante el período mexicano, la frontera del norte siguió siendo una zona agrícola. También en este período, un grupo de comerciantes* que incluye a John G. Heathen y a Stephen F. Austin, empieza la gradual ocupación de la frontera norte por angloamericanos, con la intención de desarrollar* estas zonas de Texas.

mejorar

En 1836 se proclama la República de Texas y en 1844 se declara la anexión de este estado a Estados Unidos. En 1846, Estados Unidos le declara la guerra a México, la cual termina en 1848 con el Tratado de Guadalupe Hidalgo. En él se establece que California, Nevada, Utah, casi todo Arizona y Nuevo México y partes de Colorado y Wyoming pasan a ser parte de Estados Unidos por $15 millones pagados a México. El Río Grande se convierte en la frontera entre Texas y México.

Desde 1848, las ciudades de Texas como El Paso, se empezaron a poblar* y desarrollar muy rápidamente. Cuando en 1848 se descubrió oro en California, El Paso del Norte se convirtió en "el último lugar de descanso" y comprar todos los víveres necesarios para llegar a California. En 1881, con la llegada de los trenes, ❷ El Paso se convirtió en una importante ciudad fronteriza.

Ahora El Paso es una moderna ciudad ❸ occidental que, sin embargo, no ha cortado sus lazos con su ciudad hermana del otro lado del Río Grande, o Río Bravo, como lo llaman en México. Hay una gran interdependencia económica, cultural y social entre El Paso y Ciudad Juárez. El Paso conserva sus raíces mexicanas. El bilingüismo en El Paso es un fenómeno extendido por toda la ciudad. ❹ Un experto en la historia de estas dos ciudades, Carey McWilliams, dice que el Río Grande no separa a la gente sino que la une.*

tener personas que habitan dicho lugar ❸

combina, junta

❹

INTERNET
Enlaces/actividades
www.mcdougallittell.com

Verifiquemos

1. Prepara un diagrama como el siguiente, e incluye toda la información posible bajo cada categoría.

El Paso antes de los españoles
1.
2.

El Paso durante la ocupación española
1.
2.

El Paso bajo México
1.
2.

El Paso moderno
1.
2.

2. ¿Por qué crees que Estados Unidos declaró guerra contra México en 1846?

3. ¿Crees que Estados Unidos pagó suficiente por todo el área que ganó en el Tratado de Guadalupe Hidalgo? ¿Por qué sí o por qué no?

LENGUA EN USO

¿Cómo te identificas: Latino, hispano…?

Esta pregunta debe extenderse a incluir, entre otros, mexicano, chicano, puertorriqueño, boricua, neorriqueño, cubano, cubanoamericano, dominicano, americano, latinoamericano, hispanoamericano, centroamericano y sudamericano. Quizás podrían llenarse varias páginas con nombres de identificación que se nos han dado o nos damos nosotros mismos.

Según la oficina del censo, hay más de 32 millones de personas de origen hispano en EE.UU. Un gran número de estas personas son mestizos, o sea, son el resultado de la mezcla entre indígenas, españoles y otros grupos. Existe un sinnúmero de denominaciones o términos para esta población formada por diferentes grupos étnicos y nacionales. Hay diferencias aun dentro de un mismo grupo.

Por ejemplo, la población de origen mexicano en EE.UU. ha utilizado diversas denominaciones desde 1848, cuando el Suroeste pasó a ser parte de la Unión "Americana". Es un proceso parecido al de los miembros de la población africanoamericana que a principios del siglo XX se conocían como *Negroes* y después, en la década de los 20, como *colored;* luego durante el Movimiento para los Derechos Civiles en la década de los 60, como *blacks,* para actualmente autonombrarse *African Americans.*

Como resultado de la Revolución Mexicana de 1910 más de un millón de mexicanos cruzaron la frontera para establecerse en EE.UU. En las décadas de los 40 y los 50, los descendientes de éstos y otros mexicanos se conocían como *Mexican Americans* o méxicoamericanos. Durante la década de los 60, muchas personas de origen mexicano denunciaron este término por considerar que promovía una asimilación cultural destructiva y encontraron un nuevo orgullo en autonombrarse "chicanos". De tal manera, en una misma familia es posible encontrar abuelos que se llaman a sí mismos "mexicanos", padres de familia que se reconocen como *Mexican Americans* e hijos de éstos que se autonombran "chicanos".

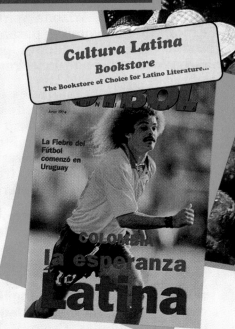

Cultura Latina Bookstore
The Bookstore of Choice for Latino Literature...

La Fiebre del Fútbol comenzó en Uruguay

COLOMBIA la esperanza Latina

Música Latina y Mucho Más

Hispano Americanos en el Mundo de las Ciencias

Realizando su Visión

TRABAJANDO CONJUNTAMENTE con la Comunidad HISPANA

Con más de 32 millones de hispanos en EE.UU. es difícil abrazar un término universal que nos identifique a todos.

Las personas de origen puertorriqueño también emplean diversos términos. Por ejemplo, "boricua" hace referencia a Borinquen, el nombre original de la isla de Puerto Rico. Desde la década de los 60, surge el término *Nuyorican* que combina las palabras *New York* con *Puerto Rican*. Algunos traducen este término a "neorriqueño".

Algunas personas resienten el término *Hispanic* porque hace énfasis en la herencia europea y no en las raíces indígenas o africanas. Un término que está logrando mayor aceptación es "latino", aunque por lo general excluye a las personas nacidas en España.

No importa las diferentes etiquetas que se usen, lo importante es que todos reconozcan las contribuciones de los diferentes grupos que forman la gran comunidad hispanohablante y se sientan orgullosos de su cultura.

Verifiquemos

A. ¿Qué somos? Selecciona la letra de la segunda columna que mejor defina a los nombres o gentilicios de la primera columna.

_____ **1.** indígena

_____ **2.** mestizo

_____ **3.** chicano

_____ **4.** boricua

_____ **5.** español

_____ **6.** latino

a. Alguien que ha nacido en España o es ciudadano de ese país europeo.

b. Hace referencia a un origen en Latinoamérica. En EE.UU. son las personas de origen hispano con excepción de los nacidos en España.

c. Persona que mantiene una identidad cultural como indio o habitante original de las Américas.

d. Proviene de la palabra azteca *mexica* que se pronuncia "meshica" y lo usan muchos descendientes de mexicanos en EE.UU.

e. Persona que ha resultado de la mezcla de varios grupos étnicos o culturas. En español significa "de origen mezclado".

f. Sinónimo de *puertorriqueño*. Tiene su origen en la palabra *Borinquen*, el nombre original de la isla de Puerto Rico.

B. Tu identidad. Con un(a) compañero(a) discute el término con el que te identificas en español (latino, hispano, etc.). Es importante que todos respetemos la manera en que nos identificamos. Explica las razones por las que te defines así y qué ventajas o posibles desventajas puedes ver en el uso de ese término.

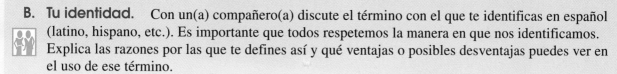

TÚ Y TUS AMIGOS DE COMPRAS

cumpleaños de Víctor

cumpleaños de mi hermana

cumpleaños de papá

cumpleaños de mamá

¿Qué piensas tú?

1. Estas jóvenes están en un centro comercial. ¿Qué crees que van a hacer?

2. El mes de octubre siempre es muy costoso para Margarita. ¿Por qué?

3. Al comprar regalos para sus padres, su hermana y su amigo Víctor, Margarita tiene que considerar los gustos y las preferencias de cada uno. Basándote en las fotos, ¿qué crees que le va a interesar a cada uno?

4. ¿Qué regalos recomiendas tú para cada persona? Explica por qué.

5. ¿Qué tienes en común con tus mejores amigos? ¿Cómo son diferentes? Descríbete con una sola palabra. Describe a tus mejores amigos con una sola palabra. Describe a cada miembro de tu familia de la misma manera.

6. ¿Te gusta ir de compras? ¿Qué te gusta comprar? ¿Vas a los centros comerciales con tus amigos? ¿Qué hacen allí?

7. ¿De qué crees que vamos a hablar en esta lección?

FOTONOVELA
LECTURA ILUSTRADA

✚ *Prepárate para leer*

Anticipa. Fíjate en el título y las fotos de esta fotonovela y, sin leer los diálogos, contesta las siguientes preguntas para ver si puedes anticipar lo que ocurre en este episodio.

1. ¿Qué crees que hacen Margarita y Tina en las primeras dos secciones? ¿Por qué crees eso?
2. En la tercera y cuarta sección vemos a Daniel y a otro joven. ¿Quién crees que es ese joven? ¿Por qué dices eso?

El refrán de la semana

La mona, aunque se vista de seda, mona se queda.

Interpretación ¿Cuál crees que es el significado de este refrán? ¿Qué relación hay entre el dibujo del parque y el refrán? Piensa en otra situación donde podrías usar este refrán y cuéntasela a la clase. ¿Conoces otros, en inglés o en español, que tengan el mismo significado o uno muy parecido? Si no, pregúntales a tus padres o a tus abuelos si ellos no conocen unos. Compártelos con la clase.

De compras con tus amigos

1 ¿Le gustan los collares?

Tina y Margarita están de compras en un centro comercial.

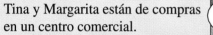

Ya casi tengo todo. Tú también, ¿no? ¡Compraste muchísimo!

Sí, ¿verdad? Y todavía tengo que buscarle un regalo a mi mamá.

Estoy tan preocupada porque el lunes es su santo y todavía no tengo nada para ella.

¡Buena idea! A mi mamá le encanta la joyería de fantasía. Le puedo comprar un lindo juego de collar y aretes.

¿Le gustan los collares? Están en oferta en esa joyería.

Descuento de 20%

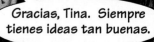

Gracias, Tina. Siempre tienes ideas tan buenas.

2 Mamá prefiere el rojo.

3 ¿Qué hacen por aquí?

Tu problema es que tienes química con el profesor "Mataestudiantes".

No, no es eso.

Oye, Daniel. Y esta carta, ¿de quién es?

Es de mi amigo venezolano.

¿Tu amigo venezolano?

4 ¿De qué se escriben?

No sabía que tenías amigos en Venezuela.

Es un amigo por correspondencia. Es muy simpático.

¿Y de qué se escriben?

Hablamos de nuestras familias y amigos y actividades. Por ejemplo, esta vez me dice que juega béisbol, que va frecuentemente al cine y que le gusta comer al aire libre.

Hmmm. ¿Y es guapo? ¿No te pregunta si tienes amigas simpáticas como nosotras?

Lo siento, pero no. Sólo quiere saber qué hago los fines de semana, si salgo frecuentemente, qué películas me gustan, cuál es mi música favorita, si me gustan los deportes y cosas así.

¿Y ya le contestaste?

Todavía no. Pienso hacerlo esta noche.

Pues, le tienes que contar de tus amigas.

♣ Verifiquemos e interpretemos

A. Identifica a los personajes. Identifica a la persona que hace estos comentarios.

Daniel

Mateo

Tina

Margarita

1. "Pienso hacerlo esta noche".
2. "¿A cuánto están?"
3. "Es de mi amigo venezolano".
4. "No sé qué me pasa. Echo de menos las vacaciones".
5. "Estoy segura que le van a gustar a mi mamá".
6. "¿Qué piensas de estos collares?"
7. "Sólo quiere saber qué hago los fines de semana".
8. "Me encanta el azul".

B. Reflexiona y relaciona. ¿A quién te pareces más, a Margarita, a Tina, a Mateo o a Daniel? Para saberlo, contesta estas preguntas.

1. ¿Por qué fueron al centro comercial Tina y Margarita? ¿Con qué frecuencia vas tú de compras? Generalmente, ¿con quién vas de compras? ¿Vas solo(a)? ¿Siempre compras algo? ¿Qué compró Margarita? ¿Qué piensas que compró Tina?
2. ¿Para quién quería Margarita comprar algo? ¿Por qué? ¿Compras regalos para tus padres y hermanos con frecuencia? ¿En qué ocasiones? ¿Qué consideras un buen regalo para las siguientes personas: tu madre, tu padre, tus hermanos, tu profesor(a) de español?
3. ¿Cómo se sentía Mateo? ¿Por qué? ¿Hay días en que tú te sientes de mal humor sin ninguna razón en particular? ¿Cómo les explicas tu mal estado de humor a tus amigos? ¿Qué haces para sentirte mejor?
4. ¿Qué le interesó a Margarita del amigo por correspondencia de Daniel? ¿Tienes tú amigos o amigas que sólo quieren que los presentes a otros amigos? ¿Te molesta eso? ¿Por qué sí o por qué no? ¿Qué les cuentas a tus amigos por correspondencia de tus mejores amigos?

C. Predicción. Con un(a) compañero(a), decidan lo que Daniel le va a escribir en su carta a su amigo venezolano. Luego escriban esa carta. Comparen su carta con la de dos compañeros de clase.

Conclusión de la fotonovela

Ésta es la carta que Daniel le escribió a su amigo Luis.

Querido Luis,

Gracias por tu carta. Estuvo muy interesante. Estoy encantado de tener un nuevo amigo venezolano. Me encantaría conocer tu país algún día. Caracas parece una ciudad fascinante.

Hace siete años que vivo en El Paso. No es tan grande como Caracas, pero es la cuarta ciudad más grande de Texas. Lo único que nos separa de Ciudad Juárez, la cuarta ciudad más grande de México, es el Río Grande, o como dicen en México, el Río Bravo. No tendrías ningún problema aquí porque todo el mundo habla español. Me gusta mucho El Paso; tiene un clima ideal si te gusta el sol y el calor.

Somos cinco en mi familia: mis padres, mi hermano Martín, mi hermana Nena y yo. Todos somos morenos y muy guapos, por supuesto. Mi hermano Martín tiene diecisiete años y, como resultado de un accidente automovilístico hace cinco años, usa silla de ruedas. Es muy activo, sin embargo, sobre todo en el baloncesto. Juega con un equipo especial que ganó el campeonato de Texas el año pasado y dicen que va a ganarlo este año también. Nena tiene trece años. Está muy interesada en el arte—pintura y dibujo. A todos nos gusta acampar y vamos a muchos lugares interesantes.

El Paso

Mi familia

Mi hermano y yo asistimos a El Paso High School. Aparentemente, es muy diferente de tu escuela. Tú dices que tienes quince clases—pues nosotros solamente tenemos seis. Yo, por ejemplo, tengo historia de Estados Unidos, inglés, álgebra, química, educación física y música. Todas nuestras clases se reúnen todos los días, de lunes a viernes. ¡Y no tenemos clases los sábados, como ustedes! A propósito, toco el saxofón en la orquesta. Tengo que practicar muchas horas pero me gusta.

Casi todos mis amigos también van a El Paso High School. Mi mejor amigo se llama Mateo Romero. Es muy simpático y hacemos todo juntos. Jugamos tenis, vamos al cine y a partidos de baloncesto y fútbol americano. También juego tenis con una chica muy divertida que se llama Tina Valdez. A veces los tres nos reunimos con otros amigos para escuchar música o para ir a conciertos. Me fascina toda clase de música, pero mi favorita es la música popular latinoamericana. ¿Cuáles son los cantantes y los "hits" de ahora en Venezuela?

Me gustaría saber más de Caracas y de tus amigos. ¿Cómo son tus amigos? ¿Qué hacen los fines de semana? ¿Tienes una amiga especial? ¿Cómo es el clima en Caracas? ¿Hace buen tiempo todo el año? Escríbeme pronto. Algún día en el futuro tienes que visitarme aquí en El Paso. Y sí, yo tendré que visitarte en Caracas también.

Saludos de tu amigo

Daniel

Mi saxofón

Enfrente de mi escuela

¡Pobre Mateo! No juega tenis muy bien.

Mi hermano, mis amigos y yo escuchamos música en casa.

✚ Verifiquemos e interpretemos

A. Detalles importantes. Selecciona la respuesta apropiada según la carta que escribió Daniel.

1. Hace *(5 / 7 / 15)* años que Daniel vive en El Paso.
2. El Paso es la *(segunda / tercera / cuarta)* ciudad más grande de Texas.
3. *(Daniel / Martín / Mateo)* usa silla de ruedas.
4. *(Daniel / Martín / Luis)* tiene quince clases.
5. Daniel toca un instrumento en *(una orquesta / una banda / un restaurante)*.
6. A Daniel le gusta jugar tenis con *(Mateo / Tina / Mateo y Tina)*.
7. Daniel quiere saber más de *(las clases de Luis / la familia de Luis / el clima de Caracas)*.
8. A Daniel le encantaría *(visitar a Luis en Caracas / vivir con Luis / hablar con Luis por teléfono)*.

B. Diagrama araña. En una hoja de papel completa este diagrama araña con toda la información clave relacionada a El Paso, a la familia de Daniel, a su escuela y a sus amigos. Nota que el primer dato en cada categoría ya aparece en el diagrama.

El Paso

más pequeño que Caracas

_____

_____

_____

mi familia

cinco en total

_____

_____

_____

Daniel

mi escuela

seis clases

_____

_____

_____

mis amigos

mejor amigo: Mateo Romero

_____

_____

_____

A. Quiere, pero no puede.   Tu profesor(a) te va a dar dibujos que muestran a personas que quieren hacer varias cosas y pueden hacerlas, y otras que no pueden hacer lo que quieren hacer. También hay dibujos de personas donde no está claro lo que quieren hacer. Pregúntale a tu compañero(a) si sabe qué quieren hacer esas últimas personas y escribe sus respuestas en los globos en blanco. Usa los otros dibujos para contestar las preguntas que tu compañero(a) te va a hacer.

EJEMPLO   María
     Tú: **¿Qué quiere hacer María?**
     Compañero(a): **Quiere leer. Pero no puede porque su hermanito está haciendo demasiado ruido.**

B. ¿Miente o dice la verdad?   Formen grupos de tres personas. Su profesor(a) les va a dar un juego de nueve preguntas a cada uno. Ustedes deben hacerse las preguntas y contestarlas todas. Todos deben decir la verdad al contestar todas las preguntas menos una. Al terminar, el grupo tiene que adivinar la pregunta que cada persona contestó falsamente.

C. Salchicha.   Con un(a) compañero(a), escribe un cuento sobre Salchicha, la perrita en el dibujo.

VOCABULARIO ÚTIL:

pelota	comida	perro	pensar	comenzar	perder
pedir	divertirse	acostarse	encontrar	despertarse	comer
jugar	vivir	beber	querer		

D. Dramatización.   Eres un(a) extraterrestre que viene a la Tierra para conocer la vida de los jóvenes hispanos. Dramatiza esta situación con un(a) compañero(a). Pregunta ampliamente acerca de la vida diaria y las actividades de tu compañero(a).

✚ Prepárate para leer

A. Reflexiona en lo tuyo. Piensa ahora en la casa o apartamento donde vives. Prepara una lista de lo que tú consideras ventajas y desventajas de ese lugar. Usa las ideas que se te dan a continuación u otras ideas que tú tengas. Luego usa tu lista para describirle a un(a) compañero(a) tu hogar y escucha mientras te describe el suyo.

B. Vocabulario en contexto. Lee estas oraciones. Las palabras en **negrilla** aparecen en la lectura. Discute su significado con un(a) compañero(a) de clase.

1. La familia de Elena ha vivido en muchas casas en distintas ciudades. La madre de Elena dice que ya está cansada de tantas **mudanzas.**

2. Al padre de Elena no le gusta que nadie le diga que se calle. Por eso se enoja mucho cuando el **propietario** golpea el techo de su departamento con una escoba.

3. Siempre había agua por todas partes pero el **casero** se rehusaba a reparar los tubos de agua porque la casa era muy vieja.

4. Papá insiste en que el **pasto** está demasiado alto. Manda a mi hermano mayor que lo corte.

5. Mamá no nos permite pasear en bicicleta en la **banqueta.** Dice que las **banquetas** son para caminar.

6. A ninguno de nosotros nos gusta el sol. Por eso, siempre nos sentamos debajo de estos **olmos.**

7. Hace mucha falta pintar nuestra casa este año. La pintura está muy **descarapelada.**

8. Éramos tres niños y vivíamos en el segundo piso. Por eso papá puso **barrotes** en las ventanas para que no nos cayéramos.

CONOZCAMOS A LA AUTORA

La autora

Sandra Cisneros nació en 1954 en Chicago. Esta escritora chicana escribe en un inglés que incorpora muchas frases en español. Además de su libro *The House on Mango Street* que se publicó en 1983 y que en 1985 ganó el "American Book Award," Cisneros es la autora de *Woman Hollering Creek and Other Stories, My Wicked Wicked Ways* y *Loose Woman.* En 1995 recibió la prestigiosa beca MacArthur que incluye un fondo de más de $250,000 dólares.

La traductora

Elena Poniatowska nació en París en 1933 de padre francés de origen polaco y madre mexicana. Esta escritora y periodista es una de las figuras literarias más reconocidas de México. Entre sus numerosas publicaciones están *Hasta no verte Jesús mío, La noche de Tlatelolco, Fuerte es el silencio, Tinísima* y *Querido Diego, te abraza Quiela.*

LA CASA EN MANGO STREET

No siempre hemos vivido en Mango Street. Antes vivimos en el tercer piso de Loomis, y antes de allí vivimos en Keeler. Antes de Keeler fue en Paulina y de más antes ni me acuerdo, pero de lo que sí me acuerdo es de un montón de mudanzas. Y de que en cada una éramos uno más. Ya para cuando llegamos a Mango Street éramos seis: Mamá, Papá, Carlos, Kiki, mi hermana Nenny y yo.

La casa de Mango Street es nuestra y no tenemos que pagarle renta a nadie, ni compartir el patio con los de abajo, ni cuidarnos de hacer mucho ruido, y no hay propietario que golpee el techo con una escoba. Pero aún así no es la casa que hubiéramos querido.

Tuvimos que salir volados del departamento de Loomis. Los tubos del agua se rompían y el casero no los reparaba porque la casa era muy vieja. Salimos corriendo. Teníamos que usar el baño del vecino y acarrear agua en botes lecheros de un galón. Por eso Mamá y Papá buscaron una casa, y por eso nos cambiamos a la de Mango Street, muy lejos, del otro lado de la ciudad.

Siempre decían que algún día nos mudaríamos a una casa, una casa de verdad, que fuera nuestra para siempre, de la que no tuviéramos que salir cada año, y nuestra casa tendría agua corriente y tubos que sirvieran. Y escaleras interiores propias, como las casas de la tele. Y tendríamos un sótano, y por lo menos tres baños para no tener que avisarle a todo mundo cada vez que nos bañáramos. Nuestra casa sería blanca, rodeada de árboles, un jardín enorme y el pasto creciendo sin cerca. Esa es la casa de la que hablaba Papá cuando tenía un billete de lotería y esa es la casa que Mamá soñaba en los cuentos que nos contaba antes de dormir.

*La casa que
Mamá soñaba…*

Pero la casa de Mango Street no es de ningún modo como ellos la contaron. Es pequeña y roja, con escalones apretados al frente y unas ventanitas tan chicas que parecen guardar su respiración. Los ladrillos se hacen pedazos en algunas partes y la puerta del frente se ha hinchado tanto que uno tiene que empujar fuerte para entrar. No hay jardín al frente sino cuatro olmos chiquititos que la ciudad plantó en la banqueta. Afuera, atrás hay un garaje chiquito para el carro que no tenemos todavía, y un patiecito que luce todavía más chiquito entre los edificios de los lados. Nuestra casa tiene escaleras pero son ordinarias, de pasillo, y tiene solamente un baño. Todos compartimos recámaras, Mamá y Papá, Carlos y Kiki, yo y Nenny.

Una vez, cuando vivíamos en Loomis, pasó una monja de mi escuela y me vio jugando enfrente. La lavandería del piso bajo había sido cerrada con tablas arriba por un robo dos días antes, y el dueño había pintado en la madera SÍ, ESTÁ ABIERTO, para no perder clientela.

¿Dónde vives? preguntó.

Allí, dije señalando arriba, al tercer piso.

¿Vives *allí*?

Allí. Tuve que mirar a donde ella señalaba. El tercer piso, la pintura descarapelada, los barrotes que Papá clavó en las ventanas para que no nos cayéramos. ¿Vives *allí*? El modito en que lo dijo me hizo sentirme una nada. *Allí*. Yo vivo *allí*. Moví la cabeza asintiendo.

Desde ese momento supe que debía tener una casa. Una que pudiera señalar. Pero no esta casa. La casa de Mango Street no. Por mientras, dice Mamá. Es temporario, dice Papá. Pero yo sé cómo son esas cosas.

✦ *Analicemos y discutamos*

A. Análisis literario: Voz narrativa. La voz narrativa es la voz que narra o cuenta lo que ocurre en una obra literaria. Puede ser el autor mismo, un personaje de la obra o alguien que nunca aparece en la narración. Una manera de empezar a identificar la voz narrativa es ver si el cuento se narra en primera (yo / nosotros), segunda (tú / usted) o tercera persona (él, ella / ellos, ellas). Vuelve ahora a *La casa en Mango Street* y decide si se narra en primera, segunda o tercera persona. ¿Cuáles son algunos ejemplos que apoyen tu decisión?

1. ¿Es la voz narrativa de este cuento la voz de una persona o de varias personas? ¿Cómo lo sabes?
2. ¿Qué edad crees que tienen la persona o las personas que narran? ¿Por qué dices eso?

B. Diagrama Venn. En una hoja de papel haz una copia de este diagrama y complétalo con una comparación de la casa de Mango Street y "una casa de verdad" que los padres de la niña prometían.

Una casa de verdad
1.
2.
3.
4.
…

Ambas casas
1.
2.
3.
4.
…

La casa en Mango Street
1.
2.
3.
4.
…

C. Discusión. Contesta las siguientes preguntas.

1. ¿Qué relación hay entre el nacimiento de otro hijo y las mudanzas de esta familia? Explica el porqué de esas mudanzas.
2. ¿Dónde vivía la familia antes de mudarse a Mango Street? ¿Por qué decidieron mudarse?
3. ¿Crees que la niña se sentía más orgullosa de la casa en Mango Street que de la de Loomis? ¿Por qué?
4. Explica el incidente con la monja. ¿Qué opinas de la monja? Explica tu respuesta.
5. Algunas personas dicen que nunca estamos satisfechos con lo que tenemos, siempre queremos más. ¿Crees que esto es el caso con esta niña? Explica tu respuesta.

Variantes coloquiales en el habla: El caló

Lenguas en contacto

El español es una lengua que a lo largo de su historia ha estado en contacto con varios idiomas y, por lo tanto, refleja la influencia de éstas. Por ejemplo, después de casi ochocientos años de convivencia con los moros en España, un gran número de palabras árabes entraron al español: *alfalfa, algodón, almohada, alfombra,* etc. De ese proceso de siempre estar añadiendo nuevas palabras y expresiones, y cambiando el significado de otras, resultan diferentes variedades coloquiales. Es un proceso natural de transformación lingüística que todas las lenguas modernas experimentan.

Drink *Cultura*

CHICANISMO
José Antonio Burciaga

El caló

Una de las variedades que se habla en algunos barrios chicanos de EE.UU. es el caló, que muestra el contacto de la lengua española con distintas culturas. El caló tiene muchas palabras de origen gitano, náhuatl e inglés.

Para descifrar el significado de una palabra desconocida de una variedad coloquial como el caló es importante identificar primero cómo se usa esa palabra dentro del contexto de la oración o de la conversación. ¿Funciona como verbo, sustantivo, adjetivo, adverbio? El contexto en el que aparece esa palabra tanto como la función de la palabra ayuda muchísimo a descifrar su significado. Por ejemplo, en el siguiente diálogo aparecen dos palabras en caló.

—¿Me prestas tu coche?

—*Chale*. Mi *ranfla* está en el taller. Le estoy poniendo un motor nuevo.

El contenido sólo nos dice que *ranfla* es un sinónimo de *coche* y el hecho de que funciona como sustantivo apoya esta conclusión. La palabra *chale* parece ser un adverbio equivalente a *sí* o *no*. El contexto nos dice que significa "no".

Mural chicano en la Escuela Secundaria Benito Juárez, Chicago.

Verifiquemos

El caló.   Ahora lee esta cita sacada del cuento "Sammy y los del Tercer Barrio" del autor chicano José Antonio Burciaga. Luego, fijándote en el contenido y en la función de las palabras en caló, selecciona la palabra en la segunda columna que mejor define cada palabra caló en la primera columna.

El Sammy llegó a su *chante* todo *caldeado* porque los *batos* lo habían *cabuleado* …*quesque* era *buti agarrado* con su *feria*.

____	**1.** chante	**a.**	muy
____	**2.** caldeado	**b.**	burlado
____	**3.** batos	**c.**	casa
____	**4.** cabuleado	**d.**	enojado
____	**5.** quesque	**e.**	tacaño
____	**6.** buti	**f.**	dinero
____	**7.** agarrado	**g.**	dicen que
____	**8.** feria	**h.**	amigos

CONOZCAMOS AL AUTOR

 José Antonio Burciaga, autor y artista chicano, nació y se crió en El Paso, Texas. Su obra visual y literaria refleja la realidad multicultural de la zona fronteriza. Burciaga escribe con un gran sentido del humor en español, inglés y caló. Como artista visual se ha destacado por el uso irreverente y original de símbolos culturales como el famoso *Drink Cultura* que recuerda el anuncio comercial de una gran compañía transnacional que se encuentra a través de todo el mundo. Ha publicado poesía: *Restless Serpents* (1976) y ensayos autobiográficos: *Drink Cultura: Chicanismo* (1993). Actualmente vive en California donde por más de una década fue coordinador residente de Casa Zapata de la Universidad de Stanford.

LECCIÓN 2   treinta y tres **33**

TÚ Y LA TRADICIÓN ORAL

¿Qué piensas tú?

1. ¿Qué está haciendo la abuelita en el dibujo de la página anterior? ¿Qué crees que les está diciendo a los niños? ¿Por qué crees eso?

2. ¿Qué hace la chica con la grabadora? ¿Quiénes crees que son las dos personas mayores? ¿De qué crees que están hablando? ¿Por qué crees eso?

3. ¿Qué hace el trovador? ¿En qué época eran comunes los trovadores? ¿Qué papel hacían? ¿Por qué crees que ya no hay trovadores?

4. ¿Sabes qué es un corrido mexicano? Si lo sabes, explícale a la clase lo que es. Cuéntale (o cántale) a la clase el contenido de tu corrido favorito.

5. ¿Conoces la música de Mercedes Sosa? ¿De qué país es ella? ¿Qué tipo de música canta? ¿Sabes por qué mucha gente la compara a Joan Baez, una cantante de música de protesta en EE.UU.?

6. ¿Existen algunas tradiciones orales en tu familia? ¿Hay cuentos, leyendas o alguna canción que tus padres te contaron a ti y que ellos aprendieron de sus padres y que probablemente tú le vas a contar a tus hijos algún día? ¿Cuál es un ejemplo?

7. ¿De qué crees que vamos a hablar en esta lección?

CUENTOS Y LEYENDAS

LECTURA DE LA TRADICIÓN ORAL

🔷 Prepárate para leer

Consejos.   En nuestra sociedad parece haber menos y menos respeto hacia los ancianos. En EE.UU. hasta la comunidad hispana empieza a perder el respeto que siempre ha mostrado a la gente mayor. Este cuento trata de los consejos de un anciano. Contesta las preguntas a continuación con un(a) compañero(a) para tener una idea de cómo te relacionas tú con los ancianos.

1. ¿Conoces a tus abuelos maternos? ¿paternos? ¿Con qué frecuencia los visitas o te visitan ellos?

2. ¿De qué hablas con tus abuelos? ¿con otros ancianos? ¿De qué te hablan ellos?

3. ¿Recibes consejos de tus abuelos o de tus padres con frecuencia? ¿Qué tipo de consejos te dan tus padres? ¿tus abuelos?

4. ¿Siempre sigues los consejos de tus padres y de tus abuelos? ¿Por qué sí o por qué no?

5. ¿Por qué crees que nuestra cultura dice que debemos respetar a los ancianos y seguir sus consejos? ¿Saben ellos más que tú? Explica tu respuesta.

"Siempre presta atención a los consejos de los ancianos, porque ellos son muy sabios".

Tres consejos

Este cuento es muy popular en los Estados Unidos, en México y en Sudamérica. Relata lo importante que es seguir los consejos de los ancianos.

1

Había una vez un hombre muy pobre que tuvo que dejar a su esposa y a su hijo para buscar trabajo. Pasó muchos años caminando de pueblo en pueblo buscando trabajo y fortuna.

2

Un día, en el camino a otro pueblo, encontró a un viejecito. Decidió hacerle una consulta. "Usted parece ser un hombre muy sabio", le dijo. "Por favor, déme algún consejo para mejorar mi situación".
"Bueno", dijo el viejo. "Más vale dar que recibir, si te lo puedes permitir. Los consejos nos cuestan poco a nosotros, los viejos. Escúchame. Hay tres consejos que te puedo dar".

3

"Primero, no dejes camino principal por vereda".

"Segundo, no preguntes lo que no te importa".

"Y tercero, no hagas nada sin considerar las consecuencias."

4

Se despidieron, y el hombre pobre continuó el camino al siguiente pueblo donde pasó la noche.

5

Al día siguiente, empezó su viaje a otro pueblo con otros tres caminantes. Pero cuando ellos decidieron tomar una vereda para acortar el camino, el hombre recordó el primer consejo del viejo sabio, "No dejes camino principal por vereda", y decidió seguir por el camino principal.

Cuando llegó al pueblo, le dijeron que unos bandidos habían matado a sus compañeros de camino. El hombre dio gracias a Dios de que siguió el consejo del viejito.

6

Unos meses más tarde, después de haber visitado varios pueblos más, el hombre llegó a un rancho muy próspero. El propietario lo recibió cortésmente y le dio trabajo.

Al día siguiente, cuando el hombre conoció a la dama de la casa, vio que era muy, muy flaca y parecía estar muy triste. Pero otra vez, el hombre recordó el consejo del anciano, "No preguntes lo que no te importa", y no preguntó nada acerca de la dama.

Con ese hecho, el propietario decidió que este hombre tenía que ser el hombre de más confianza en el mundo entero. Lo puso a cargo del rancho y ofreció pagarle una fortuna.

7

Años después, cuando ya había acumulado una pequeña fortuna, el hombre decidió regresar a casa por su mujer y su hijo. Ya hacía más de diez años que no los veía.

8

Cuando llegó a su casa, miró por la ventana y vio a un hombre durmiendo en la cama. Creyó que su esposa se había casado con otro. Su primera reacción fue querer matar al desconocido. Pero recordó el consejo del viejo sabio, "No hagas nada sin considerar las consecuencias", y no hizo nada.

9

Y en ese momento, oyó la voz de su mujer diciendo, "Hijo, hijo, ¡levántate!"

10

Su mujer y su hijo, ya todo un hombre, estaban contentísimos de verlo. Él les contó de su puesto en el rancho y les enseñó toda su fortuna.

11

Al día siguiente los tres se fueron a vivir al rancho que el hombre dirigía. En camino, el hombre le dijo a su hijo, "Siempre presta atención a los consejos de los ancianos, porque ellos son muy sabios".

✦ Verifiquemos e interpretemos

A. Identifica a los personajes. Lee cada comentario. Luego di qué personaje lo dijo o a qué personaje(s) se refiere.

los tres caminantes

el viejito

el propietario   la mujer y su hijo   el hombre pobre

1. Tuvo que dejar a su esposa y a su hijo para buscar trabajo.
2. "Usted parece ser un hombre muy sabio".
3. Caminó de pueblo en pueblo buscando trabajo y fortuna.
4. "Más vale dar que recibir, si te lo puedes permitir".
5. Decidieron tomar una vereda para acortar el camino.
6. "No dejes camino principal por vereda".
7. Unos bandidos los habían matado.
8. Lo recibió cortésmente y le dio trabajo.
9. "No preguntes lo que no te importa".
10. Lo puso a cargo del rancho y ofreció pagarle una fortuna.
11. Al acumular una pequeña fortuna, decidió regresar a casa.
12. "No hagas nada sin considerar las consecuencias".

B. Problemas, consejos y soluciones. En una hoja de papel duplica este cuadro y úsalo para describir los problemas que tuvo el hombre pobre, los consejos que le dio el anciano y las soluciones que resultaron en el cuento "Tres consejos".

	Descripción del problema	Consejo del anciano	Solución
problema con los tres caminantes			
problema con el propietario			
problema con el hombre en su casa			

C. Desde tu punto de vista.

1. ¿Cuál es la moraleja de este cuento?
2. ¿Crees que el hombre habría decidido hacer lo que hizo sin haber tenido los tres consejos del anciano? ¿Por qué?
3. ¿Crees que todos los ancianos son sabios? ¿Por qué?
4. ¿Conoces tú a unos ancianos sabios? ¿Cómo sabes que son sabios?
5. ¿Conoces algún caso de la vida real que se parezca al del hombre pobre y los tres consejos? Si conoces uno, explícaselo a la clase.

CONVERSEMOS UN RATO

A. Descripciones. ¿Cuánto sabes de los personajes de la fotonovela? Selecciona a uno de estos personajes y descríbeselo a tu compañero(a) sin mencionar el nombre para ver si tu compañero(a) puede adivinar quién es. Luego, tu compañero(a) va a describir y tú vas a adivinar.

EJEMPLO   *Tú:*   **Es moreno, alto, guapo y muy simpático. Le encanta el baloncesto. Ah, también es incapacitado; usa silla de ruedas.**
Compañero(a):   **Es Martín Galindo.**

B. Opiniones. Tu profesor(a) te va a dar un formulario donde tendrás que anotar tu opinión sobre varias personas en la clase. También tendrás que pedir las opiniones de dos compañeros y anotarlas. Luego informa a la clase de los casos donde dos o tres personas expresaron exactamente la misma opinión.

C. Encuesta. Tu profesor(a) te va a dar un cuestionario para entrevistar a tus compañeros de clase. Pregúntales a varias personas cuánto tiempo hace que participan o no participan en estas actividades. Pídeles que firmen el cuadrado apropiado y que escriban el número de años. Recuerda que no se permite que una persona firme más de una vez.

EJEMPLO   estudiar español

Tú:	**¿Cuánto tiempo hace que estudias español?**
Compañero(a):	**Hace dos años más o menos.**
Compañero(a) escribe:	**dos** *y firma el cuadrado apropiado*

D. Dramatización. Estás conversando con un(a) nuevo(a) estudiante que parece ser muy interesante. Para conocerlo(la) mejor, le haces muchas preguntas. Dramatiza la conversación con un(a) compañero(a).

ESTRATEGIAS PARA LEER
Predecir con fotos, dibujos y diagramas

A. Ilustraciones. Muchas lecturas van acompañadas de fotos, dibujos o diagramas. Mira la lista que sigue, indica el tipo de lectura que tiende a usar cada tipo de ilustración e indica su propósito.

Tipo de ilustración	Tipo de lectura	Propósito de la lectura
Foto		
Dibujo		
Diagrama		

B. Predecir. Un buen lector siempre usa las ilustraciones para predecir o anticipar el contenido de la lectura, y para clarificar o confirmar mientras lee. Antes de leer esta selección, mira las fotos y completa las dos primeras columnas de la tabla.

¿Qué hay en la foto?	Lo que anticipo	Lo que sé después de leer
1.		
2.		
3.		

C. Confirmar. Ahora lee la selección. Vuelve a la actividad B y completa la tercera columna de la tabla.

D. Comparar. Compara las predicciones que hiciste en la segunda columna con lo que escribiste en la tercera. ¿Acertaste? ¿Te ayudó el predecir antes de leer? Explica.

Nuestros amigos dominicanos

Estatua de Cristóbal Colón, Sto. Domingo

1492

Cristóbal Colón llega a la isla La Española

1664

Invasión francesa a la isla

1844

Juan Pablo Duarte logra independizar a Santo Domingo de los haitianos

Juan Pablo Duarte

1863

Restauración: los dominicanos se independizan de España

2000

La República Domicana es un atractivo lugar que recibe turistas de todo el mundo

Santo Domingo

A la comunidad dominicana de Estados Unidos le gusta celebrar su independencia y su cultura en festivales realizados en diferentes ciudades. En ellos puedes participar de espectáculos de música y color que identifican la alegría y el orgullo de los dominicanos. Puedes disfrutar de su comida típica, como el delicioso arroz con plátanos y gandules*, y de sus ricas frutas, como las chinas* y los zapotes*. También puedes bailar al ritmo del famoso merengue y divertirte con las coloridas carrozas, los desfiles con ropa típica ❶ y los desfiles de máscaras gigantes ❷. Los festivales celebran la rica cultura e historia de la nación isleña, que fue la primera colonia española de las Américas.

La República Dominicana está situada en el Caribe, donde comparte la isla La Española con el país de Haití. La Española ha desempeñado un papel importante en la historia del Caribe. En ella vivían los indios taínos, que se dedicaban a la agricultura. En 1492, La Española fue el primer lugar que pisó Cristóbal Colón al llegar al Nuevo Mundo. Los españoles hicieron de la isla un centro agrícola y trajeron gente de África para trabajar en las plantaciones como esclavos. Por eso hoy en día la mayoría de la población dominicana es de descendencia africana.

En 1664, los conquistadores franceses se apoderaron de una parte del territorio, actualmente Haití. La isla quedó dividida en dos partes y comenzaron los conflictos entre españoles y franceses. En 1804, los esclavos de Haití se liberaron de los franceses y en 1822 se apoderaron de toda la isla, pero en 1844 el héroe dominicano Juan Pablo Duarte inició un movimiento independentista contra los haitianos, logrando tomar la ciudad de Santo Domingo. Lamentablemente la isla pasó luego a manos de dictadores, como Pedro Santana, quien incorporó la república como provincia de España. En 1863, sus habitantes decidieron independizarse de sus lazos con España. Así se produjo la Restauración, gracias a la participación de héroes como Gregorio Luperón. Finalmente la isla quedó dividida en lo que actualmente es la República Dominicana y Haití.

gandules *tipo de legumbre*   **chinas** *naranjas*   **zapotes** *aguacates*

Generalmente, las celebraciones dominicanas duran varios días y le dan al público la alegría de ser el protagonista principal de estas fiestas ❸ . Se enfocan especialmente en los valores comunitarios, destacando a los profesionales y estudiantes que participan activamente en la comunidad. Además se realizan desfiles de belleza y se reconoce a las mujeres otorgándoles el premio Mamá Tingó ❹ , una mujer dominicana que defendió el derecho a las tierras trabajadas por los campesinos.

Los dominicanos constituyen una fuerte influencia hispana en los Estados Unidos. Puedes ver su legado en las actividades culturales que llevan a cabo y también en personalidades famosas que ya son parte de la cultura popular estadounidense, como el beisbolista Sammy Sosa, la escritora Julia Álvarez y el diseñador de modas Óscar de la Renta.

Y no olvides lo más importante: cuando vayas a una reunión de dominicanos, la diversión está garantizada.

Verifiquemos

1. Preparen un esquema como éste y comparen las actividades que se realizan en los festivales dominicanos con las de otros festivales a los que ustedes hayan asistido.

FESTIVALES

Festivales dominicanos	Otros festivales latinoamericanos	Festivales de otras culturas
1.	1.	1.
2.	2.	2.

2. ¿En qué isla está situada la República Dominicana? ¿Con qué país la comparte?

3. ¿Qué celebran los festivales dominicanos? ¿Cuánto duran? ¿En qué se enfocan?

4. ¿Hay alguna celebración similar en tu ciudad? ¿Cuál es? ¿Has ido a alguna otra? Descríbela.

INTERNET
Enlaces/actividades
www.mcdougallittell.com

ESTRATEGIAS PARA ESCRIBIR
Planificación

A. Empezar. En *Tú y el mundo hispano* leíste sobre las celebraciones de los dominicanos en Estados Unidos y sobre la historia de su país. ¿Qué información histórica importante encontraste? ¿Por qué la isla está dividida en dos países? ¿Qué detalles se incluyen acerca de los festivales? ¿Crees que es importante que un festival se enfoque en los valores comunitarios? ¿Por qué?

B. Planificar. Piensa en un evento similar a los festivales dominicanos, al que tú hayas asistido o al que te gustaría ir. Debes hacer una descripción detallada de este evento para el periódico escolar y será necesario incluir datos interesantes. Para ayudarte a planificar, prepara un cuadro como el que sigue. Identifica en el cuadro los datos que ya sabes, lo que necesitas averiguar y dónde puedes conseguir la información que te falta.

Evento	Lo que ya sé	Lo que debo investigar	¿Dónde debo conseguir la información?
Título del evento			
Fecha / Hora			
¿Dónde es?			
¿Frecuencia?			
¿Desde cuándo?			
¿Cómo recibió su nombre?			
Actividades específicas			
Mi parte favorita			

C. Organizar.   Antes de empezar a escribir tu artículo para el periódico escolar, decide qué información del cuadro definitivamente debes incluir y cuál es opcional. Piensa cuál es la información que describe el evento de manera más interesante, para alternarla con la información opcional de manera que el informe sea atractivo para tu público. El título de la lectura "Nuestros amigos dominicanos" da la idea de unión y comunidad; piensa en un título que tenga características parecidas para tu artículo.

D. Primer borrador.   Ahora, usa la información en tu cuadro y prepara la primera versión de tu artículo. No te detengas demasiado en forma o exactitud; simplemente desarrolla tus ideas. Vas a tener amplia oportunidad para corregir el formato y la estructura.

E. Compartir.   Comparte el primer borrador de tu artículo con dos compañeros de clase. Pídeles sugerencias. Pregúntales si hay algo más que desean saber sobre tu evento, si hay algo que no entienden, si hay algo que puede o debe eliminarse. Dales la misma información sobre sus artículos cuando ellos te pidan sugerencias.

F. Revisar.   Haz cambios en tu artículo a base de las sugerencias de tus compañeros. Luego, antes de entregar el artículo a tu maestro(a), compártelo una vez más con dos compañeros de clase. Esta vez pídeles que revisen la estructura y la puntuación. En particular, pídeles que revisen el uso de verbos en el presente y la concordancia sujeto/verbo y adjetivo/sustantivo.

G. Versión final.   Escribe la versión final de tu artículo incorporando las correcciones que tus compañeros de clase te indicaron. Entrégale una copia en limpio a tu profesor(a).

H. Publicar.   Cuando tu profesor(a) te devuelva el artículo, léeselo a tus compañeros en grupos de cuatro. Luego piensen en un título para una libreta que incluya los cuatro artículos. Escriban una breve introducción para la libreta y entréguensela a su profesor(a).

INTERNET
Taller de escritura
www.mcdougallittell.com

NUESTRO IDIOMA POR DENTRO

La gramática que vamos a aprender

¡LO QUE YA SABES!

Vamos a empezar a fijarnos en todo lo que ya sabes de gramática. Fíjate en estos pares de oraciones. En cada uno de ellos, ¿cuál de las dos oraciones dirías tú, la primera o la segunda? Fíjate bien.

a. Martín y su hermano Daniel *juegan* baloncesto.
b. Martín y su hermano Daniel *juega* baloncesto.

a. Estamos en *los últimos* días de vacaciones.
b. Estamos en *las últimas* días de vacaciones.

Compara tus respuestas con las de tus compañeros. Casi todo el mundo contestó igual. ¿Por qué? *Porque ustedes ya saben mucho de gramática.* Porque ustedes, los hispanos, tienen un conocimiento tácito (o sea, algo que sabes, pero que no sabes que sabes) de la gramática del español. Tus respuestas correctas a estas preguntas muestran que ya sabes algo de *sujetos y verbos* y de *género.* En las siguientes lecciones, vamos a tratar que ese conocimiento tácito se haga más consciente —¡para que no sólo lo sepas, sino que sepas que lo sabes!

1.1 LOS VERBOS Y LOS SUSTANTIVOS

En español, como en otras lenguas, hablamos casi siempre de *actividades* o *acontecimientos* y de *personas* o *cosas* relacionadas con esas actividades o acontecimientos. O sea, hablamos de *verbos* y *sustantivos.*

Carlos estudia mucho.
[sustantivo] [verbo]

El niño llamaba siempre a su mamá.
[sustantivo] [verbo] [sustantivo]

➤ Los *sustantivos* no son sólo personas. También hablamos de cosas inanimadas. En el primer cuadro de la fotonovela de la Lección 1, **Galindo, Martín, hermano** y **Daniel** son sustantivos. Pero **casa** y **baloncesto** también son sustantivos.

Martín y su hermano juegan baloncesto.

| sustantivo | | verbo | sustantivo |

PRÁCTICA

A. Verbos. En equipos de tres, fíjense en los *verbos* que aparecen en la primera sección, *¿Qué hay de nuevo?,* de la fotonovela de la Lección 1, página 5. Identifiquen por lo menos diez verbos.

B. Sustantivos. Ahora fíjense en los *sustantivos* que aparecen en la misma sección de la fotonovela, página 5. Identifiquen unos diez.

C. Más verbos. Individualmente, haz una lista de los verbos que aparecen en el párrafo número cuatro de la lectura "El Paso del Norte" (el que empieza con *Sin embargo*), página 12. Fíjate bien. Debes encontrar diez verbos (eventos).

D. Y más sustantivos. Haz también una lista de los sustantivos que aparecen en el párrafo número cinco de "El Paso del Norte". ¿Cuántos encontraste diferentes? Copia con cuidado. Revisa. Tu maestro(a) va a pedirles a algunos de ustedes que escriban sus listas en la pizarra para que todos puedan verificar su ortografía.

1.2 GÉNERO: RAÍZ Y TERMINACIÓN

Raíz y terminación de los sustantivos

Las palabras, como los animales, tienen cuerpo y cola. Por ejemplo, en español se puede decir **amigo** y también **amiga**, y por lo tanto separamos el cuerpo y la cola de estos sustantivos de la manera siguiente:

| amigo | **amig-o** |
| amiga | **amig-a** |

➤ En sustantivos como **amigo** y **amiga**, la cola (**-o**, **-a**) nos da información sobre si la amistad es varón o hembra.

La gramática usa vocablos especializados para hablar del cuerpo y la cola de las palabras. El cuerpo es la *raíz* y la cola es la *terminación.* Además, la gramática llama *género* a la información que la terminación de sustantivos nos da.

Dos géneros: Masculino y femenino

Las diferentes clases o grupos de sustantivos se llaman *géneros*. Los géneros del español se distinguen uno del otro por las palabras que acompañan a los sustantivos de cada grupo. Las palabras de un género van con **el, un** (**el** correo, **un** libro) y las del otro género van con **la, una** (**la** silla, **una** pizarra).

> Los dos géneros de sustantivos en español se llaman género *masculino* y *femenino*. Decimos que **correo** y **libro** son sustantivos masculinos, y que **silla** y **pizarra** son sustantivos femeninos.

Género	
masculino	femenino
el correo **un** libro	**la** silla **una** pizarra

Cómo saber el género

Los hispanohablantes, debido al uso frecuente, se saben de memoria, sin haber tenido que estudiarlo, el género de muchos sustantivos. Tú ya has demostrado que sabes el género de muchos sustantivos. Pero cuando aprendas sustantivos nuevos, que no estás acostumbrado(a) a oír o a decir, tienes que aprender no sólo lo que significan, sino también a cuál de los dos géneros pertenecen.

En general, las palabras que terminan en **-o** son de género masculino (**el** corre**o**, **el** baloncest**o, el** libr**o, el** cuadern**o**). Hay algunas excepciones importantes:

la mano   la foto (fotografía)   la moto (motocicleta)   la radio

También hay una tendencia a que las palabras que terminan en **-a** sean de género femenino (**la** sill**a, la** pizarr**a**). Pero hay muchas excepciones:

el atleta	el drama	el poema	el sofá
el clima	el idioma	el poeta	el tema
el crucigrama	el mapa	el problema	el tranvía
el día	el panorama	el programa	
el diploma	el planeta	el sistema	

Algunas palabras que terminan en **-a** pueden ser masculinas o femeninas. Cuando la palabra refiere a una mujer, es femenina. Cuando la palabra refiere a un hombre, es masculina:

el/la artista   el/la pianista
el/la dentista   el/la socialista

Otras palabras que terminan en **-a** son masculinas o femeninas depende del sentido:

el/la cura   el/la papa
el/la guía   el/la policía

Además, hay muchísimos sustantivos que no terminan ni en **-o** ni en **-a**. Por lo tanto no hay ninguna indicación visible del género al que pertenecen, excepto las palabras que los acompañan.

LECCIÓN 1

Por ejemplo, **mural** y **lápiz** son sustantivos masculinos (**el mural**, **el lápiz**), pero **clase** y **serie** son sustantivos femeninos (**la clase**, **la serie**).

Cuando uno aprende estas palabras, tiene que aprender también a qué género pertenecen.

Adjetivos: Las palabras que acompañan a los sustantivos
Con frecuencia los sustantivos se expresan directamente.

> El **mural** está en la **escuela.**

Pero a veces queremos dar más detalles sobre los sustantivos. Entonces añadimos palabras:

> El mural **chicano** está en la escuela **nueva.**

Las palabras que añaden información muchas veces cambian su terminación según el género del sustantivo que modifican.

> el mural **chicano** (no **chicana**)
> la escuela **nueva** (no **nuevo**)

Cuando las palabras como **chicano** y **nueva** aparecen con sustantivos de diferente género, cambian la terminación.

> **un** mural **chicano**   vs. **una** familia **chicana**
> **un** proyecto **nuevo**   vs. **una** escuela **nueva**

La gramática usa un vocablo especializado para estas palabras, como **chicano** y **nueva,** que dan más información sobre los sustantivos. Las llama *adjetivos*.

La gramática también usa un vocablo especializado para hablar del cambio que vemos en la terminación de los adjetivos cuando cambia el sustantivo (**mural chicano, familia chicana**). Lo llama *concordancia de género*.

La gramática usa un vocablo especializado para cuando una palabra da más información sobre un sustantivo, como cuando **chicano** nos da detalles sobre **mural** y **chicana** nos da detalles sobre **familia**. Lo llama *modificar* al sustantivo.

UNIDAD 1

cincuenta y uno **51**

PRÁCTICA

A. ¡Caramba!   Camila tiene un nuevo cachorro. El sábado pasado salió por media hora y lo dejó solo en la sala de casa. Cuando regresó, el cachorro había dejado la sala hecha una olla de grillos. ¿Cuáles de los objetos que ponemos en esta lista no se ven en la sala de Camila? Haz una lista de los que no se encuentran.

cuaderno	mochila	carpeta
lápiz	mesa	papel
bolígrafo	libro	escritorio

B. ¿Qué hay?   Haz una lista de los efectos escolares que ves regados por la sala de Camila. Cerciórate de usar **un** o **una** antes de cada palabra.

C. ¿Qué hay aquí?   Hoy vino a la clase una maestra suplente, que no sabe dónde están las cosas, y se pasa el día preguntando. Completa sus preguntas.

1. ¿Dónde está _____ libro de la profesora?

2. ¿Dónde está _____ carpeta de la profesora?

3. ¿Dónde está _____ mapa de España?

4. ¿Dónde está _____ papel para los exámenes?

5. ¿Dónde está _____ poema que vamos a leer?

6. ¿Dónde está _____ foto del poeta?

7. ¿Dónde está _____ bolígrafo de la profesora?

8. ¿Dónde está _____ diploma de la profesora?

9. ¿Dónde está _____ silla de la profesora?

10. ¿Dónde está _____ cuaderno para pasar lista?

D. Los adjetivos. A continuación te ponemos una lista de sustantivos que aparecen modificados por un adjetivo en la historia de "El Paso del Norte", págs. 12–13 de la Lección 1. En una hoja aparte, copia los sustantivos, indicando si son masculinos (**M**) o femeninos (**F**). Luego busca en la lectura el adjetivo que los modifica, y escríbelo al lado del sustantivo. Fíjate en la concordancia de género entre el sustantivo y el adjetivo.

EJEMPLO   líneas
         Tú escribes: **F** **líneas fronterizas**

1. país
2. ciudad
3. personas
4. zona
5. riquezas
6. temperaturas
7. nación
8. período

1.3 ESCRIBIR CON CORRECCIÓN LA -S QUE NO SE TE PUEDE ESSSCAPAR

En esta sección vamos a fijarnos en algunos detalles de la ortografía del español (*ortografía* quiere decir escritura correcta). Algunos hispanohablantes, en particular los de las zonas costeras de Latinoamérica, tienden en su habla a pronunciar la **-s** que aparece al final de una sílaba en forma de aspiración. Por ejemplo, dicen *ehtoy* en vez de **estoy** o dicen *ingleh* en vez de **inglés**. Es muy importante al escribir, no permitir que se escape esa **-s** final.

Fíjate en las letras en **negrilla** en las diez siguientes frases, que hemos sacado de la sección *¿Qué piensas tú?* de la Lección 1, página 3:

esta**s** fotos	e**s**tarán hablando
en la mi**s**ma ciudad	e**s**tos estudiantes
por qué cree**s** e**s**to	e**s**tán haciendo
ciudade**s** di**s**tintas	año e**s**colar
explica**s** e**s**tas semejanza**s**	son similare**s** a u**s**tede**s**

➤ ¿Qué tienen en común todas esas **-s** que hemos destacado? Todas están al final de la sílaba, y a veces al final de la última sílaba (por ejemplo, **e**s**tudiante**s** se dividiría en sílabas: **e**s**-tu-dian-te**s**).

➤ Cuando escribimos, tenemos que hacer un esfuerzo especial para que no se nos escapen esas **-s** que aparecen al final de la sílaba. Siempre se quieren escapar, ¡pero no las dejes! (y fíjate que **escapar** se escribe con una de esas **-s**: e**s**capar).

◄ PRÁCTICA ►

A. Copiar con cuidado. Una buena manera de acostumbrarse a que no se nos escapen las **-s** finales de sílaba es aprender a copiar con cuidado. En tu cuaderno, copia el primer párrafo de "El Paso del Norte", que está en la página 12 de la Lección 1. ¡Que no se te escape ninguna **-s**!

B. Buscar las -s finales. Haz una lista en tu cuaderno de todas las palabras con **-s** final de sílaba que hay en el primer párrafo de "El Paso del Norte" (acuérdate de contar las de la última sílaba de las palabras). Pon la lista en la pizarra para que puedas compararla con las listas que han hecho tus compañeros. Tienes que encontrar 24 palabras con **-s** final de sílaba. ¿Las encontraste todas?

C. Rescata las que se nos escaparon a nosotros. En el siguiente párrafo, se nos han escapado varias **-s** finales de sílaba. En grupos de tres, busquen las palabras de donde se han escapado, inserten la **-s** que falta y escriban las palabras correctamente en sus cuadernos. Comparen su trabajo con el de sus compañeros, a ver quién rescata todas las **-s** que se fugaron. Tienen que encontrar por lo menos 10 **-s**:

> *Martín y Daniel etudiaban en una ecuela en donde no había epacio ni para guardar los libro. Pero ahora se han mudado a otra casa y asiten a otra escuela. Eta escuela es má epaciosa y má cómoda. Por eso, ahora se pasan más tiempo etudiando, dede la mañana hata la noche.*

Taller del bilingüe

RAÍCES Y TERMINACIONES EN ESPAÑOL Y EN INGLÉS

En esta sección siempre harás comparaciones entre el español que acabas de aprender y el inglés que ya sabes o que también vas aprendiendo. Vamos a volver otra vez a ver las raíces y las terminaciones, pero ahora comparándolas con las del inglés.

Raíces y terminaciones en español

Tanto en inglés como en español, nos encontramos algunas palabras que tienen *raíz y terminación* y otras palabras que tienen *nada más que raíz*, sin terminación. En la Lección 1, vimos palabras de las dos clases:

amigo	raíz y terminación:	amig**o**
semana	nada más que raíz:	semana
deportes	raíz y terminación:	deporte**s**
mes	nada más que raíz:	mes

➤ Fíjate bien. En **semana** no hay nada más que raíz, porque la **-a** no se puede separar. O sea, la **-a** es parte de la raíz; no es una terminación.

➤ Lo mismo pasa con la palabra **mes**. La **-s** no es parte de la terminación y no se puede separar.

Raíces y terminaciones en inglés

Mira ahora unos ejemplos en inglés. Nota que hay menos variedad en las terminaciones del inglés.

friend	nada más que raíz:	friend
week	nada más que raíz:	week
bills	raíz y terminación:	bill**s**
month	nada más que raíz:	month

▌PRÁCTICA ▌

A. ¿Raíz o terminación? Lee la siguiente conversación entre Martín y Daniel. Haz una lista de las palabras que aparecen en **negrilla**. Luego tradúcelas al inglés. Decide con tus compañeros si las palabras en los dos idiomas tienen raíz y terminación, o nada más que raíz.

Daniel: ¿Por qué no quieres cambiarte a la **escuela** de tu **vecina** Lupe? Dicen que es muy **buena** y que los **maestros** son **excelentes.**

Martín: Lupe dice que hay una **maestra** que da **muchísima tarea.**

Daniel: Lo dudo **mucho.** Últimamente, Lupe está inventando **muchas historias.** Seguro que no es verdad.

EJEMPLO		
	escuela	**nada más que raíz**
	school	**nada más que raíz**
	vecina	**raíz y terminación: vecin**a
	neighbor	**nada más que raíz**

B. ¿Inglés o español? Lupe va a salir. Su abuela quiere saber con quién. Lupe no quiere que su abuela sepa si va a salir con un muchacho o con una muchacha. Pero tiene que contestarle, ya sea en inglés o en español. ¿Qué hará? ¿Le contestará en inglés o en español? ¿Qué le dirá exactamente? Decídelo con un(a) compañero(a). Luego explícale a la clase.

LECCIÓN 1

Repaso de vocablos especializados

En esta primera lección has aprendido ocho vocablos especializados. Aquí te los ponemos en una lista. Al final de cada lección, habrá más vocablos especializados que añadir a la lista. En un cuaderno, escribe una definición de cada uno para cerciorarte que los conoces bien. Compara tus definiciones con las de dos o tres compañeros y ajústalas, si te parece necesario.

verbo	**género**
sustantivo	**masculino**
raíz	**femenino**
terminación	**adjetivos**

INTERNET
Prueba interactiva
www.mcdougallittell.com

LECCIÓN 2

La gramática que vamos a aprender

¡LO QUE YA SABES!

Vamos a ver algunos pares de oraciones como los de la lección anterior, para que decidas, en cada par, cuál de las dos oraciones dirías tú:

a. Tina y Margarita *están* de compras.
b. Tina y Margarita *está* de compras.

a. *Llamaron* ayer mis hermanos.
b. Mis hermanos *llamó* ayer.

Como en la lección anterior, seguro que casi todo el mundo contestó igual, porque todos tenemos un conocimiento tácito de *los sujetos, las conjugaciones* y *el orden de sujeto y verbo*. En esta lección vamos a aprender sobre esas tres cosas, ¡para que sepas lo mucho que sabes!

1.4 PARA HABLAR DEL SUJETO DEL VERBO

El sujeto

Los verbos se usan casi siempre con uno, dos o más sustantivos. En el siguiente ejemplo, el verbo **recoge** se usa con dos sustantivos: **el Sr. Galindo** y **el correo**.

El Sr. Galindo recoge el correo.

sustantivo	verbo	sustantivo

➤ Con cada verbo encontramos casi siempre un *sustantivo principal*, un sustantivo que es más activo y más importante que el otro. En esta oración, el sustantivo principal es **el Sr. Galindo**, porque él es precisamente del que estamos hablando.

LECCIÓN
2

La gramática usa un vocablo especializado para referirse al sustantivo principal del verbo: lo llama el *sujeto*.

El Sr. Galindo recoge el correo.

| sujeto | | verbo | | sustantivo |

En este caso decimos que el sujeto del verbo **recoge** es **el Sr. Galindo**.

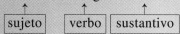 **PRÁCTICA**

A. El verbo. Las siguientes diez oraciones describen algo de los personajes de las fotonovelas. En una hoja aparte, haz una tabla similar a la del ejemplo. Ahora, lee las oraciones con cuidado y decide cuál es el verbo en cada una de ellas. Apúntalo en la primera columna. Compara tu lista con las de dos compañeros. Su maestro(a) les va a pedir a algunos de ustedes que lean su lista a la clase. Ya te hicimos los dos primeros.

EJEMPLO

Verbo (evento)	Sujeto (actor principal)
1. viven 2. Asisten 3. ...	

1. Martín y Daniel viven con su padre, el Sr. Galindo.

2. Asisten a una escuela secundaria.

3. Martín y Daniel cultivan sus amistades.

4. El Sr. Galindo recibe muchas cuentas por correo.

5. Los hermanos reciben a sus amigas en su casa.

6. Tina y Margarita son compañeras de los hermanos Galindo.

7. Viven cerca de ellos.

8. Conversan con ellos con mucha animación.

9. Hoy, Tina interrumpe la conversación.

10. Tiene prisa.

B. El sujeto. Ahora encuentra el actor principal para cada uno de los verbos de tu lista y apúntalo en la segunda columna. Si te parece que un verbo no tiene sujeto (o sea, que no aparece el actor principal), escribe *No se encuentra*. Los primeros dos ya están hechos.

EJEMPLO

Verbo (evento)	Sujeto (actor principal)
1. viven	**Martín y Daniel**
2. Asisten	**No se encuentra.**
3. ...	...

1.5 CLASES DE VERBOS: CONJUGACIONES

Diferentes conjugaciones

En muchos idiomas, los verbos se subdividen en *grupos* o *clases*. En algunos de estos grupos, las cosas se hacen de una manera, y en otros se hacen de otra.

Grupo 1
miro — miraba
canto — cantaba
salto — saltaba

Grupo 2
leo — leía
como — comía
corro — corría

➢ Fíjate que los distintos grupos hacen las cosas de diferente manera. El primer grupo de verbos forma el pasado con la terminación -**aba**.

➢ El segundo lo forma con la terminación -**ía**. (Más adelante le llamaremos a este pasado con otro nombre, pero eso no importa ahora.)

> La gramática usa vocablos especializados para referirse a los diferentes grupos o clases en los que se subdividen los verbos: los llama *conjugaciones*.

En español hay tres conjugaciones. Las vamos a estudiar más adelante, con más detenimiento. Por ahora, nada más vamos a practicar un poco cómo diferenciar entre conjugaciones en el pasado.

Conjugación. Mira la siguiente conversación entre Margarita y Tina. En cada turno de interlocutor, se usa el mismo verbo dos veces. Uno de los usos está en **negrilla**. Llena el espacio en blanco con el pasado del mismo verbo. Los verbos pertenecen a diferentes grupos (a diferentes conjugaciones), así que algunos habrá que ponerlos con pasado en -**aba** y otros con pasado en -**ía**.

EJEMPLO   Hola, Tina, qué gusto de **verte** y de hablar contigo. Hace tiempo que no te _____.

        Hola, Tina, qué gusto de verte y de hablar contigo. Hace tiempo que no te veía.

Tina: Margarita, los padres de Lupe están muy enojados con ella. Dicen que Lupe no **tiene** tiempo de estudiar, aunque antes __1__ mucho tiempo.

Margarita: Lo que pasa es que, ahora que Lupe está en la escuela secundaria, se **levanta** muy tarde. Antes, cuando estaba en primaria, se __2__ más temprano.

Tina: Pero hay más: El papá de Lupe se queja de que ella ya no **come** con la familia. Sin embargo, cuando era más joven __3__ con ellos todos los días.

Margarita: Ah, sí, yo también he oído eso. Además, me enteré de otras quejas. El padre dice que Lupe antes de empezar la secundaria __4__ mucho español. Ahora **habla** mucho menos. ¡Cuántos problemas, nada más que por empezar a ir a la "High"!

Tina: ¡Ay, Marga!, no seas tan inocente. No tiene nada que ver con empezar la secundaria. A mí me ha contado Nancy, que el problema es que Nico __5__ que estaba enamorado de Lupe. ¡Pero no era verdad! Por cierto, ahora **finge** que quiere mucho a Marisol.

LECCIÓN 2

1.6 SE-PA-RA LAS PA-LA-BRAS EN SÍ-LA-BAS: ES MUY FÁCIL

Sílabas

Las palabras no sólo se pueden dividir, como los animales, en cuerpo y cola (terminación y raíz). También se pueden cortar, como el pan, en rebanadas:

amigo	**a-mi-go**
amiga	**a-mi-ga**

> La gramática usa un vocablo especializado para referirse a estos cortes en rebanadas. Cada rebanada se llama una *sílaba*.

Reglas de silabeo

Las palabras se separan en sílabas, según los golpes de sonido: **re-co-ge**, **co-rre-o**, **a-mi-go**. Para escribir correctamente, es importante saber separar las palabras en sílabas. Muchas veces, se puede hacer la separación de oído, sin pensar mucho en lo que se hace. Pero hay algunas reglas que también conviene saber:

> **Regla N° 1**   Todas las sílabas tienen por lo menos una vocal
> (**a, e, i, o, u**).

amigo	a-mi-g**o**
recoge	re-co-g**e**
fotos	f**o**-tos
practico	prac-ti-c**o**
cubano	cu-ba-n**o**
sacaron	sa-ca-r**o**n

> **Regla N° 2**   Aunque no todas, la mayoría de las sílabas
> empiezan con una consonante.

amigo	a-**m**i-go
recoge	**r**e-**c**o-**g**e
fotos	**f**o-tos
practico	**p**rac-**t**i-**c**o
cubano	**c**u-**b**a-**n**o
sacaron	**s**a-**c**a-**r**on

Regla N° 3 Cuando veas dos consonantes juntas, sepáralas en dos sílabas, una para un lado, otra para el otro (hay una excepción, que veremos en seguida).

conservan	con-ser-van	entiendo	en-tien-do
formar	for-mar	asiento	a-sien-to

Regla N° 4 La **-l** y la **-r** son la excepción a la regla número 3. Agrúpalas junto con la consonante anterior excepto cuando van precedidas por **n**. *Nota:* **Ch, ll** y **rr** funcionan como letras individuales y no se pueden dividir.

aplauso	a-**pl**au-so	Enrique	En-**r**i-que
febrero	fe-**br**e-ro	enroscar	en-**r**os-car
hablar	ha-**bl**ar	muchacho	mu-**ch**a-**ch**o
Madrid	Ma-**dr**id	collar	co-**ll**ar
enlatar	en-**l**a-tar	jarro	ja-**rr**o
enlodado	en-**l**o-da-do		

Regla N° 5 Cuando veas tres consonantes juntas, sepáralas en dos sílabas, guiándote por la regla número 4. La **-s** siempre termina una sílaba, no la empieza.

cumplir	cu**m**-**pl**ir
inspira	i**ns**-**p**i-rar
nombrar	no**m**-**br**ar
suscribir	su**s**-**cr**i-bir

PRÁCTICA

A. ¿Le gus-tan los co-lla-res? A continuación te ponemos una lista de palabras que aparecen en la primera sección de la fotonovela de la Lección 2, página 19. Sepáralas en sílabas en una hoja aparte:

1. verdad **3.** lunes **5.** oferta
2. regalo **4.** ella **6.** comprar

B. Busca ejemplos. Con dos compañeros, piensa en palabras que se puedan usar como ejemplos de las cinco reglas que dimos arriba (no puedes usar nuestros ejemplos, sino que tienes que encontrar ejemplos nuevos, ¡claro está!). Piensa en tres palabras para cada regla, ponlas en una lista y sepáralas en sílabas. Luego pónganlas en la pizarra y comparen las palabras que se les ocurrieron a ustedes, con las que se les ocurrieron a los alumnos de los otros grupos.

Taller del bilingüe

ORDEN DE SUJETO Y VERBO EN ESPAÑOL Y EN INGLÉS

Ya vimos que en español el verbo tiene uno o dos sustantivos y que uno de esos sustantivos es el sustantivo principal del verbo. Vimos también que el sustantivo principal se llama el *sujeto del verbo*.

En inglés es igual; también hay verbo y sujeto del verbo, pero con algunas diferencias. Aquí vamos a ver una de esas diferencias.

Fíjate en el orden de las palabras. ¿En qué orden aparecen el sujeto y el verbo? ¿Cuál va primero? ¿Cuál va después?

Los hermanos Galindo llamaron ayer.   *The Galindo brothers called yesterday.*
    [sujeto]   [verbo]   [sujeto] [verbo]

➤ En inglés, el sujeto casi siempre tiene que ir delante del verbo. En la oración de arriba, *The Galindo brothers* se usa siempre antes de *called*, no después. Pero en español, el sujeto puede variar de posición mucho más que en inglés. En español el sujeto muchas veces puede ir, o antes, o después del verbo. Podemos decirlo como está arriba, pero también podemos decirlo con el orden inverso:

    Llamaron ayer los hermanos Galindo.
    [verbo]   [sujeto]

Esto es muy corriente en español. Contrasta estas oraciones que hemos sacado de *La casa en Mango Street* con el equivalente en inglés.

Ésa es la casa de la que   *That's the house that*
hablaba Papá...   *Papá talked about...*
[verbo] [sujeto]   [sujeto] [verbo]

...cuando vivíamos en Loomis,   *...when we lived in Loomis,*
pasó una monja...   *a nun went by...*
[verbo] [sujeto]   [sujeto] [verbo]

PRÁCTICA

A. ¿En qué orden están? A continuación ponemos diez oraciones, adaptadas de las lecturas de las Lecciones 1 y 2 (de "El Paso del Norte" y de "¿Cómo te identificas: Latino, hispano…?"). Para cada oración tienes que decidir cuál de las palabras en **negrilla** es el sujeto y cuál es el verbo y en qué orden aparecen, sujeto-verbo o verbo-sujeto.

1. La región que ahora **ocupan El Paso-Ciudad Juárez** en la meseta central de México estaba ocupada por algunas tribus indígenas.
2. En 1534, **Álvar Núñez Cabeza de Vaca y tres españoles más llegaron** a la región de Texas.
3. En 1581 **los frailes franciscanos llegaron** a Texas y empezaron a fundar muchas misiones.
4. Los españoles dominaron la frontera norte hasta 1821 cuando **ocurrió la independencia** de México.
5. Ahora **El Paso es** una moderna ciudad occidental.
6. **La población** de origen mexicano de EE.UU. **ha utilizado** diversas denominaciones.
7. Quizás **podrían llenarse varias páginas** con nombres de identificación.
8. **Existe un sinnúmero** de denominaciones o términos para esta población.
9. Desde la década de los 60, **surge el término** *Nuyorican*.
10. **Un gran número** de estas personas **son** mestizos.

B. ¡A poner orden! Durante la próxima semana, dedícate con tres de tus compañeros a escuchar con atención la forma en que hablan en español tus amigos, los locutores de radio y televisión, tus padres, tus parientes y la gente de la comunidad. Recoge diez ejemplos de oraciones en español con orden verbo-sujeto. Cuando las oigas, apúntalas inmediatamente para que no se te olviden. Tráelas a la clase, ponlas en la pizarra y compáralas con las de tus compañeros para ver qué encontraron. ¿Se podrían haber dicho esas oraciones con orden sujeto-verbo? ¿Qué crees?

Repaso de vocablos especializados

En esta lección has aprendido tres vocablos especializados. Aquí te los ponemos en una lista. En tu cuaderno, escribe una definición de cada uno para cerciorarte que los conoces bien. Compara tus definiciones con las de dos o tres compañeros y ajústalas, si te parece necesario.

sujeto   **sílabas**
conjugaciones

La gramática que vamos a aprender

¡LO QUE YA SABES!

Aquí vamos a fijarnos otra vez en algunas cosas que ya sabes. Hagamos lo mismo. Mira estos pares de oraciones, y decide cuál de las dos dirías y cuál no dirías.

a. Carlos y yo *salgo* de la escuela a las tres.
b. Carlos y yo *salimos* de la escuela a las tres.

a. Lucía piensa que tú *cantas* muy bonito.
b. Lucía piensa que tú *cantes* muy bonito.

Seguro que casi todo el mundo contestó igual. ¿Por qué? Porque todos tenemos un conocimiento tácito de las *personas de los verbos* y las *conjugaciones*. En esta lección vamos a aprender sobre esas dos cosas, ¡para que sepas lo mucho que sabes!

1.7 LAS PERSONAS DE LOS VERBOS

La terminación del verbo

Fíjate que la terminación del verbo no es siempre igual. Según vas usando el mismo verbo en diferentes contextos, la terminación cambia. En la fotonovela de la Lección 1, Martín dice primero **estamos** y luego **están.**

Margarita y yo **estamos** en el mismo año.
Tina y Daniel **están** juntos.

¿Por qué este cambio de **estamos** a **están**? Porque el sujeto del evento ha cambiado.

➤ En el primer caso, el sujeto es **Margarita y yo** (**estamos**)**.**

➤ En el segundo, el sujeto es **Tina y Daniel** (**están**)**.**

> La gramática usa vocablos especializados para esas terminaciones de los verbos que ajustamos según cambia el sujeto: las llama *personas*. A las primeras tres, la gramática las llama, naturalmente, *primera persona, segunda persona* y *tercera persona*.

La persona

Persona es un vocablo especializado de la gramática. No se refiere siempre a seres vivos, sino a la terminación del verbo. Los sujetos de las terminaciones de *primera* y *segunda persona* son siempre verdaderamente personas (**tú** y **yo**). Pero el sujeto de la *tercera persona* puede ser una persona (**Tina, el Sr. Galindo**), un animal (**el perro**) o un objeto inanimado (**el piso, la pared**).

Veamos las tres personas en estos verbos conocidos:

Personas del verbo		cantar	comer	vivir
1ª persona	**yo**	cant**o**	com**o**	viv**o**
2ª persona	**tú**	cant**as**	com**es**	viv**es**
3ª persona	**usted, él, ella, (sustantivo)...**	cant**a**	com**e**	viv**e**

➤ Parece que *usted* es tercera persona, ¿será verdad? En la siguiente unidad vas a ver por qué *usted* tiene las terminaciones de tercera persona. Por ahora, acéptalo con paciencia.

Personas del singular

Las personas que hemos visto arriba se usan cuando el sustantivo se refiere a un sujeto (a un actor principal).

> Como en todos estos casos, ya sea el sujeto **yo**, **tú** o **Margarita,** la gramática usa un vocablo especializado para estas personas o terminaciones, las llama del *singular*.

Personas del plural

Pero a veces el sujeto es dos o más personas o sustantivos.

> Tina y yo **hablamos** todos los días.
> El perro, el caballo y el gato **tienen** el pelo negro.

➤ En el primer ejemplo **Tina y yo** es un sujeto en primera persona porque involucra al hablante. Pero hay dos; no es sólo yo, sino **nosotros**, Tina y yo.

➤ En el segundo, **el perro, el caballo y el gato** es un sujeto de tercera persona porque se trata de sustantivos. Pero son tres; no sólo es él o ella, sino **ellos:** el perro, el caballo y el gato.

> La gramática usa un vocablo especializado para las personas o terminaciones que se refieren a más de una, las llama del *plural*.

Personas del singular y plural

Así que el cuadro de la página 65 no está completo. No sólo hay personas en singular, sino también en plural. Quiere decir que los verbos no tienen tres personas, sino seis, tres en singular y tres en plural. Veamos las personas otra vez, ahora con las seis completas, las tres que ya conoces del singular más las tres nuevas del plural.

Conjugación de verbos en presente				
Personas del verbo		cantar	comer	vivir
1ª persona singular	yo	canto	como	vivo
2ª persona singular	tú	cantas	comes	vives
3ª persona singular	Ud., él, ella, ...	canta	come	vive
1ª persona plural	nosotros(as)	cantamos	comemos	vivimos
2ª persona plural	vosotros(as)	cantáis	coméis	vivís
3ª persona plural	Uds., ellos(as), ...	cantan	comen	viven

Estudia bien este cuadro. Sería bueno que pudieras repetirlo de memoria, o sea, que puedas cerrar los ojos y repetir de corrido: **yo canto, tú cantas, él canta, nosotros cantamos, vosotros cantáis, ellos cantan,** y así igual con los otros dos verbos.

➤ Si la segunda persona plural te es un poco extraña, no te preocupes. Es una forma muy limitada dialectalmente (quiere decir, que se usa en relativamente pocos lugares, mayormente en España) que casi nunca se usa, ni en Latinoamérica ni en Estados Unidos. Por eso la presentamos aquí, pero si tu maestro(a) lo aprueba, tal vez no tengas que memorizarla al conjugar.

> La gramática usa un vocablo especial para referirse a cerrar los ojos y decir de corrido todas las personas del verbo (bueno, se puede hacer con los ojos abiertos también): Se llama *conjugar* un verbo.

Los sustantivos personales del sujeto

Las personas del verbo **yo, tú, Ud., él, ella, nosotros(as), vosotros(as), Uds., ellos, ellas,** se usan cuando no queremos dar muchos detalles sobre el sujeto —cuando no queremos usar el sustantivo.

> La gramática usa un vocablo especializado para referirse a estas palabras que nos ahorran el trabajo de tener que usar sustantivos. Las llama *sustantivos personales del sujeto.*

➤ Se les llama *sustantivos personales del sujeto* a las personas del verbo cuando aparecen en una oración como el sujeto del verbo.

Conjugar verbos en pasado

Los verbos se pueden conjugar en el pasado también. Por ejemplo, vimos que los muchachos de la fotonovela decían:

> Margarita y yo **estamos** en el mismo año.
> Tina y Daniel **están** juntos.

Lo decían así porque estaban hablando de este curso, del presente. Pero si hubieran estado hablando del curso anterior, del año pasado, lo habrían dicho así:

> El año pasado, Margarita y yo **estábamos** en el mismo año.
> El año pasado, Tina y Daniel **estaban** juntos.

Por lo tanto, los verbos que hemos estudiado se podrían también conjugar en el pasado. Serían así:

Conjugación de verbos en pasado				
Personas del verbo		cantar	comer	vivir
1ª persona singular	yo	cantaba	comía	vivía
2ª persona singular	tú	cantabas	comías	vivías
3ª persona singular	Ud., él, ella, ...	cantaba	comía	vivía
1ª persona plural	nosotros(as)	cantábamos	comíamos	vivíamos
2ª persona plural	vosotros(as)	cantabais	comíais	vivíais
3ª persona plural	Uds., ellos(as), ...	cantaban	comían	vivían

Te ponemos este cuadro de verbos conjugados en el pasado nada más que para satisfacer tu curiosidad, pero no para que lo estudies ahora. Ya volveremos sobre esto más adelante. Por el momento, lo importante es que puedas conjugar de corrido, y de memoria, los tres verbos del cuadro de la página anterior.

◀ PRÁCTICA ▶

A. Los fines de semana. ¿Qué hacen estas personas los fines de semana?

EJEMPLO **El director come pizza.**

la profesora	asistir a conciertos
tú	salir con sus amigos
mis amigos ... y ...	calificar exámenes
yo	charlar mucho
el director	caminar en las montañas
mis padres	llevar ropa elegante
mi amiga ... y yo	comer pizza
ellas	preparar comida especial
	practicar deportes
	alquilar videos

B. Toda la familia. ¿Cuáles de estas actividades hace toda tu familia junta?

MODELO   bailar
Bailamos todos juntos.
o
Nunca bailamos juntos.

1. comer

2. leer

3. escuchar música

4. ver la tele

5. preparar la comida

6. nadar

7. salir a comer

8. visitar a parientes

9. limpiar la casa

C. ¡Una carta!   Tina acaba de recibir una carta de México, de su nueva amiga por correspondencia. Para saber lo que dice la carta, complétala con la forma apropiada de los verbos indicados.

1. trabajar   **7.** visitar

2. limpiar   **8.** comer

3. practicar   **9.** ver

4. estudiar   **10.** estudiar

5. salir   **11.** hacer

6. ir   **12.** esperar

Los sábados por la mañana mi papá ___1___ en su oficina y mi mamá y yo ___2___ la casa. Elena ___3___ el piano y Roberto ___4___ con un amigo. Por la tarde, toda la familia ___5___ al parque. Todos nosotros ___6___ al parque de diversiones y Roberto ___7___ el zoológico. Por la noche, nosotros ___8___ juntos y ___9___ la tele. Los domingos Roberto y yo ___10___ para las clases del lunes. ¿Qué ___11___ tú los fines de semana? Yo ___12___ tu carta.

Un abrazo muy fuerte de
María

1.8 TRES CLASES DE VERBOS

LECCIÓN 3

Tres conjugaciones

Ya sabes que las diferentes clases o grupos de verbos se llaman *conjugaciones*. Las conjugaciones se distinguen una de la otra, porque hacen los cambios de una persona a la otra de diferente manera.

> En español hay tres conjugaciones llamadas simplemente *la primera, la segunda* y *la tercera conjugación.*

Aquí te conjugamos tres verbos que nos van a servir de modelo en sus formas del *presente de indicativo* (más adelante te diremos por qué se llama así).

Las tres conjugaciones del presente de indicativo				
		Primera conjugación cantar	Segunda conjugación comer	Tercera conjugación vivir
1ª persona singular	yo	canto	como	vivo
2ª persona singular	tú	cantas	comes	vives
3ª persona singular	él, ella, ...	canta	come	vive
1ª persona plural	nosotros(as)	cantamos	comemos	vivimos
2ª persona plural	vosotros(as)	cantáis	coméis	vivís
3ª persona plural	ellos(as), ...	cantan	comen	viven

Veamos bien por qué decimos que **cantar, comer** y **vivir** pertenecen a tres grupos o conjugaciones diferentes:

➤ Fíjate que cuando el sujeto es **yo**, todas las conjugaciones tienen igual terminación (en -**o**) (**yo cant<u>o</u>, yo com<u>o</u>, yo viv<u>o</u>**).

➤ Pero mira bien lo que pasa cuando el sujeto es **tú**. Si el verbo pertenece a la primera conjugación, la terminación es -**as** (**tú cant<u>as</u>**). Pero si pertenece a la segunda o tercera conjugación, la terminación con **tú** es -**es** (**tú com<u>es</u>, tú viv<u>es</u>**).

➤ Lo mismo pasa cuando el sujeto es **él, ella** o **usted:** En primera conjugación la terminación con **usted** es -<u>**a**</u>, pero en segunda y en tercera es -<u>**e**</u>.

➤ Fíjate que la segunda y tercera conjugación se parecen mucho. ¿Puedes detectar las diferencias?

Muchos verbos en cada conjugación

Las tres conjugaciones agrupan a muchos verbos, los cuales se conjugan de la misma forma.

Todos los verbos que se conjugan como **cantar** son de primera conjugación, todos los que se conjugan como **comer** son de segunda conjugación y todos los que se conjugan como **vivir** son de tercera conjugación.

Verbos de la 1ª conjugación: -ar				
	cantar	gritar	brincar	trabajar
yo	canto	grito	brinco	trabajo
tú	cantas	gritas	brincas	trabajas
Ud., él, ella, ...	canta	grita	brinca	trabaja
nosotros(as)	cantamos	gritamos	brincamos	trabajamos
vosotros(as)	cantáis	gritáis	brincáis	trabajáis
Uds., ellos(as), ...	cantan	gritan	brincan	trabajan

Verbos de la 2ª conjugación: -er				
	comer	beber	temer	romper
yo	como	bebo	temo	rompo
tú	comes	bebes	temes	rompes
Ud., él, ella, ...	come	bebe	teme	rompe
nosotros(as)	comemos	bebemos	tememos	rompemos
vosotros(as)	coméis	bebéis	teméis	rompéis
Uds., ellos(as), ...	comen	beben	temen	rompen

Verbos de la 3ª conjugación: -ir				
	vivir	sufrir	partir	subir
yo	vivo	sufro	parto	subo
tú	vives	sufres	partes	subes
Ud., él, ella, ...	vive	sufre	parte	sube
nosotros(as)	vivimos	sufrimos	partimos	subimos
vosotros(as)	vivís	sufrís	partís	subís
Uds., ellos(as), ...	viven	sufren	parten	suben

A. Nueva amiga. Óscar acaba de conocer a Paula y quiere saber más de ella. Completa su conversación con estos verbos.

ayudar   invitar
pasar   practicar
bailar   nadar
pasear   trabajar

Óscar: ¿__1__ tú muchos deportes durante el verano?

Paula: Sí, __2__ todos los días. Además, mis amigos y yo __3__ en bicicleta.

Óscar: ¿__4__ también?

Paula: No, solamente en la casa. Mis hermanos y yo __5__ a mamá con la casa.

Óscar: ¿Y de noche? ¿Qué haces?

Paula: __6__ tiempo con mis amigos. A veces ellos me __7__ a una discoteca y nosotros __8__ toda la noche.

B. Mi colegio. ¿Cómo describe Julia su rutina en el nuevo colegio?

EJEMPLO   todo / días / (yo) asistir a / Colegio Central
Todos los días asisto al Colegio Central.

1. abrir / puertas / 7:00 / y / (yo) entrar / en seguida
2. aprender mucho / en todo / mi / clases
3. en / clase de inglés / profesora hacer / mucho / preguntas y todo / nosotros / responder
4. (yo) leer / libros / interesante / y (yo) escribir / mucho / composiciones
5. mediodía / todos nosotros / comer / cafetería
6. durante / recreo / (yo) beber / refrescos / patio
7. mi / amigos y yo / salir / colegio / 4:00
8. ¿qué / hacer tú / en / colegio?

C. Después de las clases. ¿Qué hacen estas personas al salir de la escuela?

el director

EJEMPLO **El director barre el piso en la cocina.**

1. Rebeca y Daniela

2. la profesora

3. mis amigos y yo

4. yo

5. Santiago

6. Nena

7. Enrique y Jacobo

8. Rafa y Chavela

9. Consuelo y Natalia

10. David y Eduardo

D. Conjugaciones. Conjuga los siguientes verbos por escrito. Usa un cuadro como el que hicimos en la pág. 69 para conjugar **cantar**, **comer** y **vivir**. Al lado de cada verbo que conjugues, pon **1ª**, **2ª** o **3ª** para indicar a qué conjugación pertenece.

1. lavar
2. cubrir
3. aprender
4. escribir
5. estudiar

1.9 EL ACENTO TÓNICO O EL "GOLPE"

En español, todas las palabras de más de una sílaba tienen una sílaba que se pronuncia con más fuerza o énfasis que las demás.

> La gramática usa un vocablo especializado para referirse a la sílaba que se pronuncia con más fuerza. La llama la *sílaba tónica* que tiene el *acento tónico* o el "golpe".

Reglas de acentuación

Hay dos reglas generales que indican dónde llevan el "golpe" la mayoría de las palabras de dos o más sílabas.

> **Regla N° 1**   Casi todas las palabras que terminan en **vocal, n** o **s**, llevan el "golpe" en la penúltima sílaba.

Escucha a tu maestro(a) pronunciar estas palabras de las fotonovelas con el "golpe" en la penúltima sílaba.

casa	Ga**lin**do	Marga**ri**ta	**ha**cen
sale	her**ma**no	**com**pras	es**cri**ben

> **Regla N° 2**   Casi todas las palabras que terminan en **consonante,** excepto **n** o **s**, llevan el "golpe" en la última sílaba.

Escucha a tu maestro(a) pronunciar estas palabras de las fotonovelas con el "golpe" en la última sílaba.

Da**niel**	activi**dad**	particu**lar**
Val**dez**	pla**cer**	a**zul**

➤ Fíjate que ninguna de estas palabras llevan acento escrito. En la siguiente unidad vamos a ver que todas las excepciones a estas dos reglas llevan acento escrito. Pero no te preocupes de eso ahora; concéntrate en escuchar el "golpe" en las palabras de la siguiente práctica.

PRÁCTICA

A. ¿Última o penúltima sílaba? En una hoja aparte, copia estas palabras sacadas de la lectura "Nuestros amigos dominicanos". Luego léelas en voz alta, divídelas en sílabas y subraya la sílaba que lleva el "golpe".

1. comunidad
2. arroz
3. ritmo
4. celebran
5. papel
6. isla
7. franceses
8. llevan
9. popular
10. olvides

B. Nombres de estudiantes. Copia estos nombres de estudiantes en una hoja aparte. Luego léelos en voz alta, divídelos en sílabas y subraya la sílaba que lleva el "golpe".

1. David
2. Margarita
3. Tina
4. Francisco
5. Jorge
6. Isabel
7. Yolanda
8. Salvador
9. Dolores
10. Mercedes

C. Nuevas familias. Con permiso del (de la) maestro(a), levántense de sus asientos y hagan tres filas en los lados de la clase. Las filas se formarán según el "golpe" de los nombres de cada uno. De un lado, los que tienen nombres con el "golpe" en la última sílaba. En la tercera fila van los que tienen nombres con el "golpe" en otra sílaba. Y en medio van todos los que tienen nombres de una sola sílaba. Luego, que cada uno diga su nombre para que la clase decida si están donde deben. Pueden repetir la misma actividad con los apellidos de cada uno.

D. ¡El "golpe"! Con un(a) compañero(a) lee el siguiente informe y decide a qué conclusión llega la policía en cada caso. ¿En cuál de los dos es más probable que detengan a alguien como presunto criminal? Discutan el problema, lleguen a una conclusión y explíquenle a la clase cómo piensan que la policía interpretará las notas.

> La policía realiza dos investigaciones criminales. En el caso número 741-B, los detectives encuentran una nota que dice "Mi amor: me mato". En el caso número 726-D, encuentran una nota que dice "Mi amor me mató".

Taller del bilingüe

TERMINACIÓN DE LOS VERBOS EN ESPAÑOL Y EN INGLÉS

¿Se pueden conjugar los verbos en inglés? ¿Hay personas en inglés? La respuesta a estas dos preguntas es sí, pero con mucha menos variación que en español. Los verbos en español tienen seis personas. Pero la mayoría de los verbos en inglés tienen nada más que dos personas: la tercera persona de singular vs. todas las demás.

Piénsalo bien. En presente, casi todos los verbos en inglés son iguales en todas las personas. Tienen raíz, pero no terminación. La única excepción es la tercera del singular, en la que a la raíz se le añade una **-s** (¡otra **-s** que no se te puede olvidar!).

Fíjate, por ejemplo, en las diferentes personas de **cantar** y compáralas con las diferentes personas de *sing*.

		cantar	to sing	
1ª persona singular	yo	canto	sing	*I*
2ª persona singular	tú	cantas	sing	*you*
3ª persona singular	él, ella, ...	canta	sings	*he, she, it...*
1ª persona plural	nosotros(as)	cantamos	sing	*we*
2ª persona plural	vosotros(as)	cantáis	sing	*you*
3ª persona plural	ellos(as) ...	cantan	sing	*they...*

LECCIÓN 3

PRÁCTICA

A. Siempre ocupados. Según Silvia León, ¿qué hacen los miembros de su familia en los días indicados a estas horas?

Enrique y yo: días entre semana

EJEMPLO   **Los días entre semana a eso de las nueve de la noche, Enrique y yo estudiamos.**

1. Enrique: domingos

2. papá: todos los días

3. mamá y yo: lunes, miércoles y viernes

4. mis amigas y yo: sábados

5. mamá: domingos por la tarde

6. toda la familia: todos los días

B. Tercera persona del singular. De las seis oraciones que hiciste en el ejercicio A, cuatro están en tercera persona del singular. Con dos compañeros, decidan cuáles son y decidan cuál es el sujeto y el verbo en cada oración. En una hoja aparte, tradúzcanlas al inglés, subrayando el sujeto y el verbo. Cuando terminen, pónganlas en la pizarra para estar seguros de que las hicieron bien.

C. Historia en tercera persona. Observa la línea cronológica de la izquierda de la página 44, la cual acompaña la lectura "Nuestros amigos dominicanos" y empieza con "1492". En esta línea cronológica hemos encontrado tres oraciones en tercera persona del singular. ¿Cuáles son? Con dos compañeros, cópienlas en una hoja aparte, subrayando el sujeto y el verbo de cada una. Luego tradúzcanlas al inglés, subrayando el sujeto y el verbo. Cuando terminen, pónganlas en la pizarra para estar seguros de que las hicieron bien.

Repaso de vocablos especializados

En esta lección has aprendido siete nuevos vocablos especializados. Aquí te ponemos la lista. Como en las lecciones anteriores, añádelos a tu cuaderno y redacta una definición para cada uno. Consulta con dos compañeros y revisa si las definiciones coinciden.

> **persona (primera, segunda, tercera)**
> **singular**
> **plural**
> **conjugar un verbo**
> **sustantivos personales del sujeto**
> **conjugación (primera, segunda, tercera)**
> **acento tónico (el "golpe")**

INTERNET
Prueba interactiva
www.mcdougallittell.com

INTERNET
Cibertarjetas
www.mcdougallittell.com

UNIDAD 2

TÚ Y OTRAS CULTURAS

TÚ Y UNOS AMIGOS VENEZOLANOS

¿Qué piensas tú?

1. ¿Quiénes crees que son los jóvenes en la foto? ¿Qué hora crees que es? ¿Adónde crees que fueron los jóvenes antes de venir a este café? ¿Por qué crees eso?

2. ¿De qué estarán hablando los jóvenes?

3. ¿De qué partes del mundo te recuerdan estas fotos? ¿Por qué? ¿Hay algunas fotos que no relacionas con nada?

4. ¿Crees que todas estas cosas se pueden encontrar en un lugar? ¿Dónde? ¿Están de acuerdo contigo tus compañeros de clase?

5. ¿Crees que todas estas cosas se pueden encontrar en Venezuela? ¿Por qué sí o por qué no?

6. ¿Qué impresiones tienes tú de Venezuela? ¿De dónde vienen tus impresiones?

7. Los autores de tu texto les preguntaron a estos jóvenes venezolanos si hay algo en particular que quieren que los jóvenes de EE.UU. piensen de ellos. ¿Qué crees que contestaron?

8. ¿Qué quieres tú que los jóvenes de otros países piensen de los jóvenes en EE.UU.?

9. ¿Qué crees que van a hacer en esta lección? Considera tus respuestas a las primeras tres preguntas.

FOTONOVELA
LECTURA ILUSTRADA

✚ Prepárate para leer

Anticipa. Ya sabes que la mejor manera de anticipar lo que va a ocurrir en una fotonovela es a través del análisis de los títulos y las fotos.

1. **El título y los subtítulos.** Lee el título de este episodio y los subtítulos de cada sección. Luego en una hoja de papel, escribe dos cosas que crees que van a ocurrir en este episodio.
2. **Las fotos.** Ahora hojea las fotos y sin leer los diálogos anota dos cosas más que crees que van a ocurrir en este episodio. Vuelve a tus predicciones después de leer la fotonovela para ver si adivinaste correctamente.

El refrán de la semana

Donde una puerta se cierra, cien se abren.

Interpretación ¿Cuál es el significado de este refrán? ¿Cómo se relacionan los dos dibujos y el refrán? ¿Cuáles son algunas situaciones donde podrías usar este refrán? ¿Hay otros refranes con el mismo significado? Si no estás seguro(a), pregúntales a tus padres o a tus abuelos si ellos conocen unos.

Al charlar entre amigos

1 ¡Chévere!

Unos amigos se encuentran en el centro de Caracas.

Los amigos caminan en el Parque Central.

¿Por qué no vamos al Parque Central? ¿Lo conoces?

No, conozco muy poco de Caracas. Vamos.

¿Héctor? ¿Quién sabe? Parece estar bien. No lo veo muy a menudo porque está muy ocupado.

¿Qué tal tus clases, Diana? ¿Son buenas?

Regulares. A mí me gustaría estar ya en la universidad — como tu hermano Héctor. ¿Y cómo está él?

Pues, salúdalo de mi parte, por favor.

Y tú, Chela, ¿tienes hermanos?

¿A su hermana?

Sí, tengo un hermano pequeño y una hermana que va a la Universidad Simón Bolívar.

¿De veras? Mi hermano también estudia allí. A lo mejor la conoce.

¿Y por qué no?

4 **Estamos todos juntos.**

Chela, ¿también vas a nuestro colegio?

Luis, ¿ya hiciste la tarea para la clase de inglés?

¿Quieres estudiar juntos?

Sí, mañana es mi primer día.

¡Y está en nuestra sección!

¡Qué chévere! Entonces vamos a estar todos juntos este año.

Not yet pero la voy a hacer esta noche.

No, fíjate que no puedo. Tengo que salir con mis padres.

✚ *Verifiquemos e interpretemos*

A. Identifica a los personajes. ¿A quién(es) describen estas oraciones?

Luis   **Meche**   **Diana**   **Salvador**   **Chela**

1. Prefiere las arepas de pollo.
2. Mañana es su primer día de clases.
3. Tiene un hermano en la universidad.
4. Es de Maracaibo.
5. Prefiere las arepas de queso.
6. Es la vecina de Meche.
7. No conoce Maracaibo.
8. Los acompañan a comer arepas.

B. Reflexiona y relaciona. Relaciónate con los personajes de la fotonovela.

1. ¿De qué hablan los jóvenes venezolanos cuando se juntan informalmente? ¿De qué hablan tú y tus amigos?
2. ¿Qué hacían Luis y Salvador cuando los vieron las chicas? ¿Sales con tus amigos de vez en cuando a tomar un refresco o a comer un bocadillo? ¿Adónde van? ¿Qué pidieron los jóvenes? ¿Qué pides tú, usualmente?
3. ¿Qué hicieron Luis y Salvador cuando vieron a las chicas? Cuando estás tomando un refresco en un centro comercial y ves pasar a unos amigos, ¿los saludas? ¿Los invitas a que te acompañen?
4. ¿Conocían Luis y Salvador a Chela? ¿Quién se la presentó? ¿Cómo reaccionaron ellos? ¿Cómo reaccionas tú cuando te presentan a otra persona de tu edad? ¿Te sientes cómodo(a) o incómodo(a) en esas situaciones? ¿Qué haces para hacer sentirse cómoda a la otra persona? ¿Qué hicieron Luis y Salvador para hacer a Chela sentirse cómoda?
5. ¿Quién es Héctor? ¿Tienes amigos o conocidos que asisten a una universidad? ¿Sales tú con amigos mayores? ¿Por qué sí o por qué no? ¿Crees que es mejor salir sólo con personas de tu edad? ¿Por qué?

C. Comparación. ¿Cómo se comparan tú y tus compañeros de clase con los jóvenes venezolanos y los de El Paso? Copia este cuadro en una hoja de papel y complétalo para ver que semejanzas y diferencias hay.

	Los jóvenes venezolanos	Tú y tus compañeros	Los jóvenes de El Paso
edad			
manera de saludar y hacer presentaciones			
comidas y bebidas favoritas			
pasatiempos			
actitud hacia las clases			

CONVERSEMOS UN RATO

A. La sala de clase. Tu profesor(a) te va a dar un dibujo a ti y otro a tu compañero(a). Los dos dibujos son similares pero no son idénticos. Para descubrir cuántas diferencias hay, pregúntale a tu compañero(a) si lo que ves en tu dibujo aparece en el suyo. Recuerda que no se permite mirar el dibujo de tu compañero(a) hasta terminar la actividad.

B. No son mis zapatos. Tú y tu hermano(a) empacaron rápidamente para las vacaciones con la familia. Ahora están desempacando y tienen que decidir de quién es cada prenda de ropa. Pregúntale a tu compañero(a) de quién es cada prenda en este dibujo. Tu compañero(a) te va a contestar usando la información en el dibujo que tu profesor(a) le va a dar.

EJEMPLO   *Tú:*   **¿De quién son estas botas? ¿De mamá?**
               Compañero(a):   **No, mamá no trajo sus botas.**
               Tú: **Entonces, ¿son tus botas?**
               Compañero(a):   **Sí, son mías.**   o   **Sí, son mis botas.**

C. ¿Lo vas a comprar?   Tú y tu amigo(a) se ganaron un premio de un millón de bolívares. Claro, quieren comprarles regalos a todos sus familiares y sus amigos. Estudien este anuncio y decidan qué van a comprar y para quién.

> EJEMPLO   **Le voy a comprar la guitarra a mi hermano porque le gusta mucho y la toca muy bien.**

D. Las más interesantes.   Tú eres reportero(a) con el periódico escolar y cada semana escribes una descripción de una familia para la sección del periódico titulada: "Las familias más interesantes de nuestra comunidad". Entrevista a un(a) compañero(a) y consigue suficiente información para escribir un artículo sobre su familia. Luego escríbelo.

E. Dramatización.   Tu amiga, Carmelita, tiene un problema muy serio. Ella siempre insiste en que todas sus cosas son mejores, más grandes o más costosas que las de otras personas. Tú y un(a) amigo(a) deciden que es necesario hablar con Carmelita sobre su mala actitud. Al hablar, compara algunas de tus cosas con las de Carmelita. Dramatiza la situación con dos compañeros(as) de clase.

TÚ Y EL MUNDO HISPANO

LECTURA PERIODÍSTICA

Antes de empezar

INTERNET
Enlaces con el tema
www.mcdougallittell.com

A. El mapa. Localiza estos lugares en el mapa: el Mar Caribe, Venezuela, Colombia, Brasil, Guyana, los Andes, el río Orinoco, el Lago de Maracaibo.

B. Impresiones. Antes de leer esta lectura sobre Venezuela, indica cuáles son tus impresiones sobre el país. Luego, después de leer la selección, vuelve a estas preguntas y decide si necesitas cambiar algunas de tus impresiones iniciales.

1. Venezuela está en . . .
   a. Norteamérica.
   b. Sudamérica.
   c. Centroamérica.
   d. Europa.

2. El clima en la mayor parte de Venezuela es . . .
   a. muy variado.
   b. muy árido.
   c. tropical.
   d. frío.

3. La población venezolana incluye . . .
   a. chinos.
   b. canadienses.
   c. japoneses.
   d. europeos.

4. La economía de Venezuela está basada principalmente en . . .
   a. la exportación de frutas tropicales.
   b. la exportación de café.
   c. la producción de petróleo.
   d. la exportación de azúcar.

5. El origen del nombre de la nación de Venezuela es . . .
   a. la ciudad italiana Venecia.
   b. una tribu de indígenas llamados venezolanos.
   c. un general español.
   d. una mujer llamada Venezuela.

Venezuela

¡Un país para querer!

En la parte norteña de Sudamérica, se encuentra una perla frente al Mar Caribe: Venezuela. Su territorio está frente a las Antillas en el Mar Caribe y es vecino de Colombia, Brasil y Guyana. Es un país extenso con un clima tropical ideal. Su población es una mezcla de indígenas, de descendientes de conquistadores españoles y de negros traídos del África como esclavos. Además, tiene una numerosa población europea de origen alemán, francés, inglés, holandés, italiano y portugués.

Aunque Venezuela no es un país muy grande, es más grande que Texas pero más pequeño que Alaska, y su geografía es muy variada. Hay montañas y clima frío en los Andes; y llanuras, grandes ríos y clima tropical en el resto del país. Casi una mitad del país es de terreno montañoso y en gran parte de Venezuela la temperatura no varía mucho de 80° F.

En las montañas, cerca del pueblo Icabarú se encuentran las famosas minas de diamantes de la Gran Sabana. Cerca de allí también está uno de los espectáculos naturales más impresionantes de todo el mundo, el Salto Ángel,  la cascada más alta del mundo. Con una caída de más de media milla, es quince veces más alta que las cataratas del Niágara.

Los llanos de la parte central y sur, donde corren los ríos Orinoco y Apure, es un área difícil que sufre inundaciones seis meses del año y sequías los otros seis meses. Al noroeste, en el Golfo de Venezuela y en el Lago de Maracaibo, es donde navegaron Alonzo de Ojeda y Américo Vespucio cuando le dieron el nombre de Venezuela, o la pequeña Venecia, a la región. Esto porque vieron que los indígenas vivían en casas puestas sobre pilotes en el agua de las inundaciones.

Venecia

Venezuela tiene ciudades muy bellas, con características especiales. A Caracas, ❸ la capital, se le llama "la ciudad de la eterna primavera". Es una ciudad muy moderna y cosmopolita con sus hermosos parques, varias universidades, hermosos centros comerciales y gran actividad política, económica y cultural. El Centro Cultural junto con la Plaza Bolívar son dos de los sitios más populares de los turistas en Caracas. Otras hermosas ciudades de Venezuela son Mérida de los Andes, Maracaibo frente al lago del mismo nombre, Barquisimeto en los llanos centrales, Puerto La Cruz y Cumaná en la costa del Mar Caribe, y Ciudad Bolívar y Puerto Ordaz en la parte sur, en las márgenes del río Orinoco.

La economía venezolana está basada principalmente en petróleo. ❹ Se ha calculado que hasta un 85 por ciento de la economía de la nación depende de la producción de petróleo. Por eso, cuando baja el precio de este producto el país tiene problemas económicos. Actualmente, el país hace todo lo posible por introducir otros comercios como la producción del café, cacao, azúcar, frutas tropicales, maderas, caucho, hierro, acero, carbón, aluminio, oro y piedras preciosas.

Venezuela es especial por la gran variedad y diversidad de sus habitantes ❺ y por la gran variedad de diversiones que ofrece, por la riqueza de su tierra y del mar y por la magia del trópico. Es por todo eso que los venezolanos dicen: "Venezuela: ¡Un país para querer!"

🅝 INTERNET
Enlaces/actividades
www.mcdougallittell.com

Verifiquemos

1. Prepara un diagrama de Venezuela, como el siguiente, e incluye toda la información posible bajo cada categoría.

Venezuela

En las montañas	En los llanos	En la capital	La economía
1. minas de diamantes	1. Río Orinoco	1. Caracas	1. petróleo
2.	2.	2.	2.
3.	3.	3.	3.

2. Dibuja el Salto Ángel o la vista que en tu imaginación vieron Alonzo de Ojeda y Américo Vespucio al nombrar Venezuela.
3. Explica el título de esta lectura.
4. Si tú pudieras visitar Venezuela, ¿qué te gustaría ver y hacer?

LENGUA EN USO

Variantes coloquiales: El habla caribeña

El habla caribeña tiene una riqueza de variantes que incluyen consonantes sustituidas por vocales aspiradas: **esta = *ehta***, sílabas o letras desaparecidas: **todo = *to***, y unas consonantes sustituidas por otras: **muerto = *muelto***. En los siguientes fragmentos del cuento titulado "Garabatos" del autor puertorriqueño Pedro Juan Soto, aparecen varios ejemplos del uso coloquial en el habla caribeña.

—¡Acaba de levantalte, condenao! ¿O quiereh que te eche agua?

—¡Me levanto cuando salga de adentro y no cuando uhté mande! ¡Adiós! ¿Qué se cree uhté?…

Si analizamos estos fragmentos podemos ver las siguientes similitudes entre el habla caribeña y el español general que se usa más ampliamente en el mundo hispanohablante.

EL HABLA CARIBEÑA	EL ESPAÑOL GENERAL
levantalte	levantarte
condenao	condenado
quiereh	quieres
uhté	usted

Los dos trozos del cuento muestran cómo los autores caribeños están usando la lengua de su pueblo con todas las riquezas coloquiales que la caracterizan. Así es, entonces, como la literatura hispanoamericana contemporánea está preservando el habla caribeña del pueblo.

Un fenómeno digno de mencionar es cómo estas variantes coloquiales se preservan y aún siguen desarrollándose cuando un número significante de personas de un pueblo emigra a otro país. Esto es notable en el habla de los miembros de varios pueblos hispanos que han emigrado a EE.UU. durante la segunda mitad del siglo veinte. Quizás uno de los grupos más representativos es el de los cubanoamericanos.

El habla coloquial cubanoamericana en La Pequeña Habana mezcla el inglés con el español.

El habla coloquial cubanoamericana

De todos los hispanos que han inmigrado a EE.UU., los cubanoamericanos son los que han logrado mayor prosperidad económica. Pero también han desarrollado un habla en este país que incorpora las variantes coloquiales del habla caribeña a una mezcla de inglés y español. Como en el habla de distintos grupos caribeños, en el habla coloquial de muchos cubanoamericanos aparecen varios cambios fonológicos que son comunes al habla coloquial caribeña y de otras partes del mundo hispano. Por ejemplo, la preposición **para** se reduce a *pa'* y muchas consonantes al final de una palabra desaparecen y así se dice *verdá* en vez de **verdad**. También la terminación **-ada** se reduce a *-á* como en *cansá* en vez de **cansada**. Igualmente en algunas palabras se usa la **l** en vez de la **r** como en *luchal* en vez de **luchar**. Pero también se ve la influencia del inglés en el uso de expresiones como *"salió diciendo que nos iba a meter un su"*. El "su" aquí se refiere a *lawsuit* o pleito, como se dice en el español general.

Verifiquemos

La variante coloquial cubanoamericana. A continuación aparecen trozos del cuento "Milagro en la Ocho y la Doce" del escritor cubanoamericano Roberto G. Fernández. Este escritor nació en 1951 en Cuba pero llegó a EE.UU. cuando tenía diez años. En sus obras aparece con frecuencia el habla coloquial que usan los cubanoamericanos que viven en la Florida.

El título del cuento hace referencia a la Calle Ocho y la Calle Doce, dos calles centrales de La Pequeña Habana, uno de los barrios cubanos más populares de Miami.

Reescribe ahora las siguientes oraciones coloquiales usando un español más general.

MODELO ¡Compre su *ticket pa'* la pelea de gallos aquí!
¡Compre su boleto para la pelea de gallos aquí!

1. Y yo iba de lo más atareada tratando de guiar el *carrito de chopin*...
2. ¿Tú *habla inglé*?
3. Sí, Chica, Pepe, el casado con Valentina la *jorobá*.
4. Lo peor del caso fue cuando lo trajimos *pa'* la casa...
5. La *verdá* es que todavía no estaba convencida...
6. Yo me quedé *maravillá y espantá* a la vez.
7. Tócalo mijito *pa'* que se te curen *lah paticah*.
8. Mamá, ya puedo *caminal*...

LECCIÓN

2

TÚ Y LA DIVERSIDAD CULTURAL

¿Qué piensas tú?

1. ¿Qué ciudad crees que aparece en la foto? ¿Por qué crees eso?

2. ¿Qué puedes decir de la vida de la gente de esta ciudad en base a la foto?

3. Nombra los países que reconoces en esta página. ¿Representa cada dibujo algo típico o estereotípico de la cultura de estos países? ¿Por qué crees eso?

4. ¿Qué es un estereotipo? ¿Cómo empiezan los estereotipos?

5. ¿Son los estereotipos verdaderas y exactas representaciones de la cultura que representan? ¿Por qué crees eso? En tu opinión, ¿son buenos o malos los estereotipos? ¿Por qué?

6. ¿Puedes describir una sola cultura representativa de Estados Unidos? ¿de Sudamérica? ¿de otras partes del mundo? ¿Por qué sí o por qué no?

7. ¿Cuáles son algunos elementos que deben considerarse al describir la cultura de un pueblo o un país?

8. En esta lección, los estudiantes que conociste en la primera lección van a hablar de cómo pasaron el verano. ¿De qué crees que vamos a hablar en esta lección?

FOTONOVELA
LECTURA ILUSTRADA

✚ Prepárate para leer

Anticipa. ¿Qué contacto tuviste tú con otras culturas durante el verano? Para contestar esta pregunta tienes que decidir qué es un contacto válido con otra cultura y qué no lo es. A continuación aparece una lista de posibilidades. Haz una lista de lo que tú consideras contactos válidos. Luego compara tu lista con la de un(a) compañero(a) de clase e informen a la clase de lo que consideran válido e inválido.

1. Viajar a otro país
2. Comprar una corbata italiana
3. Usar un perfume francés
4. Ver una película polaca
5. Llevar una guayabera
6. Comer en un restaurante chino
7. Ponerse zapatos hechos en Brasil
8. Visitar con primos alemanes
9. Ver un programa de *National Geographic* sobre Tikal
10. Tomar café colombiano

El refrán de la semana

De la mano a la boca se pierde la sopa.

Interpretación ¿Cuál es el significado de este refrán? Relaciona los dos dibujos al refrán. Explica otras situaciones donde podrías usar este refrán. ¿Sabes de otros refranes con el mismo significado? Si no, pregúntales a tus padres o a tus abuelos si ellos conocen unos.

Tu contacto con otras culturas

1 | Una actividad especial.

Buenos días, jóvenes. Atención, por favor. Hoy vamos a empezar nuestro estudio de geografía con una actividad especial. Esta actividad es para hacerlos reflexionar sobre el contacto que tenemos con otras culturas en la vida diaria.

Bueno…, trabajando en grupos, quiero que preparen una lista de lo que hicieron durante las vacaciones que tiene que ver con otras culturas. ¿Está claro? Bien. Ahora, en grupos de cuatro, por favor.

No entiendo. Yo ni salí de Caracas.

No importa, Meche. Hiciste algo, seguramente. Por ejemplo, ¿no comiste en algún restaurante chino?

Pues, sí. Y también en uno italiano. ¡Ah!, y en otro mexicano.

Pues somos cuatro. ¿Empezamos?

2 ¿Qué hiciste tú?

¿Qué hiciste tú, Salvador?

Pues vi una película francesa.

Ay, también leí una novela sobre el espía inglés, James Bond. Fue muy interesante.

Ay, ¡qué culto! Ja, ja.

Pues, y tú, ¿qué hiciste? ¿Viste una telenovela argentina?

No, en realidad, vi algunos programas norteamericanos en la televisión. Y también fui a visitar a mis tíos en Bogotá.

¡Ah! ¡Se me olvidó! Mis primos alemanes vinieron a visitarnos.

¡Y ahora lo recuerdas!

3 Hice un viaje.

¿Y tú, Chela? ¿Qué hiciste?

Yo también hice un viaje.

¿Adónde fuiste?

¿No les dije? Estuve en Brasil.

¡Chévere! ¿Y por qué Brasil?

Mi padre es científico ambiental y nos llevó en un viaje por el río Amazonas.

¡Cuéntanos todo! ¿Dónde empezaste el viaje? ¿Cuánto tiempo duró? ¿Cuántas personas fueron? ¿Qué viste? ¿No te dio miedo?

Espera. Espera un momento, por favor.

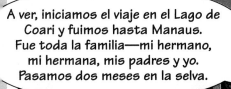

A ver, iniciamos el viaje en el Lago de Coari y fuimos hasta Manaus. Fue toda la familia—mi hermano, mi hermana, mis padres y yo. Pasamos dos meses en la selva.

¿Viste animales salvajes?

¡Ay, sí, muchos! Vimos guacamayas, jaguares, capibaras, tapires y muchos caimanes.

¿No te asustaron?

No, para nada, sólo las pirañas me asustaron.

¡Pirañas! ¿Y había culebras?

Sí, vimos varias anacondas y boas.

¿De veras? Me encantan las serpientes.

¡Huy! ¡Qué tonto eres!

¡Salvador! ¡Quítate! ¡Yo las odio!

Por favor, escriban un informe sobre el contacto más interesante que tuvieron con otra cultura durante las vacaciones.

Silencio, por favor. Como veo que todavía no terminaron, les voy a dar una tarea relacionada con este tema para la próxima clase.

✚ Verifiquemos e interpretemos

A. Identifica a los personajes. ¿Quién hizo estas cosas?

    Luis   **Meche**   **Salvador**   **Chela**

  1. Comió en un restaurante chino.
  2. Leyó una novela sobre James Bond.
  3. Vio jaguares, caimanes, anacondas y pirañas.
  4. Tuvo una visita de sus primos alemanes.
  5. Hizo un viaje a Brasil.
  6. Vio una película francesa.
  7. Comió en un restaurante italiano.
  8. Visitó a unos parientes en Colombia.
  9. Viajó por el río Amazonas.
10. Vio unos programas norteamericanos en la tele.

B. Reflexiona y relaciona. Prepara una lista de todos los contactos que tú tuviste con otras culturas durante el verano y compara tus contactos con los que tuvieron los jóvenes venezolanos. Tal vez te ayude hacer una copia de este cuadro en una hoja de papel.

Los contactos que yo tuve	Los contactos que Luis, Meche, Salvador y Chela tuvieron
1.	1.
2.	2.
3.	3.
4.	4.
…	…

C. Predicción. Al final de este episodio de la fotonovela, el profesor les pide a sus estudiantes que escriban un informe sobre el contacto más interesante que tuvieron con otra cultura. Chela va a escribir sobre su viaje a Brasil. ¿Cuáles son algunas cosas que Chela mencionará en su informe? Estudia el mapa de su ruta por el río Amazonas en la siguiente página y prepara una lista de todo lo que crees que Chela va a mencionar.

Conclusión
de la fotonovela

Chela acaba de escribir su informe para la clase de geografía. Antes de pasar a la próxima página para leerlo, mira el mapa y examina su ruta por el río Amazonas. ¿Qué te parece?

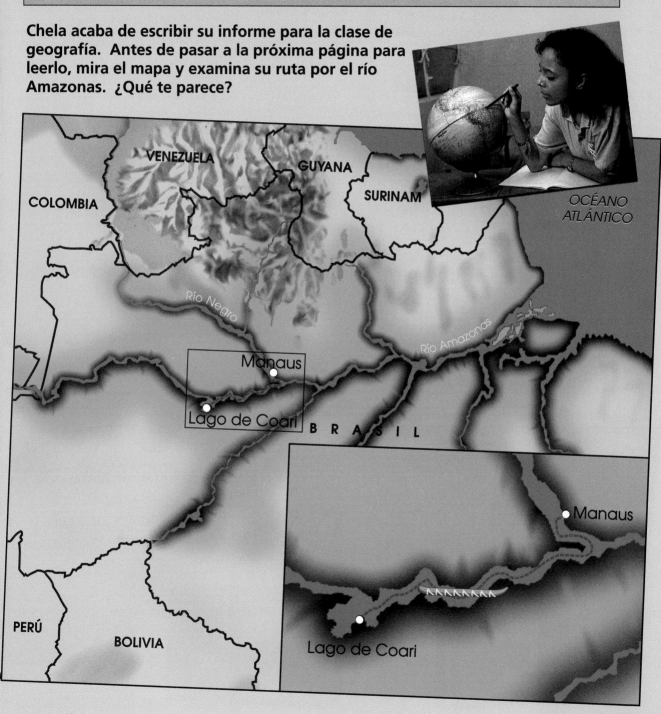

1

    Durante las vacaciones hice un viaje con mi familia por el río Amazonas. Mi padre es científico ambiental y tuvo que hacer algunas investigaciones sobre el estado de la selva y el pantano del río. Esta área es muy importante porque la selva produce oxígeno y absorbe contaminantes. La salud de la selva afecta el bienestar del mundo entero.

2

    No sabía que el río Amazonas era tan interesante. Es el río más largo de Sudamérica (6.450 kilómetros) y el segundo más largo del mundo. Sólo el río Nilo es más largo. Nosotros desembarcamos en uno de los tributarios más importantes, el río Negro, que desemboca en la ciudad de Manaus.[1]

[1]

[2]

[3]

3

    Me gustó mucho la ciudad de Manaus. Es el puerto más grande de esa región. De allí se exportan muchos productos de la selva, como la nuez[2] del Brasil, el caucho[3] y varias clases de madera dura.[4]

[4]

⑥

⑤

4

Fue una sorpresa encontrar a diversas poblaciones a lo largo del río. Además de los indígenas,⑤ vimos a personas de varios grupos étnicos—norteamericanos, europeos, negros, japoneses y gente de raza mixta.⑥ La riqueza del país atrae a personas de negocio, de distintas partes del mundo, interesadas en establecer sus negocios allí. Pero el desarrollo de la selva tropical ya está causando problemas ambientales.

⑦

⑧

5

Los científicos se preocupan por el efecto de la explotación de la selva tropical en el medio ambiente. Por ejemplo, la minería del oro y otros metales contamina el agua.⑦ Además, muchos agricultores cortan y queman los árboles para criar ganado y cultivar la tierra.⑧ Estas prácticas sostienen la economía de la región, pero destruyen el equilibrio natural y amenazan algunas poblaciones indígenas.

6

Muchas especies de plantas y animales que vimos en nuestro viaje sólo viven en las selvas del Amazonas y hoy se encuentran en peligro de extinción por la destrucción de la selva. Sería terrible verlos desaparecer—¡aun las anacondas⑨ y las pirañas!⑩

⑨

⑩

✚ Verifiquemos e interpretemos

A. Detalles importantes. Completa las frases según el informe de Chela.

1. El río más largo de Sudamérica es…
   a. el río Amazonas.
   b. el río Orinoco.
   c. el río Nilo.

2. El río más largo del mundo es…
   a. el río Amazonas.
   b. el río Orinoco.
   c. el río Nilo.

3. Un puerto importante en el Amazonas es…
   a. Maracaibo.
   b. Guayaquil.
   c. Manaus.

4. Tres productos de la selva tropical son…
   a. el plástico, el cristal y la madera.
   b. el caucho, la madera y las nueces.
   c. las nueces, la madera y el cristal.

5. El desarrollo de la selva tropical pone en peligro…
   a. las ciudades grandes.
   b. a algunas poblaciónes indígenas.
   c. la industrialización.

6. Unas especies de animales salvajes del río Amazonas son…
   a. las pirañas y las anacondas.
   b. los leones y los elefantes.
   c. los tigres y las gorilas.

B. Resumen. Resume los datos más importantes del informe de Chela. En una hoja de papel haz una copia de este cuadro y complétalo con todos los detalles importantes.

	Descripción
desembarque	
ciudad de Manaus	
diversas poblaciones	
industrias	
plantas y animales	

CONVERSEMOS UN RATO

A. Amigos internacionales. Tú y tu compañero(a) tienen varios amigos internacionales. ¿Quiénes son?

EJEMPLO **Ellas son mis amigas Margaret y Christy. Son canadienses.**

Margaret y Christy: Canadá

1. Ricardo: México

2. María: Bolivia

3. Tomás: Argentina

4. Tereza: Brasil

5. Claude y Pierre: Francia

6. Heidi: Alemania

7. Olga e Ivan: Rusia

8. Jie: China

9. Yushiko y Miyoshi: Japón

10. Marcella: Italia

Adjetivos para describir nacionalidad

Adjetivos cuya forma masculina singular termina en **-o**:

argentino	italiano
boliviano	jamaicano
brasileño	mexicano
chileno	noruego
chino	panameño
colombiano	paraguayo
coreano	peruano
cubano	puertorriqueño
dominicano	ruso
ecuatoriano	salvadoreño
filipino	sueco
griego	suizo
guatemalteco	uruguayo
hondureño	venezolano

Adjetivos cuya forma singular termina en **-a**, **-e** o **-í**:

canadiense	marroquí
costarricense	nicaragüense
estadounidense	paquistaní
israelita	vietnamita

Adjetivos cuya forma masculina singular termina en consonante:

alemán	holandés
danés	inglés
escocés	irlandés
español	japonés
francés	portugués

B. Hecho en... En grupos de cuatro decidan cuántas prendas de ropa u objetos en sus bolsos y mochilas son hechos en el extranjero. Preparen una lista de los objetos y su origen. Informen a la clase del resultado para ver dónde se hacen la mayoría de objetos hechos en el extranjero.

EJEMPLO   **zapatos: argentinos**
          bolígrafo: coreano

C. ¿Eres danés? Tu profesor(a) te va a dar una tarjeta de identidad y un mapa de Europa. La tarjeta indicará tu nuevo nombre y país de origen.

- Preséntate a varios compañeros de clase.
- Diles tu nuevo nombre y pregúntales el suyo.
- Pregúntales su nacionalidad y diles la tuya.
- Escribe su nombre en el mapa en su país de origen y escribe el tuyo en tu país de origen.

D. ¡Yo también! Tu compañero(a) fue de vacaciones con su familia por una semana durante el verano. Tú no saliste de tu ciudad en todo el verano. Pregúntale a tu amigo(a) sobre sus vacaciones: ¿adónde fue?, ¿con quién?, ¿qué hizo?, ¿qué vio?, etc. Al contestar sus preguntas, trata de impresionarlo con todas las actividades que hiciste tú. Dramaticen esta situación. Usen su imaginación e inventen actividades creativas.

E. Contactos culturales. El gobierno federal quiere saber cuántos productos del extranjero usan los jóvenes en Estados Unidos. Tú eres un(a) investigador(a) que está entrevistando a jóvenes en tu escuela. Entrevista a dos personas. Dramatiza la situación con dos compañeros de clase.

✚ Prepárate para leer

A. La comunidad cubana en EE.UU. Con un(a) compañero(a) responde a las siguientes preguntas.

1. Gran parte de la comunidad cubana que vive en EE.UU. vive en Miami, Florida. ¿Por qué crees que hay tantos cubanos en esa ciudad? ¿Por qué piensas que salieron de Cuba? ¿Sabes cuándo vino a EE.UU. la mayoría?

2. Casi todos los cubanoamericanos en Miami todavía tienen familiares y amigos en Cuba. ¿Crees que se visitan con frecuencia? ¿Por qué sí o por qué no?

3. ¿Cuál es la manera más fácil de comunicarse con familiares en Cuba? ¿Es difícil hacerlo? ¿Es costoso?

B. Vocabulario en contexto. Lee estas oraciones. Las palabras en **negrilla** aparecen en la lectura. Discute su significado con un(a) compañero(a) de clase.

1. Estaban todos sentados **en torno al** teléfono esperando la llamada de la policía.

2. Mira, primero dejó de funcionar mi reloj de pulsera y ahora el radio portátil. Es urgente que vayas a comprar **pilas.**

3. La niña era tan **apegada** a su madre que era imposible separarlas. Siempre andaban juntas.

4. Los primeros satélites hicieron posible la comunicación **inalámbrica.**

5. Estaba tan nervioso que ya se había fumado todo el puro, excepto el **cabo** que mascaba incesantemente.

6. Mamá, acaban de avisarme que mi cuento ganó la competencia. Estoy **becado** para asistir a la Universidad Internacional. ¡Me van a dar 15.000 dólares!

Conozcamos al autor

Roberto G. Fernández nació en Sagua La Grande, Cuba, en 1951. Llegó a EE.UU. cuando tenía diez años y actualmente vive en Tallahassee, Florida, donde ejerce como profesor universitario. Es autor de *Cuentos sin rumbos* (1975), *La vida es un special* (1982), *La montaña rusa* (1984) y *Raining Backwards* (1988), una novela escrita en inglés.

La llamada

(Primera parte)

Sentados en aquella inmaculada salita en torno al teléfono, tal como si fuera un santo en vela, se encontraba toda la familia reunida. Raúl, el mayor, ya había arreglado su amplificador para conectarlo al receptor. Marta, la niña, afanosamente probaba su grabadora de pilas. Don Jesús, fumándose un tabaco, no dejaba de pensar en los $50 que le habría de costar la llamada. Claro que no expresaba su opinión por respeto o miedo a su mujer; ¡Clara era tan apegada a su familia!, y ya hacía cinco años que no hablaban. Mientras sucedía esta escena en la salita, Clara y su hermana María repasaban la lista de preguntas para así no perder tiempo cuando les concedieran la deseada comunicación inalámbrica.

El rico aroma de café recién colado comenzaba a difundirse por la salita a través de la ventana del comedor, cuando sonó el aparato. Clara desaforadamente se lanzó de la cocina a la sala, tan sólo para encontrarse que era un número equivocado. Don Jesús, ya nervioso, mascaba el cabo del tabaco. Los muchachos volvieron a sus sitios.

Pasaron tres largas horas cuando al fin se oyeron por el amplificador cinco timbrazos; y al descolgar se escuchó la suave voz de la operadora quien anunciaba la llamada y preguntaba su habitual: "¿Están dispuestos a pagarla...?"

▲ ▲ ▲

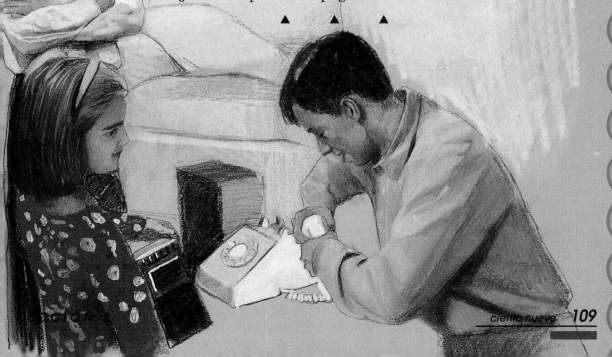

✛ Verifiquemos y anticipemos

A. Desarrollo de la trama.   Contesta las siguientes preguntas antes de continuar a la segunda parte de "La llamada".

1. ¿Qué hacen los miembros de esta familia al principio del cuento?
2. ¿Por qué había Raúl, el hijo mayor, conectado un amplificador al receptor del teléfono? ¿Para qué probaba Marta, la hija menor, su grabadora de pilas?
3. ¿En qué piensa don Jesús, el padre de la familia?
4. ¿Por qué repasan Clara, la madre de la familia, y su hermana María una lista de preguntas? ¿Qué tipo de preguntas crees que han preparado?
5. ¿Por qué es tan importante esta llamada? ¿Quiénes y de dónde crees que los van a llamar?

B. Antes de continuar.   Haz las siguientes actividades con un(a) compañero(a) de clase.

1. Prepara una lista de los nombres de todos los miembros de la familia que están esperando la llamada. Al lado de cada nombre, indica cómo están relacionados el uno al otro.
2. ¿Cómo crees que se va a desarrollar el diálogo de "La llamada" en la segunda parte? Escribe un pequeño diálogo con las preguntas y las respuestas que piensas que posiblemente los miembros de esta familia se harán entre sí. Recuerda que no se han hablado en cinco años. Luego, en grupos de cuatro, compartan sus diálogos.

La llamada

(Segunda parte)

—Sí, dile que ya les mandé las medicinas para la artritis.

—¿Cómo? No se oye nada. Habla más alto que hay mucha estática.

—El que se murió fue "Panchito", el del kiosco de la Calzada.

—¡No me digas! Bueno, pero ya estaba cañengo, y eso de quedarse para hueso viejo... ¿Y de Cuba qué me cuentas?

—¿Hay frío por allá? Aquí este año no hemos tenido casi ni invierno. Albertico está becado en Bulgaria. Estudiando leyes.

—¿Quieres hablar con Jesús?

—¿Qué...? El que se murió fue Panchito, el del kiosco de la Calzada.

—Habla más alto que no se oye nada.

—Mándame la pieza de la máquina de coser que aquí no se consigue. Es Elna, así que mándamela por Suiza. ¿Y los muchachos?

—Aquí están, ahora te van a hablar.

—¡Cómo le ha cambiado la voz a Raulito!

("Clara, corta que no vamos a tener dinero para pagarla". "Cállate, Jesús, no seas impertinente".)

—¿Y del asunto aquel que te dije? El del canario de la jaula color oro.

—¿Sabes quién se fue por Mallorca? Luisito del Valle.

—¡No me digas! Ya tengo que cortar pues esto no es allá y aquí sí que hay que trabajar muy duro.

—¿Y de Cuca qué me cuentas?

—El que se murió fue Panchito, el del kiosco...

—No se oye nada. Habla más alto.

—Aquí este año no hemos tenido casi ni invierno...

▲   ▲   ▲

—María, ¿tú te acuerdas si le pregunté si sabían algo de Cuca?

A margarita sánchez y
loly espino

Analicemos y discutamos

A. Análisis literario: Voz narrativa. ¿Es la voz narrativa la voz de uno de los personajes del cuento? Si no, ¿quién narra este cuento? ¿Por qué lo crees?

B. Análisis del diálogo. ¿Cómo conversamos con varias personas?

1. Piensa en cómo son las conversaciones que tienes con tus amigos y contesta estas preguntas en una hoja aparte. Luego vuelve a contestarlas fijándote en el diálogo telefónico de la familia en el cuento.

	Tú y tus amigos	La familia de "La llamada"
¿Conversan de una manera ordenada y lógica?		
¿Interrumpen a otras personas mientras hablan?		
¿Siempre contestan las preguntas que se les hace?		
¿Sólo habla una o varias personas a la vez?		
¿Se entienden cuando hablan, a pesar del desorden?		

2. Repasa el diálogo del cuento. ¿Quién es la persona que habla en cada ocasión?
3. Compara este diálogo con el que tú escribiste al final de la primera parte de "La llamada". ¿Cuáles son algunas diferencias que notas entre ambos diálogos? Comparte esas diferencias con el resto de la clase.

C. Discusión. Contesta las siguientes preguntas.

1. ¿De qué país proviene la llamada telefónica? ¿Cómo lo sabes? ¿Hay algo en el cuento que indica esto?
2. ¿Quién o qué es Elna? ¿Por qué pide alguien que se la mande por Suiza?
3. ¿Por qué dice alguien: "¡Cómo le ha cambiado la voz a Raulito!"?
4. ¿Cómo sabemos que Clara no está de acuerdo cuando su esposo Jesús le pide que corte la llamada?
5. ¿Cómo caracterizas la comunicación que hay entre las personas que participan en la llamada? Explica tu respuesta.
6. ¿Cómo interpretas el fin del cuento cuando Clara le pregunta a su hermana: "María, ¿tú te acuerdas si le pregunté si sabían algo de Cuca?"
7. ¿Alguna vez has tenido una llamada similar con amigos o con tu familia? ¿Qué es lo que más recuerdas de esa experiencia?
8. Para tener una llamada telefónica eficaz, ¿qué es lo más importante?

El habla cubanoamericana en la obra de Roberto G. Fernández

Este cubanoamericano escribe tanto en español como en inglés. Sus cuentos y novelas reflejan el habla característica de los cubanoamericanos en EE.UU. Fernández tiene un sentido de humor muy agudo que cuestiona o critica el comportamiento de sus paisanos cubanoamericanos en EE.UU.

En su cuento "Los quince", Fernández hace referencia a la quinceañera, un evento importante en la vida de muchas jovencitas latinas que, al cumplir los quince años de edad, son presentadas a la sociedad por sus familias. Es una ocasión de gran festejo.

Los personajes del cuento son los miembros de la familia Rodríguez-Pérez. Por tres años los padres se han dedicado a ahorrar para celebrar los quince años de su hija Sarita, quien no puede ni poner el radio porque se gasta electricidad ni ir a la playa porque se gasta gasolina.

El final del cuento causa gran sorpresa. Los padres gastan 6.000 dólares en organizar la fiesta de Sarita. La fiesta tiene lugar en el lujoso hotel La Joya de Occidente con una decoración de tumba egipcia.

Verifiquemos

A. **"Los quince".** Reescribe en una hoja aparte el siguiente diálogo entre Miguel y su esposa Natalia, los padres de Sarita. Cambia las frases coloquiales a un español más general.

MODELO —¡Natalia, apaga la *lu* que no *vamo* a *tenel pa'* la fiesta!
—**¡Natalia, apaga la luz que no vamos a tener para la fiesta!**

—Natalia, *debe de llamá* a Juanita *Fuente pa'* que te informe bien de lo que hay que *hacé* en el *bol*. Tú *sabe* que ella fue a Francia el año *pasao* en uno de *eso viaje* de veintiún *día y etuvo tre noche* en *Parí*...

—*Tiene* razón, *pue* se me olvida si se empieza con un danzón o con el *val*. Aunque creo que es el *val pue* se da *mucha vuelta*.

—Bueno, llámala y *dispué* arregla lo del local. Fíjate bien que sea en la Joya de Occidente que *e* el *ma distinguío*.

—Pero Miguel, si esa Joya *e* muy cara.

—Te digo que *pa'* Sari lo *mejol*. Anda y ve a arreglar lo que te dije que eso son *cosa* de *mujere*...

Sarita entra al salón de baile montada en un camello rojizo como princesa egipcia. Después de bailar el vals "Danubio Azul" con su padre y Luisito González, Sarita no puede ya parar de girar y se queda girando como un remolino en el gran salón:

El vals cesó y los aplausos casi amenazaban con romper los cristales de tanta vibración. Mas Sarita seguía bailando, girando, trasladándose.

—Mamaíta… Mamaíta… Papaíto… Papaíto… No puedo parar… No puedo parar… paaa… raaar…

La rotación se hacía cada vez más rápida. A veces se elevaba en el aire a tal altura que amenazaba con darse contra la araña que colgaba del techo. Era Sarita como un remolino amarillento…

Una fiesta quinceañera incluye un baile que, por costumbre, se inicia con un vals.

B. "Quinceañera". Con un(a) compañero(a) contesta las siguientes preguntas.

1. ¿Cuáles son algunas de las características principales de una fiesta quinceañera tradicional?
2. ¿Has participado tú en una fiesta de alguna quinceañera? Si así es, descríbela.
3. ¿Por qué crees que los padres de Sarita están dispuestos a no usar el radio para ahorrar electricidad pero luego gastan 6.000 dólares en la fiesta de quince años de su hija Sarita?
4. ¿Siempre son tan costosas estas fiestas? Si tú participaste en una fiesta de quinceañera, ¿sabes cuánto costó, más o menos? ¿Quién pagó los gastos? ¿Por qué se gasta tanto dinero en estas fiestas? ¿Crees que se justifica el gasto? ¿Por qué?
5. ¿Qué opinas del final del cuento "Los quince" cuando Sarita se queda girando sin poder parar en el salón de baile? ¿Qué crees que el autor esté criticando con este final? Explica.

LECCIÓN

3

TÚ Y EL MEDIO AMBIENTE

¿**Qué** piensas tú?

1. ¿Dónde hay selvas tropicales? ¿Dónde crees que está esta selva tropical? ¿Por qué crees eso?

2. ¿Por qué hay tanto interés actualmente en preservar las selvas tropicales?

3. ¿Reconoces estos animales y plantas? ¿Son muy comunes? ¿Qué tienen en común?

4. ¿Se preocupan tú y tus amigos por el medio ambiente? ¿Por qué?

5. En tu opinión, ¿qué preocupaciones sobre el medio ambiente tienen los jóvenes en otras partes del mundo?

6. ¿Qué soluciones propones tú para estos problemas?

7. ¿De qué crees que vamos a hablar en esta lección?

CUENTOS Y LEYENDAS
LECTURA DE LA TRADICIÓN ORAL

✦ Prepárate para leer

A. Cuentos con moralejas. Muchos cuentos no sólo relatan una historia interesante sino también contienen una moraleja, o sea, una lección moral. Sin duda tú conoces muchos cuentos con moralejas. Por ejemplo, ¿cuáles son las moralejas de los siguientes cuentos populares?

1. "La cenicienta"
2. "Caperucita Roja"
3. "La llorona"
4. "Blanca Nieves y los siete enanos"
5. "El gato con botas"
6. "La liebre y la tortuga"
7. "Pulgarcito"
8. "Pinocho"

B. Reflexiona. La moraleja de este cuento tiene que ver con lo que puede pasar si no cuidamos nuestro mundo. ¿Cuáles son algunos problemas que tiene nuestro mundo actualmente? Prepara una lista de lo que tú consideras los cinco problemas más serios de nuestro mundo. Luego en grupos de tres o cuatro comparen sus listas. Informen a la clase los problemas que aparecieron con más frecuencia en sus listas.

Las pulgas decidieron demostrarles a todos los demás animales que ellas eran más poderosas que el invencible león.

El león y las pulgas

En el siglo veinte, empezamos a darnos cuenta que tenemos que proteger la tierra—los ríos, lagos y costas, las plantas y los animales.

1

El cuento "El león y las pulgas" nos ayuda a entender lo que puede pasar si no cuidamos nuestro mundo.

2

Hace muchísimo tiempo, los animales de la selva africana proclamaron al león "rey de todos los animales", por ser el animal más majestuoso, más poderoso, más hermoso y más fuerte de todos los animales.

3

Desafortunadamente, con el pasar del tiempo, el león se volvió orgulloso y tiránico. A tal extremo llegó su tiranía, que del respeto y la admiración inicial, los animales pasaron a sentir miedo y terror de su monarca.

La única excepción fueron las pulgas, esos fastidiosos insectos que no sentían ni miedo ni respeto por el rey, ni por ningún otro animal.

4

Pues bien, las pulgas decidieron demostrarles a todos los demás animales que ellas eran más poderosas que el invencible león. Con esta idea, una pequeña colonia de pulgas se estableció en el lustroso y elegante pelaje dorado del león.

5

Con la excelente y noble sangre del león, la pequeña colonia empezó a crecer rápidamente y se extendieron por todas las partes del cuerpo del rey. Las pulgas vieron en el león un magnífico y delicioso banquete que les permitió tener una fiesta continua, día tras día.

6 Desgraciadamente, las pulgas picaron tanto al león que éste finalmente se enfermó y acabó por morirse.

7 El día que murió el león, las pulgas tuvieron una gran fiesta. A pesar de ser tan pequeñas, feas e insignificantes, ¡ellas ganaron! ¡Vencieron al animal más poderoso de la selva!

8 Pero, ¿ganaron realmente? Una vez que murió el león, las pulgas perdieron el espléndido banquete de todos los días y, poco a poco, ellas empezaron a morir.

Las pulgas no se dieron cuenta que al matar al león, perdieron la fuente de su alimentación.

9 Hay una moraleja en este cuento para todas las gentes del mundo, ¿no? ¿Puedes ver algunos paralelos con tu vida personal? ¿con el bienestar de tu ciudad? ¿de tu país?

✚ *Verifiquemos e interpretemos*

A. Desarrollo del trama. Organiza las siguientes oraciones en orden cronológico.

1. Las pulgas tuvieron una gran fiesta para celebrar su victoria.
2. El león se volvió orgulloso y tiránico.
3. Pronto las pulgas se dieron cuenta que al matar al león, perdieron su fuente de alimentación.
4. Las pulgas decidieron demostrar que ellas eran más poderosas e invencibles que el león.
5. Los animales de la selva proclamaron al león "rey de todos los animales".
6. Pero las pulgas perdieron el espléndido banquete de todos los días y empezaron a morir.
7. Las pulgas picaron tanto al león que se enfermó y se murió.
8. Los animales pasaron a sentir miedo y terror de su monarca.

B. Cada acción tiene su resultado. En los cuentos, debido a que siempre se trata de contar el cuento de la manera más eficaz posible, cada acción tiene su resultado. Repasa el cuento de "El león y las pulgas" y, en una hoja aparte, describe las acciones principales que aparecen en la primera columna de este cuadro y el resultado de cada acción.

Acción	Descripción de la acción	Resultado de la acción
Proclamación de los animales de la selva		
Decisión de las pulgas		
Acción exagerada de las pulgas		
Muerte del león		

C. Desde tu punto de vista. Contesta las siguientes preguntas con un(a) compañero(a) de clase.

1. ¿Cuál es la moraleja de este cuento?
2. En realidad, ¿qué representa el león? ¿Qué representan las pulgas?
3. ¿Qué podrían haber hecho las pulgas para no destruir "la fuente de su alimentación"?
4. ¿Cuáles son dos o tres ejemplos paralelos en la vida real a lo ocurrido en "El león y las pulgas"?

CONVERSEMOS UN RATO

A. Sudamérica. Mañana tu compañero(a) va a tener un examen sobre Sudamérica en la clase de geografía. Ayúdalo(la) a prepararse para el examen.

EJEMPLO   *Tú:*   **¿Cuál es el país con costas en dos océanos?**
               Compañero(a):   **Colombia**

1. ¿Cuáles son las montañas más importantes de Sudamérica?
2. ¿Qué río pasa entre dos capitales al desembocar en el Océano Atlántico?
3. ¿Cuál es el país más grande de Sudamérica?
4. ¿Qué países tienen una costa en el Océano Pacífico?
5. ¿Cómo se llama el río que atraviesa toda Venezuela?
6. ¿Cuál es el país más largo de Sudamérica?
7. ¿Cómo se llama el lago que está entre dos países?
8. ¿Qué países no tienen costa?
9. ¿Qué países están en el ecuador?
10. ¿Cuál es el pico más alto de los Andes?

B. El Orinoco. Tú y tu compañero(a) están mirando unas fotos de Jacinto. Él y su familia hicieron un viaje por el río Orinoco durante el verano. Escriban subtítulos para cada foto explicando lo que Jacinto y su familia vieron en su viaje. Compartan sus subtítulos con otros compañeros de clase.

C. Nuestro continente. Con un(a) compañero(a) de clase, compara Sudamérica con el mapa de Norteamérica que tu profesor(a) les va a dar. Menciona el tamaño, número de países, cordilleras y ríos principales, picos más altos, temperatura, etc.

D. Un informe. Con un(a) amigo(a), prepara un informe sobre un país de habla española. Comparen el país con Estados Unidos: tamaño, población, características físicas, etc. Será necesario buscar información en la enciclopedia o en otras fuentes. Presenten su informe a la clase.

E. Países. Tu profesor(a) te va a dar el mapa de un país de Sudamérica o Centroamérica. Tú tienes que identificar el país, escribir el nombre del país y su capital en el lugar apropiado y luego localizar el país en el mapa del (de la) profesor(a).

F. Un viaje a Brasil. Tú eres reportero(a) del periódico de tu escuela. Ahora tienes que entrevistar a Chela Fuentes o a su hermano. Tu compañero(a) hará el papel de Chela o su hermano. La entrevista es para conseguir toda la información posible sobre su viaje a Brasil. Dramatiza esta situación con tu compañero(a). Usa tu imaginación para recrear el viaje.

ESTRATEGIAS PARA LEER
Ojear y anticipar

A. Ojear. Ojear es mirar rápidamente una lectura para encontrar información específica. Cuando ojeamos, siempre es necesario saber exactamente qué información necesitamos. Ojea ahora los primeros dos párrafos de esta lectura para encontrar la siguiente información.

1. Prepara una lista de todas las acciones o actividades mencionadas en los primeros dos párrafos.
2. Mira el cuarto y el quinto párrafo ahora. ¿Hay algunas palabras que se repitan más de dos o tres veces? ¿Cuáles son?
3. Las palabras en esta lista son palabras afines con el inglés. ¿Cuál es su significado? Todas estas palabras caen en dos categorías principales, *Plantas y sus productos* y *Medicinas y enfermedades*. Ponlas en la categoría apropiada.

annatto	cola
anticoagulante	fibra
aspirina	filodendro
café	músculos
cafeína	SIDA
cáncer	sufrir
cirugía	resina
coco	vainilla

B. Ojear y comparar. Ahora lee las siguientes preguntas. Luego ojea los últimos dos párrafos de la lectura y compáralos con los primeros dos.

1. ¿Qué tipo de verbos se usan en los primeros dos párrafos que no se usan en los últimos dos?
2. ¿Para qué se usan estos verbos usualmente?

C. Anticipar el tema. Considera toda la información que ya tienes: la repetición de ciertas palabras en la lectura, las categorías de vocabulario en la lectura y el tipo de verbos o actividades que hay en los primeros párrafos.

1. ¿Qué relación hay entre todas estas cosas y el título de la lectura?
2. En tu opinión, ¿qué crees que vas a aprender en esta lectura? Sé específico(a).

La selva tropical y yo

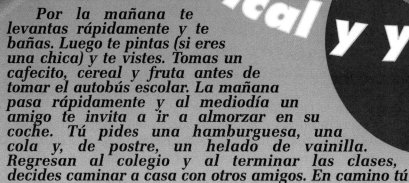

Por la mañana te levantas rápidamente y te bañas. Luego te pintas (si eres una chica) y te vistes. Tomas un cafecito, cereal y fruta antes de tomar el autobús escolar. La mañana pasa rápidamente y al mediodía un amigo te invita a ir a almorzar en su coche. Tú pides una hamburguesa, una cola y, de postre, un helado de vainilla. Regresan al colegio y al terminar las clases, decides caminar a casa con otros amigos. En camino tú compras un dulce de chocolate y tus amigos compran chicle. **1**

En casa, haces la tarea después de cenar y luego ves la televisión un rato. Tu madre te pide que le des un poco de agua a la planta en tu cuarto antes de acostarte. Tú tienes un pequeño dolor de cabeza y decides tomar una aspirina. Luego te acuestas y te duermes en seguida.

¿Es una descripción representativa de tu vida diaria? Es probable que tú no tomes café por la mañana, o a lo mejor tú no vas al colegio en el autobús escolar sino en tu propio coche. Fuera de eso, es probable que no haya grandes diferencias.

Bueno, pero ¿qué tiene que ver todo esto con la selva tropical?, te preguntas. Es una pregunta válida . . . y la respuesta es bien sencilla. Tiene **todo** que ver con la selva tropical. ¿Cómo? ¿Dices que no entiendes? Pues veamos. Examinemos tu rutina diaria.

Probablemente duermes en una cama pintada de laca o barniz, **2** pinturas hechas de la resina de varios árboles de la selva tropical. Es probable también, que duermas en una almohada **3** rellena de fibra de los *árboles kapok* que crecen sólo en la selva tropical. En el

---

Verifiquemos

A. Decide qué palabra o frase mejor completa estas oraciones.

1. *Barniz* y *laca* son (camas / pinturas / árboles tropicales).
2. Muchas *almohadas* están rellenas de (jabón / palo de rosa / productos de árboles tropicales).
3. El *palo de rosa* se usa para producir (aroma / color / fibra).
4. El *annatto* es un árbol que se usa para producir (aroma / color / fibra).
5. El *caucho* es esencial para el buen funcionamiento de (bicicletas / restaurantes / televisores).

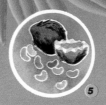

baño, te lavaste con jabón perfumado con *palo de rosa*, otro árbol de la selva tropical, y te pintaste con lápiz de labio  teñido rojo con *annatto*, que viene de otro árbol de la selva tropical.

Si para el desayuno comes "granola", ésta consiste de *coco y anacardo* [5] que también vienen de la selva tropical, como la *banana* que le pusiste encima. El *café* que tomas y el *azúcar* que le pones, también son productos de la selva tropical. El autobús que te lleva a la escuela, o tu propio coche, viaja en llantas [6] de *caucho*, producto de otro árbol de la selva tropical, como también lo son las suelas [7] de zapatos deportivos que probablemente llevas hoy mismo.

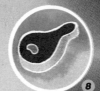

La carne en tu hamburguesa es *carne de res* [8] barata que viene de ganado [9] criado en la selva tropical recientemente destruida. La *cola* que bebes viene de una planta rica en cafeína y la *vainilla* en tu helado también viene de la selva tropical. Y sí, tienes razón. El *chocolate* y el *chicle* también. El *chocolate* viene de productos del *árbol cacao* y el otro del *árbol chicle*.

Pero hay más. La planta en tu cuarto probablemente es un *filodendro* de la selva tropical y la *aspirina* que tomaste viene de otra planta tropical. Y no es todo. En la televisión viste, tal vez, un programa sobre grandes avances que se están haciendo en el campo de medicina relacionados a plantas y animales de la selva tropical. Éstos incluyen *liana*, una planta que produce un anticoagulante; *curare*, otra planta que relaja los músculos durante cirugía del corazón; otras tres plantas que parecen tener buen efecto en personas que sufren de SIDA; y varias otras plantas que parecen ser buenas para los pacientes de cáncer.

Ahora, ¿cómo contestas tu propia pregunta? ¿Cómo afecta la selva tropical a tu vida diaria?

INTERNET
Enlaces/actividades
www.mcdougallittell.com

B. Contesten estas preguntas en grupos pequeños e informen a la clase de sus conclusiones.
1. ¿Qué relación hay entre las selvas tropicales y la medicina?
2. ¿Cuáles son cinco ejemplos de contacto diario que todas las personas en su grupo tienen en común con la selva tropical?

Y AHORA, ¡A ESCRIBIR!

ESTRATEGIAS PARA ESCRIBIR
Obtener información y preparar un informe

A. Empezar. En esta unidad, Chela y sus compañeros de clases tuvieron que pensar en todos los contactos que tuvieron con otras culturas durante el verano. ¿Cuáles son algunos contactos que mencionaron? ¿Cuáles son algunos contactos que tú tuviste con otras culturas durante el verano?

B. Torbellino de ideas. En grupos de cuatro, preparen una lista de todos los contactos que ustedes tuvieron con otras culturas durante el verano.

C. Organizar. Ahora usa la información de tu lista de ideas para preparar un cuestionario similar al que sigue pero con un mínimo de diez preguntas. Usa tu cuestionario para entrevistar a tus compañeros de clase y obtener información acerca de los contactos que ellos tuvieron con otras culturas durante el verano.

Actividad	¿Quién?	¿Dónde?	¿Cuánto tiempo?	¿Qué cultura?
¿Visitaste un país extranjero?				
¿Viste una película francesa / alemana / japonesa?				
¿...?				

D. Primer borrador.   Ahora, usa la información que obtuviste en tu encuesta y prepara un informe escrito. Incluye conclusiones en categorías apropiadas, según la información que tengas: un contraste entre hombres y mujeres, el porcentaje de individuos que participaron en la encuesta, los contactos más y menos comunes, interesantes, etc.

E. Compartir.   Comparte el primer borrador de tu informe con dos compañeros de clase. Pídeles sugerencias. Pregúntales si hay algo más que desean saber sobre tu encuesta, si hay algo que no entienden, si hay algo que puede o debe eliminarse. Dales la misma información sobre sus informes cuando ellos(as) te pidan sugerencias.

F. Revisar.   Haz cambios en tu informe a base de las sugerencias de tus compañeros. Luego, antes de entregar el informe, compártelo una vez más con dos compañeros de clase. Esta vez pídeles que revisen la estructura y la puntuación. En particular, pídeles que revisen el uso de verbos en el pretérito.

G. Versión final.   Escribe la versión final de tu informe incorporando las correcciones que tus compañeros de clase te indicaron. Entrégale una copia en limpio a tu profesor(a).

H. Publicar.   Cuando tu profesor(a) te devuelva el informe, léeselo a tus compañeros en grupos de cuatro. Luego cada grupo debe preparar una lista de la información más interesante y válida que escuchó.

INTERNET
Taller de escritura
www.mcdougallittell.com

NUESTRO IDIOMA POR DENTRO

La gramática que vamos a aprender

¡LO QUE YA SABES!

El presidente de EE.UU. y la primera dama preparan una fiesta en la Casa Blanca y quieren invitar a varios actores, cantantes y deportistas famosos. Tú y un grupo de amigos hispanos están comentando sobre el asunto. ¿Cuáles de estos comentarios hacen ustedes?

a. Quiero que *inviten* a Juan Luis Guerra.
b. Quiero que *invitan* a Juan Luis Guerra.

a. Estoy seguro de que *venga* Fernando Valenzuela.
b. Estoy seguro de que *viene* Fernando Valenzuela.

Parece que estas diferencias son muy pequeñas. Pero fíjate con cuánta facilidad y rapidez pudieron muchos de ustedes decidir cómo lo dirían. ¿Cómo lo saben? Porque tienen un conocimiento tácito de la diferencia entre el *modo indicativo* (el modo de mayor certeza) y el *modo subjuntivo* (el modo de menos certeza). En esta lección, trataremos de explicitar ese conocimiento tácito. ¡Uf! *¡Explicitar!* ¿Qué quiere decir eso? Quiere decir, hacerlo explícito, hacerlo visible, claro, patente, para que no sólo sepas, como ya sabes, ¡sino para que sepas lo que sabes! Ya verás.

2.1 LA DIFERENCIA ENTRE EL PRESENTE DE INDICATIVO Y EL PRESENTE DE SUBJUNTIVO

Modos de verbos

En español hay dos maneras o *modos* de hablar de los eventos, dos maneras o *modos* de presentar los verbos. El primer modo se usa para comunicar eventos sobre los que estás completamente seguro(a). Fíjate en esta conversación:

Tina: Oye, Margarita, ¿cuándo viene ese amigo de Daniel de Venezuela?
Margarita: Estoy segura de que **viene** mañana.

Aquí, Margarita expresa absoluta certeza sobre la venida del amigo mañana. Por eso dice **viene** mañana.

El otro modo de presentar los verbos se usa para eventos sobre los que hay menos certeza, menos seguridad. Fíjate ahora en esta otra conversación:

Sr. Galindo: Mira, Daniel, he oído en la radio que los vuelos de Venezuela están cancelados por mal tiempo en Caracas y Maracaibo.

Daniel: Sí, papá, tienes razón. Dudo muchísimo que mi amigo **venga** mañana.

Fíjate en la diferencia entre lo que dijo Margarita y lo que dice Daniel. Aquí, Daniel está hablando del mismo evento de venir mañana, pero está comunicando sus dudas sobre el evento. Por eso dice **venga.**

Modo indicativo y modo subjuntivo

La gramática dice que **viene** y **venga** están en diferentes *modos* porque presentan el evento de distinto modo, de distinta manera. La forma del verbo **viene** presenta el evento de modo cierto, seguro; la forma **venga** lo presenta de modo dudoso, inseguro.

> La gramática usa un vocablo especializado para hablar del modo de la seguridad y la certeza: lo llama el *modo indicativo*. La gramática también tiene un vocablo especializado para hablar del modo de la inseguridad y la duda: lo llama el *modo subjuntivo*.

Las terminaciones

La diferencia entre el modo indicativo y el modo subjuntivo la indica la terminación del verbo. Fíjate, por ejemplo, en las terminaciones de la conjugación de estos tres verbos:

Conjugación de verbos en presente de subjuntivo				
Personas del verbo		**cantar**	**comer**	**vivir**
1ª persona singular	yo	cante	coma	viva
2ª persona singular	tú	cantes	comas	vivas
3ª persona singular	él, ella, ...	cante	coma	viva
1ª persona plural	nosotros(as)	cantemos	comamos	vivamos
2ª persona plural	vosotros(as)	cantéis	comáis	viváis
3ª persona plural	ellos(as), ...	canten	coman	vivan

Por lo que sé, creo que **cant<u>as</u>** en la ducha. (**indicativo**)
Por lo que sé, me sorprende que **cant<u>es</u>** en la ducha. (**subjuntivo**)

Por las referencias que hay, sé que **viv<u>es</u>** en Mango Street. (**indicativo**)
Por la confusión que hay, dudo que **viv<u>as</u>** en Mango Street. (**subjuntivo**)

➤ Frases como **estoy seguro(a), es cierto, creo, me parece** y **te apuesto** comunican bastante certeza, bastante seguridad, por lo tanto hay tendencia a usar estas frases con verbos en indicativo.

➤ En cambio, frases como **dudo muchísimo**, **me sorprende, no creo** y **es imposible** indican falta de certeza, poca seguridad, y por lo tanto hay tendencia a usar estas frases con verbos en subjuntivo.

Palabras que se usan con los dos modos

Hay palabras y frases que expresan un grado intermedio de certeza, y por lo tanto puedes usarlas con el indicativo o con el subjuntivo, según el grado de certeza que quieras expresar.

Por ejemplo, si el Sr. Galindo le pregunta a su hijo Daniel si el amigo de Venezuela tiene dinero para el pasaje de avión, Daniel puede contestar de varias maneras:

> **Supongo** que *tiene* dinero, si no, no haría un viaje tan largo.
> **Supongo** que *tenga* dinero, si no, no haría un viaje tan largo.

➤ En la primera respuesta, Daniel, al usar el indicativo (**tiene** dinero) expresa más seguridad. En la segunda, al usar el subjuntivo (**tenga** dinero) empieza a expresar algo de duda sobre los fondos de su amigo.

➤ Otras palabras que se usan con ambos modos y pudieran sustituir **supongo que** en las dos oraciones anteriores son **quizás, tal vez** y **me imagino que.**

◀ PRÁCTICA ▶

A. ¿Bueno o malo?   Estás en una nueva escuela. ¿Qué dudas tienes?

EJEMPLO   clases ser fáciles
Dudo que las clases sean fáciles.

1. profesores dar buenas notas a todo el mundo
2. haber un club de español
3. permitir a los estudiantes comer en el patio
4. mejor amigo(a) y yo estar en la misma clase
5. todos los profesores saber hablar español
6. haber bailes todos los fines de semana
7. nadie verme llegar tarde
8. saber todo lo que me pregunte la profesora
9. director ser muy simpático
10. estar muy contento(a) en esta escuela

B. ¿Duda o certeza? ¿Qué le dices a tu madre cuando le hablas de estos amigos?

Paco

EJEMPLO **Supongo que a Paco le guste el helado.**
o
Estoy seguro(a) de que a Paco le gusta el helado.

VOCABULARIO ÚTIL

es imposible	supongo	me imagino
es cierto	dudo	quizás
creo	estoy seguro(a)	te apuesto

1. María   **2.** Jaime   **3.** Soledad   **4.** Fernando

5. Marisol   **6.** Hugo   **7.** Patricia   **8.** Rubén

C. Invitados. Tus padres han invitado a tu maestro(a) a cenar esta noche. Claro, tú tienes que ayudar. ¿Cuáles de las tareas de la lista te imaginas que vas a tener que hacer tú? Tal vez quieras usar las expresiones de la lista de **vocabulario útil** del ejercicio anterior.

EJEMPLO   limpiar el cuarto de baño
Quizás tenga que limpiar el cuarto de baño.

1. pasar la aspiradora
2. hacer las camas
3. cortar el césped
4. barrer el patio
5. lavar las ventanas
6. poner la mesa
7. pasar un trapo a los muebles de la sala
8. preparar los entremeses
9. sacar la basura

D. ¿Tienes la poesía lista? En la siguiente conversación, trabaja con dos compañeros para llenar los espacios en blanco con la forma apropiada del verbo **tener**. ¡Atención! Algunos blancos tienen que llenarse con el indicativo, otros con el subjuntivo. Acuérdate que tienes que ponerlo en la persona correspondiente.

Jimena: Bueno, Sandrita, ¿tienes ya todo preparado para las poesías que vas a recitar hoy?

Sandra: Dudas mucho que lo ___1___ preparado, porque llevas dos días con tus interrupciones y no me dejas trabajar. Pero, no te andes con muchas burlas, porque ya casi lo ___2___ todo listo. Me oirás recitar como la gran poetisa que soy.

Jimena: Bueno, Sandra la Grande, has pasado tanto tiempo escribiendo ese poema, que todo el mundo piensa que lo ___3___ preparado. Pero yo dudo mucho que lo ___4___ de verdad. Yo creo que tú no ___5___ nada, y me temo que ___6___ que improvisar cuando llegue el momento.

Sandra: Bueno, Jimenita, es posible que lo ___7___, o es posible que no lo ___8___. Tú ___9___ muchas ganas de saber, pero yo no ___10___ que decirte nada. Quizás ___11___ demasiada curiosidad, pero acuérdate que la curiosidad mató al gato. Te ___12___ que dejar en la duda, Jimenita.

Jimena: ¡Ay, sí! ___13___ razón. Tú ___14___ alma de poeta. Quizás no ___15___ que improvisar. Seguro que ___16___ eso preparado más de lo que parece.

2.2 EL SUJETO EXPLÍCITO E IMPLÍCITO

El sujeto explícito

En todos los verbos que hemos visto hasta ahora, el sujeto es una frase o palabra suelta, separada del verbo.

> **El Sr. Galindo recoge** el correo.
> **Martín juega** baloncesto.
> **La casa** de Mango Street **es** nuestra.

➤ En todas estas oraciones, los verbos **recoge, juega, es** aparecen con sus sujetos **El Sr. Galindo, Martín, La casa**.

> La gramática usa un vocablo especializado para hablar del sujeto cuando aparece como una frase o palabra suelta: lo llama el *sujeto explícito*.

El sujeto implícito

Pero muchas veces, parece que hay verbos sin sujeto. Por ejemplo, en estas dos oraciones parece que no hay sujeto, pero ya verás que, en cierto modo, sí lo hay:

> **Vivimos** cerca.
> **Salió** con Esperanza.

Es verdad que a veces no se encuentra ninguna frase o palabra suelta que se refiera al sujeto (al actor principal). Pero en muchos de esos casos, hay una indicación del sujeto *en la terminación del verbo*. Fíjate bien:

En **vivimos**, la terminación -**imos** te indica que los que **vivimos** somos *nosotros*. Por eso, **vivimos cerca** quiere decir *nosotros vivimos cerca*.

En **salió**, la terminación -**ió** te indica que el que **salió** fue *él* o *ella*.

Por eso, **salió con Esperanza ayer** quiere decir *él* **salió con Esperanza ayer** o *ella* **salió con Esperanza ayer**.

➤ Así que, aun cuando no hay sujeto explícito, hay sujeto: Está indicado en la terminación del verbo.

> La gramática usa un vocablo especializado para referirse a ese sujeto que no aparece en la oración sino en la terminación: lo llama el *sujeto implícito*.

¡Cuidado!   No queremos decir que cuando no hay sujeto explícito uno tiene que añadírselo. No, no: lo único que te señalamos es que, en tu mente, tú siempre puedes pensar qué palabra suelta podría usarse como actor principal, como sujeto del verbo.

Orden de sujeto y verbo

Hemos puesto el sujeto explícito siempre antes del verbo. Pero acuérdate que el sujeto explícito también puede ir después del verbo.

> **Dicen los maestros** que mañana no hay clases.
> **Llamó** ayer **mi amigo** de Venezuela.

◀ PRÁCTICA ▶

A. Terminaciones con arepas. Las siguientes oraciones son de la fotonovela de esta lección. Busca el verbo de cada oración y subraya dos veces la terminación que te indica cuál es el sujeto. Si hay un sujeto explícito, subráyalo una vez. Si el sujeto es implícito, indica cuál es.

MODELO Así que eres la nueva vecina de Meche, ¿eh?
   Así que er<u>es</u> la nueva vecina de Meche, ¿eh? (tú)

1. Les presento a nuestra nueva vecina.
2. Acabo de mudarme de Maracaibo.
3. Las invitamos a unas arepas.
4. Siempre las pido.
5. El mesonero les sirve las arepas a los jóvenes.
6. ¡Están calienticas!
7. ¿Por qué no vamos al Parque Central?
8. ¿Quieres estudiar juntos?

B. Verbo y terminación. Las siguientes oraciones aparecen en las lecciones que ya has estudiado. Cópialas en una hoja de papel. En cada una de ellas, subraya dos veces las terminaciones de los verbos, las que te indican el sujeto. Si hay un sujeto explícito, subráyalo una vez. Si el sujeto es implícito, indica cuál es.

1. Tina y Daniel están juntos en la escuela.
2. Al día siguiente, empezó su viaje a otro pueblo.
3. El Paso conserva sus raíces mexicanas.
4. Estados Unidos le declara la guerra a México.
5. Sus preguntas no tienen fin.
6. Los tubos del agua se rompían.
7. El casero no los reparaba.
8. Tuvo que dejar a su esposa y a su hijo.
9. Pero recordó el consejo del viejo sabio.
10. Los festivales celebran la rica cultura e historia de la nación isleña.

C. Venezuela. Las siguientes oraciones son de la lectura "Venezuela: ¡Un país para querer!", págs. 90–91. Di cuál es el sujeto de cada oración. Ten cuidado porque algunos son explícitos pero otros son implícitos.

1. Venezuela no es un país muy grande.
2. Es más grande que Texas pero más pequeño que Alaska.
3. Su territorio está frente a las Antillas en el Mar Caribe.
4. Es vecino de Colombia, Brasil y Guyana.
5. Tiene una numerosa población europea.
6. Venezuela tiene ciudades muy bellas.
7. Es una ciudad muy moderna y cosmopolita.
8. Los venezolanos dicen: "Venezuela: ¡Un país para querer!"

2.3 EL ACENTO TÓNICO (QUE SE OYE) Y EL ACENTO ESCRITO (QUE SE VE)

Reglas de acentuación

En la Unidad 1, Lección 3, aprendiste dos reglas de acentuación:

> **Regla N° 1** Las palabras que terminan en *vocal,* **n** o **s** llevan el "golpe" en la penúltima sílaba (**mun**do, **sir**ven, per**so**nas).
>
> **Regla N° 2** Las palabras que terminan en *consonante excepto* **n** o **s** llevan el "golpe" en la última sílaba (Da**niel**, Salva**dor**, ciu**dad**).

El acento escrito

El acento escrito, a diferencia del "golpe", es la rayita que a veces se *escribe* sobre una vocal (**lá**piz, can**ción**, **sí**laba). Ahora vamos a aprender dónde se pone el acento escrito y dónde no.

> **Regla N° 3** Todas las palabras que no siguen las dos reglas anteriores llevan *acento escrito* (a**llí**, es**tán**, **ché**vere, **Mén**dez, **sién**tense).

➤ El acento escrito se coloca sobre la vocal de la *sílaba tónica*, o sea la sílaba que se pronuncia con más fuerza o énfasis.

➤ El acento escrito no se escribe en la sílaba que lleva el "golpe" según las primeras dos reglas. (En realidad, hay dos excepciones a esta regla pero, mejor dejarlas para más adelante.)

Escucha a tu maestro(a) pronunciar estas palabras de la fotonovela de esta lección. Fíjate que la sílaba subrayada es la que lleva el "golpe" según las primeras dos reglas. Fíjate también que la sílaba subrayada nunca lleva acento escrito.

jó<u>ve</u>nes	tam**bién**	Héc<u>tor</u>
Si<u>món</u>	in**glés**	fí<u>ja</u>te
sec**ción**	sa**lú**<u>da</u>lo	a**sí**

PRÁCTICA

A. Los acentos escritos y Venezuela. Las siguientes palabras se han sacado de la lectura "Venezuela: ¡Un país para querer!", págs. 90–91. Cópialas en una hoja de papel o en la pizarra, divídelas en sílabas y pon el acento escrito donde sea necesario.

1. Sudamerica	8. politica
2. ingles	9. economica
3. espectaculos	10. Bolivar
4. indigenas	11. Merida
5. caracteristicas	12. margenes
6. carbon	13. cafe
7. tropico	14. azucar

B. Unos acentos escritos para querer. Ahora, usando más palabras de la lectura periodística "Venezuela: ¡Un país para querer!", cópialas en una hoja de papel, divídelas en sílabas y subraya la sílaba que lleva el "golpe" según las primeras dos reglas y ponles acento escrito a las palabras que lo necesiten según la tercera regla.

EJEMPLO   Africa   esclavos
             Á / <u>fri</u> / ca   es / <u>cla</u> / vos

1. parte	11. grande
2. norteña	12. tropical
3. perla	13. mitad
4. Venezuela	14. famosas
5. Caribe	15. Americo
6. ademas	16. Angel
7. frances	17. dificil
8. aleman	18. pilotes
9. holandes	19. cosmopolita
10. montañas	20. azucar

Taller del bilingüe

LA CERTEZA EN ESPAÑOL Y EN INGLÉS

En inglés, como en español, se puede hablar de los eventos con mayor o menor certeza. Pero fíjate que en inglés casi nunca se cambia el modo del verbo al subjuntivo, como en español. (Por eso a tus compañeros anglohablantes les cuesta trabajo aprender a usar el subjuntivo, porque no están acostumbrados a cambiar el modo del verbo según cambia el grado de certeza.) Fíjate que en estas oraciones, la forma del verbo cambia en español, pero no en inglés:

Hasta los collares **están** en venta.	*Even the necklaces **are** on sale.*
Me sorprende que **estén** en venta.	*I'm surprised they **are** on sale.*

Pero fíjate que en inglés a veces sí se cambia la manera de usar el verbo, aunque no al modo subjuntivo.

Te apuesto que **viene** mañana.	*I bet you **he's coming** tomorrow.*
Quiero que **venga** mañana.	*I want him **to come** tomorrow.*

Y éstas no son las únicas. Ya irás oyendo por ahí otras oraciones en inglés en que se cambia el verbo. Presta atención cuando converses con tus padres y tus vecinos, para que te des cuenta de cuándo usan el subjuntivo en español.

◀ PRÁCTICA ▶

A. ¿Qué hace la mona en inglés? ¿Recuerdas el refrán: *La mona, aunque se vista de seda, mona se queda*? En un grupo de tres compañeros, traduzcan el refrán al inglés. Fíjense que el refrán tiene un verbo en indicativo (**se queda**) y otro en subjuntivo (**se vista**). ¿Cambiaron los verbos en inglés, o son los dos iguales? ¿Cómo tradujeron **se vista**? ¿Cómo tradujeron **se queda**?

B. Collares.   Traduce las siguientes oraciones al español. Ten cuidado con el modo del verbo. Explícale a la clase cuáles de los verbos van en indicativo y cuáles en subjuntivo. Explícales por qué.

1. I doubt the necklaces fit her.
2. I am sure the necklaces fit her.
3. I want the necklaces to fit her.
4. I wish the necklaces fit her.
5. Of course the necklaces fit her!

LECCIÓN 1

Repaso de vocablos especializados

Mira con cuidado los siguientes ocho vocablos especializados. En tu cuaderno, redacta una breve definición de cada uno de ellos.

INTERNET
Prueba interactiva
www.mcdougallittell.com

modos del verbo	sujeto implícito
modo indicativo	acento escrito
modo subjuntivo	última sílaba
sujeto explícito	penúltima sílaba

LECCIÓN 2

La gramática que vamos a aprender

¡LO QUE YA SABES!

Una de las muchas cosas que los hispanos ya sabemos sobre el español es dónde va la fuerza mayor de la palabra, lo que hemos llamado el acento tónico. En parejas, lean las siguientes palabras y digan qué sílaba (la primera, segunda, tercera...) lleva el "golpe".

cua/der/no   ma/te/má/ti/cas
te/lé/fo/no   mo/chi/la

¿Se pusieron de acuerdo? ¡Seguro que sí! En esta lección vamos a repasar una vez más las reglas de acentuación. (Ve la sección **2.6.**)

2.4 CONCORDANCIA DE SUJETO Y VERBO

Concordancia de sujeto y verbo

Ya has visto varias veces que la persona del verbo cambia según cambia el sujeto, ya sea explícito o implícito:

> **Dice el maestro** que no hay clases. (3ª persona singular)
> **Dicen los maestros** que no hay clases. (3ª persona plural)

> **Fui** a un restaurante chino. (1ª persona singular)
> **Fuimos** a un restaurante chino. (1ª persona plural)

➤ Como sabes, **dice** (3ª persona singular) cambió a **dicen** (3ª persona plural) porque el sujeto cambió de **el maestro** a **los maestros**.

➤ Y ya sabes, **fui** está en primera persona del singular, porque queremos decir que *yo* **fui,** mientras que **fuimos** está en primera persona del plural, porque queremos decir *nosotros* **fuimos.**

> La gramática usa un vocablo especializado para referirse a estos cambios de persona que resultan del cambio de sujeto. Los llama *concordancia de sujeto y verbo*.

Concordancia: Sujeto y verbo vs. género y persona

No vayas a confundirte. Has visto dos clases de concordancias. La primera que viste (Unidad 1, Lección 1) fue la *concordancia de género* entre sustantivo y adjetivo:

    un mural chican**o**   *vs.*   **una** familia chican**a**
    una escuela nuev**a**   *vs.*   **un** proyecto nuev**o**

Ahora hemos aprendido que la persona del verbo cambia según el sujeto. Es decir, tiene que haber *concordancia de persona* entre sujeto y verbo:

    los chic**os** estudi**an**   *vs.*   **el** chic**o** estudi**a**
    yo com**o**   *vs.*   **ustedes** com**en**

◀ PRÁCTICA ▶

A. Otras culturas. Las siguientes oraciones están tomadas de las secciones 2 y 3 de la fotonovela de esta lección. Cópialas en una hoja de papel y subraya el sujeto si es explícito. Si no, indica cuál es el sujeto implícito.

EJEMPLO   Mis padres nos llevaron a Cartagena.
      Tú escribes: **Mis padres** nos llevaron a Cartagena.

                      Fuimos a ver a nuestros primos.
      Tú escribes: **Fuimos a ver a nuestros primos. (nosotros)**

1. Pues, vi una película francesa.
2. También leí una novela sobre James Bond.
3. Mis primos vinieron a visitarnos.
4. Yo también hice un viaje.
5. Estuve en Brasil.
6. Mi padre es científico.
7. Nos llevó por el río Amazonas.
8. Las pirañas me asustaron.

B. Con Martín y Daniel. La siguiente lista de oraciones es de la fotonovela de Daniel y Martín, que vimos en la Unidad 1. En todas ellas se ha dejado el sujeto implícito. Hemos puesto un espacio en blanco, para que digas cuál es:

EJEMPLO _____ tenemos dos amigas en la escuela.
Tú dices: **Nosotros tenemos dos amigas en la escuela.**

1. _____ tengo ganas de ver a todos mis amigos.
2. _____ quiero presentarles a mi papá.
3. ¿Son _____ compañeros de clase?
4. ¿Viven _____ por aquí cerca?
5. _____ tengo que ayudar a mi mamá.

C. Sujetos en el río Amazonas. En la siguiente lista de oraciones, adaptadas de la fotonovela de esta lección, se ha dejado el sujeto implícito. Hemos puesto un espacio en blanco para que digas cuál es:

1. _____ iniciamos el viaje en el Lago de Coari.
2. _____ fuimos hasta Manaus.
3. ¿Viste _____ animales salvajes?
4. ¿No te asustaron _____ ?
5. ¡Qué tonto eres _____ !
6. _____ veo que no han terminado.
7. _____ les voy a dar una tarea.
8. Por favor, escriban _____ un informe.

2.5 PARECE QUE USTED ES TERCERA PERSONA: ¿SERÁ VERDAD?

Usted: ¿Tercera persona?

Cuando estudiamos las personas, vimos que había tres personas en singular:

la 1ª persona, del hablante
la 2ª persona, del oyente
la 3ª persona, del (sustantivo del) que se habla

La palabra **usted**, al igual que **tú**, se refiere *al oyente*. Por lo tanto, en cierto sentido, es una segunda persona, igual que **tú**. Pero acuérdate que las *personas* son las diferentes terminaciones de los verbos.

Así, **tú** es una verdadera segunda persona (**tú cantas, tú comes, tú vives**), pero **usted** no. Fíjate que las terminaciones del verbo cuando se usa con **usted** son idénticas a las terminaciones de tercera persona:

Terminaciones del presente indicativo			
	-ar	-er	-ir
tú	cantas	comes	vives
usted	canta	come	vive
él, ella, sustantivo	canta	come	vive

¿Qué es **usted** entonces? Pues es una forma de hablarle al oyente (a la segunda persona) como si fuera una tercera persona.

➤ El efecto de formalidad y distancia que produce **usted,** proviene precisamente de hablarle al oyente sin hacerlo directamente (de hablarle a una segunda persona con terminaciones de tercera persona).

➤ Así que cuando quieras hablar con formalidad, cuando quieras decir **usted** en vez de **tú**, lo que haces al hablarle a tu oyente es cambiar la terminación del verbo. En vez de hablarle en segunda persona, le hablas en tercera persona.

En los pares de oraciones siguientes, la oración (**b**), que usa la terminación de tercera persona, es más formal que la oración (**a**), que usa la terminación de segunda persona.

    a. Tienes mucho que contar, Meche.
    b. Tiene mucho que contar, profesor.

    a. Hiciste un viaje precioso, Chela.
    b. Hizo un viaje precioso, Sr. Galindo.

La historia de **usted**

La historia de **usted** es muy sencilla, y te ayudará a entender por qué este *oyente* usa terminaciones de tercera persona. La palabra **usted** es en su origen **vuestra merced**. Por eso es la forma formal y de respeto. Y por eso se usa en tercera persona:

En siglos anteriores	En nuestros tiempos
tú cantas vuestra merced cant**a**	tú cantas usted cant**a**

El plural de **usted**: **ustedes**

Veamos ahora que lo mismo pasa en el plural. Ya hemos visto en las fotonovelas de esta lección algunas oraciones en que el sujeto implícito es **ustedes.**

> Quiero que **preparen** una lista de lo que **hicieron** durante las vacaciones.
> Como veo que todavía no **terminaron**, les voy a dar una tarea.

Fíjate que el sujeto de **preparen** y de **hicieron** es **ustedes.** Pero nota que la terminación del verbo es en tercera persona del plural. La terminación sería igual si dijéramos:

> Quiero que **ellos preparen** una lista de lo que **ellos hicieron** durante las vacaciones.

> Como veo que todavía **ellos** no **terminaron**, les voy a dar una tarea.

LECCIÓN
2

PRÁCTICA

A. Chela y su papá. Estás hablando con Chela y con su padre. A Chela le hablas de **tú** y al papá le hablas de **usted.** En cada oración hay un verbo en **negrilla.** Completa el espacio en blanco con la forma apropiada del mismo verbo. Ten presente que algunos verbos están en presente, otros en pasado.

EJEMPLO   Chela, veo que **quieres** contarnos del viaje. Señor, veo que usted también _____ contarnos del viaje.

Tú dices: **Chela, veo que quieres contarnos del viaje. Señor, veo que usted también *quiere* contarnos del viaje.**

1. Chela, **tienes** mucho valor para meterte por ese río. Señor, usted también _____ mucho valor para meter a la familia por ese río.

2. Señor, me he enterado que **pasó** dos meses en la selva. Chela, ¿tú también _____ dos meses en la selva?

3. Chela, es maravilloso pensar que **llegaste** a conocer Manaus. Señor, ¿usted _____ también a conocer Manaus, o dejó a la familia sola?

4. Señor, veo que **recuerda** muy bien ese viaje. Oye, Chela, ¿_____ el viaje igual que tu papá?

5. Te felicito, Chela, porque **aprovechaste** muy bien el tiempo, y lo felicito también, señor, por lo mucho que _____ el tiempo.

B. Hablándole al profesor. En las siguientes oraciones, les dices algo a tus amigos. Luego dile lo mismo al profesor. ¡Háblale de usted!

EJEMPLO   Daniel, dicen que **tienes** un amigo en Venezuela.
Tú dices: **Profesor, dicen que *tiene* un amigo en Venezuela.**

1. Carlos, yo estoy seguro de que tú **sabes** hablar francés.
2. Meche, seguro que **comiste** en un restaurante chino.
3. Mateo, veo que **tienes** ganas de que empiecen las clases.
4. Martín, parece que **juegas** mucho baloncesto.
5. Margarita, dicen que **vas** a comprar un regalo.
6. Daniel, veo que **recibiste** una carta de Venezuela.
7. Mateo, dicen que **quieres** comprar un carro.
8. Tina, seguro que **alquilaste** un video anoche.

Acento tónico

En la Unidad 1, Lección 3, vimos que todas las palabras de más de una sílaba tienen acento tónico (que se oye) y las dividimos en sílabas señalando en la sílaba tónica. En esta unidad, también aprendimos tres reglas básicas de acentuación:

> **Regla N° 1** Las palabras que terminan en *vocal,* **n** o **s,** llevan el "golpe" en la penúltima sílaba (**per**la, espa**ño**les, **co**rren).
>
> **Regla N° 2** Las palabras que terminan en *consonante, excepto* **n** o **s,** llevan el "golpe" en la última sílaba (tropi**cal**, mi**tad**, deci**dir**).
>
> **Regla N° 3** Todas las palabras que no siguen las dos reglas anteriores llevan *acento escrito* (a**llí**, es**tán**, cor**tés**, **ché**vere, **Mén**dez, **án**gel).

Estudia este cuadro de palabras. Fíjate que unas siguen las primeras dos reglas de acentuación y otras son excepciones a las reglas. Nota también que las excepciones siempre llevan acento escrito mientras que las palabras que siguen las reglas no requieren acento escrito.

Regla N° 1		Regla N° 2	
(el "golpe" en la penúltima sílaba)	(excepciones: requieren acento escrito)	(el "golpe" en la última sílaba)	(excepciones: requieren acento escrito)
casas	comió	fe**liz**	**ár**bol
salen	es**tás**	co**mer**	**lá**piz
des**pa**cio	ja**bón**	a**rroz**	in**ú**til
car**te**ro	ma**má**	me**tal**	**fút**bol
Es**tra**da	so**fá**	ver**dad**	Mar**tí**nez
mato	ma**tó**	car**tel**	**dó**cil

PRÁCTICA

A. El túnel del sonido.   Los organizadores del baile han hecho un cartel para anunciar el evento. Se han enterado que en las letras mayúsculas muchas veces no se ponen los acentos escritos. Han hecho todo el cartel con mayúsculas, para así quitarle el cuerpo al problema. Pero el profesor de español con más antigüedad en la escuela, el Sr. Asentto Skrito, los ha obligado a escribirlo de nuevo, con minúsculas y con acentos escritos. En una hoja aparte, ayuda a los organizadores a hacer el cartel de nuevo, con minúsculas y con acentos escritos.

¡TODOS A BAILAR!

EL PANEL DE LA ASOCIACION LOS INVITA AL

FESTIVAL ESCOLAR DE LA CANCION

ESTA INVITADO SU NOVIO, SEÑORITA, ¡PERO NO SU PAPA!

VENGA A AYUDAR

SEA UTIL—NO ES DIFICIL

SOLO REQUIERE FUERZA DE VOLUNTAD

TODOS A AYUNDAR A FABRICAR
EL GIGANTE TUNEL DEL SONIDO

¿YA ESTUDIO LOS ACENTOS ESCRITOS?

¡AHORA VENGA A BAILAR!

B. Los acentos escritos de "La llamada".   Con dos compañeros, busquen y copien las primeras *veinte* palabras de dos o más sílabas (las palabras de una sílaba no cuentan) que encuentren en "La llamada", de Roberto Fernández, que leyeron en esta lección, págs. 108–112. Decidan por qué cada una de las palabras que copiaron tiene o no tiene acento escrito y pónganlas en una de cuatro columnas como las que siguen. Si tienen dificultad con algunas, pregúntenles a los compañeros.

Regla N° 1		Regla N° 2	
(el "golpe" en la penúltima sílaba)	(excepciones: requieren acento escrito)	(el "golpe" en la última sílaba)	(excepciones: requieren acento escrito)

C. **La nota que encontró la policía.** ¿Recuerdas las dos notas que encontró la policía: "Mi amor: me mato" y "Mi amor me mató"? Con un(a) compañero(a), expliquen por qué en un caso la palabra **mato** lleva acento y en el otro no.

D. **Y otra nota más.** Ahora expliquen qué sucedería si la policía encontrara en la escena del crimen una nota escrita toda con mayúsculas: MI AMOR ME MATO.

E. **Apellidos.** Con permiso del (de la) maestro(a), hagan cuatro grupos, según la acentuación de los apellidos. En cada grupo, preparen una explicación que aclare por qué los apellidos del grupo se escriben así. Una vez que estén listos, explíquenles a los compañeros.

Apellidos de palabra que sigue la **Regla Nº 1** (ej. **Estrada**)
Apellidos que son excepción a la **Regla Nº 1** (ej. **Solís**)
Apellidos de palabra que sigue la **Regla Nº 2** (ej. **Ortiz**)
Apellidos que son excepción a la **Regla Nº 2** (ej. **Martínez**)

F. **Escribe con cuidado.** Las siguientes palabras te las ponemos con mayúsculas y sin acento escrito. Cópialas en hoja aparte o en la pizarra en minúsculas. Ponles acentos escritos donde sea necesario.

1. MESA
2. LAPIZ
3. FACIL
4. CANTAR
5. CANCION
6. ESTAN
7. CAFE
8. TAZA
9. ORTIZ
10. FRANCES
11. LIBRO
12. CUADERNO
13. DIFICIL
14. CANTO
15. ESTOY
16. CAPAZ
17. LECHE
18. MARTINEZ
19. GONZALEZ
20. SEGUN

Taller del bilingüe

EL SUJETO EXPLÍCITO EN ESPAÑOL Y EN INGLÉS

Hemos visto que en español el sujeto es a veces explícito, pero que también muchas veces puede dejarse implícito. Pero en inglés la situación es diferente. En inglés sí, se encuentran, a veces, casos de sujetos implícitos. Pero muchísimo menos que en español. En inglés, el sujeto es casi siempre explícito. Se deja implícito mucho menos que en español.

Yo hago la tarea. (*explícito*)   *I do my homework. (explícito)*
Leo por la mañana. (*implícito*)   *I read in the morning. (explícito)*

Dice Carlos que no. (*explícito*)   *Carlos says no. (explícito)*
¿Tienes cambio de $1? (*implícito*)   *Do you have change for $1? (explícito)*

Cuando hables y escribas en español, y cuando traduzcas al español del inglés, tienes que tener cuidado de no poner más sujetos explícitos de la cuenta. En español, muchas veces los puedes dejar implícitos.

▶ PRÁCTICA ◀

Tradiciones. En grupos de tres, traduzcan las siguientes oraciones, de la fotonovela de esta lección, del inglés al español. Hemos puesto algunos verbos en *cursiva* y otros en **negrilla**. Para los que están en cursiva, usa un sujeto explícito. En los que están en negrilla, deja el sujeto implícito.

EJEMPLO
They *took* the books out of the library.
Tú escribes: ***Ellos sacaron** los libros de la biblioteca.*

Then they **called** their friends.
Tú escribes: **Luego** *llamaron* **a sus amigos.**

1. Today we **are going** to start our study of geography.
2. This activity is for the purpose of making you *think* about the contacts that we **have** with other cultures.
3. Well, we **are** four. Shall we *start*?
4. I *want* you to prepare a list of what you **did** over the vacation.
5. I **don't understand.** I *didn't leave* Caracas.

Repaso de vocablos especializados

En esta lección hemos aprendido algunos términos nuevos, y utilizado otros que ya sabías. En tu cuaderno, apunta una definición de cada uno de estos vocablos especializados, para estar seguro de que los has entendido.

concordancia de sujeto y verbo / concordancia de persona
***usted* / *ustedes* como tercera persona**
sujeto explícito
sujeto implícito

INTERNET
Prueba interactiva
www.mcdougallittell.com

¡LO QUE YA SABES!

Uno de los muchos elementos que ya conoces de la gramática del español es la concordancia. Mira bien estos pares de oraciones. ¿Cuál dirías tú?

a. Las olas *rompió* el barco.
b. Las olas *rompieron* el barco.

a. El viento *tumbó* las paredes.
b. El viento *tumbaron* las paredes.

La razón por la cual es muy fácil ponerse de acuerdo, es porque ya todos saben, subconscientemente, la diferencia entre el actor principal y el actor secundario, entre lo que la gramática llama el *sujeto del verbo* y el *objeto del verbo*. Aquí lo veremos con un poco más de detenimiento.

2.7 EL SUJETO Y EL OBJETO DEL VERBO: EL ACTOR PRINCIPAL Y EL ACTOR SECUNDARIO

El sujeto y el verbo

Ya sabes que en todo evento hay un actor principal, y que la gramática llama al evento el *verbo* y al actor principal el *sujeto* del verbo. El sujeto es el actor más importante en el evento, el que realiza la actividad del evento.

Acuérdate que también has aprendido que el sujeto no tiene que ir delante del verbo. A veces va antes del verbo, a veces después.

> **Martín juega** baloncesto todas las tardes.
> Ayer **llamó mi amigo** de Venezuela.

Acuérdate también que el sujeto no tiene que ser una persona. Puede ser un objeto inanimado:

> **El correo** a veces **trae** buenas noticias.

Hay otra cosa muy importante que ya sabes y que tienes que recordar: El sujeto hace que cambie la persona del verbo. En esta oración, el sujeto es un sustantivo singular (**El correo**) y por lo tanto la terminación del verbo está en tercera persona del singular (**trae**). Que no se te le olvide: la concordancia entre sujeto y verbo indica quién es el actor principal.

Para hablar de actores

Muchas veces, el sujeto es el único actor del evento:

> Meche come.
> Llamó mi amigo.
> Los muchachos juegan.

En estas oraciones hay un solo actor: **Meche, mi amigo, Los muchachos**. (Como hay un solo actor, ese actor es, claro está, el sujeto). En la última oración sólo hay un actor, aunque ese actor esté en plural. La frase **Los muchachos** cuenta como un solo actor en el evento de **jugar**.

Para entender bien que todas estas oraciones tienen un solo actor, vamos a cambiarlas, para que tengan dos actores, y así verás claramente la diferencia:

> Meche come.
> Meche come **arepas.**
> Llamó mi amigo.
> Llamó mi amigo a **sus hermanos.**
> Los muchachos juegan.
> Los muchachos juegan **baloncesto.**

El actor principal y el actor secundario

Cuando hay dos actores, uno se destaca más en el evento que el otro. Uno es el actor principal, el otro es el actor secundario.

Margarita estudia **las lecciones.**
principal — secundario

Los muchachos a veces traen **el correo.**
principal — secundario

El correo a veces trae **buenas noticias.**
principal — secundario

> La gramática usa un vocablo especializado para hablar del actor secundario. Lo llama el *objeto* del verbo.

Así que ya sabes la terminología técnica para actor principal y actor secundario de los eventos.

> El actor principal del evento es el *sujeto* del verbo. El actor secundario del evento es el *objeto* del verbo.

Margarita estudia **las lecciones.**

| sujeto | | objeto |

Los muchachos a veces traen **el correo.**

| sujeto | | objeto |

El correo a veces trae **buenas noticias.**

| sujeto | | objeto |

Concordancia sujeto-verbo

No te olvides de la concordancia entre sujeto y verbo. Acuérdate que en todas estas oraciones, el sujeto determina la persona del verbo. Cuando hay dos actores, uno que es sujeto y otro que es objeto, la persona del verbo concuerda *con el sujeto.* ¿Qué pasaría en una oración en que **las lecciones** fuera el sujeto? Pues que el verbo estaría en tercera persona plural.

> Las lecciones **tienen** mucha información.

Acuérdate que el sujeto y el objeto pueden ser animados o inanimados.

La información suplementaria

Arriba vimos que a oraciones que tienen nada más que sujeto, podemos añadirle un objeto. Pero a estas oraciones también podríamos añadir información suplementaria, sin añadir más actores. Aquí ahora las oraciones tienen más información, pero siguen teniendo un solo actor o sujeto.

> **Margarita** estudia todas las tardes.
> El día de la fiesta llamó **mi amigo.**
> **Los muchachos** juegan en el patio.

En la primera oración, **Margarita** es el único actor. La frase **todas las tardes** no añade un segundo actor, sino que añade información suplementaria.

Antes, cuando habíamos añadido **las lecciones** sí habíamos añadido un segundo actor, porque había algo que Margarita estudiaba. Pero cuando añadimos **todas las tardes**, no hemos añadido un segundo actor, sino que simplemente estamos diciendo cuándo estudia Margarita.

Igual pasa con la oración sobre **mi amigo.** Al añadir **el día de la fiesta** no hemos añadido un segundo actor. Es información suplementaria que simplemente nos dice cuándo llamó **mi amigo**, no a quién.

Cuando veas frases como **por las tardes, con mucho gusto, en el patio** o **tranquilamente**, ya sabes que se trata de información suplementaria, no actores.

> Las frases o palabras que te hablan de *cuándo* es el evento (**por las tardes**) o de *dónde* es el evento (**en el patio**) o de *cómo* es el evento (**tranquilamente, con mucho gusto**) son información suplementaria, no actores.

Uno de los actores puede ser el sujeto implícito

Las siguientes oraciones son todas de dos actores. Todas tienen sujeto (actor principal) y objeto (actor secundario):

> Los maestros ponen muchísima tarea.
> Sacó las maletas de la casa.
> Hablamos español todos los días.

¿Cuáles son los dos actores? Si te los señalamos, en algunas oraciones los verás claramente, pero en otras no. Sin embargo, todas estas oraciones son de dos actores.

Los maestros ponen **muchísima tarea.**

    sujeto   objeto

Sacó **las maletas** de la casa.

    objeto

Hablamos **español** todos los días.

    objeto

¿Qué pasa? En las dos últimas, nada más que hemos señalado un actor, el objeto. ¿Por qué insistimos en que son oraciones de dos actores, de sujeto y objeto? Porque el sujeto está implícito. Si lo ponemos, se ve en seguida que hay dos actores, sujeto y objeto.

(Ella) Sacó **las maletas** de la casa.

  sujeto   objeto

(Nosotros) Hablamos **español** todos los días.

  sujeto   objeto

A. ¡Cómo vive Mateo!   Utiliza la lista de frases que aparece a continuación para redactar diez oraciones en las que Mateo sea el actor principal, y en las que haya también un actor secundario. Todas empiezan de la misma forma: **Mateo...** Y todas terminan con una de las frases de la lista. Pero recuerda, todas tus oraciones tienen que tener dos actores: uno, el sujeto, que va a ser siempre Mateo, y otro, el objeto. Ten presente que las frases que sólo añaden información suplementaria (**dónde, cuándo, cómo, de qué manera, por qué, de qué,** etc.) no cuentan como actores.

EJEMPLO   **Mateo toca la marimba guatemalteca.**

habla muy rápido por las mañanas	levanta pesas
toca la marimba guatemalteca	vive en El Paso
se levanta temprano	habla español muy bien por las mañanas
canta en la ducha	canta canciones mexicanas
corta el césped	corre todos los días
estudia química con sus amigos	hace ejercicio todos los días
vive lejos de aquí	dibuja muy bonito
saca la basura	pinta cuadros con temas del Suroeste
hace un viaje a Houston con su mamá	toma demasiado café por la noche

B. El informe de Chela.   Las siguientes diez oraciones las hemos adaptado del informe de Chela sobre su viaje por el Amazonas. En grupos de tres, decidan cuáles de estas oraciones tienen un actor y cuáles tienen dos. Cópienlas en una hoja aparte y subrayen los actores. Debajo de cada actor, escriban **sujeto** (actor principal) u **objeto** (actor secundario). Hay seis que tienen dos actores y cuatro que tienen un actor. Si el sujeto es implícito, pónganlo. Tengan presente que las frases que dan información suplementaria no cuentan como actores.

EJEMPLO   Durante las vacaciones (**yo**) hice **un viaje** con mi familia.

sujeto (implícito)   objeto

1. La selva produce oxígeno.
2. La selva absorbe contaminantes.
3. La salud de la selva afecta el bienestar del mundo.
4. Nosotros desembarcamos en el río Negro.
5. El río Negro desemboca en la ciudad de Manaus.
6. Vimos a personas de varios grupos étnicos.
7. Los científicos se preocupan por la selva.
8. La minería de oro contamina el agua.
9. Muchas especies sólo viven en la selva del Amazonas.

LECCIÓN 3

C. Otra vez Mateo. En las diez oraciones que hiciste sobre Mateo en el Ejercicio **A**, todas de dos actores —con sujeto y objeto— subraya el sujeto, que es siempre <u>Mateo</u>, y subraya dos veces <u>el objeto</u>.

EJEMPLO <u>**Mateo**</u> toca <u>**la marimba**</u> guatemalteca.

2.8 USOS DEL INFINITIVO DE LOS VERBOS

El infinitivo

Para nombrar un evento sin mencionar ni el sujeto, ni el modo, ni el tiempo, usamos las formas del verbo que terminan en -**ar**, -**er**, -**ir**, como por ejemplo:

cant**ar**	corr**er**	viv**ir**
bail**ar**	com**er**	sal**ir**
tom**ar**	beb**er**	sub**ir**

Estas formas del verbo no tienen persona. La forma **cantar** no dice si el sujeto del evento es un hablante (**canto**), un oyente (**cantas**), etc. Todos los verbos con terminación **-ar, -er, -ir**, carecen de terminación que indique persona, que indique el sujeto.

> La gramática usa un vocablo especializado para referirse a esta forma del verbo que no tiene terminación de persona. La llama el *infinitivo*.

El infinitivo nombra un evento, o sea, un verbo

Ya que el infinitivo no tiene terminación de persona, lo usamos precisamente cuando *no* queremos relacionar el evento del verbo con un actor principal en particular, sino que queremos simplemente nombrar el evento. O sea, usamos el infinitivo cuando queremos hablar del evento sin atarlo a un sujeto.

Prohibido **cantar**
Todos a **comer**
Eso sí que es **vivir**

➤ En **Prohibido cantar**, se trata de nombrar el evento de cantar como una actividad que está prohibida. Pero no se dice **canto**, **cantamos**, ni ninguna otra forma con terminación de persona. ¿Por qué? Porque **cantar** está prohibido para todo el mundo, no sólo para una de las personas.

Los infinitivos son también importantes porque se usan para nombrar los verbos. Ya que el infinitivo no indica ni persona ni tiempo, es la forma ideal para referirse a todas las personas y a todos los tiempos del verbo.

Por ejemplo, para referirnos al verbo que se conjuga **tengo, tienes, tiene, tenemos, tienen** puede decirse, usando el infinitivo, "el verbo **tener**". Para referirnos al verbo que se conjuga **voy, vas, va, vamos, van** puede decirse, usando el infinitivo, "el verbo **ir**". Podemos referirnos a cualquier verbo de tal manera.

Hojeas los diccionarios y los vocabularios en apéndices de textos como éste. En el diccionario no vas a encontrar **tengo, tienes, tiene,** etc., y no vas a encontrar **canto, cantas, canta**, etc. Sólo vas a encontrar **tener**, **cantar**, etc., como sumario de toda la conjugación del verbo.

> En el uso de la gramática, el diccionario usa el *infinitivo* como el nombre de todas las personas y todos los tiempos de cada verbo.

El infinitivo no tiene ni pasado ni presente

Vemos, entonces, que el infinitivo nombra el evento sin decir cuál o quién es el sujeto. Pero hay algo más que el infinitivo no dice. El infinitivo *no* especifica si el evento está en el presente o en el pasado.

La forma **canto** está en primera persona en el presente. La forma **canté** y la forma **cantaba** están en primera persona en el pasado. Pero **cantar** no dice nada sobre el tiempo del evento.

> El infinitivo es simplemente el nombre del evento, y no da información ni sobre qué o quién es el sujeto, ni sobre cuándo sucede el evento.

El infinitivo es muy útil cuando no queremos especificar ni persona ni tiempo. El letrero de **Prohibido fumar** no sólo se aplica a todo el mundo, sino que la prohibición vale para ahora, para ayer y para mañana.

El infinitivo para contestar lo obvio

El infinitivo también es útil cuando la información sobre persona y tiempo es tan clara y tan obvia, que no merece la pena repetirla:

>¿Qué hace el profesor? **Calificar** exámenes.
>¿Qué quiere hacer Margarita? **Estudiar.**
>¿Qué es lo que más le gusta hacer a Frank? **Comer.**

Aquí sabemos que estamos hablando del profesor, de que el profesor **califica** exámenes. Pero no hay necesidad de especificar la persona, porque ya sabemos por el contexto que se trata del profesor. No tenemos que decir **califica,** porque sería demasiado detalle innecesario. Basta con **calificar.** La situación es la misma con Margarita y con Frank.

LECCIÓN 3

El infinitivo combina dos eventos

El infinitivo es útil también cuando combinamos dos eventos; por ejemplo, el evento de querer y el evento de comer, o el evento de ir y el evento de estudiar:

> Mamá, **queremos comer** antes de las ocho.
> **Fui** a **estudiar** con Mateo.

En **queremos comer**, ya hemos especificado persona y tiempo en **queremos** (primera persona plural, tiempo presente). Por lo tanto, no hay que especificarlo otra vez en **comer** (no hay que decir "queremos comemos", y por eso ponemos **comer** en infinitivo. Lo mismo pasa con **fui** a **estudiar**.

Las conjugaciones

Acuérdate que las conjugaciones se distinguen entre sí, porque los cambios de una persona a la otra son diferentes en las diferentes conjugaciones. Los infinitivos también son diferentes en las diferentes conjugaciones. Por eso, hablamos de tres conjugaciones:

> la primera conjugación, o la conjugación de verbos en **-ar** (**cantar**)
> la segunda conjugación, o la conjugación de verbos en **-er** (**comer**)
> la tercera conjugación, o la conjugación de verbos en **-ir** (**vivir**)

PRÁCTICA

A. Chismeando sobre Lupe. Margarita y Tina están chismeando sobre Lupe. Llena el espacio en blanco con el infinitivo del verbo que aparece en **negrilla**. Acuérdate que pertenecen a diferentes conjugaciones, y que, por lo tanto, el infinitivo va a ser diferente.

EJEMPLO Dicen que Lupe no **tiene** tiempo de estudiar. Pero va a **tener** que encontrar tiempo, ahora que está en la secundaria.

Margarita: Ahora me **levanto** temprano para ir a la escuela, aunque la verdad es que preferiría no tenerme que ___1___.

Tina: Pues, podrías hablar con Lupe. Tú **tienes** fuerza de voluntad. Pero Lupe no parece ___2___ fuerza ninguna. Le cuesta mucho trabajo salir para la escuela a tiempo.

Margarita: Sí, me enteré que el papá se queja también de que ella ya no **come** con la familia. Ella dice que no quiere ___3___ mucho para no engordar.

Tina: Bueno, pero cuando yo hablo con Lupe, parece que el problema no es ése. Ella dice que tú **sales** todas las noches, y que a ella no la dejan ___4___.

Margarita:	Eso no es así. Claro que yo no salgo todas las noches. No me lo permitirían. Mira, ¡ni me **hables** de lo que dice Lupe! Yo no salgo. Lo único que hago es __5__ por teléfono. Pero al día siguiente, me **levanto** a tiempo, y ella no se quiere __6__.
Tina:	Pues, cómo que no te hable, si es nuestro tema favorito de chismes. Fíjate que el problema con el papá empezó porque ella antes **hablaba** español en casa, y ahora ya no quiere nada más que __7__ en inglés. El padre se pone muy enojado. Dice que el que **come** en su casa, o habla español, o se queda sin __8__.
Margarita:	¡Ay!, ¡qué exagerado el señor! Ni que Lupe fuera a olvidarse del español al cabo de tantos años.
Tina:	Bueno, Marga, a decir la verdad. Los problemas de Lupe no son ni de la escuela ni del español. Es que Nico **fingía** estar enamorado de ella. Y no era verdad. Tú sabes que a él le gusta mucho __9__. Ahora finge con Marisol.

B. Después de la clase.   ¿Qué van a hacer estos chicos hoy?

EJEMPLO   **Andrés va a alquilar un video.**

Andrés

1. Lisa

2. Bárbara

3. Ramón

4. Luisa

5. Juana

6. Salvador

7. Gustavo

C. ¿Qué se hace en la escuela? Usa las palabras de la lista y las escenas de los dibujos para hacer oraciones con el infinitivo.

EJEMPLO **Se puede bailar.**

1. se puede
2. prohibido
3. no quiero
4. se permite

5. vamos a
6. sabe
7. podemos
8. nos gusta

D. Las conjugaciones de la rutina diaria. En las siguientes oraciones, hay ocho verbos en **negrilla.** Copia estos verbos en hoja aparte. Al lado de cada uno, apunta si pertenecen a la primera, segunda o tercera conjugación. Trabaja con cuidado.

EJEMPLO   Me **lavo** los dientes.
       Tú escribes: **1ª, -ar**

1. Por la mañana te **levantas** rápidamente y te **bañas.**
2. **Tomas** un cafecito, cereal y fruta.
3. **Decides** caminar a casa.
4. En casa, **haces** la tarea. Luego **ves** la tele.
5. Te **acuestas** y te **duermes** en seguida.

2.9 LOS ACENTOS ESCRITOS MÁS FÁCILES: PÓNSELOS A LAS ESDRÚJULAS

En las lecciones anteriores, has aprendido a distinguir entre lo que es *acento tónico* (que se oye) y *acento escrito* (que se ve). También has aprendido tres reglas que te permiten decidir si las palabras llevan acento escrito.

Ahora vamos otra vez a escuchar con cuidado la pronunciación de las palabras, para oír en qué sílaba llevan la mayor fuerza, o sea, en qué sílaba llevan el acento tónico. Vamos a prestar atención a las palabras que no tienen el acento tónico ni en la última ni en la penúltima sílaba. Lo tienen en la antepenúltima.

       sim**pá**tico
       el**ás**tico
       pe**lí**cula
       lámpara
       es**crí**belo
       a**rrán**calos

¿Lo oyes? En estas palabras, si cuentas del final de la palabra hacia la izquierda, y buscas la sílaba acentuada, cuentas tres.

> La gramática usa un vocablo especializado para referirse a estas palabras que tienen el acento en la antepenúltima sílaba (en la tercera empezando por atrás): Las llama palabras *esdrújulas.* Todas las palabras esdrújulas llevan acento escrito. ¿En dónde? Pues en la sílaba que lleva el acento tónico.

➤ Cuando oyes una palabra esdrújula, como **carnívoro** o **estadística,** no puedes tener dudas, siempre llevan acento escrito.

Palabras que se convierten en esdrújulas

Fíjate que las palabras esdrújulas siempre llevan acento escrito (**lámpara, película, carnívoro**). Por lo tanto, las palabras que se han convertido en esdrújulas al añadírseles otros elementos también llevan acento escrito.

Por ejemplo, la palabra **escribe** no lleva acento escrito. Pero la palabra **escríbelo** sí lleva acento escrito, porque al añadirle **-lo** se ha convertido en esdrújula. La palabra **feliz** termina en consonante que no es ni **-n** ni **-s**, y por lo tanto no lleva acento escrito. Pero si decimos **felicísimo**, se ha convertido en esdrújula y sí lleva acento escrito.

Como ves, según se añaden elementos, las palabras pueden convertirse en esdrújulas. O sea, según se le añaden elementos a la palabra, puede cambiar el acento tónico, y al cambiar el acento tónico, puede tener que llevar acento escrito, aunque no lo llevara antes.

PRÁCTICA

A. Tu amigo el exagerado.   Tienes un amigo muy exagerado. Todo lo cambia a un superlativo. ¿Qué dice tu amigo cuando tú haces estos comentarios?

EJEMPLO   Fue un examen difícil.
Tú: **Si yo digo que fue un examen difícil, él dice: Difícil, no. Dificilísimo.**

1. Fue una película muy corta.
2. El maestro de inglés habla muy rápido.
3. La prueba estaba fácil.
4. La novela estaba muy mala.
5. La carne está muy buena.

B. Lo que se encontró el Sr. Asentto Skrito.   Ahora, el Sr. Asentto Skrito insiste en que cambien todas las siguientes palabras a minúsculas, que decidan si tienen acento escrito, y para colmo, que después de escribirlas, las separen en sílabas. Hazlas con un(a) compañero(a) y luego pongan su lista en la pizarra.

EJEMPLO   TRAMPOLIN
Tú escribes: **trampolín   tram-po-lín**

1. FANTASTICO
2. ESTUPENDO
3. ESTUPIDO
4. AMABLE
5. MUSICA
6. PELICULA
7. ATMOSFERA
8. SALCHICHA
9. ENTRADAS
10. DINERO
11. GRATIS
12. ACOMPAÑANTE
13. CHEVERISIMO
14. MAGNIFICO
15. COMPRATE
16. REGALO
17. REGALATE
18. CHEVERE

C. **Los acentos escritos del cuento.** En grupos de tres, analicen con detenimiento "La llamada", de Roberto Fernández, que leyeron en esta lección, págs. 108–112, a ver cuántas palabras esdrújulas encuentran. Cópienlas en una hoja aparte, divídanlas en sílabas y pongan los acentos escritos donde van.

LECCIÓN
3

Taller del bilingüe

EVENTOS DE DOS ACTORES EN ESPAÑOL Y EN INGLÉS

En la Unidad 1, Lección 2, viste que la colocación del sujeto es más libre en español que en inglés. En inglés, el sujeto se encuentra antepuesto al verbo con mucha más frecuencia que en posición después del verbo. En español, sin embargo, las dos posiciones, antes y después del verbo, son muy corrientes.

> Ayer **mi amigo** de Venezuela **llamó**.
> *Yesterday, **my friend** from Venezuela **called**.*

> Ayer **llamó mi amigo** de Venezuela.
> *Yesterday **my friend** from Venezuela **called**.*

Orden general de actores y evento

En este taller vamos a ver que la flexibilidad del español no radica sólo en el orden del sujeto y el verbo. También hay flexibilidad para colocar el sujeto y el objeto.

En inglés, como en español, hay eventos de un actor y eventos de dos actores:

Eventos de un actor	Eventos de dos actores
Tina estudia mucho. Meche come a todas horas.	Tina estudia francés. Meche come arepas.

En estos ejemplos de oraciones de dos actores, los actores han aparecido en el mismo orden. El sujeto se ha colocado primero, el objeto se ha colocado después.

Orden de actores y evento en inglés

En inglés, este orden es el que se encuentra casi siempre. O sea, en inglés, los eventos de dos actores son casi siempre así:

sujeto → verbo → objeto

> *Tina studies French.*
> *Meche eats arepas.*

ciento sesenta y uno **161**

Orden variado de actores y evento en español

En español, el orden puede ser diferente. En español, el actor secundario puede ir primero y el principal después. Fíjate en estas oraciones:

> De allí exportan caucho los negociantes de Manaus.
> *Manaus businessmen export rubber from there.*

> Con mucho cuidado sacaron al niño los bomberos de la brigada.
> *Very carefully, the firemen of the brigade took the child out.*

En estas dos oraciones, el orden es muy diferente al del inglés. En español, el actor secundario en estas oraciones aparece primero.

> **verbo** ⟶ **objeto** ⟶ **sujeto**

> Exportan caucho los negociantes.
> Sacaron al niño los bomberos.

Cuando leas y escribas en español, conviene conocer bien esta importante característica de tu idioma. En español, no sólo tienes más flexibilidad para colocar el sujeto y el verbo, sino que también tienes más flexibilidad para colocar el sujeto y el objeto. No tiene que ser siempre sujeto-verbo-objeto, como en inglés.

◀ PRÁCTICA ▶

Revisando el orden. Mira bien estas oraciones, que hemos sacado de las lecturas que hemos venido haciendo. Copia las oraciones en hoja aparte. Al lado de cada una, escribe **S, V, O** (**sujeto, verbo, objeto**), según el orden en que aparezcan estos elementos. Fíjate bien. Algunas oraciones tienen dos actores (sujeto y objeto), otras tienen sólo uno.

EJEMPLOS   Chela escribe su informe. **S V O**
                 El río Negro desemboca en Manaus. **S V**
                 Poco a poco fue haciendo las arepas el cocinero. **V O S**

1. El país tiene problemas económicos.
2. Los animales empezaron a sentir miedo.
3. Los indígenas vivían en casas puestas sobre pilotes.
4. Las pulgas picaron mucho al león.
5. La única excepción fueron las pulgas.
6. Sucedía esta escena en la salita.
7. Pasaron tres largas horas.
8. Además, tiene una numerosa población europea.
9. La temperatura no varía mucho.
10. A tal extremo llegó su tiranía.

Repaso de vocablos especializados

Escribe una definición en tu cuaderno de los siguientes vocablos especializados que hemos usado en esta lección.

sujeto del verbo

objeto del verbo

concordancia sujeto-verbo

información suplementaria = cuándo, dónde, cómo

infinitivo del verbo

antepenúltima sílaba

palabra esdrújula

INTERNET
Prueba interactiva
www.mcdougallittell.com

INTERNET
Cibertarjetas
www.mcdougallittell.com

UNIDAD 3

TÚ Y LOS MEDIOS DE COMUNICACIÓN

NOTIC

ISLA DE MARGARITA 32°

COSTA CENTRAL 28°

MARACAIBO 38°   BARQUISIMETO 29°   CARACAS 25°   PUERTO LA CRUZ 32°

MÉRIDA 12°   CIUDAD BOLÍVAR 42°

PUERTO AYACUCHO 42°

CARACAS
ESTA NOCHE
19°
MAÑANA
24°

DESPEJADO   NUBLADO

LLUVIA   LLOVIZNA

INTERNET
Presentación
www.mcdougallittell.com

TÚ Y LAS NOTICIAS

ISLA DE MARGARITA 32°

COSTA CENTRAL 28°

MARACAIBO 38°

BARQUISIMETO 29°

CARACAS 25°

PUERTO LA CRUZ 32°

MÉRIDA 12°

CIUDAD BOLÍVAR 42°

PUERTO AYACUCHO 42°

CARACAS
ESTA NOCHE
19°
MAÑANA
24°

DESPEJADO NUBLADO
LLUVIA LLOVIZNA

¿Qué piensas tú?

1. ¿En qué parte(s) del mundo crees que se sacaron estas fotos? ¿Por qué crees eso?

2. Si te dijéramos que todas las fotos se sacaron el 15 de julio, ¿cambiarían tus respuestas a la primera pregunta? ¿Cómo? ¿Por qué?

3. ¿Crees que todos los lugares representados en las fotos están poblados? ¿Por qué? En tu opinión, ¿cómo es el estilo de vida en todos estos lugares? ¿Por qué crees eso?

4. ¿Qué efecto tiene el tiempo en el estilo de vida de un pueblo? ¿Qué influencia tiene el tiempo en la cultura de un pueblo? ¿Por qué crees eso?

5. ¿Cómo puedes explicar la gran extensión de influencia hispana por todo el mundo? ¿Te sorprende esta extensión? ¿Por qué?

6. ¿De qué crees que vamos a hablar en esta lección?

FOTONOVELA
LECTURA ILUSTRADA

✚ *Prepárate para leer*

Anticipa.   Contesta estas preguntas antes de leer la fotonovela.

1. ¿Has tenido que escribir algo alguna vez en que no se te ocurría ninguna idea? ¿Para qué clase? ¿Qué hiciste al final? ¿Sobre qué escribiste? ¿De dónde y cuándo te vino la idea?

2. ¿Con qué frecuencia escuchas las noticias del clima en la televisión? En los países hispanos mucha gente opina que en EE.UU. estamos obsesionados con el tiempo. ¿Estás de acuerdo? ¿Por qué crees que tanta gente escucha las noticias del clima dos o tres veces al día?

3. A veces en las noticias informan algo de gran interés humanístico, por ejemplo, el cuento de un niño que salvó a sus padres o de un joven que dedica su verano a visitar a personas en un hogar de ancianos. Describe en detalle una noticia de este tipo que escuchaste recientemente.

El refrán de la semana

BLA BLA BLA

MU

Habló el buey y dijo mu.

Interpretación ¿Cuál es el significado de este refrán? ¿Cómo se relacionan los dos dibujos y el refrán? Explica dos o tres situaciones donde podrías usar el refrán. ¿Conoces otros refranes con el mismo significado? Si no sabes de otros, pregúntales a tus padres o a tus abuelos si ellos conocen unos. Compártelos con la clase.

De visita a un canal de televisión

1 Vamos a leerlos en la radio.

Luis y su hermanita, Irene, esperan a su papá en el canal de televisión donde trabaja.

¿Cuánto tiempo falta? Ya tengo hambre.

Faltan quince minutos. Déjame hacer la tarea.

¿Tienes mucha tarea?

Sí, para la clase de composición.

¿De veras? A ver.

Irene, ¡por favor!

Tengo que escribir un cuento policíaco. Después vamos a leer los cuentos en la radio de la escuela.

¿En la radio? ¡Qué divertido!

¿Divertido? ¡No tengo ni idea de lo que voy a escribir!

Pues, papá te puede ayudar, estoy segura.

Espero que sí.

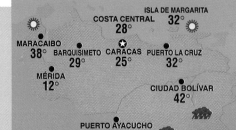

CARACAS
ESTA NOCHE
19°
MAÑANA
24°

Y ahora el reporte del tiempo. Hoy hacia el oriente del país hizo una temperatura de 32° centígrados. En el occidente hizo aún más calor con temperaturas que llegaron hasta los 38° en la zona de Maracaibo.

Por el contrario, en la ciudad de Mérida hizo frío, registrándose una temperatura mínima de 12°. El sur del país estuvo nublado y con lluvias aisladas.

Aquí en la zona metropolitana de Caracas, la temperatura llegó a los 25° por la tarde. Esta noche va a hacer más fresco, bajando hasta los 19°. Mañana se anticipa una temperatura máxima de 24° con posibilidades de llovizna.

Y ahora más noticias. Primero quiero contarles un incidente muy curioso que ocurrió hoy día. Un empleado municipal, José Rivera, descubrió algo insólito al vaciar un basurero en el Parque los Caobos. Entre la basura encontró una bolsa con cien mil bolívares. Entrevisté a José Rivera después de su descubrimiento.

Señor Rivera, díganos cuándo descubrió el dinero.

Pues, sabe usted, lo encontré poco después de llegar al trabajo a eso de las nueve de la mañana.

¿Cómo lo encontró?

Se cayó de una bolsa de papel común y corriente. ¡Imagínese!

¿Qué pensó al encontrarlo?

Pues, no lo pude creer, sabe. ¡Tanta plata! ¿Y por qué aquí?

✚ Verifiquemos e interpretemos

A. Identifica a los personajes. ¿Quién hizo estos comentarios: Irene, Luis, Diego Miranda o José Rivera?

Irene   **Luis**   **Diego**   **José**

1. "¿Cuánto tiempo falta?"
2. "Díganos cuándo descubrió el dinero".
3. "Mañana se anticipa una temperatura máxima de 24 grados".
4. "¡Tanta plata! ¿Y por qué aquí?"
5. "Bueno, papá está terminando. Voy a buscarlo".
6. "El sur del país estuvo nublado".
7. "Tengo que escribir un cuento policíaco".
8. "Se cayó de una bolsa de papel".
9. "¿Y ya tiene planes para el dinero?"
10. "Esta noche va a hacer más fresco".

B. Reflexiona y relaciona. ¿Cómo te relacionas tú con los personajes de la fotonovela? Reflexiona en lo ocurrido y relaciónalo con tu propia vida.

1. ¿Qué hacen Luis e Irene? ¿A veces esperas a tus padres en su lugar de empleo? ¿Has visitado el lugar donde trabaja tu papá o tu mamá? ¿Es un lugar interesante? ¿Por qué sí o por qué no?
2. ¿En qué tarea trabajaba Luis? ¿Sabía qué iba a escribir? ¿Siempre haces tu tarea en casa? ¿Y a veces en lugares extraños, como Luis? ¿Dónde es más fácil estudiar? ¿Por qué?
3. ¿Cuál es la profesión del Sr. Miranda? ¿Dónde trabaja? ¿Qué noticias dio ese día? ¿Te gustaría ser locutor(a)? ¿Por qué?
4. ¿Quién es José Rivera? ¿Qué le pasó ese día? ¿Qué va a pasar con todo el dinero? ¿Has perdido alguna vez una buena cantidad de dinero? ¿Cuánto? ¿Cómo lo perdiste? ¿Lo encontraste al final? ¿Has hallado dinero o algo de valor alguna vez? Si es así, explica lo que pasó en detalle.
5. ¿Qué crees que pasó cuando Irene entró en el lugar donde su papá estaba dando las noticias? ¿Has tenido alguna vez un accidente similar, tal vez no en un canal de televisión sino en otro lugar? Si así es, describe lo que pasó.

A. **El sábado pasado.** Prepara una lista de lo que hiciste el sábado pasado a las 9:00 y a las 11:00 de la mañana, a la 1:00, a las 3:00, a las 5:00 y a las 7:00 de la tarde, y a las 9:00 y a las 10:00 de la noche. Pregúntales a dos compañeros lo que hicieron ellos a esas horas. Luego informa a la clase si hay algunas actividades que todas las personas de tu grupo hicieron a la misma hora.

B. **Hoy en la costa...** Todos los domingos, un canal de televisión de tu ciudad invita a estudiantes de tu colegio a ser locutores. Hoy, tú y un(a) compañero(a) van a dar el pronóstico del tiempo. Prepara la presentación con tu compañero(a). Usen el pronóstico que su profesor(a) les va a dar o uno de un periódico local.

C. **¡Caricaturistas!** Tú y tu compañero(a) son famosos caricaturistas. Acaban de crear esta tira cómica y ahora van a escribir el diálogo. Cuando lo completen, léanle su diálogo a la clase.

D. La máscara de oro.   Hace un mes, alguien se robó una famosa máscara de oro del Museo de Antropología. Tu compañero(a), un(a) detective célebre, acaba de encontrar la máscara. Entrevístalo(la) y consigue todos los detalles de cómo la encontró. Dramaticen la entrevista.

E. ¡Qué fracaso!   Anoche su equipo de béisbol perdió. ¡Fue un fracaso total! Ahora tú y tus amigos están discutiendo el partido, tratando de decidir por qué perdieron tan mal. Cada persona ofrece distintas razones por el fracaso. Dramaticen la discusión.

VOCABULARIO ÚTIL:

receptor(a)	tercera base
lanzador(a)	jardinero(a) corto(a)
primera base	jardinero(a)
segunda base	guardabosque

INTERNET
Enlaces con el tema
www.mcdougallittell.com

Antes de empezar

A. Hojeando. Lee rápidamente al buscar esta información en la lectura. No es necesario que entiendas o recuerdes toda la información. Sólo concéntrate en encontrarla.

1. ¿Cómo se llama la maestra?
2. ¿Dónde enseñó?
3. ¿Quién es José Vasconcelos?
4. ¿De qué fue amante la maestra?
5. ¿Cuál fue el incidente más trágico de su vida?
6. ¿Quién es Gabriela Mistral?
7. ¿Cuántos libros escribió?
8. ¿Cuál fue el premio más prestigioso que ella recibió?

B. La idea principal. Selecciona la frase que mejor exprese la idea principal de cada párrafo.

Párrafo 1
a. el norte de Chile
b. la juventud chilena
c. dedicación a la enseñanza
d. las señoritas de Santiago

Párrafo 2
a. los 31 años
b. fama internacional
c. José Vasconcelos
d. reforma educacional

Párrafo 3
a. éxito en educación
b. excelente trabajo como maestra
c. manera de expresar amor
d. amor a Dios

Párrafo 4
a. amor trágico
b. los 17 años
c. suicidio
d. tristeza y soledad

Párrafo 5
a. triunfos literarios
b. "Los sonetos de la muerte"
c. *Desolación, Ternura, Tala* y *Lagar*
d. amor intenso e íntimo

Párrafo 6
a. Premio Nóbel de Literatura
b. tres escritores
c. una escritora de Hispanoamérica
d. honor

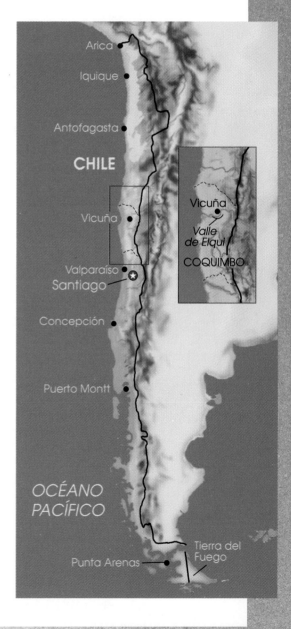

Maestra y amante de la humanidad

Nació en 1889 en el Valle de Elqui, provincia de Coquimbo, en el norte central de Chile. Su verdadero amor era la enseñanza, y se dedicó a educar a la juventud chilena. Fue maestra rural. Enseñó en escuelas primarias y secundarias. Sirvió como directora de escuelas y llegó a ser directora del Liceo de Señoritas de Santiago.

A los treinta y un años ya tenía fama internacional como educadora. En 1922, el famoso reformista de la educación mexicana, el Ministro de Educación José Vasconcelos, la invitó a México para cooperar en la reforma educacional de ese país.

Pero a pesar de todos estos éxitos en educación, Lucila Godoy Alcayaga es recordada no tanto por su excelente trabajo como maestra sino por la manera en que expresó su amor: amor al hombre, al universo, a Dios, a la naturaleza, a la justicia, a los humildes, a los abandonados y a los niños.

Este amor nació de un incidente trágico en la vida de la joven Lucila. Cuando ella sólo tenía diecisiete años, amó a un hombre que se suicidó, al parecer, por honor. Ella pudo haberse consumido en la tristeza de este trágico amor, tan trágico que ella nunca se casó. Pero la manera en que Lucila Godoy Alcayaga pudo sobrevivir al dolor, a la tristeza y a la soledad que sentía fue expresarlos en poesía, bajo el nombre literario de Gabriela Mistral.

La poetisa chilena Gabriela Mistral tuvo su primer gran triunfo literario ocho años después de la muerte de su amado cuando, en 1914, recibió el primer premio de los Juegos Florales de Santiago por "Los sonetos de la muerte". En 1922, se publicó su mejor libro, *Desolación*. En él expresa la tristeza y soledad que siente por la pérdida de su amado. En su segundo libro, *Ternura* (1924), canta el amor al hombre, a los niños, a los humildes, a los perseguidos y a los abandonados. En su tercer libro, *Tala* (1938), se vuelve hacia el hombre, la humanidad, Dios y la naturaleza. En su último libro, *Lagar* (1954), el amor hacia todo lo creado es más intenso e íntimo.

Gabriela Mistral recibió el Premio Nóbel de Literatura en 1945. Antes que ella, sólo dos escritores de la lengua española habían recibido este honor y ninguno había sido de Hispanoamérica.

LOS QUE NO DANZAN

Una niña que es inválida
dijo: "¿Cómo danzo yo?"
Le dijimos que pusiera
a danzar su corazón...

Luego dijo la quebrada:
"¿Cómo cantaría yo?"
Le dijimos que pusiera
a cantar su corazón...

— DESOLACIÓN

TAMBORITO PANAMEÑO

Panameño, panameño,
panameño de mi vida,
yo quiero que tú me lleves
al tambor de la alegría.

— TALA

Verifiquemos

1. **Orden cronológico.** Se puede decir que la historia de Gabriela Mistral es la historia de dos personas y una vida. ¿Cómo se entrelaza la vida de estas dos personas: Lucila Godoy Alcayaga y Gabriela Mistral? Prepara una cronología de la vida de esta increíble mujer. Empieza con la fecha de nacimiento y sigue hasta su muerte en 1957. Incluye todos los datos importantes de su vida.
2. **Títulos.** Explica el título de esta lectura. ¿Cuáles serían otros buenos títulos para ponerle a esta lectura?

"Cognados" y "cognados" falsos

Terminología

Las palabras conocidas como "cognados" son palabras con una ortografía idéntica o casi idéntica en dos o más lenguas. En español, cuando estas palabras parecidas tienen el mismo significado en las dos lenguas, se llaman "palabras afines" y en inglés *cognates*. En EE.UU. los maestros de español tienden a usar "cognados", una palabra inventada, para hablar de palabras afines. En **Tu mundo** la palabra "cognados", escrita entre comillas, será el vocablo preferido.

"Cognados"

La mayoría de los "cognados" en inglés y en español son palabras de origen griego o latín. A veces la ortografía de "cognados" es idéntica, como en las palabras *drama, auto, universal, director*. En otras ocasiones existen cambios ortográficos, como en las palabras **universidad**/*university*, **nación**/*nation*, **paralelo**/*parallel*, **participar**/*participate*.

Para las personas bilingües, como lo son muchos de los hispanos en EE.UU., es fácil reconocer "cognados" en ambas lenguas. El uso frecuente de éstos puede resultar en un aumento de vocabulario impresionante. Por eso, es importante que siempre te esfuerces en reconocerlos. Con ese fin, compara los cambios ortográficos que hay en las siguientes palabras.

ESPAÑOL	INGLÉS
humano	*human*
movimiento	*movement*
inmigración	*immigration*
filosofía	*philosophy*
arquitecto	*architect*
oposición	*opposition*

"Cognados" falsos

Los "cognados" falsos son palabras parecidas en dos o más lenguas que tienen significados diferentes. Por ejemplo, si comparamos los significados en español y en inglés de las palabras parecidas **parientes**/*parents* vemos que en español **parientes** significa "cualquier familiar", mientras que en inglés *parents* significa "padres de familia". Esto hace que las palabras parecidas **parientes**/*parents* sean "cognados" falsos. Lo mismo ocurre con las palabras parecidas **suceso**/*success*. En español **suceso** significa "un evento o hecho", mientras que en inglés *success* significa "éxito". Otra vez, estos dos vocablos parecidos son "cognados" falsos por no tener el mismo significado.

Verifiquemos

A. "Cognados". En una hoja aparte, escribe el equivalente en español de las siguientes palabras. Pon cuidado en los cambios ortográficos de algunos de estos vocablos. Si no estás seguro(a) de la ortografía, busca las palabras en el diccionario.

1. illegal
2. mission
3. collaborate
4. photography
5. profession
6. committee
7. technology
8. difficulty

B. "Cognados" falsos. Busca en el diccionario el significado de las siguientes palabras y en una hoja aparte da su significado en español. Luego escribe una oración original de la palabra en español.

MODELO *to support*: **significa "mantener"**
soportar: **significa "tolerar"**
Oración: **Ya no soporto a mis hermanos por todo el ruido que hacen.**

1. *to quit*
   quitar
2. *embarrassed*
   embarazada
3. *library*
   librería
4. *fabric*
   fábrica
5. *exit*
   éxito

TÚ Y LOS ANUNCIOS COMERCIALES

CAMPAMENTO CANAIMA

AYÚDANOS A MANTENER LA LIMPIEZA

GRACIAS...

U.S.B.

CRUCE A LA DERECHA

Venezuela
Tierra nuestra

Para conservar un grato recuerdo de tu viaje . . .

☞ Conserva el ambiente:
Cuida tus playas.

☞ Conserva la limpieza:
Cuida tus paisajes.

☞ Conserva la belleza:
Cuida tus parques.

☞ Conserva tu vida:
Maneja con cuidado.

☞ Conserva el orden:
Cumple las leyes.

☞ Conserva amistades:
Respeta a los demás.

turismo para todos

PIEL PERFECTA

15

Máxima protección contra el sol

N U N C A SALGAN SIN LA LOCIÓN QUE MÁS PROTECCIÓN OFRECE. PÓNGANSE PIEL PERFECTA.

ADVERTENCIA:
Se ha comprobado que los rayos ultravioletas son dañinos para la piel.

¿Qué piensas tú?

1. ¿Para quién es el cartel de Venezuela? ¿Qué recomienda que las personas hagan? ¿Cómo sabes esto?

2. ¿Cómo sería un cartel para atraer a turistas a tu ciudad? ¿Qué dibujos o fotos tendría?

3. Es posible que no entiendas cada palabra en las fotos, el cartel y el anuncio para *Piel perfecta*. ¿Puedes adivinar lo que dicen? ¿Qué te ayuda a entender las palabras que no conoces?

4. ¿Qué atracciones se mencionarían en una propaganda para atraer a turistas a Venezuela que no se mencionarían en anuncios para tu estado? ¿Por qué no se mencionarían para tu estado?

5. ¿Qué tipo de lenguaje se usa en letreros, en anuncios para viajeros y en anuncios para vender objetos? ¿Qué tipo de lenguaje se usa para dar consejos o hacer recomendaciones?

6. ¿De qué crees que vamos a hablar en esta lección?

FOTONOVELA
LECTURA ILUSTRADA

✚ *Prepárate para leer*

Anticipa.   La televisión está llena de avisos comerciales. Es imposible evitarlos.

1. ¿Qué opinas tú de los avisos comerciales? ¿Te gustan, los odias o simplemente los toleras?

2. Divídanse en grupos de personas que les gustan los avisos, los que los odian y los que los toleran. (No debe haber más de tres personas en cada grupo. Si así es, divídanse en grupos más pequeños.) En su grupo, preparen una lista de las características buenas de los avisos, si les gustan; de las malas si los odian; y de lo bueno y lo malo si los toleran. Informen a la clase de sus conclusiones.

El refrán de la semana

La mala suerte y los tontos caminan del brazo.

Interpretación Explica el significado de este refrán. Relaciona los dos dibujos al refrán. Explica otras situaciones donde podrías usar este refrán. ¿Sabes de otros refranes con el mismo significado? Si no, pregúntales a tus padres o a tus abuelos si ellos conocen unos. Compártelos con la clase.

1 ¡Compre *Doña Arepa*!

María, no sé qué hacer. Los niños no quieren comer. Hasta dejan la arepa en el plato sin comer.

Perdone, señora. Usted necesita . . .

¡DOÑAAAAA AREPAAAAA! ¡La mejor harina para hacer arepas en casa!

Cómalas con mantequilla o rellénelas con jamón . . .

. . . con queso o con lo que a sus niños más les apetezca.

Déles arepas *Doña Arepa*.

Tienen un sabor incomparable.

¡Nunca queda ni una sola miguita con arepas hechas con *Doña Arepa*!

Busque *Doñaaaa Arepaaaa* en su tienda favorita hoy mismo. ¡Compre lo mejor! ¡Compre *Doñaaaa Arepaaaa*!

2 ¡Pónganse *Piel perfecta*!

Lourdes y César se encuentran por casualidad.

Hola, César, ¿cómo estás? Hace tanto tiempo que no te veo. ¿Qué es de tu vida?

¡Ay, cuidado, Lourdes! No ves que estoy quemado. Ayer pasé toda la tarde en la playa y mírame ahora. ¡Me duele todo!

¡Pero César! ¿Por qué no te pusiste loción protectora? Sabes que tienes que protegerte de los rayos dañinos del sol.

Usa Piel perfecta.

Ustedes también. Para evitar las quemaduras del sol, nunca salgan sin la loción que más protección ofrece. ¡Pónganse Piel perfecta!

3 Mira lo que hiciste.

¡Hija, ven acá! Mira lo que hiciste.

¿Qué papá?

Desenchufaste un cable y apagaste la cámara.

Lo siento, papá.

¿Quién te dio permiso para entrar aquí?

Nadie, papá. Es que yo venía . . .

¿Cuántas veces tengo que decirte que cuando estoy trabajando, no entres aquí? De aquí en adelante, haz lo que te digo.

Sí, papá.

De otra forma, no vuelves al canal. ¿Entiendes?

Sí, papá.

Y además . . .

(Sr. Miranda, Sr. Miranda. La cámara . . .)

(¡Ah! Irene, sal de aquí.)

Perdonen ustedes la interrupción. Tuvimos un problema técnico.

4 Permanezcan con nosotros.

A continuación les traemos una nueva serie, "Nuestra Venezuela". Todo el mundo debe ver este interesantísimo programa informativo . . .

. . . sobre nuestro país y su futuro.

Luego vean en este mismo canal la sensacional telenovela "Doña Perfecta".

Esta noche jueguen a "Venezuela y punto" con Pepe Muñoz . . .

. . . y permanezcan con nosotros para el último noticiero del día. No se pierdan nuestra excelente programación. Por ahora, me despido de ustedes deseándoles una noche muy agradable.

✚ Verifiquemos e interpretemos

A. Mandatos en la tele. Siempre oímos muchos mandatos en la televisión. Completa los mandatos que acabas de escuchar indicando qué frase de la segunda columna completa mejor cada una de las de la primera columna.

1. Rellene sus arepas con…
2. Usa *Piel perfecta*…
3. Perdonen ustedes…
4. No se pierdan…
5. Busque *Doña Arepa* en…
6. Pónganse…
7. Permanezcan con nosotros para…
8. Esta noche jueguen a…

a. el último noticiero.
b. *Piel perfecta.*
c. jamón y queso.
d. "Venezuela y punto".
e. para protegerte de los rayos dañinos.
f. su tienda favorita.
g. nuestra excelente programación.
h. la interrupción.

B. Reflexiona y relaciona. Los avisos comerciales siempre señalan los puntos fuertes del producto que representan y con frecuencia exageran la verdad. En un cuadro como el que sigue, indica en la primera columna lo que estos dos productos reclaman y en la segunda lo que tú opinas de lo que dicen. Compara tu cuadro con el de dos compañeros de clase.

Lo que reclama *Doña Arepa*	Mi opinión
1. 2. …	1. 2. …

Lo que reclama *Piel perfecta*	Mi opinión
1. 2. …	1. 2. …

C. Predicción. En el episodio de la fotonovela de la Lección 1, antes de los avisos comerciales, Luis dijo que tenía que escribir un cuento policíaco para su clase de composición. Su hermanita Irene le sugiere que el incidente de José Rivera sería una excelente idea para el cuento. Luis acepta la sugerencia de su hermanita y escribe un cuento parecido al del incidente del Sr. Rivera. Con un(a) compañero(a), hablen de posibles tramas para el cuento de Luis y escriban uno o dos párrafos describiendo una trama posible. Usen su imaginación.

Conclusión de la fotonovela

Éste es el cuento policíaco que escribió Luis para leer en la radio. ¿Puedes resolver el misterio?

Había una vez una viejita que no confiaba en nadie. Tenía mucho dinero ahorrado que guardaba en su colchón porque no confiaba en los bancos y no quería entregarles su dinero. Todos los días se levantaba temprano, se sentaba a la mesa y contaba su dinero.

Un día, su nieta supo que guardaba una fortuna en un lugar secreto y se puso muy agitada. Le dijo: —¡Abuelita! ¡Tienes que poner tu dinero en un lugar seguro! ¿Por qué no lo llevamos al banco?

La abuelita le contestó: —¡Paciencia, hija! Yo no llegué a los 75 años sin haber aprendido algo. Ese dinero era de tu abuelo y tengo que guardarlo con mucho cuidado. Pero, . . . sí voy a considerar tu sugerencia.

La nieta añadió: —Por favor, abuelita. Piénsalo bien.

$\mathcal{La}$ abuela pensó y pensó: —Tal vez mi nieta tenga razón. Tal vez deba meter mi dinero en el banco. —Entonces, un día que hacía muy buen tiempo, la abuela tomó una decisión. Decidió ir al banco a depositar su dinero. Con mucho cuidado, lo sacó del colchón y lo metió en una bolsa de papel. Salió camino al banco, pero como hacía tan buen tiempo, se sentó a comer en el parque. Mientras comía, tomaba el sol y pensaba en su decisión.

Cuando terminó de comer, siguió al banco. Al llegar, entró y se acercó a una caja. Saludó al cajero y le presentó la bolsa de papel, diciendo:

—Ésta es toda mi fortuna. Quiero guardarla aquí, en su banco.

—Cómo no, señora —respondió el cajero y abrió la bolsa.

¡Y qué sorpresa tuvo cuando en la bolsa no encontró nada más que los restos del almuerzo de la abuelita! Cuando le mostró la bolsa a la abuelita, ésta empezó a gritar:

—¡Ave María purísima! ¡Mi dinero! ¡Mi dinero! ¿Qué pasó con mi dinero? ¡Dios mío! ¿Qué voy a hacer?

✚ *Verifiquemos e interpretemos*

A. Detalles importantes.   Pon en orden cronológico los sucesos del cuento de la viejita.

1. Decidió ir al banco con su dinero.
2. Hacía buen tiempo.
3. Había una viejita que no confiaba en nadie.
4. No encontró el dinero.
5. La abuela pensó y pensó.
6. Guardaba mucho dinero en un colchón.
7. El cajero abrió la bolsa.
8. Su nieta le dijo: "¿Por qué no lo llevamos al banco?"
9. Comió en el parque.
10. Dijo que quería abrir una cuenta.

B. Problemas y soluciones.   En una hoja de papel duplica este cuadro y úsalo para describir los problemas que tuvo la viejita y las soluciones que resultaron en el cuento policíaco de Luis.

	Descripción del problema	Solución del problema
problema según la nieta		
problema con las bolsas de papel		

CONVERSEMOS UN RATO

A. Clase, levanten las manos...   Tú y tu compañero(a) van a enseñarle a una clase de tercer grado a hacer algo —por ejemplo, cómo hacer ejercicios, cómo bailar, cómo ponerse un suéter. Decidan qué le van a enseñar a hacer y practíquenlo con sus compañeros de clase.

B. El pájaro de papel. Tu profesor(a) les va a dar a unas personas de la clase las instrucciones para construir un pájaro de papel colorido. A los demás les va a dar papel colorido, una grapadora, tijeras, hilo y las ilustraciones que acompañan las instrucciones. En grupos pequeños, la persona que tiene las instrucciones les va a decir a los otros lo que tienen que hacer con los materiales para construir un pájaro de papel. Mientras escuchan a su compañero(a), deben mirar bien las ilustraciones para comprender las instrucciones.

MODELO **Corten el papel en seis tiras de una pulgada por nueve pulgadas de tamaño.**

C. ¿Eres un Picasso? En la cuadrícula que te va a dar tu profesor(a), hay dibujos en unos cuadrados pero faltan en otros. Tu compañero(a) tiene los dibujos que faltan en tu cuadrícula, y tú tienes los que faltan en la suya. Tu compañero(a) te va a describir los dibujos que faltan en tu cuadrícula y te va a decir dónde debes ponerlos. Dibújalos hasta llenar la cuadrícula. Describe los dibujos que faltan en la cuadrícula de tu compañero(a) para que los dibuje. Pueden alternar sus descripciones.

EJEMPLO **Dibuja un(a) … entre … y …**
Baja tres cuadrados y dobla a la …

D. Un producto nuevo. Tú y tu compañero(a) trabajan para una estación de televisión en la sección de publicidad. Hoy tienen que preparar un anuncio para un producto nuevo. Prepárenlo y preséntenselo a la clase.

✚ Prepárate para leer

A. La pobreza. ¿Cuál es tu actitud acerca de la pobreza? Para saberlo, contesta estas preguntas con dos compañeros. Compartan sus respuestas con el resto de la clase.

1. ¿Qué asocias tú con la pobreza? En una hoja aparte, copia este cuadro y prepara una lista de diez a quince cosas que asocias con la pobreza y luego diez a quince cosas que no. Compara tu lista con la de dos compañeros y completa la tercera columna. Díganle a la clase todo lo que se repite en las tres listas.

Lo que asocio con la pobreza	Lo que no asocio con la pobreza	Lo que todos asociamos con la pobreza
1.	1.	1.
2.	2.	2.
3.	3.	3.
4.	4.	4.
5.	5.	5.
...	...	...

2. ¿Crees que la pobreza busca a las personas o que las personas pobres son responsables por su propia pobreza? Explica tu respuesta.

3. ¿Crees que es más fácil escapar de la pobreza o evitarla? ¿Cómo? ¿Por qué?

B. Vocabulario en contexto. Lee estas oraciones. Las palabras en **negrilla** aparecen en "Oda a la pobreza". Discute su significado con un(a) compañero(a) de clase.

1. Sus ojos estaban **acechándome,** fijándose en todo detalle de mi traje.
2. De repente oí su **silbido,** ese sonido chocante con que los niños usan para llamarse a distancia.
3. Por fin las tropas volvieron a alojarse donde debían estar en el **cuartel,** y no en nuestras casas.
4. El pobre perro **desdentado** no podía mascar el pedazo de carne que le dimos.
5. Tomó el plato de mis manos y haciéndolo **diadema,** se lo puso en la cabeza como si fuera rey.
6. Hernán Cortés fue **implacable** con los indígenas. Los trataba de una manera inhumana.
7. Los poetas de **antaño** no sabían eso, pero los modernos sí lo saben.
8. Papá cortó un **racimo** de uvas y nos lo pasó para que todos pudiéramos probarlas.

CONOZCAMOS AL AUTOR

Pablo Neruda (1904–1973), nació en Parral, Chile, de una familia humilde. Su nombre verdadero era Neftalí Ricardo Reyes. Considerado por muchos como la cumbre de la poesía contemporánea, este poeta chileno recibió en 1950 el Premio Internacional de la Paz otorgado por la Unión Soviética. En 1971 fue galardonado con el Premio Nóbel de Literatura. Entre sus obras más destacadas están *Veinte poemas de amor y una canción desesperada, Tentativa de hombre infinito, Residencia en la tierra* y *Canto general de Chile.*

ODA A LA POBREZA

Cuando nací,
pobreza,
me seguiste,
me mirabas
a través
de las tablas podridas
por el profundo invierno.
De pronto
eran tus ojos
los que miraban desde los agujeros.
Las goteras*,
de noche,
repetían
tu nombre y apellido
o a veces
el salero quebrado,
el traje roto,
los zapatos abiertos,
me advertían.
Allí estaban
acechándome
tus dientes de carcoma*,
tus ojos de pantano*,
tu lengua gris
que corta
la ropa, la madera,
los huesos y la sangre,
allí estabas

buscándome,
siguiéndome
desde mi nacimiento
por las calles.

Cuando alquilé una pieza
pequeña, en los suburbios,
sentada en una silla
me esperabas,
o al descorrer las sábanas
en un hotel oscuro,
adolescente,
no encontré la fragancia
de la rosa desnuda,
sino el silbido frío
de tu boca.

goteras *gotas de agua que caen dentro de la casa*
carcoma *insecto que roe la madera* **de pantano** *hondos y llenos de agua*

Pobreza,
me seguiste
por los cuarteles y los hospitales,
por la paz y la guerra.
Cuando enfermé tocaron
a la puerta:
no era el doctor, entraba
otra vez la pobreza.
Te vi sacar mis muebles
a la calle:
los hombres
los dejaban caer como pedradas.
Tú, con amor horrible,
de un montón de abandono
en medio de la calle y de la lluvia
ibas haciendo
un trono desdentado
y mirando a los pobres
recogías
mi último plato haciéndolo diadema.

cerceno *corto*

Ahora,
pobreza,
yo te sigo.
Como fuiste implacable,
soy implacable.
Junto
a cada pobre
me encontrarás cantando,
bajo
cada sábana
del hospital imposible
encontrarás mi canto.
Te sigo,
pobreza,
te vigilo,
te cerco,
te disparo,
te aíslo,
te cerceno* las uñas,
te rompo
los dientes que te quedan.
Estoy
en todas partes:
en el océano con los pescadores,
en la mina
los hombres
al limpiarse la frente,
secarse el sudor negro,
encuentran
mis poemas.

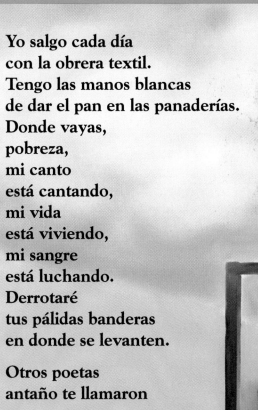

Yo salgo cada día
con la obrera textil.
Tengo las manos blancas
de dar el pan en las panaderías.
Donde vayas,
pobreza,
mi canto
está cantando,
mi vida
está viviendo,
mi sangre
está luchando.
Derrotaré
tus pálidas banderas
en donde se levanten.

Otros poetas
antaño te llamaron
santa,
veneraron tu capa,
te alimentaron de humo
y desaparecieron.
Yo
te desafío,
con duros versos te golpeo el rostro,
te embarco y te destierro.
Yo con otros,
con otros, muchos otros,
te vamos expulsando
de la tierra a la luna
para que allí te quedes
fría y encarcelada
mirando con un ojo
el pan y los racimos
que cubrirán la tierra
de mañana.

✤ Analicemos y discutamos

A. Análisis literario: Poesía. Para hablar de la poesía es necesario entender el siguiente vocabulario.

verso: una unidad de ritmo limitada por una pausa final, es decir, cada una de las líneas de un poema

estrofa: una agrupación de versos que puede repetirse sistemáticamente a lo largo de una poesía

medida: el número de sílabas en un verso

rima: la repetición de sonidos parecidos al final de los versos

ritmo: los acentos, pausas finales y medida de los versos

versos libres: versos que no tienen ni rima ni determinado tipo de medida

La poesía tradicionalmente incluye el uso de la rima. En español, la poesía tradicional también tiene versos medidos, o sea, versos que corresponden a cierto número de sílabas. Este poema es una oda: un poema dirigido usualmente a una persona o a algo que el poeta quiere celebrar. El poema "Oda a la pobreza" no es un poema tradicional, y por lo tanto no tiene ni rima ni versos medidos. Es un poema de versos libres.

1. ¿Cuántas estrofas tiene "Oda a la pobreza"? ¿Cuáles son? ¿Son del mismo tamaño o son desiguales?
2. ¿Cuántos versos tiene cada estrofa? ¿Cómo son los versos? ¿Cuántas sílabas tienen los primeros siete versos? ¿Tienen todos el mismo número de sílabas o tienen una medida irregular?
3. ¿Hay algunos versos con rima dentro de los primeros siete? Si así es, ¿cuáles son? ¿Tiene rima este poema?
4. ¿Empiezan todos los versos con una letra mayúscula? Nota que con el uso de letras mayúsculas y puntos finales, Neruda incluye oraciones completas en este poema. ¿Cuántas oraciones completas hay en la primera estrofa? ¿En la segunda? ¿Y en la tercera?
5. Aunque este poema es de versos libres y no tiene rima, el ritmo de ciertos versos se repite de tal manera que crea una sensación de rima. Dos ejemplos de esto en la primera estrofa son cuando el poeta dice:

> me seguiste,
> me mirabas

o más tarde cuando dice:

> buscándome,
> siguiéndome

¿Cuáles son otros ejemplos de esto en la segunda estrofa?

B. Análisis literario: Personificación. La personificación es el dar a una cosa (como un tomate, un libro o un carro) o a una abstracción (como la libertad, la fe, la pobreza) el cuerpo, los sentimientos y el lenguaje de una persona. El uso de esa técnica es muy común en la poesía. En "Oda a la pobreza", Neruda personifica a la pobreza y le da características humanas señalando varias partes del cuerpo y cuidadosamente seleccionando verbos, sustantivos y adjetivos que reflejan a las personas. Haz una copia de este diagrama. Luego, en los cuatro cuadros pon las características humanas apropiadas que el poeta le da a la pobreza. En las líneas de cada cuadro, escribe el verso del poema donde se mencionan esas características.

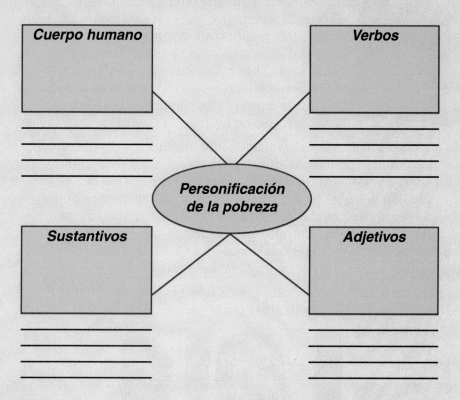

C. Discusión. Contesta las siguientes preguntas.

1. ¿A quién se dirige Neruda al principio del poema cuando dice "me seguiste, me mirabas"? ¿Qué efecto tiene el usar esta técnica?
2. El poeta dice que desde que nació la pobreza lo miraba. ¿Dónde lo miraba?
3. ¿Se escapó el poeta de la pobreza cuando se mudó a los suburbios y alquiló una pieza? ¿Cómo lo sabes?
4. Y cuando el poeta logró escapar de la pobreza, ¿la olvidó completamente o se mantuvo en contacto con ella? Explica tu respuesta.
5. ¿Se identifica este poeta con los poetas de antes que veneraban a la pobreza? ¿Por qué sí o por qué no?

LENGUA EN USO

La comunicación sin palabras: Gestos

Entre algunos jóvenes, el saludo se ha convertido en todo un ritual.

Además de la lengua hablada o escrita, existen diferentes maneras de comunicarse: sin palabras usando gestos. Para los hispanos, los gestos son una parte esencial al comienzo de casi cada conversación. Hablamos aquí del dar la mano, un besito en la mejilla o en ambas mejillas, un abrazo... Las mujeres y las jóvenes con frecuencia comunican su amistad con un sencillo abrazo hasta al caminar por la calle. Los muchachos y muchos hombres hispanos han desarrollado toda una serie de gestos al dar la mano. Éstos son tan elaborados que casi parece un ritual.

Pero no todos los gestos están relacionados a saludos y despedidas. Existe otra convención de gestos que usamos para comunicar en silencio cuando la distancia no nos permite hablar o cuando simplemente no queremos que alguien nos oiga hablar y hasta cuando sólo queremos poner énfasis en lo que decimos al hablar. Estos gestos representan una lengua internacional entre hispanos de distintos países. Se han usado desde tiempos inmemoriales entre jóvenes que coquetean a escondidas de sus padres al dar un paseo, en una fiesta y hasta en la iglesia.

A continuación aparecen algunos de los gestos hispanos más comunes. Estudia e identifícalos, luego, practícalos.

Verifiquemos

A. Identifica los gestos. Intenta identificar el significado que corresponde a cada una de las ocho ilustraciones en la página anterior.

a. Indica que el individuo de quien se habla es " tacaño" ("codo" es la expresión coloquial mexicana).

b. "¡Ojo!" o "pon atención".

c. Indica la acción de "beber o tomar algo líquido".

d. Hace referencia a "dinero en efectivo".

e. Es el gesto para indicar la expresión "así, así" o "más o menos".

f. Indica un "poco de algo" o "después de algún rato".

g. Este gesto indica que "ven, ven para acá".

h. Este gesto se usa para despedirse y significa "adiós" o "hasta la vista".

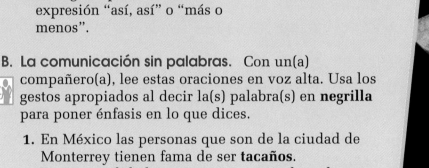

B. La comunicación sin palabras. Con un(a) compañero(a), lee estas oraciones en voz alta. Usa los gestos apropiados al decir la(s) palabra(s) en **negrilla** para poner énfasis en lo que dices.

1. En México las personas que son de la ciudad de Monterrey tienen fama de ser **tacaños**.
2. Pero en realidad, son personas que saben ahorrar su dinero. Saben comprar y **ponen mucha atención** a las ofertas o gangas.
3. Cuando compran un auto lo pagan al contado y no a crédito. Sí, les gustar pagar **al chas chas** y no pagar intereses. Así ahorran dinero.
4. En vez de pasarse las tardes de los viernes **tomando** con los amigos en las cantinas prefieren irse a sus casas a cenar con sus familias.
5. Cuando alguien les pregunta si quieren tomar café, ellos contestan muy corteses que prefieren un **poco** porque tienen mucho que hacer.
6. Mira con que sonrisa le dice **adiós** y hace **un rato** me contaba que apenas se llevan **así**, **así**.

Marcel Marceau es un famoso mimo francés que ha llevado el arte de la comunicación sin palabras a un alto nivel de perfección, y logra comunicarse únicamente con gestos con el público de todas partes del mundo.

C. ¡A coquetear! Usa los gestos a la izquierda para mantener una breve conversación con un(a) compañero(a) que está sentado(a) demasiado lejos de ti para poder hablar. Si tienen éxito, pueden pasar enfrente de toda la clase para hacer su representación.

TÚ Y EL MUNDO DEL MISTERIO

¿Qué piensas tú?

1. ¿Conoces algunos de estos lugares? ¿Cuáles? ¿Dónde están? ¿Qué sabes de ellos?

2. Imagínate que acabas de regresar de una excursión a uno de estos lugares. ¿Cómo se lo describirías a tus amigos?

3. ¿Conoces otros monumentos o lugares misteriosos como éstos? ¿Cuáles? ¿Dónde están? Descríbelos.

4. ¿Cuáles son algunas explicaciones de lugares como éstos? ¿Son creíbles estas explicaciones? ¿Las crees tú? ¿Por qué sí o por qué no?

5. ¿Qué explicación puedes dar tú de estos tres lugares?

6. ¿Hay algunos lugares u objetos misteriosos en tu ciudad? ¿Y en tu estado?

7. ¿Por qué interesan tanto estos lugares misteriosos?

8. ¿De qué crees que vamos a hablar en esta lección?

CUENTOS Y LEYENDAS
LECTURA DE LA TRADICIÓN ORAL

✚ Prepárate para leer

Anticipa. Antes de leer "El Sombrerón", mira el título y observa los dibujos. ¿Qué te dicen sobre el cuento? Contesta las siguientes preguntas para tener una idea de qué va a pasar.

1. Lee el título del cuento, "El Sombrerón". Cuando las letras **-ón** ocurren al final de una palabra, ¿qué significan?
2. ¿Quién es el Sombrerón? ¿Cómo lo sabes?
3. En base a las ilustraciones, ¿crees que el cuento es cómico o trágico? ¿Es real o de ficción? ¿Es claro o misterioso? ¿Por qué piensas así?
4. Escribe tres cosas que crees que van a ocurrir. Usa la tabla siguiente para organizar tus ideas. Después de leer el cuento, vuelve a tus predicciones para ver si tenías razon.

Predicción	Pista/Prueba
1.	1.
2.	2.
3.	3.

Celina ya no podía controlar su curiosidad. Tenía que conocer al dueño de esa voz.

INTERNET
Enlaces con el tema
www.mcdougallittell.com

El Sombrerón

Los guatemaltecos nos cuentan esta triste historia del Sombrerón. Dicen que hace muchos años que no lo ven, gracias a Dios, pero que en otros tiempos sí lo veían de vez en cuando —aunque nadie quería hacerlo porque inevitablemente les traía mala suerte.

Era un hombrecito muy pequeño —tan pequeñito que cabía en la palma de una mano. Llevaba un sombrero enorme y zapatitos con espuelas de plata...

... y tenía una guitarra que tocaba cuando cantaba para despertar la admiración de las niñas bonitas. Y siempre iba acompañado de sus cuatro mulas de carga.

En un pequeño pueblo vivía Celina, una niña muy buena y muy bonita. Aun cuando tenía no más de cinco años, la gente no se cansaba de admirarla cada vez que la veían.

Cuanto más crecía, más linda se ponía. ¡Sus ojos eran tan grandes y hermosos! ¡Y su pelo era tan largo y ondulado!

Además de ser bonita, Celina era muy trabajadora. Siempre ayudaba a su mamá a hacer tortillas para vender.

Una tarde, aparecieron cuatro mulas amarradas al poste del alumbrado eléctrico.

"¡Dios nos libre!" comentó una mujer.

"¡Debemos esconder a las niñas! ¡Son las mulas del Sombrerón!"

Pero esa noche, y noche tras noche, Celina no podía dormir bien porque oía una música muy linda —la voz de alguien que cantaba acompañado de una guitarra. Lo raro era que la madre de Celina no oía nada.

Celina ya no podía controlar su curiosidad. Tenía que conocer al dueño de esa voz. Una noche salió a espiar y vio que era el Sombrerón. Mientras él bailaba y cantaba tocando su guitarra, enamoraba a la niña.

Tan grande fue el amor que Celina sentía que pronto dejó de comer y ya no podía ni dormir ni sonreír.

La madre de Celina consultó a sus vecinos y todos le dijeron lo mismo. "Está enamorada del Sombrerón."

Los vecinos le aconsejaron que llevara a la niña lejos de la casa y que la encerrara en una iglesia. Todo el mundo sabía que los fantasmas no podían entrar en las iglesias.

Ese día, cuando llegó la noche, el Sombrerón no encontró a la niña en ninguna parte. La buscó toda la noche pero fue en vano. Al amanecer, se fue silencioso y triste.

Pero Celina también lo echaba mucho de menos. Ya no comía nada; sólo podía pensar en él y en su música encantadora. Pronto se enfermó de pura tristeza y murió.

La noche antes del entierro, cuando la mamá de Celina y todo el pueblo estaban en el velorio de la niña, todos oyeron un llanto espantoso. Era el Sombrerón llorando el dolor que sentía por la pérdida de su Celina.

Por la mañana, cuando salieron de la casa, la gente del pueblo vio una maravilla. ¡Era como un milagro! ¡Había un reguero de lágrimas cristalizadas, como diamantes, sobre las piedras de la calle!

✚ Verifiquemos e interpretemos

A. Cierto / falso. Indica si estas oraciones son ciertas o falsas según el cuento "El Sombrerón". Si son falsas, corrígelas.

1. El Sombrerón era más pequeño que un hombre pero más grande que un niño.
2. El Sombrerón siempre llevaba puesto un sombrero grande y zapatitos con espuelas de oro.
3. Para despertar la admiración de las niñas, el Sombrerón tocaba la flauta.
4. Celina era una niña trabajadora y ayudaba a su mamá a preparar tortillas.
5. Primero Celina oyó al Sombrerón cantar, luego lo vio bailar y tocar la guitarra.
6. Celina estaba tan enamorada del Sombrerón que no podía ni comer ni dormir.
7. Los vecinos creyeron que el Sombrerón era un fantasma.
8. Aunque Celina se enamoró del Sombrerón, él no se enamoró de ella.
9. Durante el velorio de Celina, todos oyeron al Sombrerón llorando de dolor.
10. Cuando el Sombrerón supo de la muerte de Celina, lloró lágrimas que se convirtieron en esmeraldas.

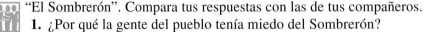

B. Reflexiona y relaciona. A través del mundo hay ciertas cosas asociadas con la buena o la mala suerte. Los guatemaltecos creían que el Sombrerón traía mala suerte. En partes de México te dirán que es buena suerte si un pájaro entra en tu casa volando. Los argentinos, entre otros, dicen que es mala suerte si abres un paraguas adentro de tu casa. Pero dicen también que si te pones el suéter al revés sin darte cuenta, ¡es buena suerte: vas a recibir dinero! ¿Conoces otros cuentos o creencias folclóricas que tengan que ver con la suerte? Compártelos con la clase. ¿Crees que son ciertas estas historias? ¿Piensas que hay cosas que puedan predeterminar el futuro? Explica tus ideas.

C. Desde tu punto de vista. Contesta las siguientes preguntas sobre "El Sombrerón". Compara tus respuestas con las de tus compañeros.
1. ¿Por qué la gente del pueblo tenía miedo del Sombrerón?
2. ¿Por qué la madre de Celina no podía oír al Sombrerón cantando?
3. ¿Para quién cantaba y tocaba la guitarra el Sombrerón?
4. ¿Por qué la madre de Celina encerró a la niña en una iglesia? Si Celina hubiera sido tu hija, ¿habrías hecho lo mismo?
5. ¿Qué opinas del Sombrerón? ¿Crees que era de veras una mala persona?
6. En tu opinión, ¿hubiera sido posible salvar la vida de Celina? ¿Por qué sí o por qué no?
7. Para ti, ¿qué simboliza el reguero de lágrimas cristalizadas?
8. ¿Cuáles son dos temas de este cuento?

CONVERSEMOS UN RATO

A. Nuestro álbum. Tú y un(a) compañero(a) están viendo las fotos que sacaron el verano pasado. Escriban subtítulos para cada foto. Digan quiénes son las personas de las fotos y qué hacían estas personas. Luego, en grupos de cuatro, léanles los subtítulos a las otras personas de su grupo.

EJEMPLO **Son mamá y papá. Preparaban unas hamburguesas para nosotros el cuatro de julio, cuando toda la familia fue a pasar el fin de semana a las montañas.**

Ejemplo

1.

2.

3.

4.

5.

6.

7.

B. Memorias.   Todos guardamos memorias muy especiales de lo que hacíamos cuando éramos niños. En una hoja aparte, anota tres o cuatro de tus memorias especiales y cuéntaselas a un(a) compañero(a) de clase. Escucha mientras tu compañero(a) te cuenta sus memorias y decide quién contó la memoria más interesante. Cuéntale ésa a la clase.

EJEMPLO   **Yo visitaba a mis abuelos todos los días. Ellos vivían a dos cuadras de nosotros e iba a visitarlos después de la cena. Con frecuencia pasaba la noche con ellos.**

C. Me levanto a las seis.   Prepara una lista de cinco actividades de tu rutina diaria al prepararte para ir a la escuela. Luego compara tu lista con la de dos compañeros. Escribe en la pizarra las actividades de tu lista que no aparecen en las listas de tus compañeros.

D. ¡Al revés!   Tu profesor(a) dice que cuando era estudiante de secundaria, siempre tenían una "Semana Loca" en su colegio. Según el (la) profesor(a), ¿qué hacían durante esa semana?

E. ¿Más fácil o más difícil?   Tú y tu compañero(a) están tratando de decidir si hace cinco años su vida era más fácil o más difícil de lo que es ahora. Dramaticen su conversación.

ESTRATEGIAS PARA LEER
Predecir con fotos, dibujos, gráficos o diagramas

A. Título e ilustraciones. La mayor parte del tiempo leemos para conseguir nueva información o más información sobre algún tópico. Con frecuencia, el título de un artículo anuncia el tema de la lectura y le da una idea al lector del tipo de información que se va a encontrar en el artículo.

1. Hay dos palabras clave en el título de esta lectura. Estas dos palabras te dicen que la lectura es de una _____ y que hay algún _____ relacionado con este lugar.

2. Ahora mira las fotos que acompañan la lectura. Es posible que no sepas el significado de la palabra *Pascua* en el título, pero en las fotos hay objetos que tú ya conoces. ¿Dónde están estas gigantescas esculturas? Bien. Entonces ya sabes que el artículo contiene información sobre _____ .

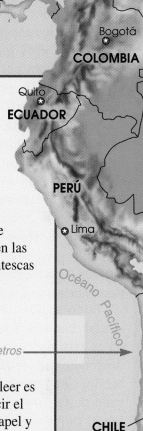

Isla de Pascua

○ ←——————— *3.700 kilómetros* ————————→

B. Predecir el contenido. Una buena manera de prepararte para leer es tratar de predecir el contenido de la lectura. Prepárate para predecir el contenido de esta lectura por crear tres columnas en una hoja de papel y poner como título de las columnas:

1. **Lo que sé**
2. **Lo que no sé**
3. **Lo que aprendí**

Luego sigue este modelo al completar el formulario con toda la información que ya tienes a mano sobre la Isla de Pascua y la información que te gustaría saber.

Lo que sé	Lo que no sé	Lo que aprendí
1. La Isla de Pascua está en el Pacífico.	1. ¿De qué país es la Isla de Pascua?	

C. ¡A confirmar! Ahora lee el artículo dos veces, por lo menos. La primera vez, léelo sin parar, para tener una buena idea del mensaje principal. La segunda vez, llena la tercera columna en el formulario que preparaste en el ejercicio **B**. Una parte de lo que leíste va a confirmar lo que ya sabías, otra parte va a contestar algunas de las preguntas que escribiste en la segunda columna y otra parte va a incluir información que no anticipaste del todo.

La Isla de Pascua y sus misterios...

La Isla de Pascua, un lugar remoto y lleno de misterio en el océano Pacífico, continúa siendo un punto de interés para los arqueólogos e historiadores... ¡Allí se encuentra el secreto de sus antiguos habitantes, los constructores de los formidables *moais,* esos gigantescos monolitos de piedra dispersos por toda la isla, que constituyen uno de los misterios más grandes de todos los tiempos!

Según comenta el arqueólogo Eduardo Edwards, "el primer contacto que tuvieron los pascuenses con los hombres blancos europeos fue en 1722, en un domingo de Pascua de Resurrección de ese año, cuando el navegante holandés Jacob Roggeween descubrió la isla y sus grandes estatuas de piedra... ¡pero ya en aquel entonces los nativos no sabían nada de ellas... desconocían su origen!"

Poco a poco los científicos fueron concibiendo la idea de que los habitantes de la Isla de Pascua no eran en realidad descendientes de la cultura original que la habitó, sino que era un pueblo que había llegado posteriormente. Pero ... ¿qué pueblo fue el primero en habitar la isla? Muchos historiadores se inclinan a creer que fueron los de la Polinesia, pues entre los habitantes de la isla existía una leyenda que narraba episodios de una guerra entre dos grupos humanos, en la que los polinesios exterminaron al grupo anterior. Además, los misioneros y los primeros europeos en llegar a Pascua encontraron mucha similitud entre sus habitantes y los del resto de la Polinesia ... incluso hasta en el lenguaje.

Sin embargo, no todos los científicos piensan igual. Por ejemplo, en el año 1956 el famoso especialista noruego Thor Heyerdahl planteó la teoría de que el origen de los pascuenses era peruano. Según él, "algún grupo peruano-incaico podría haber partido de Perú en una balsa, llegado a la Isla y subyugado a sus habitantes hasta convertirlos en trabajadores que, bajo sus órdenes, tallaban las gigantescas estatuas". No obstante, las corrientes actuales de la ciencia parecen aceptar el origen polinesio de los habitantes del lugar ... lo que todavía deja muchas preguntas sin contestar.

Según los estudios del polen realizados por el paleontólogo John Slenley, de Inglaterra, "en la parte interior alta de la isla existían abundantes bosques, mientras que en la zona más baja, entre los 50 y 200 metros de altura, se encontraba una extensa sabana". Otras exploraciones permitieron suponer que los antiguos pascuenses cortaban madera para la construcción de botes.

Ni la historia, ni la arqueología han descubierto quiénes fueron los creadores de los aproximadamente 600 *moais* en la Isla de Pascua. ¡Algunos pesan más de 60 toneladas!

"Los Siete *Moais*", como los identifican los nativos. ¿Por qué si todos los demás *moais* fueron ubicados de espaldas al mar, únicamente éstos recibieron una orientación diferente?

Todo esto parece indicar que los antiguos habitantes de la isla fueron destruyendo los bosques, y a medida que lo hacían, la tierra se fue secando, el clima fue cambiando y la gente que vivía en el interior ya no tuvo agua, viéndose obligados a regresar a la costa.

Nada se sabe con certeza al respecto, pero sin duda los *moais,* son prueba del nivel tecnológico de aquellos hombres que fueron capaces de elevar esos gigantescos monolitos de piedra. ¡Y mientras los científicos continúan trabajando para responder a todas las preguntas que hoy nos seguimos haciendo sobre la Isla de Pascua y sus misterios... los *moais,* siguen allí, en su sitio, ¡como testigos del pasado, que los hombres de hoy se esfuerzan por conocer!

¿Qué representará la corona de este *moai?*

El único *moai* sentado en toda la isla.

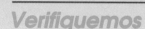

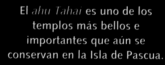

El *ahu Tahai* es uno de los templos más bellos e importantes que aún se conservan en la Isla de Pascua.

INTERNET
Enlaces/actividades
www.mcdougallittell.com

Verifiquemos

A. Formulario. Ahora repasa la información en el formulario que preparaste en los ejercicios **B** y **C** y contesta estas preguntas.

  1. ¿Confirmó el artículo toda la información que habías escrito en la primera columna? ¿Resultó incorrecto algo que escribiste en la primera columna?

  2. ¿Contestó la lectura todas tus preguntas en la segunda columna? Si no, ¿dónde podrías encontrar más información sobre la Isla de Pascua?

  3. ¿Qué aprendiste en esta lectura que no habías anticipado del todo?

B. ¡A compartir! Ahora compara tu formulario con el de dos o tres compañeros de clase. Escribe en la tercera columna de tu formulario todo lo que aparezca en la tercera columna de sus formularios que no aparece en la tuya.

Y AHORA, ¡A ESCRIBIR!

ESTRATEGIAS PARA ESCRIBIR
Selección de información para incluir en un artículo informativo

A. Empezar. En la sección **Tú y el mundo hispano** aprendiste estrategias para ayudarte a predecir y recordar información de un artículo. Veamos cómo puedes usar estrategias similares al prepararte para escribir un artículo informativo.

1. ¿Qué escribiste en cada columna del formulario anterior antes de leer el artículo sobre la Isla de Pascua?
2. ¿Cómo te ayudó esta información a encontrar y recordar la nueva información que leíste?
3. Si tuvieras que preparar un formulario similar para ayudarte a organizar información para un artículo que vas a escribir, ¿cuáles serían algunos títulos que podrías usar en las columnas de ese formulario?

B. Al seleccionar el tema. Selecciona un lugar o sitio en tu comunidad o estado que sería de interés para algunos lectores. Tal vez necesites buscar información sobre el lugar que seleccionaste. Puedes visitar el sitio, llamarlo por teléfono o escribir una carta a algún departamento de turismo para pedir información.

C. Organizar. Ahora prepara un formulario similar al que sigue. Puedes usar los mismos títulos para tus columnas o crear tus propios títulos.

¿Qué se sabe de mi tópico?	En mi opinión, ¿qué más se quiere saber?	¿Qué más quiero yo que se aprenda del tópico?
1. Nombre del sitio.	2. Origen del nombre.	3. ¿Por qué se considera importante este sitio?

Tu artículo seguramente va a incluir información apropiada para cada columna de tu formulario, pero es probable que no necesites usar toda la información que consigas sobre el sitio. Usa un marcador para indicar en tu formulario toda la información que, en tu opinión, tiene que incluirse. Si quieres, puedes usar marcadores de diferentes colores para indicar si la información debe estar en el primer, el segundo o el tercer (etc.) párrafo.

D. Primer borrador.   Ahora usa la información en tu formulario para escribir un artículo sobre el lugar o sitio que seleccionaste. Decide si ilustraciones o fotos harían tu artículo más interesante o informativo. Si decides que sí, indica dónde las pondrías y de qué sería cada foto.

E. Compartir.   Comparte el primer borrador de tu artículo con dos compañeros de clase. Pídeles sugerencias. Pregúntales si hay algo más que desean saber sobre tu sitio, si hay algo que no entienden, si hay algo que puede o debe eliminarse. Dales la misma información sobre sus sitios cuando ellos te pidan sugerencias.

F. Revisar.   Haz cambios en tu artículo a base de las sugerencias de tus compañeros. Luego, antes de entregar el informe, compártelo una vez más con dos compañeros de clase. Esta vez pídeles que revisen la estructura y la puntuación. En particular, pídeles que revisen las formas de verbos en el pretérito y en el imperfecto.

G. Versión final.   Escribe la versión final de tu artículo incorporando las correcciones que tus compañeros de clase te indicaron. Si decidiste que es apropiado tener ilustraciones o fotos, inclúyelas. Puedes usar fotos o ilustraciones de alguna revista o periódico, o simplemente puedes dibujarlas tú mismo(a). Entrégale una copia en limpio a tu profesor(a).

H. Publicar.   Cuando tu profesor(a) te devuelva el informe, júntate con tres compañeros de clase que escribieron sobre un sitio diferente. Combinen los cuatro artículos en un libro. Decidan en un título para su libro y preparen un contenido con el nombre de cada autor y el título de su artículo. Entreguen los libros para que su profesor(a) permita a toda la clase que los vea.

INTERNET
Taller de escritura
www.mcdougallittell.com

NUESTRO IDIOMA POR DENTRO

La gramática que vamos a aprender

¡LO QUE YA SABES!

Lee esta conversación entre Pe y Pa. En tu habla diaria, ¿a quién te pareces más, a Pe o a Pa?

Pa: Ayer dijeron que no había clases hoy.
Pe: A mí no me dicieron nada.
Pa: Pues bien podías prestar atención.
Pe: Yo no pudí prestar atención.
Pa: Pues yo sé que no hay clases mañana.
Pe: Pues yo no sabo nada.

Seguro que Pa se parece más a la manera que hablas tú que Pe. ¿Cómo sabes? Porque tú tienes un conocimiento tácito sobre la conjugación de los verbos irregulares. Aquí vamos a estudiar este asunto, para que tu conocimiento se haga más explícito.

3.1 FORMAS DE VERBOS REGULARES E IRREGULARES

Las tres conjugaciones: Un repaso

Ya sabes que los verbos de la primera conjugación (**-ar**) tienen terminaciones de persona distintas de los de segunda (**-er**), y de los de tercera (**-ir**). También sabes que, dentro de cada conjugación, las terminaciones de persona son todas iguales para todos los verbos que pertenezcan a esa conjugación. Y aún más importante, sabes que dentro de cada conjugación, *la raíz* del verbo no cambia. Mira los verbos de las tres conjugaciones, conjugados en presente de indicativo:

Presente indicativo de verbos en -AR, -ER, -IR			
	gritar	meter	subir
yo	grito	meto	subo
tú	gritas	metes	subes
él, ella, ...	grita	mete	sube
nosotros(as)	gritamos	metemos	subimos
vosotros(as)	gritáis	metéis	subís
ellos, ellas, ...	gritan	meten	suben

Fíjate bien, que lo que cambia dentro de cada conjugación es la terminación de persona: gri**to**, gri**tas**, gri**ta**, etc. Pero la raíz de **gritar** es siempre **grit-** en todas las personas, la de **meter** es siempre **met-** y la de **subir** es siempre **sub-**.

> La gramática usa un vocablo especializado para hablar de esta situación. A los verbos que mantienen la misma raíz en todas las personas y todos los tiempos, y que mantienen las terminaciones de persona según los patrones de las tres conjugaciones, los llama *verbos regulares*.

Formas irregulares en el presente indicativo

Pero hay muchos verbos que *no siguen* ninguno de los patrones de las tres conjugaciones. Por ejemplo, el verbo **ser**, como sabes, se conjuga:

soy, eres, es, somos, sois, son

Pero esa conjugación no tiene ni ton ni son. El verbo **ser** tiene una forma distinta de la *raíz* para cada persona. Lo mismo pasa con el verbo **soñar**, cuya conjugación, como sabes, es:

sueño, sueñas, sueña, soñamos, soñáis, sueñan

Fíjate que las terminaciones de **soñar** son como las de un verbo de primera conjugación, pero que la raíz cambia en la primera y segunda persona plural, de **sueñ-** a **soñ-** (o sea, que el patrón de la conjugación de **soñar** indica que deberíamos decir "sueñamos, sueñáis", pero sin embargo decimos **soñamos, soñáis).**

Formas irregulares en el pasado

Esta falta de patrón fijo en la conjugación de algunos verbos, sobre todo el hecho de que de una persona a otra se cambie la raíz, no sólo se da en el presente, sino también en el pasado. Por ejemplo, el presente del verbo **poder** se conjuga:

puedo, puedes, puede, podemos, podéis, pueden

Pero el pasado se conjuga:

pude, pudiste, pudo, pudimos, pudisteis, pudieron

Como ves, la raíz del verbo es diferente en las diferentes formas del presente (a veces **pued-** y a veces **pod-**) y también en el pasado, **pud-.** En fin, aunque hay muchos en muchas de sus formas, que sí siguen el patrón de **cantar, comer** y **vivir,** hay otros que no.

> La gramática usa un vocablo especializado para referirse a los verbos que se desvían de estos patrones, cambiando la raíz de una persona a la otra, y a veces también la terminación. Los llama *verbos irregulares*.

Utilizando esta terminología, decimos que **cantar, comer** y **vivir,** y todos los verbos que siguen esos tres patrones, son *verbos regulares.* Los verbos que no siguen esos patrones, como **ser, soñar, tener, poder** y muchos otros más, son *verbos irregulares.* Para poder entender bien la gramática del español, tienes que saber distinguir entre los verbos regulares y los verbos irregulares.

PRÁCTICA

A. Conjugando en el canal. Las siguientes oraciones se han tomado de la fotonovela de esta lección. En cada una de ellas, hemos puesto en **negrilla** un verbo. En una hoja aparte, conjuga cada verbo en presente indicativo y pon **R** si el verbo es regular y pon **I** si es irregular. Pon también **1ª, 2ª,** o **3ª,** para indicar la conjugación a que pertenece. No te equivoques; hay siete verbos regulares y tres irregulares. Explícale a la clase en qué formas de cada verbo encuentras las irregularidades.

MODELO   Luis y su hermanita **esperan** a su papá.
   espero, esperas, espera, esperamos, esperan; R; 1ª

1. Su papá **trabaja** en un canal de televisión.
2. ¿Cuánto tiempo **falta?**
3. **Tengo** hambre.
4. **Déjame** hacer la tarea.
5. Tengo que **escribir** un cuento policíaco.
6. No tengo ni idea de lo que **voy** a escribir.
7. En el occidente las temperaturas **llegaron** hasta los 38 grados.
8. Esta noche la temperatura **bajó** hasta los 19 grados.
9. Primero **quiero** contarles un incidente muy curioso.
10. Un empleado municipal **descubrió** algo insólito al vaciar un basurero.

B. Miranda y Rivera. En grupos de tres, inventen oraciones para poner en boca de los siguientes personajes, cumpliendo con los siguientes requisitos.

1. Una pregunta más que le haga Irene a Luis, usando un verbo regular de primera conjugación.
2. Un comentario más que haga el Sr. Miranda antes de entrevistar al empleado municipal, el Sr. Rivera, usando un verbo irregular.
3. Una pregunta más que le haga el Sr. Miranda al Sr. Rivera usando un verbo regular de tercera conjugación.
4. Un comentario más que haga el Sr. Rivera en su programa usando un verbo irregular.
5. Un comentario que le haga Luis a Irene, usando un verbo regular de segunda conjugación.

3.2 EL PRETÉRITO Y EL IMPERFECTO DE INDICATIVO

LECCIÓN
1

Hay dos formas del pasado

Cuando hablamos de un evento, podemos colocarlo en el presente o en el pasado:

Presente	Pasado
Canto en el coro.	**Canté** en el coro.
	Cantaba en el coro.
Puedo salir.	**Pude** salir.
	Podía salir.

Fíjate que hay dos maneras de poner los verbos en el pasado.

> La gramática usa un vocablo especializado para referirse a estas dos formas de los verbos en pasado. La forma **canté, pude,** se llama el *pretérito*. La forma **cantaba, podía** se llama el *imperfecto* (en algunas gramáticas también se llama *copretérito*).

En la próxima lección vamos a aprender algo de cuándo se usa el pretérito y cuándo el imperfecto. En esta lección vamos a aprender, primero, cuál es cuál.

Los tiempos de los verbos

Cuando hablamos del *presente*, del *pretérito* y del *imperfecto*, estamos hablando de las diferentes formas que nosotros, los hablantes, le damos al verbo. De las varias cosas que se indican cambiando los verbos del presente al pretérito y al imperfecto, la gramática se ha fijado en las diferencias de tiempo, y a base de ellas, ha creado su terminología técnica.

> Por lo tanto, la gramática usa un vocablo especializado para referirse, en conjunto, al presente, pretérito, imperfecto, etc. Los llama los *tiempos* de los verbos.

Los diferentes *tiempos* de los verbos tienen muchas diferencias que no tienen que ver con el tiempo presente, pasado, futuro, etc., sino con otros factores como por ejemplo: cómo queremos que ubique el evento en el tiempo, cuánta importancia debe darle al evento en la narración que estamos presentándole, cuáles son los eventos principales, etc. Pero la gramática les llama, a todas las variantes de los verbos, los *tiempos*.

LECCIÓN 1

Las terminaciones del pretérito

Tú ya sabes que todos los verbos que pertenecen a la misma conjugación hacen los cambios de persona de la misma manera en el presente. Pues lo mismo sucede en el pretérito. Si sabes conjugar en el pretérito **cantar, comer** y **vivir,** también sabes conjugar todos los verbos regulares con infinitivos en **-ar, -er, -ir.**

Pretérito indicativo de verbos en -AR, -ER, -IR			
	cantar	comer	vivir
yo	cant**é**	com**í**	viv**í**
tú	cant**aste**	com**iste**	viv**iste**
él, ella, ...	cant**ó**	com**ió**	viv**ió**
nosotros(as)	cant**amos**	com**imos**	viv**imos**
vosotros(as)	cant**asteis**	com**isteis**	viv**isteis**
ellos, ellas, ...	cant**aron**	com**ieron**	viv**ieron**

➢ Las terminaciones de los verbos en **-ar** son:
  -é, -aste, -ó, -amos, -asteis, -aron

➢ Las terminaciones de los verbos en **-er** e **-ir** son idénticas y son:
  -í, -iste, -ió, -imos, -isteis, -ieron

Fíjate que la primera y la tercera persona singular llevan acento escrito en las tres conjugaciones. También fíjate que la segunda persona plural, **vosotros**, no lleva acento escrito.

El pretérito de tres verbos irregulares

Estas formas regulares del pretérito que acabamos de ver no se encuentran en los verbos irregulares. Por ejemplo, para conjugar **poder, venir** y **decir** en el pretérito, seguimos un patrón diferente.

Pretérito indicativo de PODER, VENIR y DECIR			
	poder: pud-	venir: vin-	decir: dij-
yo	pud**e**	vin**e**	dij**e**
tú	pud**iste**	vin**iste**	dij**iste**
él, ella, ...	pud**o**	vin**o**	dij**o**
nosotros(as)	pud**imos**	vin**imos**	dij**imos**
vosotros(as)	pud**isteis**	vin**isteis**	dij**isteis**
ellos, ellas, ...	pud**ieron**	vin**ieron**	dij**eron**

➢ Las terminaciones de casi todos los verbos irregulares en el pretérito son idénticas: **-e, -iste, -o, -imos, -isteis, -ieron**

En estos verbos irregulares, las terminaciones son diferentes de las regulares. Además, la raíz de los verbos irregulares del pretérito son diferentes de lo que son en otros tiempos. También fíjate que la primera y tercera persona singular no llevan acento escrito.

Las terminaciones del imperfecto

Las terminaciones regulares del imperfecto son más fáciles todavía que las del pretérito. Básicamente, para formar el imperfecto de los verbos regulares, pones **-aba** para los de primera conjugación, **-ía** para los de segunda y tercera, y añades unas terminaciones que son casi iguales a las del presente:

Imperfecto indicativo de verbos en -AR, -ER, -IR			
	cantar	comer	vivir
yo	cant**aba**	com**ía**	viv**ía**
tú	cant**abas**	com**ías**	viv**ías**
él, ella, ...	cant**aba**	com**ía**	viv**ía**
nosotros	cant**ábamos**	com**íamos**	viv**íamos**
vosotros	cant**abais**	com**íais**	viv**íais**
ellos, ellas, ...	cant**aban**	com**ían**	viv**ían**

➤ Las terminaciones de los verbos en **-ar** son:
   -aba, -abas, -aba, -ábamos, -abais, -aban

➤ Las terminaciones de los verbos en **-er** e **-ir** son idénticas y son:
   -ía, -ías, -ía, -íamos, -íais, -ían

Fíjate que la primera y la tercera persona singular son idénticas en las tres conjugaciones. También fíjate que la primera persona plural lleva acento escrito en las tres conjugaciones. Al igual que en todos los demás casos, aquí sucede que una vez que sabes conjugar los tres verbos modelos, también sabes conjugar todos los demás que pertenezcan a la misma conjugación.

◀ **PRÁCTICA** ▶

A. El buey pretérito. En el refrán de esta lección, *Habló el buey y dijo mu,* hay dos verbos que ubican las acciones del buey en el pasado. ¿En qué tiempo están esos dos verbos? ¿En pretérito o en imperfecto? Decide, consultando con dos compañeros. Luego, en una hoja aparte, conjuguen los dos verbos en las cinco personas del tiempo en que están. (A menos que te lo pida tu profesor(a), no te preocupes por la forma de **vosotros,** la segunda persona plural.)

B. La vida de Gabriela. Las siguientes oraciones están sacadas de la lectura que leímos sobre la vida de Gabriela Mistral. Copia el verbo que está en **negrilla** en cada una de las oraciones y haz las siguientes tareas: primero, al lado de cada verbo, pon **P** si el verbo está en tiempo pretérito, e **Imp.** si está en tiempo imperfecto. Segundo, pon **R** si es regular, **I** si es irregular. Tercero, pon **1ª, 2ª, 3ª** para indicar a qué conjugación pertenece.

MODELO   **Nació** en 1889, en la provincia de Coquimbo, en Chile.
Tú escribes: **nació: P, R, 2ª**

1. Se **dedicó** a educar a la juventud chilena.
2. **Enseñó** en escuelas primarias y secundarias.
3. **Llegó** a ser directora del Liceo de Señoritas de Santiago.
4. A los treinta y un años, ya **tenía** fama internacional como educadora.
5. En 1922, el ministro mexicano, José Vasconcelos, la **invitó** a México.
6. **Pudo** sobrevivir a la soledad que sentía.
7. Pudo sobrevivir a la soledad que **sentía.**
8. **Recibió** el Premio Nóbel de Literatura en 1945.

C. No sonó el teléfono. A Carlota le encanta hablar por teléfono. Pero no la llamó nadie anoche. ¿Por qué?

MODELO   Mónica: estudiar
Mónica dijo que no pudo llamar porque tuvo que estudiar.

1. su mamá: trabajar
2. yo: escribir muchas cartas
3. sus abuelos: ir al teatro
4. Verónica: dormir
5. tú y Paco: practicar con la banda
6. su amigo Pablo: leer un libro
7. ustedes: ver un programa en la tele
8. todos nosotros: hacer otras cosas

D. ¡Fama internacional! En los conciertos de música latina en Miami, siempre hay personas de todas partes del mundo. ¿De dónde vinieron estas personas?

MODELO   el señor Valdez: Cuba
El señor Valdez vino de La Habana, la capital de Cuba.

1. Gabriel: Perú
2. la familia Romero: Honduras
3. tú: Uruguay
4. Ramón y Lidia: Ecuador
5. Memo: Argentina
6. Lourdes y sus padres: El Salvador
7. yo: Estados Unidos
8. el pianista: Venezuela

E. Una sorpresa. Hoy, a eso de las tres de la tarde, alguien dejó una docena de rosas muy bonitas en la puerta de la casa de los García. Ahora la señora García quiere saber por qué nadie contestó la puerta. ¿Qué hacían todos?

MODELO   Clara: practicar el piano
Clara practicaba el piano.

1. yo: escribir una composición
2. mi papá: trabajar en el garaje
3. mi hermano y yo: estudiar
4. mis hermanas: escuchar música
5. mi abuelo: leer el periódico en la sala
6. mi mamá y mi tía: no estar en casa
7. tú: jugar golf
8. mi abuela: comprar algo para mamá

3.3   LOS DIPTONGOS: ¿VES LO QUE TIENE MARIANA QUE NO TIENE MARÍA?

María   Mariana

¡A ver si puedes decir qué tiene Mariana que no tiene María! Seguro que vas a decir que Mariana tiene un collar y María no. O nos vas a decir que Mariana tiene el pelo rizado y María no. ¡No, no! Nada de eso cuenta. ¿Qué dices? ¿Que Mariana tiene pantalones y María no? ¿Que Mariana tiene una guitarra y María no? ¡Qué va! Nada de eso es importante.

Fíjate bien: lo importante está en lo que tiene **Ma-ria-na** que no tiene **Ma-rí-a.** ¿Lo ves? ¡Cómo que no! Pues sí, también puedes oír algo que tiene Mariana que no tiene María. Vamos a escuchar con atención: **Ma-ria-na, Ma-rí-a.** Ya lo oíste, ¿verdad?

Vocales adyacentes

Hay muchas palabras en las que aparecen dos vocales adyacentes (*adyacentes* quiere decir contiguas, una al lado de la otra). Fíjate en estas dos palabras: **baile** y **puede.** En la palabra **baile** las vocales **ai** aparecen contiguas. En **puede** las vocales **ue** aparecen contiguas.

Pero ahora vamos a escuchar con más cuidado. Vamos a separar estas palabras en sílabas. Acuérdate que las sílabas tienen que ver con el sonido de la palabra.

LECCIÓN 1

Escucha bien, para que te des cuenta que en una de estas palabras las dos vocales están contiguas dentro de la misma sílaba, mientras que en la otra, la **a** está en una sílaba, y la **i** en la siguiente.

baile: b**ai**-le   maíz: ma-**íz**

Como oyes, la **ai** de **baile** cae dentro de la misma sílaba mientras que la **aí** de **maíz** cae en dos sílabas diferentes. Las **ai** de **baile** son dos vocales verdaderamente adyacentes, mientras que las de **maíz** están separadas entre las dos sílabas.

> La gramática usa un vocablo especializado para referirse a las vocales que se pronuncian juntas, dentro de la misma sílaba, como las de **baile**. Las llama vocales que forman *diptongo*.

¿Ahora sí ya sabes qué tiene Mariana que no tiene María? No es ni collar, ni jeans, ni guitarra lo que importa. ¡Lo importante es que **Mariana** tiene diptongo, y **María** no!

Las vocales débiles

¿Qué vocales forman diptongos? Los diptongos siempre tienen una **i** o una **u**. La **i** y la **u** hacen los diptongos de dos maneras: o combinándose una con la otra, o cada una de ellas con las demás vocales.

> La gramática usa un vocablo especializado para referirse a estas vocales. Llama a la **i** y la **u** *vocales débiles,* y dice que estas dos vocales, en combinación la una con la otra, o cualquiera de las dos con cualquier otra vocal, forman un diptongo.

Algunos ejemplos de la **i** y la **u** adyacentes en una palabra son:

fuiste: f**ui**s-te   cuidado: c**ui**-da-do
ciudad: c**iu**-dad   viuda: v**iu**-da

Algunos ejemplos de la **i** y la **u** en combinación con otras vocales son:

varias: va-r**ias**   negocio: ne-go-c**io**
conociendo: co-no-c**ien**-do   encuentres: en-c**uen**-tres

Un acento escrito sobre la vocal débil de un diptongo *rompe el diptongo* en dos sílabas. Algunos ejemplos son:

María: Ma-rí-a   sabía: sa-bí-a
frío: frí-o   alegría: a-le-grí-a

Un acento escrito sobre la vocal fuerte de un diptongo simplemente pone el énfasis en la sílaba con el diptongo. Algunos ejemplos son:

después: des-pués   nació: na-ció
protección: pro-tec-ción   recibió: re-ci-bió

Las vocales fuertes

Las vocales **a, e, o** en combinación la una con la otra en una palabra, forman dos sílabas separadas. Éstas no hacen diptongo entre sí.

> La gramática usa un vocablo especializado para referirse a estas vocales. Llama a la **a, e, o** *vocales fuertes,* y dice que estas vocales, combinadas entre sí, o usada cualquiera de ellas adyacente a sí misma, forman dos sílabas separadas.

Algunos ejemplos de la **a, e, o** adyacentes en una palabra son:

maestra: m<u>a</u>-<u>e</u>s-tra	poeta: p<u>o</u>-<u>e</u>-ta
creado: cr<u>e</u>-<u>a</u>-do	paseo: pa-s<u>e</u>-<u>o</u>

Algunos ejemplos de **a, e, o** adyacentes a sí mismas son:

cooperar: c<u>o</u>-<u>o</u>-pe-rar	reeducar: r<u>e</u>-<u>e</u>-du-car
leer: l<u>e</u>-<u>e</u>r	coordinar: c<u>o</u>-<u>o</u>r-di-nar

Cuando dos vocales fuertes están adyacentes, el acento escrito simplemente pone el énfasis en la sílaba que lo lleva. Algunos ejemplos son:

león: l<u>e</u>-<u>ó</u>n	océano: o-c<u>é</u>-<u>a</u>-no
Jaén: J<u>a</u>-<u>é</u>n	campeón: cam-p<u>e</u>-<u>ó</u>n

◢ PRÁCTICA ◣

A. **Diptongos en el canal.** Aquí te ponemos otra vez un grupo de oraciones sacadas de la fotonovela de esta lección. Hemos puesto en **negrilla** las palabras en las que hay dos vocales adyacentes. Divide las palabras en sílabas. Al lado de cada uno pon **D** si las dos sílabas forman diptongo, y **2S** si forman dos sílabas.

MODELO   La mamá se llevó el **automóvil.** Dejó a Miranda de **peatón.**
        Tú escribes: **au - to - mó - vil, D**
                pe - a - tón, 2S

1. Su papá trabaja en un canal de **televisión.**
2. ¿**Cuánto tiempo** falta?
3. Déjame hacer la **tarea.**
4. **Tienes** mucha tarea.
5. Tengo que escribir un **cuento policíaco.**
6. No tengo ni **idea** de lo que voy a escribir.
7. En el occidente las temperaturas llegaron hasta **treinta** y ocho grados.
8. Esta noche la temperatura bajará hasta los **diecinueve** grados.
9. Primero quiero contarles un incidente muy **curioso.**
10. Un **empleado** municipal **descubrió** algo insólito al **vaciar** un basurero.

LECCIÓN 1

B. Diptongos de Mistral. Lee otra vez el ensayo que aparece en esta lección sobre Gabriela Mistral. Haz una lista de las primeras veinte palabras que encuentres, incluyendo el título, con dos vocales adyacentes. Apúntalas en hoja aparte en dos columnas: una para las palabras en que las vocales adyacentes forman diptongo, otra para las que tienen las vocales adyacentes en distintas sílabas. Te ayudará separar las palabras en sílabas al decidir en qué columna ponerlas. Consulta con tus compañeros, a ver si todos encontraron las mismas veinte palabras.

Taller del bilingüe

PRETÉRITOS E IMPERFECTOS EN ESPAÑOL, Y EL PASADO EN INGLÉS

El pasado en inglés

El inglés tiene un tiempo llamado el pasado, que se parece al pretérito del español, pero el inglés no tiene un tiempo que sea exactamente como el imperfecto. Por lo tanto, en inglés se usa el mismo tiempo, el pasado, mientras que el español usa a veces el pretérito y a veces el imperfecto. Mira las siguientes oraciones.

Cuando no **había** computadoras, la maestra **iba** a la oficina todos los días y **entregaba** la lista.	*When **there were** no computers, the teacher **went** to the office every day and **turned in** the attendance.*
La maestra **vino** ayer y nos **dijo** que **teníamos** el día libre.	*The teacher **came** yesterday and **told** us we **had** the day off.*

En español, como ves, hay un recurso expresivo que no existe en inglés. Así que, cuando estés hablando español, y cuando traduzcas del inglés, tienes que saber utilizar, no sólo el pretérito, sino también el imperfecto.

En la siguiente lección, vas a ver que el inglés usa formas verbales diferentes para los casos en que el español usa el imperfecto. Pero dejemos eso para después.

Por ahora, acuérdate que en español tienes dos recursos expresivos, dos formas de hablar del pasado. Usa las dos. No te limites al pretérito. Acuérdate que muchas veces es mejor usar el imperfecto.

⊩ PRÁCTICA ⊩

Los amigos visitan el estudio de TV. En el siguiente relato, hemos puesto varios verbos en **negrilla.** Tradúcelos al español. Trabaja con dos compañeros. En cada caso, decidan con cuidado si van a traducir con un verbo en el pretérito o con un verbo en el imperfecto. Apunten la traducción en una hoja de papel. Verifiquen las traducciones con los compañeros.

Mr. Miranda **had (1)** a daily news show. The show **started (2)** at 6 P.M. every day. Irene and Luis frequently **went (3)** to the station after school. Sometimes they **waited (4)** for the show to finish so they could go home with him. But sometimes he **did (5)** the 11 P.M. show so they couldn't wait for him. When they **waited (6)** for him, they **did (7)** their homework in the waiting room. The room **had (8)** monitors. They **worked (9)** very well. Sometimes Irene and Luis **brought (10)** their friends. Their friends **liked (11)** to be in a TV studio. They **would watch (12)** the monitors the entire time. One day, the station **discovered (13)** that the monitors in the waiting room **were not working (14)**. They **found (15)** that Irene's friends had tripped over the wires, just as Irene had. That day, they **asked (16)** Mr. Miranda to keep an eye on his children. He told Irene and Luis that they **could (17)** still come. But their friends never **came (18)** back.

Repaso de vocablos especializados

En esta lección, hemos usado varios vocablos especializados, algunos por primera vez. En grupos de tres, estén seguros de que sepan lo que quieren decir.

verbos regulares
verbos irregulares
pretérito indicativo
imperfecto (copretérito) indicativo
tiempos

vocales adyacentes
vocales fuertes: a, e, o
vocales débiles: i, u
diptongos

INTERNET
Prueba interactiva
www.mcdougallittell.com

La gramática que vamos a aprender

¡LO QUE YA SABES!

Mira estos pares de oraciones y decide con tus compañeros de qué forma lo dirías tú:

a. Yo tuve catorce años cuando empecé la secundaria.
b. Yo tenía catorce años cuando empecé la secundaria.

a. Fueron las cuatro de la tarde cuando llamaban.
b. Eran las cuatro de la tarde cuando llamaron.

Seguro que casi todos escogieron la oración **b** de cada par, que es la que todos usaríamos en español. Ya sabes que esa selección es correcta porque ustedes tienen un conocimiento tácito de cómo se usan el pretérito y el copretérito. En esta lección, vamos a aprender un poco más sobre estos dos tiempos del verbo.

3.4 LOS SUSTANTIVOS PERSONALES DE SUJETO

En esta lección, sólo vamos a hablar del sujeto (del actor principal). Pero queremos que te acuerdes siempre, que hay oraciones que nada más tienen sujeto y otras que tienen sujeto y objeto. Y también queremos que te acuerdes que el sujeto puede aparecer indicado una vez (con la terminación del verbo) o dos veces (con un sustantivo y con la terminación del verbo).

Ayer lleg**ó Regina.**
Ayer traj**o Regina** muy buenas noticias.

El **perro** ladr**ó** mucho.
El **perro** mordi**ó** al gato.

Sujetos de tercera persona

Las palabras como **él** o **ella** se usan cuando no queremos dar muchos detalles sobre el actor principal, cuando no queremos usar el sustantivo.

La gramática usa un vocablo especializado para referirse a estas palabras, como **él** y **ella,** que nos ahorran el trabajo de tener que usar sustantivos. Las llama *sustantivos personales de sujeto*.

Los sustantivos personales de sujeto son iguales a los sustantivos, sólo que no dan tantos detalles.

> Ayer lleg**ó Regina.**
> Ayer lleg**ó ella.**
>
> El perro mordi**ó** al gato.
> **Él** mordi**ó** al gato.

En estos casos, la mayor parte de la información proviene, no del sustantivo personal, sino del contexto en que se usa la oración. Cuando dijimos **ella,** no especificamos quién era ella, pero por el contexto de la conversación, sabíamos que era Regina.

Cuando dijimos **él,** sabíamos por el contexto que era el perro, aunque no lo especificamos.

> Hay tres alternativas cuando la terminación del verbo es de tercera persona: dejar el sujeto implícito (**Llegó**), dar un poco más de información usando un sujeto explícito, pero con sustantivo personal, sin dar más detalles de la cuenta (**Llegó ella**) y dar la máxima información usando un sustantivo (**Llegó Regina**).

Sujetos de primera y segunda persona

Así como hay sustantivos personales de sujeto que van con las terminaciones de tercera persona (**él**, **ella**)**,** también hay sustantivos personales de sujeto que van con las terminaciones de primera (**yo**) y de segunda (**tú**).

> Anoche bail**é** con María.
> Anoche **yo** bail**é** con María.
>
> Cant**as** tangos en la ducha.
> **Tú** cant**as** tangos en la ducha.

➤ Con la primera persona, nunca se puede usar un sustantivo. Igual pasa con la segunda persona. Así que para estos dos ejemplos, las únicas alternativas para nombrar al sujeto son, o dejarlo implícito, o usar un sustantivo personal.

➤ Fíjate que **yo** no va con mayúscula (a menos que esté al principio de la oración).

➤ También fíjate que en primera y segunda persona no hay diferencias de género. Se dice **yo** y **tú** independientemente de si el hablante o el oyente sea hembra o varón.

¿Y usted, cómo está?

Pues **usted** está como siempre, bien, gracias, montado a caballo entre la segunda y la tercera persona. Sabemos que **usted** se usa cuando se quiere tratar al oyente con cierta formalidad o respeto especial, como cuando le hablamos a un maestro, a una autoridad o a una persona mayor. Como ya sabemos, el sustantivo personal **usted** tiene la peculiaridad de que se usa con terminaciones de tercera persona.

En resumen, los sustantivos personales de sujeto en singular son:

Primera persona:	**yo**
Segunda persona:	**tú**
Tercera persona:	**él, ella, usted**

Los sustantivos personales de sujeto en el plural

Para redondear el tema de los sustantivos de sujeto, nos falta ahora mirar el plural: **nosotros(as), vosotros(as), ellos, ellas, ustedes.**

Carlos y yo bail**amos** con María.
Nosotros bail**amos** con María.

Ayer lleg**aron Regina y Graciela.**
Ayer lleg**aron ellas.**

Los **perros** mord**ieron** al niño.
Ellos mord**ieron** al niño.

Ud. y mi papá cant**an** en la ducha.
Uds. cant**an** en la ducha.

Ahora podemos completar el cuadro de los sustantivos personales de sujeto, incluyendo a los de singular y a los de plural:

Sustantivos personales de sujeto		
	Singular	Plural
Primera persona	**yo**	**nosotros(as)**
Segunda persona	**tú**	**vosotros(as)**
Tercera persona	**él, ella, usted**	**ellos, ellas, ustedes**

➤ ¿Y la segunda persona del plural? Es **vosotros**. Ya la viste, cuando hicimos las conjugaciones de los verbos (**cantáis, coméis, vivís**). Aunque se usa de forma geográficamente limitada en el español general, nada más que en el centro y norte de España, no en Latinoamérica, es bueno conocer esa terminación.

A. En la cafetería. Te encuentras con muchas caras nuevas en la cafetería de la escuela. ¿Qué le preguntas a tu amiga?

amigo Ricardo

MODELO   *Tú:*   **¿Quién es él?**
         Amiga: **Es mi amigo Ricardo.**

1. amiga Alicia   **2.** profesor de inglés   **3.** amigo Juan Carlos

4. profesora de   **5.** profesor de
     historia   matemáticas

B. Carlos se perdió. En el siguiente párrafo, hemos dejado unos espacios en blanco donde puede ponerse, o no ponerse, un sustantivo personal de sujeto. Con tres compañeros, decidan cuáles de ellos llenarían con los sustantivos personales **él** o **ella**, y cuáles dejarían en blanco, o sea, cuáles dejarían con el sujeto implícito.

> Carlos salió y le dijo a Tina que volvía en seguida. __1__ se quedó esperándolo media hora, pero __2__ no volvió. Parece que __3__ se había perdido. Dicen que __4__ no conocía muy bien el barrio. De todas maneras __5__ no se lo perdonó. __6__ estuvo enojada con Carlos casi dos meses. Pero __7__ es muy terco y todavía __8__ insiste en que __9__ no hizo nada malo. El problema es que __10__ no lo ve así, y todavía le parece mal.

C. Cuatro sustantivos personales. Al lado de la foto de Gabriela Mistral en la página 177 hay cuatro sustantivos personales de sujeto, dos en "Los que no danzan" y dos en "Tamborito panameño". Búscalos. Apúntalos en una hoja de papel. Al lado de cada uno, pon la persona a que pertenecen.

D. Regañaron a Miranda. En las siguientes oraciones, hemos puesto los verbos en **negrilla.** Queremos que nos digas cuál es el sujeto de cada uno de estos verbos. Haz una lista en hoja aparte, poniendo al lado de cada número **I,** para indicar si el sujeto está *implícito*, **S** si está expresado con un *sustantivo* o **SP** si está con un *sustantivo personal*.

> El director **llamó** (1) a Diego Miranda. **Insistió** (2) muchísimo en que su hija no **podía** (3) entrar al estudio. **Dijo** (4) que él **tenía** (5) la responsabilidad, como padre, de que **obedeciera** (6). Él **estuvo** (7) de acuerdo y **dijo** (8) que el problema no **volvería** (9) a suceder. El director **quedó** (10) satisfecho y **expresó** (11) su admiración por lo bien que **trabajaba** (12) Miranda en el programa de noticias.

3.5 ALGUNOS USOS DEL PRETÉRITO Y EL IMPERFECTO

Primer y segundo plano

El tiempo pretérito se usa para hablar de eventos en el pasado, igual que el imperfecto. La diferencia es que el pretérito coloca al evento en primer plano, lo hace más prominente y nos permite verlo con mayor foco y claridad. El tiempo imperfecto coloca al evento en un segundo plano y lo hace menos prominente.

Imagínate que ves la siguiente escena en una representación dramática en un teatro o en la TV.

> Nevaba sin cesar en Nueva York. Las ventanas estaban cerradas. Las luces estaban apagadas. No se oía ningún ruido en la casa. Carlos descansaba tranquilamente. De repente, todo al mismo tiempo, sonó el teléfono, se encendió la lámpara y se abrió la puerta.

Los verbos en el imperfecto se usan como si fueran el telón de fondo, las decoraciones, el contexto, lo que ya se encontraba presente antes de los eventos de la narración (**nevaba, descansaba,** etc.). Los verbos en el pretérito se usan para los eventos que efectivamente tuvieron lugar (**sonó, se encendió, se abrió**).

Estas características del pretérito (primer plano) y del imperfecto (segundo plano) hacen que se usen de maneras muy distintas.

Usos del imperfecto y el pretérito en la misma oración

Una de las diferencias más claras entre estos dos tiempos es que el pretérito se usa para narrar lo que pasó y el imperfecto para dar las condiciones que reinaban.

> *Llamó* el director de la escuela mientras *comíamos.*
> En el momento en que Diego Miranda *daba* las noticias, la hija *desenchufó* los cables.

Aquí, los eventos en imperfecto nos dan las condiciones reinantes (**comíamos, daba las noticias**), mientras que los eventos en pretérito nos dan los acontecimientos que de hecho sucedieron (**llamó, desenchufó**).

Usos del imperfecto

El pretérito y el imperfecto no siempre se usan juntos en la misma oración. Pero cuando se usan separados, mantienen su mismo valor. El pretérito habla de eventos que sucedieron; el imperfecto habla de eventos que daban ambientación, que creaban contexto.

➤ Siendo el tiempo que se usa para eventos de segundo plano en el pasado, el imperfecto es el tiempo ideal para hablar de las cosas que hacíamos de forma *repetida y habitual.* Es también el tiempo ideal para hablar de otros factores que creaban el contexto, como *la hora* que era, o *la edad* que teníamos.

Ejemplo de acción *repetida:*

> Siempre **íbamos** a la Florida en carro durante las Navidades.

Ejemplo de acción *habitual:*

> **Salía** todas las mañanas a comprar el periódico.

Ejemplo de qué *hora* era:

> **Eran** las diez de la noche, y los niños todavía estaban levantados.

Ejemplos de mencionar *edad:*

> Cuando Meche **era** niña, hablaba mucho con su abuelo.
> Cuando **tenía** nueve años, ya sabía andar sola en el metro.

LECCIÓN 2

Usos del pretérito

El pretérito igualmente puede usarse solo en una oración. Pero como el imperfecto, el pretérito también mantiene su mismo valor.

➤ Al ser el tiempo del verbo que pone el evento del pasado en un primer plano, el pretérito nos permite enfocar el principio y el fin de la actividad, y verlos de forma clara y precisa.

Fíjate, por ejemplo, en la diferencia entre las oraciones que vimos anteriormente, en que hablábamos del evento con el verbo en el imperfecto, y las mismas oraciones usadas con el verbo en el pretérito:

> Siempre **íbamos** a la Florida en carro durante las Navidades.
> Las Navidades pasadas **fuimos** a la Florida en carro.

En el primer caso, el evento de **íbamos a la Florida** no tiene un contorno claro; no se dice cuándo íbamos, en qué Navidades, sino que se dice, de forma general, que íbamos a la Florida.

En el segundo caso, **fuimos a la Florida**, el evento salta a la vista como algo que empezó y terminó, como un viaje que se hizo en un momento preciso y tuvo principio y fin.

Hay muchos usos del pretérito en los que se enfoca el principio y el final del evento.

Ejemplos de enfocar *el principio* de una actividad:

> **Comimos** a las 6:00 p.m.
> Irma **habló** a los seis meses.

Ejemplo de enfocar *el fin* de una actividad:

> **Regresó** muy tarde.
> **Pasó** la tormenta.

◀ PRÁCTICA ▶

A. Una visita inesperada. Según Rebeca, ¿qué hacían ella y su familia el domingo por la tarde cuando de repente llegaron sus abuelos? Sé creativo(a).

MODELO   el bebé
          El bebé tomaba leche.

1. Claudio
2. Estela y Susana
3. mamá y yo
4. papá
5. los gatitos
6. yo
7. mis primos
8. el perro

B. Una visita especial. El viernes pasado el director de la compañía de papá vino a cenar a nuestra casa. Según Rosa, ¿qué hicieron todos en la preparación?

1. Carmelita
   contar los cubiertos, poner la mesa

2. papá
   comprar las bebidas, cortar el césped

3. yo
   sacar la basura, hacer las camas

4. Rogelio
   barrer el patio, darle de comer al perro, limpiar las ventanas

5. mamá
   preparar la comida, lavar y secar los platos elegantes

6. los abuelos
   comprar flores, decorar la mesa

7. Lucía
   pasar un trapo a los muebles

8. Pamela
   pasar la aspiradora

9. Lucía y yo
   lavar el carro

10. Julio
    limpiar su cuarto

C. ¡Una sorpresa! David está describiendo una experiencia especial. ¿Qué dice? Selecciona el verbo apropiado.

Cuando __1__ (era / fui) niño, cada año en el mes de agosto __2__ (iba / fui) a visitar a mi abuelo. Él __3__ (era / fue) viudo y __4__ (vivía / vivió) solo en un rancho lejos de mi casa. Yo siempre __5__ (tenía / tuve) que pasar seis horas en el autobús para llegar a su casa. Me __6__ (gustaba / gustó) estar con él porque __7__ (sabía / supo) mucho y me __8__ (enseñaba / enseñó) muchas cosas del rancho. Yo siempre lo __9__ (ayudaba / ayudé) con los quehaceres. __10__ (Limpiaba / Limpié) los corrales y les __11__ (daba / di) de comer a los animales.

Un agosto, cuando __12__ (tenía / tuve) ocho años, __13__ (pasaba / pasó) algo muy especial. Cuando __14__ (llegaba / llegué) al rancho, mi abuelo me __15__ (llevaba / llevó) al corral. Allí vi que __16__ (había / hubo) un caballo nuevo. __17__ (Era / Fue) pequeño y negro y muy bonito. ¡Y qué sorpresa! Mi abuelo me __18__ (ayudaba / ayudó) a subir y __19__ (empezaba / empezó) a enseñarme a montar a caballo. __20__ (Pasaba / Pasé) todo el mes con mi caballo. __21__ (Me divertía / Me divertí) mucho ese verano.

LECCIÓN 2

D. La niña de papá. El siguiente relato está narrado con todos los detalles, menos el tiempo de los verbos en el pasado. Tú y tus compañeros tienen que decidir cuáles eventos deben ponerse en imperfecto, porque son de segundo plano y sirven de ambientación, y no tienen principio ni fin claros, y cuáles; en pretérito, porque son de primer plano y se refieren a cosas que pasaron, con un principio y un fin bien delineados.

Luis __1__ (tener) cinco años cuando su papá __2__ (empezar) a trabajar en la estación de TV. El papá __3__ (ser) muy buen periodista, y __4__ (conocer) a mucha gente importante en Caracas. Cuando Luis __5__ (tener) diez años, __6__ (nacer) su hermana, a quien le __7__ (poner) el nombre de Irene. La bebita Irene __8__ (ser) la niña mimada del papá de Luis. El Sr. Miranda __9__ (cargar) a Irene todos los días, le __10__ (dar) la leche y le __11__ (prestar) mucha más atención que al pobre Luis. Cuando Irene __12__ (empezar) a ir al colegio, __13__ (empezar) los problemas. Un día, Irene __14__ (romper) la silla de la maestra. Casi todos los días, Irene __15__ (llegar) a casa con una nota del director, quien siempre se __16__ (quejar) del comportamiento de la niña. Por eso, ni Luis ni el Sr. Miranda se __17__ (sorprender) de lo que __18__ (pasar) en la estación.

3.6 LOS ACENTOS ESCRITOS EN TU Y TÚ, EL Y ÉL

Palabras parecidas de una sílaba

Las palabras que estudiaste en las lecciones anteriores eran palabras de dos o más sílabas. ¿Qué pasa con los acentos escritos en las palabras de una sílaba?

> En general las palabras de una sílaba se escriben sin acento. Pero cuando hay dos palabras que tienen distinto significado, pero que suenan igual o muy parecido, a una se le pone acento y a la otra no.

¿Tu o Tú? ¿El o Él?

En esta lección vamos a ver las dos palabras que se pronuncian **el** y las dos palabras que se pronuncian **tu:**

Creo que *el* viene mañana con *el* libro.
Seguro que *tu* vienes con *tu* hermano el lunes.

Aquí, los dos casos de **el** son palabras distintas. Una de las palabras que se pronuncia **el** es un sustantivo personal, pero la otra no. ¿Cuál es es sustantivo personal, como los que viste en la primera sección de esta lección? Pues ese **el** es el que lleva el acento escrito, el otro no.

Creo que **él** viene mañana con **el** libro.

Lo mismo pasa con **tu.** De las dos palabras que se pronuncian **tu,** la que lleva el acento escrito es el sustantivo personal que vimos con anterioridad en esta lección.

Seguro que **tú** vienes con **tu** hermano el lunes.

Así que podemos darte una buena regla para saber qué **tu** y qué **el** llevan acento escrito, y cuál no.

Cuando **tu** y **el** son sustantivos personales, llevan acento escrito.
Cuando no, no llevan acento escrito.

PRÁCTICA

Caramba, ¡qué regaño! En la siguiente conversación, el Sr. Miranda habla con Irene y Luis al llegar a la casa, después del incidente en el canal. Queremos que les pongas los acentos escritos a **tu** y **el** según convenga.

Miranda: ¡Luis, ven acá! Si, __1__ (tu), ven acá ahora mismo. Y dile a __2__ (tu) hermana que deje __3__ (el) libro que está leyendo y venga inmediatamente, que quiero hablar con ustedes muy seriamente, antes que llegue __4__ (tu) amigo Henry.

Luis: Pero no te pongas bravo conmigo, papá, y por favor, no vayas a regañarnos delante de Henry. __5__ (el) no tiene nada que ver con __6__ (el) problema del enchufe. Además, no es culpa mía, __7__ (tu) sabes bien que yo no me metí a interrumpir __8__ (tu) programa.

Irene: ¿Qué quieres, papá, que te traiga __9__ (tu) periódico?

Miranda: No quiero que me traigas nada, sino que vengas __10__ (tu) ahora mismo, que quiero hablar de __11__ (tu) comportamiento en __12__ (el) canal.

Irene: Ay, no, ya perdóname papá. Yo entré en __13__ (el) estudio, ya te lo dije, nada más que porque te quiero mucho y quería darte un besito de saludo. No vi __14__ (el) cable. Y no regañes a Luis. __15__ (el) me dijo que no entrara. __16__ (tu) sabes que lo hice sin querer, y además, ya __17__ (tu) me regañaste, y además delante de __18__ (tu) camarógrafo.

Miranda: Bueno, está bien, puedes regresar a __19__ (tu) libro. Pero ¡cuidado con __20__ (el) cable de esa lámpara!

LECCIÓN
2

Taller del bilingüe

SUSTANTIVOS PERSONALES DE SUJETO EN ESPAÑOL Y EN INGLÉS

En inglés, como en español, hay sustantivos personales de sujeto, que se usan, como en español, para referirse al actor principal. Fíjate en las semejanzas y en las diferencias entre los dos idiomas.

Sustantivos personales de sujeto		
	Español	Inglés
1ª persona	yo	*I*
2ª persona	tú	*you*
3ª persona	él, ella, usted	*he, she, it*
1ª persona	nosotros(as)	*we*
2ª persona	vosotros(as)	*you*
3ª persona	ellos, ellas, ustedes	*they*

➤ En singular, en español hay **tú** y **usted**, pero en inglés solamente *you.*

➤ En español se puede hablar de oyentes en el singular (**tú hablas**) y en el plural (**ustedes hablan).** Pero en inglés, no se marca esa diferencia *(you speak* se usa para hablarle a una persona o a varias).

➤ En la tercera persona del singular, en inglés hay el sustantivo personal *it,* que no existe en español.

Tienes que recordar, además, las otras diferencias de las que ya hemos hablado.

➤ Los sujetos casi siempre van antes del verbo en inglés, mientras que en español pueden ir antes o después.

➤ En español, hay muchos más sujetos implícitos que en inglés. Diciéndolo de otra manera, en inglés hay más sujetos explícitos que en español. Esto significa que los sustantivos personales de sujeto se usan mucho más en inglés que en español.

Al hablar español, tienes que tener cuidado de no repetir constantemente los sustantivos personales de sujeto. No hacen falta, pues muchas veces puedes dejar el sujeto implícito.

◀ PRÁCTICA ▶

Chismeando con Henry. Henry, que llega a visitar a Luis y a Irene, no vive en Caracas, sino en Miami. No habla mucho español, y por eso Irene le habla en inglés. ¿Cómo diría estas oraciones en español? Tradúcelas bien. ¡Cuidado con los sustantivos personales de sujeto!

Papá punished me at the station. But **he** shouldn't have done it in front of the cameraman. **He** should have waited until **he** wasn't there anymore. **I** was surprised that **he** did that. Oh, **you** don't know what happened? Well, **you** are going to hear Luis's version later, so **you** should hear mine now. Luis told me that **he** wanted to go into the studio but that **he** was afraid. His friend Graciela was there but **she** was afraid too. So **I** decided to go in. As **I** was going through the door, **she** put some wires in front of me. **She** did it on purpose, too. And so Papá told Luis that **he** wanted to make sure that **she** could never go to the station again, because when **she** got together with Luis **they** acted like little children. Oh, yes, Luis, **I**'m not lying; yes, **it** is true, too!

Repaso de vocablos especializados

Con dos compañeros, repasa estos vocablos especializados de la gramática, algunos de los cuales has usado por primera vez en esta lección. Cerciórense de que saben usarlos.

pretérito (primer plano)
imperfecto (segundo plano)
sustantivos personales de sujeto
usos del imperfecto: acción repetida y habitual, dar la hora, decir la edad
usos del pretérito: el principio y el fin de una actividad
palabras parecidas: *tu-tú, el-él*

INTERNET
Prueba interactiva
www.mcdougallittell.com

La gramática que vamos a aprender

¡LO QUE YA SABES!

La clase está trabajando en un proyecto de química. Todos trabajan en equipos de tres. Tu grupo de trabajo incluye a uno de los maestros, el Sr. Gonzaga, y a tu mejor amigo, Carlos. ¿Cómo les pedirías estas cosas?

a. Oye, Carlos, tráeme aquel tubo.
b. Oye, Carlos, tráigame aquel tubo.

a. Oiga, Sr. Gonzaga, alcánzame esa probeta.
b. Oiga, Sr. Gonzaga, alcánceme esa probeta.

Si todos están de acuerdo, es porque tienen un conocimiento tácito de cómo se piden favores y dan órdenes. Aquí vamos a estudiar esto con un poco más de detenimiento.

3.7 PARA PEDIR FAVORES Y DAR ÓRDENES

Uno de los usos más frecuentes de la lengua es pedir favores y dar órdenes. Para dar órdenes, usamos ciertas formas del indicativo y el subjuntivo.

Hay cuatro maneras de dar órdenes con verbos regulares.

1. Usando formas *no conjugadas* del verbo:

   Favor de **entregar** los exámenes.
   Prohibido **fumar**.
   Bueno, pues, ¡**andando**!

2. Usando formas de *tercera persona de indicativo:*

   Apunta este número, por favor.
   A ver, por favor, **escucha** tú con cuidado.

3. Usando formas de *segunda persona de subjuntivo:*

   No **apuntes** este número.
   No **escuches** con tanto cuidado, que no vas a entender.

4. Usando formas de *tercera persona de subjuntivo:*

   Apunte este número, por favor.
   Por favor, no **escuche** esa música. ¡Cantan muy mal!

Formas no conjugadas del verbo

Una manera muy corriente de dar órdenes con respeto y formalidad a un oyente es aparentar que no le estamos hablando. Esto se logra usando formas verbales que no indican ni persona, ni tiempo, ni modo. El *infinitivo* y el *gerundio* (e.g. **cantando**, **cerrando**) son formas ideales para mandar a alguien a hacer algo sin dirigirnos directamente a esa persona:

> Favor de **cerrar** los libros.
> Ahora, ¡todos **marchando**!

➤ Las órdenes en *infinitivo* o *gerundio* se le pueden dar a un interlocutor, o a muchos, pero se usan con más frecuencia para dar órdenes a muchas personas.

Órdenes positivas familiares: Tercera persona del indicativo

Cuando para dar una orden usamos un verbo conjugado, surge otra vez el problema de cómo suavizar el contacto con el oyente. La solución es no dar las órdenes en la forma de **tú**, o sea, no darlas en segunda persona; darlas en tercera.

> **Apunta** lo que te digo.
> **Abre** tú la puerta, él no abre porque está ocupado.

➤ Aunque estemos hablándole a un oyente al que tratemos normalmente de **tú**, al dar la orden se la damos como si lo tratáramos de **usted**, con la terminación de tercera persona.

Así que, como ves, las formas de tercera persona de indicativo, como **abre**, **corre**, se pueden usar de tres maneras diferentes:

1. Para hablar de una verdadera tercera persona:

   Él **abre** la puerta todos los días.
   Ella **corre** mucho por las mañanas.

2. Para hablarle a un interlocutor a quien tratamos de **usted:**

   Usted **abre** la puerta todos los días.
   Usted **corre** mucho por las mañanas.

3. Para dar órdenes a un interlocutor a quien tratamos de **tú:**

   Abre tú la puerta, él no abre porque está ocupado.
   Por favor, **corre** tú y avísales, que él ya no corre tan rápido como tú.

Órdenes negativas familiares: Segunda persona de subjuntivo

Fíjate que todas las órdenes que hemos visto anteriormente son de carácter afirmativo, o sea, estamos pidiendo a nuestro interlocutor que haga algo, y lo suavizamos haciéndonos que estamos hablándole a una tercera persona. ¿Qué hacemos cuando la orden es una orden negativa, cuando le pedimos al oyente que no haga algo? Vamos a ver.

Pedirle a un oyente que *no* haga algo es todavía más duro que dar una orden afirmativa. Por lo tanto, el método de suavizar tiene que ser más efectivo. Lo que hacemos es cambiar de modo. En vez de hablarle a nuestro oyente en indicativo, le hablamos en subjuntivo.

> No **abras** tú la puerta, que lo haga él.
> Por favor, no **corras** tanto por la mañana.

➤ Para dar órdenes negativas usamos las formas de segunda persona, pero no con la certeza del indicativo, sino con el tono tentativo y de duda del subjuntivo, lo que hace que la orden sea menos áspera.

Así que, como ves, las formas de segunda persona de subjuntivo, como **abras, corras,** se pueden usar de dos maneras diferentes:

1. Para hablar de una verdadera segunda persona en un evento de menos certeza:
   Prefiere el jefe que **abras** la puerta tú todos los días.
   Dudan que tú **corras** mucho por las mañanas.

2. Para dar órdenes negativas a un interlocutor a quien tratamos de **tú:**
   No **abras** la puerta tú todos los días.
   Por favor, no **corras** tanto por las mañanas.

Órdenes positivas y negativas formales: Tercera persona de subjuntivo

¿Cómo damos órdenes a una persona que normalmente tratamos de **usted?** La solución es usar la tercera persona del subjuntivo.

> **Abra** usted la puerta, él no abre porque está ocupado.
> Por favor, no **corra** usted —ya no es bueno para su salud.

➤ Cuando damos una orden a una persona que normalmente tratamos de **usted,** usamos la *tercera persona del subjuntivo,* lo que logra demostrar más respeto para el oyente que recibe la orden, porque usamos un modo que pone en duda la certeza del verbo.

➤ Fíjate que aquí, ya no hacemos nada especial para las órdenes negativas. Para las órdenes negativas a interlocutores de **usted,** usamos igual la tercera persona del subjuntivo.

Las formas de tercera persona de subjuntivo, como **abra**, **corra**, que acabamos de ver aquí, se pueden usar de tres maneras:

1. Para hablar de una verdadera tercera persona en un evento de menos certeza:
   Dudan que él **abra** la puerta todos los días.
   Es imposible que ella **corra** tanto por las mañanas.

2. Para hablarle a un interlocutor a quien tratamos de **usted:**
   Dudan que usted **abra** la puerta todos los días.
   Es imposible que usted **corra** tanto por las mañanas.

3. Para dar órdenes, afirmativas o negativas, a un interlocutor a quien tratamos de **usted:**
   Abra usted la puerta, que él no la puede abrir porque está ocupado.
   Por favor, no **corra** usted tanto por las mañanas.

Los verbos irregulares

Además del sistema que hemos visto arriba, existen ocho verbos irregulares, que tienen formas especializadas para dar órdenes a un interlocutor a quien tratamos de **tú**. O sea, en estos verbos no se usan las formas de 3ª persona de indicativo, sino que hay formas especiales para las órdenes.

decir	**di**	Por favor, **di**le a María que venga.
hacer	**haz**	No discutas y **haz** lo que te digo.
ir	**ve**	**Ve**te de aquí, que me molestas.
poner	**pon**	**Pon** el acento en la penúltima sílaba.
salir	**sal**	¡**Sal** de ahí ahora mismo!
ser	**sé**	Pórtate bien y **sé** buena con ellos.
tener	**ten**	**Ten** cuidado con esos cables.
venir	**ven**	Oye, **ven** acá, que te quiero hablar.

PRÁCTICA

A. **¡A trabajar!** Es tu primer día de trabajo en un restaurante. ¿Qué te dicen los otros empleados?

MODELO   trabajar más rápido
          Trabaja más rápido.

1. venir al trabajo temprano
2. salir después de terminar de limpiar
3. contar los cubiertos
4. tener paciencia
5. saludar a los clientes
6. almorzar a las dos
7. ir a comprar más leche
8. dar gracias por las propinas

B. ¿Qué hago? Es tu primer día de trabajo en un almacén. ¿Cómo te contestan los otros empleados?

MODELO ¿Trabajo en la caja?
No, no trabajes en la caja.

1. ¿Hablo mucho con los clientes?
2. ¿Voy al banco?
3. ¿Cuento el dinero?
4. ¿Escribo los precios?
5. ¿Organizo las cosas?
6. ¿Limpio el piso?
7. ¿Como al mediodía?
8. ¿Salgo a las cuatro y media?

C. Pobre Paulina. Tu tía Paulina necesita consejos. ¿Qué le dices?

MODELO Yo como demasiado chocolate.
¡No coma tanto chocolate!

1. Hablo por teléfono demasiado.
2. Duermo demasiado.
3. Trabajo demasiadas horas.
4. Lloro demasiado.
5. Limpio la casa demasiado.
6. Bebo demasiado café.
7. Leo demasiadas revistas.
8. Veo televisión demasiado.

D. Miranda da órdenes en el canal. El Sr. Miranda está dando órdenes en el canal de dos en dos. Una orden es para su hijo Luis, a quien le habla de **tú,** y la otra es para su empleado, el Sr. Zulueta, a quien le habla de **usted.** Escribe las dos órdenes en hoja aparte, según el modelo.

MODELO Sr. Zulueta: mover los cables, Luis: ayudar a su hermana
Tú escribes: **Sr. Zulueta, mueva los cables, y tú, Luis, ayuda a tu hermana.**

1. Sr. Zulueta: encender luces, Luis: cerrar los libros
2. Sr. Zulueta: bajar el volumen, Luis: llamar a mamá a casa
3. Sr. Zulueta: correr el micrófono, Luis: mover los cables
4. Sr. Zulueta: abrir las cortinas, Luis: controlar a Irene
5. Sr. Zulueta: arreglar el teleprompter, Luis: ajustar la utilería

E. **¡Sean buenos!** Tienes que cuidar a dos niños. Su mamá te dijo lo que deben hacer. ¿Qué les dices a ellos?

MODELO   Deben venir directamente a casa.
Vengan directamente a casa.

1. Deben comer unas frutas.
2. Deben tomar leche.
3. Deben salir a jugar un rato.
4. Deben empezar su tarea a las cuatro.
5. Deben hacer toda su tarea.
6. Deben poner la mesa.
7. Deben lavar los platos.
8. Deben limpiar su cuarto.

F. **Consejos.** Tu primo va a entrar en una nueva escuela. ¿Qué consejos le das?

1. llegar   3. hablar   5. dar   7. escribir
2. ser   4. estar   6. ir   8. poner

Tengo muchos buenos consejos para ayudarte en la escuela. Primero, nunca __1__ tarde a clase. Y no __2__ descortés, sobre todo con los profesores y no __3__ demasiado. Los días de exámenes, no __4__ nervioso y no les __5__ las respuestas a tus compañeros nunca. No __6__ al patio durante las clases. No __7__ en el pupitre y no __8__ chicle allí tampoco. Pero no te preocupes. Todo va a salir bien y vas a tener mucho éxito.

3.8   LOS SUSTANTIVOS PERSONALES DE OBJETO

Ya sabemos que los verbos pueden tener uno o dos actores, y que cuando tienen dos, el actor principal se llama el sujeto y el actor secundario se llama el objeto. Ahora vamos a estudiar el objeto.

Objetos de tercera persona

Cuando está claro en una conversación que se está hablando de **noticias,** no hace falta usar el sustantivo, sino que es suficiente utilizar un sustantivo personal.

> Ella trajo buenas **noticias**.
> Ella **las** trajo.

Si ella hubiera traído un buen **libro,** se podría decir **Ella lo trajo.**

En cualquier situación en que ya se tenga una idea clara de quién o cuál es el objeto (actor secundario), se puede usar, en vez de un sustantivo, un sustantivo personal de objeto.

LECCIÓN 3

Veamos unos ejemplos más: Tina y Margarita han estado hablando de que Carlos vio a Martín y a Daniel. Pueden decir, con muchos detalles: **Carlos vio a Martín y a Daniel** o **Carlos los vio.** Tina y Margarita continúan hablando de que ellos fueron a la escuela a pintar una pared. Podrían decir que ellos **pintaron la pared** o, si ya se sabe de qué se trata, decir mejor **la pintaron.**

En todos estos ejemplos, el sustantivo personal **las, los, la, lo** se ha usado para referirse al objeto, cuando no hace falta aclarar que se trata de **noticias, Martín y Daniel, pared** o **libro.**

> La gramática usa un vocablo especializado para referirse a los sustantivos personales que se usan cuando no hace falta dar detalles sobre el actor secundario. Los llama *sustantivos personales de objeto.*

Ya te habrás fijado que los sustantivos personales de objeto, como los de sujeto que viste en la lección anterior, pueden estar en femenino, singular o plural **(la, las),** o en masculino, singular o plural **(lo, los).**

Los sustantivos personales de objeto, como su nombre lo indica, son *de objeto,* o sea, se usan solamente para el objeto, no para el sujeto.

Objetos de primera y segunda persona

Igual que los sustantivos personales de sujeto, los sustantivos personales de objeto tienen no sólo formas de tercera persona, sino de primera y segunda también.

> **Me** llamaron para que hablara del viaje por el Amazonas.
> La comunicación es perfecta. **Te** oigo sin ningún problema.
> Nuestros compañeros **nos** quieren muchísimo. Siempre **nos** protegen.

➤ En estos ejemplos, hemos usado lo que la gramática llama sustantivos personales de objeto de primera persona singular **(me),** primera persona plural **(nos)** y segunda persona singular **(te).**

Objetos de segunda persona formal

Ya has visto varias veces que el respeto y la formalidad se obtienen tratando al oyente —a la segunda persona— como si fuera una tercera persona. Para la segunda persona formal, usamos sustantivos personales de objeto de *tercera* persona.

Si el oyente es alguien a quien, en una oración con sustantivo personal de sujeto, trataríamos de **usted,** pues en el momento de usar un sustantivo personal de objeto, lo tratamos de **lo** o **la.**

> Oiga, Sr. Miranda, ayer **lo** vi por televisión con el Sr. Rivera.
> ¿Usted también estaba, Sra. Rivera? Pues, no **la** vi.

> Los objetos de segunda persona formal **(usted)** son masculino y femenino singular **(lo, la)** y masculino y femenino plural **(los, las).**

En el plural, sabemos que, en Latinoamérica y Estados Unidos no se utiliza **vosotros,** y por lo tanto, no se distingue entre lo familiar y lo formal. Cuando queremos hablar en términos familiares de un grupo de oyentes en el plural, usamos siempre el plural de tercera persona: **los vi, las vi.**

Sustantivo personal de objeto delante del verbo

Seguro que ya te fijaste que todos los sustantivos personales de objeto que hemos visto aquí están colocados delante del verbo. Pero no siempre es así. Si el verbo está conjugado, el sustantivo personal de objeto sí que va siempre delante del verbo.

> **Lo** esperaron toda la tarde, pero no llegó.
> Irene dice que alguien puso los cables para que ella **los** pisara.

Sustantivo personal de objeto antes o después del verbo

Pero, como tú ya sabes, hay formas del verbo, como el *infinitivo* y el *gerundio,* que no están conjugadas. Cuando el sustantivo personal de objeto se refiere a un actor secundario de un evento indicado por un verbo en infinitivo o gerundio, puede ir antes o después del verbo. Cuando va después, se escribe junto con el verbo.

> Yo **las** voy a ayudar.
> Yo voy a ayudar**las.**

> **Te** están llamando.
> Están llamándo**te.**

➤ Fíjate que al añadir un sustantivo personal de objeto al final de algunos verbos, éstos pasan a ser palabras esdrújulas **(llamándote),** y por lo tanto, hay que ponerles acento escrito.

Sustantivo personal de objeto después de órdenes positivas

Cuando las órdenes se dan a actores secundarios que aparecen como sustantivos personales de objeto, se colocan siempre después del verbo.

> A ver, por favor, **escucha** esta cinta con cuidado.
> A ver, por favor, escúcha**la** con cuidado.
>
> Hazme un favor, **saca** tú esas sillas de la cocina.
> Hazme un favor, sáca**las** de la cocina.

➤ En órdenes negativas, los sustantivos personales de objeto siempre se colocan delante del verbo: No **la** escuches. No **las** saques.

Sustantivo personal de sujeto y de objeto: Un resumen

En resumen, aprende este cuadro que compara los sustantivos personales de sujeto con los de objeto.

Sustantivos personales de sujeto	Sustantivos personales de objeto
yo	me
tú	te
Ud., él, ella	lo, la
nosotros(as)	nos
vosotros(as)	os
Uds., ellos, ellas	los, las

Fíjate que no hemos dado ejemplos con la segunda persona plural, **os**. Si tu maestro(a) cree que necesitas ejercitarla, ya te lo indicará.

┤ PRÁCTICA ├

A. **¡Qué triste!** Tienes unos amigos muy pesimistas. Siempre se quejan de todo. ¿De qué se están quejando ahora?

MODELO   invitar
Nadie nos invita a salir los fines de semana.

1. saludar
2. ayudar
3. llamar
4. comprender
5. escuchar
6. querer
7. acompañar
8. visitar

B. Lo olvida todo. Tu compañero(a) tiene una memoria muy mala. Siempre olvida todo. Para ver qué olvidó hoy, hazle preguntas mencionando todos los objetos en el dibujo.

MODELO   *Tú:*   **¿Tienes tu almuerzo?**
          Compañero(a):   **Sí, lo tengo.**
                            o
                            No, no lo tengo.

C. ¡Mamá! Es el primer día de la escuela y Pepita está muy preocupada. ¿Qué dicen ella y su mamá?

MODELO   llevar a la escuela (sí)

Pepita: **¿Vas a llevarme a la escuela?**   o
              ¿Me vas a llevar a la escuela?

Mamá: **Sí, voy a llevarte.**   o
              Sí, te voy a llevar.

1. acompañar a la clase (no)
2. esperar después de las clases (sí)
3. ayudar con la tarea (sí)
4. visitar en la clase (no)
5. llamar al mediodía (no)
6. buscar a las tres (sí)

D. Pobres sustantivos personales. Las siguientes frases se han sacado de "Oda a la pobreza" de Pablo Neruda. Cada una tiene uno, dos o tres sustantivos personales que hacen referencia al actor secundario. Subráyalos y pon si son sustantivos de **1ª**, **2ª**, **3ª** persona, **Sing**ular o **Plur**al, y pon también si el objeto va antes del verbo, **OV**, o después del verbo, **VO**.

MODELO   Cuando nací, pobreza, me seguiste   **1ª, Sing, OV**

1. me mirabas a través de las tablas podridas…
2. el salero quebrado, el traje roto, los zapatos abiertos, me advertían.
3. Allí estaban acechándome tus dientes de carcoma…
4. allí estabas buscándome, siguiéndome desde mi nacimiento…
5. Cuando alquilé una pieza pequeña, en los suburbios, sentada en una silla me esperabas…
6. Pobreza, me seguiste por los cuarteles y los hospitales,…
7. Te vi sacar mis muebles a la calle…
8. los hombres los dejaban caer como pedradas.
9. y mirando a los pobres recogías mi último plato haciéndolo diadema.
10. Ahora, pobreza, yo te sigo.
11. Junto a cada pobre me encontrarás cantando,…
12. Te sigo, pobreza, te vigilo, te cerco…
13. te disparo, te aíslo, te cerceno las uñas…
14. te rompo los dientes que te quedan.
15. Otros poetas antaño te llamaron santa...
16. te alimentaron de humo y desaparecieron.
17. Yo te desafío, con duros versos te golpeo el rostro,…
18. te embarco y te destierro.
19. te vamos expulsando de la tierra a la luna…
20. para que allí te quedes…

E. **¡Qué divertido!** La familia Torres pasa mucho tiempo haciendo sus cosas favoritas. Según Sancho, ¿qué están haciendo ahora?

MODELO   A mamá le gusta leer el periódico.
    Está leyéndolo ahora.

1. A Joaquín le gusta jugar tenis.
2. A mis hermanitos les gusta ver televisión.
3. A mamá y a mí nos gusta escuchar música.
4. A mi tía Celia le gusta leer sus revistas favoritas.
5. A mí me gusta hacer la tarea.
6. A papá y a Elena les gusta lavar los carros.
7. A mis abuelitos les gusta tomar chocolate.
8. A mi tío Pepe le gusta tocar la guitarra.

F. **Planes.** Pregúntale a tu compañero(a) sobre sus planes para el fin de semana.

MODELO *Tú:*   **¿Vas a escuchar la radio?**
     Compañero(a): **Sí, la voy a escuchar.**
            o
            Sí, voy a escucharla.

	la radio
	papas fritas
	a tus amigos
ver	televisión
comer	tenis
leer	pizza
hacer	a tus abuelos
jugar	el periódico
llamar	voleibol
escuchar	la tarea
visitar	tus videos
	tu comida favorita
	tus discos compactos
	golf

3.9 RELATIVOS, INTERROGATIVOS Y EXCLAMATIVOS

Independiente y tónica vs. dependiente y no tónica

En la lección anterior aprendiste que cuando hay dos palabras parecidas que tienen distinto significado, pero que suenan igual y se escriben igual, a una se le pone acento y a la otra no. Aquí tienes una lista de otros siete pares de palabras parecidas:

que	qué
cual	cuál
quien	quién
cuanto	cuánto
como	cómo
cuando	cuándo
donde	dónde

En general, las palabras de la columna de la izquierda, las que no llevan acento, se usan en relación estrecha con otras palabras y no son tónicas, o sea, no se pronuncian con énfasis dentro de una oración.

En cambio, las de la derecha, que sí llevan acento escrito, son más independientes y son siempre tónicas.

> Dile **que** venga inmediatamente.　　No sé **qué** es lo que le pasa.
> Te lo digo para **que** sepas.　　　　¿Para **qué** necesitas el dinero?

Fíjate que cuando pronuncias el **que** de la primera columna es casi atado a la palabra anterior, mientras que cuando pronuncias el **qué** de la segunda columna lo pronuncias más independiente, más separado de las otras palabras.

Además, el **qué** que lleva acento escrito, el que es independiente y tónico, aparece muchas veces en preguntas y en exclamaciones, como por ejemplo, **¿Para qué necesitas el dinero? ¡Qué manera de llover!**

Relativos vs. interrogativos y exclamativos

La situación es la misma con **cuando, cuándo, donde** y **dónde** que con **que** y **qué.** En la columna de la derecha, cuando estas palabras son independientes y tónicas, como cuando se usan en preguntas y exclamaciones, llevan acento escrito. Cuando no, como en la columna de la izquierda, no llevan acento escrito.

> La gramática usa un vocablo especializado para referirse a las palabras de la columna de la izquierda, que son dependientes, átonas y *no* llevan acento escrito. Las llama *relativos*.
>
> La gramática también usa un vocablo especializado para referirse a las palabras de la columna derecha, que son independientes y tónicas. Las llama *interrogativos* y *exclamativos*.

La gramática también usa un vocablo especializado para las palabras de la columna de la derecha que no son exactamente interrogativos o exclamativos, pero que son tónicas y llevan acento escrito, como por ejemplo, **No sé** *qué* **le pasa** y **Hay que saber** ***cuándo*** **le toca**. Las llama *interrogativos indirectos* y *exclamativos indirectos*.

Utilizando esta terminología, podemos aprender una regla muy fácil para ponerle acento escrito a estas palabras.

➤ Los *relativos*, que son dependientes y átonos, nunca llevan acento escrito. Los *interrogativos* y los *exclamativos* (directos o indirectos), que son independientes y tónicos, siempre llevan acento escrito.

◀ PRÁCTICA ▶

A. Los relativos pobres. En las siguientes frases están todos los relativos que usa Neruda en "Oda a la pobreza". Subráyalos.

1. eran tus ojos los que miraban desde los agujeros.
2. tu lengua gris que corta la ropa…
3. Cuando alquilé una pieza pequeña… me esperabas.
4. Cuando enfermé tocaron a la puerta…
5. te vamos expulsando… para que allí te quedes…
6. el pan y los racimos que cubrirán la tierra de mañana.

B. Los relativos e interrogativos de la abuelita. Las siguientes frases las hemos sacado del cuento que escribió Luis. Las palabras que hemos estudiado las hemos escrito todas con mayúsculas. Tú escríbelas con minúscula, y decide, para cada una, si lleva o no acento escrito.

1. Había una vez una viejita QUE no confiaba en nadie.
2. Tenía mucho dinero ahorrado QUE guardaba en su colchón.
3. Tengo QUE guardarlo con mucho cuidado.
4. Salió camino al banco, pero COMO hacía tan buen tiempo...
5. ¡Y QUE sorpresa tuvo CUANDO en la bolsa no encontró más que los restos del almuerzo.
6. CUANDO le mostró la bolsa a la abuelita, ésta empezó a gritar.
7. ¡Mi dinero! ¿QUE pasó con mi dinero?
8. ¿QUE voy a hacer?

LECCIÓN 3

Taller del bilingüe

SUSTANTIVOS PERSONALES DE OBJETO EN ESPAÑOL Y EN INGLÉS

En inglés hay sustantivos personales de objeto, igual que los de español. Aquí te ponemos el cuadro de los sustantivos personales del español y el del inglés.

Sustantivos personales			
de sujeto: inglés	de sujeto: español	de objeto: español	de objeto: inglés
I	yo	me	*me*
you	tú	te	*you*
he, she, it	Ud., él, ella	lo, la	*him, her, it*
we	nosotros(as)	nos	*us*
you	vosotros(as)	os	*you*
they	Uds., ellos, ellas	los, las	*them*

Estudia bien estos cuadros, para que notes las diferencias entre los dos idiomas.

➤ Fíjate que el inglés no distingue entre sujeto y objeto en la segunda persona (los dos son *you*). Fíjate también que no hay *it* en español.

Una diferencia importante

Una importante diferencia entre los dos idiomas es que en inglés, el sustantivo personal de objeto va siempre *después* del verbo conjugado, **V O**, mientras que en español, ese sustantivo personal va siempre *antes* del verbo conjugado, **O V**.

> **Los** vimos ayer.
> *We saw **them** yesterday.*

> Creo que **te** llamaron.
> *I think they called **you**.*

➤ Recuerda que en español el sustantivo personal de objeto viene detrás del verbo en órdenes afirmativas y puede venir detrás del infinitivo y el gerundio.

> Haz**lo**.
> Están llamándo**te**.
> Voy a ayudar**las**.

PRÁCTICA

¡A traducir! Traduce las siguientes oraciones al español. Ten cuidado con la colocación de los sustantivos personales de objeto.

1. The grandmother had money. She hid it under her mattress.
2. Her friend Mirta gave her a ring. She put it in a box.
3. She then gave it to the teller.
4. The teller had two lunch bags. He hid them in a closet.
5. The grandmother opened it and took them out.

Repaso de vocablos especializados

En esta lección, hemos visto varios vocablos especializados, algunos de ellos nuevos. Escribe definiciones para cada uno de ellos en una hoja de papel. Consulta con dos de tus compañeros, para estar seguros de que los conocen.

órdenes (positivas, negativas)
órdenes (formales, informales)
gerundio
sustantivos personales de objeto
objetos de (primera, segunda, tercera) persona
relativos
interrogativos (directos, indirectos)
exclamativos (directos, indirectos)

INTERNET
Prueba interactiva
www.mcdougallittell.com

INTERNET
Cibertarjetas
www.mcdougallittell.com

UNIDAD 4

TÚ Y EL PASADO

INTERNET
Presentación
www.mcdougallittell.com

LECCIÓN

1

TÚ Y LA NIÑEZ

¿Qué piensas tú?

1. Compara las fotos de esta página. ¿Qué hacen en cada foto? ¿Cuándo crees que las sacaron? ¿Por qué crees eso?

2. ¿Qué semejanzas y diferencias observas en el lugar? ¿En la gente? ¿Y en la actividad?

3. ¿Qué hacen la abuela y las dos chicas en la foto de la izquierda? ¿Qué estará diciéndoles la abuela? ¿Por qué crees eso?

4. ¿Hay reuniones a las cuales asisten varias generaciones de tu familia? En estas reuniones, por lo general, ¿de qué hablan tus padres, tíos y abuelos?

5. ¿Recuerdas algo específico de cuando tenías cinco años? ¿Diez años? ¿Qué hacías a esas edades? ¿Qué te gustaba y qué no te gustaba? ¿Cómo te comportabas cuando te sentías contento(a)? ¿Triste? ¿Cómo te comportabas cuando tenías visitas?

6. ¿Cuál es tu primer recuerdo de la niñez? ¿Cuántos años tenías en aquel entonces?

7. Piensa en todo lo que hemos dicho y di de qué crees que vamos a hablar en esta lección.

FOTONOVELA
LECTURA ILUSTRADA

✚ Prepárate para leer

Anticipa. En las fotos de esta fotonovela puedes ver que Diana y Meche están en casa de su abuelita. Contesta ahora estas preguntas sobre tus visitas a casa de tu abuelita.

1. ¿Cómo es la casa de tu abuelita? ¿Es antigua o moderna? ¿Tiene muchos muebles? ¿Qué tipo de muebles tiene?
2. Las abuelitas con frecuencia tienen muchos recuerdos del pasado guardados en sus casas. ¿Es ése el caso de tu abuelita? ¿Cuáles son algunos recuerdos que has visto en casa de tu abuelita? ¿Has hablado con ella del significado o historia de algunos de esos recuerdos? ¿Podrías contarle a la clase algunas de esas historias?

El refrán de la semana

Interpretación ¿Cuál es el significado de estos dos refranes? Explica la relación de los dos dibujos con el refrán. ¿Puedes pensar en algunas personas a quienes se aplican estos refranes? Descríbelas. Pregúntales a tus padres o a tus abuelos si ellos saben otros refranes parecidos.

Los recuerdos de abuelita

1 Son cosas del pasado.

Meche y Diana están en casa de su abuela, ayudándola con la limpieza.

Abuelita, ya pasé un trapo a los muebles y pasé la aspiradora.

Yo saqué la basura y limpié las ventanas. ¿Qué más hay que hacer?

Pues, a ver. Este armario está muy desorganizado. Hace años que nadie lo arregla. ¿Por qué no empiezan aquí?

Saquen las cosas, límpienlas y pónganlas en orden.

¿Qué cosas tienes aquí, abuelita?

¿Quién sabe, niñas? Son cosas del pasado — de cuando ustedes eran pequeñas, de cuando su papá era un niño y hasta de cuando yo era joven.

3 Allí guardaba mis cosas.

✚ Verifiquemos e interpretemos

A. Identifica a los personajes. ¿Quiénes hacían estas actividades en el pasado?

Diana　　　　**Meche**　　　　**abuela**　　　**papá**

1. Guardaba sus cosas especiales en una cajita.
2. Jugaba con un osito de peluche.
3. Recibía cartas de amor.
4. Jugaban a las damas mientras llovía.
5. No se separaba de su juguete favorito.
6. Construyó una jaula.
7. Nunca ganaba cuando jugaban a las damas.
8. Tenía muchas joyas.

B. Reflexiona y relaciona. ¿Cómo te relacionas tú con los personajes de la fotonovela? Reflexiona en lo ocurrido y relaciónalo con tu propia vida.

1. ¿Dónde están Meche y Diana? ¿Qué están haciendo? ¿Visitas a tus abuelos de vez en cuando? ¿Los ayudas con los quehaceres? ¿Qué haces para ayudarlos?

2. ¿Qué encontraron las chicas en el armario? ¿Hay muchas cosas del pasado en la casa de tu abuelita? ¿Puedes dar unos ejemplos?

3. ¿De quién era el osito de peluche, de Meche o de Diana? ¿De quién era el juego de damas? ¿Tenías tú un osito de peluche o un juego de damas cuando eras más joven? ¿Lo tienes todavía? ¿Guarda tu abuela o tu madre algunos de tus juegos? ¿Cuáles?

4. ¿De quién era la cajita vieja? ¿Qué guardaba la abuelita allí? ¿Tienes tú una cajita donde guardas recuerdos especiales? ¿Qué tipo de recuerdos tienes guardados allí ahora?, ¿recuerdos románticos?, ¿recuerdos de tu niñez?, ¿recuerdos secretos?

5. ¿De quién era la jaula? ¿Para qué crees que servía la jaula? ¿Por qué crees eso?

A. ¿Con qué frecuencia...? Tú eres reportero(a) para el periódico de tu colegio y tienes que escribir un artículo sobre los quehaceres más comunes de los estudiantes durante el verano. Usa el formulario que tu profesor(a) te va a dar para entrevistar a tres compañeros de clase. Pregúntales con qué frecuencia hacían las actividades en los dibujos y anótalo en los cuadrados apropiados. Luego, en grupos de cuatro, comparen sus resultados y decidan cuáles quehaceres eran los más comunes y díganselo a la clase.

B. ¿Buenitos o traviesos? ¿Recuerdas cómo eras de niño(a)? Primero escribe las respuestas a estas preguntas en una hoja aparte. Luego, hazle las mismas preguntas a tu compañero(a) y comparen sus respuestas. Informen a la clase si eran buenitos o traviesos.

1. ¿Les abrías la puerta a otras personas?
2. ¿Ayudabas a lavar el carro?
3. ¿Con qué frecuencia hacías la cama?
4. ¿Cuánto estudiabas? ¿Qué materias te gustaban más?
5. ¿Con qué frecuencia veías la tele? ¿Cuáles eran tus programas favoritos?
6. ¿Alguna vez le hiciste una broma a alguien? ¿Qué hiciste?
7. ¿Te gustaba practicar deportes? ¿Cuáles?
8. ¿Cuáles eran tus actividades favoritas los fines de semana? ¿Por qué?
9. ¿Cómo se llamaban tus amigos? ¿Quiénes eran buenitos y quiénes traviesos? ¿Qué hacían?

C. Hace treinta años yo... Es el año 2035 y tú ya tienes más de treinta años. Eres reportero(a) del periódico principal de tu ciudad y ahora estás preparando un artículo sobre los primeros años del siglo veintiuno. Decides basar tu artículo en tus propias experiencias en la escuela secundaria. Escribe ese artículo ahora mismo y luego léeselo a dos compañeros de clase. Ellos te van a leer el suyo.

EJEMPLO **Hace treinta años yo era estudiante en la escuela secundaria en...**

D. Princesa y Necio. Princesa y Necio son dos gatos que siempre acompañaban a sus dueños en las vacaciones de verano. Cada verano iban al mismo lugar y hacían las mismas cosas. ¿Adónde iban y qué hacían? Con un(a) compañero(a), describe los dibujos a continuación para contestar la pregunta. Muestren creatividad al describir.

1.

2.

3.

4.

5.

6.

7.

8.

E. ¿Qué es? Tú descubriste una caja grande en el patio de la casa de tu amigo(a). La caja tiene algo que hace muchos años era muy importante para tu amigo(a). Claro, tú quieres saber todos los detalles de por qué era tan importante este objeto. Dramatiza la situación con un(a) compañero(a).

Antes de empezar _____

A. Mapa y fotos. Estudia las fotos y el mapa sobre la cultura de los incas. Luego contesta y completa estas frases. No es necesario leer la lectura todavía.

1. ¿Por qué países de Sudamérica se extendía el Imperio de los Incas?
   a. Ecuador, Perú, Bolivia, Argentina y Chile
   b. Brasil, Paraguay y Uruguay
   c. Colombia, Venezuela y Brasil
   d. Perú, Ecuador, Venezuela y Colombia

2. Un *quipu* probablemente es para…
   a. llevar dinero.
   b. llevar algo para comer.
   c. calentarse las manos.
   d. contar.

3. Los edificios que construyeron los incas eran muy…
   a. pequeños.   c. sólidos.
   b. abiertos.   d. frágiles.

4. Los incas construyeron las terrazas para…
   a. jugar deportes.
   b. construir más edificios.
   c. sembrar flores y decorar sus edificios.
   d. cultivar diferentes comidas.

5. Machu Picchu probablemente fue…
   a. una fortaleza.
   b. un centro religioso.
   c. la capital de los incas.
   d. un refugio para el Inca y sus nobles.

B. Impresiones. Antes de leer acerca del Imperio de los Incas, indica si en tu opinión estos comentarios son ciertos o falsos. Si no sabes, usa tu sentido común para decidir.

C   F   1. El Imperio de los Incas estaba en Centro y Sudamérica.
C   F   2. En 1500, los españoles encontraron toda la historia de los incas en tres volúmenes muy impresionantes.
C   F   3. Machu Picchu son las ruinas de una cultura muy civilizada.
C   F   4. Los incas fueron excelentes agricultores.
C   F   5. Los incas no tenían buenos ingenieros ni buenos arquitectos.
C   F   6. Muchas tradiciones incaicas se practican actualmente en Perú.

EL IMPERIO DE LOS INCAS

El Imperio de los Incas empezó con Manco Capac, el primer Inca, en el año 1100 y terminó con la muerte de Atahualpa en el año 1533. Se extendió en los Andes por una distancia de más de 2.500 millas (la distancia de Phoenix a Nueva York, más o menos), por los actuales territorios de Ecuador, Perú, Bolivia, Chile y Argentina. Cuando llegaron los españoles, el imperio incaico tenía entre 3,5 y 7 millones de habitantes. Entre ellos, había muchas tribus diferentes que habían sido conquistadas por los incas. Y todas las tribus en el imperio incaico tenían que aprender a hablar quechua, la lengua oficial de los incas. En efecto, *Inca* era el nombre del rey y *quechua* el nombre de su gente.

La capital de los incas fue la ciudad de Cuzco ① que está situada casi en medio del imperio, en la parte sudoeste de Perú. En esta ciudad se encuentran los restos más impresionantes de lo que fue este gran imperio. Allí se pueden ver restos de edificios, casas, templos, fortalezas y andenes o terrazas para la agricultura incaica. Los incas no tuvieron una escritura verdadera, pero desarrollaron el *quipu,* un sistema de números que usa nudos en cuerdas de diferentes colores. ② El *quipu* también se usó para grabar historia y versos. Esa tradición vive todavía entre la población quechua de Perú y Bolivia.

Los incas fueron excelentes arquitectos e ingenieros. Ellos planificaron muy cuidadosamente sus ciudades. Hicieron edificios de piedras de distintas formas: cuadradas, rectangulares y poligonales como la famosa Piedra de los doce ángulos. ③ Tan superior fue la arquitectura de los incas que, después de 500 años o más, todavía se conservan muchas de sus estructuras, a pesar de los muchos terremotos que ocurren en el área.

Alrededor de la ciudad de Cuzco, los incas construyeron fortalezas para defenderse de sus enemigos. La fortaleza de Sacsahuamán es una de las fortalezas más impresionantes. ④ Los incas utilizaron piedras inmensas para construirla, pero no usaron ni cemento ni mortero para unir estas piedras. A pesar de esto, es imposible meter el filo de un cuchillo entre estas piedras.

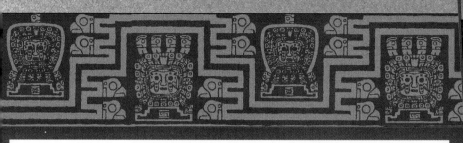

Unos de los más famosos restos arqueológicos del mundo entero son las ruinas de Machu Picchu. ⑤ Estas ruinas están en la selva a tres horas de la ciudad de Cuzco, muy cerca de la zona del río Urubamba, una de las fuentes del Amazonas. Machu Picchu no fue descubierta hasta el año 1911 por el profesor estadounidense Hiram Bingham. No se sabe definitivamente qué fue esa maravilla incaica. Una teoría dice que fue una fortaleza, otra que fue un centro religioso y todavía otra, que sirvió de refugio a los últimos incas que huían de los españoles.

La economía de los incas dependía intensamente de la agricultura. Cultivaban maíz, papas, calabazas, frijoles, chiles, cacahuates, tomates, camotes, aguacates y otras plantas. Por todo Cuzco, y en particular en Machu Picchu, se conservan los hermosos andenes o terrazas que los incas construyeron para poder trabajar la tierra montañosa. ⑥

Actualmente, la ciudad de Cuzco está habitada por los descendientes de los incas. Los cuzqueños son mestizos como casi todos los habitantes de Perú.⑦ Pero los cuzqueños han conservado la antigua cultura indígena. Su lengua es el quechua, la lengua de los antiguos peruanos. Su religión es una mezcla de catolicismo con viejas creencias religiosas indígenas. Los cuzqueños, como los descendientes más directos de los incas, conservan sus viejas tradiciones y costumbres.

5

6

7

▶ INTERNET
Enlaces/actividades
www.mcdougallittell.com

Verifiquemos

1. Vuelve a las actividades **A** y **B** de **Antes de empezar** y decide si tus respuestas originales fueron correctas o no.
2. Dibuja la Piedra de los doce ángulos. ¿Por qué usaron los incas este tipo de piedra para construir sus edificios?
3. Prepara un diagrama del Imperio de los Incas, como el siguiente, e incluye toda la información posible bajo cada categoría.

El Imperio de los Incas

Características	Arquitectura	Cuzco	Machu Picchu
1.	1.	1.	1.
2.	2.	2.	2.

4. ¿Qué aspecto del imperio incaico te gustaría estudiar más? ¿Por qué?

Préstamos del inglés

Lenguas en contacto

Cuando dos culturas, cada una con su propia lengua, coexisten en el mismo lugar por mucho tiempo es inevitable que ambas lenguas tomen palabras prestadas cada una de la otra. Éste es el caso del español y el árabe donde, después de ochocientos años de ocupación de la Península Ibérica por los moros, la lengua española acabó por aceptar un sinnúmero de palabras prestadas del árabe: **alfombra, almohada, albaricoque, alberca, algodón,...**
Más tarde, cuando los españoles trajeron su lengua al Nuevo Mundo, otra vez la lengua española acabó por aceptar una cantidad de palabras prestadas indígenas: **huracán, maíz, aguacate, anaconda, tomate, chocolate,...**
Por mucho que algunas lenguas traten de mantener su pureza, la convivencia de dos culturas siempre acaba por dejar una huella en la lengua.

La ocupación de España por los moros influyó mucho en la lengua española.

El contacto con el indígena del Nuevo Mundo aumentó el vocabulario español.

Préstamos del inglés

Este fenómeno también ocurre en Estados Unidos y México. El inglés de EE.UU. ha aceptado un número de palabras prestadas del español: *adobe, coyote, rodeo, lazo, corral, hacienda, patio...* Pero

Verifiquemos

A. Anglicismos. Las siguientes palabras son anglicismos. Di la palabra correspondiente en inglés de la cual se deriva y la palabra en el español general. Si no conoces el significado de alguna palabra de la lista, estudia su uso en la actividad **B** donde la palabra aparece en contexto.

MODELO	anglicismo	palabra en inglés	español general
	puchar	*to push*	empujar

1. troca
2. bil
3. parquear

4. canería
5. traque
6. mapear

7. peni
8. fil
9. breca

Cada vez que un celular Fonorola cae al suelo, la competencia tiembla.

en el español hablado en México también hay préstamos de EE.UU.: **video, estéreo, estándar...** Los avances tecnológicos afectan muchísimo este proceso ya que introducen nuevas palabras al vocabulario: **CD-ROM, celular, monitor,...** En casi todos los países hispanohablantes, estas palabras ya no se consideran extranjeras, sino parte del español general.

Anglicismos

Otro tipo de préstamo es el que resulta cuando hay dos lenguas en contacto y buena parte de la lengua y cultura de la mayoría acaban por imponerse en la minoría. Esto es lo que ocurre con el inglés y la cultura estadounidense, y muchos grupos minoritarios que inmigran al país. No cabe duda de que los hispanohablantes en EE.UU. tienen un contacto muy estrecho con el inglés y muchas veces usan palabras prestadas. Estas palabras se conocen como anglicismos e incluyen expresiones como **armi, cherife, taipear, daime, rula, sainear,...** Anglicismos en español son entonces palabras prestadas del inglés que han sido aceptadas por uno o varios grupos minoritarios de hispanohablantes pero no por la gran mayoría de hablantes. El grupo de hispanos en EE.UU. que probablemente más usa anglicismos es el grupo que más tiempo ha estado en el país, los méxicoamericanos. Pero este fenómeno sigue repitiéndose con la llegada de otros grupos hispanos.

Es necesario señalar que en contraste con las palabras prestadas del inglés que, como ya hemos visto, son totalmente aceptadas en el español general, hay muchas personas en el mundo hispano que consideran el uso de estos anglicismos como un estigma. El uso de estas palabras fuera de un contexto coloquial puede causar una mala impresión. En un contexto formal se prefiere usar palabras que en el español general expresan lo mismo.

B. Conversación de dos amigos. Esta conversación entre dos jóvenes latinos de California tiene lugar cuando regresan a casa después de trabajar en el campo durante el verano. Lee la conversación en voz alta cambiando los anglicismos en **negrilla** a palabras del español general.

Pedro: Tengo que componerle las **brecas** a mi **troca.** Hoy casi no pude frenar antes de los **traques** del ferrocarril.

Miguel: Pero si no tienes ni un **peni** para pagar tus otros **biles.**

Pedro: Pero no puedo dejar mi **troca parqueada** porque necesitamos ir a trabajar en el **fil.**

Miguel: Si no podemos ir a trabajar en el **fil** quizás podamos conseguir trabajo en las **canerías.** Necesitan gente para **mapear** los pisos.

¿QUÉ HACÍAS TÚ?

¿Qué piensas tú?

1. Las dos fotos de la izquierda son de un periódico venezolano. Cada una es de incidentes que ocurrieron la semana pasada. Descríbele una de las fotos a tu compañero(a) y luego que él o ella te describa la otra a ti. Incluyan todos los detalles posibles sobre el sitio y lo que pasó antes, durante y después del incidente.

2. ¿Qué hacías tú esta mañana antes de la primera clase, cuando sonó el timbre? ¿Dónde y con quién estabas? ¿Había otras personas cerca de ustedes? ¿Qué hacían?

3. Imagínense que hubo un simulacro contra incendios ayer, poco antes del almuerzo. Describe detalladamente lo que tú y tus amigos hacían antes de empezar el simulacro y lo que hicieron cuando oyeron el timbre.

4. Compara las fotos de Caracas de esta página. ¿Cuáles son las diferencias? ¿Cómo explicas esas diferencias?

5. ¿Hay diferencias de este tipo en tu ciudad? ¿Y en otras ciudades del estado?

6. ¿De qué crees que vamos a hablar en esta lección?

✚ *Prepárate para leer*

Anticipa.   En este episodio el padre de Meche y Diana les va a contar para qué era la jaula que las chicas encontraron en casa de su abuelita. Casi todos los jóvenes tienen jaulitas en casa durante su juventud.

1. ¿Tienes o has tenido algún animal domesticado enjaulado en tu casa? ¿Qué es?, ¿un hámster?, ¿un canario?, ¿un periquito?, ¿una serpiente?, ¿un conejillo de las Indias?

2. ¿Por qué lo tienes enjaulado? ¿Lo dejas salir de vez en cuando? ¿Se te ha escapado alguna vez? Sí así es, cuenta lo que pasó.

3. ¿Por qué crees que en EE.UU. un gran número de familias tienen animales domesticados? ¿Quién debe hacerse responsable por cuidarlos y alimentarlos? Si tienes uno, ¿quién lo cuida?

El refrán de la semana

El que al cielo escupe, en la cara le cae.

Interpretación Explica el significado de este refrán. Relaciona los dibujos con el refrán. Explica otras situaciones donde podrías usar este refrán. ¿Sabes de algún refrán en inglés o en español con el mismo significado? Pregúntales a tus padres o a tus abuelos si ellos conocen unos.

Ahora les voy a contar...

1 ## Mira lo que apareció.

Hola, papá.

Buenas tardes, hijas.

¿Cómo les fue en casa de abuelita?

Muy bien papá. Estuvimos todo el día allí. La ayudamos a ordenar la casa y encontramos algunas cosas muy interesantes.

Sí, papá, mira lo que apareció.

¡Pero, caramba!

Abuelita nos dijo que esta jaula era tuya pero no quiso decirnos nada más.

Cuéntanos, papá, ¿para qué era?

Ahora les voy a contar.

2 ¿Tenías un ratón?

Esta jaulita era para mi ratoncito, Miguelín.

¿De veras tenías un ratoncito?

¿Por qué un ratón, papá?

Cuando tenía diez años, un vecino me lo regaló. Estaba en su jardín y no lo quería matar. Yo lo llevé a casa.

¿Y qué dijo la abuela? ¿No se asustó?

Papá y yo le construimos la jaula y yo le puse el nombre de "Miguelín".

Bueno, al principio no sabía qué pensar, pero después se acostumbró.

3 Lo quería mucho.

¿Qué hacías con el ratoncito, papá?

Pues, todos los días le daba de comer y beber.

Y de vez en cuando lo sacaba de la jaula y jugaba con él en el patio.

¿Y lo tocabas?

Claro que sí.

Era muy suave. Yo lo quería mucho y lo cuidaba muy bien.

Cada dos días le limpiaba la jaula y le cambiaba la paja. Me divertía mucho con él.

¿Y qué pasó con Miguelín?

Un día fui a darle de comer a mi ratoncito...

... pero la jaula estaba vacía y la puerta estaba abierta.

Busqué a Miguelín por todos lados pero nunca lo encontré. No sé lo que le pasó.

¡Ay, qué triste, papá! ¿Qué hiciste?

Saben que lloré por varios días. Pero su abuelita me convenció de que para Miguelín era mejor estar libre.

Y en efecto, tenía razón. Todo salió bien.

¿Cómo? ¿Qué pasó?

Pues, hubo un concurso literario y escribí un cuento sobre Miguelín. ¿Y saben qué pasó?

Explícanos, papá.

Dinos.

¿Qué pasó?

Gané un premio. Y con el dinero del premio me compré un perrito.

✚ *Verifiquemos e interpretemos*

A. A ordenar los hechos. Según la historia de Miguelín, ¿en qué orden ocurrieron estas escenas?

1. Buscó a Miguelín por todas partes.
2. Su papá y él le construyeron una jaula.
3. Escribió un cuento y ganó un premio.
4. Un vecino le regaló un ratoncito al papá de Meche y Diana.
5. Todos los días le daba de comer y de beber.
6. Compró un perrito.
7. Le dio el nombre de Miguelín.
8. No encontró al ratoncito y lloró mucho.
9. Llevó el ratoncito a casa.
10. Un día vio que la jaula estaba vacía.

B. Reflexiona y relaciona. Contesta estas preguntas para ver si entendiste el episodio de la fotonovela y para ver qué tienes en común con el padre de las chicas.

1. ¿Para qué era la jaulita del papá? ¿Quiénes la construyeron? ¿Has construido una jaulita alguna vez? ¿Para qué? ¿La hiciste tú solo(a) o te ayudó alguien?
2. ¿Qué hacía el padre con su ratoncito? ¿Lo sacaba a veces de la jaula? ¿Sacabas tú a veces tu mascota de su jaula? ¿La tocabas? ¿Tenías que limpiarle la jaula? ¿Con qué frecuencia?
3. ¿Qué pasó con Miguelín? ¿Sabe el padre qué le pasó al ratoncito? ¿Cómo reaccionó el padre? ¿Perdiste tú alguna vez tu mascota? ¿La volviste a encontrar? ¿Cómo reaccionaste?
4. ¿Por qué dice el padre que al final todo salió bien? ¿Cómo consiguió el padre dinero para comprarse un perrito? ¿Has ganado tú alguna vez algún concurso? Si así es, ¿qué ganaste? ¿Recibiste dinero? ¿Qué hiciste con el dinero?

C. Predicción. El padre de las chicas dijo que escribió un cuento sobre Miguelín y ganó un concurso. ¿Qué tipo de cuento crees que escribió? Escribe tú un cuento de Miguelín con uno o dos compañeros de clase. Usen su imaginación para ver si pueden salir con un cuento mejor que el que escribió el padre de las chicas.

Éste es el cuento de Miguelín que escribió el padre de Meche y Diana.

MIGUELÍN

Miguelín era un ratoncito muy aventurero. Vivía en una jaula muy cómoda y estaba bastante contento. Pero quería conocer el mundo. Un día, el muchacho que lo cuidaba no cerró bien la puerta. Entonces, Miguelín sacó el hocico y miró a su alrededor. No vio a nadie y decidió salir. Se fue a la calle donde encontró a un ratón anciano y muy sabio.

—Perdone, señor. Tengo ganas de conocer el mundo. ¿Adónde debo ir? —preguntó Miguelín.

—Pues, mira, chico. Aquí estás muy bien. La vida es tranquila y segura. Pero si insistes en conocer el mundo, no hay como Caracas. Súbete a ese carro y puedes llegar fácilmente.

Así fue como Miguelín llegó a la gran ciudad de Caracas. Quedó asombrado. Había gente por todas partes y edificios enormes. Tenía mucho cuidado porque había muchísimo tráfico. Pero también había muchos cafés al aire libre donde encontraba migajas debajo de las mesas.

Durante varios días, Miguelín caminaba y caminaba. Lo miraba todo y se divertía mucho. Pero luego, empezó a extrañar su vida en el campo. En la ciudad había pocos árboles y aunque la comida era muy rica le causaba dolores de estómago. Y lo peor de todo eran los gatos feroces que querían atraparlo. Un día cuando Miguelín buscaba comida, unos gatos lo atacaron. Como él no tenía casa donde esconderse, tuvo que correr y correr hasta encontrar un lugar seguro. Decidió que ya no le gustaba la ciudad y empezó a sentirse muy triste y desesperado. Quería regresar a su casa.

En ese momento, Miguelín oyó una voz. Era una ratoncita que lloraba. Miguelín la buscó y por fin la encontró detrás de un árbol. Se le acercó y le preguntó:

—¿Por qué lloras? ¿Te puedo ayudar?

—¿Quién eres tú?

—Yo soy Miguelín. ¿Y tú?

—Me llamo Minerva y estoy muy triste aquí en la ciudad. Quiero regresar al campo donde estaba muy contenta y llevaba una vida muy tranquila en mi casa.

—¿Tú también? Yo vine a la ciudad hace poco y también quiero regresar. ¿Vamos juntos?

—¡Oh, sí! —dijo la ratoncita.

Y así fue. Miguelín y Minerva regresaron al campo donde encontraron una buena casa y criaron una familia de bellos ratoncitos. Y vivieron muy felices.

✚ Verifiquemos e interpretemos

A. Detalles importantes.   Según el cuento de Miguelín, indica si estas oraciones son ciertas o falsas. Si son falsas, corrígelas.

1. Miguelín estaba muy triste cuando vivía en una jaula.
2. Miguelín salió para conocer el mundo.
3. A Miguelín le gustaba la comida de Caracas.
4. Miguelín empezó a extrañar los árboles del campo.
5. Miguelín y unos gatos se hicieron buenos amigos.
6. Miguelín conoció a una ratoncita en Caracas.
7. Minerva también era del campo.
8. A Minerva le gustaba la vida de la ciudad.
9. Minerva y Miguelín decidieron vivir en Caracas.
10. Miguelín y Minerva tuvieron una familia.

B. Comparación.   En una hoja de papel duplica este diagrama y úsalo para comparar a Miguelín antes de escapar y después de escapar. En los dos cuadros escribe palabras que describan cómo se sentía el ratoncito en casa y en la ciudad. Luego, en las líneas debajo de los cuadros escribe citas del cuento que apoyen lo que has escrito en el cuadro. La primera línea en cada cuadro ya esta hecha.

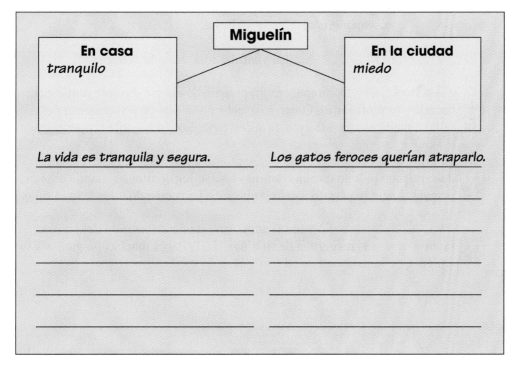

En casa
tranquilo

Miguelín

En la ciudad
miedo

La vida es tranquila y segura.

Los gatos feroces querían atraparlo.

A. Los fines de semana. Cuando Julio era joven, él y su papá hacían varias cosas juntos durante los fines de semana. Usen los horarios que su profesor(a) les va a dar para identificar las cinco cosas que ellos hacían juntos. No se permite mirar el horario de su compañero(a) hasta terminar esta actividad.

EJEMPLO **Todos los sábados a las seis y media de la tarde el papá de Julio cenaba en casa. ¿Qué hacía Julio?**

B. Antes y ahora. Escribe siete u ocho actividades que siempre hacías cuando eras estudiante en la escuela primaria y compáralas con lo que haces ahora. Luego pregúntale a tu compañero(a) si hacía las mismas actividades que tú. Informen a la clase de todo lo que hacían en común.

EJEMPLO *Tú escribes:* **Antes visitaba a mi abuelita todos los días después de las clases. Ahora sólo la visito durante el fin de semana.**

Tú preguntas: **¿Con qué frecuencia visitabas a tu abuelita cuando eras niño(a)?**

Compañero(a): **No la visitaba.**

o

La visitaba una vez a la semana.

C. ¿Sí o no? Con tu compañero(a), prepara de ocho a diez preguntas para hacerle a tu profesor(a). Quieres descubrir qué tipo de estudiante era él (ella) cuando asistía a la escuela secundaria. Luego háganle las preguntas.

D. Lo pasábamos muy bien. Con un(a) compañero(a) escribe un párrafo describiendo todo lo que sus familias hacían los domingos cuando eran más jóvenes. Léele tu párrafo a otro grupo y escucha cuando ellos lean el suyo.

E. ¡Era mi favorito! Tú y un(a) amigo(a) están conversando del juguete favorito que más recuerdan de su niñez. Tú le haces muchas preguntas a tu amigo(a). Dramaticen esta conversación.

✚ Prepárate para leer

A. Actitudes hacia los incapacitados. ¿Cuál es tu actitud hacia los incapacitados, o sea personas con desafíos físicos? Para saberlo, contesta estas preguntas.

1. ¿Cómo reaccionas cuando ves a una persona incapacitada? ¿Te quedas mirándola para estudiar su incapacidad? ¿La ignoras totalmente para no tener que tratar con su invalidez? ¿La tratas como a cualquier otra persona? ¿Te ofreces a ayudarla con cualquier cosa?
2. ¿Cómo tratan los niños a los incapacitados?, ¿con cariño y cortesía?, ¿con miedo?, ¿con falta de respeto?
3. ¿Conoces a alguna persona incapacitada? ¿Cuál es su invalidez? ¿Sabes qué le causó el problema? Si así es, cuéntale a la clase.

B. Vocabulario en contexto. Lee estas oraciones. Las palabras en **negrilla** aparecen en la lectura. Discute su significado con un(a) compañero(a) de clase.

1. Don Ricardo era **manco.** Perdió la mano izquierda cuando era joven.
2. Los señores subieron a la **embarcación.** No era muy grande la canoa, pero fácilmente soportaba a dos adultos.
3. Eran expertos **bogas.** Conducían la canoa sin ninguna dificultad.
4. Con gran **pericia** navegaban el río. Eran verdaderos expertos.
5. Cuando se hierve, el agua produce **burbujas.**
6. Los movimientos de la luna afectan el mar y producen **oleajes** de varios tamaños.
7. Jaime es buen **buceador.** Puede detener la respiración debajo del agua más que todos nosotros.
8. El león apretó las **mandíbulas** y con los dientes arrancó un gran pedazo de carne.

TITO Y EL CAIMÁN

Tito era manco de la mano derecha. Sin embargo era el más travieso del pueblo. Un gran pendenciero*; con el muñón[1] golpeaba a todo el mundo. Nunca estaba quieto.

¡Manco! ¡Manco! —le decían sus camaradas de la escuela en son de insulto, de burla, hasta que una tarde el maestro les relató en el patio la acción en que Tito perdió la mano.

Tito y Vero fueron a arponear[2] paiche, ese pez gigante de los ríos y lagos de la Amazonia. Iban por el río en una pequeña canoa: Tito en la proa y Vero en la popa. Con los remos impulsaban la embarcación río abajo, pasando con velocidad de flecha en los sectores correntosos.

Debían pescar en un lago de selva adentro, donde había mucho paiche. Cuando llegaron al brazo de agua que une el caudaloso* río con el lago, empujaron con todas sus fuerzas la canoa en esa dirección, entrando en él como por un canal; este canal era tan estrecho que las ramas de los árboles chicoteaban* la canoa, amenazando voltearla, igual que los troncos oscuros que, cual lomos de enormes serpientes, sobresalían del agua.

---

pendenciero *peleador*   **caudaloso** *vasto, profundo*   **chicoteaban** *daban latigazos*

CONOZCAMOS AL AUTOR

Francisco Izquierdo Ríos (1910–1981) nació en Saposoa, Perú. Se dedicó a la enseñanza como maestro rural y en el aula desarrolló una gran afición hacia la literatura infantil peruana. Con frecuencia les dedicó sus libros a los niños. Los temas de sus cuentos y novelas siempre tienen que ver con la selva. Sus personajes principales con frecuencia son niños, como es el caso en este cuento. Entre sus obras más conocidas están las novelas *Gregorillo* y *Días oscuros,* y el volumen de cuentos *En la tierra de los árboles.*

Tito y Vero eran expertos bogas. Con gran pericia sorteaban los peligros. De pronto un inmenso claro, lleno de luz, hirió sus ojos: era el lago que, bañado por el alegre sol mañanero, semejaba un descomunal espejo dentro del bosque. Una vez en el lago, los muchachos se aprestaron* a pescar: Tito debía arponear y Vero manejar la canoa con el remo.

La canoa se deslizaba suavemente por el lago al esfuerzo de Vero, mientras que Tito, arrodillado, con el arpón en la mano y al ras del agua iba atento para prenderlo en el lomo del paiche que se presentara. Pero, inesperadamente un caimán sacó a Tito de la canoa, mordiéndole el brazo, y lo hundió en el lago. Vero se quedó de pie, con el remo en la mano, en inútil ademán* de defensa. Junto a la embarcación se producían burbujas y cierto oleaje: señales de que Tito estaba luchando con el caimán en fondo del lago, por lo que Vero no se separó de allí: su amigo podía aún flotar vivo o muerto.

aprestaron *prepararon*
ademán *gesto, movimiento*

En efecto, Tito estaba luchando con el hambriento saurio* dentro del agua. Como buen buceador que es, contenía la respiración, frustrando la intención del caimán de ahogarlo para conducirlo luego a comérselo en la orilla. De repente Tito se acordó de lo que había oído decir en el pueblo: que el caimán suelta al hombre, si éste logra trizarle[3] los ojos con los dedos. Le hundió los dedos en los ojos. El saurio, con el dolor, apretó las mandíbulas y le destrozó el brazo al muchacho. Tito salió a la superficie chorreando sangre, débil. Fue recogido en el acto por Vero.

El caimán enfurecido y casi ciego, persiguió a los fugitivos. Vero hizo milagros de resistencia: remó, remó en dirección del río, salvando su vida y la de su amigo.

"¡Ése es Tito!", terminó su relato el maestro, señalando al muchacho que sonreía satisfecho.

saurio *reptil*

✚ Analicemos y discutamos

A. Análisis literario: Voz narrativa.   En "La casa en Mango Street" la voz narrativa es uno de los personajes del cuento mismo. ¿Es la voz narrativa de este cuento la voz de uno de los personajes? ¿Cómo lo sabes? En tu opinión, ¿quién narra este cuento? ¿Por qué crees eso?

B. Análisis del desarrollo de los personajes.   Es interesante observar cómo el autor desarrolla a sus personajes en este cuento. Completa este cuadro al revisar el desarrollo de los personajes en "Tito y el caimán".

	Vero	Tito
edad		
condición social		
condición económica		
personalidad		
habilidades		

1. ¿Cuál de los dos jóvenes es el personaje principal o tienen los dos la misma importancia en el cuento? Justifica tu respuesta.
2. ¿Es positiva o negativa la caracterización del personaje principal? Da ejemplos del cuento.

C. Discusión.   Contesta las siguientes preguntas.

1. ¿Por qué decidió el maestro relatarles a los niños lo que le había pasado a Tito? ¿Es parecido o diferente el comportamiento de los niños de hoy al que tuvieron los niños del cuento? Explica tu respuesta.
2. ¿Por qué salieron al río Tito y Vero ese día? ¿Qué iban a hacer? ¿Por qué iban solos y no con un adulto?
3. ¿Era normal que salieran solos en un río tan peligroso? ¿Qué evidencia hay en el cuento que los dos jóvenes eran expertos bogas? ¿Cuántas citas del cuento puedes encontrar que prueben esto?
4. Además de picarle los ojos al caimán, ¿qué impidió que Tito se ahogara?
5. En tu opinión, ¿quién es el verdadero héroe: Vero, que recogió al herido Tito y salvó su vida, o Tito, que luchó con el caimán bajo el agua hasta que se liberó? Explica tu respuesta.
6. ¿Cómo crees que reaccionó Tito al oír al maestro relatar su cuento? ¿Te has visto en una situación similar alguna vez? Si así es, cuéntasela a la clase.

LENGUA EN USO

Variantes coloquiales:
Nombres de animales, frutas y legumbres

Indígenas: azteca, inca y taíno

En el mundo de habla hispana existe una gran variedad de términos para muchas especies de animales, frutas y legumbres. Dado el gran territorio que abarca México, Centroamérica y Sudamérica es inevitable que haya grandes diferencias en los nombres de muchas cosas. Esto en particular, si consideramos que al llegar la lengua española a las Américas, pronto se vio en contacto con una variedad de culturas y lenguas indígenas. Tal vez las lenguas indígenas que más influencia tuvieron fueron el náhuatl de los aztecas, el taíno de los taínos del Caribe y el quechua de los incas. Pero también influyeron los dialectos de estas lenguas y otros más que todavía se hallan en distintas regiones.

La razón por la cual ha habido tanta influencia en los nombres de los animales, frutas y legumbres es que al llegar al Nuevo Mundo los españoles encontraron muchas especies de animales y plantas que no se conocían en Europa. No teniendo otro nombre, los exploradores españoles simplemente adoptaron los nombres indígenas, como **tomate, chocolate, maíz, jaguar, colibrí, caimán,...** Pero aun en casos donde ya existía la palabra en la lengua española, las palabras indígenas también fueron aceptadas, como **ejote, zopilote, tecolote.** En otros casos, la palabra indígena sigue usándose en la lengua española de las Américas mientras una versión de la misma palabra se usa en España: **papa / patata, cacahuate / cacahuete,...**

El chocolate viene del árbol de cacao, que se cree es originario de Sudamérica. La palabra chocolate deriva de las palabras aztecas xococ *(amargo)* y atl *(agua).*

Verifiquemos

A. Animales. Selecciona el otro nombre que le corresponde a cada animal.

cocodrilo   zorrillo   serpiente

tecolote   jaguar   ciervo

1. búho   3. caimán   5. víbora
2. tigre   4. venado   6. mofeta

B. Frutas y legumbres. Selecciona el otro nombre que le corresponde a cada fruta, verdura o legumbre que aparece en las ilustraciones.

naranjas   durazno   banana

aguacate   ananá   cacahuate

1. plátano   3. melocotón   5. maní
2. chinas   4. piña   6. palta

C. Las frutas. Llena los espacios en blanco con las palabras correspondientes.

frutilla   chinas   chabacano   aguacate   piña   durazno

1. En Puerto Rico a las naranjas les llaman ___.
2. En Argentina se conoce como ananás pero en México y Centroamérica como ___.
3. En México y Centroamérica le dicen fresa y en el cono sur se conoce como ___.
4. En España se dice damasco pero en México se conoce como ___.
5. En Uruguay se llama palta pero en Guatemala es ___.
6. En Sudamérica le dicen melocotón pero en Centroamérica y México se conoce como ___.

3

TÚ Y LA HISTORIA

TRAYECTORIA CRONOLÓGICA

800 a.C.–1200 d.C.	1400	1500	1600	1700

DEL MUNDO

753 a.C.
Fundación
de Roma

1492
Cristóbal
Colón llega
a las Antillas

1620
El *Mayflower*
llega a Nueva
Inglaterra

1775
Empieza la
Revolución
Americana

DE PERÚ

1200
Fundación
de la dinastía
de los incas

1438–1532
Extensión del
Imperio de
los Incas

1531
Llegada de
los españoles

1535
Fundación
de Lima

1780–1781
Rebelión de los
mestizos y los
indígenas bajo
Túpac Amaru II

Caracas

Lima

Buenos Aires

1800 **1900** **2000**

1861
Presidencia
de Lincoln.
Empieza
la Guerra
Civil de EE.UU.

1969
El hombre
pisa la
Luna

1989
Caída
del Muro
de Berlin

1998
El papa
Juan
Pablo II
visita Cuba

2000
Vicente Fox es
elegido presidente
de México después
de 71 años de
gobierno opositor

2002
El euro
reemplaza
la moneda
de 11 países
europeos

1821
Independencia
de Perú, dirigida
por José de
San Martín

1962
Mario Vargas
Llosa publica
su 1ra novela

1982–1992
Pérez de Cuéllar
es designado
Secretario General
de la Organización
de Naciones Unidas

1997
El fenómeno
climático
El Niño causa
una sequía
severa en Perú

2000
Alberto Fujimori gana
nuevas elecciones. Hay
controversias que no le
permiten asumir el poder.

¿Qué piensas tú?

1. Con un(a) compañero(a), estudia la trayectoria cronológica de Perú y prepara una narración breve sobre la historia de Perú.

2. Ahora con tu compañero(a), estudia la trayectoria cronológica del mundo entero y prepara una breve narración de lo que pasaba en el resto del mundo durante los momentos históricos que mencionaste en tu narración.

3. Compara las tres ciudades de las fotos. ¿Cuáles son algunas semejanzas? ¿Algunas diferencias?

4. Localiza las tres ciudades en un mapa y explica por qué crees que estas tres ciudades sudamericanas importantes se fundaron en ese lugar. En tu opinión, ¿por qué llegaron a ser ciudades de gran importancia en sus países?

5. ¿Cuáles son las ciudades principales de tu estado? ¿Puedes contar algo sobre la historia de tu ciudad o sobre la capital de tu estado? ¿Cuándo y cómo se fundaron? ¿Por qué se fundaron allí?

6. ¿De qué crees que vamos a hablar en esta lección?

CUENTOS Y LEYENDAS
LECTURA DE LA TRADICIÓN ORAL

✛ Prepárate para leer

El pedir la mano.   En la sociedad hispana, como en cualquier sociedad, hay ciertas tradiciones relacionadas al ciclo de noviazgo y matrimonio. Contesta las preguntas a continuación para ver cuánto sabes de la tradición de "pedir la mano".

1. ¿Conoces la tradición de pedir la mano? Si la conoces, explícasela a la clase.
2. ¿Tienes hermanos casados? ¿Sabes si ellos siguieron esta tradición antes de casarse? Si no sabes, pregúntales o pregúntales a tus padres.
3. ¿Crees que es una buena tradición o crees que los hijos no necesitan permiso de los padres para casarse? ¿Por qué crees eso?
4. ¿Qué pasa si los padres de la novia o del novio se rehúsan a dar permiso que sus hijos se casen? ¿Deben los hijos obedecer a sus padres y no casarse? ¿Conoces a alguien o sabes de algún caso donde esto ocurrió? Si así es, describe la situación.

Tan enamorados estaban que no les importaba nada más.

La camisa de Margarita Pareja

En las calles de Lima, no es raro oír a los viejos criticar un precio alto con la expresión: "¡Es más caro que la camisa de Margarita Pareja!" Esta leyenda, que nos viene de la Ciudad de los Reyes en Perú, explica su origen.

Margarita Pareja era una hija muy mimada por sus padres, pero era también bella y modesta. Todos los jóvenes, hasta los más ricos y nobles, se enamoraban de ella.

Vivía en Lima en esos tiempos, un don Honorato, el hombre más rico, más avaro y más orgulloso de toda la ciudad.

Don Honorato tenía un sobrino que se llamaba Luis Alcázar. Este joven esperaba heredar toda la fortuna de su tío, pero en los tiempos de que hablamos, Luis Alcázar vivía más pobre que una rata.

Cuando en una procesión por la ciudad, Luis vio a la linda, la hermosa Margarita, se enamoró de ella al instante; a ella le pasó lo mismo. Tan enamorados estaban que no les importaba nada más. Ni la pobreza en la cual vivía Luis tenía importancia para los dos enamorados.

Luis le pidió al padre de Margarita la mano de su hija. Pero el padre se puso furioso. No quería tener como yerno a tal pobretón.

El tío de Luis— tan orgulloso como era—se puso aun más furioso. "Este don Raimundo insultó a mi sobrino, ¡el mejor joven de toda la ciudad de Lima!"

Y la hermosa Margarita también se puso furiosa. Se arrancó el pelo . . . y dijo que ya no quería ni comer ni beber absolutamente nada. Con el pasar de los días, la hermosa Margarita se ponía más y más pálida y flaca. ¡Parecía que iba a morir!

El padre de la joven consultó a médicos y a curanderos, pero todos le dijeron que no había remedio para un corazón destrozado. Pero tanto amaba don Raimundo a su hija, que por fin decidió aprobar la boda de Luis y la hermosa Margarita.

Antes de consentir de su parte, don Honorato, el tío de Luis, insistió en una condición: don Raimundo tenía que prometer que ni ahora ni nunca le daría ni dote ni dinero a su hija. Margarita tendría que ir a casa de su marido con sólo la ropa que llevaba puesta y nada más.

Don Raimundo no estaba del todo contento con esta condición. Pidió, por lo menos, poder regalar a su hija una camisa de novia.

Don Honorato consintió y don Raimundo así tuvo que jurar: "Juro no dar a mi hija más que la camisa de novia".

Al día siguiente tuvo lugar la boda. La hermosa Margarita llevaba su camisa nueva y su padre cumplió su juramento. Ni en vida ni en muerte dio a su hija nada más.

Pero, ¡Dios mío! ¡Qué camisa! La bordadura que adornaba la camisa era de puro oro y plata. Y el cordón que ajustaba el cuello era una cadena de brillantes que valía una fortuna.

Y por eso es que todavía ahora, cuando se habla de algo caro, dicen los viejitos de Lima: "¡Es más caro que la camisa de Margarita Pareja!"

✚ *Verifiquemos e interpretemos*

A. Orden cronológico. Pon en orden cronológico el cuento de "La camisa de Margarita Pareja".

1. Margarita rehusó comer y se puso muy enferma.
2. Don Honorato era el hombre más rico y más avaro de toda la ciudad.
3. El padre de Margarita le dio una camisa que valía una fortuna.
4. Luis pidió permiso para casarse con Margarita.
5. Margarita Pareja era una joven muy hermosa y modesta.
6. El padre de Margarita juró no dar a su hija más que una camisa de novia.
7. Cuando Luis vio a la hermosa Margarita por primera vez, se enamoró.
8. El padre de Margarita decidió aprobar la boda de Luis y Margarita.
9. Por eso, los viejitos de Lima dicen que algo es más caro que la camisa de Margarita Pareja.
10. Luis Alcázar era el sobrino de don Honorato.
11. Don Honorato dijo que el padre de Margarita insultó a su sobrino.
12. Don Honorato insistió en que Margarita tendría que casarse con sólo la ropa que llevaba puesta y nada más.
13. El padre de Margarita no le dio permiso a Luis para casarse con su hija.

B. Problemas, consejos y soluciones. En una hoja de papel duplica este cuadro y úsalo para describir los problemas que tuvieron Margarita Pareja y Luis Alcázar y las soluciones que resultaron en el cuento.

	Descripción del problema	Solución
problema con don Raimundo		
problema con don Honorato		
problema con la pobreza		

C. Desde tu punto de vista. Contesta las siguientes preguntas.

1. ¿Cuál es la moraleja de este cuento?
2. ¿Qué opinas de don Raimundo? ¿Crees que él de veras amaba a su hija cuando decidió no permitirle casarse con Luis? Explica.
3. ¿Qué opinas de don Honorato? ¿Era de veras un hombre avaro? ¿Por qué crees eso?
4. ¿Tuvieron que vivir Margarita Pareja y Luis Alcázar en la pobreza el resto de su vida? ¿Por qué?
5. ¿Por qué todavía se dice en Lima que algo "es más caro que la camisa de Margarita Pareja"?

CONVERSEMOS UN RATO

A. La vida de... Con un(a) compañero(a), crea y escribe una descripción de una semana típica el año pasado en la vida de uno de tus personajes favoritos. Puedes escoger a un personaje histórico, una estrella de cine, un personaje original. Si quieres, incluye dibujos del personaje.

EJEMPLO **Hace un año Gloria Estefan se levantaba temprano todos los días y nadaba en la piscina antes de desayunar. Después, iba al trabajo donde estaba grabando una nueva canción. Por la tarde, siempre...**

Cristina Saralegui

Gloria Estefan

Pablo Picasso

Don Quijote y Sancho Panza

Pedro Martínez

B. En agosto viajaba por...   ¿Cómo pasaban el verano cuando eran niños tus compañeros de clase? Usa la cuadrícula que tu profesor(a) te va a dar para entrevistarlos. Pregúntales si de costumbre hacían estas actividades en el verano. Pídeles a las personas que contesten afirmativamente que firmen el cuadrado apropiado. Recuerda que no se permite que una persona firme más de un cuadrado.

MODELO   *Tú:* **¿Ibas a visitar a tus abuelos?**

C. La familia Elgorriaga.   Los fines de semana siempre eran muy interesantes en casa de la familia Elgorriaga. Tu profesor(a) te va a dar un dibujo de las actividades de la familia Elgorriaga pero no aparecen los nombres de todos los miembros de la familia. Dile a tu compañero(a) qué hacían las personas y los animales indicados en tu dibujo y pídele que te diga lo que hacían las personas en su dibujo. Escribe los nombres que faltan en tu dibujo en el blanco apropiado. No se permite ver el dibujo de tu compañero hasta terminar la actividad.

D. ¿Era muy diferente?   ¿Cómo era la vida social de tu profesor(a) cuando era un(a) joven de quince o dieciséis años? ¿Era similar o muy diferente de tu vida ahora? Con tu compañero(a), prepara por escrito una lista de ocho a diez preguntas para hacerle a tu profesor(a).

E. ¡Era ideal!   Imagínate que antes de venir a este colegio tú vivías en un lugar ideal donde la escuela y la vida eran muy diferentes. Tú le estás explicando a tu compañero(a) cómo era tu vida antes de venir acá. Claro, tu compañero(a) quiere hacerte muchas preguntas. Dramaticen la conversación.

TÚ Y EL MUNDO HISPANO

LECTURA PERIODÍSTICA

ESTRATEGIAS PARA LEER
Hacer un resumen

INTERNET
Enlaces con el tema
www.mcdougallittell.com

Sumarios. Generalmente cuando leemos lecturas informativas, tratamos de recordar lo que leímos. Los resúmenes nos ayudan a hacer esto.

La forma más fácil de hacer un sumario es empezar por tomar buenos apuntes al leer. Luego, hay que escribir una oración que resuma la lectura entera y una oración que resuma cada párrafo de la lectura.

Para hacer un resumen de la lectura *Los enigmáticos diseños del Valle de Nasca*, el lector probablemente empezó por sacar estos apuntes muy generales:

Tema	Comienzo	Desarrollo	Conclusiones
diseños nascas	enormes diseños geométricos y de animales	descubiertos por Kroeber y Mejía en 1926 y estudiados por Reiche en los años 1940	creados por una gran civilización precolombina

Luego el lector escribió el siguiente sumario en una oración:

Los diseños nascas, enormes dibujos geométricos y de animales, fueron descubiertos en 1926 por Alfred Kroeber y Toribio Mejía y estudiados en 1940 por María Reiche. Fueron creados por una de las más grandes civilizaciones precolombinas.

Ahora para preparar un sumario, empieza por leer el artículo una vez sin parar para tener una idea general del contenido. Luego, prepara un cuadro de cuatro columnas como el anterior. Completa el cuadro al leer cada párrafo detenidamente, haciéndote estas preguntas cada vez:
(1) ¿De qué se trata el párrafo? (2) ¿Cómo comienza?
(3) ¿Cómo se desarrolla? (4) ¿Cómo termina?

Usa la información en tu cuadro para escribir un sumario de una oración para cada uno de los seis párrafos de la lectura. Luego, compara tus sumarios con los de dos o tres compañeros. Revísalos si encuentras que no incluiste alguna información importante o si incluiste información insignificante.

Machu Picchu
Cuzco
Nasca
PERÚ

LECCIÓN 3

doscientos noventa y siete **297**

LOS ENIGMÁTICOS DISEÑOS DEL VALLE DE NASCA

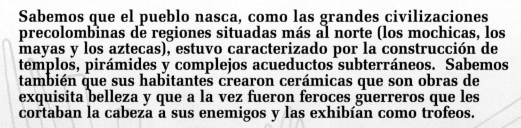

La figura de este mono es de dimensiones tan grandes como las de un terreno de fútbol.

Sabemos que el pueblo nasca, como las grandes civilizaciones precolombinas de regiones situadas más al norte (los mochicas, los mayas y los aztecas), estuvo caracterizado por la construcción de templos, pirámides y complejos acueductos subterráneos. Sabemos también que sus habitantes crearon cerámicas que son obras de exquisita belleza y que a la vez fueron feroces guerreros que les cortaban la cabeza a sus enemigos y las exhibían como trofeos.

Pero no es por eso que recordamos la cultura nasca. No. Es por los fabulosos diseños trazados en las rocas y arenas del desierto . . . enormes triángulos, trapecios y espirales que cubren incontables hectáreas de una tierra tan árida como la de un paisaje lunar . . . animales estilizados de tamaños tan inmensos que sólo pueden ser contemplados desde un avión.

¿Cuándo se descubrieron las líneas de Nasca? Sabemos que en 1926, dos prestigiosos arqueólogos —el norteamericano Alfred Kroeber y el peruano Toribio Mejía— observaron algunas líneas en el desierto peruano pero pensaron que eran intentos prehistóricos de irrigación. Luego, durante la década de los años treinta, unos pilotos comenzaron a observar en sus vuelos que las líneas formaban figuras. Pero no fue hasta los años cuarenta que el mundo comenzó a tomar conciencia de estos dibujos, gracias en parte a los esfuerzos de María Reiche, una maestra escolar de matemáticas, de origen alemán. Tanto se interesó María Reiche en estas figuras que dedicó el resto de su vida a estudiarlas.

¿Dónde vivieron los nascas? ¿En el desierto? El descubrimiento en la región sudeste de Perú de una ciudad perdida de 2,000 años de antigüedad está arrojando una nueva luz sobre los famosos dibujos del desierto peruano. "Indudablemente ésta fue una gran civilización . . . En muchos aspectos, los nascas fueron verdaderos genios", dice la arqueóloga Helaine I. Silverman (de la Universidad de Illinois, en Estados Unidos), quien descubrió los restos de lo que ella considera "el mayor núcleo de población de la cultura nasca".

Ahora sabemos que el trazado de los diseños nascas no dependió de un alto nivel de habilidades tecnológicas. Niños de las escuelas peruanas han duplicado algunas de las mayores figuras geométricas, utilizando estacas, cuerdas y montañas de rocas. Una explicación para las elaboradas figuras de animales es que ellas fueron ampliadas a base de los diseños familiares encontrados en los tejidos, utilizando para ello el mismo sistema de rejillas.

La arqueóloga Silverman no tiene duda de que "las figuras fueron elaboradas para rendir culto a los dioses . . . básicamente pienso que todo el mundo nasca se entregaba con dedicación al trazado de estas líneas y figuras que hoy tanto admiramos".

Esta ave mide más de 200 metros de largo. ¿Sabes cuántos pies hay en 200 metros?

¿Son las figuras nascas diseños de tejidos familiares ampliados?

Los nascas crearon cerámicas de exquisita belleza.

INTERNET
Enlaces/actividades
www.mcdougallittell.com

Verifiquemos

Estudia el esquema que sigue sobre el pueblo nasca. Luego prepara un esquema similar sobre cada uno de los siguientes temas.

I.   El pueblo nasca
II.   Las líneas nascas
III.   Descubrimiento de las líneas de Nasca
IV.   El trazado de los diseños nascas

I. El pueblo nasca
  A. Vivieron hace 2000 años
  B. Fue una gran civilización
    1. Templos
    2. Pirámides
    3. Acueductos subterráneos
  C. Practicaron diferentes profesiones
    1. Artistas
      a. Cerámica de exquisita belleza
      b. Dibujos de nasca
    2. Guerreros
      a. Feroces
      b. Les cortaban la cabeza a enemigos
      c. Exhibían cabezas como trofeos

Y AHORA, ¡A ESCRIBIR!

ESTRATEGIAS PARA ESCRIBIR
Decidir en un punto de vista

A. Empezar.   Un buen escritor siempre piensa cuidadosamente antes de decidir en el punto de vista que va a representar. Por ejemplo, en un artículo sobre un partido de fútbol, ¿crees que el equipo que ganó va a describir el partido de una manera diferente de la del equipo que perdió? ¡Claro que sí! Cada equipo va a describirlo de su propio punto de vista.

Ahora repasa todos los cuentos y leyendas que has escuchado y leído en *Tu mundo*. Piensa en los personajes indicados aquí y escribe una oración sobre lo que tú crees que cada personaje opina de lo ocurrido en el cuento. Los comentarios de "Tres consejos" ya están escritos.

Cuento / Leyenda	Personaje 1	Personaje 2
1.3 Tres consejos	Esposo: Los consejos del anciano me guían en los años que llevo buscando una vida mejor para mi familia.	Esposa: Crío a mi hijo siempre con la esperanza de que algún día regresará su papá.
2.3 El león y las pulgas	El león	El líder de las pulgas
3.3 El Sombrerón	El Sombrerón	Celina
4.3 La camisa de Margarita Pareja	Margarita Pareja	El padre de Margarita Pareja

B. Planear.   Ahora tú vas a escribir uno de los cuentos mencionados en la actividad **A** desde el punto de vista de uno de los personajes. Al empezar a planear tu cuento, selecciona uno de los cuentos y el personaje que tú vas a representar. Luego en dos columnas, prepara una lista de todos los eventos principales en tu cuento y cómo ve esos eventos tu personaje.

Cuento: _____

Personaje: _____

Eventos:	Punto de vista de mi personaje:

C. Primer borrador.   Ahora, usa la información de las listas que preparaste en la actividad **B** para escribir el primer borrador de tu cuento. No olvides que estás relatando el cuento desde el punto de vista de un personaje particular.

D. Compartir.   Comparte el primer borrador de tu cuento con dos compañeros de clase. Pídeles sugerencias. Pregúntales si es lógico tu cuento, si hay algo que no entienden, si hay algo que puedes o debes eliminar. Dales la misma información sobre sus cuentos cuando ellos te pidan sugerencias.

E. Revisar.   Haz cambios en tu cuento a base de las sugerencias de tus compañeros. Luego, antes de entregar el cuento, compártelo una vez más con dos compañeros de clase. Esta vez pídeles que revisen la estructura y la puntuación. En particular, pídeles que revisen el uso de los verbos en el pretérito y el imperfecto.

F. Versión final.   Escribe la versión final de tu cuento incorporando las correcciones que tus compañeros de clase te indicaron. Entrégale una copia en limpio a tu profesor(a).

G. Publicar.   Junten todos los cuentos en un solo volumen titulado *Tu mundo: Otro punto de vista.* Guarden su primer "libro" en la sala de clase para leer cuando tengan un poco de tiempo libre.

NUESTRO IDIOMA POR DENTRO

La gramática que vamos a aprender

¡LO QUE YA SABES!

Bueno, pues aquí no hay pares, señoras y señores. Aquí ahora hay oraciones triples. ¡A ver quién sabe cuál de las tres diríamos!

a. La abuela tenía un tesoro muy vieja.
b. La abuela tenía un tesoro muy viejo.
c. La abuela tenía un tesoro muy viejos.

Hasta con tres saben. ¿Cómo saben? Ah, claro, porque ese conocimiento tácito que tienen del español incluye concordancia de sustantivo y adjetivo. Aquí vamos a hablar mucho más de los adjetivos, y de otras maravillas triples, como estas oraciones triples que ustedes pudieron dominar.

4.1 LOS ADJETIVOS

Para hablar de las cualidades y características de los sustantivos

En las siguientes oraciones que dice la abuelita en la fotonovela, las palabras **favorito** y **especiales** nos describen las cualidades de los sustantivos **juguete** y **cosas.**

> Ese osito era tu juguete **favorito.**
> Aquí pongo mis zarcillos, mis collares y otras cosas **especiales.**

La gramática usa un vocablo especializado para las palabras que describen las cualidades de los sustantivos. Las llama *adjetivos calificativos.*

Para hablar de las cualidades y características del sujeto

En las oraciones de arriba, los adjetivos aparecen al lado del sustantivo al que modifican. Pero hay muchas oraciones en que el adjetivo no está al lado del sustantivo, sino que se usa con verbos como **ser, estar** o **parecer** para describir cualidades o características del sujeto de estos verbos.

Esta **caja** parece muy **vieja.**
Son cosas del pasado, de cuando **ustedes** eran **pequeñas.**
Este **armario** está muy **desorganizado.**

En la primera oración, el sustantivo **caja** es el sujeto de **parece**, y el adjetivo **vieja** nos describe la caja.

En la segunda, el sustantivo personal **ustedes** es el sujeto de **eran**, y el adjetivo **pequeñas** describe a **ustedes.**

Igualmente, en la tercera oración, el sustantivo **armario** es el sujeto de **está**, y el adjetivo **desorganizado** nos describe al armario.

> La gramática usa un vocablo especializado para las palabras que describen las cualidades del sujeto de verbos como **ser, estar, parecer,** etc. Las llama *adjetivos atributivos.*

Adjetivos atributivos

En muchísimos casos, los adjetivos no son palabras distintas de los sustantivos, sino que son simplemente la misma palabra usada para comunicar otra cosa. O, como diría la gramática, la misma palabra desempeñando diferentes *oficios* o *funciones* en la oración.

En las oraciones siguientes, las palabras que arriba vimos usadas como adjetivos, para hablar de cualidades, se usan aquí como sustantivos, para hablar de actores.

Ese osito era tu juguete **favorito.**
El **favorito** de mamá era mi hermanito Oscarín.

Aquí pongo mis zarcillos, mis collares y otras cosas **especiales.**
Esa tienda tiene siempre los mejores **especiales.**

Esa caja es muy **vieja.**
La **vieja** les pidió dinero para enterrar a su nieto.

Son cosas del pasado, de cuando ustedes eran **pequeñas.**
La maestra les dijo a las **pequeñas** que saludaran al director.

Así que ya sabes: La diferencia entre sustantivos y adjetivos no radica en la palabra en sí, sino en cómo se usa. Cuando usamos la palabra para hacer referencia directa a un actor principal o secundario, nombrando a una persona, a un concepto o a una cosa, tenemos un *sustantivo.* Cuando usamos la palabra para referirnos a las cualidades o características del sustantivo, tenemos un *adjetivo.*

4.2 CONCORDANCIA ENTRE SUSTANTIVOS Y ADJETIVOS

Concordancia de género y número

En la Unidad 1, aprendiste que casi todas las palabras que se usan como sustantivos se agrupan en dos grupos o géneros, llamados masculino y femenino.

➤ La gramática insiste en que los adjetivos *concuerden* con el *género* de los sustantivos que modifican.

la caja **vieja**	el juguete **viejo**
la caja **favorita**	el juguete **favorito**
el hombre **alto**	la mujer **alta**
el **nuevo** enfermero	la **nueva** enfermera

➤ La gramática no sólo insiste en que los adjetivos *concuerden* con el *género* de los sustantivos que modifican sino también con el *número*. El adjetivo es singular si el sustantivo es singular, y plural si el sustantivo es plural.

la caja **vieja**	el juguete **viejo**
las cajas **viejas**	los juguetes **viejos**
el hombre **alto**	la mujer **alta**
los hombres **altos**	las mujeres **altas**

Sustantivos y género

Ya aprendiste que con palabras como **el libro, el lápiz, la casa, la mesa**, etc., que se refieren a seres inanimados que no tienen sexo, los términos masculino y femenino no indican que el referente sea hembra o varón. Pero cuando hablamos de seres animados, el sexo de la persona sí determina el género de la palabra.

Las palabras que se refieren a varones son casi siempre de género masculino, y se usan con **el** y **los**.

el hombre	el yerno
el padre	el marido
el enfermero	el primo

Las palabras que se refieren a hembras son casi siempre de género femenino, y se usan con **la** y **las**.

la mujer	la nuera
la madre	la soprano
la enfermera	la tía

➤ La gramática insiste en que los adjetivos calificativos y atributivos *concuerden* en *número y género* con los sustantivos que modifican.

LECCIÓN 1

Adjetivos calificativos	Adjetivos atributivos
la **casa vieja** el **libro negro** el **niño alto** la **enfermera cansada**	La **casa** parece **vieja**. El **libro** es **negro**. El **niño** es **alto**. La **enfermera** está **cansada**.

Casi todos los adjetivos que hemos visto aquí hacen la concordancia de género cambiando la terminación de **-o** a **-a.** Aquí tienes una lista de algunos adjetivos corrientes que cambian la terminación para realizar la concordancia.

aburrido(a)	gordo(a)
alto(a)	guapo(a)
antipático(a)	largo(a)
atlético(a)	malo(a)
bajo(a)	mediano(a)
bonito(a)	moreno(a)
bueno(a)	organizado(a)
castaño(a)	pelirrojo(a)
cómico(a)	pequeño(a)
corto(a)	perezoso(a)
delgado(a)	romántico(a)
desorganizado(a)	rubio(a)
divertido(a)	serio(a)
feo(a)	simpático(a)
flaco(a)	tímido(a)
generoso(a)	tonto(a)

Adjetivos que no cambian de terminación

Hay muchos adjetivos, como **interesante, difícil** y **joven,** que no cambian de terminación, o sea, que no hacen concordancia de género. Estos adjetivos terminan en **-e** o en una consonante, y permanecen igual siempre, no importa que califiquen o atribuyan a sustantivos masculinos o femeninos:

> Era un **libro** muy **interesante.**
> Era una **película** muy **interesante.**

> El **examen** estaba muy **difícil.**
> La **prueba** estaba muy **difícil.**

> Un **hombre joven** entró a la clase y dijo que era el nuevo profesor.
> Una **mujer joven** entró a la clase y dijo que era la nueva profesora.

UNIDAD 4

LECCIÓN 1

Adjetivos de nacionalidad

Los *adjetivos de nacionalidad* (también llamados *gentilicios)* son los que describen la nacionalidad de una persona. Al igual que los demás adjetivos, los adjetivos de nacionalidad concuerdan casi todos con el sustantivo al que modifican o atribuyen, cambiando la terminación de forma normal de -**o** a -**a.**

mexicano–mexicana	italiano–italiana
puertorriqueño–puertorriqueña	griego–griega
cubano–cubana	ruso–rusa
dominicano–dominicana	chino–china
ecuatoriano–ecuatoriana	nigeriano–nigeriana
argentino–argentina	sueco–sueca

Pero hay otros adjetivos de nacionalidad que aunque sí terminan en -**a** en el femenino, sin embargo no terminan en -**o** en el masculino, sino en una consonante.

español–española	irlandés–irlandesa
portugués–portuguesa	alemán–alemana
inglés–inglesa	francés–francesa
escocés–escocesa	japonés–japonesa

Hay un tercer grupo de gentilicios que terminan en -**e, -a** o -**í** que no cambian de terminación según el género, o sea, que no hacen concordancia. Entre ellos está uno muy importante para ti, **estadounidense.**

canadiense	israelita
nicaragüense	marroquí
costarricense	paquistaní

Adjetivos de forma apocopada

Hay unos cuantos adjetivos muy corrientes que tienen una *forma apocopada* cuando aparecen *ante* sustantivos masculinos en singular. ¡Forma apocopada! ¿Qué es eso? Nada más, es una manera más técnica de decir que los adjetivos tienen una forma corta, recortada.

Martín es un **buen** muchacho.	Martín es un muchacho **bueno.**
Meche es una **buena** muchacha.	Meche es una muchacha **buena.**
Es un **mal** libro.	Es un libro **malo.**
Lolita es una **mala** niña.	Lolita es una niña **mala.**

➤ El adjetivo **grande** tiene una forma apocopada no sólo ante singulares masculinos, sino ante cualquier singular.

Fue un **gran** profesor.	Fue una **gran** profesora.

A. ¡Qué diferentes! Julio y Gloria son novios, pero nadie cree que la relación dure mucho, porque no se parecen en nada. Descríbelos, redactando en una hoja de papel la oración apropiada.

MODELO Julio es alto. (Gloria)
Gloria es baja.

1. Julio es rubio. (Gloria)
2. Gloria es interesante. (Julio)
3. Julio es serio. (Gloria)
4. Gloria es organizada. (Julio)
5. Julio es simpático. (Gloria)
6. Julio es tacaño. (Gloria)
7. Gloria es pequeña. (Julio)
8. Gloria es activa. (Julio)

B. ¿Cómo se usa? En las siguientes oraciones hemos destacado algunas palabras en **negrilla**. Cópialas en hoja aparte y al lado de cada una, pon si es adjetivo (**A**), sustantivo (**S**) o verbo (**V**).

1. En la guerra de independencia de Cuba, Céspedes liberó a los esclavos que trabajaban en su **central** azucarero.
2. Dicen mis amigos que la secundaria es más fácil que la **primaria.**
3. Mistral nació en 1889, en el Valle de Elqui, en el norte **central** de Chile.
4. Mistral siempre tuvo una actitud **reformista** ante la realidad de la educación en Latinoamérica.
5. Mistral enseñó en escuelas **primarias.**
6. José Vasconcelos, el famoso **reformista** de la educación mexicana, invitó a Mistral a México.
7. Yo **trabajo** mucho para costearme mi educación.
8. Vasconcelos quería que Mistral colaborara con él en la **reforma** de la educación latinoamericana.
9. Mistral es recordada por su excelente **trabajo** como maestra.
10. Por aquellos años, Vasconcelos se hace Ministro de Educación y **reforma** por completo la educación en su país.

C. En casa de la abuela. Estas frases contienen adjetivos contiguos. Reescríbelas en oraciones que separen el adjetivo del sustantivo. Usa verbos como **ser, estar, parecer.**

MODELO la **caja vacía** de la abuelita
La caja de la abuelita está vacía. o
ese **juguete favorito** de Meche
Ese juguete es el favorito de Meche.

1. la interesante casa de la abuela
2. la abuela dulce de Meche y Diana
3. la caja vieja de la abuela
4. ese lindo recuerdo de la abuela
5. aquel precioso collar de la abuela

D. **¿Cómo eres tú?** Escoge cinco características que sirvan para describirte a ti. Luego haz lo mismo con tu mejor amigo y con tu mejor amiga.

1. Yo soy...
2. Mi mejor amigo es...
3. Mi mejor amiga es...
4. Mi mejor amigo y yo somos similares porque él es... y yo soy...
5. Mi mejor amiga y yo somos diferentes porque ella es... y yo soy...

E. **Tito y el caimán.** En el cuento de "Tito y el caimán" se usan muchos adjetivos. Con dos compañeros, hagan dos listas de frases del cuento, una con adjetivos y sustantivos adyacentes, y otra con sustantivos y adjetivos que se encuentren separados. Debajo del adjetivo pongan una **A,** y pongan una **S** debajo del sustantivo.

MODELO   LISTA 1
        ese pez gigante de la Amazonia
            S   A
        LISTA 2
        Tito era manco de la mano derecha
         S   A

F. **Campamento.** Sonia acaba de regresar de un campamento internacional. ¿Cómo describe las fotos que sacó? Escribe las respuestas en una hoja de papel, siguiendo el modelo.

MODELO   El señor alto es inglés. Es muy simpático. (señoras)
        Las señoras altas son inglesas. Son muy simpáticas.

1. Ella es la directora. Es francesa y muy inteligente. (director)
2. El chico es peruano. Es muy divertido. (chica)
3. La chica es mi mejor amiga. Es rusa y es tímida. (chico)
4. El niño es filipino. Es muy cómico. (niños)
5. Los chicos morenos son mis amigos chilenos. (chicas)
6. La joven venezolana es simpática. (jóvenes)

G. **El club de español.** Muchas personas están hablando de los bailes que presentó el Club de español en el banquete anoche. ¿Qué están diciendo?

MODELO   ¿Viste el ____ baile? (primero)
        ¿Viste el primer baile?

1. Fue un ____ banquete. (grande)
2. José es un ____ guitarrista. (bueno)
3. Fue la ____ fiesta del año. (primero)
4. Sirvieron ____ comida. (bueno)
5. No comí ____ postre, aunque había muchos. (ninguno)
6. Armando fue el ____ bailarín. (tercero)
7. ____ chicas de tu escuela bailaron también. (alguno)
8. Alicia no vino. ¡Qué ____ suerte! (malo)

H. A mediodía. Estás en la cafetería con un grupo de amigos. ¿Qué comentarios están haciendo?

MODELO   Sra. Barrios / ser / muy bueno / profesora
           La Sra. Barrios es muy buena profesora.

1. hoy / ser / primero / día que Inés / sentarse con Jorge
2. Tomás / ser / malo / jugador de básquetbol
3. nuevo / profesora / ser / tercero / mujer a la izquierda
4. ¿tener (tú) / alguno / libro / interesante?
5. Sr. Uribe / ser / grande / entrenador
6. no haber / ninguno / silla por aquí
7. yo / ir / jugar en / juegos / olímpico / alguno / día
8. director / estar comiendo en / cafetería / por / primero / vez

4.3 ACENTOS, PALABRAS COMPUESTAS Y PREFIJOS

Ya te falta poco para terminar de aprender acentos escritos. Aquí vamos a aprender dos o tres detalles nuevos y a recordarte de dos cosas que ya vimos en las lecciones anteriores.

Palabras compuestas

Las siguientes palabras no llevan acento escrito, porque tienen una sola sílaba: **pie, ven, ras, luz.** Las únicas palabras de una sílaba que llevan acento escrito son las que forman parejas en las que hay que distinguir una de otra (**tú–tu, él–el**, etc.).

➤ Hay palabras que contienen dentro de sí más de una palabra, llamadas *palabras compuestas*, en las que tenemos que saber poner acentos escritos.

Cuando las palabras de una sílaba entran a formar parte de un compuesto, se les pone acento escrito según las reglas normales.

> Se lesionó de un **puntapié** que le dieron jugando al fútbol.
> El **vaivén** de las olas hizo que se mareara en el barco.
> Se quitó la pintura de las manos con **aguarrás**.
> Entraba un sol precioso por el **tragaluz**.

En el caso de **puntapié**, **vaivén** y **aguarrás**, nos encontramos con palabras terminadas en vocal, en **-n** y en **-s** que enfatizan la última sílaba, por lo tanto llevan acento escrito.

En el caso de **tragaluz** tenemos una palabra terminada en una consonante que no es ni **-n** ni **-s** y que enfatiza la última sílaba, por lo tanto no lleva acento escrito.

Los prefijos

Hay prefijos muy corrientes, como **tele-** y **metro-**, que a veces llevan acento escrito, y a veces no, dependiendo de las reglas normales. Fíjate en los acentos escritos en estas palabras:

> teléfono
> telepatía
> televisión
>
> metrópolis
> metropolitano

El prefijo **tele-** (que proviene del griego y quiere decir *lejos, a distancia*), lleva acento en **teléfono** porque la palabra es esdrújula. Pero en las otras dos, el acento cae según las reglas normales y no le toca al prefijo.

Seguro que conoces estas dos palabras: **la tele, el metro.** Ni **la tele**, donde ves televisión, ni **el metro**, que es el tren subterráneo que hay en Nueva York, México y muchas otras grandes ciudades, llevan acento escrito. Estos prefijos se han convertido aquí en palabras independientes. Y como son palabras que terminan en vocal y enfatizan la penúltima sílaba, no llevan acento escrito.

Los verbos con sustantivos personales de objeto

Por último, vamos a recordar lo que ya has aprendido sobre los acentos escritos que se ponen en los verbos cuando se les añaden sustantivos personales. Las siguientes formas del verbo, que ya viste que se usan para dar órdenes, se escriben sin acento escrito, siguiendo las reglas normales que ya conoces.

> mira
> pide
> llama
> apunta
> saca

Todas estas formas del verbo son palabras terminadas en vocal y enfatizan la penúltima sílaba, por lo tanto no llevan acento escrito.

Pero si a estos verbos se les añaden sustantivos personales, se convierten en palabras esdrújulas y por lo tanto sí llevan acento escrito.

> míralo
> pídeselo
> llámalas
> apúntalo
> sácalo

A. El correo electrónico. Esta conversación la sostienen Pedro y Pablo a través del correo electrónico. Pablo tiene fama de saber mucho. Necesitamos que copies en tu cuaderno las palabras en **negrilla.** Pero en la pantalla salieron todas las palabras con mayúsculas y sin acentos. Cópialas tú correctamente, en minúsculas y con acento donde sea necesario.

PEDRO: SALUDOS, **SABELOTODO** (1), ¿QUE ESTUDIAS HOY?

PABLO: PUES ¿NO VES LO QUE ESTOY ESTUDIANDO?

PEDRO: BUENO, SABELOTODO, ME DICES QUE ESTAS **ESTUDIANDOLO** (2), PERO NO SE LO QUE ES. ESTAS PANTALLAS NO **TELEVISAN** (3), COMO LAS DE ESOS NUEVOS EQUIPOS **TELEFONICOS** (4).

PABLO: PUES LO VERIAS **FACILMENTE** (5) SI TE FIJARAS MAS. ESTUDIO **ASIDUAMENTE** (6) TODOS LOS DIAS **TELEGRAFIA** (7), QUE ES EL ULTIMO GRITO DE LAS **TELECOMUNICACIONES** (8).

PEDRO: ¿COMO QUE EL ULTIMO GRITO? LA TELEGRAFIA ES UNA **TECNOLOGIA** (9) MUY ANTIGUA. ES DEL SIGLO **DIECINUEVE** (10). POR EJEMPLO, EN LA GUERRA CIVIL DE ESTADOS UNIDOS, LINCOLN Y GRANT SE COMUNICABAN POR MEDIO DE UN **TELEGRAFISTA** (11).

Y SI SABES TANTA HISTORIA, ¿POR QUE INSISTES QUE LA TELEGRAFIA ES EL ULTIMO GRITO?

PABLO: SI SIGUES **MOLESTANDOME** (12) POR LO DEL GRITO, VOY A **SACARTE** (13) DE ESTA PANTALLA DE UN **PUNTAPIE** (14).

B. Más acentos. Con un(a) compañero(a), vean qué otras palabras encuentran que necesitan acento escrito en la comunicación electrónica de Pedro y Pablo. ¡Buena suerte, hay muchísimas!

Taller del bilingüe

LOS ADJETIVOS EN ESPAÑOL Y EN INGLÉS

Orden de palabras: Adjetivo/sustantivo

Tanto en español como en inglés, se pueden encontrar adjetivos antes y después del sustantivo al que califican. Pero lo más frecuente en inglés es encontrarlos antes del sustantivo:

Era tu **juguete favorito.**	*It was your **favorite toy.***
Aquí pongo **cosas especiales.**	*Here I keep **special things.***

En español, hay más variabilidad. Los adjetivos se encuentran con mucha frecuencia después del sustantivo, pero también muy frecuentemente aparecen antepuestos a éste.

Nos conocimos el **primer día** de clases.

Fue el **mejor baile** de la temporada.

Orden de palabras: Adjetivos y sustantivos

Otra importante diferencia entre el español y el inglés se nota cuando hay dos adjetivos calificando al mismo sustantivo. En inglés, los dos se ponen en fila, antes del sustantivo. En español, muchas veces se pone uno delante y otro detrás del sustantivo.

Vimos **muchos** estudiantes **extranjeros.**	*We saw **many foreign** students.*
Tienen **ciertos** problemas **personales** de hace mucho tiempo.	*They have **certain personal** problems from a while back.*
Había **grandes** árboles **frondosos** a lo largo de la **bella** avenida **central.**	*There were **big, leafy** trees along the **beautiful central** avenue.*

Concordancia en inglés y en español

Por último, habrás notado que los sustantivos en inglés no muestran concordancia de género y número, como sí hacen los del español.

Había **grandes** árboles **frondosos.**	*There were **big, leafy** trees.*
Había un **gran** árbol **frondoso.**	*There was a **big, leafy** tree.*
las **bellas** avenidas **centrales**	*the **beautiful central** avenues*
la **bella** avenida **central**	*the **beautiful central** avenue*

◀ PRÁCTICA ▶

Los incas. Las siguientes oraciones están en inglés. Tradúcelas al español, prestando atención especialmente a los adjetivos **(Adj)** y sustantivos **(S),** y al orden en que aparecen. Al lado de cada oración, pon el orden en que aparecen en inglés y el orden en que tú los pusiste en español. Una vez que hayas escrito las oraciones, mira en la lectura de esta lección, "El Imperio de los Incas", para ver cómo las escribió el autor.

MODELO   The Incas used **immense stones** to build it.
              Tú escribes: **Los incas utilizaron inmensas piedras para construirla**.
              En inglés: **Adj S**
              En español: **Adj S**

1. The empire of the Incas began with Manco Capac, the **first Inca.**
2. It extended through the Andes, in the **present-day territories** of Ecuador, Peru, Bolivia, Chile, and Argentina. *(present-day* se traduce por **actual)**
3. When the Spaniards arrived, the **Incan empire** had somewhere between 3.5 and 7 million inhabitants.
4. Among them were many **different tribes.**
5. All the tribes had to learn to speak Quechua, the **official language** of the Incas.
6. In this city one finds the impressive remains of what once was this **great empire.**
7. The Incas didn't have **true writing.**
8. The *quipu* uses knots in strings of **different colors.**
9. That tradition still lives among the **Quechua population** of Peru and Bolivia.
10. The Incas were **excellent architects and engineers.**

Repaso de vocablos especializados

Consulta con tus compañeros y estén seguros de que conozcan bien los siguientes términos gramaticales.

adjetivo calificativo	**concordancia de número**
adjetivo atributivo	**adjetivos de nacionalidad (gentilicios)**
concordancia	**formas apocopadas**
concordancia de género	**palabras compuestas**

INTERNET
Prueba interactiva
www.mcdougallittell.com

La gramática que vamos a aprender

¡LO QUE YA SABES!

Hay una discusión en la clase de salud e higiene, que trata sobre diferentes productos. ¡A que ya sabes cómo se diría!

a. Vegetales son buenos para la salud.
b. Los vegetales son buenos para la salud.

a. Pues en mi casa la lechuga se sirve con todas las comidas.
b. Pues en mi casa lechuga se sirve con todas las comidas.

¿Y cómo sabías? Porque ya tú tienes un conocimiento tácito del uso de los artículos en español. En esta lección vamos a abundar en este asunto. ¿Abundar? ¿Qué es eso? Abundar quiere decir continuar hablando de algo, decir más —como lo que vamos a hacer aquí con los artículos.

4.4 LOS VERBOS ECUATIVOS

Verbos ecuativos y adjetivos

En la lección anterior vimos que hay verbos que tienen, además de sujeto, no un objeto sino un adjetivo atributivo.

> Carlos parece **tonto.**
> Carlos se encuentra **cansado.**
> Carlos es **peruano.**
> Carlos salió muy **preocupado.**
> Carlos está **contento.**

Estas oraciones tienen un solo actor, el sujeto Carlos. Las otras palabras no son objetos, son atributos. En **Carlos parece tonto,** la palabra **tonto** no es objeto de **parecer,** sino una explicación de lo que Carlos parece, una cualidad de Carlos, la de parecer tonto. Lo mismo pasa con los demás ejemplos. Las palabras **cansado, peruano, preocupado** y **contento** no son objetos sino adjetivos atributivos.

> La gramática usa un vocablo especializado para referirse a estos verbos como **parecer, estar, ser.** Los llama *verbos ecuativos.* (Algunas gramáticas los llaman *verbos copulativos.*)

Los verbos ecuativos sirven para cuando hay nada más que un sujeto, sobre el cual queremos dar información detallada. Los usamos cuando queremos decir, no ya lo que Carlos hizo, lo que comió, lo que pintó o lo que jugó, sino las cualidades de Carlos, lo que parece, lo que es, etc. Como su nombre lo indica, los verbos ecuativos sirven para crear una ecuación, o sea una igualación entre dos ideas: una, el sujeto, y otra, sus cualidades, expresadas por un adjetivo atributivo.

Verbos ecuativos y sustantivos

Los verbos ecuativos no siempre se usan con adjetivos atributivos. A veces el atributo no es adjetivo sino sustantivo.

> La amarilla **es la casa** de Lucía.
> Lucía **es la presidenta** de la asociación estudiantil.
> El papá de Irene **es locutor.**
> Abraham Lincoln **fue presidente.**
> El Sr. Goizueta **es abogado.**

Aquí los atributos **casa** y **presidenta** se han usado como nombres de cosas —no como *adjetivos* atributivos, sino como *sustantivos* atributivos. Lo mismo es verdad de **locutor, presidente** y **abogado.**

¿Cómo llamamos a los verbos que no son ecuativos?

Vamos a fijarnos que algunos verbos que no son ecuativos tienen nada más que sujeto, mientras que otros tienen sujeto y objeto.

> Lucía **come** siempre con muchas ganas.
> Lucía **habla** muy bien.

En estas oraciones, no tenemos nada más que sujeto. Los verbos **comer** y **hablar** funcionan aquí sin objetos. Las palabras que van después del verbo son todas adverbiales, nos dicen *cuándo* y *cómo* Lucía come y *cómo* habla.

Pero sería fácil añadir objetos a estas oraciones.

> Lucía **come arroz** siempre con muchas ganas.
> Lucía **habla el francés** muy bien.

La gramática usa dos vocablos especializados para referirse a los verbos que no son ecuativos. Cuando los verbos se usan *sin* objeto son *verbos intransitivos*. Cuando se usan *con* objeto son *verbos transitivos*.

LECCIÓN 2

Verbos transitivos y ecuativos y sustantivos personales de objeto

Fíjate en los sustantivos personales de objeto que usamos en estas oraciones, sobre todo en las diferencias entre los objetos de los transitivos y los atributos de los ecuativos.

Objeto de verbo transitivo	
Zoila vio al **enfermo.**	Zoila **lo** vio.
Zoila vio a la **enferma.**	Zoila **la** vio.

Atributo de verbo ecuativo	
Felipe está **enfermo.**	Felipe **lo** está.
Mirta está **enferma.**	Mirta **lo** está.

Cuando el objeto de un *verbo transitivo* es conocido, usamos un sustantivo personal que concuerda con el género del objeto: **lo–los** para el masculino, **la–las** para el femenino.

Pero cuando el atributo de un *verbo ecuativo* es conocido, usamos un sustantivo personal que no concuerda, y es siempre **lo**.

Parece **bueno.**	**Lo** es.
Parece **buena.**	**Lo** es.
Está **cansado.**	**Lo** está.
Está **cansada.**	**Lo** está.

◄ PRÁCTICA ►

A. Tico Terco. Tico Terco conversa con Milga. Como siempre, ella dice algo y él la contradice, pero siempre usa sustantivos personales de objeto. ¿Qué dice Tico Terco?

MODELO   Milga: Oye, Tico, China está en Asia.
                Tico: **No lo está.**

                     Milga: Vi a María ayer.
                     Tico: **No la viste.**

1. Milga: Carlos llamó a la maestra.
    Tico:

2. Milga: La maestra es casada.
    Tico:

3. Milga: Mateo parece cansado.
    Tico:

LECCIÓN 2

4. Milga: Luis encontró una moneda.
   Tico:

5. Milga: Magdalena compró una camisa.
   Tico:

6. Milga: Magdalena está muy cansada.
   Tico:

B. **¿Qué es el verbo?** En las siguientes oraciones, tomadas de la lectura "El Imperio de los Incas", hemos puesto en **negrilla** algunos verbos. Consulta con dos de tus compañeros, y apunta si están usados como transitivos (**T**), intransitivos (**I**) o ecuativos (**E**).

1. El Imperio de los Incas **empezó** con Manco Capac.

2. En efecto, *Inca* **era** el nombre del rey.

3. La capital de los incas **fue** la ciudad de Cuzco.

4. La ciudad de Cuzco **está** situada casi en medio del imperio.

5. Los incas no **tuvieron** una escritura verdadera.

6. El *quipu* **usa** nudos en cuerdas de diferentes colores.

7. Esa tradición **vive** todavía entre la población quechua de Perú.

8. Los incas **fueron** excelentes arquitectos e ingenieros.

9. Ellos **planificaron** muy cuidadosamente sus ciudades.

10. **Hicieron** edificios de piedras de distintas formas.

C. **¿Qué encuentras con el verbo?** Consultando con dos compañeros, decidan si las palabras en **negrilla** son objetos (**O**) o atributos (**A**). Fíjense que lo que hagan aquí tiene que cuadrar con lo que hicieron en el ejercicio anterior. Organícense para que el trabajo que hagan tenga sentido.

1. En efecto, *Inca* era el **nombre** del rey.

2. La capital de los incas fue la **ciudad** de Cuzco.

3. La ciudad de Cuzco está **situada** casi en medio del imperio.

4. Los incas no tuvieron una **escritura** verdadera.

5. El *quipu* usa **nudos** en cuerdas de diferentes colores.

6. Los incas fueron excelentes **arquitectos e ingenieros**.

7. Hicieron **edificios** de piedras de distintas formas.

D. **Rompecabezas.** Comparen bien las oraciones del ejercicio **B** y el **C**. Hay tres oraciones que se usaron en el **B** pero que no se volvieron a usar en el **C**. ¿Cuáles son? Trabajen en grupos de tres. Al primer grupo que conteste esta pregunta correctamente lo declararemos campeón gramatical de la semana.

4.5 LOS ARTÍCULOS DEFINIDOS EL, LA, LOS, LAS

Las palabras **el, la, los, las** se usan con sustantivos que hacen referencia a los actores de un evento. Éstos pueden ser sujetos, como **el Imperio** en el primer ejemplo, u objetos, como **la antigua cultura indígena** en el segundo. Estas palabras se usan también con sustantivos que no son ni sujetos ni objetos, sino que dan información suplementaria en frases preposicionales, como **de los Incas** en el primer ejemplo.

> **El Imperio** de los Incas empezó con Manco Capac, el primer Inca.
> Los cuzqueños han conservado **la antigua cultura indígena**.

> La gramática usa un vocablo especializado para referirse a **el, la, los, las**. Los llama *artículos definidos*.

Para referirse a sustantivos

Los artículos definidos, como su nombre técnico bien indica, sirven para que las palabras con las que se usan se vean con claridad y con contornos definidos.

> El hermano de José es **alto**.
> El hermano de José es **el alto**.

Cuando se usa un artículo, estamos seguros que tenemos un sustantivo, y no a algo menos concreto, como una cualidad o un evento. En la primera oración, **alto** se usa como adjetivo, refiriéndose a una característica, a una propiedad, no a una entidad con contornos claros. Pero en la segunda oración, **es el alto**, el artículo hace que **alto** se use como sustantivo y que veamos a una persona claramente definida.

➤ Este uso, por medio del cual las palabras que aparecen con artículos se ven como sustantivos —como personas, cosas o conceptos bien definidos— es el uso más importante de los artículos.

Este uso fundamental de los artículos responde al hecho, que ya vimos en la lección anterior, de que muchas palabras pueden usarse como sustantivos y como adjetivos. Aquí te ponemos algunos ejemplos más.

> La guayaba no me gusta porque es muy **dulce**.
> La guayaba es **el dulce** que más me gusta.

> La falta de tiempo es un problema **general** en esta sociedad.
> Las órdenes que dio **el general** no se cumplieron.

Para referirse a actores específicos o genéricos

Aunque los artículos hacen que las palabras se refieran siempre a personas, cosas o conceptos bien definidos, éstos pueden ser individuales o genéricos, o sea, pueden ser individuos particulares, o grupos o clases de individuos.

> Se viró **la leche** que estaba en el jarro.
> **La leche** es un producto muy saludable.

En la primera oración, interpretamos **la leche** como un sustantivo que hace referencia a un objeto bien definido. Sabemos que se trata de una leche en particular, la que estaba en el jarro. En la segunda oración, tenemos también **la leche** como sustantivo con contornos bien definidos, pero refiriéndose ahora al producto leche en el sentido genérico, no a una leche individual.

Sustantivo sin artículo

Los sustantivos que se usan con artículos pueden ser sujetos u objetos. Pero no todos van con artículo. Vas a encontrar muchas veces sustantivos que aparecen sin artículo y sin ninguna otra palabra que los modifique. Pero esos sustantivos que se usan sin artículo y sin modificador, casi nunca son sujetos. Cuando una palabra se usa para hablar del actor principal, casi siempre lleva artículo.

> **El Imperio** de los Incas empezó con Manco Capac.
> **La capital** de los incas fue la ciudad de Cuzco.
> En esta ciudad se encuentran **los restos** más impresionantes de lo que fue este gran imperio.

Cuando el sustantivo no es sujeto, hay más variación en cuanto a usar o no usar el artículo. Vas a encontrar muchos objetos con artículo, pero también vas a encontrar objetos que no llevan ni artículo, ni ninguna otra palabra que los modifique.

> Allí se pueden ver **restos** de edificios, casas, templos, fortalezas y andenes o terrazas para la agricultura incaica.
> El *quipu* se usó para grabar **historia** y **versos**.

Los sustantivos que se usan sin artículo van muchas veces en plural, pues ya, al ser plural, los hemos identificado como sustantivos, y no tenemos que indicarlo con el artículo definido.

No confundas los artículos con los sustantivos personales

Los artículos definidos son en muchos casos iguales —o muy parecidos— a los sustantivos personales de sujeto y de objeto que estudiaste en la unidad anterior. Así que hay que poner cuidado en distinguirlos.

Artículos definidos	Sustantivos personales de sujeto	Sustantivos personales de objeto
el	él	lo
la	ella	la
los	ellos	los
las	ellas	las

> **El** niño llama a su papá.
> **Él** llama a su papá.
> Él **lo** llama.

Los artículos y los géneros

Ya sabes que casi todos los sustantivos tienen género, y que el artículo definido usa la forma del masculino con un género y la del femenino con el otro, y que, en los casos en que las palabras se refieren a seres animados, el género va relacionado con el sexo. Sin embargo, entre las palabras que hacen referencia a seres animados, hay muchas que no tienen un género específico, y que por lo tanto pueden usarse tanto con los artículos masculinos **el, los**, como con los femeninos **la, las.**

En estos casos, la selección del artículo, masculino o femenino, es precisamente lo que indica si nos referimos a un varón o a una hembra.

> Entró **el cantante** al escenario y el público irrumpió en aplausos.
> Entró **la cantante** al escenario y el público irrumpió en aplausos.

> ¿Supiste que **el pianista** de Chile ganó la competición?
> ¿Supiste que **la pianista** de Chile ganó la competición?

Palabras femeninas que empiezan con **a-** tónica

Por último, fíjate que hay algunas palabras que pertenecen al género femenino, pero que se usan con **el** porque empiezan con **a-** tónica y producirían una repetición **a–a** que no es cómoda al oído si en tales casos se usara **la.**

> Dicen que **el agua negra** de este lago tiene poderes milagrosos.
> ¿Hay evidencia científica de la existencia **del alma humana?**
> Usa **el hacha roja** para cortar leña.

Agua es un sustantivo femenino, pero como se pronuncia con una **a-** tónica al principio, produciría una repetición **a–a** si se usara el artículo definido la: *la* **agua.** Por eso, requiere el artículo definido **el.** Esto a pesar de que la concordancia con el adjetivo es en femenino, **el agua fría.**

Lo mismo ocurre con cualquier sustantivo femenino que se pronuncia con una **a-** tónica al principio, como **el alma humana** y **el hacha roja.** En el plural, estas palabras revierten a su uso normal **(las aguas negras, las almas humanas, las hachas rojas)** porque el artículo definido **las** ya no presenta el problema de **a–a.**

A. Robo de artículos a incas. Las siguientes oraciones las hemos tomado de la lectura "El Imperio de los Incas". Nos hemos robado todos los artículos, y hemos puesto en **negrilla** los sustantivos. A algunos sustantivos hay que ponerles artículos, a otros no. Consulta con dos compañeros. Decidan cuáles de los sustantivos pueden quedarse sin artículo y a cuáles hay que ponérselos, y reescriban las oraciones. Cuando terminen, vayan al pasaje original y vean cómo había usado las palabras el autor.

MODELO   Cuando llegaron **españoles, imperio** incaico tenía entre 3,5 y 7 millones de **habitantes.**

Tú escribes: **Cuando llegaron los españoles, el imperio incaico tenía entre 3,5 y 7 millones de habitantes.**

1. **Incas** fueron excelentes **arquitectos** e **ingenieros.**
2. Hicieron **edificios** de **piedras** de distintas formas.
3. Alrededor de **ciudad** de Cuzco, **incas** construyeron **fortalezas.**
4. **Economía** de **incas** dependía intensamente de **agricultura.**
5. Actualmente, **ciudad** de Cuzco está habitada por **descendientes** de **incas.**

B. Individual o genérico. Las siguientes oraciones tienen sustantivos con artículos. Algunos se refieren a conceptos, personas o cosas individuales, otros a conceptos, personas o cosas genéricas. Formen grupos de tres compañeros. Al lado de cada oración, escriban si el uso es individual (**I**) o genérico (**G**).

1. Creo que **la arquitectura** es una profesión muy bonita.
2. **La arquitectura** de los incas era muy avanzada.
3. **Los científicos** opinan que los vegetales son muy saludables.
4. **Los niños** aprenden cuando hay disciplina.
5. La policía detuvo a **los científicos** que diseñaron la bomba.
6. **Los vegetales** de tu huerta son muy ricos.
7. Llegaron **los niños** de primer grado.
8. Dicen que **el baile** es buen ejercicio, por eso organizamos tantos bailes.
9. Esta noche vamos a ir al **baile** de graduación.
10. **Los amigos** son la alegría de la vida.

C. Papá, Miguelín, los artículos y los sustantivos personales. Estas frases son de la fotonovela. Al lado de cada una, pon si la palabra en **negrilla** es un artículo (**A**) o un sustantivo personal (**SP**).

1. Estuvimos todo **el** día allí.
2. **La** ayudamos a ordenar **la** casa.
3. Yo le puse **el** nombre de Miguelín.
4. ¿Y qué dijo **la** abuela? ¿No se asustó?
5. De vez en cuando lo sacaba de la jaula y jugaba con **él** en **el** patio.
6. Yo **lo** quería mucho.
7. Cada dos días le limpiaba **la** jaula.
8. Me divertía mucho con **él.**

4.6 ACENTOS ESCRITOS: SÍ-SI, SÉ-SE, SÓLO-SOLO, AÚN-AUN, MÁS-MAS

Palabras parecidas: Lo que ya sabes

Ya casi hemos terminado de aprender a ponerles acentos escritos a palabras parecidas. Pero todavía nos quedan dos o tres detallitos más.

Ya sabes que muchos pares de palabras que se escriben igual, se distinguen porque una lleva acento escrito y la otra no. En todos los casos, la que lleva acento escrito es la palabra tónica, o sea, la palabra que lleva más fuerza de las dos en una oración.

Nuevos pares de palabras parecidas

Sí, Si   Cuando la palabra **sí** se usa para afirmar, se pronuncia tónica y se escribe con acento. Cuando **si** se usa para expresar dudas o condiciones, se pronuncia átona y se escribe sin acento.

> Pues claro que **sí**, avísales ya.
> Él dijo que **sí** teníamos que entregar la tarea.
>
> Yo te aviso **si** él llama.
> No estoy seguro **si** él dijo que entregáramos la tarea.

Sé, Se   Cuando usamos la palabra **sé** como primera persona del verbo **ser,** lleva acento; cuando no, no lleva acento.

> Yo **sé** que no habían dicho nada antes.
> Sí, sí, ya **sé** lo que me vas a decir.
>
> **Se** levantó tarde. **Se** peinó lentamente. Llegó tarde. **Se** lo advertí.
> ¿El permiso? A Carlos **se** lo pidieron en cuanto entró por la puerta.

Sólo, Solo   Cuando **sólo** quiere decir *solamente*, le ponemos acento escrito. Cuando **solo** se refiere a estar sin compañía, pues para que se sienta más solo, lo dejas hasta sin acento escrito:

> Nos dijeron que **sólo** teníamos que hacer las primeras dos páginas.
> Quiero que apuntes **sólo** lo que yo te diga.
>
> Él se sentía muy **solo** en El Paso, y por eso regresó a Caracas.
> Molestó tanto a los amigos que lo dejaron **solo** en la fiesta.

Más, Mas   La palabra **más** casi simpre va con acento, porque casi siempre la pronunciamos tónica, con el sentido cuantitativo de *mayor cantidad*. Pero hay también unos usos cultos, y relativamente poco corrientes, de **mas** sin acento escrito, cuando quiere decir lo mismo que *pero*.

> Tiene **más** dinero de la cuenta.
> Dame un poco **más**, que tengo mucha hambre.
> Dos **más** dos son cuatro.
>
> Te quise querer, **mas** me negaste tu amor.

Aún, Aun En su uso más corriente, cuando **aún** quiere decir lo mismo que *todavía*, se escribe con acento. Sin embargo, cuando usamos **aun** para decir lo mismo que *hasta* o *ni siquiera*, la escribimos sin acento.

> Dicen que **aún** está pidiendo que lo dejen graduarse sin ese curso.
> Parece que **aún** le quedan fuerzas para discutir.

> No pudo pasar el examen, ni **aun** con el libro delante de él.
> **Aun** los niños más pequeños saben jugar al fútbol.

PRÁCTICA

Sólo sé que la química no se aprende sola. En el siguiente diálogo, Diego y Raquel hablan de la crisis que ha surgido por el proyecto de química. Copia el diálogo. Pon bien los acentos.

Diego: Raquel, me pregunto Carlos si sabias algo del proyecto de quimica. Se le olvido preguntarte a ti. Aun no se atreve a hablarte cuando estas con Lucia.

Raquel: Si, si, dicen que aun esta enamorado. Pero yo solo se que si no nos dan mas tiempo en quimica, el maestro se va a quedar solo en su laboratorio, porque nadie va a ir a clase.

Diego: Pero dicen que se le va a dar mas credito a los que si entreguen a tiempo.

Raquel: Si, pero si nos organizamos y todos se lo entregamos tarde, no nos puede quitar puntos, ni aun cuando el lo haya dicho antes.

Diego: Ya se lo que voy a hacer. Si, si, se me ocurre una idea. Se la voy a plantear al maestro, a ver si por lo menos nos deja hacer solo la primera parte del proyecto. Si no nos dice que si, hacemos lo que tu dices, y lo dejamos solo en su laboratorio.

LECCIÓN
2

Taller del bilingüe

LOS ARTÍCULOS EN ESPAÑOL Y EN INGLÉS

Lo individual y lo genérico

En inglés, la palabra *the* es un artículo, parecido a los artículos definidos del español, pero no igual. En inglés, *the* suele usarse para personas, cosas o conceptos individuales y diferenciados, pero no para referencias genéricas. En estos dos ejemplos, los dos idiomas usan artículo, porque nos referimos a cosas individualizadas.

> Se viró **la leche** que estaba en el jarro.
> *The milk that was in the jar spilled.*

> **Los perros** se aparecieron en la puerta de la escuela.
> *The dogs showed up at the school door.*

Aquí **la leche** es una leche específica, y puede traducirse por *the milk*. Igualmente, **los perros** son un grupo de perros individuales, y por lo tanto en inglés se diría *the dogs*.

En estos otros ejemplos, se usa el artículo definido en español, pero no se usa *the* en inglés.

> **La leche** es un producto muy saludable.
> *Milk is a very healthy product.*

> **Los perros** son animales muy fieles.
> *Dogs are very loyal animals.*

Como que *the* se usa casi siempre para individuos diferenciados, y como que **la leche** aquí no es una leche en particular, sino la leche como producto genérico, y como que **los perros** tampoco se refiere a un grupo en particular. En estos casos no se usa *the* en inglés.

Partes del cuerpo

Otro uso muy corriente del artículo en español es para referirse a partes del cuerpo. Pero en inglés, casi nunca se usaría *the* en estos casos, sino que se usaría *his*, *her*, etc.

> El maestro les relató la acción en que Tito perdió **la mano.**
> Como buen buceador que es, contenía **la respiración.**
> Apretó **las mandíbulas** y le destrozó **el brazo** al muchacho.

En estas oraciones, ninguno de los sustantivos en **negrilla** se usaría con *the* en inglés. Se diría, *his hand, his breathing, its jaws, his arm.*

324   *trescientos veinticuatro*

UNIDAD 4

◄ PRÁCTICA ►

Sólo dos *the*. De las siguientes seis oraciones con artículos definidos, que han sido tomadas de "Tito y el caimán", hay sólo dos que seguramente traducirían por *the*. Las demás, se pueden expresar mejor de otra forma. ¿Cuáles dos usarían ustedes con *the*? Formen grupos de tres y decidan.

1. Una tarde **el maestro** les relató la acción.
2. ¡Manco! ¡Manco! —le decían sus camaradas de **la escuela**.
3. Con gran pericia sorteaban **los peligros**.
4. Una vez en el lago, **los muchachos** se aprestaron a pescar.
5. Tito, con el arpón en **la mano,** iba atento para prenderlo.
6. Le hundió los dedos en **los ojos**.

Repaso de vocablos especializados

Aquí te ponemos una lista de los vocablos especializados que has venido aprendiendo en las últimas lecciones. Cerciórate de que los conoces todos. Reúnete con tres de tus compañeros. A ver si todo el mundo puede dar una definición de cada uno de estos términos.

> **verbos ecuativos**
> **verbos transitivos**
> **verbos intransitivos**
> **artículos definidos: el, la, los, las**
> **sílabas/palabras átonas**
> **palabras parecidas: sí-si, sólo-solo,**
> **más-mas, sé-se, aún-aun**

◉ INTERNET
Prueba interactiva
www.mcdougallittell.com

La gramática que vamos a aprender

¡LO QUE YA SABES!

Hagan grupos de tres, y decidan cuáles de estas frases dirían.

a. Mi padre se casó con mi madre en Mayagüez.
b. Mi padre se casó mi madre en Mayagüez.

a. Salimos de casa el lunes.
b. Salimos de casa en el lunes.

Ah, sí, pues claro que sí, claro que esto es también un conocimiento tácito. Es el conocimiento implícito que tienen ustedes de las preposiciones. Aquí vamos a abundar sobre este tema.

4.7 LOS ADVERBIOS

Sustantivos y verbos

En las lecciones anteriores has aprendido que los sustantivos a veces aparecen solos, a veces aparecen modificados por adjetivos. También has visto en lecciones anteriores que los verbos: (**a**) siempre tienen sujeto (aunque a veces sea implícito), (**b**) a veces tienen sujeto y objeto y (**c**) a veces tienen, además, información suplementaria.

a. Los muchachos juegan.

b. Los muchachos juegan baloncesto.

c. Los muchachos juegan baloncesto constantemente.

Adverbios

En esta lección, vamos a estudiar palabras como **constantemente,** que dan más información sobre el verbo. Estas palabras califican o modifican al verbo, de forma paralela a como los adjetivos califican o modifican a los sustantivos.
Mira estas oraciones, tomadas de la lectura "El Imperio de los Incas":

No se sabe **definitivamente** qué fue esta maravilla incaica.

La economía de los incas dependía **intensamente** de la agricultura.

Esa tradición vive **todavía** entre la población quechua de Perú y Bolivia.

➤ Las palabras en **negrilla** no son ni sustantivos, ni verbos, ni adjetivos. No nombran ni eventos ni actores, ni cualidades de los actores. La palabra **definitivamente** nos da más información sobre **sabe**, o sea, nos dice *cómo* o *de qué manera* se sabe.

En la segunda oración, **intensamente** nos dice cómo y a qué grado la economía **dependía**, nos explica más sobre el evento de depender, diciéndonos, no que dependía poco, o que dependía mucho, sino que **dependía intensamente.**

Lo mismo encontramos en la última oración. La palabra **todavía** nos dice *cuándo* vive la tradición. No nos dice que la tradición vive mucho, que vive cómodamente, que vive ahora, que vive apenas. Nos dice que **vive todavía**.

> La gramática usa un vocablo especializado para nombrar las palabras que califican a los verbos, que dan más información sobre los eventos, explicando *cómo, cuándo, dónde* y *de qué manera* suceden. Las llama *adverbios*.

Usando esta terminología, decimos que **definitivamente, intensamente** y **todavía** son adverbios.

No confundas a los adverbios con los adjetivos. Los adjetivos nos hablan de las personas y las cosas, mencionando sus cualidades. Los adverbios nos hablán de los eventos, diciéndonos cuándo, dónde y de qué manera suceden.

Gran variedad de adverbios

Veamos ahora algunas de las combinaciones de verbo y adverbio que dice la abuelita en la fotonovela de la Lección 1:

> ¿Por qué no empiezan **aquí?**
>
> Y pobre Mechita —**nunca** ganaba.
>
> **Allí** guardaba mis tesoros más queridos.

En la primera oración, **aquí** nos da información sobre el evento (verbo) de empezar, nos dice dónde empiezan. En la segunda, **nunca** nos da información de tiempo sobre **ganaba,** nos dice cuándo ganaba. En la tercera, **allí** nos da información sobre **guardaba,** diciéndonos dónde guardaba.

LECCIÓN 3

Adverbios de modo, tiempo, lugar

Los adverbios son palabras muy corrientes. Aquí te ponemos algunos ejemplos de adverbios que usamos todos los días. Te los hemos dividido en adverbios de modo (que dicen *cómo* fue el evento), de tiempo (que dicen *cuándo* fue el evento) y lugar (que dicen *dónde* fue el evento). Fíjate que el adverbio va cerca, pero no necesariamente al lado del verbo sobre el que nos da información. Fíjate también que muchos adverbios se escriben como si fueran dos palabras separadas.

Modo: cómo
Quiero que trabajes más **despacio**. Mi hermano se viste muy **lentamente**. Terminaron el trabajo **rápidamente** para poder ir a la práctica.
Tiempo: cuándo
El maestro dice **ahora** que **pronto** podemos empezar el examen. Daniel y Martín llegaron **tarde** porque no se levantaron **temprano**. Yo lo vi **antes**. Ellos lo vieron **después**. **Ayer** aprendimos a usar DOS; **mañana** aprendemos Windows.
Lugar: dónde
Puso el guante **al lado** de la calefacción y se le estropeó. Las muchachas viven ahora **enfrente** de la casa de Meche. Irene se cayó **delante** de la cámara. Para **aquí**.

Adverbios derivados de adjetivos

Ya te has dado cuenta de que muchos adverbios que nos dicen cómo sucedió el evento, terminan en **-mente**. Estos adverbios son derivados casi siempre de adjetivos, y se forman añadiendo **-mente** al femenino del adjetivo. Si el adjetivo tiene una sola forma, el **-mente** se le añade a su forma invariable.

rápido	→ rápida	**rápidamente**
lento	→ lenta	**lentamente**
alegre		**alegremente**
suave		**suavemente**
fácil		**fácilmente**

Los adverbios en **-mente** a veces llevan acento escrito y a veces no. Si el adjetivo de donde se derivan lleva acento escrito, el adverbio en **-mente** también lo lleva (**rápida → rápidamente, fácil → fácilmente);** si no, no lo lleva.

Dos o más adverbios juntos

Cuando dos o más de estos adverbios se usan juntos, sólo el último lleva **-mente**. Los primeros se usan en la forma *femenina* del adjetivo.

> Se acercaron al caimán **cuidadosa, lenta** y **silenciosamente.**
> **Franca** y **sinceramente,** no quiero hablar de ese tema.

PRÁCTICA

A. Fantásticamente. No fuiste a clase ayer. ¿Cómo describe tu amiga Luisa lo que pasó? Escribe tus respuestas en una hoja de papel. Consulta con dos de tus compañeros para cerciorarte de que has contestado correctamente.

MODELO   señor García / cantar / estupendo
El señor García cantó estupendamente.

1. Tomasina y su hermana / bailar / fabuloso
2. el director / trabajar / alegre
3. Enriqueta / escribir una composición / tranquilo
4. Alonso y yo / contestar / correcto
5. la profesora / explicar la lección / fácil
6. Vicente y Victoria / hablar / inteligente
7. yo / correr / rápido
8. Hugo y Anita / estudiar / paciente

B. ¡Qué romántico! Samuel y Sara se casaron. Tu amiga no pudo ir a la boda. ¿Cómo contestas sus preguntas? Escribe tus respuestas en una hoja de papel. Consulta con dos de tus compañeros para cerciorarte de que has contestado correctamente.

MODELO   ¿Tocó un organista? (fabuloso y fuerte)
Sí, y tocó fabulosa y fuertemente.

1. ¿Cantó Javier? (profesional y fuerte)
2. ¿Leyó Ernesto? (romántico y triste)
3. ¿Habló la novia? (calma y claro)
4. ¿Contestó el novio? (emocionado y contento)
5. ¿Escucharon los invitados? (cortés y paciente)
6. ¿Lloraron las madres? (fácil y frecuente)
7. ¿Bailó Rebeca? (nervioso y alegre)
8. ¿Salieron los novios? (rápido y cuidadoso)

C. Emociones. Generalmente, ¿cómo te sientes al hacer tu rutina diaria? Escribe tus respuestas en una hoja de papel. Consulta con dos de tus compañeros para cerciorarte de que has contestado correctamente.

MODELO   **Me levanto alegremente.**

	nervioso
	rápido
despertarse	triste
bañarse	alegre
lavarse los dientes	tranquilo
ponerse la ropa	cuidadoso
lavarse el pelo	contento
sentarse en clase	tímido
	furioso
	lento

D. Los adverbios de Tito. En las siguientes oraciones tomadas del cuento "Tito y el caimán", hemos puesto en **negrilla** algunas palabras. En una hoja de papel, cópialas, pon al lado de cada una si es adjetivo (**Adj**) o adverbio (**Adv**) y copia la palabra a la que modifica el adjetivo o el adverbio.

MODELO   **Nunca** estaba quieto.
           Nunca: Adv, modifica a estaba

1. Iban por el río en una **pequeña** canoa.
2. La canoa se deslizaba **suavemente** por el lago.
3. Pero, **inesperadamente** un caimán sacó a Tito de la canoa.
4. Tito estaba luchando con el **hambriento** saurio.
5. El caimán **enfurecido** y casi ciego, persiguió a los fugitivos.

E. Ve a la tienda. La mamá de Angelita quiere preparar una tortilla española pero no hay huevos. ¿Qué le dice a Angelita? Copia el siguiente párrafo en una hoja de papel, llenando los espacios en blanco con el adverbio que corresponde.

MODELO   rápido
           Ven acá rápidamente.

1. inmediato	**3.** sólo	**5.** cortés	**7.** lento
2. directo	**4.** paciente	**6.** cuidadoso	

Sal de la casa __1__ y ve __2__ a la tienda. __3__ necesito media docena de huevos. Espera __4__ hasta que te puedan atender. Saluda __5__ al dependiente y despídete antes de salir. Ah, y por favor, cruza la calle __6__ . No corras. Camina __7__ .

F. Somos diferentes. Describe la rutina diaria de tu familia, redactando una oración como la del modelo y utilizando los adverbios que te ponemos a continuación.

MODELO   hermana / arreglarse
                Mi hermana se arregla lenta y cuidadosamente.

VOCABULARIO ÚTIL

rápido	lento
frecuente	infrecuente
cuidadoso	descuidado
informal	formal
elegante	normal
alegre	triste

1. yo / despertarse
2. hermana / lavarse los dientes
3. mamá / levantarse
4. hermano / bañarse
5. hermana / vestirse
6. hermanito / acostarse
7. papá / afeitarse
8. hermanos / peinarse

4.8   LAS FRASES PREPOSICIONALES Y LA INFORMACIÓN SUPLEMENTARIA

Frases preposicionales

Ya sabemos que los adjetivos dan información suplementaria sobre los sustantivos y que los adverbios dan información suplementaria sobre los verbos. Pero hay otra forma de añadir información sobre sustantivos y verbos. La vamos a estudiar aquí. Vamos a ver estas oraciones, en las que además de sujeto y objeto, hay unas frases que hemos puesto en **negrilla.**

> La mamá compró comida **para los niños.**
> Meche interrumpió el programa **de su padre.**

En la primera oración, **los niños** no están directamente ligados al evento de **comprar.** No son ni el sujeto ni el objeto del verbo. Igualmente, en la segunda oración, **su padre** no es ni el sujeto ni el objeto de **interrumpir.** En estas oraciones, **los niños** y **su padre** no son ni sujetos ni objetos en los eventos de los verbos **comprar** e **interrumpir.** Lo que hacen es dar *información suplementaria.*

Vas a reconocer fácilmente las frases y palabras que dan información suplementaria. Muchas de ellas van precedidas de **para, de, con, sin** y palabras parecidas.

> La gramática usa un vocablo especializado para referirse a las palabras como **para, de, con, sin.** Las llama *preposiciones*. La gramática también tiene un vocablo especializado para referirse a las frases que van ligadas a las preposiciones y que dan información suplementaria. Las llama *frases preposicionales*.

Las frases preposicionales dan información suplementaria sobre sustantivos, verbos, y otras clases de palabras.

Las frases preposicionales y los sustantivos

Mira bien sobre qué o quién se da la información suplementaria. Fíjate que en todos estos casos, la frase preposicional modifica un sustantivo.

> Pintaron la *pared* **del aula.**
>
> La *hermana* **de Carlos** salió el domingo.
>
> Todos dijeron que preferían las *clases* **en español.**
>
> Compraron un *carro* **con transmisión automática.**

Como ves, **del aula** amplía información sobre el sustantivo **pared.** Igualmente, **de Carlos** nos da más información sobre el sustantivo **hermana,** mientras que **en español** y **con transmisión automática** añaden datos sobre los sustantivos **clases** y **carro.**

Las frases preposicionales y los verbos

Muchas veces la frase preposicional dice algo más sobre el evento en sí, o sea, la frase preposicional modifica al verbo.

> Dicen que Lourdes se *enamoró* **de Javier.**
>
> Cuando mi papá era joven *trabajaba* **para una empresa japonesa.**
>
> *Hicieron* la tarea **con mucha prisa.**

En algunos casos, la frase preposicional no está al lado del verbo que modifica. Mira como **con mucha prisa** da información sobre el verbo **hicieron** pero no está justamente al lado del verbo.

Las frases preposicionales y los sujetos

El sustantivo al que modifica la frase preposicional puede ser sujeto u objeto. En las siguientes oraciones, la frase preposicional da información suplementaria sobre *el sujeto* del verbo.

> La *hermana* **de Carlos** salió el domingo.

> Pidieron permiso los *estudiantes* **de la escuela secundaria.**

Las frases preposicionales, los objetos y los atributos

Y ahora fíjate que en estas otras, la frase preposicional también nos está dando más información, pero sobre el objeto o el atributo del verbo.

> Meche interrumpió el *programa* **de su padre.**

> Era un *carro* **con transmisión automática.**

Y por último, fíjate que hay oraciones con frases preposicionales que modifican al sujeto y al objeto.

> Pidieron *permiso* **para salir** los *estudiantes* **de la escuela superior.**

Las frases preposicionales más frecuentes

➤ FRASES PREPOSICIONALES CON **PARA**

Para indicar propósitos:

> **Para comprar un carro** hay que tener mucho dinero.

> Súbanse **para dar una vuelta.**

> Este vaso es **para jugo.**

Para hablar del que recibe el beneficio, ventaja o desventaja de un evento o un objeto:

> Este libro es **para Lucía.**

> Cantaron **para un público muy selecto.**

> La mamá compró comida **para los niños.**

> No hay trabajo **para los estudiantes.**

Con el verbo **trabajar,** para hablar de los puestos de trabajo:

> Cuando mi papá era joven trabajaba **para una empresa japonesa.**

> Trabajé **para mi papá** el verano pasado.

➤ FRASES PREPOSICIONALES CON **POR**

Para indicar duración de tiempo:

Mis hermanos vivieron en la Florida **por dos años.**

Lo buscaron **por tres días.**

Trabajé allí **por algún tiempo.**

Para hablar de intercambios:

Cambié mi gorra nueva **por una bufanda.**

¿Pagaste tres mil **por un carro?**

Te doy mi reloj **por tu cámara.**

Para indicar el valor de las unidades de medida:

Vendemos las flores **por docenas.**

¿Cuánto pagan **por hora?**

➤ FRASES PREPOSICIONALES CON **DE**

Para indicar relaciones familiares y afectivas:

La hermana **de Carlos** salió el domingo.

Dicen que Lourdes se enamoró **de Javier.**

Para indicar la afiliación o asociación con una organización:

Meche interrumpió el programa **de su padre.**

Pidieron permiso los estudiantes **de la escuela secundaria.**

Para indicar el material de que se hacen las cosas:

Este árbol parece **de plástico.**

En la Ciudad de México hay muchas casas **de piedra.**

Para indicar posesión:

El libro **de María** está roto.

Fuimos en el carro **de Manolo.**

Para hablar de la hora del día:

Estamos atrasados; son ya las tres **de la tarde.**

La escuela abre a las siete **de la mañana.**

A. Preposición, ratón. Las siguientes oraciones con frases preposicionales aparecen en el cuento de Miguelín que escribió el padre de Meche y Diana. Dinos si estas frases modifican a un sustantivo (**S**) o a un verbo (**V**). Subraya el sustantivo o el verbo. Acuérdate que la frase preposicional no tiene que estar al lado de la palabra que modifica.

> MODELO   El ratón **del padre** se llamaba Miguelín.
> *Tú escribes:*   **El <u>ratón</u> del padre se llamaba Miguelín. S**
>
> El ratón del padre se salía **de la jaula.**
> *Tú escribes:*   **El ratón del padre se <u>salía</u> de la jaula. V**

1. Vivía **en una jaula** muy cómoda.
2. Sacó el hocico y miró **a su alrededor.**
3. Se fue **a la calle,** donde encontró a un ratón anciano.
4. Miguelín llegó a la gran ciudad **de Caracas.**
5. Miguelín empezó a extrañar su vida **en el campo.**
6. La comida le causaba dolores **de estómago.**
7. Encontraron una casa y criaron una familia **de bellos ratoncitos.**

B. Margarita Pareja, Miguelín, sujetos y objetos. Con tres compañeros más, decidan si las siguientes frases preposicionales modifican a un sustantivo que hace función de sujeto (**S**) o de objeto (**O**). Subraya el sustantivo.

> MODELO   El ratón **del padre** se llamaba Miguelín.
> *Tú escribes:*   **El <u>ratón</u> del padre se llamaba Miguelín. S**
>
> El padre hizo una jaula **para el ratón.**
> *Tú escribes:*   **El padre hizo una <u>jaula</u> para el ratón. O**

1. Miguelín extrañaba su vida **en el campo.**
2. La comida causaba dolores **de estómago.**
3. Criaron una familia **de bellos ratoncitos.**
4. La vida **en la ciudad** era muy difícil.
5. La idea **del matrimonio** no agradó al padre de Margarita Pareja.
6. El padre **de la joven** consultó a médicos y a curanderas.
7. Don Raimundo por fin aprobó la boda **de Luis y Margarita.**
8. La bordadura **de la camisa** era de puro oro y plata.
9. Los ratones **en la casa** tienden a crear problemas.
10. La jaula **con barrotes** se convirtió en la casa de Miguelín.

C. **Consejos.** Clara Consejera tiene estos consejos para su público.

MODELO   dormir mejor / evitar el café
Para dormir mejor hay que evitar el café.

1. perder peso / comer menos
2. no estar cansado / dormir más
3. tener más energía / hacer ejercicio
4. aumentar de peso / comer más
5. divertirse / salir de casa
6. no estar aburrido / ver una película
7. ganar amigos / ser una persona simpática
8. sacar buenas notas / hacer la tarea

D. **¿Para mí?** En una celebración familiar, todos van a intercambiar regalos. Según Alejandro, ¿para quién(es) son estos regalos?

MODELO   abuelos
El televisor es para mis abuelos.

1. hermano   **2.** tía Estela   **3.** mamá

4. hermana   **5.** yo   **6.** papá

7. tío Ernesto   **8.** padres

E. A buen precio. ¿Cuánto pagarías por estas cosas?

MODELO $20
           Pagaría veinte dólares por el reloj.

1. $2.000   **2.** $75

3. $25   **4.** $10

5. $150   **6.** $20

7. $6.000   **8.** $100.000

F. Muchas mudanzas. Felipe ha vivido en muchos lugares. Según él, ¿cuánto tiempo pasó en cada lugar?

> MODELO   París: 6 meses
> **Viví en París por seis meses.**

1. Londres: 1 año
2. Buenos Aires: 4 meses
3. Moscú: 3 años
4. Santo Domingo: 2 años
5. Roma: 10 meses
6. Caracas: 4 años
7. Los Ángeles: 1 mes
8. Madrid: 2 años

4.9   ¡YA SABES PONER ACENTOS! VAMOS A REPASAR

Reglas básicas de acentuación

¿Ves lo fácil que ha sido? Ya sabes poner acentos. Vamos a recordar algunos principios básicos. Nosotros vamos a poner los ejemplos y tú, con dos compañeros, van a explicar la regla que gobierna esos ejemplos.

EJEMPLO
La mayor parte de las palabras de una sílaba: **con, de, a, por**
Regla: **La mayor parte de las palabras de una sílaba no llevan acento escrito.**

➤ Palabras parecidas de una sílaba: **sí** y **si, sé** y **se, más** y **mas**

➤ Palabras parecidas de más de una sílaba: **cómo** y **como, cuándo** y **cuando**

➤ La regla de acentuación para palabras de más de una sílaba que terminan en *vocal,* **n** o **s: pulsera, aretes, domingo, hablan**

➤ La regla de acentuación para palabras de más de una sílaba que terminan en *consonante, menos* **n** y **s: pared, collar, Madrid, aprender**

➤ La regla de acentuación para palabras que no siguen las dos reglas anteriores: **papá, encontré, fútbol, césped**

➤ La regla para las palabras esdrújulas: **fantástico, simpático, matemáticas**

➤ La regla para palabras que se convierten en esdrújulas nada más que porque se les añadió un sustantivo personal: **escríbela, levántate, presentársele**

Los acentos escritos y dos vocales adyacentes

Hagamos lo mismo con las reglas que gobiernan dos vocales adyacentes. Nosotros vamos a poner los ejemplos y tú y dos compañeros van a explicar la regla que gobierna esos ejemplos.

EJEMPLO

La regla que gobierna una vocal débil junto a una fuerte: **nervioso, mientras, duermen, viejita**

Regla: **Una vocal débil al lado de una vocal fuerte forman una sola sílaba y se llama un diptongo.**

➤ La regla que gobierna una vocal débil junto a una fuerte, pero en dos sílabas distintas: **sería, frío, simpatía**

➤ La regla que gobierna dos vocales fuertes: **feos, golpear, maestro**

Las palabras especiales

Para los pares de palabras en los cuales una palabra lleva acento escrito y la otra no, la regla siempre es que la palabra tónica lleva acento escrito, y la átona no.

¡**Cuánto** me gusta!	¡Mira **qué** problema!
¿**Cuánto** cuesta?	¿**Qué** dices?
Cuanto más leo, más aprendo.	¡**Qué** lindo!
Tome **cuanto** quiera.	Quiero **que** vengas.
	Parece **que** va a llover.

◀ PRÁCTICA ▶

Mira lo que apareció. A continuación, te ponemos el diálogo de la fotonovela de la Lección 2, pero sin acentos escritos. Cópialo, y pon los acentos que faltan.

—Hola, papa.

—Buenas tardes, hijas. ¿Como les fue en casa de abuelita?

—Muy bien, papa. Estuvimos todo el dia alli. La ayudamos a ordenar la casa y encontramos algunas cosas muy interesantes.

—Si, papa, mira lo que aparecio.

—¡Pero, caramba!

—Abuelita nos dijo que esta jaula era tuya pero no quiso decirnos nada mas. Cuentanos, papa, ¿para que era?

—Ahora les voy a contar.

LAS FRASES PREPOSICIONALES EN ESPAÑOL Y EN INGLÉS

Al igual que en español, en inglés hay frases preposicionales. Y al igual que en español, estas frases se usan para dar información suplementaria sobre un verbo, un sujeto, un objeto o un atributo.

Acuérdate bien, las preposiciones en español nunca van al final, como pasa a veces en inglés.

> ¿**De** qué está hecho eso?
> *What is that made **of**?*

> Ésa es la toalla **con** la que te secas.
> *That is the towel you dry yourself **with**.*

Muchas veces, las preposiciones del español y del inglés se corresponden muy directamente unas a otras. Pero las correspondencias entre las preposiciones en inglés y en español no son siempre las mismas. Aquí vamos a ver algunos casos en que el español y el inglés se parecen en el uso de las preposiciones, y otros en que hay algunas diferencias.

Usos similares de las preposiciones

Algunos de los usos de las preposiciones *for, in, of, with* en inglés se parecen a los usos de **para**, **en**, **de**, **con** en español.

> La mamá compró comida **para los niños.**
> *The mother bought food **for the children.***

> Pusieron la ropa **en la maleta.**
> *They put the clothes **in the suitcase.***

> Lo nombraron presidente **de la compañía.**
> *They named him president **of the company.***

> Fueron a la escuela **con sus amigos.**
> *They went to school **with their friends.***

> Hablamos **con nuestros tíos.**
> *We spoke **with our uncle and aunt.***

Usos diferentes de las preposiciones

Aunque muchos usos de *on* en inglés son equivalentes a **en** en español, para hablar de los días de la semana, en inglés se usa *on* pero en español no se usa ninguna preposición:

> Llegamos **el viernes.**
> We arrived *on Friday.*

Aunque muchos usos de **con** en español son iguales a los de *with* en inglés, para el matrimonio se usa **con** en español pero no se usa ninguna preposición en inglés.

>Mi primo se casó **con** una muchacha de Santiago de los Caballeros.
>*My cousin married a girl from Santiago de los Caballeros.*

Aunque muchos usos de **a** son equivalentes a *to* en inglés, para hablar de las llegadas y de la hora, donde el español usa también **a**, el inglés usa *at* o *in*, y para irse a casa, el inglés no usa preposición.

>Llegamos **al** aeropuerto sin ningún problema.
>*We arrived **at** the airport without any problems.*

>El avión llega **a** las cuatro.
>*The plane arrives **at** four.*

>Llegamos **a** Santo Domingo en la época de lluvia.
>*We arrived **in** Santo Domingo during the rainy season.*

>Me voy **a** casa. (Me voy **para** casa.)
>*I'm going home.*

Algunos usos de **para** en español son equivalentes a *for* en inglés. Pero para expresar intercambios, precios, beneficiados, razones, etc., los usos de *for* en inglés no equivalen a **para,** sino a **por.**

>Cambié la gorra **por** una bufanda.
>*I exchanged the hat **for** a scarf.*

>Lo compré **por** muy poco dinero.
>*I bought it **for** very little money.*

>Lo hicieron **por** Lucía.
>*They did it **for** Lucía.*

>Cerraron la escuela **por** razones que yo no entiendo.
>*They closed the school **for** reasons that I don't understand.*

Aunque algunos usos de **de** en español son equivalentes a *of* en inglés, para hablar de la hora y de los enamoramientos, el español usa **de** donde el inglés usa otras preposiciones.

>Llegan a las tres **de** la tarde.
>*They arrive at three **in** the afternoon.*

>Lupe se enamoró **de** Javier.
>*Lupe fell in love **with** Javier.*

Para expresar posesión, a veces el español usa **de** y el inglés *of*. Pero muchas veces la posesión se expresa en español con **de** y en inglés con apóstrofe -*s* y sin preposición.

> Meche interrumpió el programa **de** su padre.
> *Meche interrupted her father's program.*

> La hermana **de** Carlos vive en San Juan.
> *Carlos's sister lives in San Juan.*

Aunque algunos usos de **por** en español son equivalentes a *for* en inglés, otros son equivalentes a *by*.

> Estela lo hace todo **por** el libro.
> *Estela does it all by the book.*

> La fiesta fue organizada **por** la Asociación Estudiantil.
> *The party was organized by the Student Association.*

▮ PRÁCTICA ▮

Ayuda ser bilingüe. Federico estudia en Buenos Aires, en una escuela en donde el director no habla inglés. Llega un niño de Estados Unidos que no habla español. Se llama Henry. Federico tiene que hacer de intérprete. ¿Qué dice Federico?

1. Director: Federico, por favor pregúntale en dónde vive.
    Federico: *Where do you live?*
    Henry: *I live in Kansas City.*
    Federico:

2. Director: Pregúntale a qué escuela iba.
    Federico: *What school did you go to?*
    Henry: *I went to a school in St. Louis.*
    Federico:

3. Director: Pregúntale por dónde llegó.
    Federico: *Where did you arrive?*
    Henry: *I arrived at the national airport.*
    Federico:

4. Director: Pregúntale a qué hora llegó.
    Federico: *At what time did you arrive?*
    Henry: *At five o'clock, Buenos Aires time.*
    Federico:

5. Henry: *Tell him also we arrived on Friday; he'll want to know.*
   Federico:

6. Director: Pregúntale si tienen familia aquí.
   Henry: *I understood that. Yes, tell him my mother's cousin lives here.*
   Federico:

7. Henry: *Tell him that we came because my father was transferred by his company.*
   Federico:

8. Henry: *And since he's going to ask, tell him that my mother's cousin is here because he married a woman from Buenos Aires.*
   Federico:

9. Henry: *Ask him if I can go home.*
   Federico:

Repaso de vocablos especializados

En esta lección has aprendido algunos vocablos especializados. Cerciórate de que los conoces bien.

adverbios
modo
tiempo
lugar
preposición
frases preposicionales

INTERNET
Prueba interactiva
www.mcdougallittell.com

INTERNET
Cibertarjetas
www.mcdougallittell.com

UNIDAD 5

TÚ Y TU SALUD

Valle Arriba Centro Atlético

La nueva forma de estar en forma

■ Las más modernas instalaciones: circuito de máquinas Body Master, sala de pesas libres, centro cardiovascular, canchas múltiples, gimnasia olímpica, sauna vapor

■ Supervisión profesional

■ Asesoramiento médico especializado

■ Restaurante

■ Tienda de deportes

■ Peluquería unisex

Visítenos en la Av. Principal Colinas de Valle Arriba (frente al segundo retorno), Urb. Colinas de Valle Arriba

telfs. 238.35.46/238.38.66/238.50.28

INTERNET
Presentación
www.mcdougallittell.com

TÚ Y EL EJERCICIO

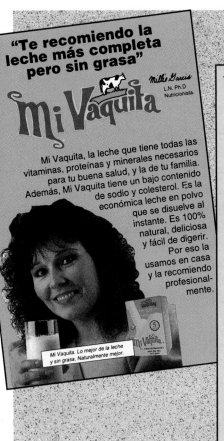

"Te recomiendo la leche más completa pero sin grasa"

Millie García L.N. Ph.D Nutricionista.

Mi Vaquita

Mi Vaquita, la leche que tiene todas las vitaminas, proteínas y minerales necesarios para tu buena salud, y la de tu familia. Además, Mi Vaquita tiene un bajo contenido de sodio y colesterol. Es la económica leche en polvo que se disuelve al instante. Es 100% natural, deliciosa y fácil de digerir. Por eso la usamos en casa y la recomiendo profesionalmente.

Mi Vaquita. Lo mejor de la leche y sin grasa. Naturalmente mejor.

Valle Arriba Centro Atlético

La nueva forma de estar en forma

- Las más modernas instalaciones: circuito de máquinas Body Master, sala de pesas libres, centro cardiovascular, canchas múltiples, gimnasia olímpica, sauna vapor
- Supervisión profesional
- Asesoramiento médico especializado
- Restaurante
- Tienda de deportes
- Peluquería unisex

Visítenos en la Av. Principal Colinas de Valle Arriba (frente al segundo retorno), Urb. Colinas de Valle Arriba

telfs. 238.35.46/238.38.66/238.50.28

El ejercicio aeróbico

Primer paso para una vida mejor

El ejercicio aeróbico desarrollado hace relativamente pocos años por un especialista norteamericano, el doctor Kenneth Cooper, no sólo ha demostrado ser un elemento clave para mejorar nuestra condición física, sino una valiosa herramienta para adquirir una mejor calidad de vida

¿Qué piensas tú?

1. ¿Para qué son estos anuncios?

2. ¿Qué resultados prometen?

3. ¿Qué hacen los jóvenes en la foto del parque? ¿Cómo crees que se sienten los padres o los profesores de estos jóvenes sabiendo que están allí, en el parque?

4. Si un(a) amigo(a) se pasa todo el día frente al televisor comiendo y viendo la tele, ¿qué consejos podrías darle?

5. ¿Qué recomendaciones puedes darle a una persona para que tenga buena salud?

6. Por todo el mundo, nosotros los estadounidenses tenemos la reputación de estar obsesionados por la buena salud y un buen estado físico. En tu opinión, ¿tienen otros países las mismas actitudes hacia esto? ¿Por qué crees eso?

7. ¿Qué vocabulario se necesita para hacer sugerencias o recomendaciones?

8. ¿De qué crees que vamos a hablar en esta lección?

FOTONOVELA
LECTURA ILUSTRADA

✚ Prepárate para leer

Anticipa.   Con frecuencia los jóvenes como tú sufren de cansancio, de insomnio o de comer demasiada chuchería sin darse cuenta y sin remediarlo. ¿Eres tú una de esas personas? Para saberlo, contesta estas preguntas con un(a) compañero(a) de clase.

1. ¿Te sientes cansado(a) con frecuencia? ¿Cuántas horas duermes normalmente? ¿Bostezas constantemente? ¿Te duermes en clase de vez en cuando? ¿Qué lo causará?
2. ¿Sufres de insomnio a veces? ¿Cuánto tardas en dormirte después de acostarte? ¿Crees que duermes suficiente? ¿Por qué?
3. ¿Te gusta comer entre las comidas principales? ¿Qué comes en esos casos, comida nutritiva o chuchería? ¿Por qué?

El refrán de la semana

De médico, poeta y loco, todos tenemos un poco.

Interpretación   ¿Cuál es el significado de este refrán? Explica la relación entre los tres dibujos y el refrán. ¿Se aplica este refrán a ti? ¿Cómo? Pregúntales a tus padres o a tus abuelos si saben de otros refranes con el mismo significado. Si así es, cuéntaselos a la clase.

¡Come bien y haz ejercicio!

1 ¡Despiértate!

Luis y Meche están en su última clase del día.

¿Cómo? ¿Qué pasa?

¡Meche, Meche! ¡Despiértate!

Estabas dormida. Ya terminó la clase.

Bien, es todo por hoy. Hasta mañana. No olviden la tarea. Es preciso entregarla mañana.

Afortunadamente, no.

Gracias por despertarme. No sé por qué siempre estoy tan cansada. ¡Es terrible que me duerma en clase tanto! ¿Me vio la profesora?

¡No me digas! ¡Qué vergüenza!

Ay, no sé qué me pasa.

¡Qué va! Mi problema es todo lo contrario. No puedo dormir de noche.

Ay, ¡qué caballero!

Ah, mira. Ahí está Diana. ¿Las acompaño al metro?

Hola, Diana.

¿Qué hay de nuevo?

¿De Héctor?

Hola, Luis.

Pues, nada. Oye, ¿qué me cuentas de tu hermano, Héctor?

LECCIÓN 1

trescientos cuarenta y nueve **349**

2 ¡No seas así!

Meche y Diana están en camino a casa.

No sabes lo que me pasó en clase hoy. Otra vez me dormí. Luis tuvo que despertarme. ¡Qué vergüenza! ¡Imagínate! No sé qué voy a hacer. Ojalá que no me pase otra vez.

¿No dormiste bien anoche? ¿A qué hora te acostaste?

No es eso. Dormí más de ocho horas.

Entonces, es posible que necesites hacer más ejercicio. El ejercicio te da energía, ¿sabes?

Supongo que tienes razón.

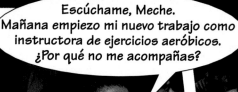

Escúchame, Meche. Mañana empiezo mi nuevo trabajo como instructora de ejercicios aeróbicos. ¿Por qué no me acompañas?

No seas así, Meche.

No sé, estoy demasiado cansada. Además, tengo mucha tarea este fin de semana.

3 ¡Es necesario que hagas ejercicio!

Meche está dormida en su cuarto.

¿Qué te pasa, hija?

No es posible que tengas tanto sueño a esta hora. ¿No dormiste bien anoche?

Sí, mamá. Pero no tengo energía para nada. Hasta me dormí en clase hoy.

¿Qué almorzaste?

Unas papitas fritas, nada más.

¡Meche! Es importante comer comida nutritiva. Y también es necesario que hagas ejercicio todos los días. ¿Por qué no vas mañana con Diana a su clase de ejercicios aeróbicos?

Pero, allí también tienen piscina. Puedes nadar. Eso sí te gusta.

Ay, no me gusta saltar tanto . . . y menos en compañía de otros.

Bueno, sí. Déjame pensarlo, mamá. Quizás vaya con Diana mañana.

4 ¡No comas eso!

Luis está con su mamá en la cocina.

Luis, ¿qué buscas? Ya casi es la hora de la comida.

¿Un refresco y chocolate? ¡Por favor, hijo! No comas más eso. Me dices que no quieres engordar más y mira lo que estás comiendo.

Tienes razón, mamá. Debo tener más cuidado. Voy a ponerme a dieta. Tengo que adelgazar si quiero que las muchachas me presten más atención.

Sólo un refresco, mamá.

¿Por qué no te haces socio del Club Atlético? Creo que tienen piscinas, pesas y clases de ejercicios aeróbicos.

Excelente idea, mamá. Además, es probable que el ejercicio me ayude a dormir mejor de noche, ¿no?

Sí, claro. Además, es mejor que salgas de casa por la tarde y que no veas tanta televisión. Y además, tampoco es bueno que comas tanta chuchería.

Mira la hora que es, hijo. Ven. Ayúdame a poner la mesa.

✦ Verifiquemos e interpretemos

A. Consejos. ¿Quién recibe estos consejos? ¿Meche o Luis?

Meche   **Luis**

1. No es bueno que veas tanta televisión.
2. Es necesario que hagas más ejercicio.
3. No te comas ese chocolate ahora.
4. Es mejor que salgas de casa por la tarde.
5. Es importante comer comida nutritiva.
6. No es bueno que comas tantos dulces.
7. ¿Por qué no te haces socio del Club Atlético?
8. ¿Por qué no me acompañas a la clase de ejercicios aeróbicos?

B. Reflexiona y relaciona. ¿Cómo te relacionas tú con Meche, Diana y Luis? Reflexiona sobre lo ocurrido y relaciónalo a tu vida personal al contestar estas preguntas.

1. ¿Qué le pasó a Meche en clase hoy? ¿Quién la ayudó? ¿Cómo reaccionó ella? ¿Cómo reaccionas tú cuando haces algo parecido? ¿Te preocupas? ¿Te da vergüenza? ¿No te molesta del todo?

2. ¿Cómo recomienda Diana que Meche solucione su problema? ¿Te parece una recomendación válida? ¿Por qué?

3. ¿Qué le aconseja la mamá a Meche? En tu opinión, ¿son buenos sus consejos? ¿Te da buenos consejos tu mamá? ¿Por qué los adultos dan tantos consejos?

4. ¿Por qué recomienda la mamá de Luis que su hijo se haga socio del Club Atlético? ¿Cómo reacciona Luis a esta idea? ¿Eres socio(a) o te gustaría hacerte socio(a) de un club atlético? ¿Por qué?

5. ¿Qué beneficios ve Luis en hacer ejercicio? ¿Qué beneficios ve su madre? ¿Haces tú ejercicio con regularidad? ¿Qué tipo de ejercicio haces? Luis dice que va a ponerse a dieta. ¿Te has puesto tú a dieta alguna vez? ¿Cuándo? ¿Cuál fue el resultado? ¿Estás a dieta ahora? ¿Crees que las dietas funcionan? ¿Por qué?

CONVERSEMOS UN RATO

A. Galletitas de fortuna.   Tú trabajas en una panadería china donde tu responsabilidad es escribir fortunas para poner en las galletitas de fortuna. Es importante siempre escribir fortunas positivas y negativas. Escribe unas diez fortunas. Luego léeselas a un(a) compañero(a) y escucha las suyas. Léele a la clase las más interesantes.

B. ¡Necesito sus consejos!   ¿Tienes algún problema ahora? Pues, ésta es tu oportunidad para recibir consejos de tus compañeros de clase. Escribe una breve descripción de tu problema en media hoja de papel pero no firmes tu nombre —todos los problemas deben ser anónimos. Tu profesor(a) va a recoger todos los problemas y va a leerlos uno por uno para que toda la clase pueda aconsejarte.

EJEMPLO   *Problema:*   **Mis padres no me permiten salir de noche durante la semana.**

Clase: **Es mejor que pidas permiso para salir una o dos veces al mes, nada más.**
o
Es posible que tus padres tengan razón. Debes quedarte en casa a estudiar.

C. **¡Recién llegados!**   Unos primos tuyos son recién llegados a EE.UU. y tú decides darles consejos para ayudarlos a adaptarse a la vida en este país. Prepara una lista por escrito de lo que les vas a aconsejar. Luego, léesela a un(a) compañero(a) de clase y escucha sus consejos. Informa a la clase de los consejos más apropiados que se dieron.

EJEMPLO   **Es importante que aprendan a hablar inglés cuanto antes posible.**

D. **¡Ojalá gane!**   Tu mejor amiga es candidata en las elecciones de "Reina del otoño". Ahora tú y tus amigos están hablando de lo que deben hacer para ayudarla a ganar. Dramaticen su discusión.

Antes de empezar

A. Probablemente... Antes de leer la lectura, indica cuál de las siguientes posibilidades es la más probable, en tu opinión.

1. Los musulmanes conquistaron y controlaron gran parte de la Península Ibérica por casi 800 años, desde 711 hasta 1492.
   - **a.** Obviamente, hay mucha influencia árabe en la cultura española.
   - **b.** Hay muy poca influencia árabe en España por la falta de tolerancia religiosa de parte de los musulmanes y los cristianos.

2. Durante los 800 años de la época musulmana, tres grupos étnicos y religiosos diferentes tuvieron que convivir, o vivir juntos.
   - **a.** Fue una época muy difícil durante la cual hubo muy poco progreso en España porque los tres grupos estaban en guerra constantemente.
   - **b.** Gracias a la tolerancia de los árabes, los tres grupos pudieron trabajar juntos y lograron hacer grandes avances en educación, ciencias y literatura.

3. Fuera de España, los árabes no tuvieron buenas relaciones con los países europeos.
   - **a.** Por eso los musulmanes nunca compartieron sus conocimientos científicos y técnicos con los países del occidente.
   - **b.** Sabían mucho de las ciencias y el comercio y compartían sus conocimientos con los muchos visitantes de otros países europeos a España.

4. En la arquitectura árabe de esa época son notables los motivos florales, geométricos o caligráficos, el arco de herradura y las paredes cubiertas de azulejos.
   - **a.** Pero cuando los reyes católicos, Fernando e Isabel, reconquistaron España en 1492, destruyeron todos los edificios árabes, en particular los palacios y templos musulmanes.
   - **b.** Por eso en la España de hoy podemos ver grandes mezquitas y hermosos palacios musulmanes.

Estados islámicos en la Península Ibérica

OCÉANO ATLÁNTICO · León · Pamplona · GASCUÑA · Narbonne · Zamora · Zaragoza · Barcelona · Duero · Salamanca · Madrid · Toledo · Islas Baleares · Lisboa · Córdoba · Sevilla · Guadalquivir · Granada · MAR MEDITERRÁNEO · Ceuta

0 100 millas
0 100 kilómetros

☐ Estados islámicos
☐ Estados cristianos

B. Influencias. En Estados Unidos hay influencias de las culturas que han vivido en el país. Esta influencia se ve en muchos lugares.

1. ¿Quiénes estaban aquí al llegar los europeos? Nombra algunos lugares, ríos o montañas en Estados Unidos que tengan nombres indígenas.
2. ¿Qué partes de Estados Unidos fueron exploradas por los españoles? ¿Por qué crees que fueron a estos sitios?
3. ¿Dónde puedes ver la influencia francesa en Estados Unidos?
4. ¿Cuál es el origen del nombre de tu estado? ¿de tu pueblo? ¿Qué significa?

INTERNET
Enlaces con el tema
www.mcdougallittell.com

España,

*tierra de moros** *musulmanes*

Grupos musulmanes* de Asia y África invadieron y conquistaron la Península Ibérica en el año 711 d. de J.C. trayendo con ellos su gran cultura, sin duda una de las más extraordinarias en la historia del mundo. En un largo período que duró ocho siglos, es decir, hasta 1492, los árabes dejaron en la Península una riquísima herencia de conocimientos* científicos, filosóficos y artísticos. Durante este período se fundaron las primeras universidades de la Península y de Europa, y varias ciudades españolas, como Granada, ❶ Sevilla ❷ y Toledo,❸ se convirtieron en las ciudades más avanzadas del continente europeo.

Gracias a la tolerancia religiosa de los árabes, esta etapa* de dominio árabe en España se caracterizó por la convivencia* entre principalmente tres diferentes grupos étnicos y religiosos: los judíos,* los musulmanes y los cristianos. En muchos casos hubo fusión de culturas, como la de los españoles cristianos y los árabes, creando un nuevo grupo: los hispanoárabes.

Los sabios* hispanoárabes imitaron a sus maestros árabes y crearon bibliotecas y escuelas como la famosa escuela de traductores de la ciudad de Toledo. En ésta se reunían musulmanes, judíos y cristianos para traducir al latín y al hebreo los conocimientos de matemáticas, astronomía, medicina, física y química aprendidos de la cultura árabe. Hacia 1218, el rey cristiano Alfonso IX de León fundó la Universidad de Salamanca,❹ la primera de España.

Esta etapa de la historia española significó una apertura* hacia el resto del mundo debido en parte al florecimiento agrícola e industrial y de actividad comercial. Por medio de estas relaciones comerciales, empezaron a propagarse* rápidamente numerosos adelantos* científicos y técnicos que llegaban a la Península del Oriente musulmán.

1 árabes que creen en Islam

entendimiento

período
vivir juntos
israelitas

eruditos/
personas
que saben
mucho

entrada
y salida

reproducirse
progresos

En las letras, la cultura árabe fue una de las más literarias de todos los tiempos. Cultivaron la poesía y el canto,* que eran muy importantes para la educación. En la poesía hispanoárabe se incorporaron elementos de la poesía árabe como los temas de guerra y amor. En poemas bilingües llamados *muwashshahas,* se intercalan versos árabes y *jarchas.** En prosa, los escritores hispanoárabes demostraron mucho interés por los cuentos y fábulas orientales. En la lengua española, el árabe ha tenido una gran influencia, empezando por la expresión "ojalá" (*Washah Allah* = quiera Dios) y continuando con un sinnúmero de palabras de agricultura, ciencias y arquitectura: *alfalfa, algodón, acequia, albaricoque, almendra, alcohol, alquimia, álgebra, albaja, alcázar, alfombra, almohada...*

En la arquitectura, los hispanoárabes también se inspiraron en ejemplos orientales. En los edificios construidos en esta época se pueden notar los motivos florales, geométricos o caligráficos. **5** También se observan el arco de herradura y las paredes cubiertas de azulejos.* Los ejemplos más hermosos de arquitectura son la mezquita* de Córdoba **6** y el palacio de Medina az-Zahra de los siglos VIII y IX. De los siglos XI y XII están la mezquita de Sevilla con su famosa Giralda y, en la misma ciudad, la llamada Torre de Oro **7** junto al río Guadalquivir. De los siglos XIII y XIV se conservan en Granada el famoso palacio de la Alhambra **8** y el Generalife.

el arte de cantar

canciones cortas en español

ladrillo de colores edificio religioso

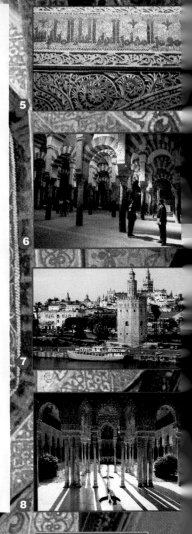

INTERNET
Enlaces/actividades
www.mcdougallittell.com

Verifiquemos

1. Vuelve a la actividad **A** de **Antes de empezar** y decide si tus respuestas originales fueron correctas o no.
2. Dibuja una puerta en la forma de arco de herradura. ¿Por qué crees que los árabes construyeron estos tipos de puertas?
3. Haz un esquema araña, como el de la página 376 de la **Unidad 5,** indicando las contribuciones de los árabes en *(a)* educación, *(b)* arquitectura, *(c)* literatura y *(d)* lengua.
4. ¿Qué aspecto de la civilización árabe te interesa más? ¿Por qué?
5. Compara la convivencia de los distintos grupos étnicos de la España musulmana con la convivencia multicultural de Estados Unidos de hoy.

LENGUA EN USO

Lenguas en contacto: Influencia del árabe

Una de las lenguas que más ha influido en el desarrollo de la lengua española es el árabe. Esta influencia se explica por el contacto que tuvo el español con el árabe durante los casi ochocientos años de ocupación árabe en la Península Ibérica. La cultura árabe influyó en todos los aspectos principales de la cultura de la península: el gobierno, la cocina, las ciencias, las artes, la vida diaria y, en particular, el idioma español. Muchas palabras en español que empiezan con *al* son palabras que vienen del árabe.

alberca	alguacil
alcalde	almohada
alcancía	

La guitarra es un instrumento musical que se identifica con la música típicamente española. Aunque el origen de este instrumento es incierto, parece derivar de la cítara grecolatina; muestra también influencias árabes. El nombre del instrumento, **guitarra**, es un nombre español que se deriva de la palabra árabe *kizara*.

La palabra *guitarra* se deriva de la palabra árabe *kizara*.

Los nombres de muchas localidades geográficas en España se derivan del árabe, por ejemplo, el río **Guadalquivir** que pasa por Sevilla, el palacio de la **Alhambra** de Granada, los nombres de muchas ciudades como **Madrid** y **Guadalajara,** la región autónoma de **Andalucía,** la sierra de **Guadalupe,** entre otros muchos nombres geográficos.

El Río Guadalquivir toma su nombre del árabe.

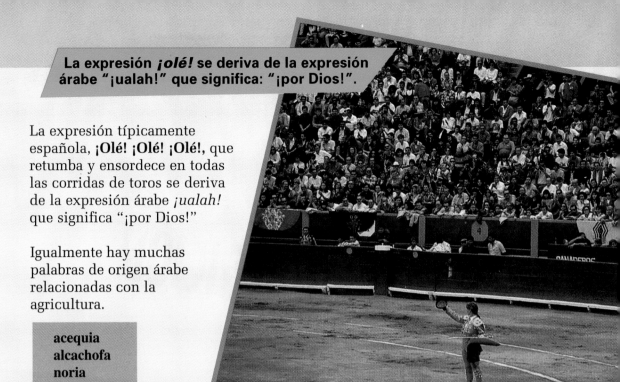

La expresión *¡olé!* se deriva de la expresión árabe "¡ualah!" que significa: "¡por Dios!".

La expresión típicamente española, **¡Olé! ¡Olé! ¡Olé!**, que retumba y ensordece en todas las corridas de toros se deriva de la expresión árabe *¡ualah!* que significa "¡por Dios!"

Igualmente hay muchas palabras de origen árabe relacionadas con la agricultura.

acequia
alcachofa
noria
sandía
zanahoria

Verifiquemos

Palabras árabes y españolas. A continuación hay dos listas. La primera es de palabras árabes, la segunda es de las palabras españolas equivalentes. Pon la letra de cada palabra española al lado de la palabra árabe correspondiente de la cual se deriva.

ÁRABE	ESPAÑOL
_____ 1. *alcobba*	**a.** albaricoque
_____ 2. *alquiré*	**b.** aceituna
_____ 3. *albóndoca*	**c.** almacén
_____ 4. *alcotón*	**d.** alfombra
_____ 5. *lazurd*	**e.** naranja
_____ 6. *alfazfaza*	**f.** alfiler
_____ 7. *albarcoc*	**g.** ojalá
_____ 8. *aljilel*	**h.** alcoba
_____ 9. *naranch*	**i.** albóndiga
_____ 10. *alchebr*	**j.** algodón
_____ 11. *almajzen*	**k.** almanaque
_____ 12. *aljomra*	**l.** álgebra
_____ 13. *azeituna*	**m.** alfalfa
_____ 14. *ua xa Alah*	**n.** azul
_____ 15. *almanaj*	**o.** alquiler

TÚ Y LA NUTRICIÓN

VERDELECHO — Restaurante Naturista

PLATOS PRINCIPALES

		CALORÍAS
PIMIENTOS RELLENOS CON LEGUMBRES Y ARROZ SALVAJE	Bs. 800	215
PECHUGA DE PAVO CON SALSA DE NUECES	Bs. 1050	947
PECHUGA DE POLLO CON COULIS DE TOMATES	Bs. 930	448
GULASH DE LEGUMBRES CON SPAETZLI	Bs. 745	94
FILETE DE ATÚN CON SALSA "NAIGUATA"	Bs. 1110	32
LOS PLATOS ANTERIORES SON SERVIDOS CON VEGETALES FRESCOS, ARROZ O PAPAS		56 / 1 Cada Racic

ENTRADAS FRÍAS

		CALORÍAS
TERRINA DE COLIFLOR Y BRÓCOLIS SOBRE ENSALADA DE VEGETALES CHINOS	Bs. 870	340
PLATO DE FRUTAS TROPICALES CON QUESO RICOTTA	Bs. 555	239
ENSALADA DE ATÚN "VERDELECHO"	Bs. 870	264

ENTRADAS CALIENTES

QUICHE PROVENÇALE SOBRE PURÉ DE TOMATES	Bs. 555	349
OMELETTE DE ESPÁRRAGOS U HONGOS	Bs. 625	289/279
CREPE DE ESPINACAS, BERROS Y HIERBAS	Bs. 415	402

SOPAS

GAZPACHO ANDALUZ	Bs. 470	98
SOPA DE LENTEJAS CON PLÁTANOS	Bs. 415	163
CALDO DE POLLO CON LEGUMBRES	Bs. 415	165

POSTRES

TORTA DE PIÑA	Bs. 410
TORTA DE FRUTAS	Bs. 410
COCTEL DE FRUTAS CON QUESO RICOTTA	Bs. 325
GELATINA DE FRESAS	Bs. 315

Restaurante Naturista VERDELECH

¿**Qué** piensas tú?

1. ¿Qué comidas reconoces en este menú? ¿Puedes adivinar qué son algunas de las otras comidas?

2. Tu mejor amigo(a) está a dieta porque quiere perder peso. ¿Qué comidas del menú le recomendarías? Otro amigo sólo quiere comer comida saludable. ¿Qué comidas le recomendarías? ¿Por qué?

3. Si un amigo venezolano viene a visitarte, ¿cuáles son algunas cosas de la cultura norteamericana que vas a tener que explicarle? ¿Qué le puedes recomendar que vea y haga en tu ciudad? ¿Qué restaurante le puedes recomendar? ¿Cuáles de las selecciones del menú recomendarías? ¿Por qué?

4. ¿A quién le pides consejos cuando los necesitas? ¿A quién le das consejos, aun cuando no te los piden?

5. ¿De qué país crees que son estos tres edificios? ¿Por qué? ¿Para qué crees que se usaron los edificios originalmente? ¿Por qué? ¿Por qué crees que hay diferencias tan grandes entre la arquitectura de estos edificios? ¿Qué pudo haber causado estas diferencias?

6. ¿Qué sabes tú de la invasión de España por los árabes? ¿Cuándo ocurrió? ¿Cuánto tiempo estuvieron los árabes en España? ¿Qué más puedes decir de esta época?

7. Piensa en cómo contestaste estas preguntas y di de qué crees que vamos a hablar en esta lección.

FOTONOVELA
LECTURA ILUSTRADA

✚ *Prepárate para leer*

Anticipa. En este episodio Luis y Meche deciden ir a la clase de ejercicios aeróbicos de Diana. ¿Qué opinas tú sobre clases de ejercicios?

1. ¿Eres miembro de algún club atlético? ¿Son caros estos clubes? ¿Cuánto cuesta ser miembro por mes?
2. ¿Es posible hacer el mismo tipo de ejercicio en casa? ¿Por qué sí o por qué no? ¿Dónde harías más ejercicio, en casa o en un club atlético? ¿Por qué dices eso?
3. Además del beneficio de ejercicio, ¿cuáles son otras razones por las que tantas personas van a clubes atléticos?

El refrán de la semana

**Quien canta,
sus males espanta.**

Interpretación Explica el significado de este refrán. ¿Crees que una canción alegre puede ayudar a personas a olvidar sus enfermedades? Relaciona el dibujo al refrán. Explica otras situaciones donde podrías usar este refrán. ¿Sabes de algún refrán en inglés o en español con el mismo significado?

La buena salud

1 No tengo ganas.

Anímate, chica. ¿Por qué no vienes conmigo, Meche?

Ay, no sé, Diana. No tengo ganas.

Tu hermana tiene razón, Meche. Acompáñala.

¿Por qué insisten tanto en que vaya?

¿Ah, sí? Pues, quizás no sea tan mala idea. Sí, voy contigo. En dos minutos estoy lista.

Porque te vas a sentir mejor, Meche. Ya verás. Además, conoces a muchas personas allí—Chela, Salvador, Luis...

Te espero.

2 Es un buen comienzo.

.. dos, tres, cuatro y ya. xcelente! Ahora respiren profundamente.

Antes de terminar, acérquense, que necesito darles unos consejos.

¡Ufa! Estoy muerta.

Yo también.

Bueno, es un buen comienzo. Pero el ejercicio no es suficiente para la buena salud.

Es también importante la nutrición.

...pan, productos lácteos como la leche y el queso. Y sugiero que eviten las comidas grasosas y los dulces.

Les recomiendo que sigan todos una dieta balanceada de frutas, vegetales, carne, ...

¡Ay, no! ¡Ay!

Y es bueno beber por lo menos dos litros de líquido cada día.

¿Esto incluye el café?

Es recomendable que durmamos ocho horas.

En realidad, no deben tomar mucho café. Es preferible que beban jugos y agua. El café puede quitarles el sueño—otro factor importantísimo para la buena salud.

Es buena excusa para no terminar la tarea.

¡Qué lista eres!

3 ## Recomiendo que sigas mis consejos.

¡Ayyy! ¡Me duele todo el cuerpo! Nunca voy a llegar a casa. Apenas puedo caminar.

Las papitas fritas también son vegetales, ¿no?

Yo tampoco. Sobre todo me duelen las piernas.

Y tengo un hambre feroz. Pero no me gusta nada la idea de comer tantos vegetales y frutas.

Ay, Luis, sí, son vegetales, pero las papitas fritas tienen mucha grasa y sal. Es mejor que no las comas.

¡Uf! Otra de mis comidas favoritas que no debo comer. ¡Qué barbaridad!

Pues, si te importa la salud, recomiendo que sigas mis consejos.

Está bien, Diana.

A propósito, Luis, ¿por qué no viene tu hermano, Héctor, a estas clases?

No sé.

4 Clara Consejera lo sabe todo.

Un poco más tarde…

Es simpático pero un poco joven, ¿no crees?

Para ti, quizás, pero no para mí. ¿No te parece muy guapo y fascinante?

Bueno, no es para tanto. Es buen mozo. ¿Por qué? ¿Te gusta?

Diana, ¿qué piensas de Luis?

Muchísimo. Pero ni hace caso. Para él, simplemente soy otra amiga. No sé qué hacer para llamarle la atención.

Hmmm. No sé qué aconsejarte. Pero mira, ¿por qué no le escribes a Clara Consejera?

Ella siempre da excelentes consejos y contesta en seguida. Es muy buena.

¿Clara? ¿La consejera del periódico? ¡Qué buena idea! Lo voy a hacer ahora mismo.

✚ Verifiquemos e interpretemos

A. Consejos. ¿Qué le aconseja Diana a los estudiantes en la clase de ejercicios aeróbicos?

1. "El café puede..."
2. "El sueño es..."
3. "El ejercicio no es suficiente..."
4. "Es bueno beber..."
5. "Es recomendable que duerman..."
6. "Es importante..."
7. "Les recomiendo que sigan todos..."
8. "Sugiero que eviten comidas..."

a. dos litros de líquido cada día.
b. grasosas y los dulces.
c. importantísimo para la salud.
d. la nutrición.
e. una dieta balanceada.
f. para la buena salud.
g. quitarles el sueño.
h. ocho horas.

B. Reflexiona y relaciona. Contesta estas preguntas para ver qué tienes en común con los personajes de la fotonovela.

1. ¿Adónde quieren Diana y su mamá que vaya Meche? ¿Cómo la convencen de que vaya? ¿Aceptas tú el hacer algo que no quieres hacer para poder encontrarte con un novio o una novia?
2. ¿Crees que Diana es buena instructora de ejercicios aeróbicos? ¿Por qué? ¿Qué consejos les dio a sus estudiantes? ¿Cuáles de esos consejos ya haces tú todo el tiempo? ¿Cuáles reconoces que debes empezar a seguir?
3. ¿Cómo se sienten Luis y Meche después de hacer los ejercicios? ¿Por qué dice Diana que las papitas fritas no son muy saludables? ¿Te gustan las papitas fritas? ¿Las comes con frecuencia? ¿Crees que Luis tiene intereses románticos en Diana? ¿Por qué crees eso? ¿Está Diana interesada en Luis? ¿Cómo lo sabes?
4. ¿Qué opina Meche de Luis? ¿Qué opina Diana? ¿Cuál es el problema de Meche? ¿Qué le aconseja Diana? ¿A quién le pides consejos tú cuando los necesitas? ¿a un(a) amigo(a)? ¿a tus padres? ¿a un(a) maestro(a) o a un clérigo? ¿a un(a) consejero(a)?

C. Predicción. Al final de este episodio de la fotonovela, Meche decide escribirle una carta a Clara Consejera, la consejera del periódico. ¿Qué crees que Meche le va a decir en su carta a Clara Consejera? Usa tu imaginación y con la ayuda de un(a) compañero(a) de clase escribe una versión de la carta que crees que Meche escribiría. O si prefieres, escribe una versión de la carta que crees que Luis le escribiría a Clara Consejera si él se decidiera pedir consejos.

Conclusión de la fotonovela

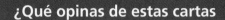

¿Qué opinas de estas cartas

que recibió Clara Consejera?

Querida Clara Consejera:

Espero que me pueda ayudar con mi problema. Estoy muy enamorada de un amigo mío, pero él no se da cuenta de mi amor. No me considera más que una amiga aunque nos vemos muy a menudo. Estamos en el mismo colegio y a veces me acompaña a casa después de las clases. Sin embargo, me trata como a una hermana.

Fui a una clase de ejercicios aeróbicos y ahora estoy poniéndome en línea, pero el muchacho de mis sueños no se fija en mí. ¿Qué debo hacer? Ayúdeme. Temo que nunca me vaya a hacer caso. ¿Qué me aconseja, Clara Consejera? Yo sé que me puede ayudar.

Sola y triste

Querida Clara Consejera:

Tengo un problema romántico. Estoy enamorado de la hermana de una amiga mía. Ella es mayor que yo y me trata como a un niño. Me molesta que no me vea como hombre. Asisto a su clase de ejercicios aeróbicos (ella es instructora) y sigo todos sus consejos pero no me da resultados con ella.

Además, cuando trato de hablar a solas con ella, siempre está su hermana menor. Tengo miedo de que su hermana esté enamorándose de mí. Ella es muy simpática, pero no me atrae igual que su hermana mayor. Por eso necesito sus consejos. ¿Cómo puedo llamar la atención de la hermana mayor? ¿Y qué debo hacer con la menor para no lastimarla y no causar problemas entre las dos?

Hay otra complicación también. Ya le dije a un amigo de El Paso, Texas en EE.UU. que tengo novia y es posible que él venga a visitarme este verano. ¿Qué le voy a decir si viene?

Espero que me pueda contestar pronto porque no veo ninguna solución.

Desesperado

Querida Clara Consejera:

Tengo un problema un poco complicado. Pero estoy segura que Ud. me puede ayudar.

Éste es mi problema. Un joven, estudiante universitario, me interesa mucho, pero nunca lo veo porque estudio en el colegio todavía. Conozco a su hermano menor y siempre le pregunto por mi amor, pero él nunca me dice mucho.

Además, temo que el hermano menor esté enamorado de mí. Esto a pesar de que mi hermana menor está loca por él. ¿Qué puedo hacer para desenredar esta situación?

¿Cómo puedo interesar al hermano mayor? ¿Debo escribirle una carta y declarar mis sentimientos? ¿O debo hablar con el hermano menor? ¿Qué recomienda que haga? Ayúdeme, por favor.

Confundida

✚ *Verifiquemos e interpretemos*

A. Problemas.   ¿Quién tiene estos problemas?

Sola y triste   **Desesperado**   **Confundida**

1. "¿Debo escribirle una carta y declarar mis sentimientos?"
2. "¿Y qué debo hacer con la menor para no lastimarla?"
3. "El muchacho de mis sueños no se fija en mí".
4. "Me molesta que no me vea como hombre".
5. "Me trata como a una hermana".
6. "Sigo todos sus consejos pero no me da resultados".
7. "Temo que el hermano menor esté enamorado de mí".
8. "Un joven, estudiante universitario, me interesa mucho".

B. Problemas y soluciones.   En una hoja de papel duplica este cuadro y úsalo para comparar los problemas y soluciones que buscan Meche, Luis y Diana. Luego, anota tú los consejos que tú crees que Clara Consejera les daría al contestar sus cartas.

	Sola y triste	Desesperado	Confundida
Mi problema es que...			
La solución que quiero es...			
Lo que Clara Consejera aconseja es...			

CONVERSEMOS UN RATO

A. Ayudantes. El conserje de tu escuela está enfermo y tú y un(a) compañero(a) de clase se ofrecen a ayudar a limpiar la sala de clase. Antes de empezar, deciden dividir el trabajo. Usen los dibujos que les va a dar su profesor(a) para decidir lo que cada uno quiere que el otro haga.

B. En un café americano. Tú invitas a un(a) amigo(a) recién llegado de la República Dominicana a comer en tu restaurante favorito. Cuando le recomiendas ciertas comidas típicas y le explicas lo que son, tu nuevo(a) amigo(a) reacciona con sorpresa y cierto disgusto. Tú sigues recomendando hasta encontrar algo que le guste. Dramatiza la situación con un(a) compañero(a) de clase.

C. Comida saludable. ¿Normalmente comen ustedes comida saludable? Para saberlo, completa el diagrama Venn que tu profesor(a) te va a dar. En la columna a la derecha, prepara una lista de todo lo que jóvenes típicamente comen durante la semana. En la de la izquierda, prepara una lista de toda la comida saludable que puedes nombrar. En la del centro escribe todas las comidas saludables que ocurren en ambas listas. Compara tu diagrama con el de dos compañeros e informa a la clase qué comidas saludables comen todos.

D. Dramatización. Su profesor(a) de español piensa darles un examen el viernes pero tú y dos compañeros quieren convencerlo(la) que no les dé el examen hasta el lunes próximo. Ahora están hablando de cómo lo van a hacer. Dramaticen su conversación.

E. ¡Por favor! Tú y tu amigo(a) están discutiendo cómo pueden convencer a sus padres que les den permiso de ir al cine esta noche. Dramaticen la conversación.

✤Prepárate para leer

A. Tu mascota preferida.   La mayoría de los jóvenes han tenido, tienen o desean tener una mascota o animal preferido. Reflexiona un poco sobre la mascota que tú tuviste, tienes o deseas tener al contestar estas preguntas.

1. ¿Cuáles son las cualidades que más te gustan o gustaban de tu mascota? Si no has tenido mascota, ¿qué cualidades buscarías en la mascota ideal? Prepara una lista de por lo menos cinco o más adjetivos o cualidades que ese animal debe tener en tu opinión.

2. Cuéntale a un(a) compañero(a) un suceso especial que recuerdes de tu mascota o animal preferido. Puede ser un recuerdo de algo chistoso que hizo tu mascota o puedes ser creativo(a) e imaginarte un evento que te gustaría que hiciera tu mascota.

3. Discute las ventajas y desventajas de tener cada uno de los siguientes animales como mascotas. ¿Cuál prefieres? ¿Por qué? Explica.

B. **Vocabulario en contexto.** Lee estas oraciones. Las palabras en **negrilla** aparecen en la lectura. Discute su significado con un(a) compañero(a) de clase.

1. El burro nos dio un beso con el **hocico** y nosotros le dimos algo de comer.
2. Las flores eran azules y **gualdas,** más bien del color de un limón bien maduro.
3. Cuando lo llamo, siempre viene con un **trotecillo** alegre, un suave correr.
4. Dice que para participar en el teatro griego, va a tener que aprender a tocar la **lira.** ¡Te imaginas! ¡Nadie toca ese instrumento ahora!
5. Las gotas de lluvia en su pelo formaban **campanillas** antes de caer y reventarse.
6. De repente, el **rebuzno** del asno nos despertó. Parecía decirnos que era hora de levantarnos.
7. Le pusieron una corona de flores **níveas,** como estrellitas de nieve.
8. Al final de la película los dos se fueron caminando al **ocaso,** hasta que desapareció el sol y todo quedó oscuro.

CONOZCAMOS AL AUTOR

Juan Ramón Jiménez es uno de los poetas españoles más reconocidos del siglo XX. Nació en Moguer, en la provincia andaluza de Huelva en 1881. Su infancia en Moguer lo inspiraría después a escribir el bello relato autobiográfico *Platero y yo* (1914). Su obra poética encuentra una gran belleza en una forma sencilla llena de musicalidad. En 1936 abandonó España y vivió por años en Cuba, Estados Unidos y Puerto Rico. Murió en San Juan, Puerto Rico en 1958, dos años después de ser galardonado con el Premio Nóbel de Literatura en 1956.

Platero y yo

— Platero —

Platero es pequeño, peludo, suave; tan blando por fuera, que se diría todo de algodón, que no lleva huesos. Sólo los espejos de azabache* de sus ojos son duros cual dos escarabajos[1] de cristal negro.

Lo dejo suelto y se va al prado, y acaricia tibiamente con su hocico, rozándolas apenas, las flores rosas, celestes y gualdas… Lo llamo dulcemente: "¿Platero?", y viene a mí con un trotecillo alegre que parece que se ríe, en no sé qué cascabeleo* ideal…

Come cuanto le doy. Le gustan las naranjas, mandarinas, las uvas moscateles, todas de ámbar; los higos morados, con su cristalina gotita de miel…

Es tierno y mimoso* igual que un niño, que una niña…; pero fuerte y seco por dentro, como de piedra. Cuando paso sobre él, los domingos, por las últimas callejas del pueblo, los hombres del campo, vestidos de limpio y despaciosos, se quedan mirándolo:

—Tien'asero…

Tiene acero*. Acero y plata de luna, al mismo tiempo.

azabache *de color negro*   **cascabeleo** *ruido de campanitas*   **mimoso** *consentido, delicado*
acero *hierro, metal*

Idilio de abril

Los niños han ido con Platero al arroyo de los chopos,❷ y ahora lo traen trotando, entre juegos sin razón y risas desproporcionadas, todo cargado de flores amarillas. Allá abajo les ha llovido— aquella nube fugaz que veló el prado verde con sus hilos de oro y plata, en los que tembló, como en una lira de llanto, el arco iris—.❸ Y sobre la empapada lana del asnucho, las campanillas mojadas gotean todavía.

¡Idilio fresco, alegre, sentimental! ¡Hasta el rebuzno de Platero se hace tierno bajo la dulce carga llovida! De cuando en cuando, vuelve la cabeza y arranca las flores a las que su bocota alcanza. Las campanillas, níveas y gualdas le cuelgan, un momento, entre el blanco babear* verdoso y luego se le van a la barrigota cinchada. ¡Quién, como tú, Platero, pudiera comer flores… y que no le hicieran daño!

¡Tarde equívoca de abril!… Los ojos brillantes y vivos de Platero copian toda la hora de sol y lluvia, en cuyo ocaso, sobre el campo de San Juan, se ve llover, deshilachada*, otra nube rosa.

La niña chica

La niña chica era la gloria de Platero. En cuanto la veía venir hacia él, entre las lilas*, con su vestidillo blanco y su sombrero de arroz, llamándolo dengosa:* —¡Platero, Plateriiillo—, el asnucho quería partir la cuerda, y saltaba igual que un niño, y rebuznaba loco.

Ella, en una confianza ciega, pasaba una vez y otra bajo él, y le pegaba patauitas, y le dejaba la mano, nardo cándido, en aquella bocaza rosa, almenada* de grandes dientes amarillos; o, cogiéndole las orejas, que él ponía a su alcance, lo llamaba con todas las variaciones mimosas de su nombre: —¡Platero! ¡Platerón! ¡Platerillo! ¡Platerete! ¡Platerucho!

babear *echar la baba* **deshilachada** *deshecha* **lilas** *tipo de árbol* **dengosa** *delicadamente* **almenada** *coronada*

En los largos días en que la niña navegó en su cuna alba*, río abajo, hacia la muerte, nadie se acordaba de Platero. Ella, en su delirio, lo llamaba triste: ¡Plateriiillo!... Desde la casa oscura y llena de suspiros, se oía, a veces, la lejana llamada lastimera del amigo. ¡Oh estío melancólico!

¡Qué lujo puso Dios en ti, tarde del entierro! Setiembre, rosa y oro, como ahora, declinaba. Desde el cementerio, ¡cómo resonaba la campana de vuelta en el ocaso abierto, camino de la gloria!… Volví por las tapias, solo y mustio, entré en la casa por la puerta del corral y, huyendo de los hombres, me fui a la cuadra y me senté a pensar, con Platero.

cuna alba *cama de niña*

✚Analicemos y discutamos

A. Análisis literario: Voz narrativa. Aplica lo que ya sabes de voz narrativa al contestar estas preguntas.

1. ¿En qué persona está la voz narrativa de estos relatos de *Platero y yo?* ¿Cómo puedes darte cuenta de esto?

2. ¿Es la voz narrativa de este cuento la voz de uno de los personajes de esos relatos? ¿Cómo lo sabes?

3. En tu opinión, ¿quién narra los relatos? ¿Por qué crees eso?

B. Esquema araña. Es interesante observar como el autor usa diferentes palabras descriptivas para crear en sus relatos un tono lírico donde se expresan diferentes emociones íntimas tanto de alegría como de tristeza. Completa este esquema araña con las palabras descriptivas que usa el autor para describir a Platero en las primeras dos secciones y a la niña en la tercera sección. Las primeras ya están indicadas.

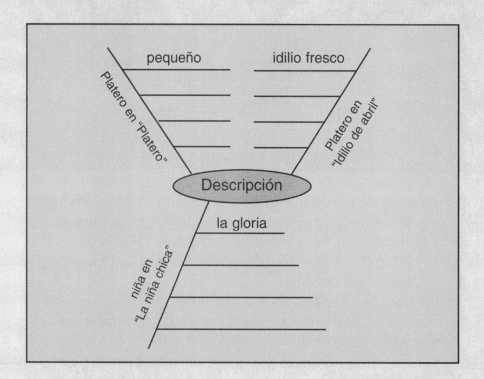

INTERNET
Más lecturas
www.mcdougallittell.com

C. Discusión. Contesta las siguientes preguntas.

1. ¿Qué tipo de relación se describe en el primer relato, "Platero", entre Platero y la voz narrativa? Justifica tu respuesta.

2. ¿Cómo interpretas el fragmento donde el autor describe a Platero: "Es tierno y mimoso igual que un niño, que una niña...; pero fuerte y seco por dentro, como de piedra"?

3. Abril es un mes que se identifica con la primavera. ¿Cómo se describe este mes en el segundo relato, "Idilio de abril"? ¿Cómo se indica que abril es la estación de las flores?

4. ¿Qué le pasa a la niña en el tercer relato, "La niña chica"?

5. ¿Qué hace el narrador al final de este relato? ¿En qué piensa? ¿Por qué busca la compañía de Platero?

6. ¿Qué piensas del título, *Platero y yo*, para estos relatos? Piensa por lo menos en otro título original que la obra podría tener.

Diminutivos y aumentativos

Los diminutivos y aumentativos son *sufijos* que se añaden al final de la raíz de una palabra para formar otra palabra de significado diferente. Por ejemplo, la niña de *Platero y yo* usa variaciones del nombre del burrito para demostrar su cariño: "¡Platero! ¡Plater**ón**! ¡Plater**illo**! ¡Plater**ete**! ¡Plater**ucho**!" Las terminaciones **-ón, -illo, -ete, -ucho** son *sufijos* que se han añadido al nombre **Platero**.

ESTA NAVIDAD NO SÓLO EL ARBOLITO BRILLARÁ.

Para una ocasión especial ... un regalo especial. Elegantes **vestiditos** y **trajecitos** para niños y niñas. Todo para que luzcan como **estrellitas**.

Los diminutivos

En español los diminutivos se usan para expresar tamaño pequeño y también para comunicar cariño o afecto, y sarcasmo o ironía. Los diminutivos más comunes se forman añadiendo los siguientes sufijos: **-ito/-ita, -illo/-illa, -cito/-cita, -cillo/-cilla.** Las primeras terminaciones **-ito/-ita** e **-illo/-illa,** generalmente se usan con palabras que terminan en **o, a** o **l.** Las terminaciones **-cito/-cita** y **-cillo/-cilla** se usan con las palabras que terminan con otras letras, menos **o, a** o **l.**

Verifiquemos

A. Literatura infantil. En la literatura infantil es común el uso de diminutivos y aumentativos para expresar cariño y ternura. En los relatos de *Platero y yo* que has leído en esta lección hay varios ejemplos de diminutivos y aumentativos. Encuentra la palabra de la cual se derivan los siguientes diminutivos o aumentativos e identifica el sufijo que se le ha añadido a la raíz.

EJEMPLO   gotita

PALABRA	SUFIJO
gota	**-ita**

1. campanillas
2. barrigota
3. vestidillo
4. asnucho
5. bocota
6. padaditas
7. trotecillo

Palabras que terminan en -o, -a, -l		Palabras que no terminan en -o, -a, -l	
dedo	dedito dedillo	melón	meloncito meloncillo
pluma	plumita plumilla	flor	florecita florecilla
árbol	arbolito arbolillo	traje	trajecito trajecillo

Los aumentativos

En español los aumentativos se usan para expresar tamaño grande, y también para comunicar ironía o una actitud despectiva. Los aumentativos más comunes se forman añadiendo los siguientes sufijos: **-ote/-ota, -ón/-ona** y **-ucho/-ucha**. Estos sufijos expresan tamaño grande, enormidad o grandeza.

mujer:	mujer**ota**	mujer**ona**	mujer**ucha**
hombre:	hombr**ote**	hombr**ón**	hombr**ucho**
reloj:	reloj**ote**	reloj**ón**	reloj**ucho**

B. Formación de diminutivos y aumentativos. Forma los diminutivos de las siguientes palabras usando los sufijos **-ito/-ita** e **-illo/-illa** y los aumentativos con los sufijos **-ote/-ota, -ón/-ona** y **-ucho/-ucha**.

EJEMPLO Platero

Platerito   Platerillo   Platerote   Platerón   Platerucho

1. animal
2. casa
3. libro
4. papel
5. mesa

6. carro
7. manjar
8. avión
9. perro
10. guante

LECCIÓN

3

TÚ Y LA INSEGURIDAD

¿**Qué piensas tú?**

1. Piensa en los jóvenes en estas dos páginas. ¿Qué están pensando? ¿De qué se preocupan? ¿Qué los contenta?

2. En tu opinión, ¿qué esperanzas tienen?

3. ¿De qué crees que tienen miedo estos jóvenes? ¿Qué les enoja? ¿Qué los entristece?

4. ¿Crees que estos jóvenes son muy distintos a ti y a tus amigos? ¿Por qué? ¿Cómo?

5. Toma el tiempo necesario para preparar una lista de todas las expresiones que usas para expresar tus sentimientos y emociones. Compara tu lista con las de dos compañeros de clase y añade expresiones que te falten.

6. ¿De qué crees que vamos a hablar en esta lección?

✢ Prepárate para leer

La España árabe.   Esta leyenda tiene lugar en el año 718, sólo siete años después de la invasión árabe de España. Como ya sabes, los árabes invadieron la Península Ibérica en el año 711 y estuvieron allí por casi ochocientos años hasta 1492. ¿Cómo te imaginas que era España en el año 718?

1. ¿Crees que todavía había batallas entre los moros y los cristianos o crees que los moros ya habían conquistado toda la península?
2. ¿Dónde crees que estaban agrupados los soldados cristianos de la península, en el sur o en el norte de España? ¿Por qué crees eso?
3. ¿Crees que los soldados árabes ganaban todas las batallas? ¿Quiénes ganaban probablemente en el sur de la península? ¿en el norte? ¿Por qué?
4. ¿Crees que de vez en cuando, en las batallas que ganaban los soldados cristianos, algunos soldados árabes se escapaban?
5. Si tú fueras un soldado árabe que acaba de escaparse de los soldados cristianos en tierra cristiana, ¿dónde te esconderías de ellos? ¿Cuánto tiempo te quedarías allí escondido? ¿Cómo regresarías a tus tropas?

"Es la araña providencial de la gitana", dijo el príncipe.

La profecía de la gitana

Entre las leyendas españolas hay muchas que tratan del largo conflicto entre los moros, del norte de África, y los habitantes de la Península Ibérica, que hoy se llama España. Este cuento del siglo VIII, es del príncipe moro, Abd al-Aziz. Relata cómo se salvó de los soldados de don Pelayo, un noble que vivía en lo que hoy es la provincia de Asturias.

Era el año 718 y continuaba en el norte de la Península Ibérica el conflicto entre los soldados de don Pelayo, un noble cristiano, y los del príncipe moro, Abd al-Aziz.

En esta batalla, el ejército de don Pelayo acababa de ganar su primera batalla contra el príncipe moro, Abd al-Aziz.

Todos los soldados moros que no murieron en la batalla fueron hechos prisioneros por don Pelayo. Sólo el príncipe y su criado escaparon.

Los dos moros estaban casi muertos de fatiga, de hambre y de sed. Pero por miedo de ser descubiertos, decidieron no buscar ayuda, sino escaparse a las montañas donde podrían pasar la noche.

Después de caminar hasta la noche, llegaron a una montaña donde descubrieron una cueva inmensa.

El criado dijo, "Ya está bastante oscuro. Sugiero que nos quedemos aquí. Es difícil que nos encuentren".

5

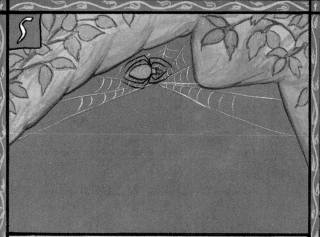

El príncipe miró la entrada de la cueva dudosamente, hasta que vio una araña.

"Bien", dijo, "con esta araña aquí, estoy seguro que Alá nos va a proteger".

6

"¿Quizás pienses que estoy loco?" continuó el príncipe. "No, amigo. Es que todavía recuerdo lo que me dijo una gitana en Granada hace seis meses".

"¿Y qué le dijo la gitana?" preguntó el criado.

7

Ella me dijo, "Recomiendo que siempre cuides a las arañas. Sí, sí . . . ¡Insisto en que siempre las respetes y las protejas!"

Como era un consejo algo raro, le pregunté a la gitana por qué me recomendaba eso. Ella contestó, "Porque algún día una araña te va a salvar la vida".

8

Pero el criado estaba tan cansado que se durmió mientras el príncipe hablaba. Viendo eso, el príncipe también se acostó y se durmió.

9

A la mañana siguiente los dos hombres se despertaron al oír voces y pasos cerca de su cueva. "¡Los soldados de don Pelayo!" dijo el príncipe en voz baja.

"Vamos a buscar aquí", gritó uno de los soldados.

"Es inútil", contestó otro. "¡Nadie ha entrado allí!"

"¿Y cómo lo sabes?" dijo el primero y empezó a caminar hacia la entrada de la cueva.

"¿No tienes ojos? ¿No ves la telaraña que cubre la entrada de un lado al otro? ¡Es imposible que alguien haya entrado aquí!"

"Tienes razón", dijo el primero. "Vámonos".

Y los soldados empezaron a bajar la montaña diciendo, "Tenemos que confesarle a don Pelayo que el príncipe moro y su fiel criado son más listos que nosotros".

El príncipe y su compañero, dentro de la cueva, no podían creerlo. "Es la araña providencial de la gitana", dijo el príncipe. "Es un milagro".

Durante la noche, la araña había construido una cortina que cubría la entrada de la cueva.

✚ *Verifiquemos e interpretemos*

A. **El príncipe Abd al-Aziz.**   Di si las siguientes frases son ciertas o falsas, según el cuento "La profecía de la gitana". Si son falsas, corrígelas.

1. Don Pelayo vivió durante el siglo VIII.
2. Don Pelayo protegió el norte de la península contra la invasión de los moros.
3. El príncipe moro, Abd al-Aziz, ganó una batalla muy importante contra don Pelayo y sus soldados.
4. Los soldados del príncipe Abd al-Aziz que no murieron en la batalla fueron hechos prisioneros.
5. Sólo el príncipe y su criado escaparon.
6. El príncipe y su criado se escondieron en casa de una familia que vivía en el campo.
7. Los dos moros decidieron pasar la noche en una cueva en las montañas de Asturias.
8. Una gitana le había dicho a Abd al-Aziz que iba a morir de una picada de araña.
9. Los soldados de don Pelayo encontraron la cueva donde estaban el príncipe y su criado.
10. Abd al-Aziz y su criado fueron capturados en la cueva.
11. Los soldados no pudieron ver al príncipe y a su criado porque ellos cubrieron la entrada de la cueva con piedras grandes.
12. En efecto, una araña les salvó la vida al príncipe y a su criado.

B. **Desarrollo de la trama.**   La trama de esta leyenda española se desarrolla de una manera cronológica o sea, en la misma secuencia en que ocurrieron los hechos. En una hoja de papel, haz una copia de este diagrama y provee la información esencial en cada cuadrado: *qué, quién, cómo, cuándo, dónde* y *por qué*.

La profecía de la gitana

| La batalla |
| El escape |
| La gitana |
| La araña y los soldados |

C. Desde tu punto de vista.   Contesta las siguientes preguntas.

1. ¿Cuál es la moraleja de este cuento?
2. ¿Crees que el criado quedó muy convencido cuando el príncipe le contó lo que la gitana le había dicho? ¿Por qué?
3. ¿Tenía razón la gitana? Explica.
4. ¿Crees que éste es un cuento verdadero? ¿Por qué crees eso?
5. ¿Puedes pensar en una situación paralela con otro animal? Si así es, ¿podrías inventar tu propia leyenda? Cuéntale a la clase un resumen de lo que sería tu leyenda.

A. Temo que...   Pregúntales a dos compañeros de clase qué temen en estos lugares.

EJEMPLO   en la calle

Tú: **¿Qué temes en la calle?**

Compañero(a): **Temo perder la billetera o peor aún, que sea lastimado(a) en un accidente automovilístico.**

1. en la escuela
2. en las fiestas
3. en el consultorio del médico
4. en un restaurante elegante
5. en un carro
6. en la oficina de la directora
7. en la clase de matemáticas
8. en el parque

B. Querida Clara Consejera.   Tú tienes un problema serio y necesitas consejos. Escríbele una carta a Clara Consejera explicándole el problema. Menciona lo que temes y lo que te alegra de tu situación. Luego léele la carta a tu compañero(a) para que te dé consejos. Cuando tu compañero(a) te lea su carta, dale consejos tú. Informa a la clase de los mejores consejos que recibiste.

C. Minidramas. ¿Qué les dices a tus amigos cuando hablas con ellos y se presentan estas situaciones? Con un(a) compañero(a), prepara un minidrama para cada una de estas situaciones.

EJEMPLO   Tú invitaste a un(a) amigo(a) a ir al parque a comer contigo hoy día. El problema es que ya es hora de ir por él (ella) pero hace mucho viento y parece que va a llover.

> *Tú:* **(¡Rin, rin!) ¡Hola, Patricia! Mira, es probable que no podamos ir al parque hoy.**
> *Compañero(a):* **¿No? ¿Por qué? ¿No te sientes bien?**
> *Tú:* **No, no es eso. Es que hace mucho viento y temo que vaya a llover. ¿Por qué no lo dejamos para la semana que viene?…**

1. Estás con unos amigos en casa y te piden un refresco. El problema es que no hay refrescos en la heladera.
2. Hablas con tu mejor amigo(a) por teléfono y te dice que tiene una cita con otro(a) amigo(a) el sábado. El problema es que tú ibas a invitar a tu amigo(a) al cine el sábado.
3. Tus amigos vienen por ti para ir a la fiesta. El problema es que tus padres dicen que tú no puedes salir esta noche.
4. Tú le dijiste a tu novio(a) que sabes tocar la guitarra. Él (Ella) te pide que la toques para su papá. El problema es que no sabes tocar ningún instrumento.
5. Hablas con un(a) amigo(a) por teléfono. Te invita a salir a pasear en su carro. El problema es que tienes un examen de matemáticas mañana.
6. Estás comiendo en casa de un(a) buen(a) amigo(a). Su mamá te sirve carne. El problema es que tú eres vegetariano(a).
7. Esta noche, después del partido de fútbol, todos tus amigos van a una pizzería. El problema es que tú tienes que adelgazar.
8. Dos hermanas te invitan a pasar el fin de semana con su familia en las montañas. El problema es que es el fin de semana que tus abuelos vienen a visitarte.

D. ¡Qué horror! Tú tienes un(a) amigo(a) que está muy deprimido(a). Decides hablar con un(a) consejero(a) para pedir consejos de cómo debes ayudar a tu amigo(a). Dramatiza esta situación con un(a) compañero(a) de clase haciendo el papel del (de la) consejero(a).

E. Consejos por teléfono. Tú eres el (la) locutor(a) en un programa de radio que da consejos. Esta noche recibes tres llamadas de amigos de tu escuela. Uno tiene problemas en la escuela, otro con su novio(a) y el otro con su familia. Dramatiza la situación con tres amigos.

ESTRATEGIAS PARA LEER
El pensar al leer

A. Pensar al leer. Los buenos lectores siempre piensan al leer. Anticipan o predicen sucesos, hacen comparaciones y usan su imaginación para crear imágenes visuales. Piensan al explicar o interpretar el texto y al verificar o revisar sus interpretaciones.

Reflexiona sobre cómo tú piensas al leer para prepararte a tomar apuntes al leer esta entrevista. Puedes expresar tus pensamientos en frases como las siguientes.

Estrategia	Frase
Anticipar o predecir	"El título me hace pensar que el artículo se tratará de..."
	"Creo que la próxima sección explicará cómo..."
Describir	"Creo que esto describe..."
	"Ahora lo veo en mi imaginación. Hay..."
Comparar	"Esto es como cuando yo / nosotros / mi hermano..."
	"Esto me hace pensar en..."
Interpretar	"Otra manera de decir esto es..."
	"Esto probablemente quiere decir..."
Verificar la comprensión	"Creo que esto quiere decir que..."
	"Esta palabra nueva probablemente quiere decir..."
Revisar la interpretación	"No entiendo esto porque..."
	"Necesito leerlo(a) otra vez porque..."
	"Necesito buscar esta palabra..."

B. ¡A hacer apuntes! Lee esta entrevista sobre Antonio Banderas con papel y lápiz a mano. Anota cada estrategia. Al lado de cada una, completa la frase que le corresponda con un ejemplo de la entrevista. También añade apuntes de los detalles que te llamen la atención, o las preguntas que se te ocurran.

Entrevista con
Antonio Banderas

Charlie Rose es famoso por las entrevistas de su programa. Foto superior: Rose y Banderas hablan. Foto inferior: Banderas reflexiona.

Charlie Rose: Antonio Banderas nació en España en 1960 durante el régimen franquista.[1] Después de varias apariciones teatrales, hizo su estreno de cine en 1982 en la primera de cinco películas que hizo con el director Pedro Almodóvar.

Para su último proyecto, *Locura en Alabama*, decidió hacer su estreno como director y pasar detrás de la cámara. Bienvenido al programa.

Antonio Banderas: Muchas gracias.

CR: Así que ése es tu niño. Has dirigido. Has reunido un elenco[2] sobresaliente.

AB: Te explicaré cómo surgió este proyecto. Hace tres años formamos una compañía llamada Green Moon (Luna Verde).

CR: ¿Por qué "Luna Verde"?

AB: Porque regresé a mis raíces, supongo. Un poema de Federico García Lorca sugiere que España está diluida como una luna verde... No somos oscuros por el sol, sino por la luna. Comenzamos a recibir guiones, libros, y a reunirnos con chicos graduados de escuelas de cine en Los Ángeles. Recibimos mucho material.

CR: Entonces te encantó la historia de *Locura en Alabama*.

AB: La historia de *Locura en Alabama* fue un cuento de hadas desde el principio, porque es narrada desde el punto de vista de un chico de 13 años. Es una reflexión sobre la justicia y la libertad. Tenemos tres entidades: la tía lucha por el sueño americano y deja atrás la pesadilla americana; un chico defiende lo que él cree que es correcto, y se enfrenta a su familia y la sociedad; y la comunidad afroamericana lucha por sus derechos.

CR: Hay algunos actores que hacen el mismo papel una y otra vez.

AB: Absolutamente. Y se sienten cómodos así, y ganan mucho dinero por lo que hacen, y no toman más riesgos. Sabes, yo... yo siento que mi vida entera ha sido lo opuesto. He sido muy ecléctico, no sólo en las películas que hago, sino en mi persona. He hecho películas en las que tengo que cantar. He hecho comedias... dramas. He hecho películas en dos, tres idiomas distintos. Toda mi carrera es así. Y pienso que

[1] bajo el gobierno del dictador español Francisco Franco   [2] grupo de actores

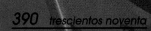

ése es mi espacio. Ése es probablemente mi futuro como actor, uno en que pueda acomodarme a cosas distintas.

Los reyes del mambo, 1992

CR: ¿De dónde te vino la idea de ser actor?

AB: Vi el musical *Hair* en Málaga... esta cosa viva y nueva, algo que nunca habíamos visto. Tenía 13 años. Inmediatamente, quise saltar al otro lado del espejo. Quería convertirme en un actor y probablemente escapar la realidad de España, que en ese momento era bastante gris. Habíamos estado bajo una dictadura por más de 40 años. *Hair* fue como un soplo del aire de la libertad. Luego fui a la Escuela Nacional de Arte Dramático. Y desde entonces me atrapó esta maravilla que se llama actuación.

La máscara de Zorro, 1998

CR: ¿Dejarías de hacer una película que te pagara mucho dinero por algo que no te pagara tanto pero quisieras más, o un papel que te llamara la atención?

AB: Bueno, de hecho, lo hice. He rechazado películas que dejarían mucho para hacer proyectos que tengan que ver más conmigo mismo.

CR: La película que ha dirigido se llama *Locura en Alabama*. Gracias. Ha sido un placer.

INTERNET
Enlaces/actividades
www.mcdougallittell.com

Verifiquemos

A. ¿Cómo piensas tú? Compara los apuntes que hiciste durante la lectura con los de dos o tres compañeros de clase. ¿Son los apuntes de tus compañeros más completos que los tuyos a veces? ¿Cuándo son más completos los tuyos?

B. Cambios. Prepara un diagrama como el que sigue para comparar el trabajo de Antonio como actor y director. ¿Cuál de los dos te interesa más? ¿Por qué?

ANTONIO BANDERAS

Actor
1.
2.
...

Ambos
1.
2.
...

Director
1.
2.
...

◄ Y AHORA, ¡A ESCRIBIR! ►

ESTRATEGIAS PARA ESCRIBIR
Entrevistas

A. Empezar. La entrevista con Antonio Banderas es interesante porque nos permite verlo no sólo como estrella de Hollywood pero como una persona común y corriente. Nos dice algunas cosas que recuerda de su juventud y de cómo se siente ahora que es estrella.

Charlie Rose consiguió toda esta información en una entrevista, después de planear las preguntas que le quería hacer a Antonio.

Antes de escribir un artículo corto sobre un(a) hispano(a) en tu escuela o comunidad, vas a tener que entrevistar a la persona que seleccionaste. Como Charlie Rose, tienes que planear tu entrevista cuidadosamente. Vas a necesitar hacer preguntas sobre actividades específicas y también sobre lo que piensa y siente la persona que seleccionaste. En preparación para tu entrevista, estudia la entrevista con Antonio Banderas con un(a) compañero(a) de clase. Escriban las preguntas que le hizo Charlie Rose a Antonio para conseguir la información. Hagan una lista por escrito de todas las preguntas que creen que preparó Charlie Rose.

B. Planear. Lo primero que tienes que hacer es hablar con la persona que vas a entrevistar para decidir la fecha, la hora y el lugar de la entrevista. Luego debes preparar un formulario similar al que sigue para ayudarte a organizar tus preguntas.

Información	Necesito confirmar...	Necesito preguntar...
Nombre		
Edad		
Profesión		
Descripción		
Familia		
Experiencias...		
Lo que piensa de...		
Lo que siente...		

C. Para sacar apuntes.   Al entrevistar a la persona que seleccionaste, debes sacar muchos apuntes en la entrevista. Es importante ser lo más exacto posible, en particular al citar *(escribir exactamente)* lo que la persona dice. Durante la entrevista lo más importante es sacar muchos apuntes. Ahora puedes organizar tus apuntes y decidir si vas a usar toda la información o sólo parte de la información. Por ejemplo, si todos tus lectores ya saben los datos biográficos de la persona que seleccionaste, probablemente es mejor que no incluyas esa información en tu artículo.

D. Primer borrador.   ¿Cómo empezó Charlie Rose su entrevista? Empezó por comentar sobre el pasado y la carrera de Antonio Banderas. Al repasar tus apuntes y organizar tu primer borrador, recuerda que no tienes que escribir la información cronológicamente. También puedes organizar la información de otro modo, hablando de los sucesos más importantes de la vida de la persona, de sus ideas y valores, de los aspectos más recompensantes de su trabajo, etc.

E. Compartir.   Comparte el primer borrador de tu artículo con dos compañeros de clase. Pídeles sugerencias. Pregúntales si es lógico tu artículo, si hay algo que no entienden, si hay algo que puedes o debes eliminar. Dales la misma información sobre sus artículos cuando ellos te pidan sugerencias.

F. Revisar.   Haz cambios en tu artículo a base de las sugerencias de tus compañeros. Luego, antes de entregar el artículo, compártelo una vez más con dos compañeros de clase. Esta vez pídeles que revisen la estructura y la puntuación. En particular, pídeles que revisen el uso del subjuntivo y la concordancia: verbo/sujeto y sustantivo/adjetivo.

G. Versión final.   Escribe la versión final de tu artículo incorporando las correcciones que tus compañeros de clase te indicaron. Si es posible, incluye una foto de la persona que entrevistaste. Entrega una copia en limpio a tu profesor(a).

H. Publicar.   Junten todos los artículos en un solo volumen. En grupos de cuatro, decidan un título apropiado para el volumen. Luego, cada grupo puede sugerir un título y la clase puede votar para decidir cuál van a usar. Guarden su segundo "libro" en la sala de clase para leer cuando tengan un poco de tiempo.

INTERNET
Taller de escritura
www.mcdougallittell.com

NUESTRO IDIOMA POR DENTRO

La gramática que vamos a aprender

¡LO QUE YA SABES!

Isabel acaba de traer unos regalos, pero no se sabe si son para Pedro o para Joaquín. Parece que hay una pequeña discusión. ¿Qué dicen?

a. Isabel trajo los regalos para mí.
b. Isabel trajo los regalos para yo.

a. Isabel dijo que los que trajeron los regalos se fueron con ti.
b. Isabel dijo que los que trajeron los regalos se fueron contigo.

a. Isabel habla mucho de ti, pero no te trae regalos.
b. Isabel habla mucho de tú, pero no te trae regalos.

Seguro que todo el mundo escogió las mismas oraciones, porque todo el mundo tiene un conocimiento tácito de los sustantivos personales de preposición. Aquí los vamos a estudiar con más detenimiento.

5.1 LOS SUSTANTIVOS PERSONALES DE PREPOSICIÓN

Ya sabes que cuando no se quieren dar demasiados detalles sobre un actor, se usan los *sustantivos personales*. Sabes también que hay sustantivos personales para sujetos (**yo, tú, él, ella**, etc.) y para objetos (**me, te, lo, la**, etc.). En esta lección, vamos a estudiar los sustantivos personales que se usan en las frases preposicionales.

Identidad consabida

Meche y Diana discuten sobre su compañero Pablo. El chisme del día es que Pablo está enamorado de Chela. No hay nadie más que Chela en la vida de Pablo. Diana dice que sí, pero Meche dice que no. La conversación lleva ya varios minutos, y las dos saben que se trata de Chela, y nada más que de Chela. Meche podría decir:

No creo que esté enamorado **de Chela**.

Pero como la identidad de Chela es consabida, o sea conocida, Meche no tiene que mencionar su nombre. Lo que Meche dice seguramente es:

No creo que esté enamorado **de ella.**

LECCIÓN
1

Sustantivos personales de preposición de tercera persona

Las frases preposicionales y la información suplementaria que éstas aportan se usan con *sustantivos* cuando es necesario dar detalles (ej: **de Chela**). Pero cuando la identidad de la persona es consabida y no hace falta dar tantos detalles, estas frases se usan con *sustantivos personales* (ej: **de ella**). Ya que los sustantivos son todos tercera persona, los sustantivos personales que los sustituyen son también de tercera persona.

Habló **de Meche.**	Habló *de ella.*
Confía mucho **en sus amigas.**	Confía mucho *en ellas.*
Compró comida **para los niños.**	Compró comida *para ellos.*
Salió **con sus amigos.**	Salió *con ellos.*

Los sustantivos personales de tercera persona que se usan en lugar de los sustantivos en las frases preposicionales son iguales a los sustantivos personales de sujeto.

Pablo es muy retraído.	*Él* es muy retraído.
Chela se enamoró de **Pablo.**	Chela se enamoró de **él.**
Chela es muy alegre.	*Ella* es muy alegre.
Pablo se enamoró de **Chela.**	Pablo se enamoró de **ella.**

Veamos ahora una lista de sustantivos personales de sujeto, de objeto y de preposición en tercera persona. Compara la primera columna con la tercera.

Sustantivos personales de sujeto	Sustantivos personales de objeto	Sustantivos personales de preposición
él, ella ellos, ellas	lo, la los, las	él, ella ellos, ellas

Sustantivos personales de preposición de la primera y segunda persona del singular

Meche y Diana discuten. Pero ahora el chisme no es que Pablo esté enamorado de Chela, sino que está enamorado, o de Meche, o de Diana. Las hermanas dicen:

Seguro que está enamorado **de ti.**
Dudo mucho que esté enamorado **de mí.**

UNIDAD 5   *trescientos noventa y cinco* **395**

En la primera persona y la segunda persona del singular, las frases preposicionales *no* usan los mismos sustantivos personales de sujeto y objeto. Fíjate además que *no* decimos ***enamorado de yo*** o ***enamorado de tú.***

En la primera y la segunda persona del singular, las frases preposicionales tienen sustantivos personales especiales: **mí** y **ti.** (Para la preposición **con,** hay formas especiales de **mí** y **ti,** que se escriben como una sola palabra, **conmigo** y **contigo.**)

> Dicen que quiere saber **de ti.**
> Dicen que quiere salir **contigo.**
>
> Dicen que quiere saber **de mí.**
> Dudo mucho que quiera salir **conmigo.**

Pero fíjate bien. Estas formas especiales de los sustantivos personales de preposición en primera y segunda persona, **mí** y **ti,** son nada más que para el singular. En el plural, los sustantivos personales de preposición vuelven a ser iguales que los del sujeto.

> No creo que esté enamorado **de nosotras.**
> Tampoco creo que esté enamorado **de ellas.**

Como siempre, **usted** y **ustedes** funcionan en las frases preposicionales como terceras personas, y por lo tanto, no hay formas especiales. Para las frases preposicionales, se usan **usted** y **ustedes** igual que para los sujetos.

> **Usted** me dijo que viniera.
> Me dieron un recado **para usted.**
> Hablaron mucho **de usted.**
>
> **Ustedes** llegaron tarde.
> Tengo un regalo **para ustedes.**
> No creo que esté enamorado **de ustedes.**

Vamos a ver ahora los sustantivos personales de sujeto, de objeto y de preposición, en las seis personas, singular y plural.

Sustantivos personales de sujeto	Sustantivos personales de objeto	Sustantivos personales de preposición
yo	me	mí
tú	te	ti
él, ella, usted	lo, la	**él, ella, usted**
nosotros(as)	nos	**nosotros(as)**
vosotros(as)	os	vosotros(as)
ellos, ellas, ustedes	los, las	**ellos, ellas, ustedes**

A. **¡Qué terco!** Tu amigo, Tomás Testarudo, siempre dice lo contrario de lo que tú le dices. ¿Qué dice en estos casos?

MODELO   Yo confío mucho en ti.
            No, tú no confías mucho en mí.

1. Nosotros nos acordamos mucho de ti.
2. Las niñas se separaron de ellos.
3. Yo hice la fiesta para ti.
4. Los niños se pelearon contigo.
5. Tú confías mucho en nosotros.

B. **Tú, yo y los demás**. Tú y yo estamos metidos en todo. Lo que se hace con los demás, hay que hacerlo con nosotros también. Combina las oraciones con las frases preposicionales. Usa primero un sustantivo personal de tercera persona, luego uno de segunda y luego uno de primera.

MODELO   Hablaron mucho. (con María)
    Tú escribes: **Hablaron mucho con ella.**
                       Hablaron mucho contigo.
                       Hablaron mucho conmigo.

1. Carlos compró los regalos. (con el profesor)
2. Pidieron permiso. (de su vecino)
3. Marta se había olvidado. (de la maestra)
4. Trajo un libro. (con Lucía)
5. Los niños tienen amor. (para Cristina)
6. Andrés habló. (con el director)
7. Tiene mucha confianza. (para José)

5.2 LOS VERBOS SER Y ESTAR

Ya vimos en la Unidad 4 que los verbos **ser** y **estar** son verbos ecuativos, que nunca tienen objeto, sino que en vez de objeto tienen atributo (que puede ser un adjetivo o un sustantivo).

>   María **está** cansada.
>   Carlos **es** estudiante.

Los verbos ecuativos **ser** y **estar** tienen significados diferentes y se usan por lo tanto de manera distinta, como sucede con cualquier otra pareja de verbos.

Hay que estudiar los verbos **ser** y **estar** con mucho cuidado, porque los dos se pueden traducir de la misma forma al inglés (por el verbo *to be*), y eso a veces causa que los confundamos un poco. Más adelante vamos a aprender a diferenciar bien entre **ser** y **estar.** Aquí vamos primero a aprender a conjugarlos, y a hacer bien la concordancia entre el sujeto y el atributo.

La conjugación

Antes que nada, vamos a tener en cuenta que **ser** y **estar** son verbos irregulares. Ni la raíz ni las terminaciones siguen los patrones generales de **cantar**, **comer** y **vivir**.

SER			ESTAR		
Presente	Pretérito	Imperfecto	Presente	Pretérito	Imperfecto
soy	fui	era	estoy	estuve	estaba
eres	fuiste	eras	estás	estuviste	estabas
es	fue	era	está	estuvo	estaba
somos	fuimos	éramos	estamos	estuvimos	estábamos
sois	fuisteis	erais	estáis	estuvisteis	estabais
son	fueron	eran	están	estuvieron	estaban

Concordancia

Ya sabes que los adjetivos concuerdan en género y número con los sustantivos que modifican.

> Llegó el **hombre alto.**
> Llegó la **mujer alta.**

De forma parecida, los atributos de los verbos ecuativos concuerdan en género y número con el sujeto.

> El **hombre** es **alto.**
> La **mujer** es **alta.**

> El **profesor** está **cansado.**
> La **profesora** está **cansada.**

> Los **profesores** están **cansados.**
> Las **profesoras** están **cansadas.**

> El **carro** es **rojo.**
> La **casa** es **roja.**

> Los **carros** son **rojos.**
> Las **casas** son **rojas.**

A. ¿Cómo son? Anita dice muchas cosas sobre sus compañeros de escuela. Averigua qué dice, llenando los espacios en blanco con la forma apropiada del verbo **ser.**

MODELO   Antonia y Andrea **son** rubias.

1. Carlota y yo _____ inteligentes.
2. Elena _____ muy bonita.
3. Roberto y Laura _____ antipáticos.
4. Tú _____ desorganizada.
5. La profesora Estrada _____ exigente.
6. Nosotras _____ delgadas.
7. Ustedes _____ altos.
8. Yo _____ guapa.
9. El Sr. Nogales _____ interesante.

B. Compañeros de clase. ¿Qué descripción hace Mario de sus compañeros de la clase de español? Puede que haya más de una respuesta correcta.

MODELO   **María es atlética.**   o   **Ellos son altos.**

ustedes	inteligente
Carlos	bonitas
yo	altos
tú y tu amigo	tímido
nosotros	interesantes
tú	guapos
María	fatal
Clara y Raúl	atlética
Marta y yo	simpático
el Sr. Nogales	romántica

C. ¡Somos fantásticos! Estás bromeando con un(a) amigo(a) que va a una escuela que es rival de la tuya. ¿Qué dices?

MODELO   fantástico / fatal
        Nosotros somos fantásticos; ustedes son fatales.

1. divertido / aburrido
2. simpático / antipático
3. organizado / desorganizado
4. cómico / serio
5. activo / perezoso
6. bueno / malo

D. **Mis amigos.** Carmen se acuerda de su niñez y de la de sus amigos(as) del barrio en donde vivía. ¿Qué dice?

MODELO   el Sr. González / alto
         El señor González era alto.

1. Alicia / simpático

2. Raúl y Ernesto / alto

3. Paco y yo / delgado

4. la Sra. Álvarez / serio

5. ustedes / guapo

6. tú / pequeño

7. ellas / divertido

8. yo / curioso

E. **¿Dónde?** El director trata de localizar a estas personas. Hace unos minutos, ¿dónde estaban?

MODELO   el profesor Martínez / patio
         El profesor Martínez estaba en el patio.

1. la Sra. Valdez / cafetería

2. Alicia y Daniel / clase de álgebra

3. el Sr. García / gimnasio

4. María Hernández / auditorio

5. las profesoras Gómez y Durán / oficina

6. el profesor Fernández / clase de biología

7. Guillermo y Margarita Lozano / sala 21

8. los profesores de química / laboratorio

F. **¡Ay no!** ¿Qué cuenta Javier? Para saber, completa los espacios en blanco usando la forma verbal correcta de **ser** o de **estar**.

Ayer, Elena y yo __1__ (estar) en la librería. Queríamos comprarle un regalo a mamá. Aunque Elena quería comprarle un libro de cocina, yo __2__ (ser) el que decidí comprarle uno sobre arte. Mientras que yo __3__ (estar) mirando un libro sobre los tiempos griegos, Elena me llamó. Ella __4__ (estar) hojeando uno sobre Pablo Picasso, el pintor favorito de mamá. Decidimos comprárselo. Pero ya __5__ (ser) tarde. La librería __6__ (estar) a punto de cerrar y no nos dejaron comprar el libro. Elena y yo __7__ (estar) muy tristes.

5.3 ESCRIBIR CON CORRECCIÓN: LA Z

Un problema

Para escribir con corrección, a veces es bueno resolver un problema. Aquí va uno:

> Los zurdos sólo pueden tocar el asa de una taza con la mano izquierda.
> Los derechos sólo pueden tocarla con la mano derecha. Hay cinco tazas
> azules de azúcar con el asa del lado derecho y cinco tazas azules de sal
> con el asa del lado izquierdo. Carlos quiere cinco tazas de algo dulce y
> Francisco quiere cinco tazas de algo salado. Hay un pequeño problema.
> Carlos es zurdo y Francisco es derecho. ¿Cómo resolvemos el problema?
> Pues, primero, vamos a aprender qué palabras van con la letra **z**. Luego
> vas a escribir la solución del problema.

¿Dónde se pone la z?

En muchas palabras, la **s, c** y **z** se pronuncian igual. Por eso hay que poner especial
cuidado al escribirlas. Además, hay muchas más palabras que se escriben con **s** y con
c que con **z**. Pero aunque las de **z** son menos, hay que saber escribir las que hay. Ya
viste unas cuantas en el problema.

> izquierda, azúcar, zurdo, azul, taza

En esta lección, vamos a ver algunos patrones generales que nos van a ayudar a
poner la **z** donde conviene. En la próxima lección, volveremos otra vez sobre la **z**,
para que aprendas a escribirla bien siempre.

Hay muy pocas palabras con ze, zi, zu

Hay muy pocas palabras corrientes que se escriben con **ze, zi** o **zu.** (Así que cuando
oigas ese sonido, casi siempre lo vas a escribir con **c** o con **s.**) Ya que son pocas,
merece la pena aprendérselas de memoria. Unos ejemplos son:

> azul, dulzura, cazuela, Venezuela, zigzag, zumo, zurdo

Fíjate bien. Arriba viste que **asa**, **dulce** y **cinco** no se escriben con **z**. Fíjate también
en otra cosa: el número se escribe **cero** y el animal se escribe **cebra**, con **c**, no con **z**.

Ya ves que, con tales excepciones, casi siempre se escribe **si, su, se** y **ce.**

Unas cuantas palabras que se escriben zo

Hay unas cuantas palabras más, pero no muchas, que se escriben **zo** (ese sonido casi
siempre se escribe **so**). También te las debes aprender de memoria. Aquí te presentamos
unos ejemplos:

> razón, corazón, sazón
> brazo, mestizo, lazo, trozo, refuerzo, venezolano
> zócalo, zoológico, zorro, zona

¿Hay alguna palabra que no conozcas? Pregúntales a tus compañeros. Hay palabras que se conocen mucho en algunos países pero muy poco en otros. Y otras que tienen significados diferentes en lugares diferentes.

¿A quién se le ocurren más ejemplos? A ver si pueden pensar en unos cuantos ejemplos más que podamos añadir a estas listas. Como quiera que sea, son pocas palabras. Apréndetelas de memoria.

◀ PRÁCTICA ▶

A. Solución al problema. En tu cuaderno, escribe un breve párrafo explicando la solución al problema que presentamos al principio de esta sección. ¿Qué hay que hacer para resolver el problema? ¿Cambiar las tazas? ¿Virar las asas? ¿Cambiar a los zurdos? Explícanos. Usa oraciones completas.

B. Palabras corrientes. Consultando con tus compañeros, decide cuáles son las cinco palabras más corrientes que se escriben con **ze, zi, zu** y cuáles son las cinco más corrientes que se escriben con **zo**. Pueden escoger de las que hemos puesto aquí o alguna otra que se nos haya escapado. Escriban dos oraciones con cada una de ellas.

Taller del bilingüe

SUSTANTIVOS PERSONALES DE PREPOSICIÓN EN ESPAÑOL Y EN INGLÉS

En inglés hay frases preposicionales —igual que en español— aunque muchas veces las preposiciones sean muy distintas.

El niño tiene miedo **de la maestra.**	*The child is afraid **of the teacher.***
Habló **de Jimena.**	*He talked **about Jimena.***
Se enamoró **de Julián.**	*She fell in love **with Julián.***
La mamá compró comida **para los niños.**	*The mother bought food **for the children.***

Al igual que en español, en inglés se pueden usar sustantivos personales en las frases preposicionales.

El niño tiene miedo **de ella.**	*The child is afraid **of her.***

Para las terceras personas, en inglés no se usan, como en español, los sustantivos personales de sujeto. Es al revés. Se usan los sustantivos personales de objeto. O sea, la traducción de **Habló de ella** no es con el sustantivo personal de sujeto *she,* sino con el de objeto: *He spoke about her.*

El niño tiene miedo **de ella.**	*The child is afraid **of her.***
Habló **de ella.**	*He talked **about her.***
Se enamoró **de él.**	*She fell in love **with him.***
La mamá compró comida **para ellos.**	*The mother bought food **for them.***

En inglés se usan también los sustantivos personales de objeto en primera y segunda persona singular y plural. O sea, la traducción de **Habló de nosotros** no es con el sustantivo personal de sujeto *we,* sino con el de objeto, *He spoke about us.*

Habló **de mí.**	*He talked **about me.***
La mamá compró comida **para nosotros.**	*The mother bought food **for us.***
Se enamoró **de ti.**	*She fell in love **with you.***
Habló **con ustedes**.	*He spoke **with you.***

PRÁCTICA

Nico no sabe traducir. Nico se ha conseguido un puesto de traductor. Pero en su primer día de trabajo, se ha quedado trabado en estas oraciones, todas las cuales tienen sustantivos personales de preposición en inglés. Tradúcelas al español tú, a ver si te va mejor que a Nico.

1. They went out with us.
2. Martín knew a lot about them.
3. The dog came toward you.
4. He is angry with me.
5. My friend did it for them.

INTERNET
Prueba interactiva
www.mcdougallittell.com

¡LO QUE YA SABES!

¡Han llegado los libros que pedimos! Paco y Sixto están distribuyéndolos. ¿Qué dicen al distribuirlos?

a. El de la portada azul está para Cristina.
b. El de la portada azul es para Cristina.

a. El que tú pediste para tú es encima de aquella mesa.
b. El que tú pediste para ti está encima de aquella mesa.

¿Qué decidieron? Aunque la diferencia entre estas oraciones no es muy grande, casi todo el mundo sabe ya cómo decirlas. En este caso, ya tienen un conocimiento tácito de los sustantivos personales de preposición y de la diferencia entre **ser** y **estar**. En esta lección, vamos a abundar sobre esos temas.

5.4 USO DE LA PREPOSICIÓN A CON OBJETOS

Ya has aprendido en lecciones anteriores que hay oraciones de dos actores, que tienen sujeto y objeto. Y también has aprendido a distinguir entre los objetos, que nombran a un actor, y las frases preposicionales, que simplemente dan información suplementaria.

Sujeto:	**Meche** come.
Sujeto y objeto:	**Meche** come **arepas.**
Frases preposicionales:	Meche come **de pie.**
	Meche come arepas **de pie.**
	Meche come **para no tener hambre.**
	Meche come **a las siete de la noche.**
	Meche come **a la carrera.**
	Meche come **a más no poder.**

Estas frases preposicionales no se refieren a actores. Las únicas oraciones en las que podríamos usar un sustantivo personal son las de las arepas, no las de las frases preposicionales.

Meche las come.
sujeto / objeto

Meche las come de pie.
sujeto / objeto / frase preposicional

La preposición **a** a veces sí se usa con actores

La preposición **a** es una preposición muy especial. A veces, como todas las demás preposiciones, indica que hay una frase preposicional que da información suplementaria. Pero otras veces, encontramos la preposición **a** con actores.

Uso de *a* con frase preposicional
Meche se despertó **a las ocho.**
Meche llegó **a la escuela** sin sus libros.

Uso de *a* con un actor
Meche llama **a sus amigos.**
Meche empujó **a Carlos.**

En las dos primeras oraciones, **las ocho** y **la escuela** no son objetos. Pero en las dos últimas oraciones, **a** indica que hay actores, no información suplementaria. O sea, **sus amigos** y **Carlos** sí son objetos, no frases preposicionales. Además, en las oraciones donde **a** indica que hay frases preposicionales, no podemos sustituir sustantivos personales, mientras que en las que **a** indica que hay un objeto, sí podemos.

> Meche **los** llama.
> Meche **lo** empujó.

¿Y qué objetos aparecen con **a**?

En general, los objetos que aparecen después de **a** son personas.

> Es tradicional, en la enseñanza de la gramática española en Estados Unidos, llamarle a la preposición **a** que se usa con objetos que se refieren a seres animados, la *a personal*.

No obstante, el uso de **a** para formar el objeto no se limita del todo a personas. Cuando el verbo lo requiere, se puede usar con animales:

> Quique y Juana buscan **a** Lucero, su cachorrito perdido.
> Las pulgas picaron tanto **al** león que éste acabó por morirse.

Sin embargo, la **a** personal *no es necesaria* con objetos que sean personas o animales cuando se habla de una persona o animal en general y normalmente no llevaría artículo, o si lleva un adjetivo numeral o de cantidad (como **muchos, pocos, varios**).

> Conozco personas que hablan mientras hablan otras personas.
> Son mal educadas.
> Nunca había visto tantos loros como los que vi en ese bosque.
> Vi dos policías que llevaban sombreros verdes en vez de azules.

Veamos otros usos de la **a** personal con objetos animados. (Ya que todos éstos son objetos, todos podrían sustituirse por un sustantivo personal, que te ponemos a la derecha.)

Vimos **la película** el martes.	**La** vimos.
Vimos **a nuestra amiga** el martes.	**La** vimos.
Yo saqué **los libros** de la escuela.	**Los** saqué.
Yo saqué **a los niños** de la escuela.	**Los** saqué.
Esperé **el autobús** hasta las nueve.	**Lo** esperé.
Esperé **al maestro** hasta las nueve.	**Lo** esperé.

PRÁCTICA

A. ¡Qué semana tuvo Lorenzo! La semana pasada, Lorenzo hizo muchísimas cosas. A ver si puedes contarle a un(a) compañero(a) lo que hizo utilizando una frase de la columna de la izquierda con una de la columna de la derecha. ¡Con cuidado! En algunos casos tienes que poner **a** (porque hay una frase preposicional o un objeto animado) y en otros no.

El lunes por la mañana llamó	la ropa
El lunes por la tarde llegó	una universidad
El martes por la mañana fue en carro	el director
El miércoles visitó con mucho entusiasmo	nuestros amigos
El miércoles por la noche visitó	un proyecto
El jueves por la mañana llevó	los niños al parque
El jueves por la tarde ayudó	la hermana de Luisa
El viernes por la mañana terminó	la pared del gimnasio
El viernes por la tarde conoció	el centro
El sábado por la mañana pintó	la escuela tarde
El sábado por la tarde lavó	un señor venezolano

B. ¡Decide el uso! Lee cada oración. Luego escribe en una hoja aparte cada frase con **a**. Decide si la **a** es de preposición o si es la **a** personal, y escríbelo junto a cada frase. Si no hay **a**, explica por qué. **Ojo:** Puede haber más de una frase con **a** en cada oración.

1. Marta le dijo a Luisa que la encontraría cerca de la tienda de juguetes, y que luego irían al cine.
2. Pedro llamó a su madre para pedir permiso.
3. Luis compró el libro de crucigramas para dárselo a Chela.
4. Mi prima Octavia no deja de hablar de sus vacaciones en Londres, donde vio ingleses por todas partes.
5. ¡Fifí! ¡Fifí! Oye, Juan, ¿has visto a Fifí en alguna parte? Esa perrita siempre se esconde cuando hay que darle un baño.
6. Mireya dijo que traería el pastel de chocolate a las 8:30.

Fíjate en estos dos diálogos pequeños, que te dan buenos ejemplos del uso de **ser** y **estar.**

Meche: ¿Cómo es el Sr. Serrano, el profesor de química?
Diana: Pues es viejo, alto y muy simpático.

Meche: ¿Por qué Regina no reconoció al abuelo de Tina cuando lo vio?
Diana: Porque está viejo. Ha cambiado mucho en los últimos tres años.

En el primer diálogo, Meche dice **es viejo,** porque el ser viejo es una cualidad que, desde el punto de vista de Meche, es normal en el Sr. Serrano. No es que a Meche le parezca que el Sr. Serrano se haya puesto viejo, o que le parezca viejo hoy, sino que simplemente, como condición normal, a los ojos de Meche, Serrano es viejo, igual que es alto y simpático.

En el segundo diálogo, Meche dice **está viejo,** porque está hablando de una condición que, para ella, es relativamente nueva, fuera de la norma, una cualidad que se desvía de lo que ella sabía antes del abuelo de Tina, quien ante sus ojos, no estaba viejo.

Ése es el patrón más general. Se usa **ser** para hablar de aquellos atributos del sujeto que, *desde el punto de vista del hablante,* son normales y corrientes —los atributos que el hablante considera como cualidades necesarias del sujeto.

Se usa **estar** para los atributos que *desde el punto de vista del hablante,* son más temporales, o sea, para aquellas cualidades que no son atributos necesarios del sujeto. El verbo **estar** se usa para las cualidades que aunque son cualidades del sujeto, podrían ser de otra forma. Veamos dos ejemplos más.

Paco: ¿Qué es eso que estás comiendo que parece tan raro?
Lina: ¿No sabes? Esto es mondongo. El mondongo es muy rico.

Tico: Y qué raro, tú comiendo mondongo; siempre dices que no te gusta.
Luz: Es verdad. Pero este mondongo está muy rico.

En el primer diálogo, Lina dice que el mondongo es rico, con el verbo **ser,** porque, desde su punto de vista, el mondongo es rico de por sí; el ser rico es una de sus cualidades normales y permanentes.

En el segundo diálogo, Luz dice que el mondongo está rico, con el verbo **estar,** porque para ella, que tiene un gusto diferente al de Lina, el estar rico no es una cosa normal y permanente en el mondongo. Para Luz, el mondongo no es rico normalmente y de por sí, sino que ese mondongo en particular está rico.

¿Viste? Aquí otra vez, el punto de vista del hablante, en este caso el gusto sobre la comida, es lo que hace que el hablante decida usar **ser** o **estar.** Leamos otro ejemplo.

Federico: Dicen que Cristina se ofendió por un piropo que dice que le echó Martín el día de la fiesta.

José: ¿Qué le dijo Martín?

Federico: El día de la fiesta, le dijo que estaba muy bonita.

José: ¿Y por qué se ofendió?

Federico: Porque dice que ella nunca **está** bonita, que ella **es** bonita.

Aquí, Cristina se ha ofendido, porque Martín le dijo que estaba bonita. Al usar **estar,** Cristina piensa que Martín le ha dicho que, desde su punto de vista, la belleza no es normal y necesaria en ella, sino que es una cualidad que podría ser de otra forma.

¿Ya lo ves? Es otra vez el mismo patrón. Se usa **ser** para atributos que el hablante estima (¡siempre es desde el punto de vista del hablante!) que son *inherentes* —los atributos normales y necesarios. Se usa **estar** para atributos que el hablante estima que son *contingentes* —los atributos que no son normales y necesarios.

PRÁCTICA

A. **¡Qué día!** ¿Cómo están estas personas?

MODELO   Tengo que hacer mil cosas hoy.
          Estoy muy ocupado.

VOCABULARIO ÚTIL

aburrido	cansado	contento
rico	triste	furioso
guapo	listo	nervioso
ocupado	emocionado	

1. Irma tiene examen hoy.
2. No dormí bien anoche.
3. Llevas ropa muy elegante hoy.
4. A mí me encanta este helado.
5. Los novios van a su boda.
6. Los jugadores perdieron el partido.
7. Saqué una "A" en el examen.
8. El novio de Cristina salió con su amiga.
9. No tenemos nada que hacer.
10. Estudié mucho para el examen.

B. Un tour. Hay seis autobuses de turistas haciendo un tour por la ciudad de El Paso y sus alrededores. Di dónde están todos ahora.

MODELO   el profesor Ramírez (la Universidad de Texas)
> **El profesor Ramírez está en la Universidad de Texas.**

1. Rebeca e Iris (Centro Cívico)
2. la doctora Fuentes (el Museo de Historia)
3. tú (la Plaza San Jacinto)
4. Beto (el Estadio del "Sun Bowl")
5. yo (Ciudad Juárez)
6. nosotras (la Misión Ysleta)

C. Amigas por correspondencia. Josefina acaba de escribirle una carta a su nueva amiga por correspondencia. Para saber lo que dice, completa su carta con la forma apropiada de **ser** o **estar.**

> Querida Susana:
>
> Yo __1__ tu nueva amiga por correspondencia. Mi nombre __2__ Josefina Delgado. (yo) __3__ alta y rubia. (yo) __4__ muy contenta de que vayamos a ser amigas. Mi familia __5__ italiana, pero vive en Nicaragua. Mi padre __6__ en este momento en León, trabajando con una compañía norteamericana. Yo __7__ aquí en El Paso con mis tíos paternos. Mis dos hermanos __8__ altos y rubios también, y este semestre __9__ en la universidad. Los dos __10__ muy simpáticos. Pero tienen mucho trabajo y siempre __11__ muy cansados. Dicen que __12__ muy ocupados. Este semestre __13__ en la Universidad de Texas. Mi hermanita y yo __14__ estudiantes en el colegio San Juan. No __15__ tan ocupadas como ellos. Bueno, ya sabes cómo __16__ mi familia. Cuéntame cómo __17__ la tuya. Escríbeme pronto. Tengo muchas ganas de conocerte.

5.6 ESCRIBIR CON CORRECCIÓN: MÁS SOBRE LA Z

Hay unas cuantas palabras importantes que se escriben con za

Ya sabes algo sobre las pocas palabras que se escriben con **ze, zi, zu** y sobre las que se escriben con **zo.** Aquí vamos a ver algo más sobre la **z.**

Fíjate: la **casa** donde vives es con **s**, pero la de **cazar** animales es con **z.** La **taza** de tomar café es con **z** pero se toma por el **asa,** con **s.** Las palabras que se escriben con **za** son muchas más. Pero no son tantas, y también merece la pena saber de memoria las más corrientes.

> zapato, zapatilla, zanahoria, zafacón, zafra
> empezar, zafar, zafarse, zarpar
> zaguero, zacateco, zanja, zanco
> quizás, cabeza, taza, fuerza, caza (de cazar animales), tristeza, terraza, corteza, aprendizaje, veracruzano, mostaza, carroza, matanza

¿Conoces todas estas palabras? El **zafacón** es un envase muy corriente en Puerto Rico y otros lugares del Caribe. En tu casa seguro que hay un zafacón, o quizás dos o tres, aunque no se llame así. La **zafra** es muy importante en Cuba y en las demás zonas azucareras de Latinoamérica. El **zaguero** es muy importante para los que juegan al fútbol en muchas partes de Latinoamérica y Estados Unidos.

Si no conoces estas palabras, pregunta, o búscalas en el diccionario. La mejor manera de aprender estas palabras es conseguirte unas tarjetas de 3" x 5", y poner una palabra en cada una, para que así puedas repasarlas cuando tengas un minuto.

Hay muchas palabras que terminan en -z

Hay muchas palabras que se escriben con **-z** al final. Al estar al final, esta **z** a veces no se oye bien, y muchas veces nos equivocamos al escribir estas palabras. Pero muchas de ellas son palabras corrientes, como **lápiz, nariz, vejez, arroz**. Así que queremos que las mires bien, y que te las aprendas de memoria.

> nariz, lápiz, feliz, cicatriz
> vez, vejez, niñez, madurez, escasez
> paz, eficaz, capaz, capataz
> arroz, precoz
> luz, cruz, Veracruz

Y un pequeño dato más. Fíjate que cuando **ves** algo con los ojos lo escribes con **-s,** como ya tú **ves.** Pero cuando haces las cosas una y otra **vez,** lo escribes con **-z,** ya sea la primera o la última **vez.**

◄ PRÁCTICA ►

A. La z de Platero. En las selecciones de *Platero y yo* en esta unidad, hay más de cinco palabras con **z**. En grupos de tres, búsquenlas con cuidado. Una vez que las hayan encontrado, copien en una hoja aparte las oraciones en que aparecen. ¿Cuántas encontraron?

B. La z en El Paso. En grupos de tres, busquen las palabras con **z** en "El Paso del Norte". Hagan una lista y cámbienlas al plural si están en singular o al singular si están en plural.

Taller del bilingüe

LOS OBJETOS QUE SE REFIEREN A SERES ANIMADOS EN ESPAÑOL Y EN INGLÉS

En inglés, al igual que en español, hay objetos que se refieren a cosas inanimadas y objetos que se refieren a seres animados.

> *We saw **the movie**.*
> *We saw **the children**.*

Pero en inglés, no hay nada parecido a la **a** personal. Todos los objetos son iguales, ya sean animados (*the children*) o inanimados (*the movie*).

Vimos la película.	*We saw the movie.*
Vimos **a** los niños.	*We saw the children.*
Conocimos Caracas.	*We got to know Caracas.*
Conocimos **a** la prima de Meche.	*We got to know Meche's cousin.*

Fíjate que, en inglés, ni el objeto *the movie* ni el objeto *the children* llevan preposición, mientras que en español, el objeto **la película** va sin preposición, pero el objeto **los niños** va con la **a** personal.

En cambio, cuando la **a** en español no es la **a** personal, sino que introduce una verdadera frase preposicional, de las que dan información suplementaria, entonces muchas veces corresponde a la preposición *to* o *at* del inglés.

Fuimos **a** la playa.	*We went **to** the beach.*
Llegamos **a** las cuatro.	*We arrived **at** four.*

PRÁCTICA

Un nuevo compañero muy sociable. Acaba de llegar de Ecuador un nuevo compañero. Es muy sociable y quiere participar en todas las conversaciones. Pero todavía no sabe inglés. Tradúcele estas oraciones, para que se entere de lo que está pasando en la vida social de la escuela.

1. Yesterday we all went to a party.
2. We saw many of our friends.
3. We first got the children out of the house.
4. Well, we took the children to my uncle's house.
5. Then we called all our friends.
6. Finally, the party began at seven.
7. We met a lot of new friends.

INTERNET
Prueba interactiva
www.mcdougallittell.com

¡LO QUE YA SABES!

La abuelita no habla mucho inglés, pero da muchos consejos. ¿Quién puede adivinar lo que dice la abuela cuando da consejos? Únete a un equipo de tres nietos como tú y decidan.

a. Te recomiendo que no salgas con ese muchacho.
b. Te recomiendo que no sales con ese muchacho.

a. Creo que debas consultar con el maestro antes de hablar en la clase.
b. Creo que debes consultar con el maestro antes de hablar en la clase.

¿Tú quieres saber de qué es este conocimiento tácito que les permitió decirlo bien? Pues del subjuntivo. Ya verás. Aquí lo vamos a estudiar más.

5.7 VARIOS USOS IMPORTANTES DEL SUBJUNTIVO

Verbos irregulares en el subjuntivo

En la Unidad 2, viste las terminaciones del subjuntivo de los verbos regulares. Pero ten en cuenta que hay también muchos subjuntivos irregulares.

> Él **tiene** mucho dinero. (indicativo)
> Me temo que no **tenga** nada de dinero. (subjuntivo)

> Creo que **hay** clases mañana. (indicativo)
> No creo que **haya** clases mañana. (subjuntivo)

> Dicen que el examen **es** el jueves. (indicativo)
> Yo quiero que **sea** el viernes. (subjuntivo)

> Carlos **hace** lo que él quiere. (indicativo)
> Deja que **haga** lo que quiera. (subjuntivo)

Usos del subjuntivo

En la Unidad 2, vimos que el modo indicativo es la forma del verbo que usamos para aquellos eventos sobre los que queremos expresar seguridad y certeza. El subjuntivo, en cambio, es el modo del verbo que usamos para aquellos eventos que, por cualquier razón, queremos expresar con menos certeza. En esta lección vamos a ver varias clases de eventos que expresamos en subjuntivo.

La certeza vs. las expectativas y los deseos

Los eventos que esperamos o deseamos no son todavía reales y seguros, y por lo tanto los expresamos en el subjuntivo. Fíjate como el primero de cada par de los siguientes ejemplos está en indicativo y expresa certeza, y como el segundo está en subjuntivo y expresa menos certeza.

> Me parece que el amigo de Daniel **llega** de Venezuela mañana.
> Espero que el amigo de Daniel **llegue** de Venezuela mañana.

> Te apuesto que Martín **viene** a la práctica de baloncesto mañana.
> Quiero que Martín **venga** a la práctica de baloncesto mañana.

En estos casos, usamos el indicativo cuando estamos seguros (**me parece que llega, te apuesto que viene**) y el subjuntivo cuando expresamos un deseo (**espero que llegue, quiero que venga**).

Una palabra que tú conoces, **ojalá,** expresa siempre un deseo o una esperanza. Cuando decimos **ojalá,** aunque tengamos muchas ganas de que algo suceda, no estamos seguros. Por eso, **ojalá** aparece casi siempre con el subjuntivo.

> **Ojalá tenga** dinero para el pasaje; porque si no, no va a poder entrar en el avión.

La certeza vs. los consejos, las sugerencias y las órdenes

Nuestros consejos y sugerencias, y aun nuestras órdenes, se refieren a eventos que no son reales (aunque nosotros estimemos que debieran serlo). Por lo tanto, hablamos de esos eventos en el subjuntivo.

> Le aconsejo a Mateo que lo **ponga** por escrito.
> Luis le sugiere a Cristina que **esté** bien preparada.
> Insisto en que **entregue** el trabajo inmediatamente.

Grados de certeza en las expresiones impersonales

Hay muchas expresiones en que un verbo ecuativo va en tercera persona seguido de un atributo, y no se refiere a un sujeto específico.

Podemos usar estas expresiones con más o menos certeza. Las de mayor certeza van en indicativo; las de menor certeza en subjuntivo.

> **Es cierto** que **tiene** mucho dinero.   **Es posible** que **tenga** dinero.
> **Es verdad** que **llegan** hoy.   **Es probable** que **llegue** hoy.
> **Es obvio** que **quiere** salir.   **Es dudoso** que **quiera** salir.

> La gramática llama a las expresiones que se usan para hablar de condiciones generales *expresiones impersonales*.

UNIDAD 5

LECCIÓN 3

Las emociones

¿Te acuerdas del truco de dar órdenes y expresar respeto a una segunda persona aparentando que estamos hablándole a una tercera persona? Pues hacemos algo parecido con el subjuntivo cuando expresamos nuestros sentimientos.

Cuando queremos expresar nuestras opiniones, reacciones y sentimientos ante un evento, suavizamos un poco nuestra intervención emotiva hablando de ese evento en el subjuntivo. O sea, aunque el evento sea cierto y seguro, nos hacemos como que no lo es.

> Sentimos mucho que no **puedan** ir.
> Me alegro de que **estén** ya con nosotros.

Pero claro, eso lo hacemos cuando el sujeto que tiene los sentimientos es diferente al sujeto del evento. Fíjate que en las dos oraciones de arriba, los sujetos de los dos eventos son distintos: los que sentimos somos nosotros, pero los que no pueden venir son ellos; el que me alegro soy yo, pero los que están con nosotros son ustedes.

Cuando el sujeto del verbo que expresa la emoción es el mismo del evento, no hace falta este truco. En esos casos el verbo no cambia al subjuntivo, sino que se deja sin conjugar, en infinitivo.

> Siento no **poder** ir.
> Me alegro de **estar** ya con ustedes.

◆ PRÁCTICA ◆

A. La buena salud. Manuel está estudiando la salud en la escuela y todos los días le dice a su mamá lo que deben hacer para tener buena salud. ¿Qué le dice a su mamá?

MODELO   hacer ejercicio (importante)
          Es importante que hagamos ejercicio.

1. ver televisión todo el día (malo)
2. correr (recomendable)
3. practicar deportes (bueno)
4. ir al médico una vez al año (importante)
5. descansar bastante (necesario)
6. cambiar de rutina de vez en cuando (preferible)
7. comer frutas y vegetales (importante)
8. beber muchos líquidos (bueno)
9. caminar mucho (necesario)
10. salir más (recomendable)
11. no fumar (importante)
12. ser activo (mejor)

B. Invitados. La familia Ramírez tiene invitados esta noche. Según la mamá, ¿qué deben hacer todos para ayudarla con las preparaciones?

MODELO   yo

Es necesario que yo haga las camas.

1. Gloria

2. Diego

3. papá

4. Diego y yo

5. abuelita

6. los niños

7. papá

8. tú

UNIDAD 5

C. El partido. Hoy hay un partido de fútbol. ¿Qué opina Rosa María del partido?

MODELO   necesario / todos / jugadores / llegar temprano
Es necesario que todos los jugadores lleguen temprano.

1. importante / aficionados / gritar mucho
2. dudoso / otro equipo / ser / muy bueno
3. terrible / Lilia Gómez / estar / enfermo
4. probable / Tania / meter / mucho / goles
5. increíble / haber / tanto / aficionados / aquí
6. bueno / jugadores / escuchar / instrucciones del entrenador
7. fantástico / banda / tocar / hoy
8. probable / nosotros / ganar / partido

D. Una fiesta. Estás invitado(a) a una fiesta este fin de semana. ¿Cómo contestas estas preguntas de tu hermanito(a)?

EJEMPLO   ¿Van a traer pizza?
Es probable que traigan pizza.

VOCABULARIO ÚTIL

dudoso	horrible	ridículo	imposible
fantástico	importante	posible	probable

1. ¿Van a tocar música clásica?
2. ¿Va a haber mucha comida?
3. ¿Van a bailar el tango?
4. ¿Vas a saludar a todo el mundo?
5. ¿Va a haber alguien que toque la guitarra?
6. ¿Van a beber leche?
7. ¿Vas a traer los refrescos?
8. ¿Van a ir todos tus amigos?

E. El pesimista y el optimista. Completa este diálogo entre el pesimista y el optimista, que siempre ven las cosas de maneras distintas.

MODELO   Optimista: Seguro que me saco la lotería mañana.
Pesimista: **No creo que te saques la lotería.**   o
Temo que no te saques la lotería.   o
Dudo mucho que te saques la lotería.

1. Optimista: Mañana va a hacer buen tiempo.
   Pesimista:

2. Optimista: El lunes lo pasaremos muy bien.
   Pesimista:

3. Pesimista: Temo que no tengas suficiente para ese helado.
   Optimista:

4. Optimista: Seguro que nos alcanza para una pizza.
   Pesimista:

5. Pesimista: Es terrible que saques tan malas notas.
   Optimista:

F. Están aburridos. Cuando estas personas están aburridas, ¿qué sugieres tú que hagan?

MODELO   **Sugiero que corran.**

1.   2.   3.   4.

5.   6.   7.   8.

G. Banquete internacional. El club de español va a tener un programa internacional. ¿Qué quiere la profesora que hagan todos?

MODELO   recomendar / Pancho / limpiar / sala
          Recomienda que Pancho limpie la sala.

1. querer / tú / escribir / invitaciones
2. sugerir / Rosa y yo / comprar / refrescos
3. insistir en / todos / llevar / ropa / típico
4. preferir / yo / recibir / invitados
5. querer / ustedes / poner / mesas
6. preferir / Soledad y Benito / traer / música
7. aconsejar / nosotros / practicar / bailes
8. pedir / yo / ayudar / con los refrescos

LECCIÓN 3

H. **Reacciones.** ¿Qué anticipas o cómo reaccionas en estas situaciones?

MODELO   No podemos jugar fútbol hoy.
   Siento que no podamos jugar fútbol hoy.

VOCABULARIO ÚTIL

sentir   esperar   temer

1. Hace mal tiempo hoy.
2. No hay examen en la clase de español mañana.
3. Sirven pizza en la cafetería.
4. Tenemos que trabajar después de las clases.
5. Vemos una película en la clase de historia hoy.
6. El director visita la clase de inglés.
7. Hacemos experimentos en la clase de química.
8. Alicia va al médico durante la clase de educación física.

5.8   USOS MÁS FRECUENTES DE SER Y ESTAR

Ya has aprendido que el uso de **ser** y **estar** va determinado por el punto de vista del hablante. También sabes que el hablante suele usar **ser** cuando estima que el atributo es normal e inherente en el sujeto, y que usa **estar** cuando ve el atributo como algo cambiable o contingente en el sujeto. Aquí vamos a ver varios ejemplos de esto.

Usos en que ser es más frecuente que estar

Hay muchos casos en que todos los hablantes ven los atributos como normales e inherentes, y en los que, por lo tanto, casi siempre se usa **ser.** Fíjate que dijimos casi siempre, no siempre.

Nacionalidades.   La nacionalidad de una persona, por ejemplo, la vemos casi siempre como un atributo inherente. Por eso, casi siempre usamos **ser** con los adjetivos gentilicios.

   El profesor de estudios sociales **es** puertorriqueño.
   Yo pensaba que Beatriz **era** dominicana, pero **es** cubana.

Pero escucha bien. Aun con los gentilicios o sea, nacionalidades, si por cualquier razón el hablante ve la nacionalidad como algo fuera de lo normal, que pudiera ser de otra forma, usa **estar.** Normalmente diríamos **El profesor de español *es* mexicano.** Pero fíjate ahora en este párrafo.

   Miren, miren cómo viene vestido a la fiesta el profesor de español. Se ha puesto sombrero de mariachi, botas y hasta trae un guitarrón. El profesor de español **está** muy mexicano hoy.

Hemos dicho que el profesor **está** mexicano, porque aunque usamos un gentilicio, no lo usamos para referirnos a una cualidad normal, sino a algo que se desvía de la norma.

Los días de la semana, las profesiones, los materiales.   Los días de la semana, las profesiones y los materiales de fabricación, se suelen ver como cosas normales y corrientes, no como desviaciones de la norma, y por eso las decimos casi siempre con **ser.**

> Hoy **es** lunes.
> El Sr. Miranda **es** locutor.
> El vaso **era** de plástico.

Aunque fíjate que aquí también podríamos ver la situación como algo menos dentro de la norma, más contingente y sujeto a cambio.

> Hoy **estamos** a diecisiete.
> El Sr. Miranda era periodista, pero ahora **está** de locutor.
> El vaso parece de cristal, pero en realidad **está** hecho de plástico.

Usos en que **estar** es más frecuente que **ser**
Hay muchos casos en que casi todo el mundo ve las cosas como cambiables y no sujetas a una norma, y en los que casi siempre se usa **estar.**

Saludos.   Cuando saludas a alguien, estás preguntando sobre su situación momentánea, no sobre su condición normal, y por eso se saluda con **estar.**

> Hola, ¿cómo **estás?**
> Buenos días, muchachos, ¿cómo **están?**

Claro, también se puede hacer la pregunta **¿Cómo eres?,** pero eso no sería un saludo, sino una manera de pedir información sobre el carácter normal de esa persona.

> ¿Te reconoceré cuando te bajes del avión? ¿Cómo **eres?**
> Pues yo **soy** gordito, trigueño y tengo una sonrisa cautivadora.

Condiciones transitorias.   La condición en que se encuentra una persona es eminentemente cambiante y no sujeta a la norma. Por eso casi siempre se habla de las condiciones usando **estar.**

> Max **está** cansado.
> José **está** triste.
> Todos **estamos** empapados.

Situaciones en que se usa **estar** porque no hay norma

Hay muchas situaciones que son tan cambiantes de por sí, que no se puede establecer una norma. Al no haber una norma, se usa casi siempre **estar.**

Las puertas, las luces, las ventanas, los semáforos y muchas otras cosas más, son cambiantes y ninguno de sus estados es normal de por sí.

> Entra, la puerta **está** abierta.
> Las luces **están** apagadas, no se ve nada.
> Sigue, que el semáforo **está** en verde.

Una de las cosas que todo el mundo ve casi siempre como cambiante es la ubicación de los objetos. Por eso, al localizar las cosas y las personas, lo hacemos casi siempre con **estar.**

> Llama a Francisco, él ya debe de **estar** en la casa.
> Carmen **está** en el colegio, ya llegó de la práctica de teatro.
> El colegio **está** en la calle 36.

Francisco está en la casa ahora, pero no siempre. Igual que Carmen, que está en el colegio, aunque antes estaba en la práctica. Y el colegio podría mudarse, y más importante, *podría estar en otro sitio*, por lo tanto su ubicación en la calle 36, aunque sea permanente, no se ve como inherente.

Cuando hablamos de la ubicación de cosas más permanentes, como las ciudades y los pueblos, vacilamos entre los dos verbos. En general, tratamos a las ciudades y los pueblos como cualquier otra ubicación, con **estar.** Pero muchas veces vemos la ubicación como inherente, y usamos **ser.**

> Bogotá **está** en Colombia.
> Oye, ¿Lyon **es** en Francia o en Italia?

◀ PRÁCTICA ▶

¡Casi no se oye! Estela y Soledad conversan en el sótano de la escuela, al lado de un ventilador que hace muchísimo ruido. Casi no se oye lo que dice la otra persona. Los espacios en blanco son todas las palabras que no se oyeron por culpa del ventilador. Llénalas tú.

MODELO   No te oí, ¿por qué no vas a la clase de estudios sociales?
Porque hoy __**es**__ lunes, y los lunes tengo matemáticas.

Estela: Puedes dejar esto en la clase de don Ramiro, la puerta __1__ abierta.

Soledad: ¿Qué dices, que la luz __2__ apagada? No te entiendo.

Estela:	No importa. __3__ muy cansada para repetirlo todo.
Soledad:	Oye, ¿de qué país __4__ don Ramiro?
Estela:	Creo que __5__ de La Paz.
Soledad:	¿Qué dices, que don Ramiro __6__ un hombre de paz?
Estela:	No, La Paz __7__ el nombre de una ciudad.
Soledad:	Ah, ya te entiendo, ¿y dónde __8__ La Paz?
Estela:	Pues creo que La Paz __9__ en Bolivia.
Soledad:	Ah, pues don Ramiro __10__ bolivariano.
Estela:	No, él __11__ boliviano, no bolivariano.
Soledad:	¿Y por qué le dicen don a don Ramiro?
Estela:	Porque __12__ un hombre muy formal y hecho a la antigua.
Soledad:	Yo lo que veo es que siempre __13__ de mal humor.
Estela:	No, eso pasa sólo cuando __14__ cansado. Normalmente don Ramiro __15__ una persona muy amable.

5.9 EL PLURAL DE -Z ES -CES

Ya viste que casi no hay palabras con la combinación de letras **ze.** Pero también viste que hay muchas palabras muy corrientes que terminan en **-z.** ¿Qué hacemos entonces para formar el plural de todas esas palabras que terminan en **-z?** ¿Qué hacemos cuando queremos hablar de más de una **vez** o más de un **lápiz?**

Pues muy fácil. Fíjate que no hacemos el plural con *-zes.* Lo hacemos cambiando la **z** a **c**, y conviertiendo el plural en **-ces.**

> **feliz** → **felices**
> **vez** → **veces**

PRÁCTICA

El exagerado. Tu amigo exagerado siempre lo quiere poner todo en grandes cantidades. ¿Qué dice?

MODELO   Yo saqué el primer premio una vez.
          Pues yo lo saqué diez veces.

1. A mí me regalaron un lápiz.
2. El caballo ganó por una nariz.
3. En su escuela en Venezuela, Joaquín sacó un diez en matemáticas.
4. Mi padre vio una perdiz.
5. Conozco gente importante. El otro día conocí a un juez.

Taller del bilingüe

LOS CONSEJOS Y LAS SUGERENCIAS EN ESPAÑOL Y EN INGLÉS

En inglés se dan consejos y se hacen sugerencias, igual que en español. Y en estos casos, el inglés tiene una especie de subjuntivo, parecido al del español.

Como sabes, los verbos en inglés tienen pocas terminaciones, ya que en casi todas las personas solamente tienen raíz. Por eso el subjuntivo del inglés no se nota mucho. Pero sí se nota en tercera persona.

Fíjate que la concordancia de la tercera persona en inglés (con terminación de *-s* en el verbo) desaparece en las oraciones que se dan consejos y sugerencias, aunque se mantiene cuando hablamos de eventos con certeza.

Sé que él lo **pone** por escrito. (indicativo)
*I know that he **puts** it in writing.* (indicativo)

Le aconsejo que lo **ponga** por escrito. (subjuntivo)
*I advise that he **put** it in writing.* (subjuntivo)

Luis se da cuenta de que Cristina **está** bien preparada. (indicativo)
*Luis realizes that Cristina **is** well prepared.* (indicativo)

Luis le sugiere a Cristina que **esté** bien preparada. (subjuntivo)
*Luis suggests to Cristina that she **be** well prepared.* (subjuntivo)

Veo que **entrega** su trabajo inmediatamente. (indicativo)
*I see that she **hands in** her work right away.* (indicativo)

Insisto en que **entregue** el trabajo inmediatamente. (subjuntivo)
*I insist that he **hand in** his work right away.* (subjuntivo)

◢ PRÁCTICA ◣

Cuatro y cuatro. Te ponemos aquí ocho oraciones en inglés. Cuatro llevan subjuntivos en español y cuatro llevan indicativo. En grupos de cuatro, decidan cuáles llevan un modo y cuáles el otro.

1. I think he lives in Perú.
2. I insist that he return to school.
3. I demand that he give me an excuse.
4. I know he comes in at ten.
5. I suggest that he buy it from the other store.
6. I recommend that he stay here for a week.
7. I believe he knows the truth about this.
8. I am sure she is coming tomorrow.

Repaso de vocablos especializados

En esta unidad has aprendido algunos vocablos especializados. Cerciórate de que los conozcas bien.

preposición
frases preposicionales
sustantivos personales de preposición
objetos que se refieren a seres animados
objetos que se refieren a cosas inanimadas
la *a* personal
cualidades vistas por el hablante como inherentes
cualidades vistas por el hablante como contingentes

INTERNET
Prueba interactiva
www.mcdougallittell.com

INTERNET
Cibertarjetas
www.mcdougallittell.com

UNIDAD 6

TÚ EN LAS MONTAÑAS

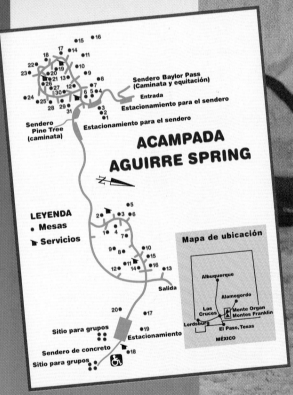

Sendero Baylor Pass
(Caminata y equitación)

Entrada

Estacionamiento para el sendero

Estacionamiento para el sendero

Sendero
Pine Tree
(caminata)

**ACAMPADA
AGUIRRE SPRING**

N

LEYENDA
● Mesas
▶ Servicios

Salida

Mapa de ubicación

Albuquerque

Alamogordo

Las
Cruces

Monte Organ
Montes Franklin

Lordsburg

El Paso, Texas

MÉXICO

Sitio para grupos

Estacionamiento

Sendero de concreto

Sitio para grupos

INTERNET
Presentación
www.mcdougallittell.com

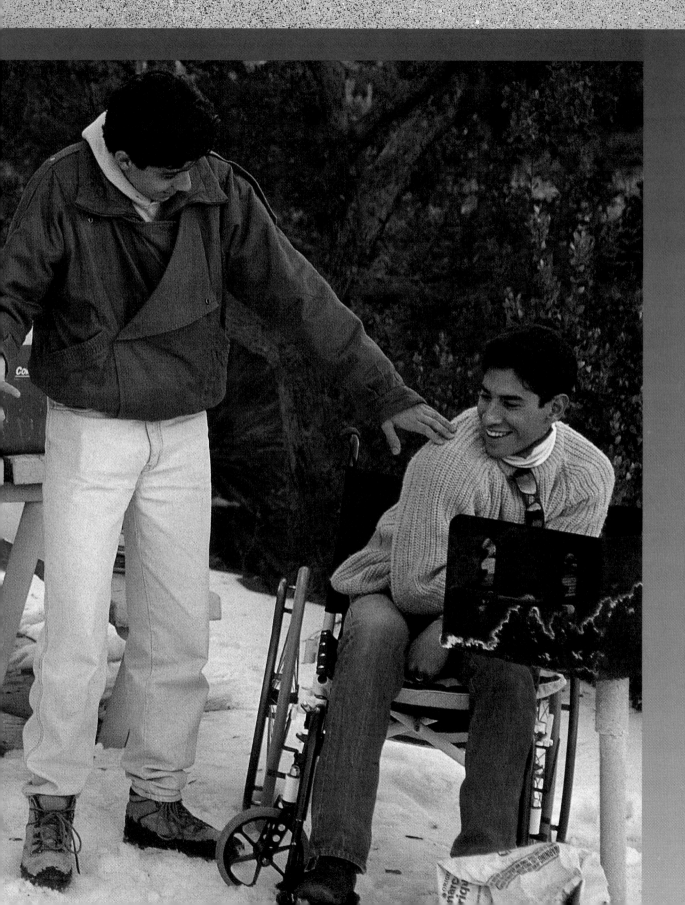

1

TÚ EN EL CAMPAMENTO

Within the illustration:

FIESTA

¿Dónde? *En casa de Álvaro*
¿Cuándo? *4 de febrero*
¿A qué hora? *A las 21:00*
Favor de responder
☎ 32·71·04

FIESTA

¿Qué piensas tú?

1. Los dos muchachos en la foto son Martín y su hermano Daniel. ¿Dónde están? ¿Qué actitud muestran? ¿Qué crees que les está diciendo su padre?

2. Imagínate la conversación entre los dos hermanos. ¿Qué crees que va a decir Daniel si quiere descansar y no tiene ganas de hacer nada?

3. ¿Qué está haciendo el padre de los muchachos? ¿Qué crees que está diciendo?

4. ¿Qué está leyendo la chica en el dibujo? ¿Cómo lo sabes? ¿Qué va a decir si acepta la invitación? ¿Qué va a decir si quiere ir pero no puede? ¿si puede ir pero no quiere?

5. ¿Qué dices al hacer una invitación informal, al cine o a un partido de baloncesto? ¿Qué dices al hacer una invitación más formal, como salir con una chica o un chico a una fiesta? ¿Hay diferencias entre los dos tipos de invitaciones?

6. ¿Qué dices cuando te invitan a hacer algo que quieres hacer? ¿a hacer algo que no quieres hacer? ¿a hacer algo que sospechas que tus padres no te vayan a permitir hacer?

7. ¿De qué crees que vamos a hablar en esta lección?

FOTONOVELA
LECTURA ILUSTRADA

✚ Prepárate para leer

Anticipa.   A todas las familias les gusta salir de excursión de vez en cuando. Piensa en las excursiones que tú has hecho con tu familia o con la familia de un(a) amigo(a) al contestar estas preguntas.

1. ¿Adónde va tu familia cuando sale de excursión? ¿a visitar a parientes? ¿a conocer otra ciudad? ¿a las montañas? ¿a la playa?

2. ¿Cuál fue la última excursión que hiciste con tu familia o en la que acompañaste a la familia de un(a) amigo(a)? ¿Adónde fueron? ¿Qué hicieron allá?

3. A veces cuando andamos de excursión se descompone el carro. ¿Le ha pasado eso a tu familia alguna vez? ¿Cómo resolvieron el problema? ¿Fue costoso?

El refrán de la semana

Más vale pájaro en mano que cien volando.

Interpretación   ¿Cuál es el significado de este refrán? Explica la relación que hay entre el dibujo y el refrán. ¿Qué puede representar el pájaro en la mano de la joven? ¿Qué simbolizan los otros pájaros que se encuentran volando? ¿Conoces otros refranes en español o en inglés que tengan un significado similar? Si así es, cuéntaselos a la clase.

¡Vamos a acampar!

1 Vamos a acampar.

El Sr. Galindo y sus hijos se preparan para una excursión.

Martín, dudo que necesites tanta práctica. Además, te necesitamos. Ven, ayúdanos con las maletas y tráeme los sacos de dormir.

Sí, papá. Te los traigo en seguida.

¡Quíhubole, Martín! Sr. Galindo, ¿qué tal?

Hola, Mateo.

¿Qué hacen ustedes? ¿Y dónde está Daniel?

Hola, Mateo. Vamos a acampar este fin de semana.

e veras? ¡Qué padre! ¿Adónde van?

Vamos a Aguirre Springs, en la sierra, cerca de Las Cruces. ¿Por qué no nos acompañas, Mateo?

¿Te puedo decir más tarde?

Sí, Mateo, ven con nosotros.

Híjole, me encantaría, pero es posible que tenga que trabajar. Además, les tendría que pedir permiso a mis papás.

Claro, Mateo. Espero tu llamada.

¡Que les vaya bien!

Ya está todo, ¿no?

Sólo falta la comida—pero eso lo dejamos para mañana.

¡Quíhubole, Tina, Margarita!

¡Hola! ¿Qué tal?

Hola, chicas.

Buenas tardes, muchachas.

¡Hola!

¿Adónde van con tantas cosas?

A Aguirre Springs, a acampar.

Ayyy, ¿en el invierno? ¿Están locos? Hace mucho frío, ¿no?

¡Qué va! Somos fuertes. Además, nos vamos a abrigar bien.

Bueno, que les vaya bien... en el fffffríííooo.

Ya, ya, vámonos, Margarita. Tenemos prisa. Que les vaya bien. Hasta luego.

Sí, que les vaya bien . . . en el fffffríííooo.

3 ¿Por qué no vamos nosotras?

Tina, ¿por qué no vamos nosotras también?

A mis papás les encanta acampar.

Si mis padres tienen que trabajar este fin de semana, no creo que podamos ir. Pero voy a preguntárselo.

¡Pues, vamos!

¡Ay, esa Margarita! ¡Qué exagerada! Y siempre es así. Nunca cambia.

¿Cómo la aguantas?

No es para tanto..

Daniel, acaba de llamar Mateo. Dice que no puede ir con ustedes. Tiene que trabajar todo el fin de semana.

¡Ay, Nena! ¿Ya colgaste? Quería hablar con él.

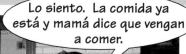

Lo siento. La comida ya está y mamá dice que vengan a comer.

4 ¡Eres un genio!

En la carretera a Nuevo México. . .

Ni yo tampoco, papá. Creo que todos los fusibles están bien. No veo ninguno fundido.

¡No comprendo por qué no funciona este carro!

Ven, hijo. Ayúdame aquí. ¿Ves ese desarmador grande? Pásamelo, por favor.

¿Éste, papá?

Sí. Gracias.

Sabes, no creo que sea nada del motor tampoco. ¡Caramba! Ya va a anochecer pronto. Y dudo que haya una gasolinera por aquí.

Ay, Martín. ¿Tú qué sabes de carros? La batería sólo tiene dos años y tiene garantía de cinco.

No te preocupes, papá. No puede ser nada serio. Andábamos bien hace poco y el carro no es tan viejo. ¿Revisaron la batería?

De todos modos, si las terminales están sucias...

Dame ese cepillo, Daniel.

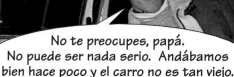

¡Martín, eres un genio! Una de las terminales está bastante corroída.

Gracias.

Ahora, pruébalo, Daniel.

Perdón, Daniel. ¿Qué decías? ¿Me lo puedes repetir?

✚ *Verifiquemos e interpretemos*

A. Orden cronológico.   Pon las siguientes oraciones en orden cronológico, según la fotonovela.

1. Daniel admite que Martín tenía razón.
2. El carro ya no anda.
3. Las chicas hablan de ir también.
4. Los Galindo empacan el carro.
5. Unas chicas saludan a los Galindo.
6. Los Galindo entran en la casa para comer.
7. Martín juega baloncesto.
8. Mateo llama para decir que tiene que trabajar.
9. Papá invita a Mateo a acompañarlos.
10. Martín sugiere que revisen la batería.

B. Reflexiona y relaciona.   ¿Hasta qué punto son las excursiones de tu familia como las de los Galindo? Reflexiona sobre lo ocurrido y relaciónalo a tu propia vida al contestar estas preguntas.

1. ¿Quiénes se preparaban para ir de excursión? ¿Adónde iban? ¿Qué estaba haciendo la persona que no estaba ayudando? ¿Ayudas tú siempre con los preparativos o dejas a otros que hagan todo el trabajo? ¿Quién invitó a Mateo a que los acompañara? ¿Aceptó Mateo inmediatamente? ¿Por qué? ¿Te han invitado alguna vez a participar en una excursión? ¿Fuiste? ¿Aceptaste inmediatamente? ¿Por qué?

2. ¿Empacaron todo la noche antes de salir? ¿Qué dejaron para último momento? ¿Por qué? ¿Cuál fue la reacción de Tina y Margarita cuando supieron que sus amigos iban a acampar? ¿Estás de acuerdo con ellas? ¿Por qué? ¿Has ido tú a acampar en el invierno? ¿Cómo les fue?

3. ¿Qué deciden hacer Tina y Margarita? ¿Con quién van a tener que consultar? ¿Les gusta acampar a tus padres? Si no, ¿qué prefieren hacer? ¿Qué opinan Daniel y Martín de Margarita? ¿Tienes amigas como Margarita? Si así es, ¿te es difícil aguantarlas? ¿Por qué?

4. ¿Dónde estaban los Galindo cuando se les descompuso el carro? ¿Qué fue lo primero que revisó Daniel? ¿Quién sospechó de la batería? ¿Cuál era el verdadero problema? ¿Habrías sospechado tú de la batería? ¿Por qué?

CONVERSEMOS UN RATO

A. ¿Por qué?   Después de estudiar estos dibujos cuidadosamente, explica con un(a) compañero(a) qué causó cada situación.

Sergio

EJEMPLO   **Es obvio que Sergio se levantó tarde hoy y es probable que tenga un examen en la clase de las diez.**

1. Susana

2. Tomás y Memo

3. Rodrigo

4. Conchita y Lupe

5. Rosario

6. Ángela

7. Diego

8. Eduardo

B. Excusas.   Tus amigos van a invitarte a acompañarlos a varios lugares el sábado. Tú no quieres salir el sábado. Por eso tienes que darles excusas. Dramatiza esta situación con dos compañeros de clase.

C. ¿Dudoso o seguro?   Todos tenemos algunas dudas y algunas certezas al pensar en nuestro futuro. Piensa ahora en tu futuro cercano y anota unas cuatro dudas y cuatro certezas que tienes. Luego léele tu lista a un(a) compañero(a) y escucha mientras te lee la suya. Informen a la clase si tienen las mismas dudas o certezas.

EJEMPLO   **Dudo que pueda asistir a esta escuela el año próximo porque mi familia quiere mudarse a otro país. Pero es seguro que voy a continuar mis estudios porque sólo me falta un año para graduarme.**

D. El baile.   Hay un baile en la escuela el viernes por la noche y un(a) compañero(a) de clase va a invitarte. Desafortunadamente tú no sabes bailar y, por lo tanto, no quieres ir. Dramatiza esta situación con un(a) compañero(a) de clase.

E. Es probable que...   Tú y tu amigo(a) están muy preocupados porque Ricardo, otro amigo, está haciendo cosas muy extrañas. Hoy, por ejemplo, lleva puesta una camisa amarilla con pantalones rojos y no hace poco estaba comiendo sopa con tenedor. En forma de conversación, traten de analizar las acciones raras de su amigo. Dramaticen la conversación.

Antes de empezar

INTERNET
Enlaces con el tema
www.mcdougallittell.com

A. Yo digo que... ¿Cuánto sabes de Puerto Rico? Indica si crees que estos comentarios son ciertos o falsos. Si no estás seguro(a), adivina usando lo que ya sabes de Latinoamérica.

Los autores dicen…

Yo digo…

Sí	No			Sí	No
Sí	No	**1.**	Puerto Rico es menor en extensión que Cuba pero mayor que La Española.	Sí	No
Sí	No	**2.**	Cuando llegaron los primeros europeos, Puerto Rico estaba poblado por los taínos, un grupo de indígenas.	Sí	No
Sí	No	**3.**	Palabras como *maíz, tabaco, canoa* y *huracán* son de origen taíno.	Sí	No
Sí	No	**4.**	El Yunque es el único bosque tropical en Estados Unidos.	Sí	No
Sí	No	**5.**	La industria del azúcar no tuvo ninguna importancia para Puerto Rico durante la época colonial.	Sí	No
Sí	No	**6.**	La isla de Puerto Rico fue cedida a EE.UU. como resultado de la Guerra Hispanoamericana de 1898.	Sí	No
Sí	No	**7.**	Para entrar a EE.UU. los puertorriqueños necesitan una visa o permiso oficial de ingreso.	Sí	No
Sí	No	**8.**	El área metropolitana de Miami es donde se concentran la mayoría de los puertorriqueños que viven en EE.UU.	Sí	No
Sí	No	**9.**	Desde 1952, Puerto Rico es un estado más de EE.UU.	Sí	No
Sí	No	**10.**	Los residentes de Puerto Rico no pueden votar por el presidente de EE.UU.	Sí	No

B. Los autores dicen… Ahora lee la lectura y vuelve al formulario de la actividad **A.** Indica si los comentarios son ciertos o falsos según los autores.

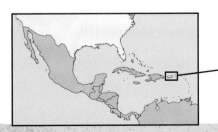

OCÉANO ATLÁNTICO

Aguadilla •   • Arecibo   SAN JUAN ★   • Carolina   CULEBRA

Bayamón •

Mayagüez •   • Fajardo

Caguas •

• Ponce   VIEQUES

▭ Parques Nacionales

PUERTO RICO

Puerto Rico

Isla del Caribe

Puerto Rico es la isla menor de las Antillas Mayores en el mar Caribe, con 9.000 kilómetros cuadrados de extensión. Las islas de Vieques y Culebra, al sudeste, y la isla de Mona, al oeste, también son parte del territorio de Puerto Rico. El clima es cálido durante todo el año, aunque hay una temporada de huracanes de agosto a noviembre. La geografía es variada e incluye costas, montañas y bosques tropicales. La Cordillera Central, una cadena de montañas, cruza la isla desde el pueblo de Mayagüez al oeste hasta el pueblo de Humacao al este. El famoso bosque tropical El Yunque, el único en EE.UU., también se encuentra al este.

La población de Puerto Rico es diversa y refleja las distintas etapas de su historia. Los taínos, habitantes precolombinos de la isla, fueron exterminados en las décadas que siguieron a la llegada de los españoles con Cristóbal Colón en 1493, o se mezclaron con éstos. La mayoría pereció, pero todavía se pueden ver rasgos indígenas en algunos segmentos de la población. Palabras de uso taíno como *maíz, hamaca, tabaco, canoa* y *huracán*, y Borinquen, el nombre taíno de la isla que se usa en el habla popular, forman parte de la herencia indígena.

A consecuencia de la disminución de la población indígena, los españoles trajeron esclavos para trabajar en las plantaciones de azúcar que fueron la industria principal durante el siglo

XIX y principios del XX. Como en otros países de América que importaron esclavos, la cultura africana influyó en el desarrollo de una cultura propiamente nacional. Esta influencia vibra en los ritmos de la bomba y la plena, la salsa y otros géneros musicales, y se ve en celebraciones como el Carnaval de Loíza Aldea. **1**

La herencia española de Puerto Rico vive en el español, el idioma de los medios de comunicación, y se ve en la arquitectura. **2** La mayoría de la población habla inglés y español. Este influjo angloparlante comenzó en 1898, cuando EE.UU. derrotó a España en la Guerra Hispanoamericana. Puerto Rico pasó de ser colonia española a ser territorio estadounidense.

Este cambio de administración definió el siglo XX para Puerto Rico. En 1917, EE.UU. les otorgó la ciudadanía a los habitantes del nuevo territorio. Más tarde, en 1952, el presidente Truman y Luis Muñoz Marín, el primer gobernador electo de Puerto Rico, formaron el Estado Libre Asociado (ELA). Este arreglo apoya un gobierno autónomo local y una administración federal. Las cortes supremas del país son federales, el ejército es el estadounidense y la moneda es el dólar.

La economía juega un papel importante en las relaciones entre Puerto Rico y EE.UU. Las inversiones estadounidenses suman millones de dólares, y el 62% de las importaciones de Puerto Rico provienen de EE.UU. Por último, el traslado de un segmento de la población al noreste de Estados Unidos a partir de los años 20 ha creado vínculos entre los dos países.

Puerto Rico ha tenido varias votaciones sobre su relación con Estados Unidos. Los puertorriqueños en la isla no pueden votar en elecciones presidenciales, ni tampoco tienen voto en el Congreso de Estados Unidos. El Partido Nuevo Progresista (PNP), el Partido Popular Democrático (PPD) y el Partido Independentista Puertorriqueño (PIP) representan las tres corrientes de opinión pública. El PNP propone que Puerto Rico se convierta en el estado número 51; el PPD cree que se debe seguir bajo el ELA, y el PIP quiere la independencia. No se sabe cuál de todos prevalecerá, pero sin duda estas alternativas crearán debates de interés público en Puerto Rico y EE.UU.

Los españoles construyeron El Morro en el siglo XVII para proteger la isla.

Verifiquemos

1. Dibuja este diagrama de Venn en una hoja aparte. Luego, indica qué semejanzas y diferencias hay entre los puertorriqueños que viven en la isla y los que viven en EE.UU.

LOS PUERTORRIQUEÑOS

2. Describe las consecuencias del cambio de administración en Puerto Rico a principios del siglo XX.

3. Compara las ventajas y desventajas de las tres alternativas políticas para Puerto Rico: (**a**) seguir con el ELA, (**b**) ser otro estado, (**c**) ser independiente.

LENGUA EN USO

La interferencia del inglés en el deletreo

Algunos estudiantes bilingües que se crecen en EE.UU. tienden a usar el deletreo inglés cuando escriben en español.

El español y el inglés tienen muchas palabras parecidas en deletreo que en su mayoría se derivan del latín. Algunos estudiantes bilingües en español, por estar acostumbrados a leer o escribir estas palabras principalmente en inglés, tienden a escribirlas con deletreo inglés aun cuando escriben en español. Es importante reconocer las diferencias mínimas. A continuación se presentan algunos de los errores más comunes.

Consonante doble en español

Con excepción de **cc** y **nn**, las palabras en español no se escriben con doble consonante. La **ll** y la **rr** generalmente se consideran una consonante en español, aunque en 1994 la Real Academia Española eliminó la **ll** como letra del alfabeto español. Observa el deletreo de las siguientes palabras con **cc** o **nn** en español:

lección	*lesson*	innovación	*innovation*
corrección	*correction*	innumerable	*innumerable*

Pero no todas las palabras con *cc* o *nn* en inglés se escriben con consonante doble en español. Observa estas palabras:

inocencia	*innocence*	anotar	*annotate*
aniversario	*anniversary*	conexión	*connection*

Consonante doble en inglés pero no en español

La mayoría de palabras que en inglés se escriben con doble consonante, en español sólo llevan una consonante. Observa la diferencia en el deletreo de estas palabras parecidas.

afirmación	*affirmation*	comunidad	*community*
agresivo	*aggressive*	anual	*annual*
alérgico	*allergic*	aplicación	*application*
inteligencia	*intelligence*	clásico	*classic*

Palabras con *mm* en inglés

Las palabras que se escriben con *mm* en inglés se escriben con una sola **m** en español.

comercio	*commerce*	comentario	*commentary*
comunicar	*communicate*	recomendar	*recommend*

Las palabras que empiezan con *imm-* en inglés se escriben con **inm-** en español.

inmigrante	*immigrant*	inmenso	*immense*
inmediato	*immediate*	inmune	*immune*

La combinación *qua* o *que* en inglés

La combinación de las letras *qua* o *que* en inglés con frecuencia se escriben **ca** o **cue** en español.

calificación	*qualification*	cuestión	*question*
consecuencia	*consequence*	elocuencia	*eloquence*

Verifiquemos

A. Del inglés al español. Escribe el equivalente en español de las siguientes palabras.

1. common
2. effect
3. announce
4. grammar
5. passion
6. immigration
7. collective
8. frequent
9. committee
10. occasion
11. different
12. immunize

B. Carta de agradecimiento.

Miguel Ángel Matos, un estudiante de origen puertorriqueño en Nueva York, acaba de regresar a EE.UU. después de una visita a San Juan, Puerto Rico, la ciudad donde vivieron sus padres antes de mudarse a Nueva York. Miguel Ángel te pide que lo ayudes a revisar su carta para evitar la interferencia del inglés en el deletreo de palabras parecidas. En una hoja aparte, escribe el deletreo correcto de las palabras en cursiva.

Estimados tíos:

Primero que nada, les quiero agradecer todas las atenciones que de Uds. recibí durante mi visita a Puerto Rico. Mi viaje habría sido muy *differente* (1) sin el *affecto* (2) que me demostraron.

Les quiero *communicar* (3) que llegué muy bien de regreso a Nueva York. Mis padres me han *annunciado* (4) que para *commemorar* (5) su XX *anniversario* (6) de matrimonio, quieren organizar una gran celebración en el Gran Hotel de San Juan, Puerto Rico. Sin duda nos veremos en esa *occasión* (7). Tan pronto que sepa las fechas, se las *communicaré* (8) de *immediato* (9).

Espero recibir noticias suyas con más *frequencia* (10). Se despide de Uds., su sobrino que ya nunca los olvida,

Miguel Ángel

TÚ EN EXCURSIÓN

Sendero Baylor Pass
(Caminata y equitación)

Entrada

Estacionamiento para el sendero

Estacionamiento para el sendero

Sendero
Pine Tree
(caminata)

ACAMPADA
AGUIRRE SPRING

LEYENDA
- **Mesas**
▶ **Servicios**

Salida

Mapa de ubicación

Albuquerque

Alamogordo

Las
Cruces

Monte Organ

Montes Frank

Lordsburg

El Paso, Texas

MÉXICO

Sitio para grupos

Estacionamiento

Sendero de concreto

Sitio para grupos

¿Qué piensas tú?

1. ¿De qué es el mapa? ¿Puedes describir el área? ¿Es un desierto? ¿Hay montañas? ¿playas? ¿lagos? ¿Qué se puede hacer en este lugar? ¿Cómo lo sabes?

2. Si tú estuvieras en la entrada a este lugar, ¿qué dirías para dirigir a alguien al primer campamento número 1? ¿al primer número 7? ¿a los servicios más cercanos? ¿al segundo campamento número 10? ¿al baño para incapacitados?

3. ¿Qué busca el hombre en el dibujo? ¿Dónde ha buscado ya?

4. ¿Dónde sugieres que busque? ¿Por qué?

5. Cerca de donde tú vives, ¿adónde puede ir una familia a pasar el fin de semana? ¿Cuál es el atractivo de ese lugar?

6. ¿Conoces algunos cuentos, leyendas o misterios relacionados a algún lugar cerca de donde tú vives? Si conoces alguno, cuéntaselo a la clase.

7. Piensa en cómo contestaste estas preguntas y di de qué crees que vamos a hablar en esta lección.

FOTONOVELA
LECTURA ILUSTRADA

✚ Prepárate para leer

Anticipa.   Piensa en la última vez que tu familia pasó una noche en las montañas o en la playa o a orillas de un río o un lago al contestar estas preguntas.

1. Cuando pasan uno o dos días en un campamento, ¿cocinan allí o traen toda la comida preparada? Si cocinan, ¿quién es el (la) cocinero(a)? ¿Qué preparan generalmente?
2. ¿Qué hacen en el campamento de noche? ¿Se acuestan todos temprano o conversan un rato alrededor de la fogata? ¿Cuentan a veces cuentos de terror? ¿Recuerdas algún cuento de terror que oíste en un campamento? Si lo recuerdas, cuéntaselo a la clase.

El refrán de la semana

Camarón que se duerme, se lo lleva la corriente.

Interpretación Explica el significado de este refrán. ¿Qué relación hay entre los dos dibujos y el refrán? ¿Qué actitud parecida o diferente puedes observar entre el joven que duerme y el camarón que también duerme en el segundo dibujo? ¿Qué hacen los otros camarones? Explica en qué situaciones podrías usar este refrán. ¿Sabes algún refrán en español o en inglés con el mismo significado? Si conoces alguno, cuéntaselo a la clase.

Es un sitio arqueológico

1 ¿Por dónde vamos ahora?

Por fin llegamos.

¿Por dónde vamos ahora, Daniel?

Según este mapa, hay tres sitios distintos.

Para llegar al primero, hay que doblar a la derecha por el primer camino. Para el segundo y el tercero, sigue derecho en el camino principal. El primero parece el sitio más popular. Hay más de treinta lugares.

Bueno, vamos al primero, entonces. ¿Está bien?

2 Ayúdame a armar la carpa.

Daniel, ¿has visto las zanahorias y el apio?

Sí, creo que están en la hielera.

¿Te los traigo?

3 ⬛ Vamos a «La cueva».

✚ Verifiquemos e interpretemos

A. ¿Quién lo dijo?   ¿Quién dijo estas cosas: Daniel, Martín o papá?

Daniel   **Martín**   **Papá**

1. "Por fin llegamos. ¿Por dónde vamos ahora?"
2. "Hay que doblar a la derecha por el primer camino".
3. "¿Has visto las zanahorias y el apio?"
4. "Mejor tráeme toda la hielera y así no te molesto más".
5. "Ven acá. Ayúdame a armar la carpa".
6. "¿Qué vamos a hacer mañana?"
7. "He oído hablar de la cueva, pero realmente no recuerdo los detalles".
8. "Lo único que vieron en lo oscuro de la cueva fueron los ojos brillantes de un puma".
9. "Casi me muero de miedo".

B. Reflexiona y relaciona.   Contesta estas preguntas para ver qué tienes en común con los personajes jóvenes de la fotonovela.

1. Cuando llegaron los Galindo, ¿a qué campamento decidieron ir? ¿Cómo decidieron? Cuando tu familia pasa la noche en un campamento, ¿quién selecciona el sitio: tu papá, mamá, hermanos, tú?
2. ¿Cuál de los tres es el cocinero? ¿Cómo lo sabes? ¿Por qué se impacienta Daniel con Martín? ¿Te impacientas tú con tus hermanos cuando van de excursión? ¿Por qué? ¿Para qué necesita el Sr. Galindo la ayuda de Daniel?
3. ¿Qué planes tienen para el día siguiente? ¿Qué se sabe de la cueva que van a visitar? ¿Hay sitios arqueológicos cerca de tu ciudad? Si los hay, descríbelos.
4. ¿Qué encontró el grupo de estudiantes universitarios en la cueva? ¿Mataron al animal? ¿Cómo lo sabes? ¿Por qué se asustaron Martín y Daniel al final? ¿Qué oyeron? ¿Crees que se imaginaron el ruido o que de veras oyeron algo? ¿Por qué?

C. Predicción.   Con un(a) compañero(a) decide en un final apropiado para este episodio de la fotonovela. Escribe un final que explique el ruido que oyeron los muchachos. ¿Era el puma? ¿Era otro animal salvaje? ¿Era otra cosa? ¿Qué era? Cuando termines, lee lo que escribiste a otro grupo y escucha el final que el otro grupo escribió.

Conclusión de la fotonovela

Al regresar a casa, Martín les escribió una carta a sus primos en Monterrey, México.

Queridos primos:

Saludos de El Paso. Espero que todos estén bien. ¿Cómo está tía Gabriela? Mamá le manda recuerdos.

El fin de semana pasado mi papá, mi hermano y yo fuimos a Nuevo México a acampar en las montañas, los Órganos, cerca de Las Cruces. Nos divertimos muchísimo. Es un gran lugar para acampar. Ojalá algún día podamos ir allí todos juntos.

El segundo día fuimos a un sitio de excavaciones arqueológicas. Es una cueva que tiene una historia de siete mil años. Todo fue muy interesante, pero lo más fascinante fue lo que aprendimos sobre un señor del siglo pasado.

Era un señor bien excéntrico a quien todo el mundo llamaba el Ermitaño. Se pasó casi toda la vida viviendo solo en las montañas. Cuando el Ermitaño ya era viejo, se instaló en la cueva que visitamos.

La gente de Las Cruces le advirtió que era peligroso vivir solo allí, pero él no les hizo caso. Muchas personas del pueblo siguieron insistiendo hasta que, para complacerlos, dijo que iba a prender un fuego frente a la cueva cada noche para señalar que estaba bien. Una noche la gente del pueblo no vio la señal acostumbrada y todos se alarmaron. Al día siguiente salieron a buscarlo y lo encontraron muerto. Nadie sabe cómo murió, pero como te puedes imaginar, abundan las explicaciones.

Tengo que contarles una cosa chistosa que nos ocurrió la primera noche en el campamento. Después de cenar, mientras tomábamos chocolate, mi hermano nos empezó a contar otro cuento sobre esa misma cueva. Se trataba de un puma que vivía en la cueva y que una noche atacó a unos jóvenes universitarios.

El cuento era tan fantástico que yo sabía que él lo iba inventando. Sin embargo, los dos pasamos un gran susto cuando de repente, oímos unos ruidos extraños, como de un animal grande, cerca de nosotros. ¡Casi nos morimos de miedo! ¡Qué sorpresa llevamos cuando supimos que eran dos compañeras de clase! Ellas sabían que íbamos a estar allí, y vinieron al campamento con sus padres. Cuando oyeron a Daniel contar su cuento, decidieron asustarnos. ¡Qué malas!, ¿no?

¿Qué nos cuentan de nuevo? ¿Y cuándo vienen a visitarnos? Podemos ir a pasar la noche en «La cueva». ¡Escriban pronto!

Un fuerte abrazo de su primo,

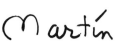

✚ *Verifiquemos e interpretemos*

A. La cueva. Di si son ciertos o falsos estos comentarios sobre la carta que escribió Martín. Si son falsos, corrígelos.

1. Martín les escribió una carta a sus abuelos en México.
2. Martín y su familia fueron a acampar a las montañas en Texas.
3. Lo pasaron bien.
4. La cueva que visitaron era muy vieja.
5. Muchas personas vivieron en "La cueva".
6. El Ermitaño llegó a la cueva cuando era joven.
7. El Ermitaño tenía miedo de vivir en la cueva.
8. Cada noche el Ermitaño les daba una señal a sus amigos.
9. El Ermitaño todavía vive en la cueva.
10. Daniel contó un cuento de espantos sobre la cueva.
11. Daniel y Martín se asustaron cuando oyeron los ruidos de un puma.
12. Dos compañeras de clase también fueron a acampar al mismo lugar.

B. Diagrama Venn. En una hoja aparte duplica este esquema y úsalo para comparar el final del cuento que tú escribiste en la sección anterior con la explicación del gran susto que Martín describe en la carta a sus primos. Luego, anota todo lo que los dos cuentos tienen en común en la columna del centro.

Mi cuento	Los dos cuentos	El gran susto
1.	1.	1.
2.	2.	2.
3.	3.	3.
4.	4.	4.
...	...	...

A. Al salir de... Tu profesor(a) va a darles a ti y a tu compañero(a) un plano de una ciudad. Tú necesitas ir a ciertos lugares indicados en tu mapa y tu compañero(a) necesita ir a otros lugares indicados en el suyo. Pídele direcciones a los lugares indicados y dile cómo llegar a los lugares donde él o ella quiere ir. Marquen la ruta a cada lugar empezando desde la casa marcada: **Tu casa.**

B. ¿Qué han hecho? Con frecuencia, nuestros padres hacen mucho por nosotros y nunca nos damos cuenta de ello. Piensa ahora en todo lo que tus padres han hecho para que tú puedas asistir a la escuela y escríbelo en una lista. Luego comparte tu lista con un(a) compañero(a) de clase.

EJEMPLO **Mamá ha trabajado todo el año para que yo no tenga que trabajar.**
Papá me ha preparado comida muy rica.

C. ¡Preguntas anónimas! Imagina que serás entrevistado por uno(a) de tus compañeros(as) de clase. En una hoja, escribe de ocho a diez preguntas que te gustaría que te hicieran. Las preguntas deben darte la oportunidad de hablar de tus intereses, tus logros en los últimos cuatro años y tus metas para el próximo año. Entrégale las preguntas a tu profesor(a). No es necesario escribir tu nombre en la hoja de papel si prefieres mantenerte anónimo(a).

D. ¿Dónde está? Tu compañero(a) quiere ir a varios lugares en tu pueblo pero no sabe dónde están. Dile cómo llegar allí cuando te pida direcciones específicas. Dramaticen esta situación.

E. He visitado a mi tía. Te encuentras con un(a) amigo(a) que no has visto desde hace dos años. Tú quieres saber qué ha hecho en los últimos dos años y tu amigo(a) quiere saber lo que has hecho tú. Dramaticen esta situación.

✚ Prepárate para leer

A. Espectáculos para niños. En este fragmento del cuento "El día que fuimos a mirar la nieve" de Alfredo Villanueva-Collado, vas a leer sobre la aventura de una familia que una Navidad decide asistir a un espectáculo de diversión para los niños pero en vez de ser un día de alegría y diversión, acaba por ser un día desastroso.

1. Cuando eras niño(a), ¿te llevaban tus padres a ti y a tus hermanos a lugares de diversión de vez en cuando? ¿Con qué frecuencia? ¿Adónde iban? ¿al parque? ¿al río? ¿a las montañas? ¿a la playa? ¿a un carnaval? ¿a un circo? ¿a un partido de béisbol?

2. ¿Tenían que viajar mucho para llegar a esos eventos? ¿Cómo viajaban? ¿en autobús? ¿en tren? ¿en carro o camioneta? ¿a pie?

3. ¿Quiénes iban generalmente? ¿sólo tú y tus hermanos? ¿otros amigos?

4. ¿Les tocó viajar un día cuando hacía un calor inaguantable? Si así es, describe el viaje. ¿Cómo se portaron tú y tus hermanitos? ¿Qué hacían para aguantar el calor?

5. ¿Resultó desastroso uno de esos viajes para ustedes? Si así es, describe el viaje. ¿Cómo reaccionaron tus padres? ¿tú y tus hermanos?

B. Vocabulario en contexto. Lee estas oraciones. Las palabras en **negrilla** aparecen en la lectura. Discute su significado con un(a) compañero(a) de clase.

1. En los años cincuenta, todo el mundo ponía **persianas** en las ventanas, en vez de cortinas, para controlar la cantidad de sol que se permitía entrar.

2. Mamá se **viró** de un lado al otro para ver lo que estaba haciendo yo.

3. Estoy convencido que él tenía ojos en la **nuca;** no se le escapaba nada.

4. El **portento** del regalo de la alcaldesa a su pueblo era excepcional.

5. De repente, papá se quitó el cinturón de tal manera que en más de una ocasión nos había **llevado los cantos.** Y, de esa manera, nos calló a todos.

6. Sentada en un sillón que parecía trono estaba la **benefactriz** del pueblo.

7. En el invierno, los niños usan guantes y gorras rojas con **moñas** de colores.

8. Mamá agarró a mi hermano y le dijo que era mala educación **apuntarle** a la gente con los dedos.

CONOZCAMOS AL AUTOR

Alfredo Villanueva-Collado nació en Santurce, Puerto Rico, en 1944. Se mudó a EE.UU. en 1966 para continuar sus estudios para el doctorado en literatura comparada y desde entonces ha vivido en EE.UU. ejerciendo como catedrático universitario desde 1971. Actualmente dirige el Departamento de Inglés en el Colegio Comunal Eugenia María de Hostos en la Ciudad de Nueva York. Villanueva-Collado es uno de los escritores latinos de EE.UU. que escribe en español. Su obra literaria muchas veces presenta una crítica implícita de la realidad. Por ejemplo, su cuento, "El día que fuimos a mirar la nieve", relata un evento tomado de la vida real. En los años 50, la alcaldesa de San Juan de Puerto Rico mandó llevar dos aviones llenos de nieve a la capital para que los niños puertorriqueños pudieran jugar en la nieve durante las Navidades. Este cuento permite dar un vistazo humorístico a lo que una familia sufrió en camino a la nieve y a sus reacciones cuando les tocó ver y jugar en la nieve.

El día que fuimos a mirar la nieve

Aquel día amaneció de golpe, con el sol agarrado de las persianas como si quisiera derretirlas. Escuché a mami en la cocina, ya preparando el desayuno, a papi dejando caer el chorro sobre el agua del inodoro, a Roberto trasteando en las gavetas* del cuarto al lado del mío. Recordé de qué día se trataba y el corazón me latió más rápido. Corrí a lavarme y a vestirme. Escogí un sweater crema, unos pantalones de corduroy, y medias gruesas. Mami, al verme entrar así ataviado*, se echó a reír. Papi, con su paso lento y pesado, dejando escapar un gruñido, comentó que hacía demasiado calor y que quizás no valía la pena hacer el viaje. —Ese tapón ❶ va a estar del mero*—, dijo, dirigiéndose a nadie en particular. —Ya son las nueve, y nos tomará dos horas llegar a San Juan—. —Con lo sobrada que es la gente, no lo dudo—, agregó mami. —Mejor nos vamos apurando.

Ya montados en el carro, papi tuvo que ir al baño de urgencia, de manera que perdimos otros veinte minutos. Roberto y yo nos acomodamos en la parte de atrás, cada uno en su ventana. Mami nos advirtió que ya sabíamos lo que pasaría si no nos estábamos quietos. Y al decirlo, mostró las largas uñas inmaculadamente manicuradas y pintadas de un rojo oscuro con las que en más de una ocasión nos había llevado los cantos, forma absoluta de ganar control inmediato sobre nuestras personas. Papi regresó y nos pusimos en camino.

trasteando en las gavetas *revisando los cajones* **ataviado** *adornado* **del mero** *de lo peor*

Salir de Bayamón fue fácil, pero una vez que caímos en Santurce, el tapón fue apoteósico*. Nos movíamos cuatro pies cada media hora y, con el calor y la falta de una brisita, el interior del carro estaba pegajoso como un baño de vapor. Roberto se puso a matar indios, porque ese día le había dado por ponerse su ropa de vaquero completa, con sombrero de ala ancha y cinturón con revólver. "¡Zas!" y allí caía un indio y ¡zas! allí caía otro indio, hasta que mami, fijándose en las miradas de horror que los ocupantes de otros baños de vapor nos dirigían, se viró enérgica, lo agarró por el brazo y le dijo que se dejara de jueguitos, que era mala educación apuntarle a la gente, y más con un revólver, que qué se iban a creer, que ella no había salido para pasar vergüenzas, y si no se controlaba nos regresábamos ahí mismo, ¿verdad Casimiro?

Soltó a Roberto y se viró del otro lado, a ver qué estaba haciendo yo. Pero mi juego era mucho más pacífico. Mi pasión consistía en contar marcas de carros, específicamente Studebakers, lo cual, hay que reconocer, no era nada fácil en aquel tremendo tapón. Por lo menos lo podía hacer sin llamar demasiado la atención de los de al frente. Allí iba un Ford, y más adelante un Chrysler; había montones de Chevrolets y uno que otro Cadillac, pero no veía un Studebaker ni para remedio, de manera que me fui levantando despacito a mirar por el cristal trasero cuando paf, un manotón me tumbó de nuevo sobre el asiento mientras me advertían que si todos moríamos en un accidente cuando papi no pudiera ver los otros carros en el cristal de atrás porque yo estaba en el medio, yo y nadie más que yo iba a ser el responsable, y que era mejor que nos devolviéramos allí mismo, para evitar una desgracia.

apoteósico *digno de dioses*

Al fin llegamos a los puentes del Condado; una brisita alivió la piquiña[2] que me estaba comiendo el cuerpo. Iba a quitarme el sweater, pero mami, que tenía ojos en la nuca, me informó que me vería en el hospital con pulmonía*, empapado en sudor como estaba, además de la paliza que me iba a llevar porque la gente decente no se quitaba la ropa en público. Roberto se encontraba en peor situación: le picaba en mal sitio y trataba de rascarse sin que nadie lo notara. El resultado fue que de un jalón fue a parar al frente, dejando una mancha de sudor sobre el plástico rojo del asiento al lado de la ventana, mientras le advertían que perdería la salud del espíritu si se seguía metiendo la mano en cierto sitio. La radio anunciaba el portento del regalo de la gran dama a su pueblo, lo que sólo prendía la ira de papi cada vez más. —Maldita sea la gente y maldita sea la vieja esa, mira y que ocurrírsele traer esa porquería para que cuanto idiota hay en San Juan se crea esquimal* por un día—. Pero mami le leyó la cartilla. —Mira Casimiro, tú fuiste quien se lo prometió a los nenes, y tú eres el primer averiguado; si no, ¿qué hacemos metidos en este tapón? Sería mejor dejar el carro por aquí y caminar hasta el parque. Pero tú eres un vago de primera y no quieres pasar el trabajo; total, que estamos ahí al ladito.

Como si lo hubiera conjurado, apareció un espacio y papi, rabioso, metió el carro con una sola vuelta del volante. —¿Estás seguro de que es legal?— preguntó mami, siempre temerosa de la ley. —Vete al carajo—, contestó papi, que ya no estaba para cuentos. Nos apeamos, papi y mami caminando al frente, él con su guayabera y ella con un chal sobre los hombros, por si acaso, como ella decía. Roberto y yo íbamos agarrados de la mano, él dando saltitos y tratando de despegarse los pantalones de vaquero, que se habían convertido en instrumento de tortura, mientras que yo batallaba con el sweater, que me parecía una túnica de hormigas. Era casi mediodía.

Ya en el parque nos abrimos paso a través de la multitud que se apelotonaba* en una dirección solamente, aguantando los chillidos, no sé si de excitación o de angustia, de millones de muchachitos vestidos con levis, corduroys, guantes y hasta unas raras gorras rojas con moñas de colores. Y en el medio, blanca, o casi blanca, brillante, pero ya medio

---

pulmonía *neumonía* **esquimal** *natural de la zona ártica* **se apelotonaba** *se movía en grupo*

aguada, la nieve. Me zafé y corrí hacia ella, llenándome los pantalones de barro en el proceso, porque el agua derretida se mezclaba en los pies de la muchedumbre con tierra de todas partes de la isla. Toqué la nieve. No era gran cosa; se me ocurrió que, si quería, podría hacerla en el freezer de casa, o jugar con el hielo hecho polvo de las piraguas ❸. ¿Tanto lío para esto? Pero obviamente mi actitud crítica no era compartida. La gente estaba loca con la nieve. Le daban vuelta a la pila con los ojos desorbitados, mientras que los nenes chapoteaban en el fangal* o posaban para las Kodaks de los padres. A un lado, en una tarima, la benefactriz del pueblo, que había hecho posible el milagro y mi desencanto, movía su hermoso moño blanco, sonreía, y se echaba fresco con un abanico de encaje.

Evidentemente la frescura del espectáculo no había mejorado el humor de papi porque lo llegué a ver, casi púrpura, con mami al lado, aguantando a Roberto que chillaba desconsoladamente con los pantalones caídos sobre las rodillas. Quise darme prisa y, llegando a donde estaban, resbalé, quedando sentado a cinco pulgadas de las uñas de mami, quien se limitó a levantarme, inspeccionar las ruinas de mi sweater, y comentar: —esperen que lleguemos a casa—. Para colmo, cuando al fin logramos recordar dónde papi había dejado el carro, lo encontramos con un ticket incrustado en una ventana. Papi lo recogió, se lo metió en el bolsillo y exasperado se volvió a mami: —¡Bueno, m'ija, otra idea brillante de tu partido y me meto a estadista*!

chapoteaban en el fangal *remojaban en el lodo* **estadista** *político de estado*

✤ Analicemos y discutamos

A. Análisis literario: Voz narrativa. La voz narrativa es la voz que narra o cuenta lo que ocurre en una obra literaria. Puede ser el autor mismo, un personaje de la obra o alguien que nunca aparece en la narración. Se puede dar en primera persona (yo/nosotros), segunda (tú/usted) o tercera persona (él, ella/ellos, ellas). Existen también varios tipos de voz narrativa: puede ser *omnisciente* o sea que sabe todo, incluso los pensamientos interiores de los personajes y lo que sucederá en el futuro, o puede ser una voz narrativa *limitada* que sólo da testimonio de lo que oye, ve y experimenta la persona que narra. Vuelve ahora al cuento y responde a las siguientes preguntas:

1. ¿Se narra en primera, segunda o tercera persona? ¿Cómo lo sabes?
2. ¿Quién es la persona que narra el cuento? ¿Es un personaje del cuento? ¿Qué edad tiene? ¿Cómo lo sabes?
3. ¿Es omnisciente o limitada la voz narrativa de este cuento? ¿En qué te basas?

B. Análisis de los personajes. Los personajes que aparecen en una obra literaria tienen mucha importancia porque es a través de ellos que se desarrolla la acción. Contesta las siguientes preguntas.

1. ¿Quiénes son todos los personajes que aparecen en este cuento? ¿Quién es Roberto? ¿Quién es Casimiro?
2. Usa este diagrama para mostrar la actitud que tienen los personajes al principio del cuento cuando se disponen a partir para ver la nieve y la que tienen al final del mismo. ¿Cómo se explica este cambio?

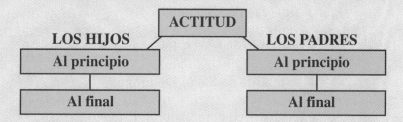

C. Discusión. Contesta las siguientes preguntas.

1. ¿En qué se dirige la familia para ir a mirar la nieve a San Juan? ¿Cómo estaba el tráfico cuando llegaron a Santurce? ¿Cómo se explica esto?
2. ¿Qué hacen los niños para pasar el tiempo? ¿Por qué se enoja la madre?
3. ¿Por qué estaba de mal humor el padre? ¿Por qué le dice a la madre: "otra idea brillante de tu partido y me meto a estadista"?
4. ¿Crees que fue una buena idea traer nieve de EE.UU. a Puerto Rico? ¿Qué es lo que esta acción refleja?
5. ¿Has tenido una experiencia similar en la que algo imaginado con mucha anticipación resulta en una gran desilusión? Explica.

Variantes coloquiales:
El habla puertorriqueña

Miguel de Cervantes

Desde que Miguel de Cervantes Saavedra escribió su famosa novela *El ingenioso hidalgo don Quijote de la Mancha,* a principios del siglo XVII, las obras narrativas con frecuencia han reflejado fielmente el habla popular.

La lengua coloquial principalmente se usa en novelas y cuentos para desarrollar los diálogos que se dan entre los diversos personajes.

José Luis González (1926–1997) se destaca dentro de la obra narrativa puertorriqueña. A los cuatro años se trasladó junto a su familia de Santo Domingo a Puerto Rico, y vivió en México como adulto. En su famoso cuento "En el fondo del caño hay un negrito", González usa expresiones coloquiales afrocaribeñas y populares.

José Luis González

El habla puertorriqueña comparte muchas de las mismas características del habla caribeña y cubanoamericana que estudiaste en la Unidad 2. La variante coloquial puertorriqueña suprime las consonantes. En vez de **usted,** se dice *usté,* donde ha desaparecido la **d** final. El sonido de la **r** muchas veces se cambia a **l,** y por **puerta** se oye **puelta.** En otras ocasiones, se suprimen sílabas; por ejemplo, **está bien** se convierte en **tá bien,** y **nada** se convierte en **ná.**

Verifiquemos

A. El uso de las diferentes variantes de la lengua. Con un(a) compañero(a) discute los siguientes temas. Informa a la clase de sus conclusiones.

1. ¿Cuáles son las ventajas de emplear la variante coloquial de una región en el desarrollo de diálogos en un cuento o una novela? ¿Por qué emplean muchos autores esta técnica literaria?

2. ¿Qué desventajas tiene el uso de una variedad coloquial en el desarrollo de redacciones más formales como ensayos escolares o cartas comerciales? ¿Por qué insisten muchos maestros en que sus estudiantes usen la variedad más formal del español al escribir composiciones?

B. El habla puertorriqueña. El cuento "En el fondo del caño hay un negrito", del autor puertorriqueño José Luis González, trata sobre la pobreza extrema que existe en algunos sectores de la capital de Puerto Rico. En los siguientes fragmentos adaptados de este cuento aparecen varios ejemplos del uso coloquial del habla puertorriqueña. En una hoja aparte reescribe estas oraciones usando un español más general.

EJEMPLO ¿Tampoco hay *ná pal* nene?
¿Tampoco hay nada para el nene?

1. ¿Cuántos *día va* que no toma leche?
2. Hay que *velo*. Si me lo *'bieran contao, 'biera* dicho que era embuste.
3. La *necesidá,* doña. A mí misma, quién me lo *'biera* dicho, que yo iba llegar aquí…
4. Pues nosotros *fuimo* de los primeros. Casi no *'bía* gente y uno cogía la parte más sequecita…
5. ¿Y *usté* se ha *fijao* en el negrito...?
6. La mujer vino ayer a ver si yo tenía unas hojitas de algo *pa' hacele* un guarapillo…

TÚ, EL NARRADOR

¿**Q**ué piensas tú?

1. En el campamento, el Sr. Galindo se acuesta temprano pero Daniel y Martín se quedan conversando. Además de "La cueva", ¿de qué crees que hablan? ¿Por qué crees eso?

2. Si Daniel describe en una carta el viaje a Aguirre Springs, ¿cómo va a variar su versión de la de su hermano?

3. Mira el dibujo ahora. ¿Qué pasó? ¿Qué pasa ahora? ¿Quién creen los padres que es el culpable?

4. ¿Cómo explica cada hijo su inocencia? ¿Quién crees tú que es el culpable? ¿Por qué?

5. ¿Has hecho algo ridículo alguna vez? ¿Cómo te sentiste? ¿Qué le dijiste a tus padres o a tus amigos cuando les contaste lo que te pasó?

6. ¿De qué crees que vamos a hablar en esta lección?

CUENTOS Y LEYENDAS
LECTURA DE LA TRADICIÓN ORAL

✚ Prepárate para leer

Mitos y leyendas.   Contesta estas preguntas para ver cuánto sabes de la tradición oral.

1. ¿Están basados los mitos y las leyendas en personajes reales o imaginarios? ¿Por qué crees eso? ¿Puedes dar varios ejemplos?
2. ¿Quiénes son los autores de los mitos y las leyendas? ¿Son personas verdaderas o son sólo colecciones de las voces del pueblo?
3. ¿Cómo crees que empieza un mito o una leyenda? ¿Quiénes las escriben por primera vez?
4. ¿Cuál es el tema más común de los mitos y las leyendas: el hombre y sus grandes hazañas o el gran poder de la naturaleza? Da ejemplos.
5. ¿Cuál es tu mito o leyenda favorita? ¿Puedes contarla en una breve versión? ¿Por qué te gusta?

De repente, Toño vio en lo oscuro del bosque una aparición espantosa. ¡Era Caipora, el Padremonte!

Caipora, el Padremonte

Parece que todas las culturas del mundo tienen mitos y fábulas para explicar el gran poder de la naturaleza. Éste es el caso en el mito brasileño: Caipora, el Padremonte.

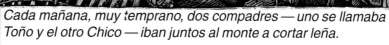

Cada mañana, muy temprano, dos compadres — uno se llamaba Toño y el otro Chico — iban juntos al monte a cortar leña.

El monte era una belleza: claro y oscuro, con matas y árboles de todo tipo . . . y además, el canto de los pájaros y las bandadas de mariposas de colores brillantes.

Toño cortaba con cuidado las ramas más bajas, para no lastimar mucho a los árboles. Él siempre respetaba todas las plantas y jamás molestaba a los animalitos del bosque.

El compadre Chico cortaba troncos. Él no respetaba la naturaleza. Quebraba ramas sin necesidad. Y a veces mataba un animal, sólo para practicar la puntería.

Un día, el compadre Chico no fue al monte. Toño entró solo en el bosque. Le pareció que todo era diferente. Los animales — todo el bosque en efecto — parecían estar inquietos y temerosos. Se oían ruidos extraños y se sentía un viento frío. Un gris oscuro y misterioso parecía predominar.

De repente, Toño vio en lo oscuro del bosque una aparición espantosa. ¡Era el Caipora, el Padremonte! El leñador se quedó paralizado de miedo. Era enorme, verde de pies a cabeza. Tenía las piernas fuertes y grandes, el cuerpo cubierto de pelos gruesos y los brazos tan largos que casi tocaban el suelo. Tenía también cabeza de zorro y lo peor de todo, tenía los pies volteados con los dedos hacia atrás.

De pronto, Caipora preguntó, "¿Tienes una pipa ahí, muchacho?" "¿Pipa? ¿Yo?", contestó el leñador. "Sí, aquí en mi mochila". Y le dio al monstruo su pipa. Caipora agarró la pipa y se fue trotando. El leñador se secó el sudor de la frente y dijo: "¡Uf! Tengo que trabajar para olvidar esta experiencia".

Ese día el compadre Toño volvió con la carreta cargada de leña de la mejor calidad.

Al día siguiente usó la leña como siempre, para fabricar carbón para vender en el pueblo. Cuando terminó el proceso, Toño decidió que sin duda esta leña produjo el mejor carbón que jamás había fabricado. Con este carbón, Toño muy pronto se hizo rico y no tuvo que ir más al bosque.

7

Cuando su compadre Chico supo de la buena fortuna de su compañero, insistió en saber el secreto de su riqueza. Toño decidió no darle muchos detalles de su encuentro con el monstruo del bosque. Simplemente le dijo, "Pienso que mi suerte fue por causa del encuentro, pero no estoy seguro . . ."

8

Un buen día el compadre Chico se encontró con el Caipora. En seguida le ofreció una pipa muy elegante, casi gritando de codicia. "Caipora, ¿puedes darme carbón? Mira, te doy mi mejor pipa".

9

El Caipora se enfureció. De sus ojos salían chispas verdes de odio.

"¡Eres tú — el matador de árboles y de animales!" Entonces el Padremonte agarró al codicioso violentamente.

10

Y desde ese día, apareció en el bosque un nuevo espanto: un hombre vuelto al revés que vaga entre los árboles como alma en pena.

✚ Verifiquemos e interpretemos

A. "Caipora, el Padremonte". Pon estas oraciones en orden cronológico según el mito brasileño.

1. Un día, Toño vio en lo oscuro del bosque una aparición espantosa. ¡Era Caipora!
2. Cuando su compadre Chico le ofreció su pipa, casi gritando de codicia, Caipora lo convirtió en un nuevo espanto: un hombre vuelto al revés.
3. Caipora le pidió su pipa al leñador y éste se la dio.
4. Con el carbón que fabricó de la leña que cortó ese día, Toño se hizo rico, y no tuvo que ir más al bosque.
5. Toño cortaba con cuidado para no lastimar mucho a los árboles. Su compadre Chico cortaba los troncos.
6. Tenía también cabeza de zorro y lo peor de todo, tenía los pies volteados con los dedos hacia atrás.
7. Dos compadres, Toño y Chico, iban siempre al monte a cortar leña.
8. Tenía las piernas fuertes y grandes, el cuerpo cubierto de pelos gruesos y los brazos tan largos que casi tocaban el suelo.

B. Desarrollo de los personajes. Como personajes, Toño y Chico son compadres que tienen ciertas cosas en común pero que tienen unas diferencias muy grandes. Haz una copia de este diagrama Venn en una hoja aparte y anota todo lo que tienen en común en la columna del centro y todas las diferencias en las otras dos columnas.

Toño	Toño y Chico	Chico
1.	1.	1.
2.	2.	2.
3.	3.	3.
4.	4.	4.
...	...	...

C. Desde tu punto de vista. Contesta las siguientes preguntas.

1. ¿Cuál es la moraleja de este cuento?
2. ¿Qué representa Caipora, un poder positivo o negativo? ¿Por qué crees eso?
3. ¿Cómo crees que empezó este mito? Explica en detalle.
4. ¿Crees que hay elementos históricos en el cuento? ¿Cuáles? Usa ejemplos del texto en tu respuesta.
5. ¿Hay personajes parecidos a Caipora en la tradición oral de EE.UU.? Si es así, da ejemplos.

CONVERSEMOS UN RATO

 A. ¡Fue fascinante! Con tu compañero(a), escribe un cuento basado en estos dibujos del viaje de Mercedes y su familia a Los Ángeles.

lunes

martes

miércoles

jueves

viernes

sábado

domingo

B. Está enfrente de... Tu profesor(a) te va a dar un dibujo de una sala amueblada y uno de la misma sala sin muebles a tu compañero(a). Dile a tu compañero(a) exactamente dónde están todos los muebles para que él (ella) pueda dibujarlos en su lugar apropiado. No se permite ver el dibujo de tu compañero(a) hasta terminar esta actividad.

C. ¿Qué hicieron? Tú y tu amigo(a) van a entrevistar a dos personas sobre sus actividades la semana pasada. Escriban de ocho a diez preguntas sobre las actividades más comunes de sus amigos. Luego háganselas a otra pareja y contesten las preguntas que ellos van a hacerles a ustedes.

EJEMPLO **¿Trabajaste la semana pasada?**
o
¿Fueron al cine?

D. ¡Qué susto! Tu amigo(a) acaba de regresar de visitar a sus abuelos en otra ciudad. Durante su visita su abuelo tuvo un susto muy grande. Ahora tú quieres saber todos los detalles de la visita. Dramatiza la conversación con un(a) compañero(a).

E. Íbamos a una cueva. El (La) director(a) de la escuela quiere saber lo que pasó cuando tú y dos amigos fueron a acampar en la lluvia. Cada persona tiene una versión distinta de ese fin de semana. Dramatiza esta situación con dos compañeros. Uno puede hacer el papel del (de la) director(a).

ESTRATEGIAS PARA LEER
Leer un poema

A. ¡Es como la música!   Algunos poemas tienen una musicalidad muy marcada y al leerlos es como si se escuchara una canción. La musicalidad de un poema se logra a través de la selección de palabras que establecen el ritmo y la rima. El buen lector de poesía presta atención al ritmo y la rima de un poema, pues éstos contribuyen al significado que el poeta quiere transmitir. También se hace preguntas sobre el significado de las palabras y cómo las usa el poeta. Al leer "Coquí", presta atención al ritmo, la rima y el significado de las palabras.

Escucha el poema y contesta estas preguntas.
1. Describe el tema de la poesía en tus propias palabras.
2. ¿Dónde empieza y termina cada oración? ¿Cómo lo sabes?
3. ¿Tiene rima el poema? ¿Cómo lo sabes? Da ejemplos.
4. ¿Es lento o rápido el ritmo del poema? ¿Es tranquilizante o vibrante?
5. ¿Qué sonidos y palabras se repiten en el poema? ¿Son abruptos y fuertes o lentos y suaves?
6. ¿Qué emociones te hacen sentir o sugieren el ritmo y los sonidos del poema?

B. El significado.   Piensa en las palabras del poema. ¿Cuál es su significado? ¿Cómo las usa el poeta? ¿literalmente? ¿simbólicamente? ¿Qué sientes al ver estas palabras de "Coquí"? ¿Sabes su significado? ¿Sabes el significado que le da el poeta?

Palabra	Significado	Simbolismo	Lo que veo...	Lo que siento...
Huésped	invitado	Está allí porque lo queremos ver	una ranita en el bosque de noche	curiosidad, cariño, admiración
nocturnas				
soledades				
noche taína				
agudo canto				
voz				
Coquí, coquí				

Este poema tiene cuatro estrofas. Lee el poema ahora y trata de decir en pocas palabras el significado de cada estrofa. La primera ya está completada.

¿Qué impresión tienes ahora en cuanto al mensaje principal del poeta? Contesta completando estas frases:

1. En mi opinión, el poeta no cree que…
2. En mi opinión, el poeta cree que…

Estrofa	Significado según el poeta
1ª	Por todas partes cada noche se oye el canto del antiguo coquí
2ª	
...	

Luis Hernandes Aquino

La poesía del puertorriqueño Luis Hernandes Aquino (1907–1989) es una búsqueda de sí mismo y una celebración de la identidad cultural puertorriqueña. Su poema "Coquí" fue incluido en el libro *Las cien mejores poesías líricas de Puerto Rico* (Río Piedras, Editorial Edil, 1979) editado por el Dr. Jorge Luis Morales, catedrático de la Universidad de Puerto Rico.

"Coquí": El soneto

"Coquí" es un poema que está escrito según el formato tradicional del soneto hispánico: un poema de catorce versos organizados en dos cuartetos (las dos primeras estrofas de cuatro versos) y dos tercetos (las dos últimas estrofas de tres versos). Si contamos las sílabas de cada uno de los versos nos podemos dar cuenta de que todos los versos tienen once sílabas. Estos versos en la métrica poética española se llaman endecasílabos y son muy comunes en los sonetos. Igualmente el poema tiene una rima tradicional de ABBA ABBA CDC DCD, donde los últimos sonidos de cada verso son parecidos. Por ejemplo, en la primera estrofa riman las palabras:

...sole*dades* **A**
...ta*ína* **B**
...af*ina* **B**
...ciu*dades* **A**

Una pequeña ranita, el coquí se ha convertido en un símbolo de la identidad puertorriqueña ya que es nativo de la isla y no sobrevive en ningún otro ambiente o país. En las noches se oye el canto melódico de esta ranita que suena como su nombre: *coquí, coquí*.

Coquí

Huésped de las nocturnas soledades,
nos viene de la azul noche taína.
En exilio su agudo* canto afina
por montañas, poblados y ciudades.

Hay en su voz sonoras suavidades.
Hay soledad y una tristeza fina,
que múltiple, ligera y argentina*,
a la noche demanda claridades.

"Coquí, coquí." ¡Qué canto desvalido*!
La sombra en su misterio persevera
a través de esa voz y ese sonido.

Y es como si de pronto, toda entera,
presa en la voz coquí, contra el olvido,
a la azul noche indígena volviera.

agudo *penetrante* **argentina** *plateada* **desvalido** *abandonado*

Verifiquemos

1. Identifica las rimas de las últimas tres estrofas.
2. Según la primera estrofa del poema, ¿en dónde se escucha el canto del coquí? ¿Por qué crees que el poeta dice "en exilio" en el tercer verso de esta estrofa?
3. ¿Qué añade al poema la repetición de la palabra "hay" al principio de los dos primeros versos de la segunda estrofa?
4. ¿Por qué piensas que el poeta describe el canto del coquí como "canto desvalido"?
5. ¿Por qué crees que el poeta afirma que el canto del coquí actúa como si "contra el olvido, a la azul noche indígena volviera"? ¿Qué les ha pasado a los indígenas taínos de Puerto Rico? ¿Es posible que la voz de una ranita los recuerde? ¿Por qué crees eso?

Y AHORA, ¡A ESCRIBIR!

ESTRATEGIAS PARA ESCRIBIR
Escribir un poema

A. Reflexionar. En "Coquí" el poeta puertorriqueño, Luis Hernandes Aquino, habla del misterio del coquí y expresa cómo, para él, esta ranita representa las raíces indígenas de Puerto Rico. Es un poema lleno de ritmo y rima y de imágenes vivas que expresan la admiración del poeta por este símbolo nacional. Ahora tú vas a escribir un poema corto sobre algún animal o pájaro que simboliza algo especial para ti.

B. Empezar. Primero, debes pensar en un tema, luego en un símbolo que represente el tema. El tema podría ser algo que tú valorices mucho como la amistad, la verdad, la independencia, la democracia, la libertad, la fe, el amor,... Lo importante es que sea algo de interés personal para ti. Después de decidir en el tema, piensa en un animal o pájaro que lo represente: un oso, un búho, un elefante, una tortuga, una mariposa, una paloma, un águila,... Es importante que lo que selecciones tenga algunas de las características del tema que va a representar.

C. Torbellino de ideas. Tu poema debe tener el formato de un soneto con cuatro estrofas, dos cuartetos y dos tercetos. Tú puedes decidir si quieres que tu soneto tenga rima o no. En los dos cuartetos debes describir tu símbolo y mencionar algunas características relacionadas a tu tema. En los dos tercetos vas a dirigirte directamente al símbolo y decirle algunas emociones que tú sientes cuando lo ves o lo oyes. Prepara una lista de palabras o frases que te ayuden a expresar estas ideas. Luego indica con un marcador cuáles son las palabras o expresiones más vivas y llamativas.

1ª estrofa (cuarteto)	2ª estrofa (cuarteto)	3ª estrofa (terceto)	4ª estrofa (terceto)
Descripción de... 1. 2. ...	Descripción de... 1. 2. ...	Emociones 1. 2. ...	Emociones 1. 2. ...
Palabras expresivas 1. 2. ...	Palabras expresivas 1. 2. ...	Palabras expresivas 1. 2. ...	Palabras expresivas 1. 2. ...

D. Primer borrador. Escribe el primer borrador de tu poema. Si quieres, vuelve a mirar "Coquí" y estudia el formato. Fíjate que no hay una oración completa en cada verso del poema. También nota que tiene rima y ritmo. Tu poema debe tener ritmo; la rima es opcional.

E. Compartir. Lee el poema de dos compañeros y que ellos lean el tuyo. Pídeles que hagan un breve resumen de tu poema para ver si lo entendieron. También pídeles sugerencias para hacerlo más claro y más efectivo. Haz el mismo tipo de comentarios sobre sus poemas.

F. Revisar. Haz cambios en tu poema basándote en las sugerencias de tus compañeros. Luego, antes de entregar el poema, dáselo a dos compañeros de clase para que lo lean una vez más. Esta vez pídeles que revisen la concordancia: verbo/sujeto y sustantivo/adjetivo.

G. Versión final. Escribe la versión final de tu poema incorporando las correcciones que tus compañeros de clase te indicaron. Presta mucha atención al formato. Piensa en la versión final como una obra de arte que tiene atractivo visual tanto como auditivo.

H. Publicar. Cuando tu profesor(a) te devuelva tu poema, prepáralo para publicar. Dibuja una ilustración apropiada (o recórtala de una revista) para cada estrofa de tu poema. Pongan todos los poemas en un cuaderno. ¡Éste será el primer libro de poemas de la clase! Denle un título a su primer libro.

INTERNET
Taller de escritura
www.mcdougallittell.com

NUESTRO IDIOMA POR DENTRO

La gramática que vamos a aprender

¡LO QUE YA SABES!

El Sr. Cárdenas está dando instrucciones. ¿Qué dice?

a. Pregúntale al director si hay clases el lunes.
b. Pídele al director si hay clases el lunes.

a. Pregúntale al director que nos mande la lista de asistencia.
b. Pídele al director que nos mande la lista de asistencia.

¿Se pusieron de acuerdo? Pues es porque ya tienen un buen conocimiento de la diferencia entre **pedir** y **preguntar.** Aunque utilizamos *ask* en inglés para los dos casos, son distintos en español. ¡En esta lección los vamos a estudiar! (Ve el punto **6.2.**)

6.1 OBJETOS DIRECTOS E INDIRECTOS

Oraciones con tres actores

En lecciones anteriores has visto oraciones que tienen nada más que sujeto (un actor) y oraciones que tienen sujeto y objeto (dos actores).

Sara escribe.	(sujeto)
Sara escribe **cartas.**	(sujeto y objeto)

Pero también hay oraciones de *tres* actores: sujeto y dos objetos. Los objetos pueden ser sustantivos o sustantivos personales. Más adelante las veremos con sustantivos personales. Aquí las vamos a ver primero con sustantivos.

Sara escribe **cartas** a **sus amigas** todas las semanas.
Luis mandó **un regalo** a **su mamá.**

En la primera oración **Sara,** el sujeto, es el actor principal. El objeto, **cartas,** recibe la acción directamente. Pero la oración tiene otro objeto, **sus amigas,** que también forma parte de la acción.

Igual pasa en la segunda oración, en que el actor principal es **Luis** y los actores secundarios son los objetos **un regalo** y **su mamá.**

¿Cuál es la diferencia entre los sujetos y los objetos?

Los sujetos, los objetos directos y los objetos indirectos son todos *actores en un evento* (el evento indicado por el verbo). El *sujeto*, el actor principal, tiene la mayor influencia sobre el evento, o sea, el sujeto es el que actúa. Los *objetos* tienen menos influencia sobre el evento. Son los que reciben la acción del sujeto.

Por ejemplo, en la oración que vimos anteriormente, **Sara escribe cartas a sus amigas todas las semanas,** el actor principal es **Sara,** y es precisamente Sara la que controla la acción de escribir. Los demás actores, las **cartas** y **sus amigas,** tienen menos actividad que Sara. ¿Y qué pasó con **todas las semanas?** ¿Qué clase de actor es ése? Ninguno; **todas las semanas** es información suplementaria. Acuérdate que las frases que dicen *cuándo, cómo, dónde* o *de qué forma* es el evento no son actores, sino información suplementaria.

Así que ya sabes la diferencia entre sujetos y objetos: Los sujetos *actúan,* son los que hacen una acción. Los objetos son las personas o cosas que reciben la acción del sujeto.

¿Cuál es la diferencia entre los objetos directos y los indirectos?

Las dos clases de objetos, los directos y los indirectos, se diferencian entre sí según el grado de actividad o participación en el evento. Los objetos directos tienen un *mínimo de actividad* en el evento. Los objetos indirectos tienen un *grado intermedio de actividad* en relación al sujeto y al objeto directo.

En la oración **Sara escribe cartas a sus amigas todas las semanas,** ya sabemos que **Sara** es el sujeto, pues es ella quien escribe. El grado intermedio de actividad lo tienen **sus amigas,** que tienen que recibir las cartas, leerlas, etc. El grado mínimo de actividad lo tienen las **cartas,** que son inertes y no hacen nada.

Grados de actividad o de participación en el evento		
Grado mayor de actividad y control	Grado intermedio de actividad y control	Grado mínimo de actividad y control
Sujeto Sara	Objeto indirecto sus amigas	Objeto directo cartas

¿Los objetos indirectos son siempre seres animados?

Casi, pero no siempre. En la mayor parte de los casos, el objeto indirecto, que es el que tiene un grado intermedio de actividad, es un ser animado. Pero el objeto indirecto también puede ser una cosa inanimada.

> *Ser animado*
> Pedimos **permiso** a **la maestra.**
> Dimos **la medicina** ayer a **los muchachos.**

> *Cosa inanimada*
> Cambiamos **el candado** a **la reja.**
> ¿Por fin sacaste **el clavo** a **esa madera?**

La diferencia entre el objeto directo y el indirecto es siempre el grado de actividad, que es un poco mayor en el indirecto. El objeto indirecto *casi* siempre lleva la preposición **a** y *casi* siempre es un ser animado.

◀ PRÁCTICA ▶

¿Qué estamos haciendo? Es sábado por la tarde y todos están ocupados en la familia de Alberto. ¿Qué están haciendo? Fíjate que para hacer estas oraciones vas a usar un objeto directo y un objeto indirecto.

MODELO   Juanita / servir / sus abuelos / café
                  Juanita sirve café a sus abuelos.

1. papá / leer / Paquito / el periódico
2. yo / preparar / todos / la comida
3. su primo / pedir / Anita / un disco
4. mis hermanos / quitar / las ventanas / polvo
5. mis primos / servir / los invitados / refrescos
6. mamá / escribir / sus compañeras de escuela / cartas
7. el estado / otorgar / nuestra escuela / un premio

6.2   LA DIFERENCIA ENTRE PEDIR Y PREGUNTAR

En la Unidad 5 estudiamos con detenimiento la diferencia entre **ser** y **estar** ya que los dos se usan como *to be* en inglés y hay tendencia a confundirlos. Igual pasa con otros pares de verbos.

Ahora vamos a estudiar la diferencia entre **pedir** y **preguntar.** En inglés se usa *to ask* para los dos y por eso a veces los confundimos.

El verbo **preguntar** sólo se usa cuando se va a hacer una verdadera pregunta. Pero cuando uno solicita información, necesita un permiso o quiere que alguien haga algo, se usa **pedir.**

> **Pregúntale** a Margarita dónde vive.
> **Pídele** a Margarita que te preste el libro de química.

En el primer caso, hay una verdadera pregunta, *¿dónde vive?* En el segundo no hay una pregunta, sino simplemente un pedido, *que te preste el libro de química.*

Veamos algunos ejemplos que ya has visto en tus lecturas. En la fotonovela de la Lección 2 de la Unidad 1, Margarita dice:

> ¿No te **pregunta** si tienes amigas simpáticas como nosotras?

Margarita lo dice así porque está hablando de una pregunta, la pregunta sobre si Daniel tiene amigas simpáticas. Pero si Margarita, en vez de hablar de una pregunta, hablara sobre la información que puede dar Daniel, usaría **pedir** en vez de **preguntar:**

> ¿No te **pide** que le cuentes de unas amigas simpáticas como nosotras?

En otra ocasión los Galindo invitan a Mateo a ir a Aguirre Springs y Mateo dice:

> Les tendría que **pedir** permiso a mis papás.

Sin embargo, cuando Margarita propone que las muchachas vayan también, Tina dice:

> Si mis padres tienen que trabajar este fin de semana, no creo que podamos ir. Pero voy a **preguntárselo.**

Mateo usa **pedir** porque no va a hacer una pregunta, sino solicitar un permiso. Tina, sin embargo, va a interrogar a sus padres sobre las posibilidades de ir, va a hacerles una verdadera pregunta, y por eso dice **preguntar.**

Veamos unos ejemplos más. Fíjate que **preguntar** va con las preguntas que se hacen, mientras que **pedir** va con todo lo que no son preguntas:

> Carlos me **preguntó** si podía salir con él.
> Carlos me **pidió** que saliera con él.

> La maestra **preguntó** si queríamos dejar el libro en la escuela.
> La maestra **pidió** que dejáramos el libro en la escuela.

> Cristina **preguntó** si podía tener permiso para llegar tarde a las prácticas de baloncesto.
> Cristina **pidió** permiso para llegar tarde a las prácticas de baloncesto.

◀ **PRÁCTICA** ▶

¿Qué pasó con el collar? En el siguiente diálogo entre Tina y Margarita, llena los espacios en blanco con la forma apropiada de **preguntar** o **pedir.**

Tina: Oye, Margarita, te quiero __1__ una cosa que se me había olvidado. ¿Te acuerdas de aquel collar que compramos para tu mamá hace varios meses? ¿Le gustó?

Margarita: Ah, no te había comentado. Pues sí, le gustó muchísimo. Tanto, que me __2__ que le diera la dirección de la tienda donde lo había comprado.

Tina: Qué bien. Seguro que te __3__ con quién habías ido.

Margarita: Pues no. Lo que me dijo fue que no podía ir ella, y me __4__ que fuera y le comprara otro para su amiga Rosaura.

Tina: Ah, entonces seguro que te __5__ cuánto había costado.

Margarita: No, no me __6__ eso, nada más que me __7__ que le comprara otro. Y también me __8__ que no le dijera nada a Rosaura, porque era una sorpresa.

Tina: Y no te __9__ con quién habías ido de compras ese día.

Margarita: Sí, y cuando le contesté me __10__ que, por favor, ¡no fuera más de compras con gente que tiene gustos tan exóticos y caros!

6.3 ESCRIBIR CON CORRECCIÓN: K-C-QU

A ver si resuelves este problema:

Quino quiere ir a los quince de Cuca. Pero la quinceañera es Raquel, no Cuca. Quino dice que conoció a Cuca en el quiosco de una kermés, que se celebró en una ciudad de la costa a dos kilómetros de su casa. Cuca le dijo que iba a unos quince y que iba a haber muchos obsequios. Cuando Quino preguntó, Cuca dijo que cursaba el quinto año. ¿Qué causó la confusión de Quino? ¿Por qué se equivocó?

¿Qué dices? ¿No sabes lo que son unos **quince?** Pues fíjate, en muchas familias de habla española, en Latinoamérica y también en algunos lugares de Estados Unidos, se celebra una fiesta grande cuando una niña cumple quince años. Es algo parecido a la fiesta que se conoce en Estados Unidos como *Sweet Sixteen*, sólo que se hace un año antes. (Ve la sección **Lengua en uso,** pág. 114.)

Antes de resolver el problema, es mejor que aprendamos a escribir las palabras que tienen el sonido /**k**/. En español hay muchas palabras que tienen el sonido de /**k**/, como en inglés *king* o *kite*. Pero casi ninguna se escribe en español con la letra **k.** Se escriben casi todas con **c** o con **qu.**

El sonido /k/ y la letra k

Primero, tienes que saber que por lo regular las únicas palabras que se escriben con **k** en español son las que empiezan con el prefijo **kilo-**, como **kilómetro** y **kilogramo** (**kilo** quiere decir **mil**, por lo tanto **kilómetro** quiere decir mil metros; **kilogramo** quiere decir mil gramos, etc.). Al hablar de medidas, de cosas eléctricas y de las computadoras, se usa mucho este prefijo. Pero aparte de estas palabras, la letra **k** se usa casi siempre con palabras extranjeras, como **kabuki, karma, kibutz, kilt** y **kiwi**.

El sonido /k/ y las letras c y qu

Sabemos que cuando oímos el sonido de /k/, tenemos que seguir las siguientes reglas, que son muy fáciles.

> **Regla N° 1**   Cuando oigas el sonido de /k/ antes de **a, o, u,** escríbelo con **c.**

casa	ri**co**
camisa	**cu**ando
cosa	sa**cu**dir
se**co**	va**ca**
cuna	**ca**fé
cuchillo	hue**co**
sa**ca**	equivo**co**
ro**ca**	**cu**esta
como	a**cu**sar

> **Regla N° 2**   Cuando oigas el sonido de /k/ antes de **e, i,** escríbelo con **qu.**

que	**qui**nto
sa**que**	e**qui**po
querer	pa**que**te
quince	por**que**
quizás	**qui**ero
queso	a**quí**
quemar	**qui**en
querido	

> **Regla N° 3**   Las palabras con sonido de /k/ antes de **u** *no* se escriben **qu.** Se escriben **cu.** Por lo tanto, tienes que fijarte que **cu**ando, **cu**anto, **cu**alidad y todas las palabras con ese sonido, se escriben con **c.**

Los países de origen

Mira que interesante: Los nombres oficiales, y algunos de los nombres indígenas, de muchos de los países de origen de nuestras familias, se escriben con **c** y con **que** o **qui.**

Méxi**co**	**Cu**ba	Borin**quen**
Puerto Ri**co**	Repúbli**ca** Domini**ca**na	**Qui**sque**ya**

Observa que **Borinquen** es el nombre que tenía Puerto Rico antes de la llegada de los españoles en el siglo quince (fíjate: **qui**nce). Y **Quisqueya** es el nombre que tenía la isla de La Española, donde se encuentran hoy Haití y la República Dominicana. ¿Ves por qué se escriben con **que, qui?** Porque tienen sonido de **/k/** ante **e, i,** claro está.

El sonido de **/k/** en el nombre del país va con **c** en E**cu**ador. Pero el nombre de la capital de Ecuador va con **qu,** pues se llama **Qui**to. ¿Ves por qué?

Lo mismo pasa con muchos sitios en Estados Unidos ya que tienen nombres en español. Datan de cuando muchos de los territorios estadounidenses eran parte de España y México. ¿Ya ves por qué **Co**lorado y **Ca**lifornia se escriben con **C,** pero Albu**querque** se escribe con **qu?** ¡Seguro que sí!

Algunas palabras cambian de **c** a **qu**

Fíjate que la regla para **c** y **qu** se aplica siempre. Eso hace que haya parejas de palabras muy parecidas, en las que una se escribe con **c** y otra con **qu.**

Te he dicho que no lo to**c**ar.	Te he dicho que no lo to**que**s.
No quiero que lo vayas a sa**c**ar.	No quiero que lo sa**que**s.
Te tiene mucho **ca**riño.	Te **qui**ere mucho.

◀ PRÁCTICA ▶

A. Solución al problema. En tu cuaderno, escribe un breve párrafo explicando la solución al problema que presentamos al principio de esta sección. ¿Qué hay que hacer para resolver el problema? ¿Qué le pasó a Quino? ¿Qué le dijo Cuca? ¿Qué entendió Quino? ¿Sabes lo que es una quinceañera? Explícanos. Usa oraciones completas.

B. Palabras corrientes. Consulta con dos compañeros y decidan cuáles son las cinco palabras más corrientes que se escriben con **ca, co, cu** y cuáles son las cinco más corrientes que se escriben con **que, qui.** Pueden escoger de entre las que hemos puesto aquí, o alguna otra que se nos haya escapado. Escriban dos oraciones con cada una de ellas.

C. Rompecabezas. En el mismo grupo, explíquenle a la clase por qué, en el presente del indicativo, el verbo **buscar** se escribe con **c: busco, buscas, busca, buscamos, buscan,** pero en el presente del subjuntivo, se escribe con **qu: busque, busques, busque, busquemos, busquen.** Lo mismo pasa con los verbos **refrescar** y **masticar.** Escriban tanto las conjugaciones en los dos tiempos como la explicación. Una vez que lo hayan explicado, busquen dos ejemplos más.

OBJETOS DIRECTOS E INDIRECTOS EN ESPAÑOL Y EN INGLÉS

Oraciones con uno, dos o tres actores en inglés

Ya sabes que en inglés, como en español, hay oraciones con sujeto solamente y con sujeto y objeto. Y también hay oraciones como las que acabamos de ver en español, con sujeto y dos objetos.

Sara writes.	(sujeto)
Sara writes letters.	(sujeto y objeto)
Sara writes letters to her friends.	(sujeto y dos objetos)

Las oraciones con un sujeto solamente, o con sujeto y objeto, se parecen mucho a las del español, aunque, como ya sabes, el orden de sujeto y verbo varía más en español que en inglés.

Sara writes.	Sara escribe. / Escribe Sara.
Sara writes letters.	Sara escribe cartas.

Las oraciones con tres actores se distinguen un poco más de un idioma al otro. En inglés, el objeto indirecto puede ir con la preposición *to*, o sin ninguna preposición. Cuando en inglés el objeto indirecto se usa sin preposición, se pone delante del directo.

*Sara writes **letters** to **her friends**
    every week.*

*Sara writes **her friends letters**
    every week.*

}

Sara escribe **cartas** a **sus amigas**
    todas las semanas.

*Luis sent **a present** to **his mother**.*

*Luis sent **his mother a present**.*

}

Luis mandó **un regalo** a **su mamá.**

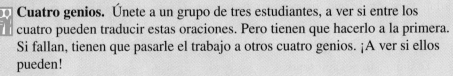

✦ PRÁCTICA ✦

Cuatro genios. Únete a un grupo de tres estudiantes, a ver si entre los cuatro pueden traducir estas oraciones. Pero tienen que hacerlo a la primera. Si fallan, tienen que pasarle el trabajo a otros cuatro genios. ¡A ver si ellos pueden!

1. Cristina asked her mother permission.
2. Rosa gave Roberto her notes.
3. Mateo's father gave Frank a message.
4. The principal bought the teacher a book.

❯ INTERNET
Prueba interactiva
www.mcdougallittell.com

La gramática que vamos a aprender

¡LO QUE YA SABES!

Ha habido una gran confusión. Carlos tenía que avisar a Cristina que hoy era el día del proyecto. Pero parece que no lo hizo. ¿Qué dicen?

a. Carlos la dio el recado a Cristina.
b. Carlos le dio el recado a Cristina.

a. Cristina no lo oyó.
b. Cristina no le oyó.

Si se pusieron de acuerdo es porque tienen un conocimiento tácito sobre el uso de los sustantivos personales **le** y **lo.** En esta lección, vamos a tratar de definir ese conocimiento.

6.4 LOS SUSTANTIVOS PERSONALES DE OBJETO LE Y LO

Repaso: Sustantivos personales de sujeto y de objeto

En la Unidad 3, estudiamos los sustantivos personales, tanto los de sujeto como los de objeto. Pero se nos quedó por ver uno de los de objeto. Lo vamos a estudiar en esta lección. Primero, un pequeño repaso.

Acuérdate que los *sustantivos personales de sujeto* se usan para hablar del actor principal, y que los hay en primera, segunda y tercera persona, en singular y plural.

yo	nosotros(as)
tú	vosotros(as)
usted/él/ella	ustedes/ellos/ellas

Acuérdate también de que los *sustantivos personales de objeto* se usan para hablar del actor secundario.

Me llamaron por teléfono.
Te llamaron por teléfono.
Lo/La llamaron por teléfono.

Nos llamaron por teléfono.
Os llamaron por teléfono.
Los/Las llamaron por teléfono.

La tercera persona y la formalidad con los interlocutores

Acuérdate de que los sustantivos personales, cuando son de tercera persona, se usan muchas veces para referirse a una verdadera tercera persona, pero que muchas veces se usan también para referirse a un interlocutor a quien se le trata con especial formalidad y respeto. (El *interlocutor* es la persona con quien se habla, y se le puede hablar con familiaridad, en segunda persona, o con formalidad, en tercera persona.)

3ª persona verdadera	A María **la** llamaron por teléfono.
2ª persona–familiaridad	A ti **te** llamaron por teléfono.
3ª persona–formalidad	Sra. Ruiz, a usted **la** llamaron por teléfono.

Los sustantivos personales y los verbos

Una de las cosas que también ya sabes es que los sustantivos personales, tanto los de sujeto como los de objeto, van siempre relacionados a un verbo.

Dice tu hermano que **tú sales** temprano.
Me parece que **ella** no **quiere** hacer la tarea.

Anoche **te llamaron** por teléfono.
Por fin **la convencí** que viniera.

Fíjate en estas oraciones. Los sustantivos personales de sujeto **tú** y **ella** van relacionados con los verbos **sales** y **quiere.** Los de objeto **te** y **la** van relacionados con los verbos **llamaron** y **convencí.**

Los sustantivos personales y los artículos

Por último, acuérdate de no confundir los sustantivos personales de objeto, que van relacionados a un verbo, con los artículos, que se parecen mucho, pero que se diferencian en que modifican a un sustantivo.

Por fin **la convencí** que viniera.   (sustantivo personal de objeto)
Por fin **la amiga** aceptó ir con él.   (artículo)

El sustantivo personal de objeto **le/les**

Entre los sustantivos personales de objeto de tercera persona, no sólo hay el sustantivo personal **lo/la** (con sus plurales **los/las),** sino que hay también el sustantivo personal **le** (con su plural **les).**

Sustantivos personales de objeto		
	Singular	Plural
1ª persona	me	nos
2ª persona	te	os
3ª persona	lo/la, **le**	los/las, **les**

Recuerda que los sustantivos personales de objeto de tercera persona se usan también para la segunda persona formal.

El uso de **le/les** causa una gran *variación dialectal:* Es decir, se usa de formas muy diferentes en las diferentes partes de Latinoamérica, España y Estados Unidos. Al haber mucha variación dialectal, encontrarás usos que te parezcan extraños. Pero aunque a lo mejor sean extraños para ti, resulta que para otros puede que sean muy corrientes.

Algunos detalles sobre **le/les** y **lo(s)/la(s)**

Pero hay varias cosas que todo el mundo hace igual en cuanto al uso de los sustantivos personales **le/les** y **lo(s)/la(s).** Al igual que los otros sustantivos personales de tercera persona, todo el mundo usa **le/les** para terceras personas, y también para referirse a un interlocutor con especial formalidad y respeto.

> A Carlos **le** pidieron que hablara con el director.
> A usted, Sr. Ruiz, **le** pidieron que hablara con el director.

El sustantivo personal **le/les** no tiene diferencia de género. Se usan las mismas formas para el masculino y el femenino.

> A Ud., Don Artemio, **le** dijeron que no viniera.
> A Ud., Doña Cecilia, **le** dijeron que no viniera.

La colocación de **le/les** es en el mismo orden que los demás sustantivos personales de objeto. Se antepone, por separado, a los verbos conjugados, y se pospone, unidos a ellos, a los infinitivos y los gerundios. Y también se pospone cuando se da una orden afirmativa pero no cuando se da una orden negativa.

> Carlos está muy incómodo, porque **le sacaron** una muela ayer.
> Carlos está muy preocupado, porque van a **sacarle** una muela mañana.
> **Cómprale** el almuerzo a tu hermano, que no tiene dinero hoy.
> No le **compres** dulces a tu hermana.

Encontrarás muchos verbos relacionados con **lo(s)/la(s)** y muchos con **le/les.** Pero no encontrarás verbos que se usen con los dos. Ya hablaremos más de esto.

Hay mucho más que aprender sobre **le/les.** Por ejemplo, seguro que quieres saber en qué se diferencia el uso de **le/les** del de **lo(s)/la(s).** ¿Cuándo se usa uno y cuándo el otro? Todo eso lo haremos más adelante. Ahora hay que practicar un poco. ¿Cuál de los dos se usa más? Pues en la práctica tú nos dirás.

A. **Sustantivos personales en la nieve.** En el relato de Alfredo Villanueva-Collado sobre el día que la alcaldesa de San Juan llevó nieve a Puerto Rico, hay por lo menos diez sustantivos personales de tercera persona, **le/les** o **lo(s)/la(s).** Organícense en grupos de tres. A ver cuántos encuentran de cada uno. Copien las frases en las que aparecen los sustantivos personales y los verbos a los que están relacionados. Pongan **SV** si el sustantivo personal va antes del verbo, y **VS** si va después del verbo.

MODELO   **como si quisiera derretirlas**   **VS**

B. **¿De cuál hay más?** Cuando terminen el ejercicio de arriba, hagan un conteo. ¿Cuántos **le/les** encontraron? ¿Cuántos **lo(s)/la(s)?** Consulten con los otros grupos a ver si se les escapó alguno.

C. **Planes.** Pregúntale a tu compañero(a) sobre sus planes para el fin de semana.

MODELO   *Tú:*   **¿Vas a escuchar la radio?**
         Compañero(a): **Sí, la voy a escuchar.**
                         o
                         Sí, voy a escucharla.

	la radio
	papas fritas
ver	a tus amigos
comer	televisión
leer	tenis
hacer	pizza
jugar	a tus abuelos
llamar	el periódico
escuchar	voleibol
visitar	la tarea
	tus videos
	tu comida favorita
	tus discos compactos

D. **¿Qué les sirvo?** Dile al camarero qué debe servirles a estas personas.

MODELO   leche / a ella
         Sírvele leche, por favor.

1. un bizcocho / a él
2. unas hamburguesas / a ellos
3. un refresco / al Sr. Duarte
4. helado / a ellas y a Mario
5. leche de chocolate / a los niños
6. un sándwich de queso / a la Sra. Duarte
7. papas fritas / a nuestros amigos
8. un café / a María Luisa

E. Lo sabe todo. Tu abuelo(a) siempre sabe lo que están haciendo todos a esta hora. ¿Cómo contestas sus preguntas?

MODELO preparar la cena (mamá)

Abuelo(a): **Tu mamá está preparando la cena, ¿verdad?**

Tú: **Sí, está preparándola.**

o

Sí, la está preparando.

1. ayudar a tu mamá (hermanita)
2. lavar el perro (hermano)
3. comer papas (Gabi y sus amigos)
4. hacer la tarea (tú)
5. tomar café (papá)
6. ver televisión (José y David)
7. leer el periódico (papá)
8. escuchar tus discos compactos favoritos (tú)

6.5 LA DIFERENCIA ENTRE TRAER Y LLEVAR

Ya sabemos que hay pares de verbos, como **ser/estar** y **preguntar/pedir,** que hay que aprender a distinguir con cuidado. Aquí vamos a estudiar otra pareja de verbos, **traer** y **llevar,** que a veces se nos confunden. Es importante acostumbrarse a distinguir entre **traer** (en dirección hacia ti) y **llevar** (en la otra dirección).

Por ejemplo, si estás en casa y tus padres acaban de regalarte un reloj de pulsera nuevo, tu hermano mayor podría decir:

Tráeme tu reloj nuevo, por favor. Quiero verlo.

No debes **llevar**lo a la escuela. Te lo pueden robar.

El usar **traer** en la segunda oración implicaría que tú y tu hermano están hablando en la escuela, no en casa.

Por último, fíjate que **llevar** es un verbo regular, pero que **traer** es irregular. En el presente del indicativo la primera persona del singular es **traigo.** Y en el pretérito, casi toda la conjugación es irregular: **traje, trajiste, trajo, trajimos, trajeron.**

¿Quién la lleva? La siguiente conversación tiene lugar en la entrada de la casa de la familia Galindo. Llena los espacios en blanco con la forma apropiada de **traer** o **llevar**.

Sr. Galindo: Martín, Martín, ¿dónde estás? Quiero por favor que me ___1___ el correo, que se me quedó en el buzón.

Martín: Estoy aquí afuera con Daniel y Margarita, papá, pero no te oigo.

Margarita: Dice que por favor le ___2___ el correo.

Daniel: Anda, Martín, ve y ___3___ le el correo a papá. Y si ves que hay algo para mí, ___4___ melo acá por favor.

Margarita: Bueno, yo me voy ya, muchachos, hasta mañana. Tengo que arreglar unas cosas que voy a ___5___ a la escuela mañana. Y tengo que estar en casa temprano, porque Rosalía viene a ___6___ me unas cosas que le pedí.

Daniel: ¿Cómo llegaste hasta aquí? ¿A pie?

Margarita: No, me ___7___ Antonio en su carro. Pero me voy caminando, no se preocupen.

Martín: Pues, no. ¿Cómo vas a irte caminando? Daniel, tú ___8___ le el correo a papá, y así puedes recoger lo que sea para ti, y no te lo tengo que ___9___ yo. Mientras tanto, yo ___10___ a Margarita hasta su casa.

Daniel: Creo que lo hacemos al revés, Martín. Yo ___11___ a Margarita, y tú ___12___ le el correo a papá.

6.6   ESCRIBIR CON CORRECCIÓN: G-GU

El sonido /g/

En español hay muchas palabras que tienen el sonido /g/ como en inglés *go*, *game*, *girl*. Cuando oigas ese sonido, siempre sabrás cómo escribirlo si te acuerdas de estas reglas, que se parecen a las que aprendimos en la lección anterior para el sonido /k/.

Regla N° 1 Cuando oigas el sonido de /g/ ante **a, o, u**, escríbelo siempre con **g**.

ganas	pe**ga**mos	apa**go**	**gu**sto
gatos	lar**ga**	**go**bierno	**gu**rí
apa**ga**	**go**rra	**go**lpe	**gu**ayabera
ha**ga**mos	**go**tas	ha**go**	**gu**ajiro

LECCIÓN 2

> **Regla N° 2** Cuando oigas el sonido de /g/ ante **e, i,** escríbelo siempre **gue, gui.**

guerra	**guí**a
guerrero	**gui**neo
man**gue**ra	**gui**sar
guerrilla	**gui**rnalda
ho**gue**ra	á**gui**la
ce**gue**ra	an**gui**la

Seguro que en estas listas habrá algunas palabras que no has oído antes. Pero ya sabes: en el vocabulario hay siempre mucha variación dialectal. Así que conviene aprender todas estas palabras, porque las que no son corrientes para ti, seguro que son muy conocidas para otros hispanohablantes.

¿No sabes lo que es un **gurí?** Pues es una palabra muy corriente en el cono sur de Latinoamérica, sobre todo en Uruguay. Quiere decir un niño pequeño. ¿Y un **guajiro?** Pues es un campesino en Cuba y en otros lugares.

Los países de origen

Con estas letras también escribimos algunos de los países de origen de nuestras familias. Por ejemplo, **Gu**atemala tiene el sonido /g/ ante **u,** y por eso se escribe con **G**. Y Uru**gu**ay es igual.

Hay muchos otros topónimos en Latinoamérica y en España que se escriben con estas letras. ¿Que no sabes lo que es un *topónimo?* No, no. No es un animal que va por debajo de la tierra. Eso es un *topo*. Un topónimo es un sustantivo que se refiere a un lugar, un pueblo, un país, una ciudad, como México, Puerto Rico, Ecuador, Guatemala, Paraguay. Son todos topónimos.

Muchos de ustedes conocerán una de las principales ciudades de México, **Gu**adalajara. Y uno de los puertos más importantes del Caribe, en Venezuela, La **Gu**aira. Y una provincia en Colombia, La **Gu**ajira. En Cuba hay una ciudad que se llama **Gu**antánamo. Y quizás hayan cantado y bailado "**Gu**antanamera". En España es muy importante la Sierra de **Gu**adarrama y también el río **Gu**adalquivir.

Las palabras que se escriben con **güe, güi**

Hay algunas excepciones a estas reglas que hemos aprendido. Hay palabras que se escriben **gue, gui** en que de hecho se oye la **u.** Para estos pocos casos, se pone una diéresis encima de la **ü** (**güe, güi**).

Hay algunos nombres comunes que se escriben así —**agüero, güiro**— y también varios topónimos —Cama**güe**y (en Cuba) y Maya**güe**z (en Puerto Rico).

Fíjate que la diéresis sólo se pone cuando queremos que suene la **u** en la combinación **güe, güi.** Normalmente, esa combinación de letras se usa para las palabras corrientes que ya has aprendido, que se escriben con **gue, gui: gue**rra, man**gue**ra, **guí**a, á**gui**la.

PRÁCTICA

A. Palabras corrientes. Consultando con tus compañeros, decide cuáles son las cinco palabras más corrientes que se escriben con **ga, go, gu** y cuáles son las cinco más corrientes que se escriben con **gue, gui.** Pueden escoger de entre las que hemos puesto aquí, o alguna otra muy corriente que se nos haya escapado. Escriban dos oraciones con cada una de ellas.

B. Vocabulario. En grupos de tres, revisen todas las palabras que se han dado en esta sección. Cerciórense de que las conozcan todas. Busquen las que no conozcan en el diccionario. Escriban una oración con cada una de ellas.

C. Nombres y apellidos. Hagan una investigación rápida en la clase. Busquen los nombres y los apellidos de los compañeros que se escriban con las letras que hemos estudiado en estas lecciones: **ga, gue, gui, go, gu** y **ca, que, qui, co, cu.** A ver cuántos encuentran.

D. Rompecabezas. En grupos de tres, explíquenle a la clase por qué la **u** en la palabra **lengua** se escribe sin diéresis, pero la **ü** en la palabra **lingüística** se escribe con diéresis. Lo mismo pasa con **agua** (sin diéresis) y **agüita** (con diéresis). ¿Por qué? Una vez que resuelvan el problema, busquen dos ejemplos más que se parezcan a estos dos.

Taller del bilingüe

MÁS SOBRE LOS OBJETOS DIRECTOS E INDIRECTOS EN ESPAÑOL Y EN INGLÉS

Objetos directos e indirectos en una oración

Ya sabes que en español y en inglés pueden haber oraciones de uno, dos o tres actores. Y hemos aprendido que, en las de tres actores, uno de los actores secundarios es el objeto directo y el otro es el objeto indirecto. También hemos visto que el objeto indirecto va con la preposición **a**, mientras que en inglés a veces va con la preposición *to*, pero a veces no.

Sara escribe **cartas** a **sus amigas** todas las semanas.

*Sara writes **her friends letters** every week.*
*Sara writes **letters** to **her friends** every week.*

Otra diferencia muy importante es que el objeto indirecto con la preposición **a** puede colocarse en distintos lugares con más libertad que el de la preposición *to* en inglés.

Sara escribe **cartas** a **sus amigas** todas las semanas.
A **sus amigas** Sara les escribe **cartas** todas las semanas.

Fíjate lo que pasó. Cuando movimos el objeto indirecto, añadimos **le/les.**

Objetos indirectos

¿Y cómo sabes que esas frases con **a** son objetos indirectos? Pues sabemos que los objetos indirectos son actores con un grado intermedio de participación entre el sujeto y el objeto.

Fíjate que el objeto indirecto va con mucha frecuencia en diferentes lugares en español. Sin embargo, en inglés el objeto indirecto se mueve menos, y va casi siempre después del verbo.

A **sus amigas** Sara les escribe **cartas** todas las semanas.

*Sara writes **her friends letters** every week.*
*Sara writes **letters** to **her friends** every week.*

PRÁCTICA

Mueve los objetos. Éstas son las oraciones que tradujeron en la lección anterior. A ver si las pueden traducir ahora, colocando el objeto indirecto en español en diferentes posiciones. Para cada oración hay que hacer por lo menos dos traducciones, y a lo mejor pueden hacer más. Un grupo hace el primer intento, y si falla, la tarea pasa a otro grupo.

MODELO   John gave the book to the supervisor.
                Juan le dio el libro al supervisor.
                o
                Al supervisor Juan le dio el libro.

1. Cristina asked her mother permission.
2. Rosa gave Roberto her notes.
3. Mateo's father gave Frank a message.
4. The principal bought the teacher a book.

INTERNET
Prueba interactiva
www.mcdougallittell.com

La gramática que vamos a aprender

¡LO QUE YA SABES!

Sigue la discusión entre Carlos y Cristina acerca del recado. ¿Qué dicen?

a. Bueno, pues a mí no te lo dieron.
b. Bueno, pues a mí no me lo dieron.

a. Si siguen gritando los van a regañar a todos nosotros.
b. Si siguen gritando nos van a regañar a todos nosotros.

Aquí vamos a estudiar un poco más estos sustantivos personales, que ya conoces de forma tácita, pero que queremos que conozcas de forma más directa. No es difícil. Ya verás.

6.7 TODOS LOS SUSTANTIVOS PERSONALES DE OBJETO

Ya conoces todos los sustantivos personales de objeto. En esta lección vamos a verlos todos otra vez, a aprender algo de cómo se usan y a practicar un poco, para estar seguros de usarlos con soltura.

Sustantivos personales de objeto		
	Singular	Plural
1ª persona	me	nos
2ª persona	te	os
3ª persona	lo/la, le	los/las, les

Recuerda que los sustantivos personales de objeto de tercera persona se usan también para la segunda persona formal.

Fíjate bien que en primera y segunda persona hay solamente un sustantivo personal (**me** para la primera singular, **te** para la segunda singular, **nos** para la primera plural).

Pero acuérdate: en tercera persona, hay dos sustantivos personales, **lo/la** y **le** para la tercera singular, y **los/las** y **les** para la tercera plural.

Los objetos directos e indirectos

En esta unidad hemos aprendido a distinguir entre objetos directos e indirectos cuando usamos sustantivos como **cartas, amigas, regalo, padres.**

Sara manda **cartas** a **sus amigas** todas las semanas.
Mandamos **un regalo** a **nuestros padres.**

Ya sabemos que el sujeto tiene la mayor participación en el evento, que el objeto directo tiene la menor participación en el evento y que el objeto indirecto tiene una participación intermedia entre los dos.

La distinción entre objeto directo e indirecto es importante no sólo cuando usamos sustantivos, sino también cuando usamos sustantivos personales de tercera persona. Pero primero vamos a ver qué pasa cuando usamos sustantivos personales de primera y segunda persona.

Los sustantivos personales de primera y segunda persona

Cuando usamos sustantivos personales de primera o segunda persona, no tenemos que preocuparnos de objetos directos e indirectos. Usamos **me, te** y **nos,** sin necesidad de averiguar más.

> Carlos **me** llamó.
> Carlos **me** trajo un libro.
>
> Carlos **te** ayudó.
> Carlos **te** puso tu pluma sobre la mesa.
>
> Carlos **nos** abandonó el día de la fiesta.
> Carlos **nos** dejó un recado.

Ya que sólo hay un sustantivo personal para la primera y segunda persona, no nos preocupamos de cuántos actores hay, o de si son actores de actividad mínima en el evento (objetos directos) o de actividad intermedia (objetos indirectos).

Los sustantivos personales de tercera persona

En tercera persona hay que saber diferenciar entre **le** y **lo,** y todas sus formas: **le/les** y **lo(s)/la(s).**

➤ Se usa **le** en oraciones de tres actores para hablar del objeto indirecto (o sea, del actor de participación intermedia).

➤ Se usa **lo** en oraciones de tres actores para hablar del objeto directo (o sea, del actor de participación mínima).

> La gramática llama a **lo** el *sustantivo personal de objeto directo,* y a **le** el *sustantivo personal de objeto indirecto.*

En las siguientes oraciones, si no queremos mencionar los objetos indirectos dando todos los detalles, podemos sustituirlos por el sustantivo personal **le.**

> Sara manda cartas a **sus amigas** todas las semanas.
> Sara **les** manda cartas todas las semanas.
>
> Luis envió un regalo a **su mamá.**
> Luis **le** envió un regalo.

cuatrocientos noventa y tres **493**

Y si no queremos mencionar los objetos directos dando todos los detalles, podemos sustituirlos por el sustantivo personal **lo.**

> Sara manda **cartas** a sus amigas todas las semanas.
> Sara **las** manda a sus amigas todas las semanas.

> Luis envió un **regalo** a su mamá.
> Luis **lo** envió a su mamá.

¿Y qué hacemos si queremos usar sustantivos personales para el objeto directo y para el objeto indirecto? Por ejemplo, ¿qué hacemos si queremos usar **las** en vez de **cartas** y **les** en vez de **sus amigas?**

Pues te va a ser muy difícil. Acuérdate que nadie quiere a **le** y a **lo** en la misma fiesta —no pueden usarse dentro de la misma oración con el mismo verbo. Ya veremos la solución más adelante.

▌ PRÁCTICA ▐

A. ¡Llegan pronto! Los abuelos van a visitar a sus nietos dentro de una semana. ¿Qué preguntas les hacen sus nietos cuando les hablan por teléfono?

MODELO   traer regalos
          ¿Van a traernos regalos?
          o
          ¿Nos van a traer regalos?

1. comprar ropa nueva
2. dar dinero
3. preparar comida especial
4. contar algo todos los días
5. llevar al cine

6. traer fotos
7. leer un libro
8. llevar al zoológico
9. comprar videos
10. dar dulces

B. ¡Qué familia! ¿Qué hace esta familia durante la Navidad? Para saberlo, completa este párrafo con los sustantivos personales apropiados.

Mis padres siempre __1__ dan un regalo interesante y especial para la Navidad. Generalmente, yo __2__ compro una cosa a mi padre y otra a mi madre. Pero si no tengo mucho dinero, __3__ doy algo a los dos. También __4__ compro algo a mis abuelos. Ellos siempre __5__ traen regalos a todos nosotros. Mis padres __6__ dan dinero a mis abuelos. A mí __7__ gusta eso mucho porque con frecuencia mis abuelos usan el dinero para comprar__8__ más regalos a mí y a mis hermanos. ¿Y tú? ¿__9__ compras regalos a todos tus parientes? Y ellos, ¿__10__ dan muchos regalos a ti?

C. ¿Has visto el mundo? ¿Conoces estos lugares?

MODELO   el Museo de Antropología en México
          Lo conozco. o **No lo conozco.**

1. el río Misisipí
2. los parques de tu ciudad
3. la Casa Blanca
4. los caminos incas en Perú
5. las pirámides de Egipto
6. el Alcázar de Segovia
7. la catedral de Notre Dame en París
8. las Montañas Rocosas

D. ¡Qué triste! Tienes unos amigos muy pesimistas. Siempre se quejan de todo. ¿De qué se están quejando ahora?

MODELO   invitar
          Nadie nos invita.

1. saludar
2. ayudar
3. llamar
4. comprender
5. escuchar
6. querer
7. acompañar
8. visitar

E. ¡Mamáaa! Es el primer día de la escuela y Pepita está muy preocupada. ¿Qué dicen ella y su mamá?

MODELO   llevar a la escuela (sí)
          Pepita: **¿Vas a llevarme a la escuela?**   o
                  ¿Me vas a llevar a la escuela?
          Mamá: **Sí, voy a llevarte.**   o   **Sí, te voy a llevar.**

1. acompañar a la clase (no)
2. esperar después de las clases (sí)
3. ayudar con la tarea (sí)
4. visitar en la clase (no)
5. llamar al mediodía (no)
6. buscar a las tres (sí)

6.8 LA DIFERENCIA ENTRE DARSE CUENTA DE Y REALIZAR

Estos dos verbos son muy útiles cuando hablamos en español. Pero los que hablamos en inglés a veces los confundimos, así que conviene hacer aquí algunas aclaraciones para que aprendamos a usarlos bien.

El verbo **realizar** en español es una forma culta de decir que algo se hace, o que se lleva a cabo. Se usa mucho, por ejemplo, para hablar de las obras que hacen los grandes artistas. O de una actividad que es de mucha importancia.

El nuevo director **realizó** una labor muy importante.
La obra que **realizó** Diego Rivera impactó todo el arte muralista mexicano.
José Martí **realizó** una labor literaria que fue tan importante como su labor política.
Se ve que en la escuela de Tina **realizan** muy buenos programas culturales.

"Cognados" falsos

Como ves, estos usos de **realizar** son muy diferentes del uso más corriente de la palabra *realize* en inglés. Cuando el inglés dice *realize*, en el español general lo mejor es decir, simplemente, **darse cuenta,** o **caer en la cuenta de** algo.

> *I didn't **realize** the homework was due Tuesday.*
> No **me di cuenta de** que la tarea había que entregarla el martes.

> *She **realized** that they were going to be very late.*
> **Se dio cuenta de** que iban a llegar muy tarde.

> Las palabras **realizar** en español y *realize* en inglés, son lo que hemos llamado *cognados falsos.* Se parecen mucho en la pronunciación, tienen un origen parecido, pero no significan lo mismo ni se usan igual. (Ve la sección **Lengua en uso,** pág. 178.)

PRÁCTICA

Hablando de Goya. Alejandrina y Víctor conversan sobre una exposición de Goya. Llena los espacios en blanco con la forma apropiada de **realizar** o **darse cuenta.**

Alejandrina: Mira, Víctor, lo que dice este periódico: "Este mes se __1__ una importante exposición de la obra que durante su vida __2__ el pintor español, Francisco de Goya". ¡Qué horror! Nunca me había __3__ de que Goya era el nombre de un famoso pintor español. Yo pensé que era una marca de habichuelas. ¿No te __4__, Víctor, de lo que eso significa? Yo me __5__ ahora de que no me han enseñado nada del mundo hispánico.

Víctor: Bueno, Alejandrina, tú vas a tener que resolver ese problema. Yo sé mucho sobre la pintura de Goya. Sé, por ejemplo, que Goya __6__ una serie de grabados titulados "Caprichos", para que los españoles de su época se __7__ de los problemas sociales que existían. Cuando yo estaba en sexto grado, yo __8__ un proyecto de arte imitando la técnica de Goya. Es un pintor maravilloso, y ya es hora de que te __9__ de su importancia. Además, tú tienes mucho talento. A lo mejor algún día tú también puedas __10__ una obra artística como la de Goya.

6.9 ESCRIBIR CON CORRECCIÓN: C–S

En la Unidad 5 estudiamos algo sobre las palabras que suenan como /s/ pero se escriben con **z.** Aquí vamos a empezar a aprender un poco más sobre las palabras que suenan a /s/ y se escriben con **s** y con **c.** En la próxima unidad, volveremos sobre estas letras, para que las aprendas bien.

Un pequeño cuento y un viejo refrán

En el *espacio* que quedaba entre la entrada y el muro, mi escuela planeaba hacer un *gimnasio* nuevo, para que los estudiantes pudieran *reducir* de peso y *hacer ejercicios.* Para fabricar el *edificio,* hubo que pedir permisos, presentar *evidencia* de que habría seguridad y no surgirían *emergencias.* Se sostuvo una gran *correspondencia* con la oficina del alcalde. Pasaron los años. Se mandaron cartas de *urgencia.* El alcalde no contestaba. Se les amenazó con un *juicio.* Se hicieron esfuerzos de *diplomacia.* Pasaron más años. Se vieron niños nacer. Hubo algunos *divorcios.* Se hicieron muchos *sacrificios.* La oficina del alcalde no contestaba. Nos armamos de *paciencia.* El director de la escuela nos repetía un viejo refrán: *Las cosas de **palacio** van **despacio.***

¿Entiendes el cuento? ¿Entiendes el refrán? Bueno, vamos a ver un poco la ortografía de estas palabras, y luego volver al cuento.

Los infinitivos van con c

Ya sabes que las formas del infinitivo de los verbos de segunda y tercera conjugación terminan en **-er** y en **-ir.** Cuando estas terminaciones tienen un sonido de /s/, se escriben casi siempre con **-cer, -cir.**

ha**cer**	condu**cir**	de**cir**	obede**cer**
ven**cer**	cre**cer**	redu**cir**	lu**cir**

Las terminaciones en -cio

Casi siempre que oigas palabras que suenan como **edificio, despacio,** puedes estar casi seguro(a) de que se escriben con **-cio.** La palabra **gimnasio,** que rima con **despacio** pero se escribe con **s,** es casi la única excepción de importancia.

edifi**cio**	anun**cio**	ejerci**cio**	silen**cio**
pala**cio**	despa**cio**	divor**cio**	espa**cio**

Las terminaciones en -cia, -cía

Cuando oigas palabras que suenan como **farmacia** y **policía,** sabrás que se escriben con **-cia, -cía** en la mayoría de los casos.

gra**cia**	ambulan**cia**	justi**cia**	cien**cia**
burocra**cia**	farma**cia**	ignoran**cia**	elegan**cia**
cari**cia**	democra**cia**	noti**cia**	agen**cia**

Las excepciones más importantes son las siguientes:

gimna**sia**	controver**sia**	poe**sía**
fanta**sía**	corte**sía**	hipocre**sía**
igle**sia**		

Así que ya has aprendido tres cosas importantes, para que no se te olviden:

➤ Los infinitivos de los verbos van casi siempre con **c.**

➤ Las palabras que suenan como **despacio** van con **c**, menos **gimnasio.**

➤ Las palabras que suenan como **farmacia** y **policía** van *casi* todas con **c.**

◀ PRÁCTICA ▶

A. El viejo refrán. Consulta con tus compañeros sobre el refrán *Las cosas de palacio van despacio*. ¿Qué quiere decir? ¿Qué tiene que ver el palacio con la historia del gimnasio? Escribe un párrafo en que expliques el significado del refrán y su aplicación a este relato. Cuando escribas tu párrafo, asegúrate de utilizar todas las palabras que están en cursiva en el relato.

B. La ortografía y la nieve en Puerto Rico. Hagan un grupo de tres. En la lectura de Alfredo Villanueva-Collado que vimos en esta unidad, hay ejemplos de palabras que se escriben según estas tres reglas que hemos aprendido. A ver qué grupo logra encontrar más ejemplos de cada regla.

Taller del bilingüe

LAS PALABRAS CON C Y S EN ESPAÑOL Y EN INGLÉS

Hay algunos trucos que los bilingües podemos utilizar para aprender a escribir la **c** y la **s** en español, haciendo comparaciones con el inglés. Aquí vamos a ver uno, relacionado a las palabras que terminan en **-ción, -sión,** como **ambición** y **decisión.**

Si la palabra se escribe con *-tion* en inglés, se escribe con **-ción** en español.

ambition	ambición
nation	nación
condition	condición
tradition	tradición
education	educación

Si la palabra se escribe con -*sion* en inglés, se escribe con -**sión** en español.

division división
precision precisión
decision decisión

 **PRÁCTICA**

 Mala educación. En grupos de tres, inventen un pequeño relato de un párrafo, que termine con el refrán español, *Secreticos en reunión son de mala educación.* En el relato, hay que utilizar por lo menos cinco palabras que terminen en -**ción** y cinco que terminen en -**sión.** ¡A ver quién lo hace utilizando palabras nuevas que no hayamos usado en la lección!

Repaso de vocablos especializados

En esta unidad has aprendido algunos vocablos técnicos nuevos. Aquí te los ponemos todos, más unos cuantos que ya conocías de lecciones anteriores. Escribe una definición para cada uno de ellos, para estar seguro(a) de que los conoces bien.

**ortografía
oraciones de dos actores
oraciones de tres actores
actor de mayor participación en el evento
actor de menor participación en el evento
actor de participación intermedia en el evento
sustantivos haciendo función de sujeto
sustantivos haciendo función de objeto directo
sustantivos haciendo función de objeto indirecto
sustantivos personales de objeto directo
sustantivos personales de objeto indirecto
topónimos
variación dialectal
interlocutor
"cognados" falsos**

**INTERNET
Prueba interactiva**
www.mcdougallittell.com

**INTERNET
Cibertarjetas**
www.mcdougallittell.com

UNIDAD 7

TÚ EN BUSCA DE EMPLEO

BILINGÜE

¡Urgente! Se necesita recepcionista bilingüe (inglés/español). Con experiencia, para trabajar en oficina de empleos.

Responsabilidades:

▷ Entrevistar a futuros empleados

▷ Contestar el teléfono

▷ Escribir a máquina

Una gran oportunidad para personas responsables y maduras. Llamar a TEMPS en Las Cruces.

791-2432

SE NECESITAN

secretarias bilingües, operadoras de terminales, taquimecanógrafas. Trabaje para empresa importante.

Escriba con "currículum" a 534 Mesa St.

tel. 791-9139

 INTERNET
Presentación
www.mcdougallittell.com

¿TU PROPIO CARRO?

Exclusive Auto, c.a. Su Garantía

Haga su sueño realidad. Le ofrecemos el Carro Importado de su preferencia, garantizado en talleres especializados. Y lo más importante: FINANCIAMIENTO AL 8% ANUAL.

ACCORD
Desde $14,000.00

MAZDA MX 6
Desde $20,000.00

Teléfonos: 376-1200
368-1400

Mercedes Benz 450 SLC

Se vende por motivo de viaje. Deportivo rojo, $7,000.00. Detalles: 612-1023 cualquier hora.

Vendo Camioneta Cherokee Limited

Año 92, color rojo atardecer, full equipo. Favor llamar por el precio: 396-2311, señor Mariátegui.

DODGE EDICIÓN ESPECIAL

Tremenda ocasión, año 1978, poco uso, perfecto de motor, carrocería y cauchos. Con vidrios, maleta, asientos eléctricos. Teléfono: 432-1693 mañanas y tardes, Manuel Luis.

Se vende Suzuki Samurai

$9,000.00.

Año 94, full equipo, como nueva.

Informes: ☎ 962-1798, señora Sabanes.

¿Qué piensas tú?

1. ¿Tienes carro? ¿Quién hace los pagos? Si no tienes carro, ¿te gustaría tener tu propio carro? ¿Quién te lo compraría?

2. ¿Cuál de los carros en estos anuncios te gustaría tener? ¿Por qué?

3. ¿Hay muchos gastos en mantener un carro? Explica. Prepara una lista de los costos mensuales para mantener tu carro o el que seleccionaste de estos anuncios. Compara tu lista con la de dos compañeros de clase. ¿Han sido realistas? ¿Han considerado el costo de gasolina, aceite y seguro?

4. ¿Recibes "dinero de bolsillo" de tus padres? ¿Qué haces para ganar dinero "extra"? ¿Te pagan tus padres cuando haces tareas adicionales en casa?

5. ¿Qué gastos esperan tus padres que pagues con tu propio dinero? ¿ropa? ¿diversiones? ¿regalos de cumpleaños y de Navidad?

6. ¿Cómo ganan dinero los jóvenes en tu ciudad? ¿Qué tipo de trabajo hay para jóvenes? ¿Pagan estos puestos? ¿Cuánto pagan? ¿Ganarías suficiente en uno de estos puestos para pagar el carro que seleccionaste en la pregunta número 2?

7. ¿De qué crees que vamos a hablar en esta lección?

✚ Prepárate para leer

Anticipa.   Todos los jóvenes sueñan con tener su propio carro. ¿Cuáles son tus opiniones sobre el asunto?

1. ¿Tienes tu propio carro? Si lo tienes, ¿qué tipo de carro es? ¿de qué año? ¿Cuánto costó? Si no lo tienes, ¿qué tipo de carro te gustaría tener? ¿de qué año? ¿Cuánto cuesta?
2. Si ya tienes un carro, ¿cómo lo pagaste? ¿Te ayudaron tus padres o lo pagaste tú mismo(a)? ¿Cuánto te cuesta mantenerlo?
3. En tu opinión, ¿es fácil o difícil ahorrar suficiente dinero para comprar un carro? ¿Cuánto necesitarías? ¿Cómo lo conseguirías?

El refrán de la semana

Lo barato cuesta caro.

Interpretación ¿Cuál es el significado de este refrán? Explica la relación que hay entre los dos dibujos y el refrán. ¿Qué hace la pareja en el primer dibujo? ¿Qué tipo de auto parece que compran? ¿Qué sucede en el segundo dibujo? ¿Qué le pasó al auto que compraron? ¿Te has arrepentido en alguna ocasión de haber comprado algo barato que pronto se descompone o simplemente no funciona? Cuenta una experiencia donde esto te sucedió.

Tienes que ahorrar tu dinero

1 ¡Súbanse y damos una vuelta!

¡Qué aburrido! No hay nada que hacer esta tarde.

¡Mira! ¡Es Daniel!

¡Y Mateo está manejando!

Hola.

¿Qué tal, chicas?

¿De quién es este carro?

Es mío. ¿Les gusta?

¡Ay, qué suave! ¿Dónde lo compraste?

Un amigo de mi papá me lo vendió hoy mismo.

¡Es absolutamente fantástico! ¿Te costó mucho?

Bastante. Tres mil dólares.

¿Pagaste tres mil por un carro? ¿Dónde conseguiste tanto dinero?

Sí... y su papá le prestó el resto.

Pues, hace tiempo que trabajo. He estado ahorrando mi dinero.

¿Y qué? Vamos, muchachas. Súbanse y las llevo a dar una vuelta.

2   ¡Un convertible de lo más llamativo!

Es magnífico tu carro, Mateo. Gracias.

De nada. Nos vemos.

Hasta luego.

Hasta pronto.

¡Y manejen con cuidado! Adiós.

¡Cuánto me gustaría tener mi propio carro! Ah, sí... para poder llevar a mis amigos a pasear y no tener que caminar a la escuela.

Anda, Tina. ¡Y dices que yo no soy realista! No hay manera que tú compres tu carro a menos que ahorres mucho dinero.

Momento, momento. Antes de hacerte ilusiones, ¿por qué no hablas con tus padres?

Y sé exactamente lo que quiero— un convertible rojo de lo más llamativo y un radio también...

Ya lo sé. Pero si trabajo mucho en casa... quizás...

Bueno, sí. Tienes razón.

3   ¿Me puedes pagar algo?

Mamá, he estado pensando. Si hago más quehaceres en casa, ¿me puedes pagar algo?

Hija, en esta familia no es costumbre pagar los quehaceres.

Ya lo sé, ¿pero si hago mucho más?

Pues, depende de lo que hagas.

¿Si limpio el baño, paso la aspiradora, sacudo los muebles, por ejemplo?

¿Por todo eso? No sé. Unos veinte dólares, tal vez. Pero no por hora, por semana.

¿Y si lavo el carro también?

Es que quiero comprarme un carro.

Ay, no sé, hija. Es mejor que hables con tu papá. Dime, hija, ¿por qué de repente tienes tanto interés en ganar dinero?

¡Ay, Tina!

4 | ¡No te burles de mí!

¡Ay, Tina! Casi nunca nos vemos ya. A propósito, ¿cuánto dinero tienes guardado ya?

¿Qué tal, Tina? Ven. Vamos a dar un paseo en bicicleta. Luego podemos ir de compras a Cielo Vista. Hay buenas ofertas hoy.

No puedo, Margarita. Tengo demasiado que hacer. Después de aspirar el carro, todavía tengo que limpiar el baño y mi cuarto. Además, si gasto mi dinero, no voy a poder comprar mi carro.

A ver... al terminar las tareas de hoy, voy a tener setenta y cinco dólares, más o menos.

¡No te burles de mí! No entiendes lo difícil que es. Parece que trabajo y trabajo y ¿para qué? Nunca voy a tener suficiente dinero.

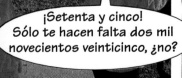

¡Setenta y cinco! Sólo te hacen falta dos mil novecientos veinticinco, ¿no?

Margarita, ¡eres un genio! Obviamente, es la solución. Con mi talento, estoy segura de poder conseguir un buen puesto y ganar los tres mil en un par de meses.

Tienes razón. Si sigues como vas, creo que vas a terminar la universidad antes de poder comprarte un carro. ¿Por qué no te consigues otro trabajo?

✚ *Verifiquemos e interpretemos*

A. ¡Quiero un carro! Completa los comentarios de Tina, su mamá y sus amigos.

Tina   **Mamá**   **Margarita**   **Mateo**

1. "¿Por todo eso?..."
2. "Estoy segura de poder..."
3. "Súbanse y las llevo..."
4. "No hay manera que tú compres tu carro..."
5. "¿Pagaste tres mil..."
6. "Nunca voy a tener..."
7. "Si hago más quehaceres en casa,..."
8. "Vas a terminar la universidad..."

a. por un carro?
b. a dar una vuelta.
c. a menos que ahorres mucho dinero.
d. ¿me puedes pagar algo?
e. Unos veinte dólares, tal vez.
f. suficiente dinero.
g. antes de poder comprarte un carro.
h. conseguir un buen puesto.

B. Reflexiona y relaciona. ¿Tienes tú los mismos intereses que Tina en conseguir tu propio carro? Reflexiona sobre lo ocurrido y relaciónalo a tu propia vida al contestar estas preguntas.

1. ¿Quién acaba de comprar su propio carro, Daniel o Mateo? ¿Dónde lo compró? ¿Cuánto le costó? ¿Crees que pagó demasiado? ¿Por qué? ¿Cómo lo pagó? ¿Tienes tú dinero ahorrado? ¿Podrías comprar un carro como el de Mateo?

2. ¿Quién quisiera tener su propio carro, Tina o Margarita? ¿Qué tipo de carro quiere? ¿Cómo piensa comprarse uno? ¿Usualmente recibe Tina dinero por los quehaceres que hace en casa? ¿Te pagan tus padres por los quehaceres que haces? ¿Qué más ofrece Tina hacer en casa? ¿Cuánto está dispuesta a pagarle su madre? ¿Crees que lo que le pagaría es mucho o no? ¿Por qué? ¿Te pagarían tus padres por hacer trabajo adicional en casa? ¿Cuánto o por qué no?

3. ¿Por qué no puede acompañar Tina a Margarita a Cielo Vista? ¿Qué está haciendo Tina y qué más tiene que hacer? ¿Cuánto ha ahorrado? ¿Crees que va a poder ahorrar suficiente para comprar un carro si sólo sigue trabajando en casa? ¿Por qué? ¿Qué tendrá que hacer para ganar más dinero? ¿Cuánto tiempo cree que tardará en ganar tres mil dólares? ¿Crees que podrá hacerlo? ¿Por qué?

CONVERSEMOS UN RATO

A. ¿Qué vas a hacer si...?   Usa la encuesta que tu profesor(a) te va a dar para entrevistar a tus compañeros de clase. Haz cada pregunta a tres personas y anota sus respuestas. No hagas más de una pregunta a la misma persona. Al terminar, compara tu información con la de tus compañeros de clase.

EJEMPLO   ganar la lotería
   Tú: **¿Qué vas a hacer si ganas la lotería?**
   Compañero(a):   **Si gano la lotería, voy a comprarles una casa nueva a mis padres. Luego voy a comprarme un carro nuevo y viajar a México.**

B. Subtítulos.   Con un(a) compañero(a), escribe subtítulos para estos dibujos. Después en grupos de seis, lean sus subtítulos, decidan cuáles son los mejores y léanselos a la clase.

1. Sergio

2. Luisa y Paco

3. los hermanos

4. Rosario y Sra. Ortiz

5. Gloria y Beatriz

6. Ricardo

C. Entrevista. Prepara una lista de diez situaciones problemáticas pero típicas. Luego, pregúntale a un(a) compañero(a) qué hace en cada situación de tu lista. Informa a la clase de las respuestas más creativas que recibas.

EJEMPLO   *Tú escribes:*   **Ves al novio de tu mejor amiga con otra chica.**

Tú preguntas: **¿Qué haces si ves al novio de tu mejor amiga con otra chica?**

Compañero(a) dice: **Si veo al novio de mi mejor amiga con otra chica, inmediatamente se lo digo a mi amiga.**

o

Si veo al novio de mi mejor amiga con otra chica no digo nada porque no me gusta meterme en los negocios de otros.

o ...

D. Si ganamos diez mil... Tú y dos compañeros son finalistas en la lotería y tienen la posibilidad de ganar 10, 25, 50, 75, 100 mil o 1 millón de dólares. Hablen de lo que piensan hacer si ganan cada cantidad de dinero. Dramaticen su conversación.

E. El carro. Tú quieres usar el carro de tu hermano(a) este fin de semana pero él (ella) no quiere prestártelo. Tú mencionas varias razones por las cuales lo necesitas pero tu hermano(a) siempre tiene una excusa para no prestártelo. Dramaticen esta situación. Tu compañero(a) va a hacer el papel de tu hermano(a).

Antes de empezar

A. Héroes nacionales. En grupos de tres o cuatro, definan lo que es un héroe nacional. ¿Cómo deciden quién puede serlo? ¿Qué características debe tener esa persona? ¿Qué tipo de hazañas debe haber hecho? ¿Quiénes son algunos héroes nacionales de EE.UU.? ¿de otros países?

B. Abraham Lincoln. ¿Qué sabes del presidente número 16 de Estados Unidos? Contesta estas preguntas con un(a) compañero(a):
1. ¿Dónde nació Abraham Lincoln?
2. ¿Qué puedes contar de la niñez de Lincoln?
3. ¿Qué estudió Lincoln en preparación para una carrera con el gobierno?
4. ¿Cuál fue la hazaña más importante de la vida de Lincoln?
5. ¿Dónde y cómo murió Abraham Lincoln?

Benito Juárez
EL GRAN HÉROE DE MÉXICO

Se dice que Benito Juárez (1806–1872) es el Abraham Lincoln de México. Juárez nació el 21 de marzo de 1806, en el pueblo zapoteca de Guelatao, Oaxaca. A los tres años de edad, después de la muerte de sus padres, fue a vivir con su tío Bernardino Juárez. Vivió con él hasta la edad de doce años, cuando tuvo que trabajar en el campo para mantenerse.

En 1818, fue a la capital del estado para recibir educación. Su padrino y mentor, Don Antonio Salanueva, lo inscribió en la escuela. Allí Benito experimentó la injusticia. Los indígenas como él tenían que estudiar en salones separados de los niños de la clase alta. Benito decidió estudiar en el seminario y recibió su título de abogado en 1834. Luego entró en la vida política, en la cual desempeñó varios cargos públicos. Entre otros, fue gobernador del estado de Oaxaca, Ministro de Justicia y Educación Pública de México y Presidente de la República.

Juárez fue un liberal del partido republicano que luchó por la democracia y el progreso de México. Combatió contra las fuerzas conservadoras que por mucho tiempo dominaron el país, como la iglesia, los oligarcas y el ejército. Instituyó la educación pública gratis y obligatoria para todos. Se preocupó por el desarrollo económico del país y abrió las puertas de México al mercado mundial.

Por sus logros y dedicación a México, Benito Juárez es un héroe que se conmemora de muchas formas, en monumentos públicos, ciudades que llevan su nombre, poemas y corridos.

Lo que vale un mexicano

corrido

Los corridos, un tipo de composición folclórica mexicana, son cantados o recitados. Celebran a héroes y heroínas, critican la autoridad o tratan amores desafortunados. En el corrido "Lo que vale un mexicano", se celebran los logros educativos de Benito Juárez, su filosofía y el triunfo de México sobre las fuerzas invasoras de Francia en la Batalla de Puebla el cinco de mayo de 1862. ❶

🔲 **INTERNET**
Enlaces/actividades
www.mcdougallittell.com

Verifiquemos

1. ¿Por qué se dice que Benito Juárez es el Abraham Lincoln de México? Para contestar, prepara un diagrama como el que sigue y compara la vida de Abraham Lincoln y Benito Juárez en las tres áreas señaladas. En los dos extremos pon las diferencias y en el área que los dos óvalos comparten, pon lo que estos dos presidentes tienen en común.

NIÑEZ	EDUCACIÓN	GRANDES HAZAÑAS
Lincoln 1. 2. 3. . . .	1. 2. 3. . . .	**Juárez** 1. 2. 3. . . .

2. ¿Qué relación hay entre la popular celebración de "5 de Mayo" y Benito Juárez?

3. ¿Qué es un corrido? ¿Conoces algunos corridos? ¿De qué se tratan? ¿Conoces otras canciones sobre héroes?

En San Pablo Guelatao
nació don Benito Juárez.
A los tres años quedó
huérfano* de padre y madre;
y aunque se crió de pastor
fue mucho muy honorable.

De todos se distinguió:
hombre cabal y valiente;
hasta la silla llegó
siete veces presidente,
y a nuestra patria dejó
una Reforma decente.

Fue mucho muy perseguido,
lo llegan a desterrar;
Benito Juárez les dijo:
"No se les vaya a olvidar,
Respeto al Derecho Ajeno,
si quieren vivir en paz..."

Esclavizar al País
buscaba Maximiliano,
pero don Benito Juárez
luchó contra aquel tirano;
y les probó a los franceses
lo que vale un mexicano.

Por defender nuestra patria
peleó contra el invasor;
fue Benemérito invicto
aquel humilde pastor,
que le donara a Oaxaca
una corona de honor.

huérfano *sin padres*

Palabras parecidas

Hay palabras o expresiones que suenan igual pero que se escriben de manera diferente. Estas palabras o expresiones se conocen como homófonos y con frecuencia causan confusión tanto en la lengua hablada como en la escrita. Esta confusión se puede evitar si se tiene presente el significado de estas palabras parecidas.

Por ejemplo la preposición **a** y el verbo auxiliar **ha**, que junto con el participio pasado forma el presente perfecto, se pronuncian igual pero se escriben diferente y tienen significados distintos.

a *(preposición)*	Vamos *a* la escuela.
ha *(de "haber", verbo auxiliar)*	Miguel *ha* visitado Yucatán.

La preposición **a** y el verbo **ser** o **ver** también forman homófonos con los infinitivos **hacer** y **haber**.

a ser *(a + infinitivo)*	Él va *a ser* miembro.
hacer *(realizar)*	Necesitamos *hacer* la tarea.
a ver *(a + infinitivo)*	Cecilia va *a ver* a su familia.
haber *(infinitivo)*	¡Tiene que *haber* piñatas!

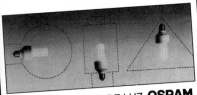
La mayoría de los homófonos son el resultado de dos consonantes que se pronuncian de la misma manera, o sea, tienen el mismo sonido. A continuación aparecen varios ejemplos.

Palabras que se deletrean con las letras **b** o **v** con frecuencia tienen homófonos:

bello *(hermoso)*	México es un país muy *bello*.
vello *(pelo suave)*	Él tiene *vello* en el pecho.
botar *(arrojar, tirar)*	Hay que *botar* la basura.
votar *(ejercer el voto)*	Hay que *votar* en las elecciones.
rebelar *(sublevar)*	Los indígenas se *rebelaron*.
revelar *(descubrir)*	Ellos no *revelaron* sus secretos.

Palabras con el sonido **/s/** que se deletrean con la letra **s** o la letra **z**, también pueden ser palabras homófonas:

ves *(de "ver")*	¿*Ves* sin necesidad de anteojos?
vez *(ocasión, tiempo)*	¿Alguna *vez* has comido paella?

Las letras **ll** y **y** también representan el mismo sonido según su pronunciación en grandes partes del mundo hispanohablante y también pueden resultar en homófonos. Esto en particular cuando aparecen en la misma palabra con la letra **h** que no tiene ningún sonido.

halla *(de "hallar")*	Nunca *halla* sus libros.
haya *(de "haber")*	Espero que *haya* encontrado a Mario.

La letra **h**, por no tener ningún sonido, aparece con frecuencia en palabras homófonas.

aprehender *(de "prender")*	La policía *aprehendió* al ladrón.
aprender *(adquirir conocimiento)*	Javier *aprendió* la lección.

Problemas con palabras homófonas se pueden evitar fácilmente en la escritura si siempre se concentra uno en el significado, como ya verás en el ejercicio a continuación.

Verifiquemos

Visita a Monte Albán. Indica la palabra que corresponde según el contexto en el siguiente párrafo sobre la visita de un turista a Monte Albán.

El verano pasado fui *a / ha* **(1)** visitar a mis parientes que viven en Oaxaca, la capital del estado del mismo nombre en México. Mis parientes me habían invitado *a ser / a hacer* **(2)** una excursión a la ciudad arqueológica llamada Monte Albán que se *halla / haya* **(3)** a quince kilómetros al norte de Oaxaca. El día que salimos era muy *bello / vello* **(4)**. Monte Albán está formado por varias pirámides en la cima de una montaña. Muchas enigmáticas esculturas todavía no *rebelan / revelan* **(5)** su significado. A la entrada de la zona arqueológica había un letrero que pedía que los visitantes *botaran / votaran* **(6)** la basura en los cestos que se encontraban a cada cien metros. Tuvimos mucha suerte porque esa mañana iba *a ver / a haber* **(7)** una presentación especial sobre la arquitectura de Monte Albán por un famoso arqueólogo mexicano. Ese día *aprehendí / aprendí* **(8)** mucho sobre Monte Albán. Me gustaría regresar a visitar esta maravillosa ciudad otra *ves / vez* **(9)**.

Monte Albán Oaxaca, México.

LECCIÓN

2

TÚ EN BUSCA DE DINERO

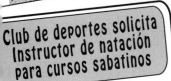

Club de deportes solicita Instructor de natación para cursos sabatinos

Requisitos:
- Experiencia comprobada
- Disponibilidad inmediata
- Conocimientos del idioma español

Ofrecemos:
- Remuneración competitiva
- Grato ambiente de trabajo

Favor dirigirse con referencias comprobables a Club Deportivo La Onda.

PROGRAMADORES EXPERTOS

Si manejas

C ++ para multimedia

sabes de

HTML
A/V digital

y conoces

QUICKTIME CR/VRML
OPEN GL/MPEG/DIRECTOR

envíanos tus datos personales

SR GERENCIA DE PERSONAL
Ref 1184

**Casilla de Correo 2860
(1000) Correo Central**

Si tienes trabajos o demos adjúntalos en:
PC: diskettes o CD-ROM
MAC: diskettes, removibles hasta 88Mb, ópticos de 128 Mb o CD-ROM

Conjunto de rock solicita Guitarrista

Con experiencia y dispuesto a "trabajar duro" para tocar la buena música.

Interesados favor de llamar al 396-0231

Preguntar por Gisela o Jaime.

Trabaja con Turismo

Oportunidad de trabajo se presenta en compañía de Programación Turística

Debes reunir los siguientes requisitos:
- Entre 15 y 18 años
- Disponibilidad de hacer trabajos de investigación breves
- Conocimiento en procesador de palabras (no indispensable)
- Capacidad para mantener relaciones interpersonales

Interesados dirigirse a 2032 Sacramento Blvd.

¿Qué piensas tú?

1. ¿Crees que todos los jóvenes en estas fotos reciben un salario por lo que están haciendo? Si no, ¿cuáles sí y cuáles no? ¿Cuánto crees que gana cada uno? ¿Te interesaría hacer algunos de estos trabajos? ¿Cuáles? ¿Por qué?

2. ¿Estás capacitado(a) para hacer algunos de los trabajos en los anuncios? ¿Cuáles? ¿Por qué crees que no estás capacitado(a) para todos?

3. En la primera lección preparaste una lista de todos los gastos que tendrías si tuvieras un carro. Ahora prepara una lista de tus otros gastos mensuales: ropa, materiales escolares, diversión, etc. Combina este total con el de tener carro. ¿Ganarías lo suficiente en cualquiera de estos puestos (trabajos) para pagar todos tus gastos? ¿Cuántas horas tendrías que trabajar por semana?

4. ¿Dónde crees que vas a estar y qué crees que estarás haciendo en diez años? ¿Serán tus gastos mensuales iguales a lo que son ahora? ¿Por qué crees eso?

5. ¿Qué condiciones influyen el costo de vida?

6. ¿Qué tipo de puesto esperas tener cuando ya seas un adulto? ¿Qué habilidades debes tener para conseguir tal puesto? ¿Qué puede influir tu preferencia de puesto? ¿tus padres? ¿tus notas en la escuela? ¿la manera en que quieres vivir? ¿...?

7. Piensa en cómo contestaste estas preguntas y di de qué crees que vamos a hablar en esta lección.

FOTONOVELA
LECTURA ILUSTRADA

✚ *Prepárate para leer*

Anticipa.   ¿Has buscado trabajo alguna vez? Piensa en todo lo relacionado a conseguir un buen puesto al contestar estas preguntas.

1. ¿Has decidido buscar trabajo alguna vez o han insistido tus padres que busques trabajo? ¿Lo encontraste? ¿Qué tipo de trabajo solicitaste? ¿Te ayudaron tus amigos a conseguirlo? Si así es, ¿cómo te ayudaron?
2. Si tuvieras que conseguir empleo ahora mismo, ¿dónde solicitarías? ¿Qué tipo de trabajo te gustaría hacer?
3. ¿Has buscado un puesto en los anuncios clasificados del periódico alguna vez? ¿Qué tipo de puestos se encuentran allí, puestos para estudiantes o para adultos con experiencia? ¿Qué tipo de trabajo puede conseguir un joven de secundaria allí?

El refrán de la semana

No todo lo que brilla es oro.

NO

Interpretación   ¿Cuál es el significado de este refrán? ¿Qué relación hay entre los dos dibujos y el refrán? ¿Quiénes son las personas que aquí aparecen? ¿Qué es lo que sucede? ¿Cuál es el resultado de esta acción? Explica otras situaciones donde podrías usar este refrán. ¿Sabes de algún otro refrán en español o en inglés con el mismo significado? Si así es, cuéntaselo a la clase.

Hablemos de posibilidades de empleo

1 Un trabajo que pague bien.

Mamá, lo he pensado mucho y he decidido que debo tratar de conseguir trabajo fuera de casa. Si no lo hago, voy a ser una viejita cuando compre mi carro.

No sé, mamá—uno que pague bien. ¿Qué me recomiendas?

Vamos, hija. No es para tanto. Pero, estoy de acuerdo. Si tanto quieres un carro, es mejor que busques trabajo. ¿Qué clase de trabajo quieres?

Ay, no sé, hija. Es bien difícil conseguir trabajo estos días. ¿Por qué no hablas con tus amigos? Quizás uno de ellos sepa de un buen puesto. Ah, y también puedes mirar los anuncios clasificados del periódico.

Bueno, ya me voy, mamá.

Es cierto. Mateo trabaja. Quizás necesiten a alguien allí.

Adiós, hija.

2 Quizás pueda ser gerente de ventas.

Mateo, busco trabajo. Yo también pienso comprarme un carro tan pronto como tenga suficiente dinero. ¿Necesitan personas donde tú trabajas?

Algo interesante— donde pueda usar mi talento creativo.

Lo dudo, Tina, porque acaban de despedir a varias. ¿Qué quieres hacer?

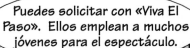

Puedes solicitar con «Viva El Paso». Ellos emplean a muchos jóvenes para el espectáculo.

¡Ah, sí! ¡Sería perfecto!

Tal vez puedas trabajar para una compañía como secretaria.

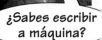

Anda, Margarita. En realidad, me gustaría. Pero sólo es durante el verano y yo necesito trabajar todo el año.

¿Sabes escribir a máquina?

Y además, si tienes clases todo el día, ¿cómo vas a trabajar en una oficina?

Eso sí sería bueno, pero ...

No, no sé ni mecanografía ni taquigrafía.

Quizás pueda ser gerente de ventas en un almacén. Los gerentes no tienen que estar allí todo el día—sólo los dependientes.

¿no necesitas años de experiencia para ser gerent Cuando lleguemos a tu cas ¿por qué no vemos los clasificados?

3 | Buscan personas que hablen español.

No veo ningún puesto para mí.

Ni yo tampoco.

Ay, aquí hay uno que paga muy bien. Dice que se puede ganar hasta mil quinientos la semana.

¿De veras? Déjame verlo.

A ver: vendedores, puestos inmediatos, por hora ¡Ay, caramba! Requieren perso que tengan auto.

Pues, sabes hablar por eléfono, ¿no? Buscan personas que hablen español para hacer llamadas. Sólo pagan cinco dólares la hora pero...

Ay, Margarita, dice que tienes que ser mayor de edad.

Ay, mira. Solicitan una persona para lavar y planchar.

Si eso es lo que hago en casa. ¡Híjole! Parece que sólo estoy capacitada para hacer trabajo doméstico.

4 ¿Has encontrado algo?

¿Cómo te va, hija? ¿Has encontrado algo?

Nada, mamá. Parece que no hay puesto para mí.

Así me lo imaginaba, hija.

A ver, pásame el periódico. Quizás yo vea algo. Un buen trabajo que no requiera experiencia. ¿Qué tal este restaurante? Buscan meseros y lavaplatos.

Mira éste, el El Paso Times busca personas para repartir periódicos.

Yo quería algo más interesante.

¿Más limpieza? Estoy hasta aquí con la limpieza.

El trabajo, trabajo es, hija. No siempre puedes contar con que sea interesante.

✚ Verifiquemos e interpretemos

A. ¡Necesito empleo! ¿Quién dice lo siguiente: Tina, Margarita o mamá?

Tina

Mamá

Margarita

1. "He decidido que debo tratar de conseguir trabajo fuera de casa".
2. "Quizás uno de tus amigos sepa de un buen puesto".
3. "Yo también pienso comprarme un carro".
4. "¿Por qué no vemos los clasificados?"
5. "Quizás pueda ser gerente de ventas en un almacén".
6. "Requieren personas que tengan auto".
7. "Pues, sabes hablar por teléfono, ¿no?"
8. "Solicitan una persona para lavar y planchar".
9. "Quizás yo vea algo. Un buen trabajo que no requiera experiencia".
10. "El *El Paso Times* busca personas para repartir periódicos".

B. Reflexiona y relaciona. Contesta estas preguntas para ver qué tienes en común con los personajes de la fotonovela.

1. ¿Qué decisión le dice Tina a su madre que ha tomado? ¿Qué opina su madre de la decisión? ¿Qué le recomienda la madre? ¿Tiene razón la madre cuando dice que es difícil conseguir trabajo? ¿Pueden tus amigos ayudarte a conseguir trabajo?

2. ¿Hay puestos vacantes donde trabaja Mateo? ¿Qué tipo de empleo busca Tina? ¿Busca trabajo de verano o para todo el año? ¿Por qué no puede trabajar de secretaria? ¿Podrías tú trabajar de secretario(a)? ¿Sabes escribir a máquina y usar la computadora?

3. ¿Qué encuentra Tina en los anuncios clasificados? ¿Por qué no puede trabajar de vendedora? ¿Podrías tú trabajar de vendedor(a)? ¿Te lo permitirían tus padres? ¿Qué problema hay con el puesto para alguien que hable español y haga llamadas por teléfono? ¿Por qué no le gusta el puesto de lavar y planchar a Tina? ¿Te gustaría a ti lavar y planchar para ganar más dinero? ¿Por qué?

4. ¿Por qué no quiere Tina trabajar de mesera o lavaplatos? ¿Te gustaría a ti hacer ese trabajo? ¿Sabes cuánto paga? ¿Podría Tina repartir periódicos? ¿Es el tipo de trabajo que busca? ¿Por qué? ¿Estás de acuerdo con la mamá cuando dice que "el trabajo, trabajo es". Explica.

C. Predicción. ¿Qué puesto va a solicitar Tina? Decídelo con un(a) compañero(a) y luego escriban un breve episodio más de la fotonovela en el cual Tina explica por qué escogió ese puesto. Léanle su episodio a otro grupo y escuchen el de ellos.

Conclusión
de la fotonovela

Éstos son algunos de los anuncios que vio Tina. ¿Para cuáles tiene las calificaciones que se buscan? ¿Cuáles no debe solicitar? ¿Por qué?

2 VENDEDORES SE BUSCAN

- De 25 a 35 años
- Profesionales de la venta
- Teléfono y coche propio
- Área de trabajo: El Paso y Juárez
- Indispensable: buenos informes y referencias

Interesados, llamar al teléfono 762-4360, preguntando por el señor Cuadros, hoy de 10:00 AM a 5:00 PM.

BILINGÜE

¡Urgente! Se necesita recepcionista bilingüe (inglés/español). Con experiencia, para trabajar en oficina de empleos.

Responsabilidades:

▷ Entrevistar a futuros empleados
▷ Contestar el teléfono
▷ Escribir a máquina

Una gran oportunidad para personas responsables y maduras.
Llamar a TEMPS en Las Cruces.

791-2432

SE SOLICITAN PERSONAS

Para trabajar en restaurante de comida rápida.

Se ofrece:
- **Ambiente agradable**
- **Horas flexibles**
- **Entrenamiento pagado**
- **Uniformes**
- **Comidas gratis**
- **Pago atractivo**

Se requiere
- **Buena presencia**
- **Puntualidad**
- **Buenas referencias**

Solicite en persona en
La Hamburguesa Gorda

Centro Comercial Cielo Vista

OPERADORES/AS

Con experiencia en aguja sencilla, para coser bolsas, faldas y pantalones. Con permiso de trabajo o residencia. Le garantizamos $5.15 la hora.

**616 S. Santa Fe
El Paso, TX**

SE NECESITAN

secretarias bilingües, operadoras de terminales, taquimecanógrafas. Trabaje para empresa importante.

Escriba con "currículum" a
534 Mesa St.

tel. 791-9139

BUENOS DÓLARES $$$$
REPARTA PERIÓDICOS

Lunes a domingo de 3 AM a 6 AM.

Se puede ganar hasta $550 al mes.

Llamar entre las 8 AM y 5 PM al:

7 6 2 - 6 1 6 4 .

Éste es el formulario que llenó Tina al solicitar un trabajo. ¿A cuál de los anuncios respondió?

Solicitud para empleo

Información personal

Nombre ___Valdez___ (apellido) ___Cristina___ (nombre)

Dirección ___3225 E. Manzana Way___ (calle y número) ___El Paso, TX 79900___ (ciudad, estado, código postal)

Teléfono (915) 555-7009

Edad (menor de 18) ___16___

Horas disponibles (número total de horas) ___20 por semana___

Horas cada día

	dom	lu	mar	mier	jue	vier	sab
de	1	4	4	4	4	4	10
a	8	8	8	8	8	10	7

Educación

Colegio ___El Paso High School___

Promedio de notas ___B___   Último año completado ___10___

Experiencia Trabajos más recientes (pagados o voluntarios)

El verano pasado trabajé como ayudante en un campamento para niños.

Durante el año escolar, soy ayudante de oficina de la escuela.

Referencias

Sra. Olga Urrutia, El Paso HS

Sr. Ernesto Padilla, Campamento Coronado

Miss Leona Mendenhall, El Paso HS

Actividades

Miembro del Club de francés, miembro del coro, miembro del equipo de tenis.

✚ Verifiquemos e interpretemos

A. Anuncios clasificados. Tina descubre esta información al leer los anuncios clasificados. ¿Sí o no?

1. Se busca recepcionista que sepa inglés y español.
2. Una empresa busca secretarias bilingües.
3. Los operadores de máquinas de coser ganan más de $5.00 por hora.
4. Se ofrecen comidas gratis en La Hamburguesa Gorda.
5. Una persona de dieciséis años puede conseguir el trabajo de vendedor.
6. Para trabajar de recepcionista no se necesita escribir a máquina.
7. Los repartidores de periódicos ganan hasta $550 al mes.
8. Se buscan personas para repartir periódicos entre las ocho y las cinco.
9. Nadie busca ayuda para limpiar la casa.
10. Se necesita coche para ser vendedor.

B. ¿Solicitar o no solicitar? En una hoja aparte duplica este cuadro. Es una lista de todos los puestos que consideró Tina. Úsalo para indicar en la segunda columna la razón por la cual decidió solicitar o no solicitarlos. Luego en la tercera columna indica por qué los solicitarías o no los solicitarías tú.

	Tina: *Razón por la cual lo solicitó o no lo solicitó*	**Tú:** *Razón por la cual lo solicitarías o no lo solicitarías*
el espectáculo "Viva El Paso"		
secretaria		
gerente de ventas		
vendedora		
vendedora "por teléfono"		
lavadora y planchadora		
mesera o lavaplatos		
repartidora de periódicos		

CONVERSEMOS UN RATO

A. Encuesta.   Usa el cuestionario que tu profesor(a) te va a dar para entrevistar a dos compañeros de clase. Pregúntales si creen que su profesor(a) hace las actividades en el cuestionario y anota sus respuestas en la columna apropiada. En grupos de seis, resuman las respuestas que recibieron.

EJEMPLO   usar la computadora

> *Tú:*   **¿Crees que el (la) profesor(a) sepa usar la computadora?**
> *Estudiante #1:*   **Dudo que sepa usarla.**
> o
> **Estoy seguro de que sabe usarla.**

B. Anuncios clasificados.   Su profesor(a) va a darle a cada uno de ustedes o un anuncio clasificado o una descripción de habilidades. Si recibes un anuncio, úsalo para encontrar a una persona que pueda hacer el trabajo. Si recibes una descripción de habilidades, úsala para encontrar a alguien que te quiera emplear. Cuando encuentren a la persona que buscan, siéntense y tengan una entrevista para decidir si van a trabajar juntos o no. Informen a la clase de su decisión.

C. Quiero una casa que...   ¿Cómo es la casa de tus sueños? Descríbesela a tu compañero(a). Tu compañero(a) va a anotar lo que describes y después va a escribir un anuncio clasificado en busca de tal casa.

D. Tal vez...   Tú y un(a) amigo(a) van de compras a su centro comercial favorito a buscar ropa para la escuela. Desafortunadamente, tu amigo(a) está muy negativo(a) hoy y sólo tiene malos comentarios que hacer. Tú tratas de ser lo más positivo(a) posible. Dramaticen esta situación.

E. Agencia de motos.   Tu compañero(a) quiere comprar la motocicleta de sus sueños. Tú quieres vender una moto. Dramaticen esta situación.

✚ Prepárate para leer

A. Terremotos. Uno de los fenómenos naturales más destructores son los terremotos o temblores de tierra. Por ejemplo, un terrible terremoto sacudió la Ciudad de México la mañana del 19 de septiembre de 1985 con una magnitud de 8,1 grados en la escala de Richter causando más de 5.000 muertes y enormes daños materiales. Con un(a) compañero(a) contesta las siguientes preguntas para saber tus reacciones frente a los terremotos.

1. ¿Alguna vez has experimentado algún terremoto? ¿Dónde y cuándo? ¿Cuál fue la magnitud de este terremoto según la escala de Richter?
2. ¿Cuál fue tu reacción inicial durante este terremoto? En caso de que nunca hayas estado en algún terremoto, ¿cómo te imaginas que sería tu reacción inicial?
3. ¿En qué regiones de EE.UU. son comunes los terremotos? ¿Por qué son más comunes en ciertas regiones?
4. ¿Por qué habrá tantos temblores de tierra en países como México y Japón?
5. ¿Cuál es la causa de los terremotos? ¿Son fenómenos naturales o pueden ser causados por el hombre? Explica tu respuesta.
6. ¿Qué es lo que se recomienda que las personas hagan si están dentro de un edificio en caso de un gran terremoto?

B. Vocabulario en contexto. Lee estas oraciones. Las palabras en **negrilla** aparecen en la lectura. Discute su significado con un(a) compañero(a) de clase.

1. Papá todavía estaba durmiendo en la **recámara** cuando todo empezó a temblar.
2. Cuando traté de bajar del quinto piso vi que las **escaleras** habían desaparecido. Nadie podía bajar.
3. Soplaba el viento destructor del huracán y los cables **se desprendían** de los postes, las ventanas se rompían y los automóviles se volcaban.
4. A ese punto simplemente **me encomendé a Dios;** ya no tenía esperanza.
5. De repente vi a mi hijo **boca abajo** en el piso de la cocina.
6. No podía moverse porque tenía varios muebles destrozados **encima.**
7. Papá estaba atrapado con una enorme **viga** que había caído del techo.
8. Cuando oí a una voz decir, "¿Hay alguien allí?" supe que venían a **rescatarnos.**

CONOZCAMOS A LA AUTORA

Elena Poniatowska es una escritora mexicana que como vimos en la Lección 2 de la Unidad 1 nació en París en 1933 de padre francés de origen polaco y madre mexicana. Además de ser cuentista, novelista y traductora, esta escritora se ha dedicado al periodismo y ha publicado varios libros que dan testimonio de importantes eventos en la historia contemporánea de México como *La noche de Tlatelolco* (1970) que trata sobre la masacre de más de 300 estudiantes en la Ciudad de México el 2 de octubre de 1968. En su libro titulado *Nada, nadie: Las voces del temblor* (1988) aparecen los testimonios personales de muchas personas que vivieron el terrible terremoto del 19 de septiembre de 1985 y vieron sus vidas afectadas para siempre por sus consecuencias.

NADA, NADIE... INTRODUCCIÓN

Después de los pavorosos terremotos del 19 y 20 de septiembre de 1985, en la Ciudad de México nada ni nadie serán nunca más los mismos. Pánico, desesperación, rabia, impotencia, horror, rescates, solidaridad, muerte, la megalópolis sembrada de destrucción por doquier. ...De inmediato, desde el primer momento, obedeciendo a un extraordinario sentimiento colectivo, los sobrevivientes se lanzaron a las tareas del rescate, la inmensa mayoría de ellos sin más medios que sus manos, su emoción y, en casos incontables, su heroísmo. ...El polvo y el humo flotaban como si hubiera ocurrido un bombardeo.

...*Nada* de todo aquello se olvida. *Nadie* podría contar por sí solo esta historia. En este libro Elena Poniatowska recoge, una vez más, cientos de voces que hablan de aquellos días aciagos que la solidaridad hizo históricos.

Nada, nadie
Las voces del temblor

*Concha Creel**

Fernando López Padilla, *Pantera**, relata: Yo estaba despierto, acostado en la cama, mi esposa organizaba a los niños para irse al colegio, de pronto empezó a temblar, ella en la recámara gritó: "Fernando, levántate, está temblando". Me puse de un salto en pie, parecía que el King Kong de la película golpeaba el edificio por fuera, el ruido era tremendo, mi hijo David trataba de abrir la puerta que da a las escaleras del edificio, estaba trabada*, la jalé con fuerza y vi que la escalera ya no existía, sólo caían personas gritando, corrí hacia adentro, mi esposa me pidió que me calmara, fue entonces cuando me di cuenta de que no había dejado de gritar, tomé a mi hija de doce años y nos pusimos bajo el marco de la puerta, mi esposa y la bebita de cuatro meses en otro marco, vi cómo se desprendían los ladrillos de un lado y otro de las paredes, salían volando como proyectiles y chocaban frente a mí. El suelo daba la impresión de ser una tortilla dorada quebrándose bajo mis pies, en un momento el edificio se dobló y

Concha Creel la periodista quien grabó el testimonio presentado aquí por Elena Poniatowska **Pantera** Sobrenombre **trabada** no se podía abrir

vi cómo mis otros tres hijos desaparecían gritando y pidiéndome ayuda, después ya no sentí miedo, me encomendé a Dios, sabía que era el fin. Recuperé la conciencia al sentir una fuerte presión de tierra en los oídos, me di cuenta de que estaba vivo, boca abajo, no podía mover mi cuerpo pero sí mis manos, me sacudí la tierra, entonces vi un pequeño rayo de luz, seguí quitándome cosas de encima y pude ver a mi cuñado sentado junto a mí, menos enterrado que yo, le grité para que reaccionara y le pregunté qué tenía sobre la espalda que no me dejaba mover, era una viga que solamente me aprisionaba*, me ayudó a salir de allí, sacamos a mi hija, después vi a mi esposa, prisionera de otra viga, entre los dos tratamos de levantarla con gran esfuerzo, y sentí que los intestinos se me salían, por fin las sacamos a ella y a la bebita, teníamos que escalar [1] como cinco metros hacia la salida, entonces oímos voces que preguntaban ¿hay alguien allí? No tengo idea cómo en tan poco tiempo se juntó la gente con cuerdas [2] de todos tamaños para rescatarnos, salimos prácticamente ilesos*, y yo aquí estoy vivo, *Pantera* no murió y *Pantera* tiene que salir adelante de esta tragedia, tengo que encontrar a mis hijos, pues yo sé exactamente dónde cayeron.

Poco tiempo después me enteré* de que dos de sus hijos estaban listados en el pizarrón identificados muertos.

Volví a encontrar a *Pantera* tres días después. Él no había suspendido su búsqueda en las ruinas del edificio. Me dijo: "Esa información es mentira, ellos no han muerto, yo los vi desaparecer y estaban los tres abrazados y así tengo que encontrarlos".

aprisionaba *no me permitía salir* **ilesos** *sanos*
me enteré *supe, me di cuenta*

INTERNET
Más lecturas
www.mcdougallittell.com

🔸 Analicemos y discutamos

A. Análisis literario. *Nada, nadie: Las voces del temblor* es un libro en el que diferentes personas dan su testimonio de múltiples experiencias durante el terremoto. La autora usa diferentes fragmentos de testimonios supuestamente grabados por varios periodistas. Por ejemplo, el fragmento aquí incluido fue grabado por la periodista Concha Creel quien es la que presenta a Fernando López Padilla, llamado *Pantera,* al principio del fragmento. Piensa en las distintas voces en este pasaje al contestar las siguientes preguntas.

1. ¿En qué persona está narrado lo sucedido a Fernando López Padilla, alias *Pantera?* ¿Quién es el narrador?
2. ¿Crees que hubiera sido más efectivo narrado en otra persona? ¿Por qué?
3. ¿La acción sucede en el presente, en el pasado o en el futuro? ¿Cómo lo sabes? ¿Por qué decidió la autora narrarlo en ese tiempo y no otro?
4. ¿Quién narra los últimos dos párrafos del fragmento? ¿En qué te puedes basar para decidir esto?
5. ¿Cuántos narradores hay en este relato en total? ¿Quiénes son? ¿Es confuso tener más de un narrador? ¿Por qué?

B. Discusión. Contesta las siguientes preguntas.

1. ¿A qué hora aproximadamente sucedió este terremoto? ¿Cómo sabes esto? ¿Dónde se encontraba *Pantera?*
2. ¿Qué es lo que hizo la esposa del narrador al momento que comenzó a temblar?
3. ¿Cómo lograron salvarse *Pantera,* su hija de doce años, su esposa y la bebita de ellos de cuatro meses?
4. ¿Qué le sucedió al edificio donde vivían el narrador y su familia?
5. ¿Quiénes fueron los que de inmediato llegaron al rescate? ¿Acaso eran bomberos o simplemente vecinos?
6. ¿Cuál es tu interpretación del último párrafo? ¿Crees que *Pantera* va a encontrar a sus tres hijos perdidos? ¿Cómo llegaste a esa conclusión?
7. ¿Qué es lo que más te conmovió de este relato?

LENGUA EN USO

Variantes coloquiales: La lengua campesina

Con el transcurso de los años, en el mundo hispano han habido muchos cambios en el uso del español. Muchas palabras que en un momento dado eran muy comunes han dejado de usarse en el habla de la mayoría de los hispanohablantes. Estos cambios tienen lugar principalmente en las zonas urbanas entre las cuales hay excelentes lazos de comunicación. Por otro lado, en el habla de muchas regiones rurales del mundo hispano que han permanecido más o menos aisladas, se siguen usando palabras y expresiones que ya no se emplean en el español general. A estas palabras se les llama arcaísmos y son frecuentes en el habla de muchos campesinos del mundo hispano.

Las siguientes palabras son algunos de los arcaísmos comunes en la lengua campesina.

En las grandes ciudades muchas palabras que antaño eran comunes, hoy día no se usan.

ARCAÍSMOS	ESPAÑOL GENERAL
ansina	así
juimos	fuimos
haiga	haya
muncho	mucho
naiden	nadie
semos	somos
truje	traje
vide	vi

En el habla campesina de México y el suroeste de EE.UU. es muy común el uso de la palabra **nomás** que en la lengua escrita formal no se utiliza. Esta palabra puede ser reemplazada por **sólo**, **solamente**, **únicamente**. Otra palabra muy común en el habla popular mexicano es la abreviación **orita** por **ahorita** que usualmente no se usa en otras regiones del mundo hispánico.

En las regiones rurales campesinas, que generalmente permanecen aisladas, se siguen usando palabras y expresiones que han dejado de ser comunes en el español general.

Verifiquemos

El habla campesina.   Las siguientes oraciones son de la novela *Hasta no verte Jesús mío* (1969) de la escritora mexicana Elena Poniatowska. Esta novela es una biografía de la protagonista Jesusa Palancares, una mujer del suroeste mexicano que participó en la Revolución Mexicana y después pasó a vivir en los barrios pobres de la Ciudad de México. Reescribe los arcaísmos usando las palabras del español general.

1. Llenen estos cántaros de agua *pa'* calentar.
2. Ese domingo no *juí* a misa.
3. ¿Cómo cree usted que yo le *haiga* pegado?
4. ¡A ver, vuélveme *orita*!
5. *Nomás* es un dicho que se tiene.
6. ¿*Pa'* dónde *jue* Nicanor?

Elena Poniatowska basó su libro *Hasta no verte Jesús mío* en una serie de entrevistas que realizó a Angélica Bodórgez, una mujer de la clase trabajadora de la Ciudad de México. El título de la novela hace referencia a un refrán que se dice al tomarse una copa y no parar hasta no ver el fondo de la misma.

TÚ EN BUSCA DE EXPERIENCIA

¿**Qué piensas tú?**

1. ¿Qué características buscaría la persona que emplea a cada uno de estos jóvenes? ¿Qué otras habilidades debe tener una persona para estos puestos?

2. ¿Cuáles de estos puestos son buenos para Tina? ¿Por qué? ¿Cuál sería el mejor? ¿Qué diría Tina en una entrevista para conseguirlo?

3. ¿Qué habilidades o características tienes que te hacen un(a) buen(a) candidato(a) para estos puestos?

4. ¿Te gustaría trabajar mientras estás en el colegio? ¿Por qué?¿Tendrías problemas al trabajar cinco o seis días por semana? Explica.

5. ¿Creen tus amigos que debes conseguir empleo ahora? ¿Qué dicen tus padres? ¿y tus profesores?

6. ¿De qué crees que vamos a hablar en esta lección?

CUENTOS Y LEYENDAS
LECTURA DE LA TRADICIÓN ORAL

✚ Prepárate para leer

Un cuento de amor.   Ahora vas a leer un cuento indígena mexicano con un tema muy similar al de Romeo y Julieta. Contesta estas preguntas para ver cuánto recuerdas de los jóvenes amantes italianos.

1. ¿Quién escribió *Romeo y Julieta*? ¿A qué género pertenece la versión de este autor: novela, poema, drama, leyenda, canción...?
2. ¿Quiénes eran Romeo y Julieta: primos, amigos, enemigos, hermanos? ¿Dónde vivían, en Genoa o en Verona?
3. ¿Cuál era el problema de Romeo y Julieta: su falta de dinero, sus familias, su ambición, sus amigos? Explica tu respuesta.
4. Dos familias hacen un papel muy importante en la obra. ¿Recuerdas sus nombres?
5. ¿Cómo termina esta obra? ¿Tiene un final feliz o triste? Explica tu respuesta.

Las bodas de la princesa azteca y el rey zapoteca se celebraron con gran esplendor y alegría...

Los árboles de flores blancas

Esta leyenda mexicana viene de la región que hoy conocemos como el estado de Oaxaca.

1

En el siglo XV el joven rey Cosijoeza acaba de ocupar el trono de los zapotecas en la bella ciudad de Juchitán, en el actual estado de Oaxaca. Era bondadoso, sabio y valiente. Era también un guerrero muy astuto que, a la vez, le gustaba gozar de la belleza de la naturaleza. En sus jardines gozaba en particular de unos árboles de flores blancas, árboles que solamente se encontraban en Juchitán.

2

Una tarde, cuando el joven rey paseaba por los jardines, vinieron unos emisarios de su enemigo, el rey azteca Ahuizotl.
Los emisarios explicaron: "Nuestro rey quiere que le mandes unos árboles de flores blancas. Quiere plantarlos a lo largo de los canales de su ciudad, Tenochtitlán".
Después de pensarlo, el joven rey dijo: "No es posible. Se prohíbe sacar estos árboles de mi reino".

3

Cosijoeza sabía que su enemigo Ahuizotl mandaría a sus guerreros aztecas a apoderarse de los árboles de las flores blancas y del reino zapoteca. Reunió a sus jefes guerreros y les dijo que otra vez tenían que pelear para salvar sus vidas y su reino del poder de los aztecas. Y los jefes prepararon las fortificaciones y las flechas envenenadas.

4

Tres meses más tarde, el ejército azteca volvió vencido a Tenochtitlán, la capital azteca. Su rey Ahuizotl se puso muy furioso.

Resolvió hacer uso de la astucia para obtener los árboles de las flores blancas y la derrota de los zapotecas. Llamó a Coyolicatzín, su hija más hermosa y más amada, y le explicó su plan.

5

Como el plan pedía, la princesa salió secretamente de la ciudad con dos criados. Después de un viaje largo y difícil, llegaron los tres a un bosque cerca del palacio del rey zapoteca y allí pasaron la noche.

Al día siguiente, cuando el joven rey paseaba por el bosque vio a esa joven bella, hermosamente vestida y adornada con joyas preciosas.

La invitó a su palacio donde su madre la cuidó con cariño. En pocos días el joven rey se enamoró completamente de la misteriosa joven.

Cuando Cosijoeza le dijo a la bella joven que quería casarse con ella, ésta le contestó: "Es muy difícil que yo pueda ser tu esposa, pues mi padre es el rey azteca, Ahuizotl".

6

Coyolicatzín volvió a Tenochtitlán, y pocos días después vinieron unos emisarios del rey zapoteca, cargados de riquezas para el rey azteca. Vinieron a pedir la mano de la bella Coyolicatzín. Como su plan dictaba, el rey azteca aceptó los regalos del joven rey y anunció que la hermosa Coyolicatzín sería la esposa del rey zapoteca.

7

Las bodas de la princesa azteca y el rey zapoteca se celebraron con gran esplendor y alegría en Juchitán, la capital zapoteca, y el rey se sintió el más feliz de todos los hombres.

8

Pero como el plan del rey azteca pedía, la princesa poco a poco iba descubriendo los secretos del ejército zapoteca.

Aprendió los secretos de las fortificaciones.

Y, más importante, aprendió cómo se hacían las flechas envenenadas.

9

Pero la princesa descubrió algo más también. Descubrió que amaba con todo el corazón a su esposo y a los zapotecas y sabía que nunca sería capaz de traicionarlos. Finalmente, con lágrimas de amor, le contó todo a su esposo.

10

El joven rey, con palabras muy cariñosas, perdonó a su esposa, y en gratitud por su lealtad, envió como regalo al rey azteca unos árboles de flores blancas.

Hoy día se pueden ver árboles de esta clase en Tenochtitlán, la vieja capital de los aztecas, que ahora se llama la Ciudad de México.

✚ Verifiquemos e interpretemos

A. "Los árboles de flores blancas". ¿A quién describe o quién dice esto en el cuento zapoteca?

Cosijoeza   **Ahuizotl   Coyolicatzín**

1. Acaba de ocupar el trono de los zapotecas en la bella ciudad de Juchitán, en el actual estado de Oaxaca.
2. Poco a poco iba descubriendo los secretos del ejército zapoteca.
3. Reunió a sus jefes guerreros y les dijo que otra vez tenían que pelear para salvar sus vidas y su reino.
4. Era también un guerrero muy astuto que, a la vez, le gustaba gozar de la belleza de la naturaleza.
5. Resolvió hacer uso de la astucia para obtener los árboles de las flores blancas y la derrota de los zapotecas.
6. Descubrió que amaba con todo el corazón a su esposo y a los zapotecas, y sabía que nunca sería capaz de traicionarlos.

B. Problemas y soluciones. En una hoja aparte haz una copia de este cuadro y úsalo para describir los problemas relacionados con el matrimonio y con los árboles, las soluciones propuestas y los resultados verdaderos.

	Descripción del problema	Solución propuesta	Resultado verdadero
árboles de flores blancas			
matrimonio de Coyolicatzín y Cosijoeza			

CONVERSEMOS UN RATO

A. Se habla español. Su profesor(a) va a darles a cada uno de ustedes o un anuncio clasificado o una descripción de un servicio que buscan. Si recibes un anuncio, úsalo para encontrar a una persona que necesite el servicio que tú ofreces. Si recibes una descripción de lo que buscas, úsala para encontrar a alguien que ofrezca ese servicio. Cuando encuentren a la persona que buscan, siéntense y decidan si van a hacer negocio juntos.

EJEMPLO **Perdón, busco una florería. Necesito comprar una docena de rosas para el cumpleaños de mi madre.**

B. Letreros. Con un(a) compañero(a), diseña cinco letreros para la escuela o la clase. Luego en grupos de tres o cuatro, comparen sus letreros y decidan cuál es el más creativo. Preséntenselo a la clase.

C. Simplemente hay que... Hoy, Clara Consejera, la consejera del periódico escolar, no está. Tú y tu compañero(a) están sustituyéndola. ¿Qué consejos les dan a estas personas?

EJEMPLO   ser bailarina
Para llegar a ser bailarina hay que empezar a tomar lecciones desde muy joven, practicar constantemente y siempre mantener la línea.

1. ganar dinero   **2.** mejorar las notas   **3.** dormir mejor

4. jugar al tenis mejor   **5.** comprar un carro   **6.** viajar a México

D. Los requisitos. Tú eres el (la) recepcionista para una compañía internacional. Tu compañero(a) está interesado(a) en trabajar con la compañía. Quiere saber cuáles son los requisitos para conseguir empleo donde tú trabajas. Dramaticen esta situación.

E. ¿Para quién? Sólo falta una semana para la Navidad y tú necesitas comprar regalos para tu familia y tus amigos. Estás ahora en un almacén grande pidiéndole consejos a un(a) dependiente. Dramaticen esta situación. Tu compañero(a) va a hacer el papel del (de la) dependiente.

ESTRATEGIAS PARA LEER
El hacer preguntas

Hacer preguntas. En la **Unidad 6,** aprendiste a hacer preguntas para ayudarte a entender un poema. El hacer preguntas es una estrategia de comprensión muy valiosa. Hay varios tipos de preguntas que un buen lector se puede hacer, según el tipo o género de lectura. Algunas preguntas se pueden contestar solamente…

1. con información *específica* que viene de una sola oración en la lectura.
2. con una *combinación* de información que solamente se puede hacer después de leer varios párrafos.
3. si el lector puede referirse a su *propia experiencia* o *pasado*.
4. si hay una *interacción* entre autor y lector que resulta de lo que el lector ya sabía y de lo que aprende en la lectura.

El artículo que sigue se publicó originalmente en la revista *Hispanic Magazine*. Antes de leer la selección del artículo, estudia las preguntas que siguen con un(a) compañero(a). En una hoja aparte, indiquen si son preguntas que solamente se pueden contestar con información *específica*, con una *combinación* de información, si el lector puede referirse a su *propia experiencia o pasado* o si hay una *interacción* entre el autor y el lector.

Preguntas	Tipo	Respuestas
¿Por qué crees que la juventud no está más familiarizada con los científicos hispanos?		
¿Bajo qué circunstancias obtienen su educación muchos científicos?		
¿Quiénes son los científicos que han ganado Premios Nóbel?		
¿Qué cosas ha hecho Adriana Ocampo?		
¿Por qué crees que este artículo es de interés para los lectores de *Hispanic Magazine*?		
¿Por qué crees que una persona decide ser científico?		

Ahora, lean el artículo individualmente. Al leer, piensen en estas preguntas y anoten toda la información que los ayude a contestarlas. Tal vez sea necesario leer el artículo varias veces.

LATINOS *en el* LABORATORIO

de *Hispanic Magazine* • por Dan De Vries y Melanie Cole

OTROS CIENTÍFICOS QUE PUEDES INVESTIGAR:

Luis W. Álvarez ▶
Premio Nóbel 1968, físico

George Castro
físico

France Anne Córdova
astrofísica

Juan Maldacena
físico

Mario Molina
Premio Nóbel 1995, químico ambiental

Antonia Novello
pediatra, Cirujana General de Estados Unidos, 1990–1993

◀ **Ellen Ochoa**
astronauta

Severo Ochoa
Premio Nóbel 1959, bioquímico

Richard Tapia
matemático

Lydia Villa-Komaroff
bióloga

Los hispanos han logrado distinguirse en varios campos, desde el arte hasta la poesía. Sin embargo, cuando se pregunta por un científico hispano famoso, la mayoría de los estudiantes no puede pensar en un nombre. Que los estudiantes no sepan los nombres de los científicos desafortunadamente significa que éstos no existen como modelos para ellos. Íconos de la física y la química como Luis Álvarez y George Castro, no obstante, lo son.

Ser científico no es fácil. Los estudiantes normalmente necesitan un postgrado, y existe la probabilidad doble de que los hispanos interrumpan sus estudios debido a problemas financieros o falta de apoyo de la familia. Estadísticamente, sólo el 3 por ciento de los estudiantes hispanos se gradúan en física, biología y química, y sólo el 1,9 por ciento toman postgrados en las ciencias.

Los científicos mencionados en este artículo han tenido que sobreponerse a obstáculos. Ellos son testimonio de que la persistencia da resultado, a pesar de los estereotipos raciales que enfrentaron durante la niñez y sus carreras universitarias. Muchos vencieron obstáculos aferrándose a su ambición de tener éxito y al entusiasmo que derivaban del aprendizaje. Estos científicos acreditan el apoyo que les dieron sus padres, a pesar de que muchas veces ellos no tenían educación formal alguna.

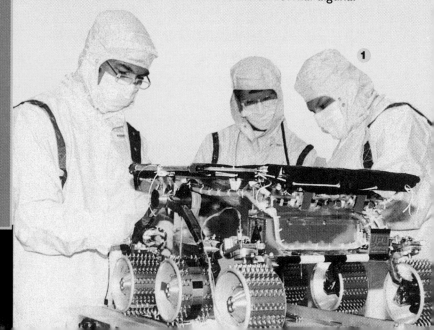

CONOCE A *Adriana Ocampo*

Adriana Ocampo, una geóloga planetaria, trabaja en la NASA
desde que estaba en tercer año de escuela secundaria. Los
geólogos planetarios aplican principios tradicionales de geología a
otros cuerpos celestes, como estrellas, lunas, cometas y
asteroides. El trabajo de Ocampo para el JPL (Jet Propulsion
Laboratory), el laboratorio de motores de propulsión a chorro de
la NASA, la ha involucrado en las misiones de exploración Viking dirigidas al planeta
Marte y planetas siderales, y la misión Hermes para estudiar el planeta Mercurio.
Además es coordinadora científica para la misión Galileo a Júpiter. Uno de los aspectos
más interesantes de su trabajo es la aplicación de sensores a control remoto para
estudiar otros planetas.

Ocampo se crió en Argentina. Cuando tenía 15 años, su familia se mudó a Estados
Unidos. Siempre quiso ser astronauta. Su madre la describe como una niña que
transformaba sus muñecas en astronautas con utensilios de cocina y otros objetos de
la casa. Ella todavía sueña con ser astronauta. Su solicitud inicial para el programa de
astronautas de la NASA fue rechazada, pero Ocampo promete que seguirá intentando.

Pese al hecho de que Adriana Ocampo no tuvo modelos de astronautas mujeres
(para no decir astronautas que fueran mujeres hispanas), tuvo el apoyo de sus padres,
que le inculcaron que podía lograr lo que quisiera. Sus padres le hicieron ver lo
importante que es una buena educación. Hoy ella participa en "Sombras", un programa
que provee consejeros a estudiantes jóvenes. Ocampo anima a la juventud a que no
esperen que aparezca un modelo, sino que ellos mismos lo encuentren.

INTERNET
Enlaces/actividades
www.mcdougallittell.com

Verifiquemos

1. **Red de la ciencia.** Copia la siguiente red en una hoja de papel aparte.
   Luego, escribe palabras relacionadas con la ciencia que aparezcan en
   el artículo o que tú sepas. Si no sabes el significado de una de ellas,
   consulta a tu maestro(a) o el diccionario.

   Ciencia

2. ¿Qué proyecto de Adriana Ocampo te impresiona más? ¿Por qué?
3. ¿Por qué crees que Adriana Ocampo quiere ser astronauta?
   ¿Te gustaría ser astronauta?

ESTRATEGIAS PARA ESCRIBIR
Narrativa—Ensayo personal

A. Empezar.   El ensayo personal te permite compartir tus pensamientos y experiencias personales con otros. Este tipo de ensayo tiene varios usos: el narrar un cuento, el describir o explicar algo, o el persuadir a alguien que piense de cierta manera o que haga algo. En esta sección, tú vas a narrar una anécdota de tu niñez.

Primero tendrás que seleccionar algo memorable de tu niñez. Puede ser algo divertido, triste, conmovedor, misterioso, raro u otro tipo de incidente. Para ayudarte a decidir, prepara una lista de incidentes de tu niñez que recuerdas. Categoriza esos incidentes en un cuadro como el que sigue.

Divertido	Triste	Conmovedor	Misterioso	Raro	Otro

B. Organizar.   Primero, selecciona uno de los temas que incluiste en la lista que preparaste en la actividad **A**. Piensa acerca de la información que vas a necesitar para poder contar este incidente en detalle: quiénes participaron; dónde ocurrió el incidente; cuál fue el orden cronológico; por qué fue divertido, triste o conmovedor... Tal vez te ayude organizar todos los incidentes en orden cronológico o tal vez prefieras organizarte usando otras de las técnicas que hemos mencionado en otras unidades: hacer un torbellino de ideas, usar racimos, hacer esquemas, etc.

C. Primer borrador.   Al empezar a escribir tu ensayo, piensa en una oración que comunique el tema y el resultado que esperas lograr. Por ejemplo, podrías empezarlo: "Cuando yo empecé a asistir a la escuela, a la edad de cinco años, descubrí algo sorprendente". Desarrolla tu cuento usando tus apuntes y lo que hiciste en la actividad **B** para organizar el tema. Recuerda tu primera oración a lo largo de escribir este ensayo y asegúrate de que todo lo que digas esté relacionado a lo que dices en la primera oración.

D. Compartir.   Lee el ensayo personal de dos compañeros y comparte con ellos el tuyo. Pídeles que hagan un breve resumen de tu ensayo para ver si lo entendieron. También pídeles sugerencias para hacerlo más claro y más efectivo. Haz el mismo tipo de comentarios sobre sus ensayos.

E. Revisar.   Haz cambios en tu ensayo a base de las sugerencias de tus compañeros. Luego, antes de entregarlo, dáselo a dos compañeros de clase para que lo lean una vez más. Esta vez pídeles que revisen la estructura y la puntuación. En particular, pídeles que revisen la concordancia —verbo/sujeto y sustantivo/adjetivo— y el uso del pretérito y del imperfecto.

F. Versión final.   Escribe la versión final de tu ensayo incorporando las correcciones que tus compañeros de clase te indicaron. Presta mucha atención al formato. Piensa en la versión final como uno de varios cuentos que se van a publicar en un libro de anécdotas.

G. Publicar.   Cuando tu profesor(a) te devuelva tu ensayo, prepáralo para publicar. Dibuja una o dos ilustraciones apropiadas (o sácalas de revistas) para ilustrar lo interesante de tu anécdota. Luego pongan todos los ensayos en un cuaderno y decidan cuál es el título más apropiado para un libro de anécdotas sobre la niñez de toda la clase.

INTERNET
Taller de escritura
www.mcdougallittell.com

NUESTRO IDIOMA POR DENTRO

La gramática que vamos a aprender

¡LO QUE YA SABES!

Estrella es una nueva alumna que acaba de llegar a la escuela. Sus padres son de Guatemala. ¿Qué le preguntan?

a. ¿Sabes a Matilde, la otra muchacha guatemalteca que llegó este año?
b. ¿Conoces a Matilde, la otra muchacha guatemalteca que llegó este año?

a. ¿Sabes hablar inglés? ¿Lo estudiaste en Guatemala?
b. ¿Conoces hablar inglés? ¿Lo estudiaste en Guatemala?

a. ¿Sabes el Centro Comercial de Crenny's? Allí nos reunimos hoy.
b. ¿Conoces el Centro Comercial de Crenny's? Allí nos reunimos hoy.

¿Se pusieron de acuerdo? Pues es porque no sólo tienen conocimientos tácitos de la gramática, sino también del vocabulario. Y saben ya mucho de la diferencia entre **saber** y **conocer.** En esta lección vamos a mirar estos dos verbos con más detenimiento. (Ve la sección **7.2.**)

7.1 LA REPETICIÓN DEL SUSTANTIVO PERSONAL EN ORACIONES DE DOS OBJETOS

En la unidad anterior, aprendimos a distinguir entre **le(s)** y **lo(s)/la(s).** En esta unidad, vamos a aprender un poco más sobre estos sustantivos personales de tercera persona. Pero antes de empezar, que no se te olvide:

➢ En oraciones de dos objetos de tercera persona, si no queremos dar muchos detalles sobre el objeto directo (al actor de menos participación), en vez de usar un sustantivo, usamos el sustantivo personal **lo(s)/la(s).**

➢ En oraciones de dos objetos de tercera persona, si no queremos dar muchos detalles sobre el objeto indirecto (el actor de participación intermedia), en vez de usar un sustantivo, usamos el sustantivo personal **le(s).**

➢ La diferencia entre el objeto directo y el objeto indirecto se nota cuando usamos los sustantivos personales de tercera persona **le** y **lo,** pero es más sutil cuando usamos los demás sustantivos personales **(me, te, nos).** Éstos pueden funcionar como objetos directos e indirectos.

El uso de **le** en oraciones de dos objetos

Cuando usamos el sustantivo personal **le(s),** podemos omitir el sustantivo que hace de objeto indirecto. En otros casos, también podemos usar **le(s)** antes del sustantivo que hace de objeto indirecto en la misma oración. El objeto indirecto va señalado por la preposición **a.**

> Sara manda cartas **a sus amigas** todas las semanas.
> Sara **les** manda cartas todas las semanas.
> Sara **les** manda cartas **a sus amigas** todas las semanas.

Como ves, **les** se usa en la segunda oración para sustituir **a sus amigas.** En la tercera oración se usan ambos: **les** y **sus amigas. Le(s)** indica que hay un objeto indirecto y además enfatiza la función de éste cuando ambos se usan en la misma oración. Veamos otro ejemplo.

> Luis envió un regalo **a su mamá.**
> Luis **le** envió un regalo.
> Luis **le** envió un regalo **a su mamá.**

En la segunda oración, la única referencia al objeto indirecto es **le,** que sustituye **a su mamá.** En la tercera oración, **le** anuncia que hay un objeto indirecto, que luego es aclarado en la oración por la frase **a su mamá.**

Cuando **le(s)** aparece solo en una oración, sustituye al objeto indirecto. Si **le(s)** aparece con **a** + *sustantivo* en la misma oración, indica que hay un objeto indirecto y refuerza la participación del mismo. Observa.

> —¿Cómo? No me digas. ¿A quién **le** dieron el premio los maestros?
> —Pues **le** dieron el premio **a Hortensia.**

> —Estoy seguro de que Uds. no **le** pidieron permiso.
> —Pues sí, **le** pedimos permiso **al subdirector.**

Le y **a** con objetos indirectos inanimados

Le(s) y **a** también pueden indicar un objeto indirecto que no es un ser animado.

> —¿A qué **le** quitaron la pintura?
> — Pues Rubén y yo **le** quitamos la pintura **a la pared.**

> ¿Dices que no sé coser? Pues, ayer **les** puse parches **a todos mis pantalones.**

El uso de **le(s)** y **a** + *sustantivo* para indicar y reforzar la participación del objeto indirecto varía de persona a persona. Hay muchos hablantes y escritores que siempre usan esta forma. Para estos hablantes, la primera de las siguientes dos oraciones sonaría extraña, y siempre usarían la segunda:

> Luis mandó un regalo **a su mamá.**
> Luis **le** mandó un regalo **a su mamá.**

Pero, como ya te hemos dicho, hay mucha variación dialectal y hay hablantes y autores que sí usarían la primera oración.

El sustantivo personal **lo**

Pero **lo(s)/la(s)** no funciona igual que **le(s)** y **a** + *sustantivo*. **Lo** sustituye al objeto directo. En una oración, o se menciona el sustantivo que hace de objeto directo, o se usa el sustantivo personal **lo(s)/la(s)**. Cuando en estas oraciones usamos **lo(s)/la(s)** como objeto directo, omitimos los sustantivos **cartas** y **regalo.**

> Sara escribe **cartas** a sus amigas todas las semanas.
> Sara **las** escribe a sus amigas todas las semanas.

> Luis mandó **un regalo** a su mamá.
> Luis **lo** mandó a su mamá.

Nunca escribiríamos *Sara las escribe cartas a sus amigas todas las semanas,* en que **las** es el sustantivo personal que representa el objeto directo **cartas.** Tampoco escribiríamos *Luis lo mandó un regalo a su mamá,* porque o usamos el sustantivo personal **lo** como objeto directo, o usamos el sustantivo **regalo.**

> Así que ya sabes: para el objeto directo, usa el sustantivo personal **lo(s)/la(s)** o el sustantivo que hace de objeto directo, pero *nunca* los dos en la misma oración.

La repetición de los demás sustantivos personales en oraciones de dos objetos

El uso de **a** para indicar y reforzar el objeto indirecto se hace también con todos los demás sustantivos personales de objeto (o sea, los de primera y segunda persona, **me, te, nos**).

> Carlos **me** trajo un libro.
> Carlos **me** trajo un libro **a mí.**

> Carlos **te** puso tu pluma sobre la mesa.
> Carlos **te** puso **a ti** tu pluma sobre la mesa.

> Carlos **nos** dejó un recado.
> Carlos **nos** dejó un recado **a nosotros.**

Ya que estas oraciones están en primera y segunda persona, el refuerzo no se hace con un sustantivo en frases como **a su mamá** o **a sus amigas,** sino con otros sustantivos personales, **a mí, a ti, a nosotros.**

⊣ PRÁCTICA ⊢

A. Olivia la exagerada. Olivia contesta a todo con mucho entusiasmo, repitiendo y recalcando la referencia al objeto indirecto cada vez que puede. En colaboración con dos compañeros, escribe lo que dice Olivia.

> MODELO Me dijo mi padre que le pidiera permiso para usar el carro.
> **Ah, qué bueno que le pidas permiso a tu padre para usar el carro.**

1. Félix dice que le van a comprar una bicicleta mañana.

2. Olga piensa que le dieron una de las becas.

3. Mi padre dice que los abuelos le mandaron el regalo a California ayer.

4. Dice Sally que le quitaron el castigo que tenía para el sábado.

5. El profesor opina que Mauricio le faltó el respeto.

6. Mateo piensa que Margarita le entregó el dinero.

7. Altagracia dice que Roberto le dijo una mentira.

B. Amistad estrellada. En el siguiente párrafo usa los sustantivos personales de objeto directo o indirecto según sea necesario.

Este fin de semana, Marta __1__ invitó a mí a que fuéramos al museo a ver los retratos de Van Gogh. Yo __2__ dije que ya tenía una cita con Cecilia, y Marta se puso a llorar. Había comprado dos boletos para la exhibición. Pregunté, «Pero cómo se te ocurrió comprar__3__ sin avisarme antes?» «Es que yo quería dar__4__ una sorpresa a ti, Raquel». __5__ agradecí el detalle, pero ahora yo tenía un gran problema. ¿Qué __6__ iba a decir a mis dos amigas para que ninguna se enojara conmigo? No podía invitar a Cecilia a que fuera con Marta. ¡Cecilia no puede ver__7__ ni en pintura! Marta __8__ dio a mí unos días para pensarlo. Cuando llegó el sábado, __9__ llamé a las dos y __10__ dije que no podía salir porque tenía un resfriado. ¡Ojalá que no se enteren de que fui al parque con Lucía!

C. A buscar refuerzos esta semana. Con permiso de tu maestro(a), preparen un proyecto que llevará una semana en realizarse. En un equipo de tres, hagan una investigación de tres lecturas literarias del libro. Pueden asignarse una lectura cada uno. Tomen nota de todas las oraciones que encuentren con un sustantivo en función de objeto indirecto. Cópienlas en el cuaderno. Tomen nota de si se usa con **le** o por sí solo.

LECCIÓN 1

7.2 LA DIFERENCIA ENTRE SABER Y CONOCER

Ya sabes que el vocabulario es una parte muy importante de tu conocimiento del español. Y sabes que tenemos que prestar especial atención a ciertos pares de verbos que a veces nos cuesta trabajo manejar con precisión. En esta categoría están **saber** y **conocer.** Aunque tienen dos significados diferentes, a veces nos confundimos debido a que en muchos casos los dos son equivalentes al verbo *to know* en inglés.

El verbo **saber** se refiere a las actividades que sabemos hacer: sabemos escribir, usar computadoras, hablar español. Por lo tanto, cuando nos referimos a un conocimiento práctico de una actividad usamos **saber.**

> Alina **sabe** cocinar.
> Alina y María **saben** mucho de matemáticas.
>
> Federico **sabe** inglés, pero no muy bien.
> Federico y Manolo **saben** mucho de computadoras.

También usamos **saber** para referirnos a ideas completas, a todo un concepto que sabemos o no sabemos, como: *que el jueves no había práctica* o *que la temporada de béisbol empieza en abril.*

> Alejandro **sabía** que el jueves no había práctica, pero no dijo nada.
> Máximo no conoce las costumbres aquí; no **sabía** que la temporada de béisbol empieza en abril.

En general, podemos decir que **saber** se usa para conocimientos de índole intelectual, mientras que **conocer** se aplica más a las cosas que simplemente nos son familiares.

Hablamos de conocer México, de conocer a Margarita y a Mateo, de conocer el edificio del hospital.

> Ayer **conocimos** a una muchacha nueva que nos cayó muy bien.
> **Conocemos** muy bien la música de Gloria Estefan.
> Hicimos el viaje porque queríamos **conocer** el Cañón del Colorado.

◄ PRÁCTICA ► ～～～～～～～

¡No seas ignorante! Alina y Carmen conversan antes de su clase. Llena los espacios en blanco usando la forma apropiada de **saber** o **conocer.**

Alina: Oye, Carmen, ¿cuándo es que viene Celia Cruz a cantar?

Carmen: ¿Celia Cruz? No __1__ quién es. No la __2__.

Alina: Ay, Alina, ¿tus padres no son cubanos? ¿No ponen música latina nunca?

Carmen: Mira, Carmen, bastante tengo con __3__ hablar español. No tengo por qué __4__ a ninguna cantante cubana. Ni nací en Cuba, ni he estado nunca en Cuba. Además estoy segura de que aun en Cuba hoy día nadie __5__ a Celia Cruz.

Alina: Carmen, no seas ignorante y no demuestres lo poco que __6__. A Celia Cruz la __7__ en el mundo entero. Es más, si le preguntas a Mike en la clase de inglés, estoy segura de que la __8__. Todo el mundo __9__ que Celia Cruz dice "Azúcaaaaa". La __10__ también por su papel en la película "Los reyes del mambo".

7.3 ESCRIBIR CON CORRECCIÓN: C–S–Z

El sonido /s/
El sonido de /s/ se puede escribir con tres letras distintas:

con **c:** **c**iudad, espa**c**io

con **z:** **z**apato, bra**z**o

con **s:** **s**eñor, repa**s**o

En las unidades anteriores, vimos algunas palabras que suenan con /s/ y se escriben con **z** o con **c**. Aquí vamos a ver ahora algunas de las que suenan con /s/ y se escriben con **s**. Además, vamos a volver sobre palabras que, aunque tienen sonidos iguales o parecidos, algunas se escriben con **s** y otras con **z.**

Las cosas de palacio van despacio

Pero antes vamos a ver cómo se ha ido desarrollando el problema del gimnasio de la escuela, para el cual no se acaban de obtener los permisos, porque *las cosas de palacio van despacio.*

Para protestar por lo *despacio* que iba el nuevo *gimnasio,* el hijo del *dentista,* a quien todo el mundo respeta, no sólo porque es muy buen *mozo,* sino porque es muy *respetuoso* y nada *envidioso,* organizó con mucho *entusiasmo* una *manifestación* para llevar la *crisis* hasta la oficina del alcalde, que está cerca de la *costa* donde van los *turistas.* Ahora nos dicen que no se puede hacer el *gimnasio* porque hay un *pozo* de petróleo en el terreno, pero eso a nadie le puede *parecer* una *respuesta justa.* Estábamos organizándonos con mucho *optimismo,* cuando llegó un delegado del alcalde y, con su *cinismo* y su *sarcasmo,* le quitó a todo el mundo el *entusiasmo.* El director se fue con el delegado, nos negó su *cooperación* para la *manifestación,* y **se nos aguó la** *fiesta.*

En este pequeño relato nos interesa la ortografía, pero también el vocabulario. ¿Sabes lo que es una **manifestación?** Pues una marcha de protesta. En Estados Unidos, a veces decimos una *demostración.* ¿Y sabes lo que es **cinismo?** Pues lo que tiene un cínico, que nunca piensa que nada se va a resolver, ¡como lo del gimnasio!

Palabras que se escriben con s

Casi todas las palabras que terminan en -**ista** se escriben con **s.**

tur**ista**	dent**ista**
period**ista**	malabar**ista**

Casi todas las palabras que terminan en -**ismo,** o con cualquier terminación con -**smo,** se escriben con **s.**

optimi**smo**	capitali**smo**
sociali**smo**	hispani**smo**
humani**smo**	entusia**smo**
sarca**smo**	

Casi todas las palabras que terminan en -**sis** se escriben con **s.**

cri**sis**	parénte**sis**
oa**sis**	dióce**sis**
te**sis**	tuberculo**sis**
géne**sis**	do**sis**

Casi todas las palabras que terminan con -**asta** se escriben con **s.**

entusi**asta**	gimn**asta**
b**asta**	can**asta**

Casi todas las palabras que terminan en **-esta**, **-osta** y **-usta** se escriben con **s**.

fi**esta**	respu**esta**
compu**esta**	c**osta**
lang**osta**	ang**osta**
j**usta**	rob**usta**

Algunas terminaciones que son casi siempre con s

La mayor parte de las palabras que terminan con el sonido **/-oso/**, sobre todo cuando son adjetivos derivados de un sustantivo, se escriben con **s: -oso.**

chiste:	chist**oso**
capricho:	caprich**oso**
envidia:	envidi**oso**

Pero hay algunos sustantivos que terminan con el sonido /**-oso**/ que se escriben con **z: -ozo.**

m**ozo**	p**ozo**
tr**ozo**	reb**ozo**

Casi todas las palabras que terminan con los sonidos **/-esko/, /-isko/, /-osko/, /-usko/,** muchas de ellas adjetivos, se escriben con **s: -sco.**

picare**sco**	fre**sco**
gigante**sco**	ari**sco**
mari**sco**	di**sco**
to**sco**	bru**sco**

Hay algunas excepciones importantes de sustantivos, que suenan igual, pero se escriben con **z.**

bi**z**co
pelli**z**co
Cu**z**co

Y hay verbos muy corrientes, que en algunas personas terminan con los sonidos **/-esko/, /-osko/,** y que se escriben con **z: -zco.**

agradecer:	agrade**zco**	(agradeces, agradece, etc.)
parecer:	pare**zco**	(pareces, parece, etc.)
conocer:	cono**zco**	(conoces, conoce, etc.)

Por cierto, esa misma **z** se usa también en el presente de subjuntivo de estos mismos verbos. Fíjate bien:

Espero que se lo **agradezcas.**
Él va a hacer lo que le **parezca,** no importa lo que tú le digas.
Quiero que **conozcas** a mi amiga Lucía.

LECCIÓN 1

Algunas terminaciones que son casi siempre con z

En la Unidad 5, vimos muchas palabras que se escriben con la combinación **zo**, como **razón, zócalo, mestizo.** Y sobre todo, vimos muchas palabras que terminaban con **-azo,** como **brazo** y **lazo.**

Ahora queremos que te fijes otra vez en esta terminación que tiene el sonido **/-aso/**. Casi todas las palabras con esa terminación se escriben, efectivamente, con **z: -azo,** pero algunas se escriben con **s: -aso.**

Casi todas las palabras derivadas que aumentan la fuerza o tamaño de un sustantivo, o que expresan la acción de un verbo, y que tienen el sonido **/-aso/** se escriben -**azo.**

golp**azo**	gust**azo**	cod**azo**	vist**azo**
flech**azo**	rech**azo**	bofet**azo**	libr**azo**

Y también hay muchos sustantivos comunes y corrientes, no derivados —algunos de los cuales ya has visto— que tienen el sonido **/-aso/** y se escriben -**azo.**

br**azo**	embar**azo**	ped**azo**	l**azo**

Tienes que estudiar esto con cuidado, porque también hay excepciones importantes. Hay palabras muy corrientes que tienen el sonido **/-aso/,** pero se escriben -**aso.**

c**aso**	p**aso**	rep**aso**
pay**aso**	v**aso**	frac**aso**

◀ PRÁCTICA ▶

A. La fiesta que se aguó. Consulta con tus compañeros sobre la expresión *se nos aguó la fiesta.* ¿Qué quiere decir? ¿Qué tiene que ver la pérdida de entusiasmo de los estudiantes que iban a la manifestación con aguarse la fiesta? Escribe un párrafo en que expliques el significado de la frase y su aplicación a este relato. Cuando escribas tu párrafo, trata de utilizar las palabras que están en cursiva en el relato.

B. Rompecabezas. Formen grupos de tres, a ver quién puede hacer la siguiente tarea. Redacten tres oraciones con el verbo **favorecer** y tres con el verbo **padecer.** Las tres oraciones son: en primera persona del presente de indicativo, en segunda persona del presente de indicativo y en primera persona del presente de subjuntivo. Escriban las oraciones en sus cuadernos.

C. Palabras. En esta sección hemos visto muchas clases de palabras. Forma un equipo con dos compañeros más y revisen la lectura literaria de la Unidad 6. Busquen palabras de las clases que hemos aprendido a escribir en esta sección. En sus cuadernos, copien las oraciones en las que encontraron cada palabra. ¿Cuántas encontraron que no hayamos utilizado como ejemplo aquí?

Taller del bilingüe

LOS SUSTANTIVOS PERSONALES DE OBJETO DIRECTO E INDIRECTO EN INGLÉS Y EN ESPAÑOL

En la unidad anterior vimos que en inglés hay sustantivos haciendo función de objeto directo y de objeto indirecto, igual que en español. Aquí vamos a comparar los dos idiomas en cuanto al uso de los sustantivos personales.

Los sustantivos personales en inglés no marcan la diferencia entre objeto directo e indirecto

Hemos aprendido que los sustantivos personales de primera y segunda persona en español (**me, te, nos**) funcionan como objeto directo e indirecto. Pero sabemos que la diferencia sí se marca en tercera persona, usándose **lo(s)/la(s)** para los objetos directos y **le(s)** para los indirectos.

En inglés, la distinción entre objetos directos e indirectos no se marca en ninguno de los sustantivos personales. Son siempre iguales, aun en tercera persona.

Rolando **me** llamó.	(objeto directo: **me**)
*Rolando called **me**.*	(objeto directo: ***me***)
Rolando **te** vio.	(objeto directo, **te**)
*Rolando saw **you**.*	(objeto directo, ***you***)
Rolando **te** envió un mensaje.	(objeto indirecto, **te**)
*Rolando sent **you** a message.*	(objeto indirecto, ***you***)
Rolando **nos** invitó.	(objeto directo: **nos**)
*Rolando invited **us**.*	(objeto directo: ***us***)
Rolando **lo** vio.	(objeto directo, **lo**)
*Rolando saw **him**.*	(objeto directo, ***him***)
Rolando **le** envió un mensaje.	(objeto indirecto, **le**)
*Rolando sent **him** a message.*	(objeto indirecto, ***him***)

Fíjate que con el sustantivo personal de primera persona, **me,** el inglés y el español son iguales. Siempre se usa **me** en singular y **nos** en plural (y en inglés *me* o *us*). Lo mismo pasa con la segunda persona **te.** Siempre se usa **te,** igual que en inglés *you.* En tercera persona, fíjate que en inglés se usa *him* mientras que en español se usa **lo** (objeto directo) o **le** (objeto indirecto).

quinientos cincuenta y siete **557**

PRÁCTICA

A. Tres y tres en tercera. Aquí te ponemos seis oraciones en inglés, tres con sustantivos personales de objeto directo y tres con sustantivos personales de objeto indirecto, todos en tercera persona. A ver si entre tres de Uds. las pueden traducir al español.

1. The driver took them to Aguirre Springs.
2. The attendant gave the keys to them.
3. Paco and Tere brought him the homework when he was sick.
4. Paco and Tere brought him to school when his car was in the shop.
5. Sylvia saw her last week.
6. Sylvia bought her a hat last week.

B. Primera, segunda y tercera. Aquí te ponemos varias oraciones más en inglés, pero esta vez mezclando las personas. A ver si entre grupos de tres no se equivocan al traducirlas al español.

1. The driver took us to Aguirre Springs.
2. The attendant gave us the keys.
3. She sent her to her aunt's house with a present.
4. She sent her a present.
5. Paco and Tere brought you the homework when you were sick.
6. Paco and Tere brought you to school when your car was in the shop.
7. Caridad took it to school.
8. Caridad took lunch to her.
9. Sylvia saw me last week.
10. Sylvia bought me a hat last week.

INTERNET
Prueba interactiva
www.mcdougallittell.com

La gramática que vamos a aprender

¡LO QUE YA SABES!

Kenneth está aprendiendo español. Dice que se le traba la lengua cuando va a hacer este ejercicio. ¿Cómo le dices que tiene que decirlo?

Alfredo dio el libro a Mario.

a. Alfredo le lo dio.
b. Alfredo se lo dio.

Juanita envió la caja a la tienda.

a. Juanita le la envió.
b. Juanita se la envió.

Si pudiste ayudar a Kenneth, es porque ya tienes un conocimiento tácito de cómo funcionan estos sustantivos personales. Ahora mismo lo vamos a estudiar para hacer que el conocimiento que ya tienes se haga más explícito.

7.4 MÁS SOBRE LE Y LO

Dos sustantivos personales en la misma oración

Hasta ahora, hemos visto eventos con un solo sustantivo personal, a veces reforzado con **a**, a veces no.

Carlos **te** llevó el almuerzo al trabajo.
Carlos **te** llevó **a ti** el almuerzo al trabajo.

Ayer **nos** dijeron la verdad.
Ayer **nos** dijeron la verdad **a nosotros.**

En estos eventos, siempre queda otro sustantivo (**el almuerzo, la verdad**), que también podríamos sustituir por un sustantivo personal, si no queremos dar todos los detalles (vamos a usar nada más que las oraciones sin el refuerzo con **a**, para que sea más fácil).

Carlos **te** llevó **el almuerzo** al trabajo.
Carlos **te lo** llevó al trabajo.

Ayer **nos** dijeron **la verdad.**
Ayer **nos la** dijeron.

Fíjate que en estos eventos los dos sustantivos personales son siempre de dos personas distintas. Una de las personas es la primera o la segunda, y la otra es la tercera **lo.**

La combinación **se lo**

Pero ahora pensemos otra vez en las oraciones que hemos estado estudiando, en que hay dos objetos en tercera persona.

> Sara manda **cartas** a **sus amigas** todas las semanas.
> Luis envió **un regalo** a **su mamá.**

¿Qué pasaría con la primera de nuestras oraciones si no quisiéramos mencionar con tanto detalle ninguno de los dos sustantivos, ni **cartas** ni **sus amigas,** o sea, si quisiéramos sustituir los dos por un sustantivo personal?

Pues ya que **le(s)** y **lo(s)/la(s)** nunca pueden estar juntos, **le** manda a un amigo a que tome su lugar; manda a **se,** un sustantivo personal que no habíamos estudiado hasta ahora.

> Sara manda **cartas** a **sus amigas** todas las semanas.
> Sara **les** manda cartas todas las semanas.
>
> Sara **se las** manda todas las semanas.

Aquí vemos que **las** sustituye a **cartas.** Pero una vez que aparece **las,** ya no podemos usar **les.** Así que usamos **se.**

Lo mismo sucede con la oración de Luis y su mamá.

> Luis envió **un regalo** a **su mamá.**
> Luis **le** envió un regalo.
>
> Luis **se lo** envió.

Colocación de los dos sustantivos personales

Las combinaciones de dos sustantivos personales, como puedes ver aquí, se colocan antes de los verbos conjugados. El objeto indirecto se coloca antes del directo.

> ¿El café? **Te lo** sirvo.
> Recibimos la carta de David ayer. **Nos la** escribió la semana pasada.

La combinación de dos sustantivos personales puede ir antes o después de los infinitivos y los gerundios. Cuando van después, van anexos a éstos. Acuérdate que si el infinitivo o el gerundio se convierten en palabras esdrújulas al pegárseles estos sustantivos personales, tienen que llevar acento escrito.

> **Me lo** van a explicar.
> Van a explicár**melo.**
>
> **Te las** estoy preparando.
> Estoy preparándo**telas.**

Para dar órdenes, las combinaciones de dos sustantivos personales se anteponen al verbo en las órdenes negativas, y van después del verbo en las órdenes afirmativas.

No **me lo** lea.   (usted)
Léa**melo.**

No **nos la** cantes.   (tú)
Cánta**nosla.**

PRÁCTICA

A. ¿Me ayudas? Estás ayudando a tu mamá a preparar la cena. ¿Qué te dice?

MODELO   la sal

Necesito la sal. ¿Me la traes?

1. la leche
2. el ajo
3. el pescado
4. las verduras
5. el aceite de oliva
6. los huevos
7. la cebolla
8. dos manzanas
9. el queso
10. las papas

B. Gracias. Tu abuelito siempre les ofrece ayuda a ti y a tus hermanos. ¿Qué le dicen?

MODELO   ¿Les sirvo la limonada?

Sí, sírvenosla. o **No, no nos la sirvas.**

1. ¿Les limpio los cuartos?
2. ¿Les explico la tarea?
3. ¿Les busco los libros?
4. ¿Les doy sus bolígrafos?
5. ¿Les compro esas frutas?
6. ¿Les preparo los sándwiches?
7. ¿Les leo este artículo?
8. ¿Les cuento mi historia favorita?

C. Se me olvidó. Prometiste comprar varios materiales escolares para tu hermano(a) pero olvidaste la lista en casa. ¿Qué pasa cuando regresas a casa?

MODELO   *Hermano(a):*   **¿Me compraste los bolígrafos?**
            Tú: **¡Ay, caramba! Te los voy a comprar el sábado.**
                            o
                            ¡Ay, caramba! Voy a comprártelos el sábado.

1.   2.   3.   4.

5.   6.   7.   8.

D. Sí, papá. Cuando la familia Valenzuela va a acampar, el padre siempre insiste en decirles a todos lo que deben hacer. ¿Qué le dice a su hijo y qué le contesta el hijo?

MODELO   mochila
            Padre: **Hijo, dale la mochila a tu mamá.**
            Hijo: **Sí, papá, se la doy.**

1. linterna
2. estufa
3. sudaderas
4. saco de dormir
5. carpa
6. hielera
7. abrigos
8. botas

E. ¡Navidad! Paquita acaba de regresar del centro comercial con muchísimos paquetes. ¿Para quién dice que son todos los regalos?

MODELO   **¿El radio? Voy a regalárselo a José.**
o
              ¿El radio? Se lo voy a regalar a José.

1. tía Elena   **2.** abuelita   **3.** Mario

4. papá   **5.** abuelito   **6.** Berta

7. mamá   **8.** tía Sofía

F. El secreto. Elisa tiene un secreto, pero todo el mundo ya lo sabe. ¿Por qué?

MODELO   yo: a Julio
Yo se lo dije a Julio.

1. Julio: a María
2. María: al profesor
3. el profesor: a nosotros
4. nosotros: a Jorge y Sara

5. Jorge y Sara: a ti
6. tú: a Román
7. Román: a Carmen
8. Carmen: a mí

7.5 LA DIFERENCIA ENTRE ASISTIR Y ATENDER

En español existe una palabra muy corriente, **atender,** que aunque se parece mucho a *attend* en inglés, tiene un significado distinto. En EE.UU., los hispanos a veces usamos **atender** en el sentido de *attend.* Pero es fácil acostumbrarse también a la forma en que se usa en el español general, y poder así conocer no sólo las variantes locales de nuestra lengua, sino también las del español general.

Atender significa prestar atención a una persona (por ejemplo, a la maestra):

> Daniel y Tina van a las mismas clases todos los días, y se sientan juntos, pero Tina **atiende** mucho más; Daniel siempre está pensando en otras cosas.

También se usa **atender** para cuando alguien se ocupa de otra persona (un cliente, el bebé, la abuela en casa, etc.). Se usa para prestar atención ya sea a alguien que habla, o como cortesía a un invitado, o a alguien que uno estima.

> El Sr. Galindo está muy ocupado, porque tiene que **atender** a todos los clientes que llaman por teléfono por la mañana.

> Yo tuve que **atender** a los huéspedes mientras mamá preparaba la comida.

Pero fíjate que **atender** en el español general *no* se usa para decir que uno está presente en una clase o una función. Para indicar esto, se usa **asistir a:**

> Daniel **asistió** a clases todo el verano porque le faltaba una asignatura.

En esta última oración, sabemos que Daniel fue a la escuela y estuvo presente. Pero no sabemos si **atendió.** Es muy posible que haya **asistido,** pero no **atendido,** porque sabemos que a veces Daniel se distrae y se pone a pensar en otras cosas.

También podemos usar **asistir** de forma parecida al inglés *assist,* queriendo decir **ayudar** o cooperar con una actividad.

> Señor Cárdenas, ¿le puedo **asistir** en organizar los archivos electrónicos?
> Los enfermeros estuvieron **asistiendo** a los heridos toda la mañana.

Fíjate que **asistir** tiene que ser una ayuda seria y concentrada.

┤ PRÁCTICA ├

A. La atención y la asistencia en el baile. En el siguiente diálogo, hemos dejado varios espacios en blanco. Llénalos con la forma apropiada de **asistir** o **atender** según se usan en el español general.

Fernando: ¡Oye, Roberto, __1__ a lo que te digo, que no le estoy hablando a la pared!

Roberto: No, no es que no te esté __2__; estoy preocupado por la reunión a la que tengo que __3__ mañana, para organizar lo del baile.

Fernando: ¿Y qué pasa si tú no __4__?

Roberto: Va a ser un problema. Yo soy el que recibe a la gente en la entrada del baile. Yo los __5__ y hago que se sientan a gusto. Tengo que __6__ a la reunión para organizar todo eso.

Fernando: ¿Y quién se encarga de la reunión?

Roberto: Enrique, pero lo hace muy mal. Él habla y habla, y a veces nadie __7__ lo que dice.

Fernando: Yo pensé que eso de la recepción lo iba a hacer Cristina.

Roberto: No, no, Cristina lo que hace es __8__ al enfermero cuando hay casos médicos, desmayos, caídas y esas cosas. El que __9__ a los invitados cuando llegan al baile soy yo.

Fernando: Entonces, seguro que Cristina va a __10__ a la reunión.

Roberto: No, no puede, porque tiene que quedarse en casa y __11__ a la abuelita, para que no se sienta abandonada la pobre viejita.

B. Clases por televisión. Mira las siguientes oraciones del inglés, en donde hemos puesto varios usos de *attend* y *assist* en **negrilla**. Para cada uno de ellos, decide si usarías **atender** o **asistir.**

This was a school where you didn't have to **attend** (1) classes. You could take all your courses through TV at home. Paul found that this was great, until he saw how his mother spent her time **attending** (2) to his baby sister's every need. Every time the baby cried, his mother would go and take care of her. The baby cried so much that Paul decided that **attending** (3) school wasn't such a bad idea. He now **attends** (4) every day and has a job **assisting** (5) the lab director on Tuesdays and Thursdays.

7.6 LOS HOMÓFONOS CON S-C-Z

Ya conoces varias de las reglas con que diferenciamos los sonidos de /s/ que se escriben con **s** de los que se escriben con **c** y **z**. Ahora vamos a estudiar parejas de palabras que se pronuncian igual pero se escriben distinto. En inglés existen estas parejas, igual que en español. Por ejemplo, *write* y *right* se pronuncian igual pero se escriben distinto.

Estas parejas de palabras —que aunque se pronuncian igual, no tienen el mismo significado y se escriben con letras diferentes— se llaman *homófonos.*

Aquí vamos a ver homófonos con **s, c** y **z** en español.

Homófonos con s y z

Hay muchas palabras cuya ortografía es igual en todo, excepto que en donde una lleva **s,** la otra lleva **z.** En algunas variantes locales del español en el centro y norte de España, estas parejas de palabras tienen pronunciaciones diferentes. Pero en el español general son homófonos.

Carlos compró una **casa** que le gusta mucho.
A Carlos le gusta la **caza** de animales salvajes.

Ten cuidado, ¿no **ves** que estás rompiéndolo?
Ya es la segunda **vez** que te lo advierto.

Hicieron un viaje por el desierto. Se van a **abrasar** del calor.
Tengo muchas ganas de **abrazar** a mis hermanos cuando lleguen.

Homófonos con s y c

Lo mismo sucede con muchas palabras que se distinguen en la escritura por escribirse una con **s** y otra con **c,** pero que se pronuncian igual en el español general.

Fue un gran negocio; le sacaron el tres por **ciento.**
Perdóneme, **siento** mucho molestarla.

El Sr. Gómez **cierra** la ferretería todos los días a las seis.
Mi padre compró una **sierra** eléctrica en la ferretería del Sr. Gómez.

Por favor, maneje con cuidado: **ceda** el paso a los peatones.
Orlando se compró una corbata de **seda.**

Para estas palabras no te podemos dar ninguna regla en cuanto a la ortografía. La única manera de conocerlas bien es aprendiéndoselas de memoria.

A. Homófonos. Con dos compañeros más, redacten una oración diferente a la que hemos usado aquí, con cada uno de los homófonos que hemos visto en esta lección.

B. Tres más. Con los mismos compañeros, busquen tres homófonos más, dos que se escriban con **s,** y uno con **z** o con **c.**

Taller del bilingüe

LA REPETICIÓN DE SUSTANTIVOS PERSONALES EN INGLÉS Y EN ESPAÑOL

Los sustantivos personales en español

Ya sabes que en oraciones de tres actores, los sustantivos personales en español muchas veces se refuerzan con **a,** que va seguida de un sustantivo u otro sustantivo personal. En las oraciones de tres actores este refuerzo se da con todos los sustantivos personales, a excepción de **lo.**

Los sustantivos personales en inglés

En inglés, sin embargo, no encontramos este refuerzo del sustantivo personal. Se usa nada más que una vez.

> La policía puso dos multas **a Enrique** por exceso de velocidad.
> *The police gave **Enrique** two tickets for speeding.*

> La policía **le** puso dos multas por exceso de velocidad.
> *The police gave **him** two tickets for speeding.*

> La policía **le** puso dos multas **a Enrique** por exceso de velocidad.
> *The police gave **him** two tickets for speeding.*

> El cartero **te** dio un sobre para la vecina.
> *The mailman gave **you** an envelope for your neighbor.*

> El cartero **te** dio **a ti** un sobre para la vecina.
> *The mailman gave **you** an envelope for your neighbor.*

Fíjate que en el segundo par de oraciones, los dos idiomas son iguales. En español se usa **le** para sustituir a **Enrique,** y en inglés se usa *him* para sustituir a **Enrique**. Pero en el tercer par de oraciones, los dos idiomas hacen las cosas de forma diferente.

En español se usa **le** y también se usa **a Enrique,** que refuerza la referencia de **le**. En inglés, por otro lado, se usa nada más que *him*. O sea, en inglés, a *him* no se le puede reforzar. No diríamos *The police gave him Enrique two tickets for speeding*. Tampoco diríamos *The police gave him to Enrique two tickets for speeding*.

Lo mismo pasa con las últimas dos oraciones. En español se puede decir **te dio** y **te dio a ti,** pero en inglés nada más que se dice *gave you*. Jamás se diría *gave you to you*.

LECCIÓN 2

┤ PRÁCTICA ├

Dos por cada una. Para cada una de las siguientes oraciones en inglés, hay dos traducciones en español, una con refuerzo del sustantivo personal y otra sin refuerzo. A ver si puedes hacer dos traducciones para cada una.

MODELO   The friend from his town brought him news from his family.
   El amigo del pueblo le trajo noticias de su familia.
   El amigo del pueblo le trajo a él noticias de su familia.

1. My uncle brought him a present from Mexico.
2. Your father gave you a message to take to his office.
3. I gave you permission to stay after class.
4. She bought you a new pair of shoes for your birthday.
5. Your cousin asked me a question about your friend Caridad.

INTERNET
Prueba interactiva
www.mcdougallittell.com

LECCIÓN 3

La gramática que vamos a aprender

¡LO QUE YA SABES!

Alfredo quiere ser muy respetuoso con el inspector del Departamento de Educación del Estado, que viene a observar la escuela. ¿Qué le dice?

   a. Con permiso, Sr. Balcells, le llaman de la oficina.
   b. Con permiso, Sr. Balcells, lo llaman de la oficina.

   a. Pase por aquí, le esperan en la oficina de consejería.
   b. Pase por aquí, lo esperan en la oficina de consejería.

¿Se pusieron de acuerdo? Si a todos les suena igual, es porque reaccionan de la misma manera sobre el uso de **le** y **lo** en oraciones de dos actores. Aquí vamos a abundar un poco sobre este tema.

7.7   EL USO DE **LE** EN ORACIONES DE DOS ACTORES

En eventos de dos actores (sujeto y objeto), el sustantivo personal que se encuentra más frecuentemente es **lo.**

   La llamamos toda la tarde pero no contestó el teléfono.
   Lo sabremos mañana cuando lleguen los informes.
   Dicen que se cayó de la bicicleta porque **la empujaron.**

Pero con algunos verbos es corriente encontrar a veces **le** y a veces **lo**.

> **Le escribí** la semana pasada, pero las cartas a ese país tardan mucho.
> **Lo escribí** yo sin ayuda de nadie.
>
> ¿**Le** dijiste que tenemos prisa? Sí, **le dije**.
> Yo **lo dije** en la reunión pero nadie me hizo caso.
>
> Bueno, ya **le hablé,** a ver si con eso lo resolvemos.
> Yo **lo hablé** con el dueño, pero no se resolvió el problema.

Parece que ya sabes que **le** indica mayor participación y actividad que **lo**. Casi siempre en estos casos **le** se refiere a un ser animado, y **lo** a un objeto inanimado.

> **Le** escribí.   (a una persona)
> **Lo** escribí.   (un libro, un cuento, un mensaje)
>
> **Le** dije.   (a una persona)
> **Lo** dije.   (un discurso, etc.)
>
> **Le** hablé.   (a una persona)
> **Lo** hablé.   (un tema que traté con alguien)

Le y lo y el uso formal

Ya que **le** indica mayor participación y control que **lo**, en muchos lugares se usa para indicar aún mayor respeto en oraciones de dos actores en que se habla con formalidad.

> Sr. Rodríguez, **lo** llamé, pero no lo encontré en su casa.
> Mi estimado Don Anselmo, **le** llamé ayer, pero no lo encontré en su casa.

Escucha bien y fíjate cómo los hablantes de español manipulan estos dos sustantivos personales para indicar mayor formalidad, distancia y respeto por medio de **le**.

Refuerzo de le y lo en eventos de dos actores

Ya sabes que en las oraciones de tres actores (sujeto y dos objetos), **le** se refuerza por medio de un sustantivo, pero que ese refuerzo no se hace con **lo**. Esto se aplica a la lengua formal y escrita. Pero en la lengua hablada es corriente reforzar, en oraciones de *dos* actores, no sólo a **le,** sino también a **lo**.

> Bueno, pues yo **lo** vi **a Ud.** en el teatro hace dos días.
> No, estoy seguro de que **lo** vi **a él** salir de su casa a las 7 de la mañana.
> Pues fíjate que sí. Yo sí **la** llamé **a ella;** fue a él a quien no llamé.

Refuerzo de los demás sustantivos personales

Al igual que en eventos de tres actores, en los de dos actores se pueden reforzar todos los demás sustantivos personales también.

> El profesor **me** señaló **a mí** para que fuera a ayudarlo.
> El niño **te** empujó **a ti** cuando bajabas por las escaleras.
> Los compañeros **nos** ayudaron **a nosotros** a resolver el problema.

◆| PRÁCTICA |◆

Discusión. Luis y Joaquín discuten. ¿Qué dicen?

MODELO   Luis: Las muchachas me dieron la noticia a mí antes que a nadie. (no, a Carlos)

          Joaquín: **No, las muchachas le dieron la noticia a Carlos antes que a nadie.**

1. Mi mamá le mandó un postre a mi abuela. (no, a tu tía)
2. Mi padre me compró un tocacintas para mi cumpleaños. (no, a tu hermana)
3. Cynthia le trajo un regalo a su abuela el jueves. (no, a ti)
4. Yo le di comida a Cristina ayer en la fiesta. (no, a mí)
5. Don Francisco le habló al Sr. Chávez por la mañana. (no, a ti)

7.8   LA DIFERENCIA ENTRE TOCAR, JUGAR Y ACTUAR

Los verbos **tocar** y **jugar** son muy corrientes en español. Los dos equivalen en inglés a *play*. Pero en español sólo se puede decir **jugar** cuando se trata de una actividad como el baloncesto, el fútbol, el ajedrez, o de las actividades de los niños cuando se entretienen. Cuando se trata de música, no se dice **jugar,** sino **tocar.**

En inglés también se dice *play* para hablar de las actuaciones de un artista en una dramatización, o en una obra de teatro, o en una película. Pero en español, tampoco se usa **jugar** para esas actividades, sino que se usa **actuar.**

> Martín **juega** al baloncesto todos los días.
>
> Mis hermanitas **juegan** con sus vecinitas.
>
> Cristina todavía **juega** a las muñecas por las tardes.

> A Cristina le gusta **tocar** el saxofón y el piano.
>
> Carlos **toca** la guitarra en todas las fiestas.
>
> Los guatemaltecos **tocan** muy bien la marimba.

> Sandra y Jimena **actuaron** en la obra del viernes, pero no muy bien.
>
> En esa película no **actúa** ningún artista conocido.
>
> Él quiere **actuar** en el teatro, pero no tiene talento.

Fíjate que Cristina y Carlos **tocan** un instrumento, no lo **juegan,** y que los guatemaltecos **tocan** la marimba, tampoco la **juegan.** Y fíjate que Sandra y Jimena **actuaron** en la obra del viernes, tampoco **jugaron.** Los que sí jugaron fueron mis hermanitas, y también Martín, que **jugó** al baloncesto, y Cristina, que **jugó** a las muñecas.

El bate de béisbol. Mira la siguiente conversación entre Daniel, Tina y Luis, el amigo de Daniel que acaba de llegar de Venezuela. Llena los espacios en blanco con la forma apropiada de **tocar, jugar** o **actuar.** ¡Cuidado con las personas del verbo! ¿Van todos los verbos en indicativo, o hay alguno en subjuntivo?

Daniel: Luis, a mi amiga Tina le gusta mucho la música. ¿Pudieras __1__ algo en la flauta que llevas ahí en esa funda?

Luis: Me gustaría mucho, pero esto que llevo aquí no es una flauta. Es un bate de béisbol, porque voy a __2__ al béisbol con unos amigos que me presentó Martín. ¡Ahora sí sabrán lo que es batear!

Daniel: Vamos, Luis. Esto no es una obra de teatro, no tienes por qué __3__ con tanto drama. Dudo que __4__ al béisbol y que eso sea un bate. A mí me gustaría mucho que le __5__ a Tina alguna melodía venezolana en esa flauta.

Luis: Daniel, te juro que es un bate, sé que no estoy en un teatro y no estoy __6__ para ningún rol. Tina, lo siento. Te __7__ música si esto fuera una flauta.

Daniel: ¿Estás seguro de que es un bate? Sácalo para que lo veamos.

Luis: Mira, si quieren, vengan conmigo al concierto hoy, y al estadio mañana, para que vean que lo mismo __8__ la flauta, que le doy con el bate cuando estoy __9__ al béisbol.

Tina: No te preocupes, Luis, te creo. Pero ahora no puedo ir contigo. Mi hermanita quiere que __10__ a las damas chinas con ella.

7.9 ESCRIBIR CON CORRECCIÓN: B-V

Un aspecto de la ortografía del español al que hay que prestar especial atención es la diferencia entre el sonido **/b/** cuando se escribe con **b** y el mismo sonido cuando se escribe con **v.**

Los sonidos de la b y la v son idénticos

Las dos letras **b** y **v** representan al mismo sonido **/b/** en el español general. No hay ninguna variante del español general, ni en Latinoamérica ni en España, que distinga el sonido **/b/** del sonido **/v/,** ni en la lengua culta ni en la popular.

En inglés, sí hay dos sonidos diferentes, y por eso los hablantes de español en Estados Unidos de vez en cuando pronunciamos con **/v/** las palabras que se escriben con **v.** Pero es fácil acostumbrarse a la pronunciación del español general: las dos se pronuncian igual, con **/b/.**

LECCIÓN 3

Pero aunque hay que acostumbrarse a que hay un solo sonido, hay también que acostumbrarse a que hay dos letras, y a que tenemos que saber cuáles de las palabras se escriben con **b** y cuáles con **v.**

¿Cómo las llamamos?

Ya que suenan igual, a estas dos letras se les dan nombres diferentes, para poder distinguirlas. En la lengua popular, todos decimos, la **v** de **vaca** y la **b** de **burro.** Es la mejor forma de conocerlas. Pero también hay nombres más elegantes. Se habla de la **b** larga y la **v** corta, o, de forma más popular, de la **b** grande y la **v** chiquita. A la **v** también se le llama la **uve** en muchos lugares.

Muchas palabras que hay que saber de memoria

Hay muchas palabras que tenemos que aprendernos de memoria. La **boca** con que comemos y hablamos se escribe con **b,** pero el sonido que hace nuestra **voz** se escribe con **v.** Por eso hablamos de la cavidad **bucal** pero de las cinco **vocales.** Los **besos** se dan con **b,** pero de los **vasos** se toma con **v.** La **verdad** es con **v** pero el **embuste** es con **b.**

Y hay homófonos importantes, como **votar** (en las elecciones) y **botar** (un papel a la basura) que no se deben confundir.

También tienes que distinguir bien entre **haber** y **a ver.** No puede **haber** más dificultades en esto; vamos **a ver** si ya no te equivocas más.

Todas estas cosas te las tienes que aprender poco a poco y de memoria. Pero hay algunas reglas generales, que vamos a estudiar aquí.

Regla Nº 1 Ante **r** y **l** se usa casi siempre **b.**

brazo	**br**isa
ha**br**á	**br**uto
fie**br**e	céle**br**e
diciem**br**e	muchedum**br**e
co**br**e	hom**br**e
nom**br**e	so**br**e
blanco	**bl**ando
ha**bl**ar	ca**bl**e

Regla N° 2   Ante **m** se usa casi siempre **b**, pero ante **n** se usa casi siempre **v**.

am**b**iente	en**v**idia
cum**b**ia	con**v**ertir
cam**b**io	en**v**ío
am**b**os	in**v**ento
tam**b**ién	con**v**ento

Regla N° 3   La terminación **-ivo** es con **v** y la terminación **-ble** con **b**.

nati**vo**	prob**able**
ofensi**vo**	bail**able**
moti**vo**	do**ble**
vi**vo**	impos**ible**
archi**vo**	insoport**able**
acti**vo**	estim**able**
efecti**vo**	acces**ible**
chi**vo**	comest**ible**

Regla N° 4   La terminación **-bilidad** es siempre con **b**.

ama**bilidad**	proba**bilidad**
ha**bilidad**	de**bilidad**
visi**bilidad**	

PRÁCTICA

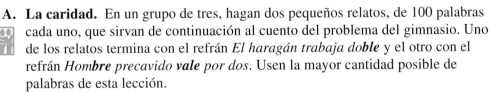

A. La caridad. En un grupo de tres, hagan dos pequeños relatos, de 100 palabras cada uno, que sirvan de continuación al cuento del problema del gimnasio. Uno de los relatos termina con el refrán *El haragán trabaja doble* y el otro con el refrán *Hombre precavido vale por dos*. Usen la mayor cantidad posible de palabras de esta lección.

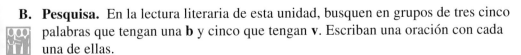

B. Pesquisa. En la lectura literaria de esta unidad, busquen en grupos de tres cinco palabras que tengan una **b** y cinco que tengan **v**. Escriban una oración con cada una de ellas.

LECCIÓN 3

Taller del bilingüe

LAS PALABRAS CON B Y V EN ESPAÑOL Y EN INGLÉS

Para nosotros los bilingües, el conocimiento de un idioma nos puede ayudar a mejorar la ortografía en el otro. Hay muchas palabras afines ("cognados") que se escriben con **b** en los dos idiomas, y muchas otras que se escriben con **v** en los dos idiomas. Sabiendo esto, y conociendo las excepciones, lo que sepamos en un idioma nos servirá para escribir mejor el otro.

Se escriben con *b* en los dos idiomas		
absoluto	colaboración	obsesivo
abstracto	contribución	objeto
arbitrario	debatir	obstáculo
abuso	describir	observar
bachillerato	fibra	rebelde
balance	fabuloso	robar
barra	habitante	robo
beneficio	inhibir	robusto
Buda	labor	símbolo
Biblia	laboratorio	tribu
bomba	liberal	tribunal
brutal	obedecer	tubo

Se escriben con *v* en los dos idiomas		
actividad	dividido	movimiento
activo	divino	navegación
conservación	envidia	novela
convencido	evidente	novelista
conveniencia	evocación	privado
conversación	favor	privilegio
convento	favorable	provincia
cultivo	invasión	previo
derivación	invención	prevención
devoción	investigación	provisional
diversidad	invitación	

Hay un pequeño grupo de palabras, algunas muy corrientes, que se escriben con **b** en español pero con **v** en inglés. Conviene que te las aprendas de memoria, para que así las escribas bien, tanto en español como en inglés.

Se escriben con *b* en español pero con *v* en inglés	
gobierno	*government*
gobernar	*to govern*
probar	*to prove*
recibir	*receive*
cubierta	*cover*

◄ PRÁCTICA ►

¡A traducir! Traduce las siguientes palabras al español, y haz una oración con cada una de ellas. ¡Cuidado con la ortografía!

1. abuse
2. bank
3. barrier
4. habitual
5. adventure
6. cultivate
7. liberty

Repaso de vocablos especializados

Aquí te ponemos la lista de algunos de los vocablos que has aprendido en esta unidad. Escribe una definición de cada uno, para cerciorarte de que los sepas bien.

homófonos	sustantivo personal
refuerzo de los sustantivos personales	español general
oraciones de tres actores	lengua hablada
oraciones de dos actores	variante local
frase preposicional	palabras afines

Prueba interactiva
www.mcdougallittell.com

Cibertarjetas
www.mcdougallittell.com

UNIDAD 8

¡TÚ DE VACACIONES!

EL COSTA RIVIERA LLEGA A LA GUAIRA

Atrévase a conquistar el Caribe: REPÚBLICA DOMINICANA, PUERTO RICO, SANTO TOMÁS, TRINIDAD y LA GUAIRA, VENEZUELA.

Descubra el Costa Riviera y viva una aventura en cada puerto. Disfrute de la exótica magia del Caribe mientras goza de las más sofisticadas comodidades y el acogedor servicio de nuestra tripulación.

*Mil ambientes a bordo
*Manjares a toda hora
*La más excitante vida nocturna
*Diversión y más diversión

TIPO DE ACOMODACIÓN

Interna, cama baja y litera, ducha y toilette. Por persona $750*

Interna, dos camas bajas, ducha y toilette. Por persona $900*

Externa, dos camas bajas, ducha y toilette. Por persona $1000*

3er y 4° adulto ocupando el mismo camarote. Por persona $500*

Niños menores de 12 años acompañados por dos adultos en el mismo camarote. Por niño $350*

*MÁS IMPUESTOS

 "C"

Costa Tours Línea "C"
Centro Comercial Bello Campo, Local 24
Tel.: 32.38.31 - 32.38.32

INTERNET
Presentación
www.mcdougallittell.com

LECCIÓN

1

TÚ Y TUS PLANES PARA EL VERANO

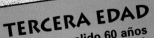

TERCERA EDAD

Si has cumplido 60 años aprovecha esta oportunidad y VISITA ESPAÑA

Salida a *Tenerife* días 3-10 y 17 de febrero, 23 y 30 de marzo

Salida a *Madrid* y *Santiago* días 22-26 y 29 de enero, 18-25 de marzo

Reserve en cualquiera de nuestras tres direcciones

CASABLANCA AGENCIA DE VIAJES

Colinas de Bello Monte
Av. Miguel Ángel

Sabana Grande
C/ El Recreo

Av. Urdaneta
Ibarras a Pelota

EL COSTA RIVIERA LLEGA A LA GUAIRA

Atrévase a conquistar el Caribe: REPÚBLICA DOMINICANA, PUERTO RICO, SANTO TOMÁS, TRINIDAD y LA GUAIRA, VENEZUELA.

Descubra el Costa Riviera y viva una aventura en cada puerto. Disfrute de la exótica magia del Caribe mientras goza de las más sofisticadas comodidades y el acogedor servicio de nuestra tripulación.

*Mil ambientes a bordo
*Manjares a toda hora
*La más excitante vida nocturna
*Diversión y más diversión

TIPO DE ACOMODACIÓN

Interna, cama baja y litera, ducha y toilette. Por persona $750*

Interna, dos camas bajas, ducha y toilette. Por persona $900*

Externa, dos camas bajas, ducha y toilette. Por persona $1000*

3er y 4° adulto ocupando el mismo camarote. Por persona $500*

Niños menores de 12 años acompañados por dos adultos en el mismo camarote. Por niño $350*

*MÁS IMPUESTOS

Costa Tours Línea "C"
Centro Comercial Bello Campo, Local 24
Tel.: 32.38.31 - 32.38.32

¿*Qué piensas tú?*

1. ¿Qué estación es? ¿otoño? ¿invierno? ¿Qué crees que esperan con anticipación estos jóvenes? ¿Por qué lo crees?

2. Sabiendo lo que sabes de estos jóvenes, ¿cómo crees que van a pasar el verano?

3. ¿Para qué son los anuncios en esta página? ¿Cuál te llama la atención? ¿Por qué te atrae?

4. ¿Qué podrá hacer y ver una persona que haga el viaje a La Guaira en Venezuela? ¿Cómo viajarán? ¿Qué lugares visitarán?

5. ¿Qué puedes decir de alguien que decida hacer un viaje a España? ¿Cuánto tiempo durará el viaje? ¿Cuándo van a salir?

6. ¿Qué planes tienes tú para el verano? ¿Tienes algunos planes específicos para el año próximo?

7. ¿De qué crees que vamos a hablar en esta lección?

FOTONOVELA
LECTURA ILUSTRADA

✚ Prepárate para leer

Anticipa. Los chicos de El Paso ya están haciendo planes para el verano. ¿Qué planes tienes tú?

1. ¿Ya sabes qué vas a hacer? ¿Tienes que trabajar parte o todo el verano? Si así es, ¿dónde vas a trabajar? ¿Pagan bien? ¿Cuánto pagan? Si no vas a trabajar, ¿qué piensas hacer? ¿Vas a la escuela de verano o piensas viajar?
2. ¿Quiénes en la clase tienen un viaje muy especial programado para el verano? ¿Adónde van? ¿Por cuánto tiempo? ¿Qué harán allá para divertirse? ¿Cuándo regresarán?

El refrán de la semana

Del dicho al hecho, hay mucho trecho.

Interpretación ¿Cuál es el significado de este refrán? Explica la relación que hay entre estos dos dibujos y el refrán. ¿Qué tipo de persona es la que aparece en estos dos dibujos? ¿Qué parece estar contando todo el tiempo? ¿Logra su meta? ¿Se puede aplicar este refrán a ti? ¿Cómo? Pregúntales a tus padres o a tus abuelos si saben de otros refranes con el mismo significado. Si así es, cuéntaselos a la clase.

Hay que hacer planes para el verano

1 ¡Podremos hacer tantas cosas!

Tina y Margarita andan de compras en Stanton Street.

¡Increíble! ¡Sólo faltan dos semanas para las vacaciones!

Pero, chica, no olvides, voy a seguir trabajando. Si trabajo tiempo completo durante el verano, podré comprar mi carro en septiembre.

Qué bien lo sé. Pronto podremos nadar, jugar tenis, ir de compras…

¿Tan pronto? ¡En septiembre! Tina, te felicito. No sabía que te faltaba tan poco. Pues, hace poco que cumplí los dieciséis años. Y ahora yo también podré trabajar.

¡Mira! Creo que solicitaré con «Viva El Paso». ¿Qué tal te parece?

Por eso mismo lo haré. Y además, como el espectáculo es de noche, no tendré que levantarme temprano y podré hacer todas mis cosas favoritas durante el día.

Pero, fíjate. Tú estarás trabajando de noche y yo de día. ¡Nunca nos veremos!

¡Sería perfecto para ti, como eres tan dramática!

Vamos, chica, no es para tanto. Necesito entrar aquí. Busco un pañuelo azul y verde. Creo que aquí es donde los vi.

3 ¡No me digas!

Vamos, Daniel. Me muero de curiosidad. ¿Qué vas a hacer este verano?

Pues en agosto, voy a ir a un campamento de música por dos semanas.

¡No andes con rodeos, Daniel! ¿Qué vas a hacer durante junio y julio?

Bueno, en junio tendré que hacer todos los preparativos …

¡Por Dios, Daniel! ¿Los preparativos para qué?

Para mi viaje.

¿Adónde vas?

A Venezuela, a visitar a mi amigo, Luis.

¡No me digas! ¿Por cuánto tiempo? ¿Cuándo sales?

A fines de junio y no regreso hasta principios de agosto. ¡Estaré allí cinco semanas!

¡Ay, qué envidia! ¡Cinco semanas en Sudamérica! Bueno, entonces te tendré que hacer una lista de las cosas que quiero que me traigas.

Mira, Daniel, mira lo que te compré para tu viaje.

Ah, gracias.

✚ Verifiquemos e interpretemos

A. ¡Vacaciones! ¿Quiénes harán estas cosas durante el verano?

Tina   **Margarita**   **Daniel**   **Martín**   **Mateo**

1. Irá de compras.
2. Seguirá trabajando.
3. Irá a un campamento de música.
4. No tendrá que levantarse temprano.
5. Jugará tenis.
6. Participará en un campeonato.
7. Hará un viaje largo.
8. Participará en "Viva El Paso".

B. Reflexiona y relaciona. Compara tus planes para el verano con los de los jóvenes de El Paso al contestar estas preguntas.

1. ¿Cuánto tiempo falta para que terminen las clases en El Paso? ¿Por qué piensa seguir trabajando Tina? ¿Por qué va a poder trabajar Margarita este verano? ¿Dónde va a trabajar? ¿Vas a trabajar tú este verano? ¿Por qué?

2. ¿Qué planes tiene Mateo para el verano? ¿y Martín? ¿Adónde irá a acampar la familia de Martín y Daniel? ¿Irá tu familia a acampar durante el verano? ¿Adónde?

3. ¿Qué planes tiene Daniel para el mes de agosto? ¿y para junio y julio? ¿Quién dice que siente envidia por los planes de Daniel? ¿Cómo se conforma esta persona? ¿Les encargas tú cosas a tus amigos cuando van a un lugar interesante de vacaciones? ¿Qué le encargarías a tu amigo(a) si él/ella fuera a México para las vacaciones? ¿Si fuera a España? ¿a Sudamérica, como Daniel?

CONVERSEMOS UN RATO

A. En el futuro... Tú y tu compañero(a) son editores del periódico escolar. Hoy están preparando una edición humorística enfocada en el futuro. Escriban subtítulos cómicos para estas fotos, indicando lo que harán o lo que serán estas personas en el futuro.

B. Resoluciones.   Prepara por escrito una lista de cinco a ocho resoluciones para el verano. Luego pregúntales a varios compañeros de clase qué resoluciones tienen ellos y diles las tuyas. Decide cuál es la resolución más interesante entre todas y escríbela en la pizarra.

C. Este verano.   En grupos de cuatro discutan lo que harán este verano. Luego preparen un dibujo que incluya las actividades de los cuatro. Usen el dibujo para contarle a la clase los planes de todos en su grupo.

D. Las aventuras de Riso.   Tu profesor(a) va a darles a ti y a dos compañeros dibujos que muestran las actividades de una semana en la vida de Riso. Pongan los dibujos en un orden apropiado y escriban un cuento narrando las aventuras de este joven. Luego en grupos de seis, léanse los cuentos.

E. ¿Quién será...?   El (La) director(a) de la escuela y un(a) consejero(a) están discutiendo el futuro de unos estudiantes en tu clase de español. Tú y tu compañero(a) van a hacer estos papeles. Dramaticen la conversación.

TÚ Y EL MUNDO HISPANO

LECTURA PERIODÍSTICA

Antes de empezar

A. Asociación de ideas. Con dos compañeros de clase, haz una asociación de ideas sobre Argentina. Simplemente escriban todo lo que saben de Argentina en dos minutos. Su profesor(a) va a medir el tiempo.

B. Datos y más datos. ¿Sabes algo de la historia de Argentina? Para ver cuánto sabes, indica si estos comentarios son ciertos o falsos. Luego, después de leer la lectura, vuelve a contestar las preguntas, pero esta vez, del punto del vista del autor.

Tú		Argentina	Autor	
sí	no	1. Argentina es el país hispanohablante de mayor extensión.	sí	no
sí	no	2. Como México, Perú y Brasil, Argentina tiene una población indígena muy grande.	sí	no
sí	no	3. Ya no hay muchos gauchos en Argentina.	sí	no
sí	no	4. El 96 por ciento de la población de Argentina sabe leer y escribir.	sí	no
sí	no	5. En Argentina hay muchos descendientes de europeos, especialmente españoles e italianos.	sí	no
sí	no	6. Los argentinos no aceptan lo extranjero, en particular lo europeo.	sí	no
sí	no	7. En 1982, hubo una guerra entre Argentina e Inglaterra.	sí	no
sí	no	8. Raúl Alfonsín, Carlos Menem y Fernando de la Rúa han sido presidentes de Argentina.	sí	no

Argentina

En camino de la paz y la democracia

Argentina es el país hispanohablante de mayor extensión. Situado al extremo sudeste del continente americano, el territorio de Argentina está compuesto en su mayor parte por fértiles tierras bajas llamadas *pampas*. Éstas son ideales para la agricultura y la ganadería. En su área andina, donde se levanta el Aconcagua, la cumbre más alta del hemisferio, hay extensos depósitos de minerales y reservas de gas natural. También es autosuficiente en petróleo y ha desarrollado significativamente su capacidad hidroeléctrica.

Un triste capítulo en la historia de este país es la manera en que sus indígenas han sido tratados. [1] Alrededor de cincuenta años después de obtener su independencia, el gobierno argentino empezó una campaña contra la población indígena, hasta que, hacia fines del siglo XIX, todos los grupos indígenas habían sido virtualmente exterminados. Actualmente los indígenas están concentrados en el norte y sudoeste del país.

Otro grupo argentino que casi desapareció fue el de los gauchos, o vaqueros argentinos. [2] Mestizos en su mayoría, los gauchos eran una gente independiente e individualista que amaba la vida del campo. Vivían en las pampas y trabajaban de vez en cuando para los hacendados. Poco a poco este grupo se vio obligado a abandonar su vida independiente y tuvo que limitarse a las grandes haciendas, que exportaban ganado en masa.

A mediados del siglo XIX, miles de inmigrantes europeos llegaron a puertos argentinos y continuaron llegando hasta la primera mitad del siglo XX. En su mayoría fueron españoles e italianos, pero también había muchos ingleses, polacos, rusos y alemanes. Aunque la mayoría de estos inmigrantes eran campesinos, los argentinos estaban decididos a crear una sociedad urbana y europea. Su arquitectura muestra el predominio de lo europeo. [3]

El 96 por ciento de los 36.737.664 habitantes de Argentina es alfabeta. [4] Además, el 88 por ciento de su población es urbana y la mayoría pertenece a la clase media.

El 97 por ciento de la población argentina es de descendencia europea. La mayor colectividad judía de Latinoamérica está en Argentina.

A pesar del alto nivel de educación de sus ciudadanos y de su deseo de lograr paz y estabilidad, Argentina ha tenido que sobrellevar en las últimas décadas gobiernos militares que han manchado su historia. Un ejemplo de esto es la llamada "guerra sucia" que ocurrió entre 1976 y 1979, entre el gobierno militar y las guerrillas. En esta guerra desaparecieron y murieron miles de inocentes. Las madres y abuelas de estos "desaparecidos" se reúnen frente a la Casa Rosada ⑤ en Buenos Aires con las fotos de sus familiares para reclamarle al gobierno el paradero de sus seres queridos. Estas mujeres se llaman "Las Madres de la Plaza de Mayo".

Otro hecho lamentable fue la guerra de las Malvinas o Falkland, ocurrida en 1982. Después de esta derrota ante Inglaterra, se inició en Argentina una nueva era de democratización y revitalización económica. Raúl Alfonsín, Carlos Menem y Fernando de la Rúa han sido presidentes electos desde entonces. Argentina sigue en camino de la paz y la democracia pese a los desafíos que enfrenta.

🖱 **INTERNET**
Enlaces/actividades
www.mcdougallittell.com

Verifiquemos

1. Vuelve a la actividad **B** de **Antes de empezar** e indica otra vez si los comentarios son ciertos o falsos. ¿Cómo se comparan las opiniones del autor con las tuyas?

2. Compara la manera en que los indígenas fueron tratados en Argentina con el tratamiento que recibieron en Estados Unidos.

3. Compara la inmigración en Argentina con la inmigración en Estados Unidos.

LENGUA EN USO

Las adivinanzas

Como los refranes, las adivinanzas son parte de la sabiduría popular y de la tradición oral. Por siglos las adivinanzas fueron el juego preferido de grandes y chicos después de terminar las labores del día. Las adivinanzas son un juego que agudiza el ingenio de las personas.

Para lograr acertar, es necesario que las personas presten mucha atención a lo que se dice y abran las puertas a su imaginación.

Por ejemplo, en la adivinanza que dice:

> Rueda de leche,
> duro, blando o apestoso.
> ¿Qué es eso?

podemos darnos cuenta de que la palabra **queso** aparece en el último renglón "Qué es eso".

Otra parecida que también tiene la solución en el último renglón es una que dice:

> Lana sube,
> lana baja.

La solución es claramente **la navaja** de "lana baja".

Una adivinanza que esconde la solución en el primer renglón es una que dice:

> Ya ves, que claro es,
> el que no lo adivina,
> bien tonto es.

La solución es **llaves** o "Ya ves" en el primer renglón.

Verifiquemos

¡Adivinemos! Lee con cuidado las siguientes adivinanzas para ver si puedes adivinar la solución. Las respuestas están representadas en los dibujos en esta página.

1. No vuela y tiene un ala,
   no es camión y hace crán.

2. Si te la digo lo sabes,
   si no te la digo también.
   ¿Qué es?

3. Agua pasa por mi casa,
   cate de mi corazón.
   ¿Qué es?

4. ¿Dónde está el oro?
   ¿Dónde está el oro?
   ¿Sabes ya lo que busco?
   ¿Sabes cuál es mi tesoro?

5. No es cama,
   ni león,
   y desaparece en cualquier rincón.

6. Patas tiene, brazos también,
   quien en él se sienta, duerme bien.

7. Tengo hojas sin ser árbol,
   te hablo sin tener voz,
   si me abres no me quejo,
   adivina quién soy yo.

8. No digo mi color
   porque me pongo colorada,
   gusta mucho mi sabor,
   me incluyen en yogures,
   helados y paletas congeladas.

LECCIÓN

2

¡TÚ LLEVAS DEMASIADO!

¿Qué piensas tú?

1. ¿Qué consejos de último momento crees que le va a dar su hermana a Daniel? ¿su padre? ¿su madre?

2. ¿Qué harías tú si fueras testigo al robo y al accidente de bicicleta?

3. ¿Cómo reaccionarías si tú fueras el chofer del carro? ¿la víctima del robo? ¿el ciclista?

4. Si pudieras cambiar una cosa en tu persona, ¿qué cambiarías? ¿Por qué cambiarías eso? ¿Qué efecto tendría tal cambio?

5. Si pudieras cambiar algo en tu escuela, ¿qué cambiarías? ¿Qué efecto tendría el cambio en los estudiantes?

6. Si un(a) amigo(a) tuyo(a) estuviera por hacer algo peligroso o deshonesto, ¿qué harías para convencerlo(la) que no lo hiciera?

7. Piensa en cómo contestaste estas preguntas y di de qué crees que vamos a hablar en esta lección.

FOTONOVELA
LECTURA ILUSTRADA

✚ Prepárate para leer

Anticipa.   ¿Has tenido que empacar para un viaje de varias semanas? Piensa en todo lo relacionado a prepararte para tal viaje al contestar estas preguntas.

1. Si tuvieras que empacar para un viaje de tres semanas en agosto a Nicaragua o El Salvador, ¿qué llevarías?
2. ¿Cuántas maletas permiten en vuelos internacionales? ¿De qué tamaño? ¿Podrías empacar todo lo que decidiste que necesitas llevar a Nicaragua o El Salvador en las maletas que te permiten? Si no, ¿qué eliminarías?
3. Si las tres semanas fueran en Argentina en vez de Nicaragua o El Salvador, ¿llevarías la misma ropa? ¿Por qué?

El refrán de la semana

El que anda con lobos, a aullar se enseña.

Interpretación   Explica el significado de este refrán. ¿Qué relación hay entre los dibujos y el refrán? ¿Qué representan los lobos? ¿En qué situaciones concretas podrías usar este refrán? ¿Sabes de algún refrán en español o en inglés con el mismo significado? Si así es, cuéntaselo a la clase.

Los preparativos de último momento

LECCIÓN 2

2 ¡Ojalá que salgamos mucho!

Te traje dos, por si acaso.

Ah, gracias.

Mira, hay otra dentro de ésta. Es posible que las necesite todas.

¿Qué más recomienda mamá que empaque?

Ropa para salir: Pantalones . . . saco . . . camisas blancas . . . corbatas . . . y zapatos.

¡Ojalá que salgamos mucho!

Ah, también llevaré mi traje.

Pues, ya está ésta. ¡Adelante!

Dicen que no hace frío en Caracas pero no lo creo.

¿Cuál sería mejor?

No sé. Lleva las dos.

Ya no hay más en la lista. Pero, ¿no debes llevar ropa para el frío? Yo llevaría por lo menos una chaqueta.

Ah, ¿y si hace calor?

Ah, sí. Luis dice que hay playas cerca. Debo llevar el traje de baño y las sandalias.

Y una toalla para la playa, ¿no? Ah, ¡y tu loción protectora!

Buena idea. ¿Me las traes?

Hijo . . . ¿Recordaste tu cepillo de dientes y la pasta?

Gracias, mamá. ¡Nena, tráeme la pasta dental y mi cepillo!

Aquí lo tienes todo Daniel— toalla, loción protectora, pasta y cepillo.

Ah, también necesito mi cepillo para el pelo y mi peine. ¿Me los traes?

Ay, no olvides el champú y tu rasuradora eléctrica.

¡Nenaaa!

Sí, señor. A la orden.

Voy. Ahora te los traigo.

4 No puedo cerrarla.

Bueno, mamá. Ya estoy listo.

Pero, hijo, ¿qué has hecho? ¿Cuánto llevas?

¡Dos maletas! ¡Dios mío! Es imposible que ponga todo en dos.

Solamente permiten dos maletas en los vuelos internacionales.

Debes llevar sólo lo esencial.

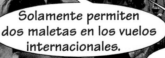

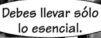

No puedo cerrarla, Daniel.

Siéntate encima, así. Allí está. A ver . . . todo está listo otra vez.

Increíble, pero lo hicimos.

Sí puedes, Nena.

Ya ves. Esta vez sí estoy listo.

✤ Verifiquemos e interpretemos

A. Preparativos. Di si son ciertos o falsos estos comentarios sobre los preparativos de Daniel. Si son falsos, corrígelos.

Daniel

1. Nena no ayuda a su hermano.
2. Mamá le hizo una lista de cosas para empacar.
3. Daniel empaca ropa para salir.
4. Daniel decide no llevar chaqueta.
5. Daniel busca varias cosas en el baño.
6. Daniel empaca cuatro maletas.
7. Sólo permiten una maleta en los vuelos internacionales.
8. Al final, es fácil cerrar las maletas.

B. Reflexiona y relaciona. Contesta estas preguntas sobre el episodio de la fotonovela para ver qué tienes en común con Nena y Daniel.

1. ¿A quién le pide Daniel que le ayude a empacar? ¿Qué le pide que haga? ¿Quién te ayuda a ti a empacar cuando te preparas para un viaje largo? ¿Qué hay en la lista que le preparó su mamá? ¿Te prepara tu mamá listas a ti? ¿En qué ocasiones?
2. ¿Cuántas maletas decide llevar Daniel? ¿Por qué no cupo todo en dos maletas? ¿Puso su mamá demasiadas cosas en la lista? ¿Qué cosas adicionales decidió llevar? ¿Tiendes tú a llevar demasiado cuando viajas?
3. ¿Dirías que Daniel estaba muy organizado al empezar a empacar para este viaje? ¿Por qué? ¿Eres tú una persona muy organizada? Explica tu respuesta.
4. ¿Qué dijeron los padres de Daniel cuando bajó con cuatro maletas? ¿Qué tuvo que hacer Daniel? ¿Quién lo ayudó? ¿Pudo empacar todo en dos maletas? ¿Qué hizo para poder cerrarlas? ¿Cómo sabes que no cerraron bien? ¿Has tenido un accidente similar? Explica.

C. Predicción. Créanlo o no, Daniel llegó al aeropuerto a tiempo y se fue a Caracas. La familia Galindo acaba de recibir una segunda carta de él, después de estar allá dos semanas. ¿Qué crees que cuenta en la carta? Decídelo con un(a) compañero(a) y luego escriban una versión de la carta que creen que Daniel escribió. Léansela a otro grupo y escuchen la de ellos.

Conclusión de la fotonovela

14 de julio

Queridos Papá, Mamá, Martín y Nena:

Saludos desde Caracas. ¿Cómo les va a todos? ¿Ya fueron a acampar a los Órganos o a Ruidoso? Martín, ¿qué tal el equipo este año? ¿Han ganado muchos partidos? Escríbeme pronto y cuéntame todo.

¡Caracas es una ciudad fantástica! ¡Hay tanto que hacer! Conocemos lugares nuevos todos los días y casi siempre tomamos el metro. ¡Me encanta! Es mucho más interesante que el autobús y la comida aquí es riquísima, mamá. Ayer fuimos a comer a una arepera, un restaurante que se especializa en arepas — una comida típica de Venezuela. Son muy sabrosas. Probé varios tipos: de pollo, de carne y de queso — y me encantaron todas.

La primera semana visitamos dos universidades, la Central y la Simón Bolívar. Fuimos de compras cerca de la Plaza Bolívar, la plaza principal de Caracas. También fuimos a un parque. Luis me contó que cuando era niño, su familia iba al parque todos los domingos y se divertían mucho. Son muy bonitos los parques aquí. Todo es tan verde y la ciudad está rodeada de montañas.

Universidad
Simón Bolívar

Centro Comercial
Concresa

También fuimos a un centro comercial super moderno. No he visto nada que se compare. Cielo Vista Mall ni se le acerca. Es enorme. Estoy seguro que a Margarita le encantaría. Ojalá que volvamos allí porque todavía tengo que comprarles regalos a todos.

La semana pasada hicimos una excursión en caravana y luego tomamos el sobrevuelo al Salto Ángel. ¡Qué impresionante! Pasamos por los tepuyes, unas montañas planas típicas de esta región. Me fascinó. El Salto Ángel es la catarata más alta del mundo.

Ayer Luis y yo fuimos a visitar a su tía en un pueblo muy pintoresco que se llama El Hatillo. Me gustó mucho el pueblo y saqué muchas fotos. Cuando estábamos allí, hubo una boda en la plaza. ¡Imagínense! La tía de Luis es muy simpática. Esa noche nos preparó una cena fantástica.

En el futuro espero visitar otras ciudades como Maracaibo en la costa y Mérida en los Andes.

Bueno, se me hace tarde y mañana Luis quiere salir a correr bien temprano. Escríbanme pronto.

Con mucho cariño,

Daniel

Luis y yo en
El Hatillo

✚ Verifiquemos e interpretemos

A. ¡De vacaciones en Venezuela! ¿Dónde hizo Daniel las siguientes cosas: en el centro de Caracas, en El Hatillo o en el Salto Ángel?

Caracas

El Hatillo

Salto Ángel

1. Cenó con la tía de Luis.
2. Comió en una arepera.
3. Sacó muchas fotos.
4. Fue a un parque.
5. Vio unas montañas planas.
6. Vio una boda en la plaza.
7. Tomó el metro.
8. Vio la catarata más alta del mundo.

B. ¿Qué hizo? En una hoja aparte duplica este cuadro y úsalo para indicar en la segunda columna todo lo que Daniel hizo en los siguientes lugares. Luego, en la tercera columna explica si crees que se divirtió o no.

	¿Qué hizo Daniel allí?	¿Se divirtió o no? ¿Por qué?
en Caracas		
en la caravana al Salto Ángel		
en el pueblo de El Hatillo		

CONVERSEMOS UN RATO

A. Opiniones. ¿Qué opinan tú y tu amigo(a) de estos titulares del periódico? Discútanlos y compartan sus opiniones con la clase.

La basura cósmica: Peligro para los vuelos espaciales

Costa Rica–líder en conservación de bosques tropicales

Nuestros amigos: ¡Los ratones!

¡El arte falso inunda el mercado!

Mantenga su auto como nuevo

Joven habla cuatro lenguas. Recibe $150,000 mensuales

¡Ya estamos listos para vivir en el planeta Marte!

¿Nos invadirán los extraterrestres?

B. Encuesta. Usa el cuadro que te va a dar tu profesor(a) para entrevistar a compañeros de clase. Pregúntales si harían estas cosas en diez años. Pídeles a las personas que contestan afirmativamente que firmen el cuadrado apropiado. Recuerda que no se permite que una persona firme más de una vez.

MODELO *Tú:* **¿Vivirías en otro país?**
Compañero(a): **No. Yo sólo viviría en EE.UU.**
o
Sí, viviría en [*país*].

C. Compraríamos mucho. Tú y un(a) amigo(a) están discutiendo lo que comprarían si ganaran diez mil dólares en la lotería. ¿Comprarían algunas de las cosas en el dibujo, u otras cosas?

D. **¿Cómo llego a Correos?**   Tu compañero(a) es un(a) nuevo(a) profesor(a) que no conoce tu ciudad. Necesita ir a varios lugares este fin de semana. Usa el mapa que tu profesor(a) te va a dar para decirle a tu compañero(a) cómo llegar a esos lugares. Tu compañero(a) va a escribir los nombres de cada edificio que visita en su mapa. Recuerda que no se permite ver el mapa de tu compañero(a) hasta terminar la actividad.

E. **Mejoremos el colegio.**   Tú y dos amigos han sido elegidos para representar a todos los estudiantes de su escuela en un comité de padres, estudiantes, profesores y el (la) director(a). El comité preparará un informe sobre lo que los administradores deberían hacer para mejorar la escuela. Dramaticen la primera reunión del comité.

F. **Consejos.**   Tu abuelo(a) va a recibir un premio prestigioso del Congreso de los EE.UU. por su trabajo con jóvenes delincuentes. Con un(a) compañero(a) haciendo el papel de tu abuelo(a), dramatiza una conversación donde tu abuelo(a) pide tus opiniones sobre el problema de la delincuencia y lo que tú harías para eliminarla.

✚ Prepárate para leer

A. Las metáforas o comparaciones poéticas. En la poesía se utilizan con frecuencia metáforas o comparaciones poéticas para describir a personas, animales u objetos. Una metáfora es una comparación que se hace entre dos objetos que usualmente no se relacionan. Por ejemplo, cuando un poeta escribe: "tus dientes son perlas", está haciendo una comparación positiva entre **dientes** y **perlas** que en el mundo natural usualmente no están conectados. Esta metáfora pone énfasis en la belleza de los dientes porque las perlas son blancas, preciosas y perfectas.

Analiza las siguientes metáforas interpretando el significado que puedan tener.

1. El hambre que tengo es un león que ruge.
2. Para ti sólo soy un canario enjaulado.
3. Tu amistad es un verdadero tesoro.
4. Mi familia es el faro que me alumbra en las tormentas.
5. Un buen libro es una puerta a un mundo mejor.

B. Vocabulario en contexto. Lee estas oraciones. Las palabras en **negrilla** aparecen en la lectura. Discute su significado con un(a) compañero(a) de clase.

1. Nosotros preferimos ir acampar al **bosque.** Nos encanta el aire puro, los árboles y el silencio.
2. ¡Mamá, mamá, la paloma ya tiene **pichones!** ¡Los oigo piar!
3. Diana siempre le ha tenido miedo a las **tormentas;** tan pronto empieza a tronar, se viene corriendo a casa.
4. Es una persona verdaderamente **despiadada.** Sabía que no teníamos nada que comer y no nos ofreció ni un panecillo.
5. ¿Cuál es la temporada de las **heladas?,** me preguntas. Pues yo diría que de enero a marzo.
6. La niña era tan tímida que inmediatamente se escondió en los **repliegues** de la falda de su madre.
7. El pájaro de Silvia me pone nerviosa. **Picotea** constantemente.

CONOZCAMOS A LA AUTORA

Alfonsina Storni (1892–1938), poeta argentina que nació en Suiza pero que de niña se mudó con su familia a Argentina. Inició su carrera como poeta con la publicación de *La inquietud del rosal* (1916), el primero de siete libros de poemas. Uno de sus temas principales es el sentimiento de rebeldía que surge debido a la marginación de la mujer en manos del hombre. La poesía de Storni, inicialmente llena de romanticismo, evoluciona hasta alcanzar una expresión poética menos subjetiva y más simbólica. Enferma de cáncer, la poeta se suicidó en Mar del Plata, Argentina en 1938.

Himno a los pájaros

Dios te guarde, pajarillo,
flor del bosque, plumas de oro,
nadie mate tus pichones,
nadie toque tu tesoro.

La tormenta no te asuste
en las noches despiadadas,
el viento no te castigue,
no te maten las heladas.

El cazador no te encuentre
cuando te busca en la selva,
la sombra para defenderte,
en sus repliegues te envuelva.

Vuela siempre por los aires,
canta siempre entre las ramas,
picotea en los jardines,
cuelga el nido en las retamas*.

Dios te guarde, pajarillo,
flor del bosque, plumas de oro,
nadie mate tus pichones,
nadie toque tu tesoro.

retamas *planta con flores amarilla*

Hombre pequeñito

Hombre pequeñito, hombre pequeñito,
Suelta a tu canario que quiere volar…
Yo soy el canario, hombre pequeñito,
Déjame saltar.

Estuve en tu jaula, hombre pequeñito,
Hombre pequeñito que jaula me das.
Digo pequeñito porque no me entiendes,
Ni me entenderás.

Tampoco te entiendo, pero mientras tanto
Ábreme la jaula que quiero escapar;
Hombre pequeñito, te amé media hora,
No me pidas más.

✚ Analicemos y discutamos

A. Análisis literario: Metáforas, silabificación y rima. Contesta las siguientes preguntas después de leer los dos poemas de Alfonsina Storni.

1. Hay dos metáforas en la primera estrofa del poema "Himno a los pájaros". ¿Cuáles son? ¿Son positivas o negativas estas comparaciones?
2. El poema está escrito en cuartetos, o estrofas de cuatro versos. ¿Cuántas sílabas tiene cada uno de los versos?
3. ¿Puedes identificar el patrón de la rima en los versos del primer poema?
4. ¿Quién es el canario que está enjaulado en el segundo poema?
5. ¿Cómo se comparan las estrofas del segundo poema con las del primero? ¿Hay una rima regular como en el primer poema de Storni?

B. "Himno a los pájaros". Contesta las siguientes preguntas.

1. ¿Cuál es el tono general de este primer poema? ¿Por qué podemos decir que los cuartetos simétricos y la rima regular ayudan a crear ese tono?
2. ¿Cuáles son los deseos que la autora le expresa al pájaro frente a la tormenta y al cazador?
3. ¿En qué consiste el tesoro de los pájaros que la autora menciona en la primera y la última estrofas?
4. ¿Crees que éste es un poema que expresa una visión ecologista del mundo? Explica tu respuesta.

C. "Hombre pequeñito". Contesta las siguientes preguntas.

1. ¿Cuál es el tono general de este poema? ¿Por qué podemos decir que el título de este poema es irónico?
2. ¿Qué conflicto existe entre el pájaro y el "hombre pequeñito"? ¿Puede ser este conflicto un reflejo del machismo o el sexismo, o de las relaciones entre los dos sexos?
3. ¿Cuál es tu interpretación del verso que afirma "no me entiendes, ni me entenderás"?
4. ¿En qué consiste la solución que propone el pájaro al conflicto?

LENGUA EN USO

Variantes coloquiales: El voseo

El español hablado en Argentina y Uruguay incluye una gran riqueza de
variantes coloquiales. Una de las variantes que más sobresale es el uso
del pronombre **vos** y sus formas verbales en vez del pronombre **tú** y sus
distintas formas. Es muy común oír a un argentino o a un uruguayo usar
las siguientes expresiones con el **vos** cuando se dirige a amigos o a
conocidos:

USO DE *VOS*	USO DE *TÚ*
Mirá vos qué día tan bonito.	**Mira tú** qué día tan bonito.
Caminá despacio que no puedo correr.	**Camina** despacio que no puedo correr.
¿Podés venir **vos?**	**¿Puedes** venir **tú?**

Los argentinos y los uruguayos no son los únicos en usar el **voseo**. El **vos**
se emplea extensamente en El Salvador, Guatemala, Costa Rica y
Paraguay. También se oye hablar en ciertas regiones de Nicaragua,
Colombia, Chile, Bolivia y Ecuador.

Las formas verbales más afectadas por el **vos** son el presente de
indicativo, el presente de subjuntivo y el imperativo. Por ejemplo, los
verbos terminados en **-ar**, **-er**, **-ir** utilizan las terminaciones **-ás, -és, -ís**
(**amás, comés, vivís**) en el presente de indicativo y **-és, -ás** (**amés, comás,
vivás**) en el presente de subjuntivo. Muchas de estas terminaciones no
son uniformes y pueden variar en distintos países.

En el imperativo que se usa para formar mandatos se acentúa la vocal de
las terminaciones **-ar**, **-er**, **-ir** y se elimina la **r** (**amá, comé, viví**).

En los otros tiempos verbales el pronombre **vos** se emplea con las
terminaciones de la segunda persona informal **tú** (¿Cuándo **comiste vos?**
¿Has vivido vos en Montevideo?).

Verifiquemos

Un cuento de Julio Cortázar.   Es muy común que los escritores argentinos y uruguayos usen el **voseo** al escribir diálogos entre amigos y familiares, pues esto da un tono de familiaridad e intimidad que no se logra comunicar con el uso de **tú**. Julio Cortázar (1914–1984), uno de los escritores argentinos más importantes del siglo XX, utiliza el voseo en este sentido en sus cuentos y novelas. Las siguientes oraciones, sacadas de diálogos de un cuento suyo titulado "La salud de los enfermos" que fue incluido en su libro *Todos los fuegos el fuego* (1966), contienen varios usos del voseo. Lee las oraciones en voz alta como están. Luego vuelve a leerlas cambiando las palabras del **voseo** a formas verbales de **tú**.

> MODELO   *Tenés* los ojos colorados de leer.
> **Tienes los ojos colorados de leer.**

1. *Tenés* razón, María Laura es tan buena.
2. ¿Qué *querés*, tío?
3. *Escribile vos*, nomás. *Decile* que se cuide.
4. *Mirá*, *decile* a Rosa que se apure, *querés*.
5. ¿Cómo *podés* imaginarte una cosa así?
6. *Decile* a Pepa que le escriba, ella ya sabe.
7. *Mirá*, ahora que lo *decís* se me ocurre que convendría hablar con María Laura.

Julio Cortázar nació en Bruselas en 1914 de padres argentinos. En 1919 se mudó a la Argentina donde estudió y trabajó luego como traductor y profesor hasta 1951, año en que se trasladó a París. Allí vivió hasta su muerte en 1984. Su novela *Rayuela* es considerada una de las obras más originales de la literatura latinoamericana contemporánea.

TÚ Y EL MUNDO HISPANO

Sr. Galindo

Nena

el profesor
de geografía

Diana

Mateo

Abuelita

Tina

¿Qué piensas tú?

1. ¿Reconoces algunas de estas banderas? ¿Cuáles? ¿Puedes adivinar de qué países son las que no reconoces?

2. ¿Sabes cuál es el significado del símbolo en la bandera mexicana? ¿del símbolo en otras de las banderas?

3. ¿El regalo en esta página es para una de las personas en las fotos. ¿Qué podría ser? ¿Para quién será? ¿Qué sería un buen regalo para cada una de las personas en las fotos?

4. ¿Cuál de todas las leyendas y todos los cuentos que has escuchado este año es tu favorito? ¿Por qué?

5. ¿Sabes algunos cuentos o algunas leyendas de tu propia cultura? En grupos de tres o cuatro, traten de narrar uno de los cuentos o las leyendas que identificaron en la pregunta anterior.

6. ¿Por qué crees que una cultura inventa cuentos y leyendas como los que has leído en *Tu mundo*?

7. ¿De qué crees que vamos a hablar en esta lección?

✚ *Prepárate para leer*

Los sapos.   Contesta estas preguntas para ver cuánto sabes de los sapos.

1. ¿Cómo son los sapos? ¿Qué otros animales tienen manchas?
2. ¿Qué diferencias hay entre un sapo y una rana?
3. El sapo es un anfibio. ¿Qué es un anfibio? ¿Qué otros anfibios hay?
4. ¿Conoces una superstición sobre los sapos? Cuéntala.
5. ¿Puedes nombrar otros cuentos sobre sapos?
6. ¿Sabes qué significa "echar sapos y culebras"?

Y cuando sanaron las heridas que le resultaron de sus aventuras, le quedaron en su lugar unas manchas iguales a las que tienen los sapos de hoy.

Las manchas del sapo

Esta leyenda de la Argentina cuenta las aventuras del señor Sapo, el primer astronauta entre los animales, y explica por qué los sapos de hoy llevan manchas oscuras en la piel.

Una vez en tiempos muy remotos, todas las aves fueron invitadas a una fiesta en el cielo. En seguida, cada una de ellas empezó a hablar de lo que haría para participar en el programa.

Los ruiseñores, las calandrias, los canarios y los sinsontes cantarían.

Los loros y los tucanes contarían chistes.

Los flamencos bailarían.

Y las águilas y los cóndores demostrarían la acrobacia aérea.

Sólo el cuervo negro no fue invitado porque no tenía ningún talento; no sabía ni cantar ni bailar.

Le habría gustado mucho tocar su guitarra, pero tocaba con más entusiasmo que talento y no les gustaba a las otras aves escucharlo.

Pero nada de esto molestó al cuervo. Él le dijo a su amigo, el sapo, que practicaría mucho y el día de la fiesta, simplemente iría.

"Ah, sí", respondió el sapo, "a mí me gustaría tanto volar con las aves al cielo y participar en tal fiesta".

El cuervo se burló del sapo diciendo, "¡No seas ridículo! No tienes ni alas ni plumas, . . . además, eres muy feo. Sólo van los que pueden volar a gran altura y tienen plumaje hermoso".

Pero el sapo decidió que si no iba, se perdería una oportunidad única. Por eso, cuando el cuervo puso su guitarra en el suelo y se dirigió al río para beber agua, el sapo se metió en la guitarra sin ser visto.

¡Y qué fiesta! El coro de cantores cantó hermosas melodías. Los chistes fueron bien cómicos. Los danzantes entretuvieron a los invitados. Y la demostración de acrobacia aérea fue increíble. El señor Sapo lo encontró todo muy divertido.

Cuando todas las aves empezaron a bailar, el sapo no pudo resistir acompañarlas. Cantó y bailó con tal agilidad, entusiasmo y alegría, que todos aplaudieron ruidosamente. Lo único que inquietaba al sapo fue la posibilidad que el cuervo lo viera y se enojara con él. Y sí, ¡el cuervo lo vio!

7

Al terminar la fiesta, el sapo se metió otra vez en la guitarra sin que nadie lo viera . . . o por lo menos es lo que pensaba el sapo. El hecho es que su amigo, el cuervo, lo vio.

8

Mientras regresaba a la tierra guitarra en mano, el cuervo, deliberadamente, dio vuelta a su guitarra y el aventurero sapo salió proyectado por la boca de la guitarra en dirección al suelo que estaba muy distante. El pobre sapo temía morirse de miedo o de chocar con las rocas en el suelo.

9

Por fin llegó a la tierra y chocó fuertemente, pero no contra las rocas. No murió, gracias a Dios, pero se golpeó mucho. Y cuando sanaron las heridas que le resultaron de sus aventuras, le quedaron en su lugar unas manchas iguales a las que tienen los sapos de hoy.

Sí, ¡es verdad! Y todavía hablan estos sapos con orgullo del viaje extraordinario de su antepasado ilustre.

✚ *Verifiquemos e interpretemos*

A. Orden cronológico. Pon estas escenas en orden cronológico según el cuento "Las manchas del sapo".

1. Cuando todas las aves empezaron a bailar, el sapo no pudo resistir acompañarlas.
2. Por fin llegó a la tierra y chocó fuertemente, pero no contra las rocas.
3. Al terminar la fiesta, el sapo se metió otra vez en la guitarra.
4. El coro de cantores cantó hermosas melodías.
5. Sólo el cuervo negro no fue invitado porque no tenía ningún talento.
6. Y todavía hablan estos sapos con orgullo del viaje extraordinario de su antepasado ilustre.
7. Cuando el cuervo puso su guitarra en el suelo y se dirigió al río para beber agua, el sapo se metió en la guitarra sin ser visto.
8. Una vez en tiempos muy remotos, todas las aves fueron invitadas a una fiesta en el cielo.
9. Mientras regresaba a la tierra guitarra en mano, el cuervo deliberadamente dio vuelta a su guitarra y el sapo salió proyectado por la boca de la guitarra en dirección al suelo.

B. Las aves. En una hoja de papel, haz una tabla de las aves en la leyenda. Haz una columna para describir cada una, otra donde escribas el talento que muestra en la fiesta y una última para incluir información de una enciclopedia o diccionario de ciencias. ¿Reflejan los talentos las características verdaderas de las aves?

Ave	Descripción	Talento	Información

C. Desde tu punto de vista. Contesta las siguientes preguntas.

1. ¿Por qué no fueron invitados a la fiesta el cuervo y el sapo? ¿Consideras que ésta fue una decisión justa?

2. ¿Hicieron bien en ir a la fiesta sin invitación? ¿Irías a una fiesta sin invitación?

3. ¿Por qué estaba inquieto el sapo en la fiesta? ¿Estarías inquieto(a) en su lugar?

4. ¿Por qué dio vuelta a su guitarra el cuervo? ¿Sabía el sapo que el cuervo lo hizo intencionalmente?

5. Si fueras el sapo, ¿qué le dirías al cuervo al encontrarlo la próxima vez?

A. Las aventuras de... Tú y tu compañero(a) van a crear un cuento basado en los dibujos que su profesor(a) les va a dar. Primero decidan en qué orden van a poner los dibujos. Luego desarrollen su cuento y, finalmente, cuéntenselo a la clase.

B. Había una vez... Con un(a) compañero(a) de clase, escriban un cuento o una leyenda breve que explique uno de los fenómenos que siguen o algún otro que ustedes escojan. Ilustren su cuento con dibujos o fotos de revistas. Compartan su cuento con el resto de la clase.

- ¿Por qué vuelan los pájaros?
- ¿Por qué sale el sol cada día?
- ¿Por qué son verdes los pinos?
- ¿Por qué los perros son nuestros mejores amigos?
- ¿Por qué hay siete días en una semana?
- ¿Por qué hay desiertos?
- ¿Por qué tiene rayas la cebra?
- ¿Por qué tiene manchas el leopardo?

C. Quizás visites... Tomás vivirá con una familia en Costa Rica este verano. Está muy preocupado. Usa este dibujo y con un(a) compañero(a) traten de convencer a su amigo de que tal vez le guste Costa Rica.

D. ¡Premios! Es el fin del año escolar. Tú estás en un comité con el (la) director(a) de la escuela y un(a) profesor(a). Ustedes tres tienen que decidir quiénes van a recibir los siguientes premios. Sólo pueden nombrar a una persona para cada premio pero puede ser profesor(a) o estudiante. Dramatiza la situación con dos compañeros que harán el papel de director(a) y profesor(a).

La persona más...

cómica	dramática
estudiosa	indecisa
activa	¿...?
deportiva	

E. ¡No metas la pata! Tú y tres amigos van a preparar una breve sátira mostrando lo que han aprendido en la clase de español este año. Luego presentarán la sátira a la clase. La sátira puede ser sobre algo cultural o lingüístico.

ESTRATEGIAS PARA LEER
Interpretación de imágenes

A. El papel de las imágenes. Si tuvieras que seleccionar un animal como símbolo de ti mismo(a), ¿qué animal seleccionarías? ¿Por qué? ¿Qué cualidades comparten tú y el animal? ¿En qué se parecen el movimiento, la "personalidad" y el comportamiento del animal a los tuyos?

B. Metáforas. Muchos escritores literarios usan comparaciones inesperadas entre dos objetos para hacer sus ideas o imágenes más vivas. Una comparación que dice que una cosa *es* otra cosa es una *metáfora*. En este poema, vas a encontrar una metáfora que empieza en los primeros dos versos *(líneas)* del poema y se mantiene hasta el último verso.

Lee el título del poema y mira los dibujos. ¿A qué cosa que vuela se refiere el poeta? Ahora lee los primeros dos versos del poema. ¿Cuáles son las dos cosas que el poeta está comparando?

C. Para anticipar. Antes de leer el poema, piensa un poco en los pájaros. Prepara una lista de todas las cualidades y características de los pájaros que se te ocurran. ¿Tienen todos los pájaros las mismas cualidades? Después de leer el poema, vuelve a leer tu lista. ¿Mencionó el poeta todo lo que hay en tu lista? ¿Mencionó el poeta algunas cualidades o características de pájaros que no se te ocurrieron a ti?

D. Interpretación de imágenes. Ahora lee el poema completo. Léelo una segunda y una tercera vez. Fíjate en la riqueza de imágenes visuales. Prepara un cuadro similar al que sigue. Escribe en una columna los símbolos que el poeta menciona en cada estrofa *(agrupación de versos)* y en otra lo que las imágenes creadas por estos símbolos representan para ti.

Símbolos que veo . . .	Imágenes de "palabras" . . .
1ra estrofa: pájaros	Las palabras en libros pueden llevarte a todas partes como los pájaros que vuelan a todas partes.
2da estrofa: nubes, viento, árboles	Las palabras pueden describir lo imaginario, lo que sentimos, lo que vemos.

1. ¿Cuáles de los símbolos fueron los más fáciles de interpretar? ¿Por qué?
2. ¿Qué imágenes te gustaron más? ¿Por qué?
3. ¿Hay algunas imágenes que no supiste interpretar? ¿Cuáles?
4. Piensa en el poema completo. ¿Está el poeta usando "palabras" como una metáfora para otra cosa? ¿Qué podría ser esa cosa? ¿Por qué crees eso?

Para volar

por
Francisco X. Alarcón

las palabras
son pájaros
que siguen
a los libros
y la primavera

a las palabras
les gustan
las nubes
el viento
los árboles

hay palabras
mensajeras
que vienen
de muy lejos
de otras tierras

para éstas
no existen
fronteras
sino estrellas
canto y luz

hay palabras
familiares
como canarios
y exóticas
como el quetzal

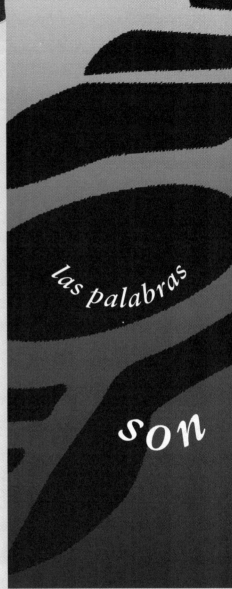

las palabras

son

Verifiquemos

1. ¿Cómo son las palabras? Copia este cuadro y anota en la segunda columna
la descripción que el poeta hace de cada tipo de palabra. Luego interpreta el
simbolismo que crees que el poeta intentaba con cada descripción.

Palabras	Descripción del poeta	Simbolismo
mensajeras		
familiares		
enjauladas		
pájaros		

unas resisten
el frío
otras se van
con el sol
hacia el sur

hay palabras
que se mueren
enjauladas
difíciles
de traducir

y otras
hacen nido 1
tienen crías 2
les dan calor
alimento 3

les enseñan
a volar
y un día
se marchan
en parvadas 4

las letras
en la página
son las huellas 5
que dejan
junto al mar

pájaros

2. Pon en orden cronológico el proceso de las palabras que hacen nido:
   a. enseñan a las crías a volar
   b. dejan impresiones de sus patas en la playa
   c. les dan un lugar cómodo y calentito para vivir a las crías
   d. se van, todas en grupo
   e. hacen nido
   f. les dan de comer a las crías
   g. tienen crías
3. ¿Qué opinas tú: son las palabras como los pájaros? Explica tu respuesta.

Y AHORA, ¡A ESCRIBIR!

ESTRATEGIAS PARA ESCRIBIR
Metáforas en poemas

A. Empezar.   En "Para volar", el poeta usa los pájaros como metáfora para las palabras. A pesar de ser muy sencillo en forma, es un poema de imágenes visuales que comparan a los pájaros con las palabras. Ahora tú vas a seleccionar tu propia metáfora para desarrollar en un poema sobre el significado que un idioma tiene para ti. Puedes, por ejemplo, comparar los idiomas a los caminos. En ese caso, podrías pensar en los diferentes tipos de caminos que hay, adónde van los caminos, de qué están hechos, qué se puede ver al viajar por un camino, quiénes usan los caminos, etc. Y claro, tendrás que pensar en cómo cada una de estas cualidades y características puede representar algo importante de los idiomas.

B. Seleccionar.   Primero debes seleccionar una metáfora. Puedes usar la de camino/idioma o, si prefieres, puedes seleccionar una propia. Para ayudarte a decidir, trabaja con tres o cuatro amigos y preparen una lista de cosas que se pueden comparar con un idioma. De la lista, selecciona una o dos cosas que te interesen a ti y empieza a preparar una lista de cualidades y características que podrías usar en tu poema.

C. Organizar.   Ahora organiza tus ideas. Usa un cuadro como el que sigue u otra manera de organizar tus ideas para el poema que prefieras. Usa un marcador para ayudarte a agrupar ideas similares o enumera (*ordena*) tus ideas en el orden en que piensas usarlas en tu poema.

Símbolos: Caminos	Imágenes: Idiomas
Van a todas partes.	Comunican con todo el mundo.

D. Primer borrador.   Escribe ahora la primera versión de tu poema. Tal vez quieras usar "Para volar" como modelo. Trata de usar palabras vivas y descriptivas que ayuden al lector de tu poema a "ver" lo que tú te imaginas. Dale un título apropiado a tu poema. Debe ser un título que sugiera la metáfora que piensas desarrollar.

E. Compartir.   Lee el poema de dos compañeros y que ellos lean el tuyo. Pídeles que hagan un breve resumen de tu poema para ver si lo entendieron. También pídeles sugerencias para hacerlo más claro y más efectivo. Haz el mismo tipo de comentario sobre sus poemas.

F. Revisar.   Haz cambios en tu poema a base de las sugerencias de tus compañeros. Luego, antes de entregarlo, dáselo a dos compañeros de clase para que lo lean una vez más. Esta vez pídeles que revisen la forma y la estructura. En particular, pídeles que te digan si has sido consistente en el uso de tu metáfora.

G. Versión final.   Escribe la versión final de tu poema incorporando las correcciones que tus compañeros de clase te indicaron. Presta mucha atención al formato. Piensa en la versión final como uno de varios poemas que se van a presentar en una sala de exhibiciones.

H. Publicar.   Cuando tu profesor(a) te devuelva tu poema, prepáralo para publicar. Escríbelo en una hoja de papel especial, 8½" x 14" o más grande. Luego dibuja varias imágenes visuales apropiadas (o usa dibujos de revistas) para ilustrar los símbolos o las imágenes de tu poema. Las ilustraciones pueden estar en el margen, todo alrededor del poema o en el fondo del poema. Entrega tu creación artística para que tu profesor(a) pueda usarla para decorar la sala de clase a principios del año próximo. Considera tu obra maestra un mensaje literario personal para una futura clase de estudiantes.

INTERNET
Taller de escritura
www.mcdougallittell.com

NUESTRO IDIOMA POR DENTRO

La gramática que vamos a aprender

¡LO QUE YA SABES!

A Kenneth y sus compañeros les han traído unos letreros para que los traduzcan del inglés al español. ¿Cómo los traducen?

Spanish Spoken Here

a. El español es hablado aquí
b. Aquí se habla español

Cars for Sale

a. Se venden carros
b. Carros para la venta

¿Se pusieron de acuerdo? Es que ya saben mucho sobre los usos impersonales de **se.** En esta sección lo vamos a estudiar con más cuidado.

8.1 EL SUSTANTIVO PERSONAL SE

Ya hemos estudiado todos los sustantivos personales, tanto de sujeto como de objeto. Nos queda por estudiar uno más, que no es ni de sujeto ni de objeto y que, por lo tanto, se puede usar para los dos: es el sustantivo personal **se.**

Ya hemos visto **se** usado como objeto, cuando no pudimos usar **le** y **lo** en el mismo evento. Pero **se** tiene otros usos, tanto de sujeto como de objeto.

El libro **se** lo entregamos a tu papá.	(**se** es objeto)
Carlos **se** lavó las manos.	(**se** es objeto)
En Belice **se** habla inglés.	(**se** es sujeto)

En la primera oración, usamos **se** porque **le** y **lo** nunca van a la misma fiesta.

En la segunda, resulta que el actor principal (el sujeto) es el mismo que el actor secundario. Los dos se refieren a la misma persona. El sustantivo **Carlos** se refiere al actor como sujeto, y el sustantivo personal **se** se refiere al mismo actor como objeto: Carlos se lavó sus propias manos —se las lavó a sí mismo.

En la tercera oración, **se** es el sujeto del verbo **habla.** En esta oración, el sustantivo personal **se** se refiere a un sujeto general, no especificado. Se trata de todas las personas que, en general, hablan inglés en Belice.

La gramática tiene un vocablo especializado para referirse a verbos cuando éstos se usan de manera que el sujeto y el objeto son los mismos. Los llama los usos *reflexivos* del verbo, o *verbos reflexivos*.

Se sólo indica la presencia de un actor

Lo más importante de entender sobre el sustantivo personal **se** es que dice muy poco. Es un sustantivo personal que indica que hay un actor, pero no dice nada sobre éste.

El sustantivo personal **se** no nos da ninguna información directa y positiva sobre si el actor al que se refiere es singular o plural, masculino o femenino. Se puede usar como sujeto, como objeto y, también muchas veces, como sujeto y objeto al mismo tiempo.

El sustantivo personal **se** tampoco indica género. No es ni masculino ni femenino (no existe un sustantivo personal *sa).*

> Carlos **se** lava.
> Mónica **se** lava.

Se tampoco indica número. No es ni singular ni plural (no existe un sustantivo personal *ses).*

> Carlos **se** lava.
> Los muchachos **se** lavan.

Así, **se** indica que hay un actor, pero no dice nada sobre él o ella.

Eventos en que el sujeto y el objeto son el mismo

Hay muchos verbos en que el sujeto y el objeto se refieren a dos actores diferentes. Pero a veces, estos verbos pueden referirse al mismo actor. Son verbos reflexivos.

> **Yo la** peino todas las mañanas.   (dos actores diferentes)
> **Yo me** peino todas las mañanas.   (el mismo actor)

En todos los casos en que el actor secundario es el mismo que el principal (en que el sujeto se refiere al mismo actor que el objeto), se usan los sustantivos personales normales de primera y segunda persona. Pero para la tercera persona se usa **se.**

> Yo **me** peino todas las mañanas.
> Tú **te** peinas todas las mañanas.
> Ella **se** peina todas las mañanas.

Fíjate que no es el verbo en sí que es reflexivo. El verbo **peinar** puede usarse con un objeto diferente al sujeto (**yo la peino**). Pero cuando el sujeto y el objeto del verbo son el mismo (**yo me peino, ella se peina**), se dice entonces que hay un verbo reflexivo, o un uso reflexivo del verbo.

UNIDAD 8

Eventos en que no importa la identidad del sujeto

Cuando no hace falta especificar la identidad de un actor principal, usamos un verbo con sujeto implícito o un sustantivo personal de sujeto.

> Llamó a la policía.
> **Ella** llamó a la policía.

Pero si queremos dar menos detalles todavía sobre quién llamó a la policía o si queremos indicar que no tiene ninguna importancia quien llamó, usamos **se** como sujeto.

> **Se** llamó a la policía.

Aquí **se** es el sujeto de **llamar**, pero es un sujeto sobre el que no sabemos nada. Todo lo que sabemos es que se hizo una llamada a la policía, sin ningún detalle más.

> La gramática usa un vocablo especializado para referirse a estos usos de **se.** Los llama los usos *impersonales*.

Este uso impersonal de **se** es muy corriente. Lo habrás oído muchas veces.

> **Se** puede ganar hasta $500 al mes.
> **Se** busca camarero.

En muchos casos, **se** en su uso impersonal aparece con verbos en plural, cuando se trata de un sustantivo plural.

> **Se** necesitan dos voluntarios.
> **Se** venden pantalones cortos.

El **se** impersonal se ve mucho en los anuncios comerciales.

> **Se** alquilan bicicletas.
> **Se** habla español.
> **Se** prohibe fumar.

A. Buenos días. ¿Qué pasa por la mañana en la casa de Felipe?

MODELO   todo / familia / despertarse / 6:00
Toda la familia se despierta a las seis.

1. primero / mamá / quitarse las piyamas / ponerse / bata
2. yo / bañarse / afeitarse / en el baño
3. todos / sentarse / a mesa / para desayunar
4. hermano / lavarse / cepillarse / pelo
5. hermanas / peinarse / en su cuarto
6. papá / tener que / lavarse / dientes / porque irse / 8:00

B. De vacaciones. ¿Cómo describe Leonor sus últimas vacaciones en una carta a su amiga Tomasita?

1. levantarse	4. arreglarse	7. sentarse	10. despedirse
2. salir	5. ponerse	8. divertirse	11. vestirse
3. bañarse	6. quemarse	9. caerse	12. acostarse

Cuando estábamos de vacaciones en la Florida, __1__ a eso de las diez de la mañana todos los días. Un poco después mis hermanos y yo __2__ al océano a jugar todas los mañanas. Mientras tanto mis papás __3__ y __4__ para el día. Antes de salir del hotel, mamá __5__ loción protectora para no __6__ en el sol. Entonces, los dos __7__ en la playa a mirarnos. Yo __8__ mucho jugando voleibol. Mis hermanitos querían jugar también pero siempre __9__ y mamá les decía que no. Después yo __10__ de mis amigos y todos volvíamos al hotel para __11__. Por la tarde, hacíamos muchas cosas diferentes, y cada noche __12__ cansados pero muy contentos.

C. ¡Es diferente! Carmen vive en El Paso pero acaba de regresar de un viaje a España. ¿Cómo describe la vida española?

MODELO   *Hablan* español con otro acento.
Se habla español con otro acento.

Por la mañana *desayunan* (1) y *van* (2) al trabajo o a la escuela. *Almuerzan* (3) en casa a las dos. Después de almorzar, *toman* (4) una siesta y *vuelven* (5) al trabajo. De noche, *pasean* (6) en las calles. *Cenan* (7) muy tarde y a veces *salen* (8) a ver una película después.

D. Anuncios. Estás leyendo los anuncios clasificados. ¿Qué dicen?

MODELO   ofrecer sueldos atractivos
Se ofrecen sueldos atractivos.

1. buscar mecánico	5. ofrecer entrenamiento gratis
2. requerir experiencia	6. solicitar secretarias bilingües
3. necesitar camareros	7. buscar operadores de teléfono
4. solicitar cajero	8. necesitar vendedora

E. Letreros. Al pasear por la ciudad, ves estos letreros. ¿Qué dicen?

> MODELO   alquilar / televisores
> **Se alquilan televisores.**

1. reparar / zapatos
2. comprar / neveras usadas
3. solicitar / pintor de casa
4. hablar / inglés
5. prohibir / fumar
6. alquilar / muebles

8.2 LA DIFERENCIA ENTRE FUNCIONAR Y TRABAJAR

En el español general, **trabajar** se usa en algunos casos como *work* en inglés, pero en otros no. En nuestra lengua local en EE.UU., muchas veces usamos **trabajar** con los sentidos de *work* en inglés. Pero aunque es bueno conocer bien y valorar siempre nuestra lengua vernácula, también conviene conocer el uso más general. (¿Qué es eso de "lengua vernácula"? Pues se refiere a la lengua del pueblo, de la comunidad.) Y ya verás que no es nada difícil aprenderlo.

Uso de **trabajar**

En español, **trabajar** es un evento cuyo actor principal es siempre un ser animado: una persona, un animal, una organización, o un grupo de personas o de animales.

> **Mi papá trabaja** en una fábrica de zapatos.
> **Los voluntarios** del Salvation Army **trabajan** en Navidad.
> **Los bueyes trabajan** en los arados de los países pobres.

Además, **trabajar** quiere decir hacer esfuerzo, gastar energías. En todos estos sentidos, **trabajar** en español se parece mucho a *work* en inglés.

> *My father **works** in a shoe factory.*
> *The Salvation Army volunteers **work** during Christmas.*
> *Oxen **work** the plows in poor countries.*

Uso de **funcionar**

Pero en inglés *work* se usa también en un sentido para el que **trabajar** se usa poco en el español general. En inglés, *work* se usa también para cuando algún aparato o sistema funciona bien, cuando cumple con lo que se esperaba de ese aparato o de esa solución:

> *This computer **works** better than the teacher's old 486.*
> *Putting this in alphabetical order **works** very well.*
> *We couldn't call. The phone wasn't **working**.*

Aunque en EE.UU. se usa mucho **trabajar** para estos casos, el uso general sería **funcionar**.

> Esta computadora **funciona** mejor que la del maestro.
> Ponerlos en orden alfabético **funciona** muy bien.
> No pudimos llamar. El teléfono no **funcionaba**.

PRÁCTICA

LECCIÓN

1

El aparato problemático. En el siguiente diálogo entre Mateo y Martín, llena los espacios en blanco con la forma apropiada de **trabajar** o **funcionar.**

Mateo: Oye, Martín, ¿cómo __1__ este aparato? ¿Se le echa la moneda primero, o se aprieta el botón?

Martín: No sé, pero te las tienes que arreglar tú solo, porque yo me he conseguido un puesto en una zapatería y me voy ahora mismo a __2__.

Mateo: ¿Cómo te conseguiste ese puesto? Ay, este trasto no __3__ para nada, ya se tragó mis monedas.

Martín: Me lo conseguí en la oficina de *Placement* que hay en la escuela. Llenas unos papeles y luego ellos te ayudan. Tienen un sistema que __4__ bien.

Mateo: Ay, caramba, mis monedas. ¿Tú crees que esta máquina __5__ si le doy unas patadas?

Martín: Claro, lo de las patadas siempre __6__ muy bien. Por cierto, ¿te interesaría __7__ en la misma zapatería que yo?

Mateo: Pues me encantaría, porque ando sin lana. Y ahora que este aparato no __8__ y se ha robado mis monedas, tengo más necesidad todavía de __9__, hermano.

Martín: Pues vete a lo del *Placement* en la escuela.

Mateo: No, qué va, eso del *Placement* no __10__.

Martín: Que te he dicho que sí, que a mí me ayudaron.

Mateo: Yo lo que quiero es __11__ en esa zapatería contigo, pero no quiero ir a esa oficina.

Martín: Pues tienes que ir. ¡Pero, bueno, mira, Mateo, el aparato __12__! ¡Ahí están tus monedas! Las patadas __13__. Me voy a __14__.

UNIDAD 8

8.3 ESCRIBIR CON CORRECCIÓN: J–G–H

Algo muy importante que debes saber para aprender a escribir con corrección en español es que la letra **h** no corresponde a ningún sonido. No suena nunca.

En las siguientes palabras, el primer sonido que se oye es el de la vocal. La **h** es una letra completamente silente. Cuando la veas, sabes que no se oye.

hoy	**h**asta	**h**uevo
hijo	**h**ora	**h**abilidad

Al ser una letra silente, la **h** del español es muy diferente de la del inglés. En inglés, la *h* suena casi siempre. En todas estas palabras, se oye el sonido de la *h*.

hit	*him*	*have*
house	*home*	*her*

El sonido que oyes en estas palabras en inglés *sí* se oye en español. Pero *no* se escribe con la letra **h.** En español, ese sonido de **/h/** generalmente se escribe con **g** o con **j.**

gente	gimnasia	jefe
gesto	girasol	joven
gemido	jabón	justicia
gitano	jarro	jueves

Así que ya sabes. Nunca escribirías palabras como **gente** o **jueves** con **h,** porque si los escribieras con **h,** no oirías ningún sonido al principio. Si quieres oír el sonido de **/h/,** las escribes o con **g** o con **j.** (Acuérdate que en la Unidad 6 estudiamos el sonido de **/g/,** como en las palabras **ganas, guitarra** y **guerra** en español, y como en las palabras *go* y *garden* en inglés.)

En algunos casos como **México, Oaxaca, Xalapa, Xemal,** el sonido **/h/** se representa con **x.** Estas palabras provienen del náhuatl u otros idiomas indígenas. Otras como **Ximena, Xirau, Xavier** provienen del español antiguo o del catalán. Este uso ha sobrevivido generalmente en nombres propios que hay que aprender de memoria.

La j ante a, o, u

El sonido de **/h/** se escribe casi siempre con la letra **j** delante de **a, o, u.**

jamás	**jo**ven	**ju**sticia
jabón	**jo**ya	**ju**icio
Jalisco	**jo**vial	**ju**nto
Jamaica	**Jo**sé	**ju**sto
traba**ja**	traba**jo**	**ju**ventud
bara**ja**	conse**jo**	**ju**ramento

Fíjate que delante de estas tres vocales, **a, o, u,** no podríamos usar la letra **g,** porque sonaría diferente: **ganas, gorra, gusto.**

La **g** y la **j** delante de **e, i**

Ante las vocales **e, i** el sonido **/h/** se escribe en algunos casos con **g** (**gente**, **escoger**) y en algunos casos con **j** (**jefe**, **ajedrez**). Por eso conviene aprenderse algunas reglas.

Para aprenderlas, hay que tener presente que las reglas para la **g** y la **j** delante de estas dos vocales funcionan de forma diferente en los sustantivos y en los verbos.

REGLAS PARA SUSTANTIVOS

> ### Regla Nº 1: Sustantivos en *-aje*
> La mayoría de los sustantivos que terminan en el sonido **-/ahe/** se escriben **-aje.** Hay muchos sustantivos muy corrientes en este grupo, y convendría que los conocieras bien.

vi**aje**	pas**aje**
gar**aje**	mens**aje**
tr**aje**	lengu**aje**

> ### Regla Nº 2: Sustantivos en *-gia, -gía*
> Con muy pocas excepciones, los sustantivos que terminan en **-/hia/** o en **-/hía/** se escriben **-gia** o **-gía.**

ma**gia**	ecolo**gía**
nostal**gia**	biolo**gía**
antolo**gía**	antropolo**gía**

La única excepción importante, sobre todo si se te descompone el carro, es la palabra **bujía.** ¿No conoces la palabra **bujía?** Pues las **bujías** son los aparatos que hacen que salte la chispa con que arrancan los motores de los automóviles y otros vehículos.

REGLAS PARA VERBOS

> ### Regla Nº 3: Verbos en *-jar*
> Para aprender a escribir bien la **g** y la **j,** hay que conocer bien los verbos terminados en **-jar,** algunos de los cuales son muy corrientes. En el infinitivo, y en varias personas de los otros tiempos, se escriben con **j.**

ba**jar**	ba**jé**
de**jar**	de**jé**
traba**jar**	traba**jé**
empu**jar**	empu**jé**
fi**jar**	fi**jé**
via**jar**	via**jé**

Regla Nº 4: Verbos en *-ger* y *-gir* Hay muchos verbos importantes que debes conocer. Se escriben en el infinitivo con **-ger** y **-gir.**

enco**ger**	corre**gir**
reco**ger**	diri**gir**
esco**ger**	exi**gir**
prote**ger**	fin**gir**

Algunas para aprenderse de memoria

Cuando te aprendas bien estas reglas, todavía te quedarán algunas palabras importantes con **g** y **j** que no caben dentro de ningún patrón y que hay que aprenderse de memoria.

Palabras corrientes con **g** que no siguen ningún patrón:

a**g**ente	ima**g**inación
a**g**itación	inteli**g**encia
án**g**el	ori**g**en
cole**g**io	pá**g**ina
generación	reli**g**ión
general	ur**g**ente
gente	vir**g**en
li**g**ero	

Palabras corrientes con **j** que no siguen ningún patrón:

a**j**eno	mu**j**er
calle**j**ero	ob**j**eto
conse**j**ero	su**j**eto
e**j**emplo	tar**j**eta
e**j**ército	me**j**illa
e**j**ercicio	extran**j**ero

◄ PRÁCTICA ►

Rompecabezas. En los verbos que hemos estudiado en **-jar,** como **trabajar,** la conjugación entera se escribe con la letra **j.** Pero en los verbos en **-ger** y en **-gir,** como en **recoger** y **dirigir,** la **g** del infinitivo se conserva en algunas personas de algunos tiempos, pero en otros cambia a **j.** ¿En qué tiempos cambia? ¿Por qué? Consíguete dos ayudantes. Conjuguen dos verbos de cada grupo en a) el presente de indicativo, b) el pretérito y el imperfecto de indicativo y c) el presente de subjuntivo. Expliquen en qué tiempos cambian, y por qué.

Taller del bilingüe

LAS PALABRAS CON G–J–H EN ESPAÑOL Y EN INGLÉS

La g y la j en español y en inglés

El inglés y el español son muy diferentes en cuanto a la ortografía de la **g** y la **j**. Hay muchas palabras afines que se escriben con *g* en inglés y con *j* en español. Tienes que fijarte bien, para que las escribas con corrección en los dos idiomas.

inglés	español
garage	garaje
voyage	viaje
massage	masaje
message	mensaje
percentage	porcentaje
language	lenguaje

La h en español y en inglés

La situación mejora un poco con la letra **h.** Aunque hay algunas excepciones importantes, hay muchísimas palabras que se escriben con **h** en los dos idiomas (aunque, claro, esa *h* en inglés suena a **/h/** y en español no suena). Conviene conocerlas bien en los dos idiomas.

inglés	español
history	historia
hospital	hospital
hotel	hotel
human	humano
Hispanic	hispano, hispánico
horizon	horizonte

◀ PRÁCTICA ▶

Las *h* silentes. Resulta que en inglés también hay algunas palabras que se deletrean con **h,** que son, como las del español, completamente silentes. ¿Quién puede pensar en tres de ellas? Algunas son muy corrientes. Las puedes oír a cualquier hora del día y de labios de personas de mucho honor. Cuando se te ocurran, escribe tres oraciones, una con cada una de ellas.

INTERNET
Prueba interactiva
www.mcdougallittell.com

La gramática que vamos a aprender

¡LO QUE YA SABES!

La conversación trata sobre un viaje a la República Dominicana que van a hacer Rosario y Altagracia. ¿Qué dicen?

a. El avión está saliendo a las 4:35.
b. El avión sale a las 4:35.

a. Nos estamos yendo mañana por la mañana.
b. Nos vamos mañana por la mañana.

¿Se pusieron de acuerdo? Seguro que algunos sí y otros no. Pues aquí vamos a estudiar este tipo de oraciones con más detenimiento. Ya verás que son muy interesantes.

8.4 LAS PERÍFRASIS VERBALES Y LOS GERUNDIOS

Perífrasis verbales

En casi todas las oraciones que hemos visto hasta ahora, el verbo se compone de una sola palabra. Pero muchas veces encontramos oraciones en que el verbo parece tener dos partes:

>Mamá, **queremos comer** antes de las ocho.
>Los de tercer año **pueden salir** sin pedir permiso.
>Veo que Susana **está hablando** con la visita.
>El maestro **anda quejándose** de que no hacemos la tarea.

> La gramática usa un vocablo especializado para referirse a estos verbos con dos palabras. La gramática llama a los verbos de dos palabras *perífrasis verbales*.

Sí, sí, ya sabemos que **perífrasis** es una palabra nueva, y casi un trabalenguas. Pero fíjate bien. Tú conoces la palabra **periscopio,** como el que hay en los submarinos, o en los miradores de las montañas o de los edificios altos. Es un aparato al que se le da *vueltas* según uno mira a todo su alrededor. También conoces la palabra **perímetro**, que es la parte de afuera de un terreno, la parte que le da la vuelta.

Bueno, pues ahí lo tienes. Las palabras con **peri-** todas tienen que ver con algo que da la vuelta. ¿Y la **perífrasis?** Pues es una *frase* que le da la vuelta al verbo. En vez de **comemos, queremos comer,** y en vez de **salen, pueden salir.** Una frase que da la vuelta. Una perífrasis.

La primera parte de la perífrasis

Hay muchas palabras que pueden usarse en la primera parte de una perífrasis verbal. Pero las más corrientes son **poder, deber, querer, andar, ir.** Y otra más, **estar,** que vamos a estudiar en esta lección.

Perífrasis con infinitivo

En las perífrasis verbales, la segunda palabra puede ser un *infinitivo,* como los que estudiamos en la Unidad 2.

> Mario y Diego **quieren comprar** un carro antes de fin de año.
> Ella **debe saber** que Carlos no va al trabajo hoy.

Acuérdate que los infinitivos no indican ni persona ni tiempo. En las perífrasis verbales en las que la segunda palabra es un infinitivo, el tiempo y la persona se indican en la primera palabra.

> Mario y Diego **quieren** comprar un carro antes de fin de año.
> Mario y Diego **querían** comprar un carro antes de fin de año.

> Ella **debe** saber que Carlos no va al trabajo hoy.
> Nosotros **debemos** saber que Carlos no va al trabajo hoy.

Fíjate que el infinitivo no ha cambiado, pero que ha habido un cambio de tiempo, de **quieren** a **querían,** y un cambio de persona de **debe** a **debemos.**

Perífrasis con gerundios

Además de perífrasis verbales en las que la segunda palabra es un infinitivo, hay perífrasis verbales en las que la segunda parte la constituye la forma del verbo que termina en -**ando,** -**iendo** o -**yendo.**

> Mateo **anda diciendo** que tú no vas a ir a la universidad.
> Los niños **están haciendo** la tarea; déjalos tranquilos.

> La gramática usa un vocablo especializado para referirse a estas formas del verbo como **diciendo** y **haciendo.** Las llama los *gerundios.*

Los gerundios, igual que los infinitivos, no indican ni tiempo ni persona.

Al igual que en las perífrasis verbales con infinitivos, en las perífrasis verbales con gerundios, la primera palabra es la que cambia de tiempo y de persona.

> Mateo **anda** diciendo que tú no vas a ir a la universidad.
> Mateo **andaba** diciendo que tú no ibas a ir a la universidad.

> Los niños **están** haciendo la tarea; déjalos tranquilos.
> El niño **está** haciendo la tarea; déjalo tranquilo.

Fíjate que **diciendo** y **haciendo** no han cambiado. Pero ha habido un cambio de tiempo de **anda** a **andaba** y un cambio de persona de **están** a **está.**

LECCIÓN 2

Las formas del gerundio

El gerundio tiene dos formas, una para los verbos de la primera conjugación (**-ando**) y otra para los de segunda y tercera conjugación (**-iendo**).

El gerundio se forma eliminando la terminación del infinitivo y añadiendo -**ando** o -**iendo** a la raíz.

cant**ar:**   cant**ando**
com**er:**   com**iendo**
viv**ir:**   viv**iendo**

Cuando la raíz de un verbo de segunda o tercera conjugación termina en una vocal, la terminación del gerundio, en vez de -**iendo**, es -**yendo**.

le**er:**   le**yendo**
cre**er:**   cre**yendo**

Las perífrasis con **estar** + gerundio

Una de las perífrasis verbales más importantes, y que conviene conocer bien, es la que se forma con **estar** + *gerundio,* como **están haciendo.**

¿Qué **están haciendo? Estamos hablando** larga distancia con Bogotá.
Estoy pensando que a lo mejor deberíamos salir ahora mismo.

La perífrasis de **estar** + *gerundio* se usa para eventos que suceden justo en el momento en que se habla.

¿Qué **estás haciendo? Estoy leyendo,** no me molestes.

La perífrasis de **estar** + *gerundio* se parece un poco a algunas de las perífrasis del inglés, pero no son iguales. Ya vamos a ocuparnos de esto más adelante.

◀ PRÁCTICA ▶

A. ¿Cómo están pasando la tarde? Dinos cómo están pasando la tarde estas personas. ¿Qué están haciendo en este momento?

MODELO   Joaquín / jugar fútbol
         Joaquín está jugando fútbol.

1. Gregorio / estudiar
2. tú / jugar con los niños
3. Marcos / practicar el piano
4. Dolores y yo / ver la tele
5. Paco y Rafael / escuchar música
6. Clara / escribir un poema
7. Papá / preparar la comida
8. mi primo / leer una novela
9. Inés / pasear en bicicleta
10. nosotros / correr en el parque

B. **¿Qué están haciendo todos?** Tu abuelo ha llamado y quiere saber qué está haciendo todo el mundo. ¿Qué le dices?

MODELO   Mi hermano ____ (escuchar) discos compactos.
         Mi hermano está escuchando discos compactos.

1. Mi otro hermano ____ (tocar) el piano.
2. Mi hermanita Elena ____ (escribir) una carta.
3. Mi hermana ____ (hacer) gimnasia.
4. Mi padrastro ____ (limpiar) la casa.
5. Mis primos, Javier y Jorge, ____ (ver) la tele.
6. Mi mamá ____ (leer) una revista.
7. Mi tía Isabel ____ (preparar) la comida.
8. Yo ____ (hablar) con usted.

C. **¿Qué están haciendo?** Estás mirando a la gente en el parque. Di lo que están haciendo.

MODELO   Nora / cantar
         Nora está cantando.

1. tú / sacar fotos
2. un señor / hacer ejercicio
3. dos muchachas / comer sándwiches
4. tres señoritas / discutir el chisme
5. unos niños / correr
6. mis amigos / escuchar la radio
7. una policía / caminar por el parque
8. mamá y yo / mirar la gente
9. una señora / leer un libro
10. un muchacho / jugar con su perro

D. **En la escuela.** Mario se encamina a la oficina del director. ¿Qué observa cuando va por los pasillos?

MODELO   profesor / biología / escribir / pizarra
         El profesor de biología está escribiendo en la pizarra.

1. profesora / matemáticas / explicar / problema
2. clase / español / mirar / video
3. estudiantes / inglés / leer / lección
4. clase / educación física / hacer ejercicio
5. estudiantes / economía doméstica / preparar / comida
6. estudiantes / computación / trabajar / mucho
7. estudiantes / francés / aprender / mucho
8. secretaria / hablar / por teléfono

E. **Todos están ocupados.** Son las 7:00 de la tarde. ¿Qué está haciendo la familia de Raúl Romano?

EJEMPLO   sus hermanos
Sus hermanos están escuchando música.

1. su mamá

2. sus hermanos

3. su primo

4. su hermana y él

5. sus abuelos

6. su tío Paco

8.5 LA DIFERENCIA ENTRE QUERER Y GUSTAR

En español hay dos verbos, **querer** y **gustar,** los cuales se parecen mucho entre sí, pero son distintos, y que conviene aprender a usar bien. Los dos se traducen muchas veces al inglés por *like.* Y por eso, a veces los confundimos. Pero es bueno distinguirlos.

Usos de **querer**

Querer se refiere, en muchos contextos, al sentimiento de cariño, como el que sienten entre sí los padres y los hijos, los hermanos, los matrimonios, los enamorados, etc.

El Sr. León **quiere** mucho a su mujer.
Alfredo y Alejandro discuten bastante, pero aún se **quieren** mucho.

Pero **querer** también se refiere a lo que dicta nuestra voluntad, a lo que tenemos deseos de hacer. Por eso se usa para expresar nuestros planes, nuestras intenciones. En este sentido, **querer** se parece no sólo al inglés *like* sino también al inglés *want*.

> Los hijos del Sr. Buendía **quieren** volver al pueblo.
> Carlos **quiere** volver a leer ese libro.

Usos de **gustar**

Gustar, a diferencia de **querer,** se refiere a las cosas que nos dan placer, que nos dan gusto, como la comida, las buenas películas, los buenos amigos, etc.

> Al muchacho de Venezuela le **gustaron** muchísimo los tacos mexicanos.
> La música caribeña es la que más me **gusta** bailar.

Para usar estos dos verbos, conviene fijarse en que los sujetos y objetos de estos verbos funcionan de manera diferente.

El verbo **querer** y su sujeto

Con **querer,** la persona que siente el cariño en el evento del verbo es el sujeto del verbo, o sea, su actor principal. El verbo **querer,** por lo tanto, concuerda en persona con ese sujeto que siente el cariño.

> Yo **quiero** a mis padres.
> María y Susana **quieren** a sus hermanos.

Con estas dos oraciones, los sujetos de **querer** son **Yo** y **María y Susana,** que son las personas que sienten el cariño. Por eso, el verbo es **quiero** en la primera oración, pero **quieren** en la segunda. Además, los objetos directos en estas oraciones son **mis padres** y **sus hermanos,** que reciben el efecto de **querer.**

El verbo **gustar** y su sujeto

Con **gustar** sucede todo lo contrario. La persona que siente el gusto no es el sujeto del verbo, sino su objeto. El sujeto del verbo es aquello que produce el gusto. Por lo tanto, el verbo concuerda en persona con el objeto que produce el gusto.

> A Carlos le **gusta** la comida.
> A Carlos le **gustan** las carreras de automóviles.

Aquí el sujeto del verbo **gustar** no es Carlos, sino **la comida** y **las carreras de automóviles.** Por lo tanto el verbo cambia de **gusta (la comida)** a **gustan (las carreras).**

Fíjate bien que **Carlos** no es el sujeto de estas oraciones. Es el objeto indirecto. (En estas oraciones, como en tantas otras con objeto indirecto, hay refuerzo con **le.**) Veamos otro ejemplo.

> La música caribeña le **gusta** mucho a Carlos.
> Las arepas le **gustan** mucho a Carlos.

LECCIÓN 2

Aquí el sujeto del verbo es, en la primera oración, **la música caribeña** y, en la segunda, **las arepas.** Y ya que el verbo concuerda con el sujeto, el verbo cambia de **gusta** a **gustan. Carlos** es, otra vez, el objeto indirecto.

El verbo **encantar**

Encantar quiere decir algo parecido a **gustar,** sólo que de forma un poco más intensa. Funciona como **gustar** en cuanto al sujeto y al objeto indirecto.

> La música **caribeña** me **encanta.**
> Me **encantan** las arepas.

Así que presta atención. Ten cuidado de no confundir **querer** (lo que sientes deseo de hacer) y **gustar** y **encantar** (lo que te da gusto o placer). Aunque a veces se traduzcan los dos por el inglés *like*, son distintos, y es bueno aprender a usarlos bien.

◀ PRÁCTICA ▶

A. **La salida del cine.** En el siguiente diálogo, en el que Carmen se encuentra con Irene a la salida del cine, llena los espacios en blanco con la forma apropiada de **querer** o **gustar.**

Carmen: ¡Irene! ¡Irene! ¡Qué bueno que te encuentro! ¿Qué te pareció la película? ¿Te __1__? A mí me encantó. __2__ verla otra vez. Me __3__ mucho la actuación de ese actor.

Irene: A mí también me __4__ mucho. Pero no puedo quedarme, tengo mucha prisa. Le dije a mi hermano Luis que nos encontraríamos en la cafetería de la esquina porque __5__ tomar un helado. A mí me __6__ mucho los helados de coco que hacen allí. ¿Te __7__ a ti el coco?

Carmen: Pues la verdad es que nunca he probado el helado de coco. Pero de todos modos, te acompaño. __8__ conocer a Luis. A todas las chicas con quienes hablo les __9__ mucho Luis. ¡Y tal vez Luis les __10__ más que el actor de cine!

B. **¿Te gusta?** ¿Cuáles de estas actividades te gustan y cuáles no? ¿Hay algunas que te encantan?

MODELO   correr
> **Me gusta correr.**
> o
> **No me gusta correr.**
> o
> **Me encanta correr.**

1. limpiar la casa
2. hacer la tarea
3. viajar
4. trabajar
5. bailar
6. escribir poemas
7. ir al cine
8. hablar por teléfono

C. **Actividades favoritas.** Éstas son las actividades favoritas de ciertas personas. ¿Qué puedes decir tú de las personas y sus actividades favoritas?

MODELO   a Roberta: tocar la guitarra
A Roberta le encanta tocar la guitarra.

1. a Toni: asistir a conciertos
2. a Ernesto y a mí: preparar la comida
3. a Andrea: llevar ropa elegante
4. a todos nosotros: escuchar música
5. a Elisa y a Víctor: practicar los deportes
6. a mamá: ver televisión
7. a mí: ir a fiestas
8. a ti: pasear en bicicleta

D. **Siempre de moda.** Hortensia siempre lleva ropa muy elegante y siempre dice lo que piensa de la ropa de los demás. ¿Qué piensa de esta ropa?

MODELO   pantalones morados

Le gustan esos pantalones morados.

sudadera marrón
No le gusta esa sudadera marrón.

1. camisa anaranjada

2. calcetines verdes

3. suéter rojo

4. zapatos blancos

5. chaqueta azul

6. sombrero negro

7. traje amarillo

8. camisetas rosadas

LECCIÓN 2

8.6 ESCRIBIR CON CORRECCIÓN: R-RR

Dos letras muy importantes que hay que aprender a escribir correctamente en español son la **r** y la **rr.** Estas dos letras corresponden a dos sonidos vibrantes, uno de vibración sencilla, y otro de vibración múltiple.

> Él acaba de llegar aho**r**a.
> Él se gasta todo su dinero, no aho**rr**a nada.

Queremos decir que en el sonido de aho**r**a se oye una sola vibración, mientras que en el de aho**rr**a se oyen varias vibraciones (*múltiples* quiere decir *varios* o *muchos*).

En la pronunciación de estos sonidos hay mucha variación dialectal, o sea, estos dos sonidos se pronuncian de maneras muy diferentes en las distintas zonas de habla española en Latinoamérica, España y Estados Unidos. Pero con algunas excepciones que ya vamos a señalar, todos los hablantes tienen dos sonidos distintos, uno vibrante sencillo y otro múltiple. Así que, aunque la pronunciación varía mucho, siempre hay dos sonidos que se pueden distinguir uno del otro.

Reglas para escribir r y rr

Las reglas para escribir **r** y **rr** son muy fáciles. Lo único que tienes que hacer es escuchar bien, a ver si estás oyendo una vibrante sencilla o múltiple. Una vez que te has fijado bien en lo que estás oyendo, hay dos reglas muy claras.

> **Regla N° 1**   Cuando oigas el sonido de vibrante sencilla, lo escribes siempre con **r**, sin ninguna excepción:

aho**r**a   ca**r**a   co**r**o   sali**r**   b**r**azo

> **Regla N° 2**   Cuando oigas el sonido de vibrante múltiple, escríbelo con **rr** entre vocales y con **r** en todos los demás lugares de la palabra.

Entre vocales con **rr:**   aho**rr**a, ca**rr**o, go**rr**a, to**rr**e
Todos los demás con **r:**   **r**opa, **r**oto, **r**ana, hon**r**ado

Fíjate bien. El sonido de **carro, gorra** es el mismo sonido vibrante múltiple de **ropa, rana** y **honrado.** Pero ese sonido sólo se escribe con **rr** entre vocales. En todos los demás casos se escribe con **r,** aunque sea múltiple.

Las palabras más frecuentes

Aunque ya sabes las reglas, conviene también aprenderse de memoria algunas palabras muy corrientes que tienen estos sonidos. Aquí te hacemos unas listas, para que las estudies con cuidado.

Vibrante sencilla, siempre con *r*		
cara	coro	toro
hora	pero	puro
cero	varios	horario
calendario	madera	estera
fuera	manera	tranquilo
agrio	brazo	arma
corto	puerta	parar
amparar	arar	cantar
comer	vivir	hablar
decir	ver	ser

Vibrante múltiple con *rr* entre vocales		
aburrido	arriba	arroyo
barrio	burro	carro
corral	correo	corrida
desarrollo	destierro	error
entierro	ferrocarril	guitarra
herramienta	narración	terror
párrafo	parroquia	sierra
serrano	terraza	tierra
terreno	torre	agarrar
arrancar	borrar	cerrar
derramar	derrotar	ocurrir
recorrer	correr	barrer

Vibrante múltiple con *r*, si no está entre vocales		
rama	ropa	risa
ruso	rojo	roto
Ricardo	Roberto	honrado
Enrique	roble	redondo

Los pretéritos

Hay algunas palabras en las que a veces nos confundimos, y ponemos una **d** cuando en realidad es una **r**. Así que ten cuidado. Fíjate, la palabra se escribe **entero,** nunca *entedo*. Y **caro,** nunca *cado*.

En esto tienes que tener especial cuidado con los pretéritos, que son siempre con **r** y nunca con **d.** Escribimos **cantaron, compraron, vivieron,** nunca *cantadon, compradon, viviedon*.

La r y la l al final de la sílaba

En algunas variantes populares del español, la **r** al final de sílaba no se pronuncia como una vibrante, sino como una **/l/.** Es importante fijarse que en estos dialectos, la diferencia entre los dos sonidos que estamos estudiando sigue existiendo. O sea, **ropa** se pronuncia de forma diferente de **puerta,** como en todas partes. La única diferencia es que en **puerta** el sonido que se escribe con **r** se pronuncia con **/l/.**

Entre estos hablantes, las palabras con **r** y con **l** al final de sílaba suenan igual, las dos con **/l/.** Así que conviene fijarse bien en estas palabras, para escribirlas siempre con corrección.

alma	calma	colmo	colmillo
colmena	arma	carta	corto
puerta	creer	morder	saber
decir	preguntar		

La -r al final de los infinitivos

En otras variantes populares del español, la **-r** final de palabra, sobre todo en los infinitivos, termina con el sonido de una vocal, no con el sonido de **/-r/.** Así que hay que poner especial cuidado en los infinitivos, que siempre terminan con **/-r/.**

cantar	comer
vivir	soñar
querer	subir

◀ PRÁCTICA ▶

¡A volar! En el "Himno a los pájaros" de Alfonsina Storni y "Para volar" de Francisco X. Alarcón, hay muchas palabras que se escriben con **r** y con **rr,** según las reglas que hemos visto aquí. Busca cinco palabras que sigan cada una de las reglas, y copia el verso en que aparecen.

Taller del bilingüe

LAS PERÍFRASIS VERBALES EN INGLÉS Y EN ESPAÑOL

En inglés hay perífrasis verbales, igual que en español. La perífrasis que hemos estudiado en esta lección, la de **estar** + *gerundio,* se parece un poco a la perífrasis que se forma en inglés con el verbo *to be* y las formas del verbo que terminan en *-ing,* por ejemplo, *is going.*

Esa perífrasis en inglés se llama el *present progressive.* Ese término a veces se usa en los EE.UU. para referirse a la perífrasis de **estar** + *gerundio,* a la que por eso se le llama el presente progresivo. Pero, hay algunas diferencias importantes entre el *present progressive* del inglés y la perífrasis de **estar** + *gerundio* en español.

En español, la perífrasis se usa sólo para eventos que suceden en el momento en que se habla. Estas oraciones se traducirían por el *present progressive* del inglés.

> Veo que los de séptimo grado ya **están saliendo.**
> *I see that the seventh-graders **are leaving** already.*

Pero hay muchos eventos, que aunque suceden también en el mismo momento en que se habla, no se describen necesariamente por medio de la perífrasis en español:

> —¿Qué **hace** Carlos parado allí en la puerta?
> —**Habla** con sus amigos.
>
> —Por favor, ¿usted **entra** o **sale?**
> —No, yo **salgo,** pase, pase usted.

Fíjate que estos eventos suceden en el mismo momento en que se habla, pero usan el presente de indicativo en vez de la perífrasis (o sea, no se dice necesariamente **¿Qué está haciendo Carlos?** ni tampoco **¿Ud. está entrando o saliendo?**, aunque en inglés sí se diría *What's Carlos doing?*, *Are you coming in or going out?*).

Si estás esperando un ascensor y se abren las puertas, pero no hay indicación de la dirección en que va el ascensor, casi siempre se pregunta **¿Sube o baja?** usando el presente de indicativo, no la perífrasis **estar** + *gerundio*. Otra vez, el español es en esto diferente del inglés, en que sí se diría, *Going up or down?*

Los verbos **ir** y **venir** se usan mucho en el presente del indicativo y muy poco con la perífrasis en español, aunque sí se usan mucho en inglés.

> No, no podemos hablar contigo ahora porque **vamos** a clase.
> *No, we can't talk to you now because we **are going** to class.*
>
> Sí, sí, estoy seguro de que él **viene** a las 8 P.M.
> *Yes, I'm sure he's **coming** at 8 P.M.*

PRÁCTICA

Una sola perífrasis. De estas cinco oraciones del inglés, sólo una se traduciría al español por la perífrasis **estar** + *gerundio.* ¿Cuál es? ¿Cómo traducirías las demás?

1. When does the plane land? It's landing in five minutes.
2. When is he coming? My brother is coming to see me tomorrow.
3. They are announcing the winners during third period.
4. Can you see anything from there? Yes, they are exchanging pennants.
5. We are starting the new cycle in two weeks.

INTERNET
Prueba interactiva
www.mcdougallittell.com

LECCIÓN 3

La gramática que vamos a aprender

¡LO QUE YA SABES!

Cecilia y Rosaura llegan al mercado principal de la ciudad a hacer unas compras que hacen falta para el banquete que organizan en la escuela. ¿Qué dicen?

    a. ¿Quién son esos muchachos que están en la oficina del mercado?
    b. ¿Quiénes son esos muchachos que están en la oficina del mercado?

    a. ¿Cuántas libras de arroz hay que comprar?
    b. ¿Cuántos libras de arroz hay que comprar?

¿Se pusieron de acuerdo? Seguro que sí. Pues es porque tienen un conocimiento tácito de cómo se usan los *interrogativos* en español. ¡Los vamos a estudiar aquí!

8.7 PARA HACER PREGUNTAS

Confirmaciones, **sí** o **no**, y entonación

Hay varias maneras de hacer preguntas en español. Tres muy comunes son confirmar, afirmar o negar, y usar la entonación.

CONFIRMACIONES

Muchas veces hacemos una pregunta sólo para confirmar lo que ya sabemos, o lo que estamos casi seguros que sabemos. En español hacemos esas preguntas añadiendo las palabras **¿verdad?** o **¿no?**, o frases como **¿no es cierto?**

> Eres de Ecuador, **¿no?**
> Este libro es muy interesante, **¿verdad?**
> Él no es muy fuerte, **¿verdad?**
> Querían que se los revisara, **¿no es cierto?**

SÍ O NO

Una segunda clase de preguntas muy frecuentes la constituyen las que hacemos para que nos respondan **sí** o **no.** El orden de las palabras en este tipo de pregunta varía bastante. El más normal en la lengua escrita consiste de verbo al principio, con el sujeto u omitido, o al final.

Con sujeto	Sin sujeto
¿Llegó Carlos ayer?	¿Llegó ayer?
¿Ya están listos todos?	¿Ya están listos?
¿Está bien usted?	¿Está bien?
¿Te gusta la clase de inglés?	¿Te gusta?

Pero fíjate que estas preguntas también pueden llevar las palabras en orden distinto. En esto también hay alguna variación dialectal y mucha variación de individuo a individuo y de un contexto a otro.

ENTONACIÓN

Muchas veces, el orden en las preguntas puede ser el mismo que la oración cuando no es una pregunta. La entonación en la lengua hablada y los signos de interrogación en la lengua escrita son suficientes para indicar que se trata de una pregunta.

> ¿Carlos llegó ayer?
> ¿Ya todos están listos?
> Y la clase de inglés, ¿te gusta?

Interrogativos

Tal vez las preguntas más comunes son las que se hacen para obtener información. Para éstas, se usan palabras como **¿qué?, ¿cuál?, ¿dónde?** Fíjate que éstas se parecen a los relativos, sólo que, para hacer preguntas, estas palabras siempre llevan acento escrito.

> La gramática tiene un vocablo especializado para referirse a estas palabras que se acentúan y se usan para hacer preguntas. Como grupo los llama *interrogativos*.

Algunos interrogativos tienen una sola forma, sin variación de género o número.

> **¿Qué** te dijo la hermana de Raúl?
> **¿Qué** te dijeron los hermanos de Raúl?
>
> **¿Dónde** está la tienda?
> **¿Dónde** están las tiendas?
>
> **¿Adónde** va mañana?
> **¿Adónde** van mañana?
>
> **¿Cuándo** se gradúa tu hermana?
> **¿Cuándo** se gradúan tus hermanos?
>
> **¿Cómo** supiste que María Teresa se mudaba?
> **¿Cómo** supiste que los Núñez se mudaban?
>
> **¿Por qué** no quiere construir el gimnasio?
> **¿Por qué** no quieren construir el gimnasio?

Otros interrogativos tienen dos formas, una para el singular y otra para el plural.

> **¿Quién** es tu tía favorita?
> **¿Quiénes** son esas muchachas?
>
> **¿Cuál** es tu abuelo?
> **¿Cuáles** son tus clases favoritas?

LECCIÓN 3

El interrogativo **¿cuánto?** tiene una sola forma cuando no modifica ningún sustantivo.

> **¿Cuánto** es?
> **¿Cuánto** cuestan esos guantes?

Pero cuando el interrogativo **¿cuánto?** aparece modificando a un sustantivo, hace lo mismo que cualquier adjetivo y concuerda con el sustantivo en género y número.

> **¿Cuánto** helado quieres?
> **¿Cuántos** estudiantes hay?

> **¿Cuánta** tarea tienes?
> **¿Cuántas** horas practicas?

PRÁCTICA

A. La nueva escuela. ¿Qué quiere saber el nuevo estudiante que acaba de llegar a la escuela?

MODELO   La clase de álgebra es a las ocho.
¿Es a las ocho la clase de álgebra?

1. La señora Martínez es la profesora.
2. El gimnasio está cerca de la cafetería.
3. El almuerzo es al mediodía.
4. La clase de español es por la tarde.
5. La clase de computación es difícil.
6. Roberto está en la clase de español.
7. Sara trabaja después del colegio.
8. Los estudiantes escriben muchas composiciones.

B. ¿Qué le pregunta? Estás en casa de un amigo y oyes pedazos de una conversación telefónica que tu amigo tiene. Decide qué fue lo que le preguntaron, escogiendo el interrogativo que mejor corresponda.

MODELO   ¿Qué / **Cómo** estás?   Bien, gracias, ¿y tú?

1. ¿*Dónde / Adónde* estás?   Estoy en mi cuarto.
2. ¿*Cómo / Cuál* está tu mamá?   ¿Mamá? Bien, muy bien. Pero no es posible hablar con ella ahora.
3. ¿*Qué / Por qué?*   Porque ella y papá no están aquí.
4. ¿*Quién / Quiénes* están en casa?   Mis hermanos, Julio, Manuel y yo.
5. ¿*Cómo / Cuáles* están todos?   Todos están bien pero Julio está un poco enfermo.
6. ¿*Qué / Cuál* tiene?   Tiene indigestión. No es serio.
7. ¿*Cuánto / Cuándo* regresan tus padres?   A las 9:30 o las 10:00 de la noche.

C. ¿Una boda? Una persona que quiere informarse más sobre una boda hace las preguntas de la izquierda. Mira las respuestas en la columna de la derecha, y luego completa las preguntas de la columna de la izquierda con un interrogativo.

1. ¿____ es la boda?   Es el sábado por la tarde.
2. ¿____ es?   En casa de la novia.
3. ¿____ es la dirección?   Es 733 Camino del Rey.
4. ¿____ se llama la novia?   Cristina Salas.
5. ¿____ es el novio?   Gustavo Díaz Ortiz.
6. ¿____ invitados van a la boda?   Más de cien.
7. ¿____ van a servir?   Mucha comida y bebidas.
8. ¿____ van a la boda?   Todos los amigos de los novios.
9. ¿____ es el baile?   A las ocho y media.
10. ¿____ van los novios después   Al Caribe.
     de la boda?

D. Un nuevo amigo. Acabas de conocer a un nuevo amigo. ¿Qué preguntas le haces?

MODELO   ¿**Cómo** te llamas?

1. ¿____ vives?
2. ¿____ años tienes?
3. ¿____ hermanos tienes?
4. ¿____ clases tienes, seis o siete?
5. ¿____ tienes inglés, por la mañana o por la tarde?
6. ¿____ es tu profesor de español, el señor Gustavo o la señorita Fowler?
7. ¿____ vas a hacer después de las clases?
8. ¿____ vas a estudiar, en casa o en la biblioteca?

E. ¿Qué escuchas? En el autobús, oyes pedazos de las conversaciones de los otros pasajeros. Empareja las respuestas en la columna de la derecha con las preguntas de la columna de la izquierda.

MODELO   ¿Cuál es tu número de teléfono?
          Es el 7–32–75–46.

1. ¿Dónde está?   a. No me gusta.
2. ¿Cuántos tienes?   b. Ernesto.
3. ¿Qué es eso?   c. Tengo un examen mañana.
4. ¿Cómo se llama?   d. En la clase de historia.
5. ¿Cuándo quieres ir?   e. A casa.
6. ¿Quién es?   f. Catorce dólares.
7. ¿Por qué no lo comes?   g. Tengo tres hermanos.
8. ¿Cuánto cuesta?   h. Mañana a las ocho.
9. ¿Adónde va?   i. Un lápiz.
10. ¿Cuáles son?   j. Es mi madrastra.
11. ¿Por qué estudias?   k. Son enero, febrero y marzo.

8.8 LA DIFERENCIA ENTRE TRATAR Y PROBAR

El verbo **tratar** en español nos recuerda mucho al verbo *try* en inglés. Efectivamente, en algunos casos, se usan de forma parecida. Pero en muchos otros casos, en español se usa **probar** cuando en inglés se usa *try*. Aquí vamos a ver dos usos importantes.

El verbo **tratar**

Tratar se usa en español para algo que requiera verdadero esfuerzo. Y se usa mucho con **de**.

> Francamente, **tratamos de** convencerlo pero no pudimos.
> *Frankly, we **tried** to convince him but we couldn't.*

> **Tratamos de** entrar por la puerta de atrás pero no pudimos.
> *We **tried** to go in through the back door but we couldn't.*

El verbo **probar**

Probar se usa para cuando uno realiza una actividad de forma experimental, sin que requiera necesariamente un esfuerzo especial.

> **Prueba** estos frijoles negros; están riquísimos.
> *Try these black beans; they're delicious.*

> Bueno, no digas que no vas a ir. **Prueba** hoy y mira a ver si te gusta.
> *Well, don't say you won't go. **Try** it today and see if you like it.*

Hay muchos otros casos en que en inglés se usa *try* pero que en español se usa **probar.** Trata de no confundirte.

PRÁCTICA

¿Probar o tratar? Carlos y Felipe salen de un restaurante puertorriqueño en Nueva York. Llena los espacios en blanco usando **probar** o **tratar.**

Felipe: ¿__1__ eso que se llama mofongo?

Carlos: Sí, no me gustó para nada. __2__ de tragármelo. Le eché un poco de sal, y luego azúcar. Pero nada. Por mucho que __3__ de mejorarlo, no pude.

Felipe: Ya ves, y a mí me gustó. Pero a mí me gusta mucho __4__ comida nueva. Es más, siempre ando __5__ cosas nuevas. Siempre __6__ de vivir nuevas aventuras.

Carlos: Pues para mí las aventuras no consisten de comida. Por ejemplo, si pudiera, yo __7__ de ir a una escuela nueva, o inclusive __8__ de vivir en otro país. Pero para comida, no hay nada como las hamburguesas.

Felipe: ¡Ay, Carlos! ¿Me quieres decir que tampoco __9__ lo que cocinan tus parientes mexicanos?

Carlos: Siempre __10__ de que la comida mexicana me guste, pero la verdad es que no hay nada como las hamburguesas y la pizza.

8.9 ESCRIBIR CON CORRECCIÓN: LL-Y

Cuando escribimos, las letras **ll** e **y** son un poco difíciles de distinguir, pues la mayor parte de los hispanohablantes las pronunciamos igual. Para casi todo el mundo, **haya** suena igual que **halla**, y **calló** suena igual que **cayó**. (Hay alguna variación dialectal en partes de España y Sudamérica, pero en casi todas partes son iguales.)

Palabras problemáticas

Ya que suenan igual, hay que aprenderse muchas palabras de memoria. A continuación te ponemos algunas de las más problemáticas.

YA Y YO

Ya sabes que las palabras **ya** y **yo** se escriben con **y**.

> **Ya yo** sabía que Uds. venían en metro. Carlos me lo dijo.

HAYA Y HALLA

Haya y **halla** son dos palabras importantes que tienes que saber escribir.

> No creo que **haya** venido en metro. Dice que le tiene miedo.
> Va a regresar a México. Dice que no se **halla** a gusto aquí.

LLEGAR Y LLAMAR

Y también sabes que los verbos **llegar** y **llamar** se escriben con **ll.**

> Tus padres **llamaron** esta mañana. Dicen que **llegan** a las 9:30.

CAYÓ Y CALLÓ

Sabes que el pretérito del verbo **caer** es diferente que el del verbo **callar.**

> Mi hermana se **cayó** de una escalera y se fracturó la rodilla.
> Habla hasta por los codos. No se **calló** desde que llegó hasta que se fue.

Verbos con conjugaciones problemáticas

Ciertos verbos tienen conjugaciones que, debido a su deletreo con **y** o **ll,** pueden resultar problemáticos. Veamos los más comunes aquí. Hay que aprender a escribir tanto la **y** como la **ll.** No puedes huirle al problema.

VERBOS TERMINADOS EN -UIR

Los verbos **huir, construir, destruir** y unos cuantos más usan mucho la **y** en varios de los tiempos. Por ejemplo, hay varias formas con **y** en el presente de indicativo.

> Yo no le **huyo** a los problemas.   **construyo, destruyo**
> Tú tampoco le **huyes** a los problemas.   **construyes, destruyes**
> El gato le **huye** al agua.   **construye, destruye**
> Ustedes **huyen** del fantasma.   **construyen, destruyen**

Los verbos **huir, destruir** y **construir** también se escriben con **y** en la tercera persona singular y plural del pretérito del indicativo, ej. **Él huyó,** y en todas las personas del presente del subjuntivo, ej. **Ojalá que destruyan al enemigo.** Asimismo, los gerundios de estos verbos se escriben con **y: huyendo, destruyendo, construyendo.**

VERBOS CON PRIMERAS PERSONAS IMPORTANTES

También tienes que tener en cuenta que la primera persona del singular de algunos verbos muy corrientes se escribe con **y.**

> **Estoy** muy cansado, creo que me **voy** a acostar.
> Les **doy** dinero a los pobres porque **soy** muy generoso.

GERUNDIOS QUE REQUIEREN **-YENDO**

Acuérdate, como vimos en la lección anterior, que cuando la raíz de un verbo de segunda o tercera conjugación termina en una vocal, la terminación del gerundio, en vez de -**iendo,** es -**yendo.**

> le**er:** le**yendo**   cre**er:** cre**yendo**

VERBOS TERMINADOS EN **-LLAR**

La terminación de verbos en **-llar** es mucho más corriente que en **-yar.** Aquí te ponemos algunos muy importantes.

ca**llar**	ha**llar**	desarro**llar**
esta**llar**	cepi**llar**	bri**llar**

Algunas palabras frecuentes que terminan en **-lla, -llo** y **-ya, -yo**

Las terminaciones en **-lla** y en **-llo** son muchísimo más corrientes que las terminaciones en **-ya** y en **-yo.**

silla	rodilla	toalla	botella
estrella	mejilla	milla	semilla
caballo	bello	sello	cuello
tobillo	brillo	anillo	cepillo
joya	maya	vaya	raya
yo	suyo	tuyo	hoyo
ensayo	desmayo	mayo	rayo

Cuando tengas duda, escribe **ll,** pues hay muchísimas más palabras con **ll** que con **y.**

PRÁCTICA

Construir y destruir. El problema del gimnasio casi quedó resuelto en la última unidad. Aquí queremos que redactes dos oraciones con el verbo **construir** y dos con **destruir** que hablen sobre la historia de la fabricación del gimnasio. Pero tienes que escoger tiempos de estos dos verbos que se escriban con **y.**

LAS PREGUNTAS EN ESPAÑOL Y EN INGLÉS

En inglés, igual que en español, se pueden hacer preguntas para confirmar, preguntas de **sí** o **no,** preguntas variando la entonación, o preguntas con interrogativos. Conviene que sepas traducir todas estas preguntas al español.

Confirmaciones

Para las confirmaciones, el inglés no añade palabras como **¿verdad?** y **¿no?,** sino que utiliza verbos auxiliares. Fíjate bien en las diferencias entre los dos idiomas.

*You are coming with us, **aren't you?***
Tú vienes con nosotros, **¿verdad?**

*You gave it to him already, **didn't you?***
Ya se lo diste, **¿no?**

Sí o no

Las preguntas que sólo requieren la respuesta **sí** o **no** en inglés se parecen a las del español: el verbo se coloca por delante en muchos casos.

Did Carlos arrive yesterday?
¿Llegó Carlos ayer?

Are they all ready?
¿Ya están listos todos?

Entonación

Como en español, y sobre todo en la lengua hablada, también se pueden hacer preguntas sin hacer ningún cambio en el orden de las palabras, cambiando simplemente la entonación.

He's already here?
¿Ya está aquí?

They speak Spanish?
¿Hablan español?

Interrogativos

En inglés hay palabras interrogativas, igual que en español. Pero en inglés nunca hacen cambios de número. Así que al traducir del inglés al español, tienes que tener cuidado con la concordancia.

***What** did Meche's sister say?*
¿Qué dijo la hermana de Meche?

Who is your favorite aunt?
¿Quién es tu tía favorita?

Who are those girls?
¿Quiénes son esas muchachas?

Which gentleman is your grandfather?
¿Cuál de los caballeros es tu abuelo?

Which are your favorite classes?
¿Cuáles son tus clases favoritas?

Interrogativos diferentes para algunas preguntas

En muchos casos, los interrogativos que se usan en inglés son los mismos que en español. Por ejemplo, muchos de los usos de **¿qué?** en español se parecen a los de *what* en inglés.

¿Qué es eso?
What is that?

¿Qué querías que te trajera de la farmacia?
What did you want me to bring from the drugstore?

¿CÓMO?

Pero a veces, *what* no equivale a **qué.** Por ejemplo, si alguien dice algo que no se entiende, y tú quieres que lo repita, usas *what?* en inglés pero **¿cómo?** en español.

I'd like you to put those suitcases in the . . .
What? I didn't hear you.

Quiero que pongas esas maletas en el...
¿Cómo? No te oí bien.

Igual pasa cuando expresamos nuestro asombro. En inglés se usa *what?*, pero en español usamos **¿cómo?**

They're going to close the park and put up a building.
What? I can't believe it!

Van a cerrar el parque y fabricar un edificio.
¿Cómo? ¡No lo creo!

¿Cómo? también se usa para pedir información cuando en inglés se usa *what?* o *how?*

What's your name?
¿Cómo te llamas?

How do I get to the post office?
¿Cómo llego a correos?

WHAT EQUIVALE A ¿CUÁL?

Asimismo en inglés a veces se usa *what?* y a veces *which one?* cuando se hace una pregunta sobre alternativas. Pero en español, casi nunca se usa **¿qué?** en estos casos. Casi siempre decimos **¿cuál?**

> **What** *(Which one) is your favorite class?*
> **¿Cuál** es tu clase favorita?

> **What** *(Which one) is your best subject?*
> **¿Cuál** es tu asignatura preferida?

◀ PRÁCTICA ▶

Las preguntas de Pamela y Petronila. Pamela acaba de llegar a la escuela y se ha hecho amiga de Petronila. Las dos son preguntonas. Pamela hace muchas preguntas en inglés y Petronila quiere que tú se las traduzcas al español. ¿Qué dices?

1. Who is the math teacher?
2. Who are the most popular students in the class?
3. Which is the one that you buy in the bookstore?
4. From this list, which ones are your favorite subjects?
5. "What is your strongest subject?"
   "Algebra."
   "What? Algebra! I don't believe it!"
6. What is your favorite teacher's name?

Repaso de vocablos especializados

En esta unidad has aprendido algunos vocablos técnicos que conviene recordar. Redacta una oración con cada uno de ellos, para estar seguro(a) de que los sabes.

usos reflexivos de *se*	preguntas de entonación
usos impersonales de *se*	preguntas de *sí* o *no*
infinitivo	interrogativos
gerundio	lengua vernácula
perífrasis verbal	vibración sencilla
preguntas de confirmación	vibración múltiple

INTERNET
Prueba interactiva
www.mcdougallittell.com

INTERNET
Cibertarjetas
www.mcdougallittell.com

MATERIAS DE CONSULTA

APÉNDICE 1

EL ABECEDARIO

El alfabeto español tiene dos letras adicionales: **ñ** y **rr.*** Al alfabetizar en español, o al buscar palabras en un diccionario o en la guía telefónica, las palabras o sílabas que empiezan con **ñ** siguen a las palabras o sílabas que empiezan con **n**. No hay palabras que comiencen con **rr.**

a	*a*	n	*ene*
b	*be* (*be* grande, *be* larga, *be* de burro)	ñ	*eñe*
		o	*o*
c	*ce*	p	*pe*
ch	*che*	q	*cu*
d	*de*	r	*ere*
e	*e*	rr	*erre*
f	*efe*	s	*ese*
g	*ge*	t	*te*
h	*hache*	u	*u*
i	*i*	v	*ve, uve* (*ve* chica, *ve* corta, *ve* de vaca)
j	*jota*		
k	*ka*	w	*doble ve, doble uve*
l	*ele*	x	*equis*
ll	*elle*	y	*i griega, ye*
m	*eme*	z	*zeta*

* En 1994, la Real Academia Española decidió eliminar las letras **ch** y **ll** del alfabeto. Sin embargo, los estudiantes deben estudiarlas ya que existen numerosos recursos alfabetizados con estas letras. Este cambio no afecta la pronunciación, el uso ni el deletreo.

APÉNDICE 2

I. VERBOS REGULARES

Infinitivo	cantar	correr	subir
Presente de indicativo	canto	corro	subo
	cantas	corres	subes
	canta	corre	sube
	cantamos	corremos	subimos
	cantáis	corréis	subís
	cantan	corren	suben
Pretérito	canté	corrí	subí
	cantaste	corriste	subiste
	cantó	corrió	subió
	cantamos	corrimos	subimos
	cantasteis	corristeis	subisteis
	cantaron	corrieron	subieron
Imperfecto	cantaba	corría	subía
	cantabas	corrías	subías
	cantaba	corría	subía
	cantábamos	corríamos	subíamos
	cantabais	corríais	subíais
	cantaban	corrían	subían
Futuro	cantaré	correré	subiré
	cantarás	correrás	subirás
	cantará	correrá	subirá
	cantaremos	correremos	subiremos
	cantaréis	correréis	subiréis
	cantarán	correrán	subirán
Condicional	cantaría	correría	subiría
	cantarías	correrías	subirías
	cantaría	correría	subiría
	cantaríamos	correríamos	subiríamos
	cantaríais	correríais	subiríais
	cantarían	correrían	subirían

Infinitivo	cantar	correr	subir
Mandatos			
tú	canta	corre	sube
tú negativo	no cantes	no corras	no subas
usted	(no) cante	(no) corra	(no) suba
ustedes	(no) canten	(no) corran	(no) suban
Presente progresivo	estoy cantando	estoy corriendo	estoy subiendo
	estás cantando	estás corriendo	estás subiendo
	está cantando	está corriendo	está subiendo
	estamos cantando	estamos corriendo	estamos subiendo
	estáis cantando	estáis corriendo	estáis subiendo
	están cantando	están corriendo	están subiendo
Presente de subjuntivo	cante	corra	suba
	cantes	corras	subas
	cante	corra	suba
	cantemos	corramos	subamos
	cantéis	corráis	subáis
	canten	corran	suban
Presente perfecto de indicativo	he cantado	he corrido	he subido
	has cantado	has corrido	has subido
	ha cantado	ha corrido	ha subido
	hemos cantado	hemos corrido	hemos subido
	habéis cantado	habéis corrido	habéis subido
	han cantado	han corrido	han subido

II. VERBOS CON CAMBIOS EN LA RAÍZ[1]

Infinitivo en -ar y -er

Infinitivo	pensar	volver	jugar[2]
Cambio	e → ie	o → ue	u → ue
Presente de indicativo	pienso	vuelvo	juego
	piensas	vuelves	juegas
	piensa	vuelve	juega
	pensamos	volvemos	jugamos
	pensáis	volvéis	jugáis
	piensan	vuelven	juegan
Presente de subjuntivo	piense	vuelva	juegue
	pienses	vuelvas	juegues
	piense	vuelva	juegue
	pensemos	volvamos	juguemos
	penséis	volváis	juguéis
	piensen	vuelvan	jueguen

Infinitivo en -ir

Infinitivo	servir	dormir	divertir
Cambio(s)	e → i	o → ue, u	e → ie, i
Presente de indicativo	sirvo	duermo	divierto
	sirves	duermes	diviertes
	sirve	duerme	divierte
	servimos	dormimos	divertimos
	servís	dormís	divertís
	sirven	duermen	divierten
Presente de subjuntivo	sirva	duerma	divierta
	sirvas	duermas	diviertas
	sirva	duerma	divierta
	sirvamos	durmamos	divirtamos
	sirváis	durmáis	divirtáis
	sirvan	duerman	diviertan
Gerundio	sirviendo	durmiendo	divirtiendo

[1] Se presentan solamente las formas que contienen cambios en la raíz en esta sección, con excepción de los mandatos.
[2] Este verbo es el único con el cambio **u → ue.**

Pretérito	serví	dormí	divertí
	serviste	dormiste	divertiste
	sirvió	durmió	divirtió
	servimos	dormimos	divertimos
	servisteis	dormisteis	divertisteis
	sirvieron	durmieron	divirtieron

III. VERBOS IRREGULARES[1]

andar

Pretérito: anduve, anduviste, anduvo, anduvimos, anduvisteis, anduvieron

caer

Presente de indicativo: caigo, caes, cae, caemos, caéis, caen
Pretérito: caí, caíste, cayó, caímos, caísteis, cayeron
Presente de subjuntivo: caiga, caigas, caiga, caigamos, caigáis, caigan
Gerundio: cayendo
Participio pasado: caído

conocer

Presente de indicativo: conozco, conoces, conoce, conocemos, conocéis, conocen
Presente de subjuntivo: conozca, conozcas, conozca, conozcamos, conozcáis, conozcan

dar

Presente de indicativo: doy, das, da, damos, dais, dan
Pretérito: di, diste, dio, dimos, disteis, dieron
Presente de subjuntivo: dé, des, dé, demos, deis, den

decir

Presente de indicativo: digo, dices, dice, decimos, decís, dicen
Pretérito: dije, dijiste, dijo, dijimos, dijisteis, dijeron
Futuro: diré, dirás, dirá, diremos, diréis, dirán
Condicional: diría, dirías, diría, diríamos, diríais, dirían
Mandatos: di, no digas, (no) diga, (no) digan
Presente de subjuntivo: diga, digas, diga, digamos, digáis, digan
Gerundio: diciendo
Participio pasado: dicho

[1] Aquí solamente se presentan los tiempos de algunos verbos que contienen formas irregulares.

estar

Presente de indicativo: estoy, estás, está, estamos, estáis, están
Pretérito: estuve, estuviste, estuvo, estuvimos, estuvisteis, estuvieron
Presente de subjuntivo: esté, estés, esté, estemos, estéis, estén

haber (formas impersonales)

Presente de indicativo: hay
Pretérito: hubo
Futuro: habrá
Condicional: habría
Presente de subjuntivo: haya

hacer

Presente de indicativo: hago, haces, hace, hacemos, hacéis, hacen
Pretérito: hice, hiciste, hizo, hicimos, hicisteis, hicieron
Futuro: haré, harás, hará, haremos, haréis, harán
Condicional: haría, harías, haría, haríamos, haríais, harían
Mandatos: haz, no hagas, (no) haga, (no) hagan
Presente de subjuntivo: haga, hagas, haga, hagamos, hagáis, hagan
Participio pasado: hecho

ir

Presente de indicativo: voy, vas, va, vamos, vais, van
Pretérito: fui, fuiste, fue, fuimos, fuisteis, fueron
Imperfecto: iba, ibas, iba, íbamos, ibais, iban
Mandatos: ve, no vayas, (no) vaya, (no) vayan
Presente de subjuntivo: vaya, vayas, vaya, vayamos, vayáis, vayan
Gerundio: yendo
Participio pasado: ido

oír

Presente de indicativo: oigo, oyes, oye, oímos, oís, oyen
Pretérito: oí, oíste, oyó, oímos, oísteis, oyeron
Presente de subjuntivo: oiga, oigas, oiga, oigamos, oigáis, oigan
Gerundio: oyendo
Participio pasado: oído

poder

Presente de indicativo: puedo, puedes, puede, podemos, podéis, pueden
Pretérito: pude, pudiste, pudo, pudimos, pudisteis, pudieron
Futuro: podré, podrás, podrá, podremos, podréis, podrán
Condicional: podría, podrías, podría, podríamos, podríais, podrían
Presente de subjuntivo: pueda, puedas, pueda, podamos, podáis, puedan
Gerundio: pudiendo

poner

Presente de indicativo: pongo, pones, pone, ponemos, ponéis, ponen
Pretérito: puse, pusiste, puso, pusimos, pusisteis, pusieron
Futuro: pondré, pondrás, pondrá, pondremos, pondréis, pondrán
Condicional: pondría, pondrías, pondría, pondríamos, pondríais, pondrían
Mandatos: pon, no pongas, (no) ponga, (no) pongan
Presente de subjuntivo: ponga, pongas, ponga, pongamos, pongáis, pongan
Gerundio: puesto

querer

Presente de indicativo: quiero, quieres, quiere, queremos, queréis, quieren
Pretérito: quise, quisiste, quiso, quisimos, quisisteis, quisieron
Futuro: querré, querrás, querrá, querremos, querréis, querrán
Condicional: querría, querrías, querría, querríamos, querríais, querrían
Presente de subjuntivo: quiera, quieras, quiera, queramos, queráis, quieran

saber

Presente de indicativo: sé, sabes, sabe, sabemos, sabéis, saben
Pretérito: supe, supiste, supo, supimos, supisteis, supieron
Futuro: sabré, sabrás, sabrá, sabremos, sabréis, sabrán
Condicional: sabría, sabrías, sabría, sabríamos, sabríais, sabrían
Presente de subjuntivo: sepa, sepas, sepa, sepamos, sepáis, sepan

salir

Presente de indicativo: salgo, sales, sale, salimos, salís, salen
Futuro: saldré, saldrás, saldrá, saldremos, saldréis, saldrán
Condicional: saldría, saldrías, saldría, saldríamos, saldríais, saldrían
Mandatos: sal, no salgas, (no) salga, (no) salgan
Presente de subjuntivo: salga, salgas, salga, salgamos, salgáis, salgan

ser

Presente de indicativo: soy, eres, es, somos, sois, son
Pretérito: fui, fuiste, fue, fuimos, fuisteis, fueron
Imperfecto: era, eras, era, éramos, erais, eran
Mandatos: sé, no seas, (no) sea, (no) sean
Presente de subjuntivo: sea, seas, sea, seamos, seáis, sean

tener

Presente de indicativo: tengo, tienes, tiene, tenemos, tenéis, tienen
Pretérito: tuve, tuviste, tuvo, tuvimos, tuvisteis, tuvieron
Futuro: tendré, tendrás, tendrá, tendremos, tendréis, tendrán
Condicional: tendría, tendrías, tendría, tendríamos, tendríais, tendrían
Mandatos: ten, no tengas, (no) tenga, (no) tengan
Presente de subjuntivo: tenga, tengas, tenga, tengamos, tengáis, tengan

traer

Presente de indicativo: traigo, traes, trae, traemos, traéis, traen
Pretérito: traje, trajiste, trajo, trajimos, trajisteis, trajeron
Presente de subjuntivo: traiga, traigas, traiga, traigamos, traigáis, traigan
Gerundio: trayendo
Participio pasado: traído

venir

Presente de indicativo: vengo, vienes, viene, venimos, venís, vienen
Pretérito: vine, viniste, vino, vinimos, vinisteis, vinieron
Futuro: vendré, vendrás, vendrá, vendremos, vendréis, vendrán
Condicional: vendría, vendrías, vendría, vendríamos, vendríais, vendrían
Mandatos: ven, no vengas, (no) venga, (no) vengan
Presente de subjuntivo: venga, vengas, venga, vengamos, vengáis, vengan
Gerundio: viniendo

ver

Presente de indicativo: veo, ves, ve, vemos, veis, ven
Pretérito: vi, viste, vio, vimos, visteis, vieron
Imperfecto: veía, veías, veía, veíamos, veíais, veían
Presente de subjuntivo: vea, veas, vea, veamos, veáis, vean
Participio pasado: visto

VOCABULARIO
ESPAÑOL–ESPAÑOL

V O C A B U L A R I O
español-español

Este **Vocabulario** incluye palabras y frases que se presentan en *Tu mundo.* La mayoría tiene números entre paréntesis que indican la unidad y lección donde se presenta la palabra o frase. El número **(3.1),** por ejemplo, se refiere a **Unidad 3, Lección 1.**

El género de los sustantivos se indica como *m.* (masculino) o *f.* (femenino). Cuando el sustantivo señala a una persona, se dan las dos formas —masculina y femenina. Los adjetivos que terminan en **-o** se dan en la forma masculina singular con la terminación femenina **(a)** entre paréntesis. Los verbos se dan en la forma infinitiva.

Se usan las siguientes abreviaturas:

adj.	adjetivo	*m.*	masculino
inf.	infinitivo	*adv.*	adverbio
f.	femenino	*fig.*	figurativo

A

a
  a menudo *adv.* seguido **(2.1) (5.2)**
  a pesar de no obstante **(1.1)**
abanico *m.* objeto hecho de madera y papel para darse viento **(6.2)**
absolutamente *adv.* totalmente **(7.1)**
absoluto(a) *adj.* total **(6.2)**
absorber *inf.* consumir **(2.2)**
abstracción *f.* algo que no se puede ver ni tocar **(3.2)**
abundar *inf.* haber en cantidad **(6.2)**

acampada *f.* campamento **(6.2)**
acampar *inf.* ir de campamento **(1.2) (6.1) (6.2) (8.1)**
acarrear *inf.* llevar **(1.2)**
acaso: por si acaso por las dudas **(6.2) (8.2)**
acechar *inf.* vigilar, observar **(3.2)**
acequia *f.* canal para conducir agua **(5.1)**
acero *m.* hierro, metal **(2.1) (5.2)**
aciago(a) *adj.* terrible **(7.2)**
acogedor(a) *adj.* agradable **(8.1)**
acortar *inf.* hacer más corto **(1.3)**

actualmente *adv.* en la actualidad, hoy día **(1.1) (1.2) (1.3)**

acueducto *m.* vía para transportar agua **(4.3)**

acumular *inf.* juntar **(1.3)**

adelanto *m.* progreso **(5.1)**

adelgazar *inf.* perder peso **(5.1) (5.3)**

ademán *m.* gesto **(4.2)**

adivinanza *f.* acertijo **(8.1)**

adivinar *inf.* acertar **(1.1) (1.2)**

admitir *inf.* reconocer **(6.1)**

adobe *m.* barro **(4.1)**

adolescente *adj.* joven **(3.2)**

adoptar *inf.* tomar **(4.2)**

advertir *inf.* avisar **(3.2) (6.2)**

aeróbico(a) *adj.* relativo a la respiración

  ejercicio aeróbico *m.* tipo de gimnasia para mejorar la respiración **(5.1) (5.2)**

afectado(a) *adj.* dañado **(7.2)**

afectar *inf.* alterar, modificar **(2.2)**

aferrarse *inf.* persistir **(7.3)**

afición *f.* inclinación, amor a alguien **(4.2)**

afinar *inf.* entonar **(6.3)**

afortunadamente *adv.* por suerte **(5.1)**

africanoamericano(a) *adj.* natural de Estados Unidos con raíces africanas **(1.1)**

agitado(a) *adj.* nervioso **(3.2)**

agradable *adj.* placentero **(3.2)**

agrícola *adj.* relativo a la agricultura **(1.1) (1.3)**

agricultor *m.*, **agricultora** *f.* persona que trabaja la tierra y el campo **(2.2)**

agrupado(a) *adj.* reunido **(5.3)**

aguacate *m.* vegetal también llamado "palta" **(4.1) (4.2)**

aguafiestas *m. f.* persona que arruina una diversión **(1.1)**

agudo(a) *adj.* sutil, perspicaz **(2.2)**; penetrante **(6.3)**

ahorrar *inf.* juntar dinero **(2.2) (3.2) (7.1)**

aire: al aire libre afuera **(1.2) (4.2)**

aislado(a) *adj.* que no sucede continuamente **(3.1)**; separado **(7.2)**

aislar *inf.* separar **(3.2)**

ajeno(a) *adj.* de otro **(7.1)**

ajustar *inf.* apretar **(4.3)**

al

  al aire libre afuera **(1.2) (4.2)**

  al parecer se supone, se cree **(3.1)**

  al ras en el borde **(4.2)**

alba *f.* amanecer

  cuna alba cuna de niña **(5.2)**

albaricoque *m.* fruto parecido a la almendra **(4.1) (5.1)**

alberca *f.* lugar donde se acumula agua para bañarse o nadar **(4.1) (5.1)**

alcancía *f.* recipiente donde se guardan monedas para ahorrar **(5.1)**

alcázar *m.* fortaleza **(5.1)**

alemán, alemana *adj.* natural de Alemania **(2.1) (2.2) (4.3) (8.1)**

alfabeto(a) *adj.* persona que sabe leer y escribir **(8.1)**

alfalfa *f.* hierba comestible **(5.1)**

alfombra *f.* tela que se usa para cubrir los pisos **(4.1) (5.1)**

álgebra *f.* una parte de las matemáticas **(1.2) (5.1)**

algodón *m.*   planta con la que se fabrican tejidos **(4.1) (5.1) (5.2)**

alhaja *f.*   joya **(5.1)**

allí mismito   en ese mismo momento **(6.2)**

alma *f.*   espíritu

  como alma en pena   desolado, solo **(6.3)**

almenado(a) *adj.*   coronado **(5.2)**

almohada *f.*   especie de cojín para apoyar la cabeza cuando se duerme **(2.3) (4.1) (5.1)**

alquiler *m.*   arriendo **(1.2)**

alquimia *f.*   arte de encontrar la cura universal **(5.1)**

alrededores *m.*   cercanías **(1.1)**

alumbrado *m.*   luces **(3.3)**

alumbrar *inf.*   iluminar **(8.2)**

amar *inf.*   querer mucho **(3.1) (4.3) (7.3) (8.2)**

amarillento(a) *adj.*   de color amarillo **(2.2)**

amarrado(a) *adj.*   atado **(3.3)**

ambiental *adj.*   relativo al medio ambiente **(2.2) (7.3)**

amigo *m.*, **amiga** *f.*   amistad

  amigo por correspondencia   persona con quien se mantiene una amistad por carta **(1.1)**

ampliado(a) *adj.*   aumentado, agrandado **(4.3)**

amplio(a) *adj.*   mucho **(1.3)**

anaconda *f.*   serpiente gigante que vive en los ríos de Sudamérica **(2.2) (4.1)**

anciano *m.*, **anciana** *f.*   persona mayor **(1.3)**

andaluz(a) *adj.*   natural de Andalucía, provincia de España **(5.2)**

andar *inf.*   ir de un lado a otro

  andar con rodeos   andar con vueltas, andar con misterios **(8.1)**

andino(a) *adj.*   relativo a la Cordillera de los Andes **(8.1)**

anexión *f.*   unión **(1.1)**

anoche *adv.*   la noche anterior **(3.1)**

antaño *adv.*   hace mucho tiempo **(3.2) (7.2)**

antepasado *m.*   ascendiente **(8.3)**

anterior *adj.*   previo **(1.1) (3.3)**

anticipar *inf.*   adelantar **(1.1) (1.2)**

anual *adj.*   que se realiza una vez por año **(6.1) (7.1)**

anunciar *inf.*   avisar **(6.2) (7.3)**

anuncio *m.*   aviso comercial **(2.1) (3.1) (7.1)**

  anuncio comercial *m.*   propaganda **(1.2) (3.2)**

apagar *inf.*   desconectar la corriente **(2.2) (3.2)**

aparato *m.*   artefacto **(1.2) (2.2)**

aparecer *inf.*   llegar **(1.1) (3.3)**

aparición *f.*   imagen **(6.3)**

apellido *m.*   nombre de familia **(3.2) (7.2)**

apelotonarse *inf.*   moverse en grupo **(6.2)**

apertura *f.*   entrada y salida **(5.1)**

apetecer *inf.*   desear **(2.1) (3.2)**

apoderarse *inf.*   hacerse dueño **(1.3)**

apoteósico(a) *adj.*   digno de dioses **(6.2)**

apoyar *inf.*   afirmar **(1.2)**

aprestarse *inf.*   prepararse **(4.2)**

apretado(a) *adj.*   junto **(1.2)**

aprisionar *inf.* sujetar, no dejar salir **(7.2)**

aprovechar *inf.* utilizar **(1.1)**

apuntar *inf.* indicar **(6.2)**

apunte *m.* nota escrita **(4.3) (5.3)**

árabe *adj.* natural de Arabia **(5.1)**

arco iris *m.* efecto luminoso que se produce cuando la luz pasa a través de la lluvia **(5.2)**

área *f.* zona **(2.1) (2.2) (4.1)**

arepa *f.* comida hecha a base de harina de maíz **(2.1) (3.2) (8.2)**

arepera *f.* lugar donde sirven arepas **(8.2)**

arete *m.* pendiente **(1.2)**

argentino(a) *adj.* natural de Argentina **(2.2) (8.1)**; plateado **(6.3)**

árido(a) *adj.* seco **(1.1) (4.3)**

armario *m.* mueble donde se guardan objetos y ropa **(4.1)**

arpón *m.* lanza larga y afilada para cazar peces **(4.2)**

arponear *inf.* cazar peces con arpón **(4.2)**

artículo *m.* nota para un periódico o revista **(1.3) (2.1) (3.3) (4.3)**

arrancar *inf.* sacar a los tirones **(4.3) (5.2)**

arrodillado(a) *adj.* de rodillas **(4.2)**

asentir *inf.* afirmar **(1.2)**

asimilación *f.* incorporación **(1.1)**

asistir *inf.* ir **(1.2) (1.3) (2.1) (5.2)**

asnucho *m.* cariñosamente "asno" **(5.2)**

aspiradora *f.* artefacto eléctrico para aspirar la tierra **(4.1) (7.1)**

astuto(a) *adj.* hábil **(7.3)**

atareado(a) *adj.* ocupado **(2.1)**

ataviado(a) *adj.* adornado **(6.2)**

atravesar *inf.* recorrer **(2.3)**

aula *f.* salón de clases **(4.2)**

aullar *inf.* hacer el sonido de los lobos **(8.2)**

auto *m.* carro **(3.2) (7.2) (8.2)**

autobiográfico(a) *adj.* que habla sobre la vida de quien escribe **(1.2) (5.2)**

autonombrarse *inf.* darse un nombre **(1.1)**

autónomo(a) *adj.* que tiene gobierno propio **(5.1) (6.1)**

autosuficiente *adj.* que se abastece solo **(8.1)**

avaro(a) *adj.* tacaño **(4.3)**

aventurero(a) *adj.* audaz **(4.2) (8.3)**

avisar *inf.* decir **(1.2)**

azabache *adj.* de color negro **(5.2)**

azulejo *m.* pieza de cerámica para decorar paredes y pisos **(5.1)**

B

babear *inf.* echar la baba **(5.2)**

bailar *inf.* danzar **(2.2) (3.3) (8.3)**

balanceado(a) *adj.* parejo **(5.2)**

baloncesto *m.* basquetbol **(1.1) (1.2) (8.1)**

balsa *f.* especie de bote hecho con troncos y madera **(3.3)**

bandada *f.* grupo de mariposas o aves **(6.3)**

bandido *m.* ladrón **(1.3)**

banquete *m.* comida abundante y deliciosa **(2.3)**

barato(a) *adj.* que cuesta poco dinero **(2.3) (7.1)**

basurero *m.* recipiente grande para arrojar basura (**3.1**)

batalla *f.* combate (**5.3**) (**7.1**)

batería *f.* pieza del carro que provee electricidad (**6.1**)

batido *m.* bebida hecha a base de frutas licuadas (**2.1**)

beber *inf.* tomar líquido (**2.1**) (**3.2**) (**4.3**)

bebito *m.*, **bebita** *f.* diminutivo de "bebé" (**7.2**)

beca *f.* dinero para hacer un proyecto (**1.2**)

bello(a) *adj.* lindo, bonito (**2.1**)

benefactor *m.*, **benefactriz** *f.* persona que dona dinero (**6.2**)

benemérito(a) *adj.* digno de honor (**7.1**)

bienestar *m.* comodidad (**2.2**) (**2.3**)

bilingüe *adj.* que habla dos idiomas (**3.1**) (**6.1**) (**7.2**)

billete *m.* cupón (**1.2**)

biología *f.* ciencia que estudia los organismos vivos (**7.3**)

bocadillo *m.* sándwich, aperitivo (**2.1**)

bocota *f.* boca grande (**5.2**)

boda *f.* casamiento (**4.3**) (**7.3**) (**8.2**)

boga *m.* remero (**4.2**)

bolívar *m.* moneda venezolana (**2.1**) (**3.1**)

boliviano(a) *adj.* natural de Bolivia (**2.2**)

bomba *f.* danza típica de Puerto Rico (**6.1**)

bonito(a) *adj.* hermoso, bello (**3.3**) (**8.2**)

boricua *adj.* puertorriqueño (**1.1**)

Borinquen nombre original de Puerto Rico (**1.1**) (**6.1**)

bote *m.* recipiente

bote lechero *m.* recipiente para la leche (**1.2**)

brasileño(a) *adj.* natural de Brasil (**2.2**) (**6.3**)

brisita *f.* viento suave (**6.2**)

buceador *m.* persona que nada debajo del agua (**4.2**)

bueno(a)

buena cantidad mucho (**3.1**)

buen(a) mozo(a) *adj.* elegante (**5.2**)

buey *m.* animal mamífero parecido al toro (**3.1**)

C

cabal *adj.* recto (**7.1**)

caballero(a) *adj.* educado (**5.1**)

cabeza: de pies a cabeza totalmente, por completo (**6.3**)

cabo: llevar *inf.* **a cabo** realizar (**1.3**)

cacahuate *m.* maní (**4.1**) (**4.2**)

caimán *m.* animal de la familia del cocodrilo (**2.2**) (**4.2**)

cajero *m.*, **cajera** *f.* persona que trabaja en una caja registradora de un banco o tienda (**3.2**)

calcetín *m.* media (**8.2**)

cálido(a) *adj.* caluroso (**6.1**)

calientico(a) *adj.* diminutivo de "caliente", especialmente en Colombia y Venezuela (**2.1**)

caligráfico(a) *adj.* relacionado con la escritura (**5.1**)

calmar *inf.* tranquilizar (**7.2**)

camarada *m. f.* compañero **(4.2)**

camarón *m.* animal marino comestible **(6.2)**

camarote *m.* habitación de un barco **(8.1)**

caminante *m.* viajante a pie **(1.3)**

caminata *f.* recorrido a pie **(6.2)**

campanilla *f.* especie de flor **(5.2)**

campeonato *m.* competición **(1.2)** **(8.1)**

campesino(a) *adj.* relativo al campo **(7.2)**

canadiense *adj.* natural de Canadá **(2.1)** **(2.2)**

canal *m.* estación de radio o televisión **(3.1)** **(3.2)**

canario *m.* especie de pájaro **(2.2)** **(8.2)** **(8.3)**

cáncer *m.* tipo de enfermedad **(2.3)** **(8.2)**

canoa *f.* embarcación pequeña **(4.2)** **(6.1)**

cantante *m. f.* artista que canta **(1.2)**

cantidad: buena cantidad mucho **(3.1)**

canto *m.* arte de cantar **(3.2)** **(5.1)** **(6.3)**

capacitado(a) *adj.* competente **(7.2)**

característica *f.* cualidad **(2.1)**

carcoma *f.* insecto que roe la madera **(3.2)**

cardiovascular *adj.* relativo al funcionamiento del corazón **(5.1)**

cargo *m.* puesto **(7.1)**

caribeño(a) *adj.* relativo al Caribe **(2.1)** **(6.2)**

caricaturista *m.* persona que dibuja caricaturas, o dibujos de historietas **(3.1)**

caro(a) *adj.* costoso, que cuesta mucho dinero **(4.3)** **(5.2)** **(7.1)**

carpa *f.* tienda de campamento **(6.2)**

carreta *f.* carro de madera para transportar bultos **(6.3)**

carroza *f.* coche lujoso **(1.3)**

casa: dama de la casa *f.* señora **(1.3)**

cascabeleo *m.* sonido de cascabel o campanitas **(5.2)**

cascada *f.* salto de agua, catarata **(2.1)**

catarata *f.* caída de agua **(2.1)** **(8.2)**

caudaloso(a) *adj.* vasto, profundo **(4.2)**

causar *inf.* provocar **(7.2)**

celebración *f.* festejo **(1.3)** **(6.1)** **(6.3)**

celebrar *inf.* festejar **(1.3)** **(2.2)**

cementerio *m.* lugar donde se entierra a los muertos **(5.2)**

cemento *m.* mezcla que se usa en la construcción de edificios **(4.1)**

cenar *inf.* comer en la noche **(3.2)** **(6.2)** **(8.2)**

censo *m.* estadística **(1.1)**

centro comercial *m.* conjunto de tiendas **(1.1)** **(1.2)** **(2.1)** **(8.2)**

centroamericano(a) *adj.* natural de América Central **(1.1)**

cerca *f.* verja **(1.2)**

cercar *inf.* rodear **(3.2)**

cercenar *inf.* cortar **(3.2)**

certeza *f.* exactitud **(3.3)** **(6.1)**

cesar *inf.* parar, detenerse **(2.2)**

chal *m.* manto para cubrir los hombros **(6.2)**

chapotear *inf.* jugar en el agua **(6.2)**

chaqueta *f.* especie de saco corto **(1.2) (8.2)**

¡chévere! expresión que significa "genial, muy lindo" **(2.1) (2.2)**

chicano(a) *adj.* estadounidense de origen mexicano **(1.1) (1.2)**

chico *m.*, **chica** *f.* niño **(1.1) (1.3) (4.1) (6.1)**

chicotear *inf.* dar latigazos **(4.2)**

chileno(a) *adj.* natural de Chile **(2.2) (3.1) (3.2)**

chillar *inf.* llorar, gritar *fig.* **(6.2)**

chino(a) *adj.* natural de China **(2.1) (2.2) (5.1)**

chispa *f.* pedacito de fuego **(6.3)**

chopo *m.* especie de árbol **(5.2)**

chuchería *f.* tontería; comida sin valor nutritivo; golosina **(5.1)**

ciclo *m.* etapa **(4.3)**

ciego *m.*, **ciega** *f.* persona que no puede ver **(4.1)**

científico *m.*, **científica** *f.* experto en una de las ciencias **(2.2) (3.3) (7.3)**

cítara *f.* instrumento musical de cuerdas **(5.1)**

ciudadano *m.*, **ciudadana** *f.* persona que tiene ciertos derechos en un país determinado **(1.1) (8.1)**

claro *m.* sitio desocupado **(4.2)**

clave *f.* pista **(1.1)**; *adj.* preciso **(1.2) (5.1)**

clima *m.* tiempo **(1.2) (2.1) (3.1)**

coche *m.* carro **(1.2) (2.3) (7.2)**

cocina *f.* parte de la cultura relacionada con las comidas de un pueblo **(5.1)**

codicia *f.* deseo desmedido **(6.3)**

coexistir *inf.* vivir junto con alguien o algo **(4.1)**

colchón *m.* parte de la cama sobre la que se ponen las sábanas **(3.2)**

colectivo(a) *adj.* que se produce en toda la gente **(7.2)**

colegio *m.* escuela **(1.1) (2.1)**

colgar *inf.* dejar de hablar por teléfono **(6.1)**

collar *m.* gargantilla **(1.2) (4.1)**

colombiano(a) *adj.* natural de Colombia **(2.2)**

colonial *adj.* de la época de la colonia o de la conquista **(6.1)**

coloquial *adj.* relativo al habla cotidiana o al diálogo **(1.2) (2.1)**

colorado(a) *adj.* rojo **(8.1) (8.2)**

colorido(a) *adj.* de muchos colores **(1.3) (3.2)**

combatir *inf.* luchar **(7.1)**

comercial

    anuncio comercial *m.* propaganda **(1.2) (3.2)**

    centro comercial *m.* conjunto de tiendas **(1.1) (1.2) (2.1) (8.2)**

comerciante *m.* mercader **(1.1)**

comité *m.* grupo de representantes **(8.2) (8.3)**

como alma en pena desolado, solo **(6.3)**

cómodo(a) *adj.* a gusto **(2.1) (4.2) (5.3)**

compadre *m.*, **comadre** *f.* amigo o conocido **(6.3)**

compartir *inf.* dividir **(1.2) (1.3)**

complacer *inf.* agradar, dar el gusto (**6.2**)

complicado(a) *adj.* difícil (**5.2**)

compras: ir *inf.* **de compras** ir a las tiendas (**1.1**) (**1.2**) (**8.1**) (**8.2**)

compuesto(a) *adj.* formado (**8.1**)

con todo el corazón mucho (**7.3**)

concebir *inf.* formar (**3.3**)

conceder *inf.* dar (**2.2**) (**6.1**)

concentrarse *inf.* pensar con mucha atención (**3.1**); agruparse (**6.1**)

conciencia: tomar *inf.* **conciencia** darse cuenta (**4.3**)

concurso *m.* competencia (**4.2**)

conectado(a) *adj.* unido, relacionado (**8.2**)

confesar *inf.* contar *fig.* (**5.3**)

confianza *f.* seguridad (**1.3**) (**5.2**)

confiar *inf.* fiarse, creer en alguien (**3.2**)

confirmar *inf.* verificar (**1.1**) (**1.3**)

conocimiento *m.* entendimiento (**5.1**) (**7.2**)

consejo *m.* recomendación (**1.3**) (**5.1**) (**5.2**) (**5.3**)

consentir *inf.* aprobar (**4.3**)

considerado(a) *adj.* reconocido (**3.2**)

considerar *inf.* tener en cuenta (**2.2**) (**4.2**)

consultar *inf.* pedir consejos (**3.3**) (**4.3**)

consumirse *inf.* abandonarse, destruirse (**3.1**)

contacto *m.* conexión, relación (**1.1**) (**2.2**) (**4.1**) (**5.1**)

contaminante *m.* sustancia dañina y peligrosa para el medio ambiente (**2.2**)

contemplado(a) *adj.* admirado (**4.3**)

contemporáneo(a) *adj.* actual (**2.1**) (**3.2**) (**7.2**) (**8.2**)

contener *inf.* aguantar (**4.2**)

contenido *m.* tema (**1.1**) (**1.2**)

contexto *m.* relación (**1.2**) (**7.1**)

continuo(a) *adj.* seguido, sin parar (**2.3**)

contrario(a) *adj.* opuesto
por el contrario en cambio (**1.1**)

convertible *m.* carro descapotable, que se le quita el techo (**7.1**)

convertir *inf.* transformar (**1.1**) (**3.3**)

convivencia *f.* acción de vivir juntos (**1.2**) (**4.1**) (**5.1**)

cooperar *inf.* ayudar (**3.1**)

corazón: con todo el corazón mucho (**7.3**)

corbata *f.* prenda de vestir que se utiliza alrededor del cuello (**2.2**) (**8.2**)

cordillera *f.* cadena de montañas (**2.1**) (**2.3**) (**6.1**)

coreano(a) *adj.* natural de Corea (**2.2**)

coro *m.* grupo musical de canto (**7.2**) (**8.3**)

corral *m.* sitio cercado donde se guardan los animales (**4.1**)

correntoso(a) *adj.* sector de un río donde hay mucha corriente (**4.2**)

correo *m.* correspondencia (**1.1**)

correos *m.* oficina del correo (**8.2**)

correr *inf.* fluir un río (**2.1**)

correspondencia comunicación escrita

amigo *m.* **por correspondencia** persona con quien se mantiene una amistad por carta (**1.1**)

corrida *f.* espectáculo español donde un hombre trata de matar a un toro (**5.1**)

corrido *m.* composición musical mexicana (**1.3**) (**7.1**)

corriente *adj.* el agua que se usa en las casas y que no es de pozo (**1.2**)

corroído(a) *adj.* oxidado, que tiene herrumbre (**6.1**)

costa *f.* zona cercana al mar (**2.1**) (**2.3**) (**3.1**) (**6.1**)

costarricense *adj.* natural de Costa Rica (**2.2**)

costo *m.* gasto (**7.1**)

costoso(a) *adj.* caro (**1.2**) (**2.2**)

coyote *m.* animal salvaje similar a un perro (**4.1**)

criado *m.*, **criada** *f.* sirviente (**5.3**) (**7.3**)

criticar *inf.* juzgar (**2.2**); quejarse (**4.2**) (**7.1**)

cuadra *f.* calle (**1.1**)

cuadrado *m.* casilla (**1.1**)

cuadrícula *f.* hoja a cuadros (**1.1**)

cuadro *m.* tabla (**1.3**)

cualidad *f.* característica (**5.2**) (**8.3**)

cuando: de vez en cuando de tanto en tanto, a veces (**1.1**) (**2.1**) (**4.1**)

cuarto(a) *adj.* que ocupa el último lugar en una serie de cuatro (**1.2**)

cubano(a) *adj.* natural de Cuba (**1.1**) (**2.1**) (**2.2**)

cubanoamericano(a) *adj.* estadounidense de origen cubano (**1.1**) (**2.1**) (**2.2**) (**6.2**)

cuenta *f.* factura (**1.1**); lugar en el banco para depositar dinero (**3.2**)

cuentista *m. f.* persona que escribe cuentos (**7.2**)

cuestionar *inf.* quejarse (**2.2**)

cuidadosamente *adv.* con cuidado (**4.1**) (**6.2**)

cultivar *inf.* desarrollar (**5.1**)

cultivo *m.* sembrado (**1.1**)

cumbre *f.* el punto más alto (**3.2**) (**8.1**)

cumplir *inf.* hacer (**1.1**)

cuna *f.* cama para bebés
  cuna alba cuna de niña (**5.2**)

cuñado *m.*, **cuñada** *f.* hermano del esposo, o esposo de la hermana (**7.2**)

curandero *m.*, **curandera** *f.* persona que cura por medio de hierbas y magia (**4.3**)

curiosidad *f.* intriga (**8.1**)

curioso(a) *adj.* raro (**3.1**)

D

dama *f.* señora (**6.2**)
  dama de la casa *f.* señora (**1.3**)

damas *f.* juego de mesa (**4.1**)

danés, danesa *adj.* natural de Dinamarca (**2.2**)

danzar *inf.* bailar (**3.1**)

dañino(a) *adj.* malo, perjudicial (**3.2**)

dar *inf.*
  dar la impresión parecer (**7.2**)
  dar una vuelta pasear (**7.1**)

dato *m.* información (**1.2**) (**1.3**)

de

de mal humor   enojado (**1.2**) (**6.2**)

de pantano   hondo y lleno de agua (**3.2**)

de pies a cabeza   totalmente, por completo (**6.3**)

de sí mismo   de su personalidad (**6.3**)

de veras   en realidad (**2.1**) (**2.2**) (**3.1**) (**3.2**)

de vez en cuando   de tanto en tanto, a veces (**1.1**) (**2.1**) (**4.1**)

década *f.*   período de diez años (**1.1**) (**1.2**) (**4.3**) (**6.1**)

decente *adj.*   honrado (**6.2**)

decoración *f.*   conjunto de adornos que decoran un lugar (**2.2**)

dejar de   parar, detenerse (**3.3**) (**7.2**) (**8.2**)

del mero   de lo peor (**6.2**)

deletreo *m.*   acción de nombrar las letras de una palabra (**6.1**)

deliberadamente *adv.*   con intención (**8.3**)

delincuencia *f.*   el hecho de cometer crímenes (**8.2**)

delirio *m.*   alucinación, fantasía (**5.2**)

demandar *inf.*   pedir (**6.3**)

dengoso(a) *adj.*   con delicadeza (**5.2**)

denominación *f.*   nombre (**1.1**)

denunciar *inf.*   criticar (**1.1**)

departamento *m.*   apartamento (**1.2**)

depender *inf.*   estar sujeto a (**2.1**)

deporte *m.*   juego deportivo (**1.2**)

derecho *m.*   libertad (**1.1**) (**5.3**) (**7.1**)

derivar *inf.*   proceder, tener origen (**5.1**) (**6.1**) (**7.3**)

derretir *inf.*   liquidar mediante el calor (**6.2**)

derrotar *inf.*   vencer (**3.2**) (**6.1**)

desafío *m.*   reto (**8.1**)

desarrollar *inf.*   hacer crecer (**1.1**)

desarrollarse *inf.*   crecer (**2.1**)

desarrollo *m.*   crecimiento (**2.2**) (**5.1**) (**6.1**) (**7.1**)

descifrar *inf.*   descubrir (**1.2**)

descomunal *adj.*   enorme (**4.2**)

desconocido(a) *adj.*   extraño (**1.3**)

descorrer *inf.*   quitar (**3.2**)

descubrimiento *m.*   hallazgo (**3.1**) (**4.3**)

desdentado(a) *adj.*   sin dientes (**3.2**)

desear *inf.*   querer (**1.3**) (**3.2**)

desembocar *inf.*   terminar (**2.2**) (**2.3**)

desempeñar *inf.*   tener (**1.3**) (**7.1**)

desencanto *m.*   desilusión (**6.2**)

desenchufar *inf.*   desconectar, quitar un cable (**3.2**)

desenredar *inf.*   solucionar *fig.* (**5.2**)

desértico(a) *adj.*   despoblado (**1.1**)

deshilachado(a) *adj.*   deshecho (**5.2**)

desilusionarse *inf.*   desanimarse (**1.1**)

desnudo(a) *adj.*   sin ropa (**3.2**)

desolación *f.*   soledad (**3.1**)

desorbitado(a) *adj.*   fuera de lugar (**6.2**)

desorganizado(a) *adj.*   desordenado (**4.1**)

despedir *inf.*   echar de un trabajo (**7.2**)

despedirse *inf.*   decir adiós (**1.3**) (**3.2**)

despejado(a) *adj.* sin nubes **(3.1)**

desprenderse *inf.* soltarse, caer **(7.2)**

destacado(a) *adj.* sobresaliente, importante **(3.2)**

desterrar *inf.* exiliar **(3.2) (7.1)**

destructor(a) *adj.* destructivo, dañino **(7.2)**

destruir *inf.* romper **(2.2)**

desvalido(a) *adj.* abandonado **(6.3)**

desventaja *f.* inconveniente **(1.1) (1.2)**

detective *m.* persona que se dedica a investigar robos y delitos **(3.1)**

deuda *f.* cuenta, lo que se debe **(7.1)**

diadema *f.* corona **(3.2)**

dialecto *m.* variación de un idioma **(4.2)**

diálogo *m.* conversación **(1.2) (2.1) (2.2) (3.1)**

diamante *m.* piedra preciosa **(2.1) (3.3)**

dibujo *m.* ilustración **(1.1)**

dicho *m.* lo que se dice **(8.1)**

difícil *adj.* complicado **(2.1)**

digno(a) *adj.* que merece **(2.1)**

dirigir *inf.* manejar **(1.3)**

disgusto *m.* molestia o fastidio **(5.2)**

disminución *f.* reducción **(6.1)**

disminuir *inf.* reducir, hacer menos **(7.1)**

disperso(a) *adj.* desparramado **(3.3)**

distinguirse *inf.* sobresalir **(7.1) (7.3)**

distinto(a) *adj.* diferente **(1.1)**

diversidad *f.* variación **(2.1) (2.2)**

diverso(a) *adj.* diferente **(1.1) (6.1)**

divertido(a) *adj.* alegre **(1.2) (3.1) (8.3)**

divertirse *inf.* entretenerse **(1.3) (6.2) (8.2)**

dominar *inf.* controlar **(1.1) (7.1)**

dominicano(a) *adj.* natural de la República Dominicana **(1.1) (1.3) (2.1) (2.2)**

doquier: por doquier por todos lados **(7.2)**

dorado(a) *adj.* del color del oro **(2.3) (7.2)**

dote *m. f.* dinero que una mujer recibe de sus padres después de casada **(4.3)**

dramático(a) *adj.* escandaloso, exagerado *fig.* **(8.1)**

dramatizar *inf.* representar **(1.1)**

dudosamente *adv.* con dudas, desconfiando **(5.3)**

duplicar *inf.* hacer una copia **(1.3)**

～～E～～

echar *inf.* **de menos** extrañar **(1.1) (1.2) (3.3)**

ecléctico(a) *adj.* que adopta entre varias cosas **(5.3)**

ecuatoriano(a) *adj.* natural de Ecuador **(2.2)**

edad *f.* años **(1.2) (2.2) (4.2) (7.2)**

educación física *f.* gimnasia **(1.2)**

efecto: en efecto en realidad **(1.1)**

egipcio(a) *adj.* natural de Egipto **(2.2)**

ejercer *inf.* trabajar en un cargo oficial **(2.2) (6.2)**

ejercicio aeróbico *m.*   tipo de gimnasia para mejorar la respiración **(5.1) (5.2)**

ejote *m.*   vaina del frijol **(4.2)**

electo(a) *adj.*   elegido **(6.1) (8.1)**

elenco *m.*   grupo de actores **(5.3)**

elevarse *inf.*   subir **(2.2)**

embargo: sin embargo   no obstante **(1.1) (1.2)**

embuste *m.*   mentira **(6.2)**

emisario *m.*, **emisaria** *f.*   enviado por otra persona **(7.3)**

emoción *f.*   sentimiento **(5.2) (5.3) (6.3)**

empacar *inf.*   preparar las cosas en bolsas y maletas **(2.1) (6.1) (8.2)**

empapado(a) *adj.*   mojado **(5.2) (6.2)**

emplear *inf.*   usar **(1.1)**

empleo *m.*   trabajo **(3.1) (7.2) (7.3)**

empujar *inf.*   hacer fuerza en contra de algo **(1.2) (4.2)**

en

  en efecto   en realidad **(1.1)**
  en oferta   en rebaja **(1.2)**
  en son de   como si fuera **(4.2)**

enamorado(a) *adj.*   persona que ama a otra **(3.3) (4.3) (5.2)**

encaje *m.*   bolado, adorno que tienen los bordes de los vestidos de las mujeres **(6.2)**

encantar *inf.*   gustar mucho **(1.1) (1.2)**

encomendar *inf.*   entregar **(7.2)**

energía *f.*   fuerza **(5.1)**

enfrentar *inf.*   encontrar **(7.3) (8.1)**

enfurecerse *inf.*   enojarse **(6.3)**

engordar *inf.*   ganar peso **(5.1)**

enigmático(a) *adj.*   misterioso **(4.3) (7.1)**

enjaulado(a) *adj.*   preso **(4.2) (8.2) (8.3)**

ensordecer *inf.*   dejar sordo, hacer mucho ruido *fig.* **(5.1)**

entierro *m.*   funeral **(3.3) (5.2) (7.1)**

entrelazar *inf.*   conectar **(3.1)**

entretener *inf.*   divertir **(8.3)**

entrevistar *inf.*   hacer reportajes o entrevistas **(1.1) (2.1) (3.1) (5.3)**

enumerar *inf.*   hacer una lista **(8.3)**

envenenado(a) *adj.*   que contiene veneno **(7.3)**

envidia *f.*   deseo de lo que otra persona tiene **(8.1)**

episodio *m.*   aventura **(1.2) (2.1)**

equilibrio *m.*   balance **(2.2)**

equitación *f.*   acción de montar a caballo **(6.2)**

era *f.*   etapa **(8.1)**

ermitaño *m.*   persona que vive sola y que no habla con nadie **(6.2)**

escalera *f.*   conjunto de escalones **(1.2) (7.2)**

escalón *m.*   peldaño de la escalera **(1.2)**

escarabajo *m.*   insecto de color negro **(5.2)**

esclavizar *inf.*   dominar *fig.* **(7.1)**

esclavo *m.*, **esclava** *f.*   persona que es comprada para trabajar sin salario **(1.3) (2.1) (6.1)**

escocés, escocesa *adj.*   natural de Escocia **(2.2)**

escolar *adj.*   relativo a la escuela **(1.1) (1.3) (2.1) (4.3)**

escribir *inf.* **a máquina** utilizar un instrumento con un teclado; mecanografiar **(7.2)**

escultura *f.* obra de arte hecha en piedra **(3.3) (7.1)**

escupir *inf.* echar saliva por la boca **(4.1) (4.2)**

esencial *adj.* indispensable, necesario **(8.2)**

espantar *inf.* ahuyentar, alejar **(5.2)**

español(a) *adj.* natural de España **(2.1) (2.2) (5.2) (6.1)**

espiral *f.* línea curva que da vueltas alrededor de un punto **(4.3)**

espléndido(a) *adj.* excelente **(2.3)**

esplendor *m.* brillo **(7.3)**

esquema *m.* diagrama **(1.3) (4.3) (5.1) (5.2)**

esquimal *m.* natural de la zona ártica **(6.2)**

establecer *inf.* poner **(2.2)**

establecerse *inf.* instalarse **(1.1) (2.3)**

estaca *f.* palo **(4.3)**

estadísticamente *adv.* con datos numéricos **(7.3)**

estadounidense *adj.* natural de Estados Unidos **(1.3) (2.2) (4.1) (6.1)**

estatua *f.* monumento que representa una forma humana **(3.3)**

estereotípico(a) *adj.* que representa un modelo general **(2.2)**

estereotipo *m.* modelo general **(2.2) (7.3)**

estilizado(a) *adj.* que tiene lindas formas **(4.3)**

estimado(a) *adj.* querido **(6.1)**

estrecho(a) *adj.* angosto **(4.1) (4.2)**

estreno *m.* primera presentación **(5.3)**

etapa *f.* período **(5.1) (6.1)**

eterno(a) *adj.* que dura para siempre **(2.1)**

etiqueta *f.* nombre **(1.1)**

étnico(a) *adj.* racial **(1.1) (5.1);** relativo a las razas **(2.2)**

euro *m.* moneda europea **(4.3)**

europeo(a) *adj.* natural de Europa **(2.1) (3.3) (5.1) (8.1)**

evento *m.* hecho **(1.3) (2.2) (4.3)**

evidentemente *adv.* obviamente **(6.2)**

evolucionar *inf.* crecer **(8.2)**

exagerado(a) *adj.* que les da más importancia a las cosas de la que realmente tienen **(6.1)**

excelente *adj.* muy bueno **(3.1) (3.2) (4.1) (5.1)**

excitante *adj.* atractivo **(8.1)**

excluir *inf.* eliminar **(1.1)**

excursión *f.* viaje para explorar e investigar un sitio **(6.1) (6.2) (7.1) (8.2)**

excusa *f.* razón **(5.2) (6.1)**

éxito *m.* triunfo **(3.1) (7.3)**

exótico(a) *adj.* diferente, raro **(8.1) (8.3)**

experimentar *inf.* sucederle algo **(1.2);** vivir una experiencia o situación **(7.1) (7.2)**

exportación *f.* acción comercial de vender cosas a otros países **(2.1)**

expresar *inf.* demostrar **(3.1)**

expulsar *inf.* echar **(3.2)**

exquisito(a) *adj.* delicado **(4.3)**

extenderse *inf.* llegar a **(1.1) (2.3) (4.1)**

extensamente *adv.* mucho **(8.2)**

extenso(a) *adj.* grande, amplio **(2.1) (3.3) (8.1)**

exterminado(a) *adj.* eliminado **(6.1) (8.1)**

extranjero(a) *adj.* de otros países **(4.1) (8.1)**

extraterrestre *adj.* de otro planeta **(1.2) (8.2)**

extremo *m.* punta **(8.1)**

F

fabuloso(a) *adj.* notable, llamativo **(4.3)**

famoso(a) *adj.* muy conocido **(1.3) (2.1) (3.1) (4.3)**

fangal *m.* lodo, barro **(6.2)**

fantasía: joyería de fantasía *f.* bisutería **(1.2)**

fantasma *m.* aparición **(3.3)**

faro *m.* torre con luces que ilumina los puertos para guiar los barcos **(8.2)**

fascinante *adj.* increíble **(1.2) (6.3)**; atractivo **(5.2)**

fastidioso(a) *adj.* molesto **(2.3)**

fatiga *f.* cansancio **(5.3)**

fecha *f.* grupo de día y mes **(1.3) (6.1)**

fenómeno *m.* hecho poco usual **(1.1) (2.1) (4.1) (7.2)**

feroz *adj.* malo, salvaje **(4.2) (4.3)**

fértil *adj.* rico para el cultivo **(8.1)**

festejo *m.* celebración **(2.2)**

filipino(a) *adj.* natural de Filipinas **(2.2)**

filo *m.* borde **(4.1)**

fin *m.* final **(1.1)**

fin de semana *m.* sábado y domingo **(1.1) (1.2)**

firmar *inf.* poner la firma **(1.1)**

física *f.* ciencia que estudia las propiedades de los cuerpos **(5.1) (7.3)**

físico(a) *adj.* relativo al cuerpo **(5.1)**

educación física *f.* gimnasia **(1.2)**

flecha *f.* lanza pequeña que se lanza por el aire a gran velocidad **(7.3)**

velocidad de flecha muy rápido **(4.2)**

floral *adj.* relacionado con las flores **(5.1)**

fogata *f.* lugar de un campamento donde se enciende fuego **(6.2)**

fonológico(a) *adj.* relativo a la fonología, o sonidos que producen las palabras **(2.1)**

fortaleza *f.* construcción que impide el paso de invasores **(4.1)**

fortificación *f.* fortaleza **(7.3)**

fortuna *f.* riqueza, suerte **(1.3) (5.1)**

valer *inf.* **una fortuna** costar mucho dinero **(4.3)**

fotonovela *f.* relato compuesto por fotografías **(1.1) (1.2) (2.1)**

fracaso *m.* derrota **(3.1)**

fragancia *f.* perfume **(3.2)**

fragmento *m.* trozo **(6.2) (7.2)**

fraile *m.* religioso **(1.1)**

francés, francesa *adj.* natural de Francia **(1.2) (1.3) (2.1) (2.2)**

franquista *adj.* bajo el gobierno del dictador Francisco Franco **(5.3)**

frontera *f.* línea que divide dos naciones **(1.1) (8.3)**

fronterizo(a) *adj.* que está en la frontera **(1.1) (1.2)**

función *f.* rol **(1.2)**

funcionar *inf.* actuar **(1.2)**

fundar *inf.* establecer **(1.1)**

furioso(a) *adj.* muy enojado **(4.3) (7.3)**

fusible *m.* pieza eléctrica **(6.1)**

~~~ G ~~~

galardonado(a) *adj.* premiado **(3.2) (5.2)**

galletita *f.* postre pequeño hecho a base de harina **(5.1)**

ganadería *f.* cría de vacas **(8.1)**

ganado *m.* conjunto de vacas **(2.2) (2.3) (8.1)**

gasolinera *f.* estación de servicio **(6.1)**

gastar *inf.* consumir **(2.2)**

gaucho *m.* vaquero argentino **(8.1)**

gaveta *f.* cajón **(6.2)**

gemelo *m.*, **gemela** *f.* hermanos que nacen al mismo tiempo

　ciudad gemela *adj.* ciudad separada de otra por una frontera **(1.1)**

genio *m.* persona muy inteligente **(4.3) (6.1) (7.1)**

geología *f.* ciencia que estudia las materias que componen la Tierra **(7.3)**

geométrico(a) *adj.* relacionado con la geometría **(4.3) (5.1)**

gesto *m.* movimiento que se hace con las manos o con la cara para demostrar un sentimiento **(3.2)**

gigantesco(a) *adj.* muy grande **(3.3)**

gitano *m.*, **gitana** *f.* nómadas que se han esparcido por toda Europa **(5.3)**

golpear *inf.* dar golpes **(1.2) (3.2) (4.2) (7.2)**

gotera *f.* gotas de agua que caen dentro de la casa **(3.2)**

gozar *inf.* disfrutar **(1.1) (7.3) (8.1)**

grabadora *f.* aparato para grabar casetes **(1.3) (2.2)**

gráfico *m.* tabla **(3.3)**

grasoso(a) *adj.* que contiene grasa **(5.2)**

gratis *adj.* sin costo **(7.1)**

gratitud *f.* agradecimiento **(7.3)**

grato(a) *adj.* agradable **(3.2) (7.2)**

grecolatino(a) *adj.* que se refiere al griego y al latín **(5.1)**

griego(a) *adj.* natural de Grecia **(2.2)**

grueso(a) *adj.* gordo, ancho **(6.3)**

gruñido *m.* sonido que hacen los animales salvajes **(6.2)**

gualda *f.* especie de flor amarilla **(5.2)**

guapo(a) *adj.* elegante, atractivo **(1.2) (5.2)**

guatemalteco(a) *adj.* natural de Guatemala **(2.2) (3.3)**

guayabera *f.* camisa amplia y bordada que se usa en el Caribe **(2.2)**; chaqueta liviana **(6.2)**

guerrero(a) *adj.* luchador **(4.3) (7.3)**

guerrilla *f.* grupo violento opositor al gobierno **(8.1)**

guión *m.* argumento de una película **(5.3)**

guitarrista *m.* persona que toca la guitarra **(7.2)**

H

habitante *m.* poblador **(1.1) (1.3)**

hacendado *m.*, **hacendada** *f.*
propietario de tierras, terrateniente **(8.1)**

hacienda *f.* casa con campo donde se hacen actividades agrícolas y ganaderas **(4.1) (8.1)**

haitiano(a) *adj.* natural de Haití **(1.3)**

hallar *inf.* encontrar **(3.1) (7.1)**

hambre *f.* mucho apetito **(3.1) (5.3)**

hazaña *f.* acción de lograr algo **(6.3) (7.1)**

hecho *m.* suceso **(1.1) (4.2) (8.1)**; lo que se hace **(1.3) (7.3)**

heredar *inf.* recibir una herencia **(4.3)**

herencia *f.* legado **(1.1) (5.1) (6.1)**

herir *inf.* lastimar, dañar **(4.2)**

hermoso(a) *adj.* bello **(2.1) (2.3) (3.3) (7.3)**

héroe *m.*, **heroína** *f.* persona que se destaca por salvar a alguien **(1.3) (7.1)**

heroísmo *m.* valentía **(7.2)**

herradura *f.* pieza de hierro que se coloca en las patas de los caballos **(5.1)**

hielera *f.* recipiente para poner hielo **(6.2)**

híjole caramba **(1.1) (6.1) (7.2)**

hinchar *inf.* inflar **(1.2)**

hispanoamericano(a) *adj.* natural de la América española **(1.1)**

hocico *m.* parte sobresaliente de la cara de los animales **(4.2) (5.2)**

hojear *inf.* pasar las hojas de un libro o revista **(1.1) (2.1) (3.1)**

holandés, holandesa *adj.* natural de Holanda **(2.1) (2.2) (3.3)**

hondureño(a) *adj.* natural de Honduras **(2.2)**

huérfano(a) *adj.* sin padres **(7.1)**

huésped *m. f.* persona que está de visita en un lugar por varios días **(6.3)**

humanidad *f.* conjunto de todos los hombres y mujeres del mundo **(3.1)**

humor *m.* estado de ánimo
de mal humor enojado **(1.2) (6.2)**

humorístico(a) *adj.* divertido **(6.2)**

huracán *m.* vientos fuertes que destruyen todo lo que está a su paso **(4.1) (6.1)**

I

ícono *m.* objeto de atención **(7.3)**

ideal *adj.* apropiado **(2.1) (4.3) (8.1)**

identidad *f.* identificación **(1.1) (2.2) (6.3)**

idilio *m.* romance, enamoramiento **(5.2)**

idioma *m.* lengua **(1.2) (5.1) (5.3) (6.1)**

ilustre *adj.* notable **(8.3)**

imperio *m.* reinado **(4.1)**

implacable *adj.* cruel, duro **(3.2)**

implícito(a) *adj.* incluido **(6.2)**

importantísimo(a) *adj.* muy importante **(5.2)**

impotencia *f.* la sensación de no poder hacer algo **(7.2)**

impresión *f.* sensación **(2.1) (4.1)**
dar *inf.* **la impresión** parecer **(7.2)**

impuesto *m.* cargo extra **(1.2) (8.1)**

incaico(a) *adj.* relativo a los incas (3.3) (4.1)

incas *m.* pueblo indígena que vivía en el actual Perú y parte de Ecuador, Bolivia, Chile y Argentina (4.1)

incidente *m.* episodio (3.1)

incierto(a) *adj.* que no se conoce bien (5.1)

incluir *inf.* incorporar (1.1)

incómodo(a) *adj.* que no está a gusto (2.1)

incomparable *adj.* que no tiene comparación (3.2)

incontable *adj.* mucho, que no se puede contar (4.3) (7.2)

incorporar *inf.* incluir (1.2) (1.3) (2.1)

inculcar *inf.* enseñar con ahínco (7.3)

indígena *adj.* nativo (1.1) (1.2)

individualista *adj.* independiente, que trabaja para sí mismo (8.1)

influjo *m.* influencia (6.1)

inglés, inglesa *adj.* natural de Inglaterra (2.1) (2.2) (8.1)

inicial *adj.* primero, que ocurre al principio (2.3) (7.2) (7.3)

inmaculadamente *adv.* muy bien (6.2)

inmediatamente *adv.* enseguida (5.3) (7.1)

inmenso(a) *adj.* enorme, muy grande (4.1) (4.3) (5.3)

inmigrante *m. f.* persona que entra a otro país para radicarse (8.1)

inocente *adj.* que no tiene culpa (8.1)

inodoro *m.* artefacto sanitario que está en los baños para orinar y defecar (6.2)

inquietar *inf.* preocupar (8.3)

inscribir *inf.* matricular (7.1)

insólito(a) *adj.* sorprendente, increíble (3.1)

instituir *inf.* declarar, establecer (7.1)

intenso(a) *adj.* fuerte (3.1)

interdependencia *f.* relación (1.1)

interés *m.* atracción (3.3) (5.1) (7.3)

interesante *adj.* atractivo (1.2) (2.1) (2.2) (5.1)

interesantísimo(a) *adj.* muy interesante (3.2)

interesar *inf.* importar (5.1) (5.3)

internacional *adj.* que va de un país a otro (8.2)

interpersonal *adj.* que ocurre entre personas (7.2)

interpretar *inf.* analizar (1.1)

inundación *f.* crecida de las aguas de los ríos debido a las lluvias fuertes (2.1)

inútil *adj.* ineficaz (4.2) (5.3)

inválido(a) *adj.* que no puede caminar (3.1)

invencible *adj.* indestructible, que no lo pueden vencer (2.3)

inversión *f.* empleo de capital en negocios (6.1)

invicto(a) *adj.* nunca vencido (7.1)

involucrar *inf.* implicar (7.3)

ir *inf.* trasladarse de un sitio a otro
ir de compras ir a las tiendas (1.1) (1.2) (8.1) (8.2)

ira *f.* enojo (6.2)

irlandés, irlandesa *adj.* natural de Irlanda (2.2)

irreverente *adj.* desafiante (1.2)

irrigación *f.* sistema de llevar agua desde los ríos hasta las tierras secas (**4.3**)

isleño(a) *adj.* natural de una isla (**1.3**)

israelita *adj.* natural de Israel (**2.2**)

italiano(a) *adj.* natural de Italia (**2.1**) (**2.2**) (**7.3**) (**8.1**)

J

jaguar *m.* animal felino parecido al puma (**2.2**) (**4.2**)

jalón *m.* tirón (**6.2**)

jamaicano(a) *adj.* natural de Jamaica (**2.2**)

jamás *adv.* nunca (**6.3**)

japonés, japonesa *adj.* natural de Japón (**2.1**) (**2.2**) (**2.3**)

jarcha *f.* canción corta en español (**5.1**)

joyería *f.* tienda donde se venden joyas (**1.2**)

joyería de fantasía *f.* bisutería (**1.2**)

judío(a) *adj.* hebreo (**5.1**) (**8.1**)

juego *m.* conjunto (**1.2**)

juramento *m.* promesa (**4.3**)

jurar *inf.* prometer (**4.3**)

juventud *f.* conjunto de todos los jóvenes (**3.1**) (**7.3**)

L

lácteo(a) *adj.* derivado de la leche (**5.2**)

lado *m.* costado (**1.1**)

ladrillo *m.* pieza de arcilla para construir muros (**1.2**)

lágrima *f.* líquido que sale por los ojos cuando se está triste o con dolor (**3.3**) (**7.3**)

lamentable *adj.* triste (**8.1**)

lastimar *inf.* dañar (**5.2**) (**6.3**)

lastimero(a) *adj.* con dolor (**5.2**)

latinoamericano(a) *adj.* natural de Latinoamérica (**1.1**) (**8.2**)

lavandería *f.* lugar para lavar la ropa (**1.2**)

lavaplatos *m. f.* persona que lava la vajilla de un restaurante (**7.2**)

lazo *m.* aro formado con una cuerda larga (**4.1**); conexión *fig.* (**1.1**) (**1.3**) (**7.2**)

lealtad *f.* fidelidad, amistad (**7.3**)

lechero: bote lechero *m.* recipiente para la leche (**1.2**)

lectura *f.* acción de leer (**1.1**)

legado *m.* herencia (**1.3**)

lengua *f.* músculo que está dentro de la boca, sirve para pronunciar las palabras (**3.2**)

lenguaje *m.* idioma (**3.2**) (**3.3**)

leña *f.* madera para prender el fuego (**6.3**)

leñador *m.*, **leñadora** *f.* persona que corta leña (**6.3**)

letras *f.* literatura (**5.1**)

leyenda *f.* historia popular (**3.3**) (**4.3**) (**5.3**) (**7.3**)

leyes *f.* abogacía, estudios para ser abogado (**2.2**)

libre: al aire libre afuera (**1.2**) (**4.2**)

libreta *f.* revista pequeña (**1.3**)

ligado(a) *adj.* relacionado (**1.1**)

lila *f.* especie de flor **(5.2)**

lingüístico(a) *adj.* relacionado con el idioma **(1.2) (8.3)**

linterna *f.* artefacto para iluminar **(6.2)**

listo(a) *adj.* preparado **(1.1) (5.2) (8.2);** inteligente **(5.2) (5.3)**

litera *f.* cama puesta sobre otra **(8.1)**

literario(a) *adj.* relativo a las obras escritas, como cuentos o novelas **(1.2) (3.1) (4.2) (6.2)**

litro *m.* unidad de medida de los líquidos, equivalente a 1/4 de galón aproximadamente **(5.2)**

llamativo(a) *adj.* atractivo **(6.3) (7.1)**

llanto *m.* lamento **(3.3)**

llevar *inf.* **a cabo** realizar **(1.3)**

llovizna *f.* lluvia fina **(3.1)**

lobo *m.* animal salvaje parecido al perro **(8.2)**

loción protectora líquido para protegerse del sol **(3.2) (8.2)**

locutor *m.,* **locutora** *f.* persona que habla por la radio o por la televisión **(3.1) (5.3)**

lograr *inf.* poder hacer, conseguir **(1.1) (1.3) (2.1) (7.1)**

logro *m.* éxito **(6.2) (7.1)**

lotería *f.* sorteo de dinero **(1.2) (7.1) (8.2)**

lucir *inf.* parecer **(1.2)**

lugar: tener *inf.* **lugar** ocurrir **(2.2) (4.3) (5.3)**

lujo *m.* privilegio **(5.2)**

lujoso(a) *adj.* caro, importante **(2.2)**

lunar *adj.* relativo a la Luna **(4.3)**

lustroso(a) *adj.* brillante **(2.3)**

~~~~ M ~~~~

magnífico(a) *adj.* muy atractivo **(2.3) (7.1)**

magnitud *f.* importancia **(7.2)**

maíz *m.* tipo de cereal **(4.1) (4.2) (6.1)**

majestuoso(a) *adj.* imponente, pomposo **(2.3)**

mal *m.* problema, dolor **(5.2)**
de mal humor *adj.* enojado **(1.2) (6.2)**

mamaíta *f.* diminutivo de "mamá" **(2.2)**

manchar *inf.* ensuciar **(8.1)**

manco(a) *adj.* que le falta una mano **(4.2)**

mandato *m.* orden **(3.2) (8.2)**

manejar *inf.* conducir **(3.2) (4.2) (7.1)**

mango *m.* fruta tropical **(2.1)**

manicurado(a) *adj.* tratado por una manicura, o persona que cuida las manos **(6.2)**

manjar *m.* comida deliciosa **(5.2) (8.1)**

mano: pedir *inf.* **la mano** solicitarles autorización a los padres de una señorita para casarse con ella **(4.3)**

mañanero(a) *adj.* relativo a la mañana **(4.2)**

mapa *m.* diagrama que muestra cómo llegar de un lugar a otro **(2.1) (2.3) (6.2) (8.2)**

máquina: escribir *inf.* **a máquina** utilizar un instrumento con un teclado; mecanografiar **(7.2)**

marcador *m.* lápiz de fibra **(3.3) (6.3) (8.3)**

marco *m.* borde **(7.2)**

margen *m. f.* orilla **(2.1)**

marginación *f.* segregación, separación **(8.2)**

marroquí *adj.* natural de Marruecos **(2.2)**

más pobre que una rata sin nada de dinero, muy pobre **(4.3)**

masacre *f.* hecho donde muere mucha gente **(7.2)**

máscara *f.* disfraz para la cara, careta **(1.3) (3.1) (5.3)**

mascota *f.* animal doméstico **(5.2)**

materno(a) *adj.* por parte de la madre **(1.3)**

mayor *adj.* de más edad **(1.1) (1.3) (2.2) (5.2)**

mayoría *f.* la mayor parte **(1.3) (2.2) (4.1) (6.1)**

médico *m.* doctor **(4.3) (5.1)**

megalópolis *f.* ciudad enorme **(7.2)**

mencionado(a) *adj.* nombrado **(2.3) (7.3)**

menos: echar *inf.* **de menos** extrañar **(1.1) (1.2) (3.3)**

mensaje *m.* noticia **(5.1)**

mensual *adj.* que sucede cada mes **(7.1) (7.2) (8.2)**

mentor *m.* instructor **(7.1)**

menudo: a menudo seguido **(2.1) (5.2)**

merengue *m.* baile dominicano **(1.3)**

mero: del mero de lo peor **(6.2)**

mesero *m.*, **mesera** *f.* camarero, mozo **(7.2)**

meseta *f.* terreno plano y elevado **(1.1)**

mesonero *m.*, **mesonera** *f.* mesero, mozo **(2.1)**

mestizo(a) *adj.* persona cuyos padres son de distintas razas **(1.1)**; mezcla de español e indígena **(4.1) (4.3) (8.1)**

meter *inf.* introducir **(4.1)**

métrica *f.* medida **(6.3)**

metro *m.* tren subterráneo **(5.1) (8.2)**

metropolitano(a) *adj.* relativo a las grandes ciudades **(3.1) (6.1)**

mexicano(a) *adj.* natural de México **(1.1) (2.2) (7.1) (7.2) (7.3)**

mezcla *f.* cruza **(1.1)**; combinación **(2.1) (4.1)**

mezquita *f.* templo sagrado de los musulmanes **(5.1)**

miembro *m.* integrante **(2.2) (5.2)**

migaja *f.* miga, pedacitos pequeños de comida **(4.2)**

miguita *f.* pedacito pequeño de pan **(3.2)**

millonario *m.*, **millonaria** *f.* persona que tiene mucho dinero, rico **(5.1)**

mimado(a) *adj.* consentido **(4.3)**

mimoso(a) *adj.* consentido, delicado **(5.2)**

mina *f.* sitio de donde se extraen minerales **(2.1) (3.2)**

mínimo(a) *adj.* muy poco **(7.1)**

minoría *f.* la menor parte **(4.1)**

misión *f.* lugar donde predican los misioneros **(1.1)**

mismito: allí mismito en ese mismo momento **(6.2)**

mismo: de sí mismo de su personalidad **(6.3)**

mochila *f.* bolso que se carga en la espalda (**6.3**)

modesto(a) *adj.* sencillo, humilde (**4.3**)

molestar *inf.* incomodar (**1.2**) (**5.2**) (**6.2**) (**6.3**)

mona *f.* hembra del mono (**1.2**)

monarca *m.* rey (**2.3**)

moneda *f.* unidad monetaria (**4.3**) (**6.1**)

monja *f.* religiosa (**1.2**)

monolito *m.* monumento hecho de piedra (**3.3**)

montaña rusa entretenimiento que consiste en carros que corren por una vía muy alta y con muchas vueltas (**2.2**)

monte *m.* terreno elevado con mucha vegetación y animales salvajes (**6.3**)

montón *m.* muchos (**1.2**) (**3.2**) (**6.2**)

moraleja *f.* conclusión que deja una enseñanza (**1.3**) (**2.3**) (**4.3**)

moro *m.*, **mora** *f.* musulmán del norte de África (**1.2**) (**4.1**) (**5.1**) (**5.3**)

moro(a) *adj.* musulmán (**5.1**)

mortero *m.* mezcla que se usa en la construcción de edificios (**4.1**)

mu sonido que hacen las vacas, los toros y los bueyes (**3.1**)

mudarse *inf.* cambiarse de una casa a otra (**1.1**) (**1.2**) (**2.1**)

muerto(a) *adj.* muy cansado *fig.* (**5.2**)

mula *f.* animal de carga parecido al burro (**3.3**)

mundo: todo el mundo todos (**1.2**)

muñón *m.* terminación del brazo cuando le falta una mano (**4.2**)

muro *m.* pared (**4.3**)

mustio(a) *adj.* triste *fig.* (**5.2**)

musulmán, musulmana *adj.* relativo a los pueblos árabes que profesan el islamismo (**5.1**)

~~~ N ~~~

natación *f.* acción de nadar (**7.2**)

naturista *adj.* que vende y consume productos naturales (**5.2**)

navegar *inf.* recorrer las aguas de un río o del mar (**2.1**)

negrilla *f.* letra repintada (**1.2**) (**2.2**)

neorriqueño(a) *adj.* puertorriqueño que vive en Nueva York (**1.1**)

nicaragüense *adj.* natural de Nicaragua (**2.2**)

nieto *m.*, **nieta** *f.* hijo del hijo o hija (**3.2**)

nívea *f.* especie de flor (**5.2**)

noble *adj.* perteneciente a la nobleza (**2.3**) (**4.3**)

nocturno(a) *adj.* relativo a la noche (**6.3**) (**8.1**)

norteamericano(a) *adj.* natural de Norteamérica (**2.2**) (**4.3**) (**5.1**)

norteño(a) *adj.* relativo al norte (**2.1**)

noruego(a) *adj.* natural de Noruega (**2.2**) (**3.3**)

notable *adj.* sorprendente (**2.1**)

noticiero *m.* programa de televisión o radio que pasa las noticias (**3.2**)

nublado(a) *adj.* que hay nubes en el cielo (**3.1**)

nuca *f.* parte de atrás del cuello **(6.2)**

núcleo *m.* centro, parte principal **(4.3)**

nudo *m.* doblez que se hace en una cuerda o hilo **(4.1)**

nutritivo(a) *adj.* que tiene vitaminas y alimento **(5.1)**

nuyorican *adj.* puertorriqueño que vive en Nueva York **(1.1)**

O

obra *f.* composición **(1.2)**

ocaso *m.* atardecer **(5.2)**

occidental *adj.* del oeste **(1.1)**

ocupación *f.* invasión **(4.1)**

oda *f.* estilo de poesía **(3.2)**

oferta: en oferta en rebaja **(1.2)**

oleaje *m.* movimiento que hace el mar formando olas **(4.2)**

oligarca *adj.* perteneciente a la clase social alta **(7.1)**

olvidar *inf.* no recordar **(1.3) (6.2) (7.1) (8.1)**

ondulado(a) *adj.* rizado **(3.3)**

opositor(a) *adj.* contrario **(4.3)**

oración *f.* frase **(1.1)**

oral *adj.* de boca en boca **(1.1) (1.3)**

organizar *inf.* preparar **(2.2) (7.2)**

orgullo *m.* mucha estima **(1.1) (1.3) (8.3)**

oriente *m.* el punto cardinal este **(3.1) (8.3)**

oro *m.* metal precioso **(1.1) (2.1) (2.2) (3.1)**

oscuro(a) *adj.* sin luz **(3.2) (4.2) (5.2) (5.3)**

otorgado(a) *adj.* dado, entregado **(3.2)**

otorgar *inf.* dar, entregar **(1.3) (6.1)**

oxígeno *m.* gas que respiramos para vivir **(2.2)**

P

paciente *m.* persona que sufre alguna enfermedad **(2.3)**

padremonte *m.* monstruo que vive en los montes **(6.3)**

padrino *m.*, **madrina** *f.* protector *fig.* **(7.1)**

país *m.* nación **(1.1)**

paisano *m.*, **paisana** *f.* persona que tiene la misma nacionalidad que uno **(2.2)**

palacio *m.* edificio lujoso donde vivían los reyes **(5.1) (7.3)**

pálido(a) *adj.* sin color **(3.2) (4.3)**

panadería *f.* lugar donde se prepara el pan **(3.2) (5.1)**

panameño(a) *adj.* natural de Panamá **(2.2) (3.1)**

pánico *m.* mucho miedo **(7.2)**

pantano *m.* zona cubierta de agua y mucha vegetación **(2.2)**
  de pantano hondo y lleno de agua **(3.2)**

papaíto *m.* diminutivo de "papá" **(2.2)**

papel *m.* rol **(1.3) (5.3) (6.1) (6.3)**

papi *m.* diminutivo de "papá" **(6.2)**

paquistaní *adj.* natural de Paquistán **(2.2)**

paradero *m.* ubicación **(8.1)**

paraguayo(a) *adj.* natural de Paraguay **(2.2)**

paralelo *m.*　algo parecido **(1.3)**
(2.3)

paralizado(a) *adj.*　parado, detenido
(6.3)

parecer: al parecer　se supone, se
cree **(3.1)**

parecerse *inf.*　asemejarse **(1.2)**

parecido(a) *adj.*　similar **(1.1) (1.2)**

pariente *m.*　familiar **(3.1) (6.1)**
(7.1)

partido *m.*　juego **(3.1) (5.3) (8.2)**

pasatiempo *m.*　entretenimiento
(1.1) (2.1)

pascuense *adj.*　natural de la Isla de
Pascua **(3.3)**

pasillo *m.*　corredor **(1.2)**

pasta *f.*　dentífrico **(8.2)**

pasto *m.*　césped **(1.2)**

paterno(a) *adj.*　por parte del padre
(1.3)

patio *m.*　parte de una casa al aire
libre **(4.1)**

patria *f.*　país de origen **(7.1)**

pavoroso(a) *adj.*　que causa miedo
(7.2)

pedir *inf.*　solicitar
  pedir la mano　solicitarles
    autorización a los padres de una
    señorita para casarse con ella **(4.3)**

pedrada *f.*　golpe dado con una
piedra **(3.2)**

pegajoso(a) *adj.*　húmedo **(6.2)**

película *f.*　filme **(1.2) (2.2) (5.3)**
(7.2)

pelo *m.*　cabello **(3.3) (4.3) (8.2)**

pena *f.*　lástima
  como alma en pena　desolado,
    solo **(6.3)**

pendenciero *m.*, **pendenciera** *f.*
peleador **(4.2)**

pequeñito(a) *adj.*　diminutivo de
"pequeño" **(8.2)**

perdido(a) *adj.*　escondido **(4.3)**

perecer *inf.*　morir **(6.1)**

perfecto(a) *adj.*　que no tiene
ninguna falla **(3.2) (8.2)**

pericia *f.*　destreza **(4.2)**

periodista *m. f.*　persona que trabaja
en periódicos, revistas o televisión
(1.2) (7.2)

periodístico(a) *adj.*　relativo al
periodismo **(1.1) (1.3)**

período *m.*　etapa **(1.1)**

perla *f.*　material que se obtiene de
las conchas marinas para hacer
joyas **(2.1) (8.2)**

permiso *m.*　autorización **(3.2) (4.3)**
(6.1)

permitir *inf.*　dejar **(5.1)**

perseverar *inf.*　insistir **(6.3)**

persiana *f.*　pequeña puerta que evita
que la luz pase por una ventana o
puerta **(6.2)**

personaje *m.*　protagonista **(1.1)**

peruano(a) *adj.*　natural de Perú
(2.2) (3.3) (4.2) (4.3)

pesar: a pesar de　no obstante **(1.1)**

picar *inf.*　morder o clavar aguijones
(2.3)

piedra *f.*　roca **(1.1) (2.1) (3.3) (4.1)**

pies: de pies a cabeza　totalmente,
por completo **(6.3)**

pilote *m.*　pedazo de madera sobre el
que se construye una vivienda en
zonas donde hay inundaciones **(2.1)**

piloto *m.*　persona que dirige un
avión **(4.3)**

pipa *f.* objeto al que se le pone tabaco para fumar **(6.3)**

piquiña *f.* picazón **(6.2)**

pirámide *f.* edificio antiguo de cuatro caras que terminan en punta **(1.1) (4.3) (7.1)**

piraña *f.* pez de río, carnívoro y muy feroz **(2.2)**

pisar *inf.* poner el pie sobre algo **(4.3)**

piscina *f.* lugar donde se acumula agua para nadar **(1.2) (5.1)**

piso *m.* nivel **(1.2)**

placer *m.* gusto **(1.1) (2.1) (5.3)**

planificar *inf.* planear **(1.3) (4.1)**

plantear *inf.* proponer **(3.3)**

plata *f.* dinero **(3.1);** metal precioso **(3.3) (4.3)**

plena *f.* danza típica de Puerto Rico **(6.1)**

plomería *f.* tubos por donde pasa el agua **(1.2)**

plumaje *m.* plumas del ave **(8.3)**

población *f.* conjunto de habitantes de un país o ciudad **(1.3) (2.1) (2.2)**

poblar *inf.* ocupar **(1.1)**

pobre *adj.* sin dinero

  más pobre que una rata sin nada de dinero, muy pobre **(4.3)**

pobretón, pobretona *adj.* forma despectiva de decir "pobre" **(4.3)**

poder *m.* fuerza **(6.3) (7.3)**

poderoso(a) *adj.* que tiene poder y fuerza **(2.3)**

poeta *m.*, **poetisa** *f.* persona que escribe poesía **(3.2) (5.1) (5.2) (8.2)**

poético(a) *adj.* relativo a la poesía **(5.2) (8.2)**

polaco(a) *adj.* natural de Polonia **(1.2) (2.2) (7.2) (8.1)**

polen *m.* sustancia que contienen las flores **(3.3)**

policíaco(a) *adj.* relativo a los cuentos o filmes de policías y detectives **(3.1) (3.2)**

poligonal *adj.* formado por polígonos, que tiene muchos lados **(4.1)**

polinesio(a) *adj.* natural de la Polinesia **(3.3)**

ponerse *inf.* **en línea** adelgazar **(5.2)**

popa *f.* parte trasera de una embarcación **(4.2)**

por

  por doquier por todos lados **(7.2)**

  por el contrario en cambio **(1.1)**

  por si acaso por las dudas **(8.2)**

  por supuesto claro **(1.1) (1.2)**

portento *m.* ejemplar **(6.2)**

portugués, portuguesa *adj.* natural de Portugal **(2.1) (2.2)**

posteriormente *adv.* después **(3.3)**

postgrado *m.* grado después de un bachillerato **(7.3)**

práctica *f.* tarea **(2.2)**

precolombino(a) *adj.* antes de la llegada de Cristóbal Colón **(4.3) (6.1)**

predecir *inf.* anticipar **(1.1) (1.3)**

predicción *f.* el hecho de decir algo por anticipado **(1.2) (2.2) (3.2)**

predominar *inf.* destacarse **(6.3)**

preferible *adj.* mejor **(5.2)**

prender *inf.* agarrar **(4.2)**

preocupado(a) *adj.* intranquilo **(1.2)**

preservar *inf.* mantener, durar **(2.1)**

preso(a) *adj.* prisionero **(6.3)**

prestigioso(a) *adj.* de gran valor **(1.2) (3.1) (4.3) (8.2)**

prevalecer *inf.* sobresalir, tener superioridad **(6.1)**

primo *m.*, **prima** *f.* hijo de los tíos **(2.2) (5.1) (6.2) (7.3)**

princesa *f.* hija del rey **(2.2) (7.3)**

principal *adj.* más importante **(6.1)**

proa *f.* parte delantera de una embarcación **(4.2)**

probable *adj.* posible **(2.3) (5.1)**

probablemente *adv.* quizás **(1.3) (2.3) (5.1) (5.3)**

problemático(a) *adj.* difícil **(7.1)**

profecía *f.* predicción **(5.3)**

progreso *m.* crecimiento **(5.1) (7.1)**

prohibe: se prohibe no se permite **(7.3)**

promover *inf.* fomentar **(1.1)**

pronóstico *m.* reporte **(3.1)**

propagarse *inf.* reproducirse **(5.1)**

propietario *m.*, **propietaria** *f.* dueño **(1.2) (1.3)**

proponer *inf.* sugerir **(6.1)**

prosperidad *f.* crecimiento **(2.1)**

próspero(a) *adj.* floreciente **(1.3)**

protector, protectora, protectriz *adj.* que cuida, que protege **(3.2)**

proteger *inf.* cuidar **(2.3) (3.2)**

provenir *inf.* tener origen **(1.1) (6.1)**

proverbio *m.* pensamiento **(1.1)**

providencial *adj.* sagrado, divino **(5.3)**

proyectado(a) *adj.* lanzado **(8.3)**

publicar *inf.* imprimir **(3.1) (4.3) (7.2);** poner un aviso **(5.1)**

pueblo *m.* ciudad pequeña **(1.1) (1.3)**

puerta *f.* entrada *fig.* **(7.1) (8.2)**

puertorriqueño(a) *adj.* natural de Puerto Rico **(1.1) (2.2) (6.1) (6.2)**

puesto *m.* trabajo **(1.3) (7.1) (7.2)**

pulga *f.* insecto muy pequeño que vive en el pelo de otros animales **(2.3)**

pulmonía *f.* neumonía **(6.2)**

pulsera *f.* brazalete **(1.2) (4.1)**

puma *m.* animal salvaje parecido al jaguar **(6.2)**

puntería *f.* habilidad de disparar un arma y dar en el blanco **(6.3)**

púrpura *adj.* morado **(6.2)**

~~~Q~~~

quebrada *f.* arroyo **(3.1)**

quebrar *inf.* romper, partir **(6.3)**

quehacer *m.* tarea **(4.1) (7.1)**

quemado(a) *adj.* muy tostado por el sol **(3.2)**

quemadura *f.* lastimadura o lesión ocasionada por el sol o por el fuego **(3.2)**

quetzal *m.* especie de pájaro **(8.3)**

¡quíhubole! expresión que significa *¿qué tal?, ¿qué hay?* **(6.1)**

química *f.* ciencia que estudia los compuestos químicos **(1.2) (5.1) (7.3)**

quinceañera *f.* celebración de los quince años de una chica **(2.2)**

R

rabia *f.*   odio, enojo **(7.2)**

racimo *m.*   montón de uvas **(3.2)**

ranchería *f.*   conjunto de ranchos o chozas **(1.1)**

raro(a) *adj.*   extraño **(3.3) (4.3) (5.3) (6.1)**

ras: al ras   en el borde **(4.2)**

rasgo *m.*   característica **(6.1)**

rasuradora *f.*   máquina de afeitar **(8.2)**

rata *f.*   animal similar, pero más grande, que el ratón

más pobre que una rata   sin nada de dinero, muy pobre **(4.3)**

reaccionar *inf.*   actuar ante algo **(2.1) (4.2) (5.1) (7.2)**

realizar *inf.*   hacer algo **(1.3)**

rebajado(a) *adj.*   más barato **(1.2)**

rebeldía *f.*   oposición **(8.2)**

rebuzno *m.*   sonido que hace el burro **(5.2)**

recámara *f.*   habitación **(1.2) (7.2)**

recepcionista *m. f.*   persona que recibe a los que llegan a una oficina **(7.2) (7.3)**

rechazado(a) *adj.*   no aceptado **(7.3)**

reclamar *inf.*   pedir **(3.1) (8.1)**

recoger *inf.*   juntar **(1.1) (5.1) (7.2)**

recomendable *adj.*   aconsejable, que sería bueno hacer **(5.2)**

recomendar *inf.*   aconsejar **(5.1) (7.2)**

reconocer *inf.*   identificar **(3.1) (6.2)**

reflejar *inf.*   mostrar **(1.2) (2.2) (6.1) (8.1)**

reflexionar *inf.*   pensar **(1.1) (1.2)**

reforma *f.*   cambio **(3.1)**

reformista *adj.*   transformador, que cambia las cosas **(3.1)**

refrán *m.*   dicho **(1.1) (1.2) (2.1)**

refresco *m.*   soda, gaseosa **(2.1) (5.1)**

refugio *m.*   lugar para protegerse **(4.1) (6.2)**

regalar *inf.*   obsequiar, dar un presente **(4.3)**

regalo *m.*   presente **(1.2) (2.1)**

régimen *m.*   gobierno **(5.3)**

reguero *m.*   corriente **(3.3)**

rehusar *inf.*   rechazar **(4.3)**

rehusarse *inf.*   negarse **(1.2) (4.3)**

relacionar *inf.*   asociar **(1.1)**

relatar *inf.*   contar **(1.3) (2.3)**

rellenar *inf.*   poner algo dentro de otra cosa **(3.2)**

relleno(a) *adj.*   con algo dentro **(2.3)**

remedio *m.*   solución **(4.3)**

remo *m.*   objeto de madera que sirve para impulsar un bote **(4.2)**

remolino *m.*   efecto provocado cuando giran los vientos o las aguas **(2.2)**

remoto(a) *adj.*   muy lejano **(3.3)**

remuneración *f.*   pago **(7.2)**

rendir *inf.* **culto**   dar las gracias a los dioses **(4.3)**

reparar *inf.*   arreglar **(1.2)**

repartir *inf.*   entregar **(7.2)**

reporte *m.*   información **(3.1)**

reportero *m.*, **reportera** *f.*   persona que trabaja en un periódico o revista y que hace reportajes **(2.1) (2.3) (4.1)**

representativo(a) *adj.*   tradicional, característico **(2.1) (2.2) (2.3)**

requerir *inf.* necesitar **(7.2)**

requisito *m.* condición **(7.2) (7.3)**

resentir *inf.* rechazar **(1.1)**

resolver *inf.* decidir **(7.3)**

respeto *m.* consideración **(1.3) (2.2) (2.3) (7.1)**

respiración *f.* aliento **(1.2) (4.2)**

respuesta *f.* contestación **(1.2)**

retumbar *inf.* sonar muy fuerte **(5.1)**

reunirse *inf.* juntarse **(1.2) (5.1) (5.3) (8.1)**

revitalización *f.* empuje **(8.1)**

revólver *m.* arma de fuego parecida a la pistola **(6.2)**

rico(a) *adj.* delicioso **(2.1) (4.2);** que tiene mucho dinero **(4.3) (6.2)**

riesgo *m.* peligro **(5.3)**

riquísimo(a) *adj.* muy rico, delicioso **(8.2)**

ritual *m.* ceremonia **(3.2)**

rodar *inf.* girar sobre sí mismo **(1.1) (2.1)**

rodeo *m.* reunión del ganado en el campo **(4.1)**

   andar *inf.* **con rodeos** andar con vueltas, andar con misterios **(8.1)**

rojizo(a) *adj.* de color rojo **(2.2)**

rondar *inf.* andar de noche **(6.2)**

rostro *m.* cara **(3.2)**

rotación *f.* efecto de girar **(2.2)**

ruedas: silla de ruedas *f.* silla que usan las personas incapacitadas para desplazarse **(1.2)**

rural *adj.* relativo al campo **(3.1) (7.2)**

ruso(a) *adj.* natural de Rusia **(2.2) (8.1)**

montaña rusa entretenimiento que consiste en carros que corren por una vía muy alta y con muchas vueltas **(2.2)**

～～ S ～～

sabatino(a) *adj.* que se realiza los sábados **(7.2)**

sabio *m.*, **sabia** *f.* erudito, persona que sabe mucho **(5.1)**

sabio(a) *adj.* inteligente **(1.3) (3.1) (4.2) (7.3)**

sacudir *inf.* limpiar la tierra de los muebles **(7.1)**

salario *m.* sueldo **(7.2)**

salero *m.* pequeño recipiente donde se pone la sal **(3.2)**

salvadoreño(a) *adj.* natural de El Salvador **(2.2)**

sanar *inf.* curarse **(8.3)**

sandalia *f.* calzado de verano **(8.2)**

saurio *m.* reptil **(4.2)**

se prohíbe no se permite **(7.3)**

secretamente *adv.* en secreto, sin que nadie lo sepa **(7.3)**

secretario *m.*, **secretaria** *f.* persona que trabaja ayudando al jefe de una oficina **(7.2)**

seda *f.* tela fina **(1.2)**

seleccionar *inf.* elegir **(1.1) (1.2)**

semana *f.* período de siete días **(1.1) (2.1) (3.3) (4.3)**

   fin de semana *m.* sábado y domingo **(1.1) (1.2)**

semejanza *f.* similitud **(1.1)**

semejar *inf.* parecer **(4.2)**

sendero *m.* camino **(6.2)**

señalar *inf.* apuntar **(1.2)**

sequía *f.* época en que no llueve **(2.1) (4.3)**

servicio *m.* baño **(6.2)**

sí: de sí mismo de su personalidad **(6.3)**

sideral *adj.* relativo al espacio y las estrellas **(7.3)**

siglo *m.* período de cien años **(1.1)**

significado *m.* sentido **(1.1) (1.2)**

significante *adj.* importante **(2.1)**

silbido *m.* sonido agudo **(3.2)**

silla de ruedas *f.* silla que usan las personas incapacitadas para desplazarse **(1.2)**

simbólico(a) *adj.* que sirve como modelo pero que no es real **(8.2)**

simbolizar *inf.* representar **(3.3) (6.3)**

similar *adj.* parecido **(1.1)**

simpático(a) *adj.* agradable, de buen carácter **(1.2) (5.2) (8.2)**

simulacro *m.* representación **(4.2)**

sin embargo no obstante **(1.1) (1.2)**

sinnúmero *m.* gran cantidad **(1.1) (4.1) (5.1)**

sinónimo *m.* palabra de igual significado **(1.2)**

sitio *m.* lugar **(2.1) (2.2) (3.3) (6.2)**

situado(a) *adj.* ubicado **(1.3) (4.1) (4.3) (8.1)**

sobrado(a) *adj.* numeroso, en gran cantidad **(6.2)**

sobrellevar *inf.* hacerse cargo **(8.1)**

sobreponerse *inf.* vencer **(7.3)**

sobresalir *inf.* destacarse **(8.2)**

sobreviviente *m. f.* alguien que se salva de la muerte **(7.2)**

sobrino *m.*, **sobrina** *f.* hijo del hermano **(4.3) (6.1)**

socio *m.*, **socia** *f.* miembro de una sociedad o de un club **(5.1)**

soldado *m.* persona que está en el ejército **(5.3)**

solicitar *inf.* pedir **(7.2) (8.1)**

solicitud *f.* pedido **(7.2) (7.3)**

solidaridad *f.* ayuda **(7.2)**

sólo *adv.* solamente **(1.2) (2.1)**

son: en son de como si fuera **(4.2)**

soneto *m.* estilo de poesía **(3.1) (6.3)**

sonoro(a) *adj.* que tiene sonido **(6.3)**

soñar *inf.* desear *fig.* **(7.1) (7.3)**

sopa *f.* comida a base de caldo, con carne o vegetales **(2.2) (8.2)**

sordo(a) *adj.* persona que no puede oír **(4.1)**

sortear *inf.* eludir, esquivar **(4.2)**

sospechar *inf.* desconfiar **(6.1)**

sótano *m.* parte subterránea de un edificio **(1.2)**

subjetivo(a) *adj.* relativo al pensamiento individual **(8.2)**

subterráneo(a) *adj.* que está debajo de la tierra **(4.3)**

subtítulo *m.* título secundario **(1.1) (2.1)**

suburbio *m.* barrio alejado de la ciudad **(3.2)**

suceso *m.* hecho o evento **(3.1)**

sudamericano(a) *adj.* natural de América del Sur **(1.1)**

sudor *m.* transpiración **(3.2) (6.2) (6.3)**

sueco(a) *adj.* natural de Suecia **(2.2)**

sugerencia *f.* consejo **(3.2)**

suicidarse *inf.* matarse **(3.1) (8.2)**

suizo(a) *adj.* natural de Suiza **(2.2)**

sumario *m.* resumen (**4.3**)

supuesto: por supuesto claro (**1.1**) (**1.2**)

suroeste *m.* punto cardinal entre el sur y el oeste (**1.1**) (**7.2**)

susto *m.* miedo (**6.2**)

T

tacaño(a) *adj.* avaro (**1.2**) (**3.2**)

tal vez *adv.* quizás (**2.2**) (**3.1**) (**3.2**)

talento *m.* habilidad, inteligencia (**1.1**) (**7.1**) (**7.2**) (**8.3**)

tallar *inf.* cortar piedras para darles forma o hacer dibujos sobre ellas (**3.3**)

tapia *f.* pared (**5.2**)

tapón *m.* pieza para tapar las botellas; exceso de tráfico (embotellamiento) (**6.2**)

tarea *f.* trabajo (**2.1**) (**2.2**) (**3.1**)

tarima *f.* sitio elevado para sentarse y ver un espectáculo (**6.2**)

techo *m.* cielo raso (**1.2**)

tecolote *m.* búho, ave (**4.2**)

tema *m.* argumento (**1.1**)

temblor *m.* movimiento de la tierra (**7.2**)

temer *inf.* tener miedo (**5.2**)

temeroso(a) *adj.* miedoso (**6.2**) (**6.3**)

templo *m.* edificio sagrado (**4.1**) (**4.3**)

temporada *f.* período de tiempo (**6.1**)

temporario(a) *adj.* que dura cierto tiempo (**1.2**)

tener *inf.* **lugar** ocurrir (**2.2**) (**4.3**) (**5.3**)

tentativa *f.* prueba, intento (**3.2**)

terminal *f.* parte de la batería de un carro (**6.1**)

término *m.* palabra (**1.1**)

terrible *adj.* muy fuerte (**7.2**)

terror *m.* miedo (**2.3**) (**6.2**)

testimonio *m.* prueba, fuente (**7.2**)

típicamente *adv.* tradicionalmente (**5.1**)

típico(a) *adj.* tradicional (**1.3**) (**2.2**) (**4.3**)

tiránico(a) *adj.* que manda a los demás por la fuerza (**2.3**)

titulado(a) *adj.* que lleva por título (**2.1**) (**4.3**) (**7.2**) (**8.2**)

todo

    con todo el corazón mucho (**7.3**)

    todo el mundo todos (**1.2**)

toilette *m.* baño (**8.1**)

tolerancia *f.* consideración, respeto (**5.1**)

tolerar *inf.* soportar, aguantar (**3.2**)

tomar *inf.* **conciencia** darse cuenta (**4.3**)

tópico *m.* tema, punto (**3.3**)

torbellino *m.* remolino (**2.3**) (**6.3**)

tortura *f.* castigo (**6.2**)

trabado(a) *adj.* que no se puede abrir (**7.2**)

traductor *m.*, **traductora** *f.* persona que traduce escritos de un idioma a otro (**1.2**) (**5.1**) (**7.2**) (**8.2**)

tráfico *m.* carros andando (**4.2**) (**6.2**)

trágico(a) *adj.* terrible (**3.1**) (**3.3**)

traicionar *inf.* engañar (**7.3**)

traje *m.* conjunto de saco y pantalón (**8.2**)

transcurso *m.* paso (**7.2**)

trapecio *m.* figura geométrica de cuatro lados **(4.3)**

trapo *m.* paño **(4.1)**

traslado *m.* mudanza **(6.1)**

trastear *inf.* revisar **(6.2)**

tratado *m.* pacto **(1.1)**

travieso(a) *adj.* revoltoso **(4.1)**

trazar *inf.* indicar **(1.1)**

tren *m.* ferrocarril **(1.1)**

tribu *f.* grupo indígena **(1.1) (2.1) (4.1)**

trigo *m.* cereal con que se hace el pan **(1.1)**

tripulación *f.* personal de un barco **(8.1)**

trizar *inf.* picar, hundir los dedos **(4.2)**

trofeo *m.* pieza de valor **(4.3)**

trono *m.* sillón del rey **(6.2) (7.3)**

tropical *adj.* del trópico **(2.1) (2.2) (6.1)**

trotar *inf.* correr lentamente **(6.3)**

trovador *m.*, **trovadora** *f.* cantante popular **(1.3)**

trozo *m.* parte, pedazo **(2.1)**

tubo *m.* cañería **(1.2)**

tumba *f.* lugar donde se entierran a los muertos **(2.2)**

túnica *f.* vestido amplio y largo **(6.2)**

turista *m. f.* persona que está visitando una ciudad o país **(2.1)**

turnarse *inf.* tomar turnos **(1.1)**

U

unir *inf.* juntar **(1.1) (4.1)**

unisex *adj.* que sirve para ambos sexos **(5.1)**

universitario(a) *adj.* relativo a la universidad **(2.2) (6.2)**

urbano(a) *adj.* relativo a la ciudad **(7.2) (8.1)**

uruguayo(a) *adj.* natural de Uruguay **(2.2) (8.2)**

utilizar *inf.* usar **(1.1)**

V

vacante *adj.* disponible **(7.2)**

vagar *inf.* ir de un lado a otro sin rumbo fijo **(6.3)**

vago(a) *adj.* ocioso **(6.2)**

valer *inf.* tener valor **(7.1)**
   valer una fortuna costar mucho dinero **(4.3)**

válido(a) *adj.* valedero, que sirve **(2.2)**

valle *m.* terreno plano ubicado entre dos montañas **(3.1)**

vals *m.* estilo de música que se baila en las bodas y en los cumpleaños **(2.2)**

vapor *m.* humo **(6.2)**

vaquero *m.*, **vaquera** *f.* pastor de vacas **(6.2) (8.1)**

variado(a) *adj.* que tiene muchos cambios **(2.1) (6.1)**

variar *inf.* cambiar **(2.1) (8.2)**

vecino *m.*, **vecina** *f.* persona que vive cerca de la casa de uno **(2.1) (3.3) (4.2) (7.2)**

vecino(a) *adj.* contiguo **(1.1) (2.1)**

velocidad de flecha muy rápido **(4.2)**

velorio *m.* vigilia **(3.3)**

vencido(a) *adj.* derrotado **(7.3)**

venerar *inf.* honrar **(3.2)**

venezolano(a) *adj.* natural de Venezuela **(1.2) (2.1) (2.2) (4.2)**

ventaja *f.* beneficio **(1.1) (1.2)**

verdadero(a) *adj.* real **(2.2) (3.1) (4.1) (4.3)**

verdoso(a) *adj.* de color verde **(5.2)**

vereda *f.* camino secundario **(1.3)**

verificar *inf.* comprobar **(1.1) (1.2)**

vez

    de vez en cuando de tanto en tanto, a veces **(1.1) (1.2) (4.1)**

    tal vez *adv.* quizás **(2.2) (3.1) (3.2)**

victoria *f.* éxito, triunfo **(2.3)**

viejito *m.*, **viejita** *f.* anciano **(3.2)**

viento *m.* aire **(1.1)**

vietnamita *adj.* natural de Vietnam **(2.2)**

viga *f.* trozo de madera o metal muy largo **(7.2)**

vínculo *m.* conexión **(6.1)**

viñedo *m.* viñas, terreno plantado con vides para producir uvas **(1.1)**

violentamente *adv.* con violencia, con fuerza **(6.3)**

virtualmente *adv.* casi **(8.1)**

visa *f.* documento que les permite a las personas entrar a otro país **(6.1)**

vistazo *m.* mirada **(6.2)**

volado(a) *adj.* con rapidez **(1.2)**

volteado(a) *adj.* dado vuelta **(6.3)**

voltear *inf.* dar vuelta algo **(4.2) (6.2)**

vuelo *m.* viaje en avión **(4.3) (8.2)**

vuelta: dar *inf.* **una vuelta** pasear **(7.1)**

Y

yerno *m.* esposo de la hija **(4.3)**

yogur *m.* postre hecho a base de leche **(8.1)**

Z

zafarse *inf.* salir, escapar **(6.2)**

zarcillo *m.* arete, pendiente **(4.1)**

zopilote *m.* lechuza, ave **(4.2)**

ÍNDICE
GRAMÁTICA / ESTRATEGIAS

ÍNDICE
Gramática / Estrategias

Este índice contiene las estructuras gramaticales que se presentan en **Nuestro idioma por dentro** y las estrategias para leer y escribir que se presentan en *Tu mundo*. Una anotación precedida por ■ significa que es una estrategia.

CRÉDITOS DE VIDEO

Para D.C. Heath & Company

Producers	Roger D. Coulombe
	Marilyn Lindgren

Para Videocraft Productions, Inc.

Executive Producer	Judith M. Webb
Project Director	Bill McCaw
Directors	Juan Mandelbaum
	Chris Schmidt
Producer	Mark Donadio
Associate Producer	Krista D. Thomas
Video Editor	Stephen Bayes
Directors of Photography	Gary Henoch
	Jim Simeone
Sound Recordist	James Mase

Graphic Designer	Alfred DeAngelo
Composer	Jonno Deily
Sound Mixer	Joe O'Connell

El Paso

Local Producer	Michael Charske
Local Associate Producer	John Gutiérrez

Venezuela

Para Alter Producciones Cinematográficas	Delfina Catalá
	Cristián Castillo
Local Producer	Hilda de Luca
Local Associate Producers	Miguel Cárdenas
	María Eugenia Jacome

CRÉDITOS DE TEXTO

Unidad 1 "La casa en Mango Street" by Sandra Cisneros, translated by Elena Poniatowska, is excerpted from *La casa en Mango* Street. Copyright © 1994 Sandra Cisneros, translation Copyright © 1994 Elena Poniatowska. Reprinted by permission.

Unidad 2 "Milagro en la Ocho y la Doce" by Roberto G. Fernández from The Americas Review, Vol. 14, No. 1, 1986. Reprinted by permission of Arte Público Press—University of Houston.

"La llamada" by Roberto G. Fernández from *Veinte años de literatura cubanoamericana,* edited by Silvia Burunat and Ofelia García. Reprinted by permission of Roberto G. Fernández.

"El león y las pulgas" from *Cuentos favoritos* by Maricarmen Ohara, Ph.D. (An Alegría Hispana Publication.) Reprinted by permission of Maricarmen Ohara, Ph.D.

"La selva tropical y yo" is adapted from SPICE by permission of Stanford Program on International and Cross Cultural Education.

Unidad 3 "Oda a la pobreza" by Pablo Neruda is reprinted from *Pablo Neruda: Obras completas,* Margarita Aguirre, Ed. Copyright © 1957, Editorial Losada, S.A., Buenos Aires, Argentina. Reprinted by permission.

"Las lágrimas del Sombrerón" from *Cuentos de espantos y aparecidos* by Luis Alfredo Arango is used by permission of Ediciones Ekaré-Banco del Libro, Venezuela.

"La Isla de Pascua y sus misterios" from *Mundo 21* is reprinted by permission of Editorial América, S.A.

Unidad 4 "Tito y el caimán" by Francisco Izquierdo Ríos is reprinted from *Cuentos peruanos,* Luis Yañez, Ed. Copyright © 1993, Editorial Universo, S.A., Lima, Perú. Reprinted by permission.

"La camisa de Margarita" from *Leyendas latinoamericanas* by Genevieve Barlow. Reprinted by permission of National Textbook Company.

Unidad 5 "Platero y yo" is excerpted from *Platero y yo* by Juan Ramón Jiménez. Copyright © 1982, Editores Mexicanos Unidos, S.A., México. Reprinted by permission.

"La profecía de la gitana" is adapted from *Leyendas de España* by Genevieve Barlow and William N. Stivers by permission of National Textbook Company.

Excerpt from "Charlie Rose interview with Antonio Banderas," The Charlie Rose Show, October 22, 1999. Courtesy of Charlie Rose/PBS.

Unidad 6 "El día que fuimos a mirar la nieve" by Alfredo Villanueva-Collado from *Cuentos hispanos de los Estados Unidos,* 1993. Reprinted by permission of Arte Público Press—University of Houston.

"Caipora, el Padremonte" is adapted by permission from *Cuentos de espantos y aparecidos* by Verónica Uribe.

"Coquí" by Luis Hernandes Aquino is reprinted from *Las cien mejores poesías líricas de Puerto Rico,* Dr. Jorge Luis Morales, Ed. Copyright © 1979 Editorial Edil, Inc., Río Piedras, Puerto Rico. Reprinted by permission.

Unidad 7 "Nada, nadie: Las voces del temblor" is excerpted from *Nada, nadie: Las voces del temblor* by Elena Poniatowska. Copyright © 1988, Ediciones Era, A.A. de C.V., México, D.F. Reprinted by permission.

"Los árboles de flores blancas," from *Leyendas latinoamericanas* by Genevieve Barlow. Reprinted by permission of National Textbook Company.

"Latinos en el laboratorio," from *Hispanic Magazine,* September 1996. Copyright © 1996 by Hispanic Publishing Corporation. Reprinted by permission of Hispanic Magazine.

"Enfoque: Adriana Ocampo" from *Hispanic Magazine,* September 1996. Copyright © 1996 by Hispanic Publishing Corporation. Reprinted by permission of Hispanic Magazine.

Unidad 8 "Himno a los pájaros" and "Hombre pequeñito" by Alfonsina Storni are reprinted from *Tesoro de poesía juvenil, A Treasure of Poetry for Young People,* Maricarmen Ohara, Ed. Copyright © 1990, Alegría Hispana Publications, Ventura, CA. Reprinted by permission.

"Mafalda," by J.S. Quino. From *10 años con Mafalda,* forward by Esteban Busquets. Copyright © 1973, Editorial Lumen, S.A., Barcelona. Reprinted by permission.

"Las manchas del sapo," from *Leyendas latinoamericanas* by Genevieve Barlow. Reprinted by permission of National Textbook Company.

CRÉDITOS DE ILUSTRACIÓN

Lecturas literarias
Carol Benioff 192–195
Gerry Gersten 453–456
Hrana Janto 530
Yolaine Lefebvre 606–607, 608
Joan Paley 193 (title)
Alan Reingold 29–30, 108–109, 111
Stacey Schuett 373–375
Fabricio Vanden Broeck 282–284
Anna Vojtech 371

General
Susan Banta 9, 26, 133
Polo Barrera 202–205
Ron Barrett 461
Willi Baum 118–121, 441
Meryl Brenner 157
Penny Carter 229
Carlos Castellanos 158, 173, 208, 221, 263, 347 (r), 467, 509, 541
Marilyn Cathcart 187–188
Dan Derdula 12–13, 90–91, 126–127, 622–623
Tom Durfee 277, 278, 427
Randall Enos 4, 18, 82, 96, 168, 182, 258, 272, 348, 353, 362, 428, 442, 504, 518, 580, 594

Leslie Evans 52
David Gothard 286 (tl), 614–617
Tamar Haber-Schaim 381
Cynthia Jabar 623 (glosses)
Hrana Janto 382–385
Tim Jones 198, 207, 593, 613
Lynn Krause 27
Joni Levy Lieberman 88
Judy Love 34, 76, 264, 347 (c), 370, 433, 542, 620
Claude Martinot 87, 603
Tim McGarvey 247, 612
Kathy Meisl 17, 579
Paige Leslie Miglio 462–465
Morgan Cain and Associates 11, 89, 101, 123, 175, 209, 265, 297, 355, 587
Ortelius Design 435
Joan Paley 590–591
Cyndy Patrick 126–127 (glosses), 190 (t), 536–540
Winslow Pels 290–293
Sean Sheerin 288–289
Anna Veltfort 95
Joe Veno 72, 336, 337, 415, 417, 562, 563
Anna Vojtech 36–40, 190 (c), 287, 448
Linda Wielblad 640

CRÉDITOS FOTOGRÁFICOS

Fotografía principal: Rob Crandall/Image Works/©D.C. Heath. Exceptions noted below.

v: Courtesy of the Hispanic Society of America, New York.

Unidad 1: 12: University of Texas at El Paso Library Special Collections. **14:** *t,* Robert Frerck/Odyssey/Chicago. **28:** *l,* AP/Wide World; *r,* Gigi Kaeser. **33:** *t,* James Prigoff; *b,* Cynthia Farah. **35:** Giraudon/Art Resource. **44:** *t,* Reinhard Eisele/Corbis; *c,* Reproduced from the Collections of the Library of Congress; *b,* Tony Aruzza/Corbis. **45:** *tl, cr,* Beryl Goldberg; *tr,* Martha Cooper; *b,* courtesy, Dominican Festival Committee, Boston.

Unidad 2: 81: *tl,* Luis Villota/The Stock Market; *tc,* Ulrike Welsch; *bl,* Bud Lehnhausen/Photo Researchers, Inc.; *br,* Warren Garst/Tom Stack & Associates. **89:** Jack Swenson/Tom Stack & Associates. **90:** *m,* Chip & Rosa Maria Peterson; *b,* Robert Frerck/Odyssey/Chicago. **91:** *t,* Rob Crandall/Picture Group; *mt,* Cameramann Intl, Ltd.; *mbr, bl,* Ulrike Welsch. **92:** Robert Frerck/Odyssey/Chicago. **93:** Jack Messler/DDB Stock Photo. **102:** *mr,* Manfred Gottschalk/Tom Stack & Associates; *mbl,* Cynthia Brito/f4/DDB Stock Photo; *mbc,* Tim Holt/Photo Researchers, Inc; *mbr,* G. Buttner/Photo Researchers, Inc.; *bl,* Nigel Smith/Earth Scenes; *br,* Rogerio Reis/Black Star. **103:** *tl,* John Maier, Jr./Picture Group; *mtl,* Nair Benedicto/f4/DDB Stock Photo. *mtr,* Cynthia Brito/f4/DDB Stock Photo; *mbr,* Nigel Smith/Animals Animals; *bl,* Doug Wechsler/Animals Animals; *br,* Michael Major/Envision. **105:** *tl,* Alan Oddie/PhotoEdit; *tm,* Robert Fried; *tmr,* Michael Major/Envision; *tr,* Robert Fried; *tml,* Richard Steedman/The Stock Market; *c,* Richard Lucas/Image Works; *mr,* Margo Granitsas/Image Works; *lmb,* Buena Ventura/Image Works; *bm,* David Edgerton/Photo Researchers, Inc.; *bl,* Kirby Harrison/Image Works; *br,* Cameramann Intl, Ltd. **108:** Photo courtesy of Arte Público Press. **114:** Photo courtesy of Arte Público Press. **115:** Marice Cohn Band/The Miami Herald. **116:** Tom McHugh/Photo Researchers, Inc. **117:** *tl, tc,* Bruce Stein/Nature Conservancy; *tr,* Michael Dick/Animals Animals; *ml,* Nair Benedicto/f4/DDB Stock Photo; *mc,* Mark Greenberg/Visions/Envision; *mr,* Kjell B. Sandved/Photo Researchers, Inc.; *bc,* Jim Cronk. **119:** *l,* Jim Cronk; *c,* Bruce Stein/Nature Conservancy; *r,* Kevin Schafer/Tom Stack & Associates. **124:** *tl,* Eduardo Gil/Black Star; *tm, tr, bl, bm,* Jack Swenson/Tom Stack & Associates; *br,* Kevin Schafer & Martha Hill/Tom Stack & Associates. **126:** Tom Van Sant/Photo Researchers, Inc.

Unidad 3: 167: *tl,* Wolfgang Kaehler; *tr,* Robert Frerck/Odyssey/Chicago; *bl,* Michael J. Howell/Envision; *bc,* Jack Fields/Tony Stone Images; *br,* Gary Milburn/Tom Stack & Associates. **176:** AP/Wide World. **177:** UPI/Bettmann. **178:** *t,* Mark Antman/The Image Works; *m,* Robert Fried; *b,* Robert Frerck/Odyssey/Chicago. **198:** Michael Newman/PhotoEdit. **199:** Laurent Sola/Gamma Liaison. **200:** Susan McCartney/Photo Researchers, Inc. **201:** *tl, b,* Robert Frerck/Odyssey/Chicago; *tr,* Robert Frerck/The Stock Market. **209:** Roberto Bunge/DDB Stock Photo. **210:** *(background)* Ben Simmons/The Stock Market; *br,* Luis Villota/The Stock Market; *bl,* Ben Simmons/The Stock Market. **211:** *tl,* Anna E. Zuckerman/Tom Stack & Associates; *br,* George Holton/Photo Researchers, Inc.; *bl,* Ben Simmons/The Stock Market.

Unidad 4: 257: *t,* Instituto Autónomo Biblioteca Nacional y de Servicios de Bibliotecas Dirección de Servicios Audiovisuales; *bl, br,* ©Rob Crandall. **266:** *t,* Peter Menzel; *mt,* Robert Frerck/Woodfin Camp & Associates; *c,* Loren McIntyre/Woodfin Camp & Associates; *mb, b,* Robert Frerck/Odyssey/Chicago. **267:** *t, m,* Robert Frerck/Odyssey/Chicago; *b,* Mireille Vautier/Woodfin Camp & Associates. **268:** *l,* Robert Frerck/The Stock Market; *r,* David Maung/Impact Visuals. **270:** ©Rob Crandall. **271:** Instituto Autónomo Biblioteca Nacional y de Servicios de Bibliotecas Dirección de Servicios Audiovisuales. **282:** Photo courtesy of the family of Francisco Izquierdo Ríos. **286:** Chip & Rosa Maria de la Cueva Peterson. **288:** *l,* ©Rob Crandall/Image Works; *c,* Robert Frerck/The Stock Market; *r,* C. Schule/DDB Stock Photo. **289:** *l,* Library of Congress; *c,* Betty Press/Picture Group; *r,* Victoria Arocho/AP/Wide World Photo. **295:** *tc,* AP/Wide World Photos; *tl,* Photo courtesy of Univisión; *br,* Reuters/Brian Snyder/Archive Photos; *tr,* Ara Guler/Sipa Press. **298:** *t,* Tony Morrison/South American Pictures; *(inset)* Robert Frerck/Odyssey/Chicago. **299:** *tr,* Robert Frerck/Odyssey/Chicago; *bl,* John Phelan/DDB Stock Photo; *br,* Loren McIntyre/Woodfin Camp & Associates.

Unidad 5: 354: Levine/Roberts. **355:** Richard Lucas/Image Works. **356:** *(background)* Joe Viesti/Viesti Associates; *t,* Robert Frerck/The Stock Market; *mt,* John Colombaris/The Stock Market; *mb,* Tibor Bognar/The Stock Market; *b,* Robert Frerck/Odyssey/Chicago; **357:** *t,* Joe Viesti/Viesti Associates; *mt,* Carl Purcell/Photo Researchers, Inc.; *mb,* Robert Frerck/Odyssey/Chicago; *b,* Jose Fuste Raga/The Stock Market. **358:** *l,* Daniel Aubry/Odyssey/Chicago; *r,* David Barnes/The Stock Market. **359:** Ulrike Welsch. **361:** *l,* Andy Levin/Photo Researchers, Inc.; *c,* Ulrike Welsch; *r,* Robert Frerck/Odyssey/Chicago. **372:** AP/Wide World. **389:** Bonnie Colodzin/Shooting Star. **390:** *l,* courtesy of the Charlie Rose Show; *r,* Ralph Nelson/Motion Picture & Television Photo Archive. **391:** *l,* The Kobal Collection; *r,* Rico Torres/The Everett Collection.

Unidad 6: 436: *t,* Jaime Santiago/DDB Stock Photo; *cl,* Robert Frerck/Odyssey/Chicago; *bl,* Martha Granger/EDGE Productions; *bc,* Suzanne Murphy-Larronde. **437:** Robert Frerck/Odyssey/Chicago. **438:** Marice Cohn Band/The Miami Herald. **452:** Photo courtesy of Alfredo Villanueva-Collado. **458:** *tl,* North Wind Picture Archives; *m,* The Bettmann Archive. **458–459:** Jean Miele/The Stock Market. **470:** Raymond A. Menendez/Animals Animals.

Unidad 7: 511: Robert Frerck/Odyssey/Chicago. **512:** RMIP/Richard Haynes *(frame);* The Granger Collection *(inset).* **513:** *l,* Charles & Josette Lenars/CORBIS; *r,* Danny Lehman/CORBIS. **516:** *tl,* Martha Granger/EDGE Productions; *tc,* Michael Newman/PhotoEdit; *tr,* Bob Daemmrich/Image Works; *bl,* Bob Daemmrich/Stock Boston; *br,* John Eastcott and Yva Momatiuk/Image Works. **528:** Gigi Kaeser. **529:** *(background)* T. Campion/Sygma. **530:** *(background)* Dorantes/Sygma; Sipa Press. **532:** *l,* Robert Frerck/Odyssey/Chicago; *r,* Robert Fried. **533:** Ken O'Donoghue/©DC Heath. **535:** *tl,* Rob Crandall/Stock Boston; *c,* Tony Freeman/PhotoEdit; *tr,* Bob Daemmrich; *bl,* Brian Kanof/The Greater El Paso Civic, Convention and Tourism Department; *br,* Bob Daemmrich/The Image Works. **544:** *(background)* Association of Universities for Research in Astronomy Kitt Peak Natl. Observatory; *l,* CORBIS; *tm,* Bettmann/CORBIS; *b,* JPL/NASA. **545:** *l,* courtesy, NASA; *r,* U.S. Geological Survey.

Unidad 8: 588: *(background)* Galen Rowell/Odyssey Productions; *ml,* Corbis-Bettmann; *mb,* Joe Viesti/Viesti Associates, Inc. **589:** *ml,* Chad Ehlers/Tony Stone Images; *tr, mr,* Robert Frerck/Odyssey Productions; **599:** Ulrike Welsch. **600:** *t,* Mark Antman/Image Works; *bl, bc, br,* Marilyn Lindgren. **601:** Marilyn Lindgren. **611:** Layle Silbert.